绿色环保新兴领域
"十四五"高等教育教材

碳中和与可持续发展
Carbon Neutrality and Sustainable Development

- 主　编　杨家宽
- 副主编　侯慧杰

中国教育出版传媒集团
高等教育出版社·北京

内容简介

　　本书依据全球碳中和与可持续发展进程最新动态，在面向本科生讲授碳中和与可持续发展公选课的基础上，由具有多学科交叉背景的教学与科研团队集思广益、通力合作编撰而成，是国内首部面向碳中和与可持续发展科学领域的通识教育课程教材。本书围绕碳达峰碳中和的"双碳"目标，融合环境、能源、建筑、经济等多学科知识，共安排 7 章内容，主要包括碳中和基本概念，重点行业包括电力、交通、工业、建筑等领域的碳中和路径，生态环境治理碳中和技术，碳捕集、利用与封存技术，生命周期碳足迹与碳核算方法，碳交易与碳普惠，以及全球气候治理。本书配备了丰富的案例教学素材，在普及基础理论知识和"双碳"技术方法的同时，培养读者全球视野，建立人类命运共同体的生态环境价值观，为国家"双碳"目标达成贡献力量。

　　本书可作为普通高等学校工科专业师生的教学参考及学习用书，也可供其他师生和科技人员学习参考。

图书在版编目（CIP）数据

　　碳中和与可持续发展 / 杨家宽主编 ； 侯慧杰副主编.
北京 ： 高等教育出版社，2025. 9. -- ISBN 978-7-04
-064851-5

　　I. X511

　　中国国家版本馆CIP数据核字第20257KB208号

TANZHONGHE YU KECHIXU FAZHAN

| 策划编辑 | 宋明玥　陈正雄 | 责任编辑 | 曹　瑛 | 封面设计 | 赵　阳 | 版式设计 | 明　艳 |
| 责任绘图 | 马天驰 | 责任校对 | 刘丽娴 | 责任印制 | 高　峰 | | |

出版发行	高等教育出版社	网　　址	http://www.hep.edu.cn
社　　址	北京市西城区德外大街4号		http://www.hep.com.cn
邮政编码	100120	网上订购	http://www.hepmall.com.cn
印　　刷	北京新华印刷有限公司		http://www.hepmall.com
开　　本	787mm×1092mm　1/16		http://www.hepmall.cn
印　　张	30.75		
字　　数	680 千字	版　　次	2025年9月第1版
购书热线	010-58581118	印　　次	2025年9月第1次印刷
咨询电话	400-810-0598	定　　价	68.00 元

在当今全球气候变化的严峻形势下，碳中和与可持续发展已成为各国政府、企业，以及学术界关注的焦点。全球变暖导致的极端天气事件频发，如飓风、洪水、干旱等，对人类社会和自然生态系统造成了严重威胁。与此同时，冰川融化、海平面上升，以及生物多样性丧失等问题也在不断加剧，这些都在呼唤着更加紧迫和有效的气候行动。为应对这些挑战，全球范围内的气候治理行动逐步加快，旨在通过减少温室气体排放，在未来几十年内能够显著缓解气候变暖带来的负面影响，并推动经济社会的绿色转型，实现联合国可持续发展目标（sustainable development goals，SDGs）。在这一过程中，碳中和作为一种全新的发展模式，得到了广泛的关注和研究。它不仅要求各行业在生产和运营过程中减少碳排放，还需要通过植树造林、碳捕集与封存等技术手段，实现碳的有效利用和存储。各国政府通过立法、政策激励等手段积极推动碳中和进程，而企业则通过技术创新和绿色投资，探索可持续发展的新路径。学术界也在积极开展相关研究，为碳中和提供理论支撑和技术方案。

本书正是在这一背景下应运而生，旨在为广大普通高等学校工科专业本科生提供一套系统、全面且前沿的碳中和与可持续发展教学资源。作为国内首部面向碳中和与可持续发展科学领域的通识教育课程教材，本书的编写基于全球碳中和与可持续发展进程的最新动态，不仅介绍了碳中和的基本概念和实现路径，还融入了环境、能源、建筑、经济等多学科的最新研究成果。通过学习本书，读者将能够深入理解碳中和的核心思想，掌握实现碳中和的技术方法，培养解决实际问题的能力。同时，本书还通过丰富的案例分析和习题设计，帮助读者将理论知识与实际应用相结合，培养其全球视野和生态环境价值观，为实现国家"双碳"目标贡献智慧和力量。

本书共分为七章，内容涵盖了碳中和与可持续发展的各个方面。第一章是碳中和基本概念，讲述碳中和的基本定义、背景，以及其在全球气候治理中的重要性。在探讨碳中和的理论基础上，引导读者理解这一概念在实际应用中的复杂性及其与可持续发展的相关性。第二章是重点行业的碳中和路径，聚焦电力、交通、工业和建筑等重点行业，分析各行业实现碳中和的具体路径和策略，探讨不同行业在技术、政策和经济方面的挑战和机遇。第三章是生态环境治理中的碳中和技术，介绍生态环境治理中的各种碳中和技术，包括固体废物、土壤、水、大气等领域，通过技术革新和循环经济发展，深入阐述碳中和与生态保护的协同效应。第四章是碳捕集、利用与封存技术，碳捕集、利用与封存（carbon capture，utilization and storage，CCUS）技术是实现碳中和目标的重要手段，本章详细讲解各种CCUS技术的原理、应用现状及前景。第五章是生命周期碳足迹与碳核算方法，详细介绍碳足迹的生命周期分析方法以及各种碳核算技术。通过具体案例，读者将学习如何评估和计算产品、服务和组织的碳排放。第六章是碳交易与碳普惠，探讨碳交易市场的运行机制和碳普惠的建设模式和路径，分析国内外碳交易市场的发展现状及其对企业和社会的影响。第七章是全球气候治理，从全球视角出发，探讨国际气候治理机制及各国在应对气候变化方面的政策与行动。我们将介绍《联合国气候变化框架公约》《巴黎协定》等重要国际协议，并分析其对全球气候治理的推动作用。为了增强教材的实用性和可操作性，在每一章都配备了丰富的案例教学素材和习题。这些案例不仅来源于国内外的最新研究和实际应用，还涵盖了各行业在碳中和与可持续发展方面的成功经验和教训。通过这些实际案例，读者可以更好地理解理论知识，并学会将其应用于实际问题的解决。

碳中和与可持续发展是一个复杂而广泛的领域，涉及科学、技术、经济、社会等多个方面。为编好本书，我们组建了由具有多学科背景的教学与科研人员组成的编写团队，涵盖了环境科学、能源工程、建筑设计、管理学、经济性等多个领域。这样的多学科交叉背景使得本书能够从多个视角深入探讨碳中和与可持续发展问题，为读者提供全面而丰富的知识体系。在编写过程中，我们集思广益，通力合作，力求将最前沿的科研成果和最新的行业动态融入教材内容；我们不仅力求内容的科学性和前沿性，还注重教学方法的创新和实践应用的结合。当然，作为编写团队，我们深知教育在实现碳中和与可持续发展目标中的重要作用，面对气候变化带来的严峻挑战，培养具有全球视野和社会责任感的专业人才是当务之急。我们希望通过这本教材，能够普及碳中和与可持续发展的基础知识，提升读者的环境意识和社会责任感，让他们真正理解并关注气候变化和可持续发展的重要性；能够激发更多年轻学子对碳中和与可持续发展领域的兴趣，鼓励他们投身到这一关乎全人类未来的事业中；能够帮助读者掌握解决实际问题的能力，并在未来的职业生涯中应用这些知识，为社会和环境做出积极贡献。

本书在编写的过程中得到了清华大学郝吉明院士的悉心指导；研究生张进文、王砚深、王治元、邹秋霞、刘逸飞、吕思宁、曾奥、丁韵畅、刘铮、扬子迪、罗振宇、赵儒、严溢彩、曾智康、齐凤宇、李璐瑶、向珂、罗劲、梅铫、马棕耀、朱洪、张玲玲、刘谋礼、程升旺、李思密、边少卿、何坚坚等做了大量的编辑和统稿工作；高等教育出版社陈正雄编审、宋明玥编辑付出了大量辛勤的劳动，在此一并致谢。

本书涉及的学科较多，难免有不当或疏漏之处，敬请读者批评指正，以便在今后教学和再版时做出修改和调整。

编　者

2024 年 10 月

目录

绪论

第一章

第一节
引言

我们的家园——地球，位于银河系猎户座旋臂太阳系的第三环，拥有45.5亿的年龄，根据太阳活动的规律计算，地球的寿命大约还有45亿年。相较于地球漫长的生命，人类出现在地球的历史非常短暂。2000年，在非洲肯尼亚的土根山区发现距今600万年的原初人（土根种），被认为是目前发现的最早的人类，据此计算，人类历史仅为地球生命的约1/10 000。人类出现伊始，我们祖先的生产和生活受到地球环境的约束，不具备改变地球环境的能力；公元前4000年—公元前1100年，包括古巴比伦、古埃及、古希腊、古印度和中国在内的五大农耕文明的开始，标志着人类活动强度和领域的不断扩大，人类活动逐渐成为影响地球环境的一环。如果说，在相当长的一段时期，人类改变自然的步伐相当缓慢，那么开始于18世纪60年代的英国工业革命，则推动人类文明进入了快速发展的新时代。伴随高度发展的改变自然的工业技术，对于资源和能源不断增长的需求，人类从环境改变的被动参与者快速过渡到主动改变者，种群的繁衍和可持续发展开始受到严峻的挑战。

延伸阅读1-1　黄河流域文明及生态变迁

于是，人类不得不在追求更高质量发展的同时，面对残酷的地球环境的急剧变化，并引发不可忽视的生态和社会风险（图1.1）。近年来，大气中的温室气体浓度持续达到创纪录的水平，导致了极端天气、长期干旱、洪水、森林火灾等现象的发生，同时，冰川融化、海平面上升、生物多样性丧失、食物短缺、人体健康等问题也随之显现。全球变暖已经成为地球最大的生存威胁。

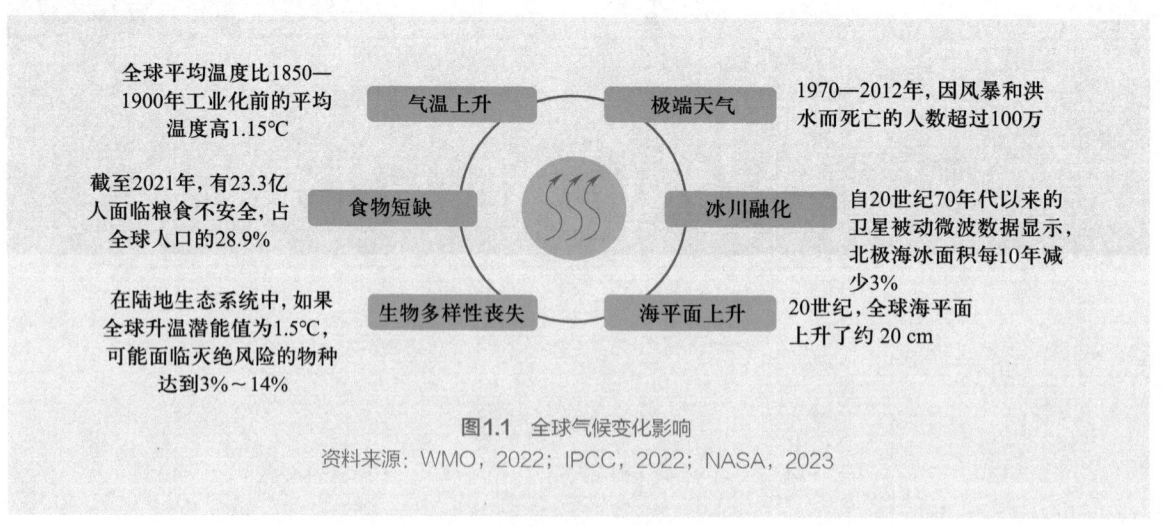

图1.1　全球气候变化影响

资料来源：WMO, 2022; IPCC, 2022; NASA, 2023

(1) 气温上升

全球平均气温的变化幅度虽然小，但对人类生活的影响巨大。根据世界气象组织（WMO）发布的《2022全球气候状况》报告，2022年，结合陆地和海洋近地表温度所测量的全球平均温度比工业化前（1850—1900年）的平均温度高1.15 ℃。这一数值看似很小，但它真切地影响了全球的环境，对人类的生活造成了极其恶劣的影响。

(2) 长期干旱

近年来，受气温上升影响而形成的长期干旱现象频频发生，例如1970—2012年间，由于1975年、1983年和1984年非洲的严重干旱，造成近68万人死亡。干旱直接影响人类的生命安全。除此之外，由于干旱造成的植物生长困难使得区域植物减少，这将促使该区域水分蒸发加快从而形成更加干旱的环境。

(3) 洪水

根据联合国政府间气候变化委员会（IPCC）发布的《气候变化2022》报告，全球气温每升高1 ℃，极端降水时的日降雨量将增加约7%，从而增加洪水的危险。1970—2012年，风暴和洪水造成超过100万人死亡。根据中华人民共和国应急管理部发布的2022年全国自然灾害基本情况文件，2022年洪涝灾害共造成3 385.3万人次受灾，直接经济损失1 289亿元。

(4) 森林火灾

由于气温上升引起的干旱环境极易发生森林火灾，一旦火灾发生，火势将蔓延更快且难以在短时间内得到控制。联合国环境规划署发布的最新报告指出，到2030年，全球极端火灾的数量将增加14%。2022年，中国共发生森林火灾709起，受害森林面积约4 689.5 hm^2。

(5) 冰川融化

气候变化对地球两极造成的影响极其明显，《2022全球气候状况》提出：北极海冰面积在2022年9月份的范围比长期平均范围低154万 km^2。南极海冰面积在2022年2月25日降至192万 km^2，为有记录以来的最低水平，比长期平均值低近100万 km^2。自20世纪70年代以来的卫星被动微波数据显示，北极海冰面积每10年减少3%。

(6) 海平面上升

20世纪，全球海平面上升了约20 cm。在过去20年的上升速率几乎是20世纪的2倍，而且每年都在略微加快。海平面持续上升对于沿海城市的影响将是毁灭性的，例如，随着海平面的上升，位于南太平洋的图瓦卢已举国搬迁。我国虽然国土面积广阔，但如果这一现象没有得到缓解，中国经济最发达的长江三角洲、珠江三角洲等沿海地区将会受到严重灾害。

(7) 生物多样性丧失

根据《气候变化2022》报告，在陆地生态系统中，如果全球升温潜能值为1.5 ℃，在数以万计被评估物种中，有3%~4%的物种可能面临极高的灭绝风险。例如，生活在我国长江中下游水域等地的白鱀豚，由于生存环境的不断恶化和大量捕杀，已被认定为极度濒危，被列为国家一级重点保护动物。

（8）粮食安全

截至2021年，全球仍然有23.3亿人面临粮食安全的问题，占全球人口的28.9%。由于气候对整个农业生态系统的影响，全球粮食供应问题日益严重。且粮食问题将加剧现有的不平等现象，富裕的地区将拥有更优质的粮食资源，而贫穷的地区食物短缺现象将更加严重。

延伸阅读1-2　国内外典型极端气候事件

人类是地球的一部分，而地球环境是人类赖以生存的基石，人类的发展必须与地球环境的活动规律相适应。2009年，斯德哥尔摩应变中心（Stockholm Resilience Centre）前主任Johan Rockström与多领域国际知名的29名科学家，提出了调节地球系统稳定性和弹性的地球边界理论（planetary boundaries），将人类活动影响地球系统的复杂过程归纳为9个方面，即气候变化（climate change）、海洋酸化（ocean acidification）、平流层臭氧层耗竭（stratospheric ozone depletion）、生物地球化学流动（biogeochemical flows: interference with P and N cycles）、生物多样性丧失（biodiversity loss）、全球淡水使用（global fresh water use）、土地使用类型变化（land-system change）、气溶胶负载（atmospheric aerosol loading）、化学污染（chemical pollution）。地球边界理论提出后不断被科学家更新："生物多样性丧失"被全球边界的生物圈完整性（biosphere integrity，分为基因多样性和功能多样性）所替代；"化学污染"被新实体（novel entities）取代，其包括代表物质的新形式，以及有可能产生不必要的地球物理或生物效应的新生命形式。9个类别中，生物圈完整性和气候变化被认为是高度整合的、也是最核心的两个地球边界要素。在这个边界内，人类可以继续发展和繁衍后代；跨越这些边界则会增加产生大规模急剧或不可逆转的环境变化的风险。而目前，我们已经在6个领域跨越边界（图1.2），人类跨入发展不确定性区域的风险急剧增加。

地球边界概念的提出，是科学界对人类未来可持续发展的深入思考，对全球可持续发展政策的提出产生了重要影响。站在人类的角度，人类的群体利益和个体利益、人类的长期发展和短期发展的冲突一直存在，如何在全球的层面上形成可持续发展共识，并从人类群体最高利益的角度来规划发展策略，兼顾长期发展和短期发展，兼顾群体利益和个人利益，兼顾区域平衡发展，已经迫在眉睫。站在地球的角度，人类只不过是漫长地球历史的匆匆过客，作为漫长生命演变历史中的一员，人和无处不在的微生物并无本质上的区别，甚至有无生命对地球而言都不具备人类意识层面上的意义。

那么，依赖于地球而生而存的人类，应当如何呵护我们的家园，呵护我们的后代？又应当如何着眼于全人类的共同利益和共同福祉，推动和构建人类命运共同体？碳中和和可持续发展，是一场广泛而深刻的经济社会系统性变革，需要科技、产业、社会的广泛和深入参与，也是当下这个时代所有人类的历史使命。在本书中，我们将从碳中和和可持续发展的角度，和各位读者共同探讨全球气候变化的成因，重点行业碳中和路径，生态环境治理碳中和技术，碳捕集、利用与封存技术，生命周期碳足迹与碳核算方法，碳交易与碳普惠，全球气候治理

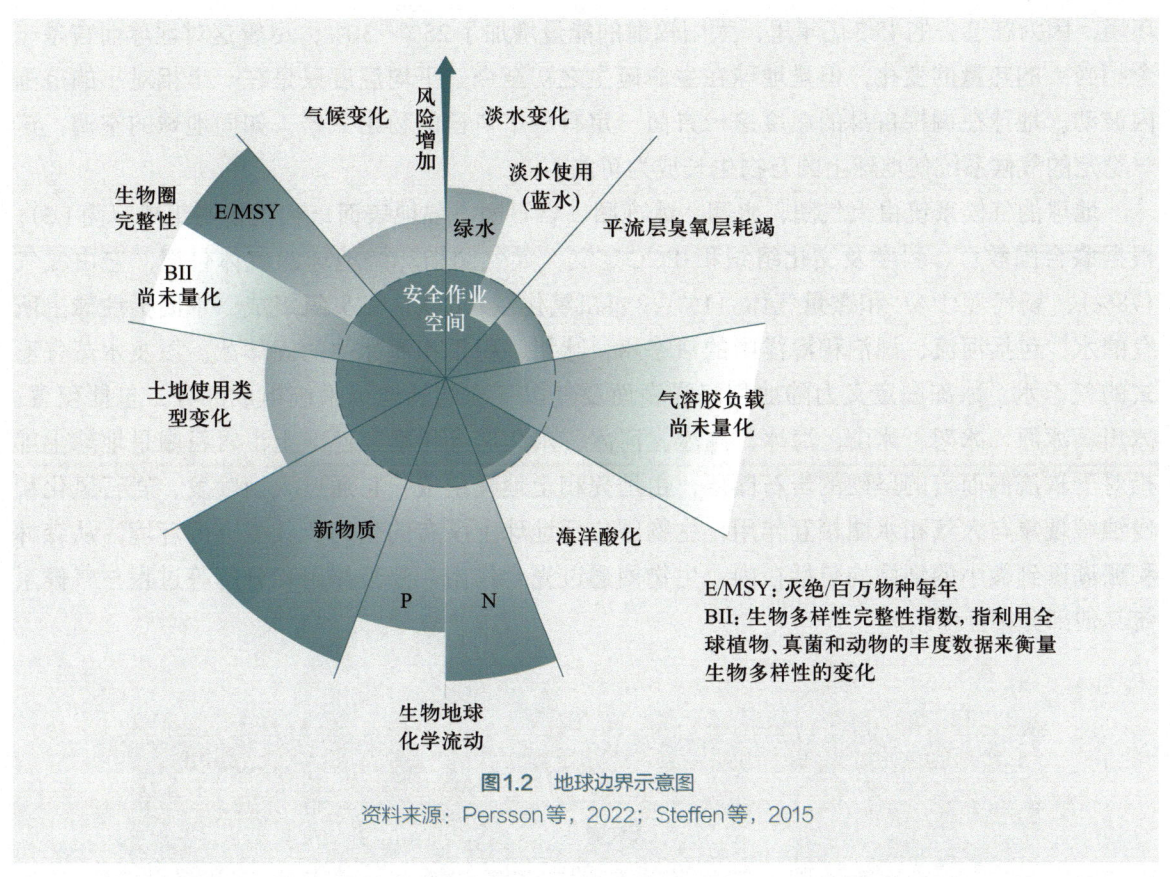

图1.2 地球边界示意图
资料来源：Persson等，2022；Steffen等，2015

与行动。希望借由编者有限的知识，引发读者爱护地球环境，并加入地球环境保护这一项关乎全人类共同福祉的事业上来。

第二节
地球气候系统

一、地球气候系统的组成

太阳系有八大行星，为什么只有我们的地球能够形成生命，变得宜居？也许大家会说，这是因为我们的地球离太阳既不太远也不太近，我们接收到的热量刚刚好，平均温度维持在15 ℃。但是这不能解释为什么地球在漫长的45.5亿年里都能维持在一个可以支持生命存在的环境，因为在过去的45.5亿年里，太阳辐射的能量增加了25%～30%，尽管这对地球而言是一个相当大的热量的变化，但是地球在生命诞生之初至今，平均温度只是在一个相对小的范围内波动。地球在调控自身的温度这一方面一定有一个自己的秘密武器，如同地球的空调，这一稳定的气候系统使地球上的万物生长成为可能。

地球的气候系统由大气圈、水圈、冰冻圈、岩石圈（陆地表面）和生物圈组成（图1.3）。根据联合国教育、科学及文化组织和IPCC定义，大气圈指环绕地球的气体包层，它由氮气（78%）、氧气（21%）和微量气体（1%），如二氧化碳（CO_2）和臭氧组成；水圈指地球上所有的水，包括河流、湖泊和海洋中的液态水，冰川、积雪和海冰中的固体冰，以及水蒸气形式的气态水；冰冻圈定义为陆地和海洋表面及其以下冻结的地球系统组成部分，包括积雪、冰川、冰原、冰架、冰山、海冰、湖冰、河冰、永久冻土和季节性冻土；岩石圈是地球上部相对于软流圈而言的坚硬的岩石圈层，由地壳和上地幔组成，它通过火山喷发、岩石风化和侵蚀等现象与大气和水圈相互作用；生物圈包括地球上所有的生物及其生存的环境，从森林和珊瑚礁到微小的细菌均包括在内，生物圈通过光合作用、呼吸作用和分解等过程与气候系统其他部分相互作用。

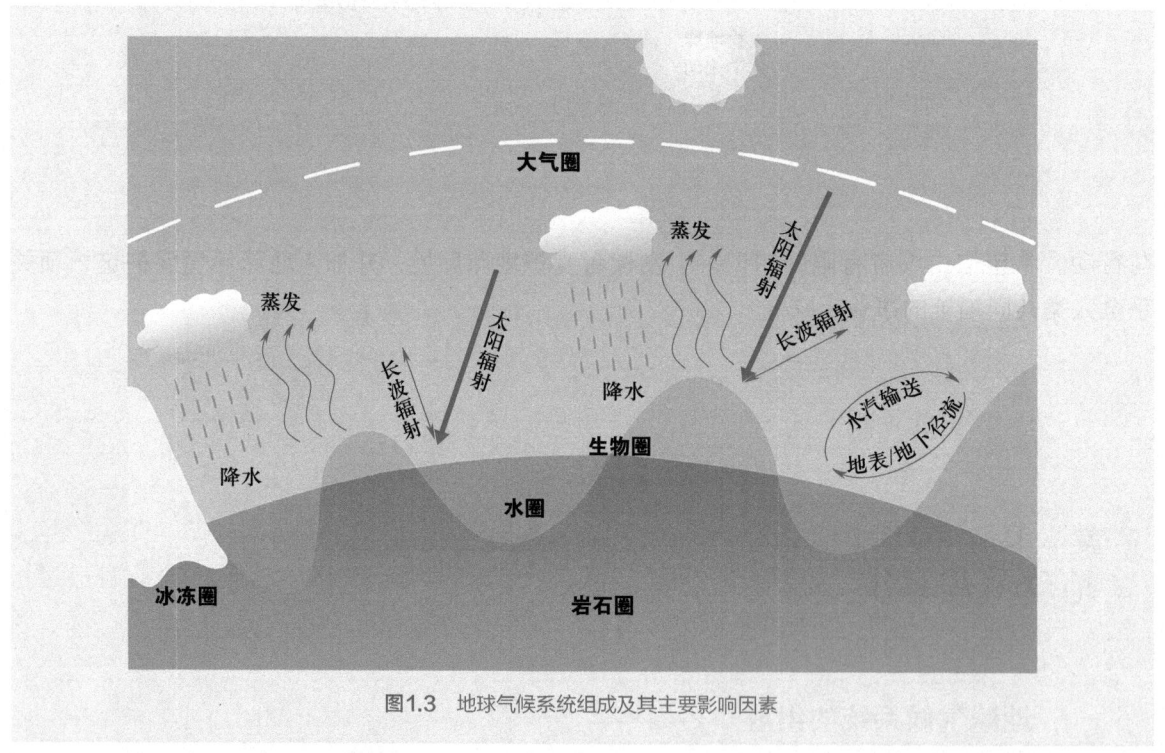

图1.3 地球气候系统组成及其主要影响因素

地球气候系统各圈层之间在结构、状态以及物理化学特性上区别明显，组成上又互相关联，同时又经由物质和能量交换相互作用，是一个开放的、相互联系的、高度复杂的系统。如冰冻圈是水圈的一个子集，但是由于冰冻圈对太阳辐射的高反射区别于液态和气态水，并对水循环、海平面有重要影响，因此冰冻圈是为突出冰冻水的独特性质和影响而独立出来的一个领域。地球气候系统受到外部因素包括地球板块的相互作用、地球轨道的变化以及太阳强度变化的影响，同时也受到气候系统各圈层的相互作用的影响，尤其是海气相互作用、陆气相互作用和陆海相互作用，对气候变化产生关键的影响。大气圈和水圈通过热量传递、降水和蒸发而相互作用。大气圈的降雪和降雨影响冰冻圈冰原和冰川的形成，同时冰冻层通过太阳辐射影响大气温度、湿度和环流。岩石圈通过火山喷发影响大气的成分和温度，而大气层则通过缓慢的风化和侵蚀作用影响岩石圈的构成。生物圈的生物通过光合作用和呼吸作用影响大气层的组分，而大气层中的CO_2、臭氧等组分也会影响生态系统。水圈通过河流、地下水、冰川作用导致岩石圈的形成和侵蚀，而岩石圈可以影响降水的形式和地点以及水流运动的形式。水圈是支持生物圈必不可少的元素，而生物通过生命过程包括植物的蒸腾作用影响水圈。冰冻圈对于生物圈的生命形态和类型产生重要影响，其融化和冰冻会影响生物圈生物的栖息地。

二、碳元素及其来源

在气候系统中，外部因素和内部因素均对地球气候变化具有重要的影响，然而，这些因素的相互作用都与一种元素——碳息息相关。

碳（carbon）是一种非金属元素，化学符号为 C，位于元素周期表的第二周期 IV A 族 [图 1.4（a）]。碳在常温下具有稳定性，不易反应、对人体的毒性极低。虽然碳在地球元素中仅占 0.012%，但是其广泛存在于大气、地壳和各种生物体中，对地球环境的演变起到了至关重要的作用。地球上的碳从哪里来？含量又有多少？又是如何影响地球环境的呢？

在宇宙大爆炸之后的几分钟内，出现宇宙最早的元素氢，其次是氦和少量的锂，之后恒星（如太阳）可以通过氢核聚变形成氦。在恒星的核心，当氢原子消耗殆尽时，氦的聚变将开始，其中三个氦原子聚合在一起成为一种崭新的元素碳，并伴随着不同星体的爆炸和聚集，成为今天地球上总碳的来源 [图 1.4（b）]。同时，在恒星不断演化的过程中，也生成了地球上众多的 Fe、P、Ca、Si、Mg 等元素。碳在地球所有元素的丰度排在第 15 位，在地球上相当稳定，总碳量不会增加，也不会消失，而是存储于地壳、大气、生物体当中。碳在这三者中的含量不断动态变化，成为地球维持"恒温"功能的秘密武器。

延伸阅读1–3　地壳中各种元素的组成及含量

（一）地球上的碳都在哪里？

地球表面的碳储量超过 650 000 000 Gt（以碳计），其中大部分存储在冰川沉积物、矿物、化石燃料、深海中，大气中的碳含量非常少，约为 7.6 亿 t，存储在土壤中的碳大约为 1 400 Gt，植物中的碳约为 550 Gt。碳在地球各介质中的分布是当前地球适宜生物生存的重要原因。全球碳储量分布及碳元素在各介质之间的迁移见图1.5。

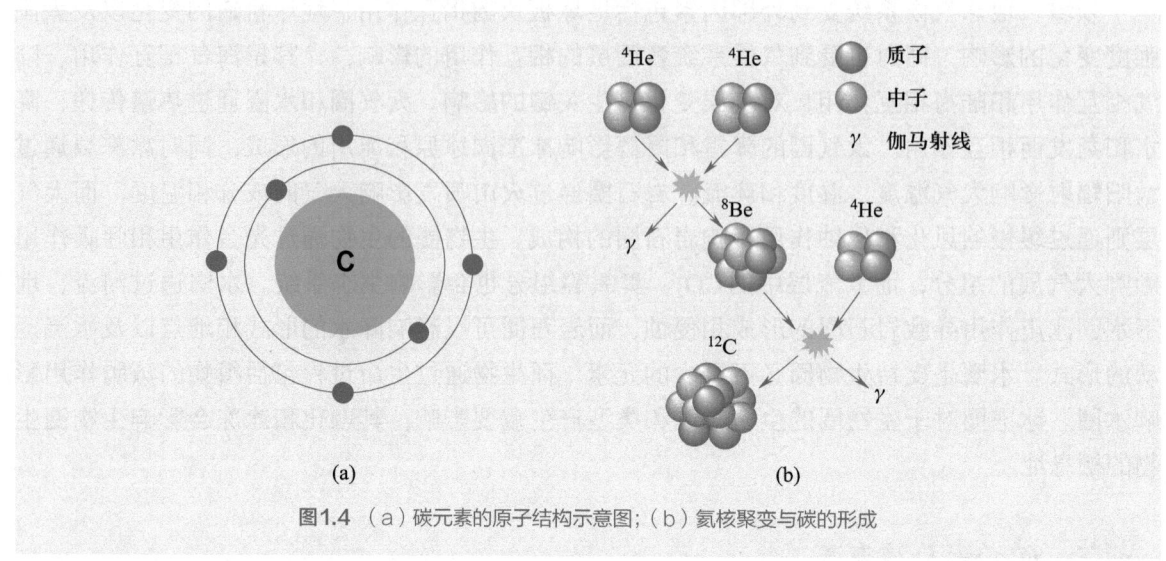

图1.4 （a）碳元素的原子结构示意图；（b）氦核聚变与碳的形成

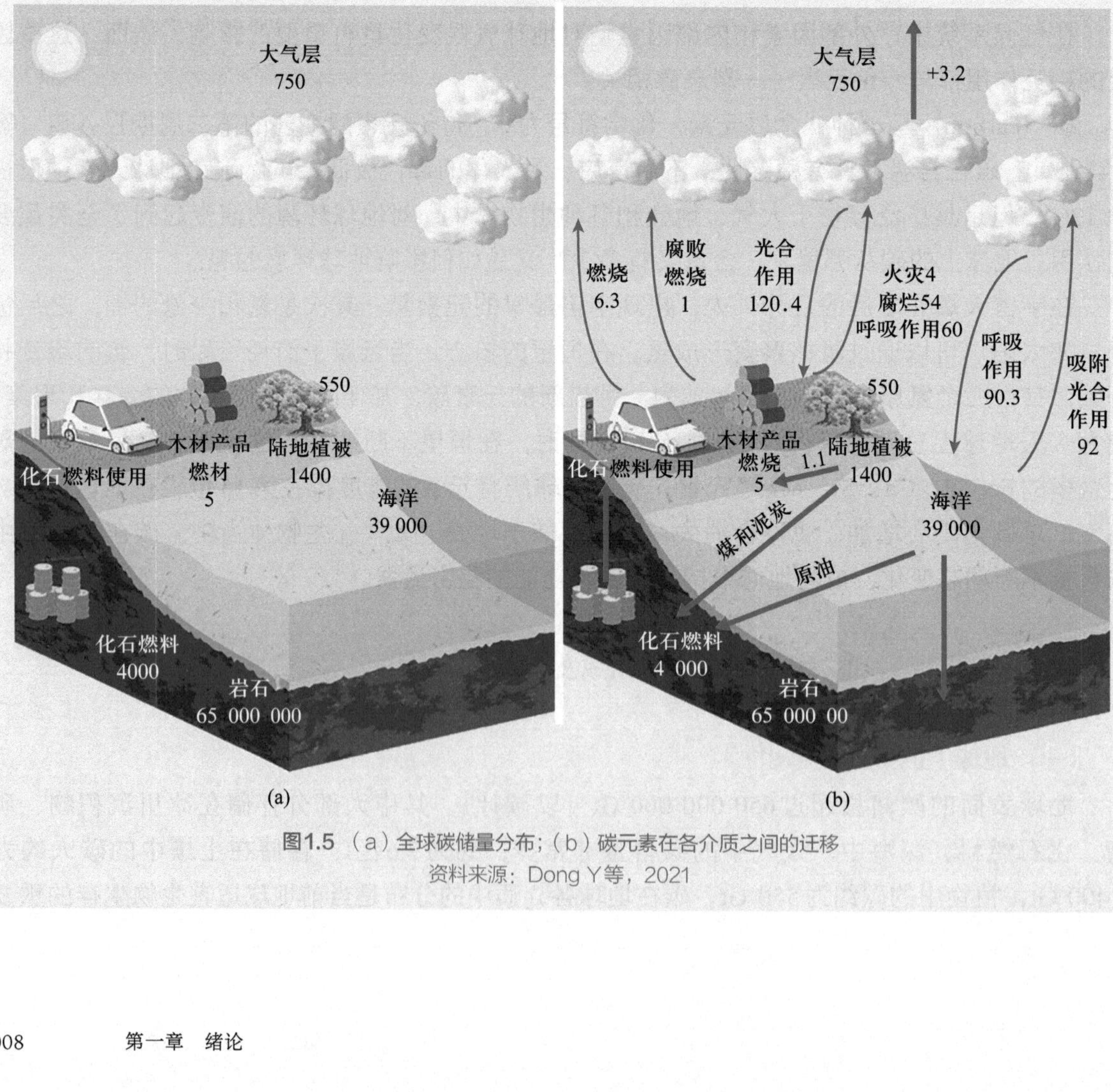

图1.5 （a）全球碳储量分布；（b）碳元素在各介质之间的迁移

资料来源：Dong Y等，2021

（二）地球上的碳都以什么形式存在?

碳的同素异形体包括石墨（已知最软的物质之一）和金刚石（最硬的天然物质）。此外，碳和其他原子包括其他碳原子可以形成稳定的共价键，这丰富了地球上碳元素的存在形式。

1. 无机碳

无机碳包括碳单质和部分碳的化合物。其中碳单质包括三种常见同素异形体：无定形碳、石墨和金刚石。金刚石是火山岩浆冷却之后在地球深部高压、高温条件下形成的一种碳单质晶体，澳大利亚、刚果、俄罗斯、博茨瓦纳和南非是著名的五大金刚石产地。世界上已发现的大中型石墨矿床主要分布在中国、印度、巴西、捷克、加拿大等国。根据美国地质勘探局资料，世界石墨储量为7 100万t，中国石墨储量为5 500万t，占世界的77%。无定形碳指没有特定形状和周期性结构规律的单质碳。煤炭是天然存在的无定形碳，其中含有一些由碳、氢、氮等组成的化合物。煤炭是我国能源的主要来源，也是主要的碳排放源。此外，一些不常见碳同素异形体也被制备和发现：富勒烯结构（球形结构和柱状结构）曾被预测，于1985年被成功合成，并在自然界和外太空被检出；石墨烯是由单层碳原子排列成六边形晶格的纳米结构，于2004年在曼彻斯特大学被安德烈·海姆（Andre Geim）和康斯坦丁·诺沃肖洛夫（Konstantin Novoselov）发现和分离。2010年，海姆和诺沃肖洛夫因其"关于二维材料石墨烯的开创性实验"被授予诺贝尔物理学奖。其他的同素异形体还包括各种碳纳米结构（碳纳米线、六方碳、玻璃碳等），在现代前沿科学中被广泛研究，并应用于催化、能源、合成等领域。

延伸阅读1-4　石墨烯的发现及应用

碳的化合物中属于无机碳的有：碳的氧化物和硫化物、碳酸、碳酸盐、氰化物、硫氰化物、氰酸盐、碳化物、碳硼烷、羰基金属、含M—C键的金属有机配合物，部分金属有机化合物（含M—C键的物质）等主要在无机化学中研究的含碳物质。CO_2是具有代表性的无机碳类型，主要存在于大气中，占空气组分的0.03%~0.04%，是一种主要的温室气体。CO_2的产生和释放主要通过如下过程进行：有机物的微生物分解过程（分解、发酵、腐烂、变质等）；石油、煤炭、天然气等燃烧和加工过程；动植物的呼吸过程。土壤中的无机碳主要由含碳无机化合物，包括土壤溶液中的碳酸（氢）根离子（CO_3^{2-}、HCO_3^-）、钙镁碳酸盐沉积物以及土壤空气中的CO_2组成。土壤中的无机碳主要来源于岩石的风化作用以及土壤中的矿物质和CO_2的反应，主要以碳酸盐矿物的形式存在，如方解石（$CaCO_3$）和白云石[$CaMg(CO_3)_2$]。一般在植被稀疏的干旱区，土壤中无机碳含量较高。岩石中也存储了大量的无机碳，主要以碳酸盐的形式存在，包括方解石、白云石、霰石（$CaCO_3$）、菱铁矿（$FeCO_3$），在沉积岩、火山岩、变质岩等不同类型的岩石中均可以见到。

延伸阅读1-5　CO_2的材料安全数据表

2. 有机碳

一般将有机碳定义为包含碳原子和氢原子的物质。结构最简单的有机碳为甲烷（CH_4），由1个碳原子和4个氢原子以共价键形式结合，也是最简单的碳氢化合物。碳氢化合物是组成石油的主要成分。常见的有机碳包括蛋白质、糖类、脂类、核酸、纤维素、木质素等。

陆地生物圈含有约5 500亿t有机碳，主要以土壤有机质和生物生物量的形式存在。陆地生物圈中有机碳的数量在大气、海洋和岩石之间不断循环。海洋含有大约38万亿t有机碳，主要以溶解有机物和海洋沉积物的形式存在。海洋中的有机碳不断与大气交换，在调节地球气候方面起着重要作用。地壳的岩石含有大约66万亿t有机碳，主要以油母岩质和煤的形式存在。岩石中的有机碳在地质时间尺度上缓慢地释放到大气和海洋中。

（三）碳的计量

为便于量化分析各种碳的存在形式以及在各种介质中的分布和迁移，需要科学的碳计量方法。通常我们把某介质中总碳（total carbon，TC）分为总无机碳（total inorganic carbon，TIC）和总有机碳（total organic carbon，TOC），总无/有机碳又可以根据溶解度不同分为颗粒无/有机碳（particulate inorganic/organic carbon，PIC/POC）和溶解性无/有机碳（dissolved inorganic/organic carbon，DIC/DOC）（图1.6）。根据应用的场合和介质的不同，可以采用高温燃烧法、高温催化氧化法等进行测量。

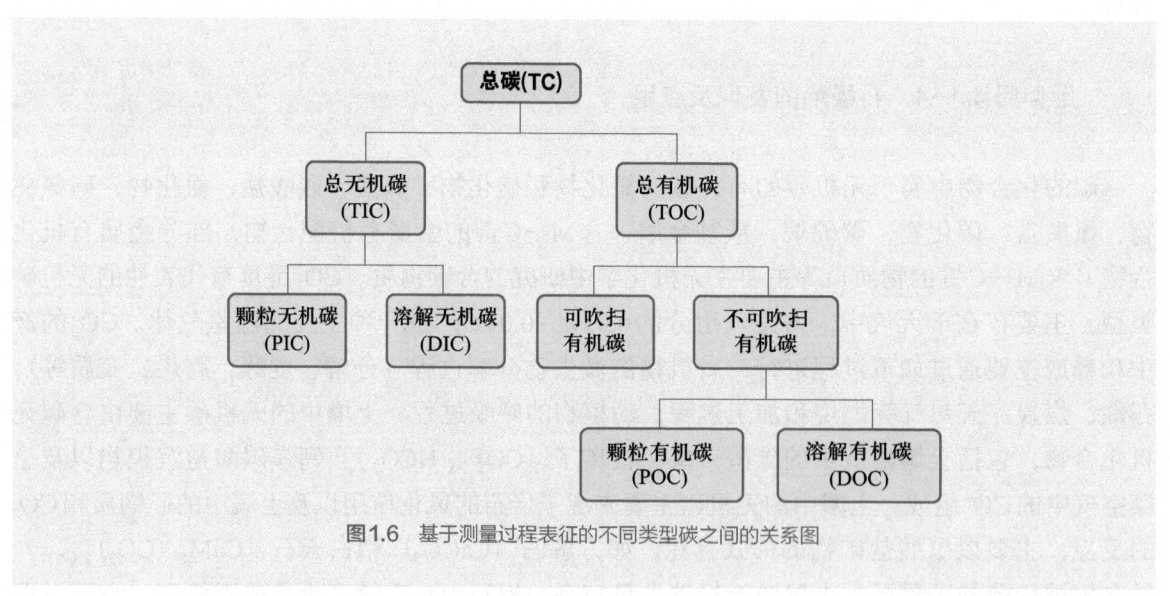

图1.6 基于测量过程表征的不同类型碳之间的关系图

延伸阅读1-6 地壳、生物圈、海洋、大气等各个介质中的总碳含量是如何确定的?

三、碳与地球环境

在太阳系的行星中，金星和地球最为接近：金星到太阳的距离是0.72个天文单位，地球到太阳的距离为1个天文单位；金星的大小是地球的95%，质量是地球的81%；金星和地球的组成接近，含有46%的铁、27%的氧、8%的硅和5%的锰元素；它们都有大气层，金星的大气由96%的CO_2、3.5%的氮气和0.1%的硫酸组成。地球大气中约有78%是氮气，21%是氧气，还有1%是其他气体。金星和地球有着截然不同的气候环境。科学家发现金星在30亿年前有过火山和水圈活动，形成过沉积岩。但是到地球太古宙晚期的时候，金星的这些活动已经停止。即便2019年科学家们利用欧洲航天局金星快车飞船的雷达数据，确定了金星上的一次新的火山喷发，但如今金星的表面温度已经达到462 ℃，星球只剩下一片荒凉。

也许金星也曾经像如今的地球一般，也许也曾孕育过生命。为什么如今的金星和地球的环境如此截然不同呢？

金星和地球接收到的太阳的辐射能量比较接近，为1 361 W/m²（取决于距离和大气层的大小）。但是金星的大气主要由CO_2组成，占据大气的96%以上。而地球的大气主要由氮气和氧气组成，CO_2只占据约0.04%，同时还含有水蒸气和其他气体。金星的大气层反射了约70%的入射辐射，只允许30%的辐射到达地面。相比之下，地球上的云层只反射了约30%的入射辐射，让其他70%的辐射到达了地球表面。

如此，能够进入金星大气层的太阳辐射能量要比地球小得多，为什么金星的温度比地球高呢？金星怎么会这么热呢？答案是金星的大气层中大量的CO_2能非常有效地捕捉辐射，将其保留为内部热量，使得大部分反向辐射从未离开过金星（图1.7）。相比之下，从地球表面

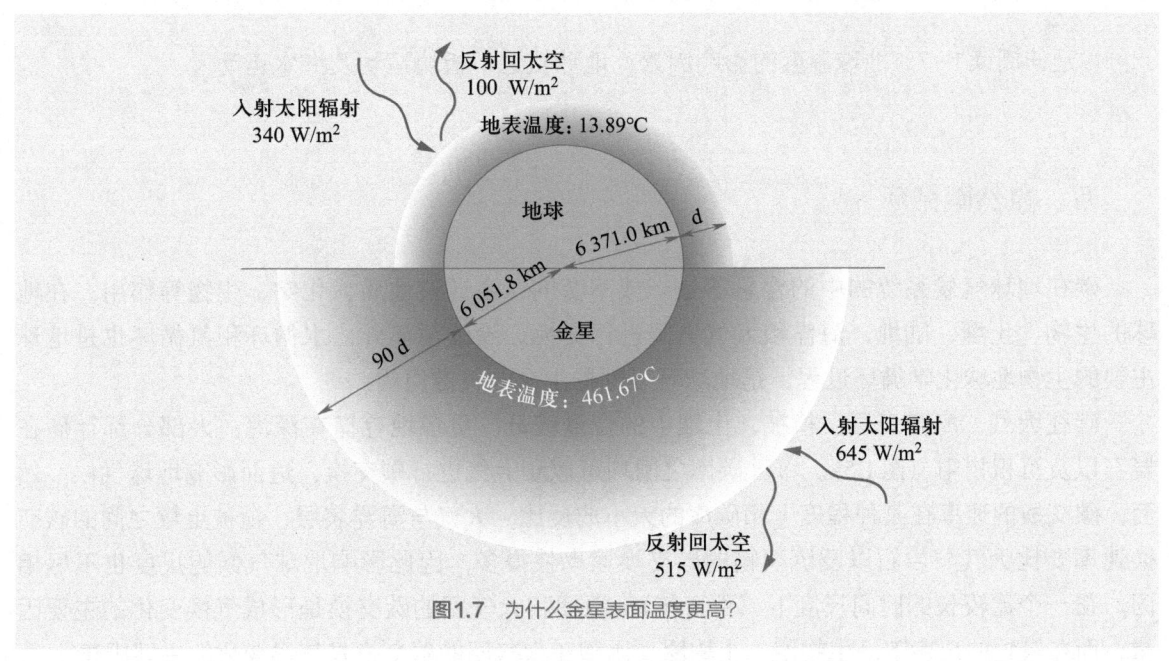

图1.7　为什么金星表面温度更高？

辐射回来的能量要少得多。因此，金星之所以比地球热，并不是因为它距离太阳更近，而是因为它有着含有更高浓度CO_2的大气层。此外，金星自转非常缓慢，需要243个地球日才能完成一次自转，这意味着金星的大气层有很多时间来吸收太阳的热量，并将其困在大气层中。

虽然地球自诞生起，气候一直在不断地变化当中，在过去的80万年间，大气中CO_2的含量处于相对稳定的不断波动的状态，但在1911年以前其体积分数都在3×10^{-4}以下（图1.8）。碳的含量为什么会发生周期性波动，为什么碳对地球环境如此重要？碳又是如何在地球气候变化中发生作用的呢？

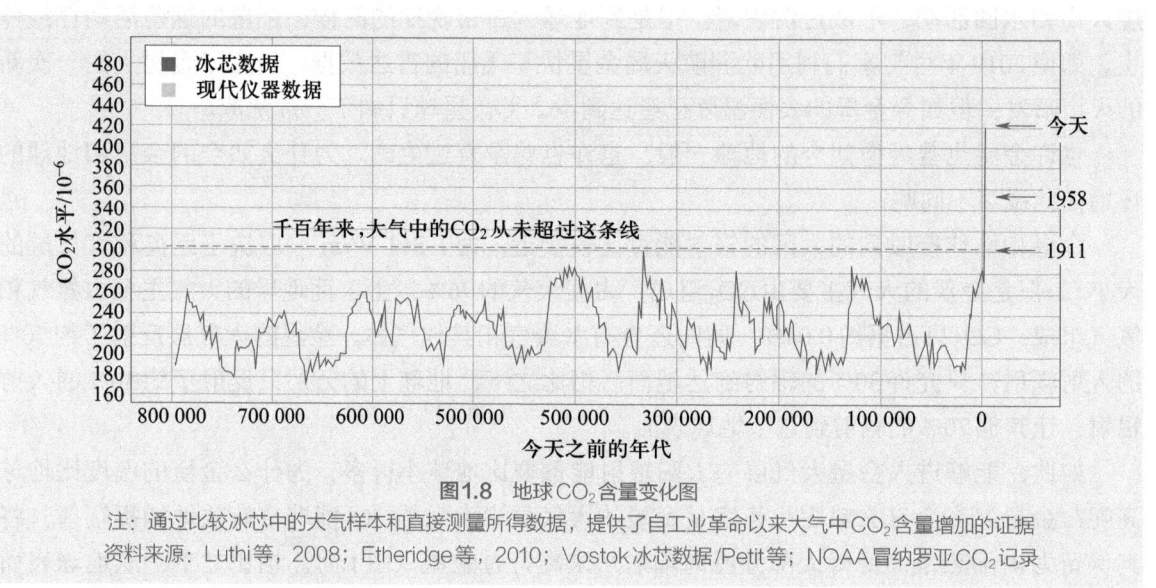

图1.8　地球CO_2含量变化图

注：通过比较冰芯中的大气样本和直接测量所得数据，提供了自工业革命以来大气中CO_2含量增加的证据

资料来源：Luthi等，2008；Etheridge等，2010；Vostok冰芯数据/Petit等；NOAA冒纳罗亚CO_2记录

延伸阅读1-7　地球温度的影响因素：地球轨道、板块运动及海水运动

四、自然碳循环

碳在地球气候系统的中的含量不是一成不变的，会通过地质、化学、生物等作用，在地球的生物、土壤、陆地、海洋和大气之间进行交换。除碳循环外，水循环和氮循环也是地球主要的生物地球化学循环过程，是地球可以维持生命的关键原因。

碳在大气、海洋表层、植被、土壤中的含量较低，更多地存储在深海，大部分都存储在岩石以及沉积物中（图1.5）。每种碳库之间均可以和大气进行碳交换，进而影响地球气候。然而，碳交换的速率在某种程度上和碳库的大小成反比，大气与海洋表层、植被土壤之间的碳交换速率要比大气与岩石以及沉积物的碳交换速率快得多，因此影响地球气候的尺度也不尽相同。在一个比较长的时间尺度下（百万年），地圈和大气圈的碳交换是形成气候变化的主要因素；而在较短的尺度下，生物圈、土壤圈、水圈和大气圈的碳交换是气候变化的主要因素。

(一) 岩石圈和大气圈的碳交换

岩石圈和大气圈的碳交换是一个非常缓慢的过程，主要通过火山喷发将碳酸盐岩中含有的CO_2释放到大气中，并通过风化过程将大气中的CO_2从大气中消除，实现无机碳的循环（图1.9）。

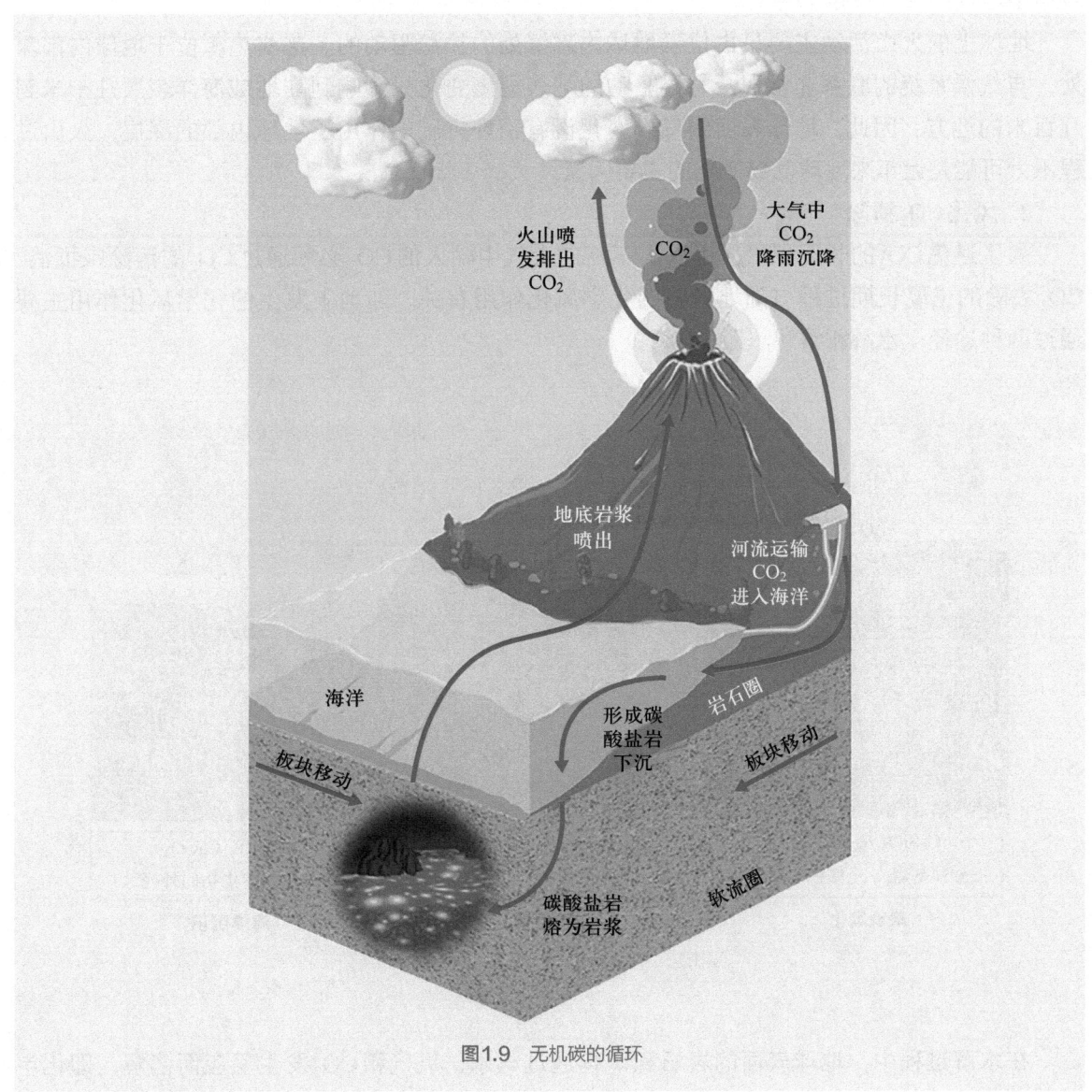

图1.9 无机碳的循环

1. 火山喷发CO_2释放

岩浆是一种热的熔融岩石，含有溶解气体，包括CO_2。岩浆上升时，压力降低，气体开始从溶液中释放出来。这个过程称为脱气。喷发时释放的CO_2量取决于喷发的规模和类型。大规模的爆炸性喷发会向大气中释放大量的CO_2。CO_2也可以通过地下岩浆、多孔岩石和土壤以及火山湖和温泉水释放出来，这个过程被称为扩散脱气。弥漫脱气是一个持续的过程，即使是那些没有喷发的火山也会持续存在。据估计，火山每年排放的CO_2总量在0.13亿~0.44亿t之间。这只是人类活动每年排放的大约350亿t CO_2的一小部分。然而，火山排放物会对当地环境产生重大影响。例如，1980年圣海伦斯火山的喷发向大气中释放了大约1 000万t CO_2，导致周围地区的空气质量下降。

地球上的火山活动主要是由位于地球内部深处的热源驱动的。这些热源位于地球内部深处，与气候系统的联系非常弱。气候驱动的地表温度变化只影响到陆地或海洋表层几十米到几百米的地方。因此，地球表面的气候变化没有物理机制能作用于地球内部的深层，火山过程不太可能是近年来地球气候变化的主要因素。

2. 风化CO_2清除

为了避免CO_2的长期积累，由火山不断向大气中输入的CO_2必须通过CO_2的清除来抵消。CO_2去除的主要长期过程与陆地岩石的化学风化作用有关。陆地上发生的化学风化作用主要通过两种途径：水解和溶解（图1.10）。

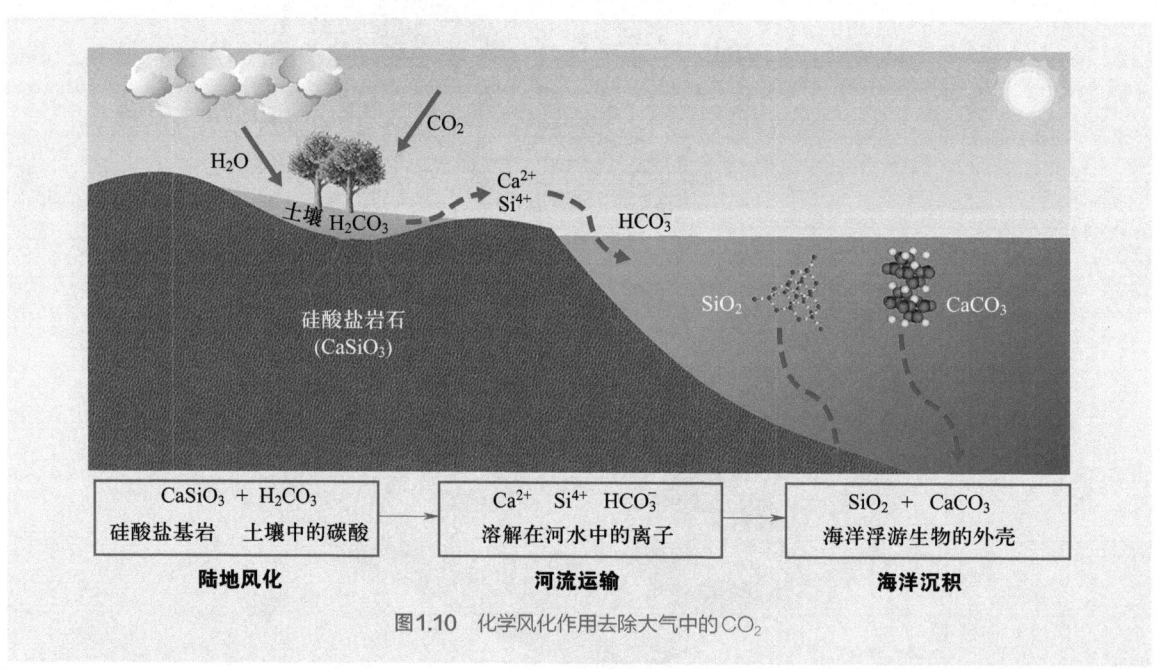

图1.10 化学风化作用去除大气中的CO_2

在水解过程中，地球表面的岩石和矿物通过与水、氧气和CO_2发生反应而溶解，即化学风化作用。这些反应将岩石转化为黏土矿物、碳酸盐和其他风化产物。最典型的化学风化反应是长石等硅酸盐矿物的溶解，该反应消耗CO_2，形成碳酸氢根离子，随着雨水冲刷和河流进入海洋。

$$CaSiO_3（硅酸盐岩石）+ 2CO_2 + H_2O \longrightarrow Ca^{2+} + 2HCO_3^-（碳酸氢盐）+ SiO_2 \qquad (1-1)$$

进入海洋的碳酸氢根离子不断累积，并成为海洋生物用来构建碳酸钙外壳和骨骼的原料。

当这些生物死亡后，它们的外壳和骨骼沉积在海底，形成碳酸盐沉积岩，如石灰岩。

从硅酸盐溶解到碳酸盐形成的整个过程被称为碳酸盐－硅酸盐循环，它将大气中的CO_2封锁在碳酸盐岩中。这一过程缓慢但持续地在漫长的地质时间间隔中进行，占每年海洋沉积物中15亿t碳来源的80%。CO_2对岩石的化学风化作用是全球碳循环中一个重要的长期碳汇，有助于在地质时间尺度上调节地球气候。强化这一自然过程也可减少温室气体的排放。

在溶解过程中，大气中的CO_2和雨水作用形成碳酸，碳酸侵蚀石灰岩岩石，将岩石溶解，并随河流进入海洋。

$$CaCO_3 (石灰岩岩石) + CO_2 (来自大气) + H_2O \longrightarrow CaCO_3 (海洋生物外壳和骨骼) +$$
$$CO_2 (返回大气) + H_2O \tag{1-2}$$

溶解过程的速率要大于水解，水解和溶解过程均从大气中提取CO_2来侵蚀岩石。但与硅酸盐岩石的水解风化不同，石灰石的溶解风化不会导致大气中CO_2的去除，所有的CO_2最终都将返回大气中。但是水解过程却是把大气中CO_2带回地壳的主要方式，是在长时期内平衡火山喷发带来的碳排放的重要途径。

（二）生物圈和大气圈的碳交换

碳在大气圈主要以CO_2形式存在，在生物圈主要以有机物的形式存在。生物圈主要通过植物和藻类的光合作用从大气圈获取CO_2，通过生物的呼吸过程、有机质的燃烧过程向大气圈排放CO_2，从而实现生物圈和大气圈的碳交换。

1. 植物和藻类的光合固碳作用

植物和藻类可以通过光合作用从大气中吸收CO_2并将其转化为糖类等有机碳化合物。这一过程把CO_2从空气中带走，并将碳锁在生物质中（图1.11）。

$$6CO_2 + 6H_2O \longrightarrow C_6H_{12}O_6 (植物有机碳) + 6O_2 \tag{1-3}$$

延伸阅读1-8　植物（藻类）光合作用过程

全球陆生植物，包括森林、草原农田等，每年通过光合作用吸收约1 200亿t CO_2。海洋通过浮游植物的光合作用吸收了大约相同数量的CO_2——约1 180亿t。其中，每年约有500亿t被颗石藻吸收。颗石藻不仅能利用地表附近的无机碳，它们还能吸收溶解的有机碳，是海洋中最大的有机碳库，并将其中一些固定在它们的球粒岩中，这些球粒岩最终会沉入深海。仅热带雨林每年就吸收了约180亿t CO_2，其中亚马孙雨林约占60亿t。草原和稀树草原每年可通过光合作用吸收约86亿t CO_2（图1.12）。

2. 呼吸释碳过程

包括植物、动物、细菌和真菌在内的所有生物体都会释放CO_2，这是细胞呼吸和分解有机物获取能量过程的副产品。

$$C_6H_{12}O_6 (葡萄糖) + 6O_2 \longrightarrow 6CO_2 + 6H_2O + 能量 \tag{1-4}$$

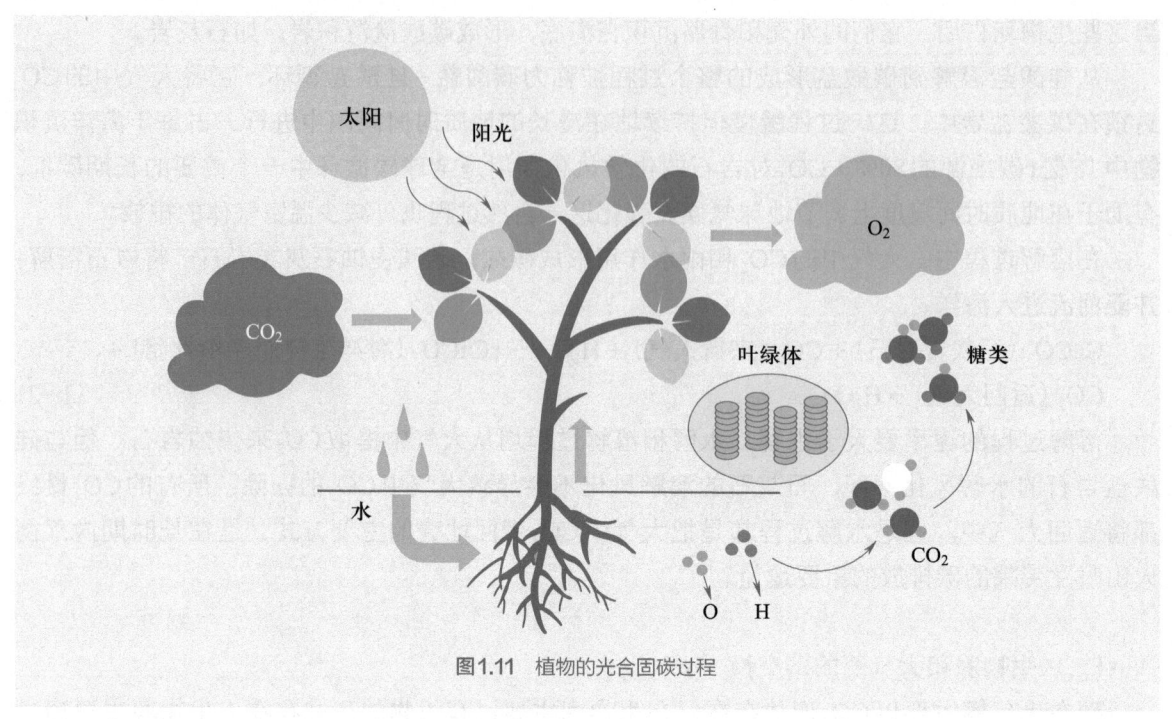

图1.11 植物的光合固碳过程

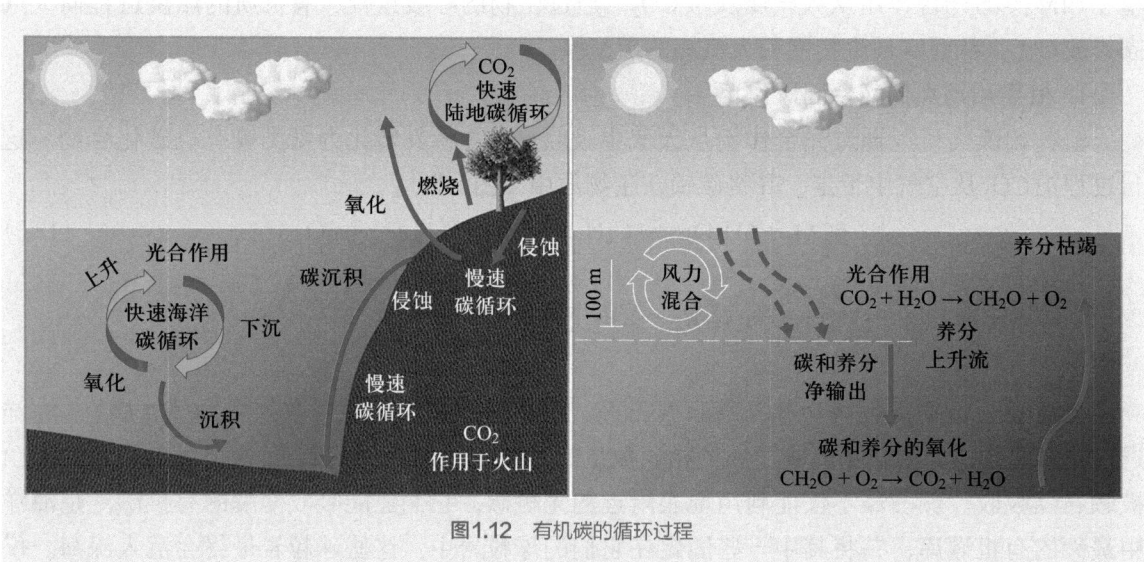

图1.12 有机碳的循环过程

分解过程主要由细菌和真菌完成，它们分解死亡的有机物，包括植物、动物等有机物及其排泄物，同时释放CO_2。分解过程发生在森林、沼泽和海洋等天然环境中，也可存在于垃圾填埋场等人工环境中。产生的葡萄糖通过呼吸过程被进一步降解。

3. 其他释碳过程

自然火灾燃烧木材和落叶等生物质，将储存的碳释放回空气中显著提高大气中的CO_2水平。不断上升的气温融化高纬度地区的永久冻土，造成冻结有机物的分解，并释放CO_2和CH_4。海洋会随着温度、循环和生物活动自然释放CO_2，例如较冷的海水能溶解更多的CO_2，而较热的海水能溶解较少的CO_2。随着海水变暖，其容纳CO_2的能力降低，而向大气排放CO_2。

生物圈和大气圈的碳交换具有非常重要的意义，是地球上生命、气候和生态系统健康发展的基础。首先，CO_2的释放支持植物生长，呼吸和分解作用吸收CO_2，对调节大气中的CO_2水平，维持地球气候起到重要作用。其次，碳交换使得生命的运转成为可能：碳的循环使生物体能够获得基本细胞功能所需的碳，并通过光合作用产生生命运转所需要的氧气，并构建生物量；植物、土壤、生物和大气之间的碳交换与氮和磷等其他营养物质的循环息息相关。破坏生物圈和大气圈的碳交换平衡将产生非常大的负面影响。

五、人为碳循环

除自然碳循环外，人类也通过生产、生活活动加入碳循环的路径中，包括人为碳排放和人为碳封存过程。

（一）人为碳排放

在人类出现之前的数十亿年里，CO_2在大气、海洋、植物、土壤和岩石等碳库之间进行交换，碳循环一直处于相对平衡的状态。大气中CO_2的主要排放源是自然界的分解、海洋释放、动物呼吸、闪电引起的森林火灾和火山喷发；主要的碳汇是植物和藻类的光合作用、岩石的风化以及海洋的吸收。虽然大气中的碳含量会因为地球的环境系统"恒温"作用而进行调整，并形成波动，这种碳循环在地质尺度下维持了适合地球生命的CO_2水平和温度，总体而言，自然碳汇吸收了多余的排放，从而保持了平衡。大约40万年前，第一批人类诞生，早期的人类活动对碳循环的影响非常小。他们通过原始耕作、改变土地用途和火的使用释放了部分CO_2。但由于人类数量少，人类活动对碳的循环过程造成的影响极低。直到过去1万年左右，人类通过大面积耕作、种植水稻和改变土地用途（如砍伐森林），才开始对碳循环产生较明显的影响。自工业革命以来的300年里，人类通过燃烧化石燃料、大规模砍伐森林、工业化规模的农业等活动，释放了大量温室气体。随着人类科学技术的发展和改造自然能力的极大提升，由人类驱动的排放已经使自然排放相形见绌。人类的排放破坏了自然界的碳平衡，使碳汇超载，大气中的CO_2迅速增加，超出了碳循环的承受能力（图1.13）。

1850—2021年累计人为CO_2排放总量为（670 ± 65）GtC[（$2\,455\pm240$）$GtCO_2$]，其中70%（470 GtC）发生在1960年以后，33%（220 GtC）发生在2000年以后。在过去60年中，人为排放总量增加了一倍多，从20世纪60年代的（4.5 ± 0.7）GtC/a增加到2012—2021年的平均（10.8 ± 0.8）GtC/a，并在2021年达到（10.9 ± 0.9）GtC[（40.0 ± 3.3）$GtCO_2$]。在1850—2021年的历史时期，30%的历史排放来自土地利用变化，70%来自化石排放。然而，自1960

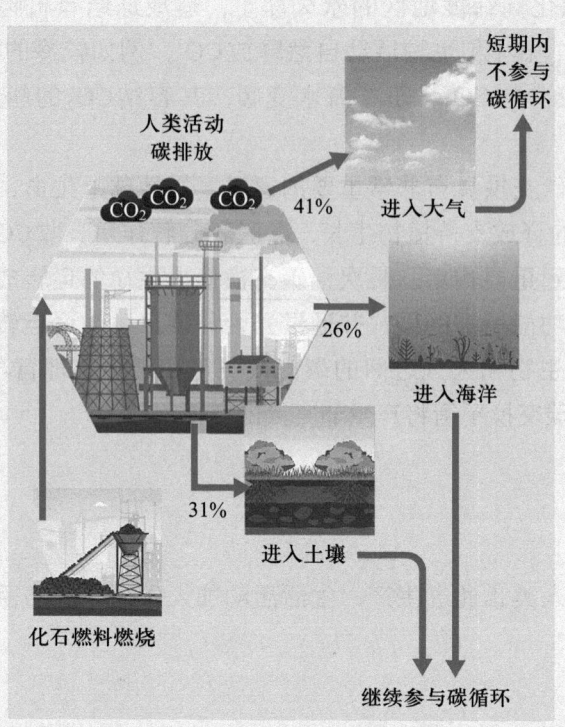

图1.13　人类活动碳排放的去向示意
注：自工业革命以来人类所排放的CO_2约31%存于土壤，约26%流入海洋，而约41%则留在了大气中；
大部分的碳留在了大气中，而它们在短期内无法参与碳循环
资料来源：Global Carbon budget 2022；Earth Syst.Sei. Data，2022

年以来，化石排放显著增加，而土地利用变化则没有增加，因此土地利用变化对总人为排放的贡献在最近几个时期较小（1960—2021年为18%，2012—2021年为11%）。1850—2021年间，人为碳排放中（化石燃料和土地利用变化），41%进入大气，26%进入海洋，31%进入土壤（图1.13）。

1. 化石能源的使用

地球上最大的两个碳库是岩石圈和化石燃料。自然碳循环中，岩石圈与大气圈的碳交换过程是非常缓慢的；同样，包括煤、石油和天然气等在内的化石燃料，在没有人为干预的情况下，在地质时间尺度上通过最小的自然泄漏、燃烧或微生物降解，以难以察觉的速度参与碳循环。数百万年来，大量的化石碳被隔绝在活跃的生物圈之外。人类使用化石燃料的历史是非常悠久的，有证据表明，早在公元前3000年，中国就开始使用煤来取暖和做饭。古希腊和罗马也使用煤作为燃料。18世纪，煤炭推动了工业革命，蒸汽机的发明推动了工业和运输的机械化；19世纪，煤炭作为火车、轮船和工厂的主要能源进一步扩大使用。1859年在宾夕法尼亚州钻出第一口油井，石油开始取代鲸油用于照明；20世纪初，石油广泛用于运输、供暖和电力；20世纪中期，石油和天然气成为全球主要能源，为汽车、飞机、塑料和化学品

提供发展动力。化石能源的开采和使用，极大地加速了岩石圈向大气圈的碳排放过程。截至2023年，全球人口已经达到80.52亿，庞大的人口带来资源短缺的困境，也更加剧了化石能源的开采和使用速度，进而加剧了碳排放过程。

为什么化石能源的使用会造成大量的碳排放？这是由化石能源的化学成分决定的。煤、石油和天然气等化石燃料主要由碳氢化合物（如烷烃、烯烃和炔烃）组成。化石燃料燃烧时，碳氢链断裂并与氧气发生反应，产生CO_2和水蒸气。化石能源中，煤的含碳量最高，一般为70%~95%，其次是石油（70%~87%）和天然气（45%~75%）。这意味着与石油或天然气相比，每燃烧一单位煤炭会产生更多的CO_2。根据国际能源机构的数据，2018年全球化石燃料燃烧产生的CO_2排放总量为333亿t，其中煤炭136亿t，石油117亿t，天然气79亿t。

化石能源不仅在使用过程中形成碳排放，其开采、运输、生产过程均为碳排放的重要来源。水力压裂等开采技术的进步加快了开采速度，使页岩气和致密油等储量变得易得，从而导致更多化石燃料被开采和燃烧。根据美国EIA（Energy Information Administration，美国能源信息署）的数据，全球约63%的电力生产以化石燃料为基础，其中煤炭占38%，天然气占22%。仅燃煤发电一项，每年就会产生100多亿t CO_2。化石燃料为钢铁、石化和水泥生产等制造业提供高温热量，这些约占能源相关CO_2排放量的25%。

化石能源都用在了哪里？又各自贡献了多少碳排放？ IEA（International Energy Agency，国际能源署）2019年的统计数据表明，电力生产是全球化石燃料的最大使用途径，占化石燃料消耗量的40%以上，主要使用煤炭和天然气，每年通过化石燃料发电产生的CO_2排放量超过100亿t。其次是交通，使用汽油和柴油为车辆提供动力约占化石燃料使用量的20%，与交通相关的CO_2排放量每年为70亿~80亿t。约15%的化石燃料用于制造业工厂设备的运行、工业流程的动力以及建筑/采矿设备的运行，每年排放50亿~60亿t CO_2。家庭取暖、烹饪和照明占化石燃料消耗的10%以上，相关的CO_2排放量每年约为30亿t。用于为办公楼、商场、医院等商业提供电力的燃料约占全球化石燃料需求的8%，CO_2排放量约为30亿t。剩下的7%左右用于农业、军事、公共服务等不同部门。总之，发电是化石燃料的主要用户，其次是运输、制造/建筑、住宅和商业用途。这些用途合计占化石燃料CO_2排放量的95%以上，每年总排放量超过300亿t。减少电力和运输排放是控制CO_2水平的关键优先事项。大力发展清洁能源和电动汽车，是我国实现"双碳"目标的重要举措（图1.14）。

2. 砍伐森林

砍伐森林减少了一个主要的陆地碳汇，而森林的再生则需要较长时间来重新吸收释放的碳。图1.15显示了1万年以前至今的全球森林覆盖率的变化。1万年以前，全球森林覆盖率大约为57%，一直到1700年，全球森林覆盖率变化非常小。之后，随着工业化的迅速发展和人口的持续增长，城镇化的不断推进和农业、畜牧业不断发展，大量森林占地被侵占。至2018年，森林覆盖率已经降低到38%，面积为0.4亿km^2，大约是中国国土面积的4倍。

据估计，1990—2007年间，亚马孙森林每年从大气中清除（0.7±0.2）PgC的CO_2，相当于同期亚马孙九国化石燃料燃烧所排放CO_2的60%以上。印度尼西亚为了建立棕榈油种植园

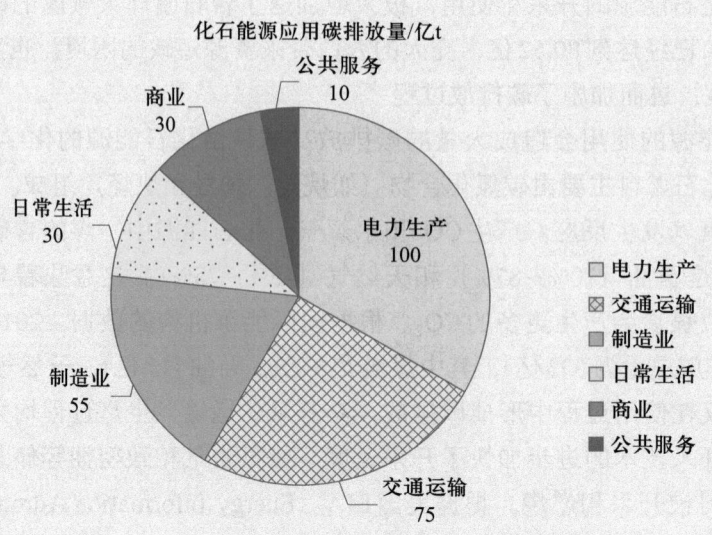

图1.14 化石能源在各行业的应用比例及其造成的碳排放量
资料来源：IEA2019年全球能源统计

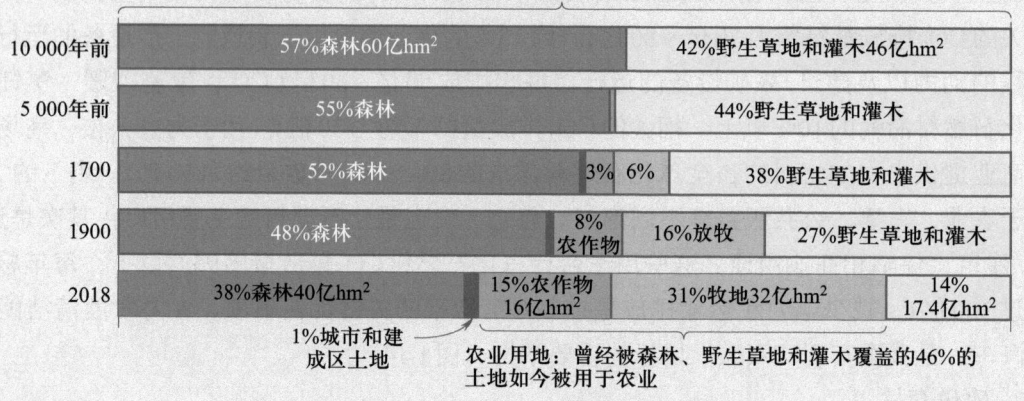

图1.15 近1万年，人类活动导致全球森林覆盖率降低1/3
资料来源：Our World in Data

和木材业务，2017年损失了48万hm²的森林，这相当于4.8亿t CO_2。2010年，印度尼西亚、马来西亚、老挝、泰国、柬埔寨和巴布亚新几内亚的森林砍伐和泥炭地火灾共向大气排放了11亿t CO_2；加拿大北方森林的砍伐和土地清理每年造成大约1亿t的 CO_2 排放。每年森林砍伐约占全球人为 CO_2 排放量的10%~15%。

虽然全球数据显示森林覆盖率持续减少，仍有部分地区的森林覆盖率呈上升趋势。例如，中国于1990年至2010年间每年增加479 000 hm^2；美国于1990年至2015年间每年增加523 000 hm^2；印度于1990年至2010年间每年增加587 000 hm^2。这跟森林保护政策以及造林计划的持续推进和更加高效集中的农业发展有高度的相关性。根据《二〇二二年中国国土绿化状况公报》，我国森林面积超过2.3亿hm^2，森林覆盖率达到24.02%，草原综合植被覆盖度达到50.32%。我国"三北"防护林工程于1978年开始规划，到2050年结束，目前已经进入了第六期工程。第五期结束时，"三北"防护林已经完成了3 174.29万hm^2的植树量，按照规划，"三北"防护林完成时人工林的面积将占我国陆地面积的42.4%，接近我国国土面积的一半。Pugh等人在《自然通讯》（2019）中使用全球生态区域的卫星数据分析了造林/再造林，结果显示从1982年到2016年，东亚贡献新增森林面积的50%以上，其中大部分由中国贡献；Song等人在《自然可持续性》（*Nature Sustainability*，2018）上的一项研究发现，从2000年到2017年，仅中国就占了全球植被叶面积净增长的25%，凸显了中国在全球人工造林中的重要作用。

3. 农业碳排放

农业碳排放用碳排放当量计算，是因为农业碳排放不仅包括CO_2的排放，也包括相当比例的CH_4和N_2O排放，它们均对气候变化有重要影响。根据联合国粮食及农业组织2021年发布的统计数据（2000—2018），2018年，全球农业排放（包括相关的土地利用/土地利用变化）为93亿t CO_2当量。其中，农业种植和畜牧业排放5.3 Gt CO_2当量，自2000以来增长了14%；土地利用和土地利用变化产生近4 Gt CO_2当量。2018年，农业和相关土地利用排放占全球所有部门温室气体排放的17%，相较于2000年的24%有所下降，但仍是次于化石能源应用的第二大碳排放源。值得注意的是，农业碳排放比例的降低和其他领域碳排放的增加密切相关，农业碳排放绝对量相对平稳（图1.16）。

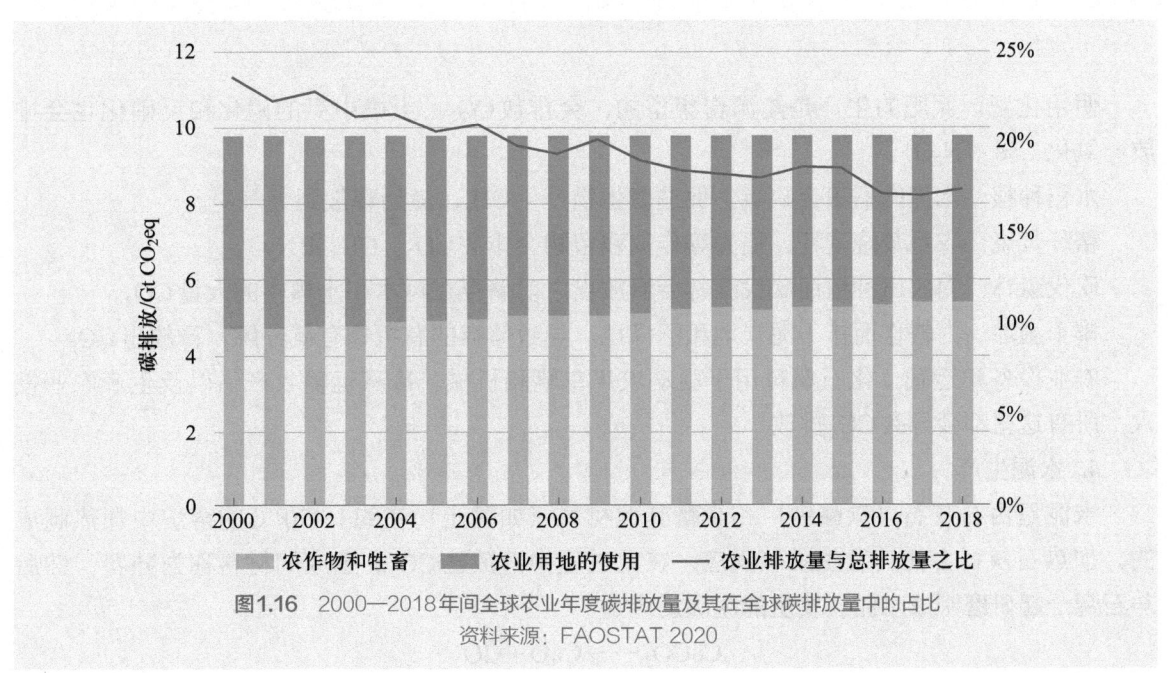

图1.16 2000—2018年间全球农业年度碳排放量及其在全球碳排放量中的占比

资料来源：FAOSTAT 2020

农业碳排放主要来源于哪些过程?

牲畜和粪便:牛、水牛和绵羊等牲畜在消化过程中会产生CH_4,CH_4作为副产品被排出体外。这在农业温室气体排放中占最大份额。微生物分解牲畜粪便中的有机物并产生CH_4。据估计,草原和粪肥管理系统产生的N_2O和CH_4可占农场产生的排放量的25%,从这个角度考虑,减少吃肉是不是会减少全球碳排放呢(图1.17)?

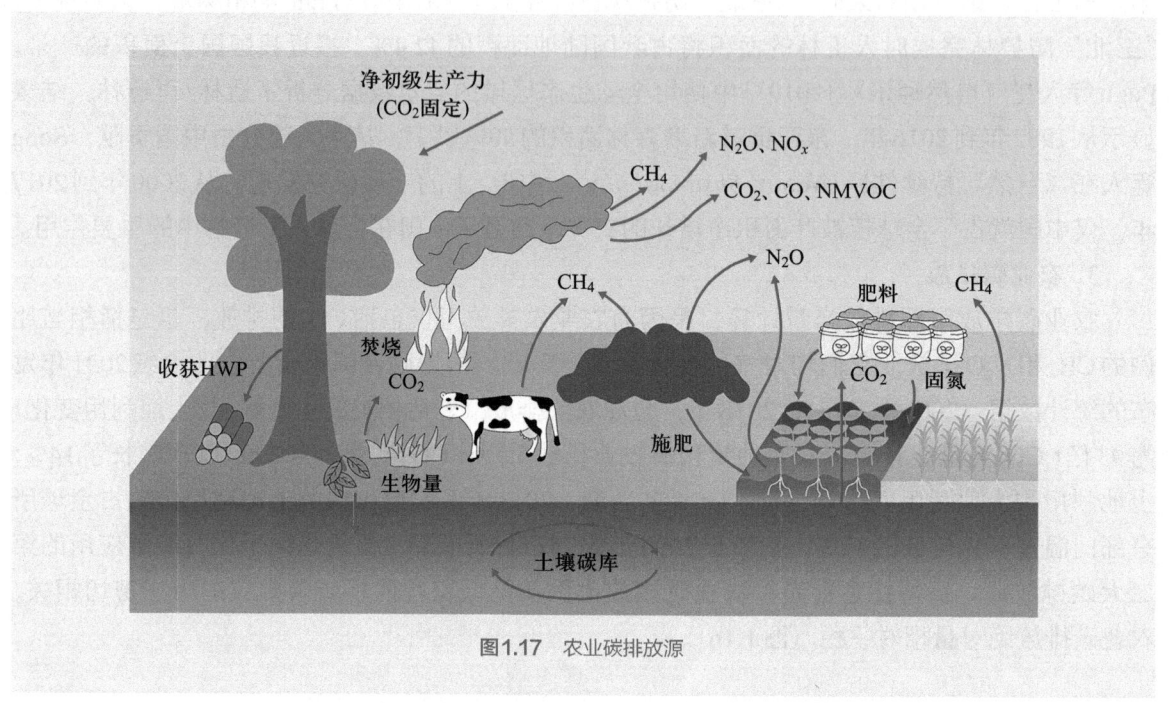

图1.17 农业碳排放源

使用化肥:氮肥的生产是能源密集型的,会排放CO_2。土壤中氮的硝化和反硝化也会排放一氧化二氮(N_2O)。

水稻种植:水淹的稻田会缺氧,促进微生物产生CH_4,然后释放到大气中。

秸秆焚烧:农场焚烧麦秆、稻壳等作物残留物会排放CO_2、CH_4和N_2O。

砍伐森林:为农田种植而砍伐森林会释放出之前储存在树木和土壤中的大量CO_2。

排干湿地:为耕作而排干泥炭地和沼泽地,导致储存的有机物有氧分解,释放出CO_2。

农业设备和运输:化石燃料用于驱动农用车辆和机械、冷藏运输农产品以及生产农业投入,所有这些都会导致CO_2排放。

4. 水泥生产

水泥是由石灰石(碳酸钙)和少量其他材料(如黏土)在约1 450 ℃的窑炉中加热制成的。加热石灰石会使其发生脱碳反应,在此过程中释放出CO_2。生成的材料称为熟料,然后与石膏一起研磨制成水泥。发生的脱碳反应是

$$CaCO_3 \longrightarrow CaO + CO_2$$

水泥生产占全球二氧化碳排放量的5%~8%，是全球CO_2排放的主要工业来源之一。水泥生产的熟料制备步骤约占水泥生产CO_2排放总量的60%，水泥窑燃料燃烧产生的CO_2约占40%。在全球范围内，水泥行业产生的CO_2排放量约占人为CO_2排放总量的8%，2018年释放了约2.2 kMt CO_2。中国的水泥产量占世界总量的50%以上，因此也是水泥生产的最大排放国。寻找替代原料、提高窑炉效率、可再生燃料、碳捕集与封存等都可减少水泥生产产生的CO_2，也是未来碳减排的重要方向。

5. 其他释碳过程

垃圾填埋场的垃圾会产生CO_2和CH_4，如果不加以收集，会成为大气的碳排放源；CO_2吸收增加会改变海水的pH，导致海洋酸化，降低海洋生物形成贝壳和骨架所需的碳酸盐离子浓度；城镇化进程减少了绿地覆盖面积，改变了自然碳循环，建筑和交通对化石能源高度依赖，增加了碳排放。

（二）人为碳封存

碳封存是指从地球大气中捕获、去除和储存CO_2，是从地球大气中去除碳的关键方法。人为碳排放过程已经显著影响了全球气候变化，除了减少化石能源的使用并发展清洁能源以控制碳排放之外，发展人为碳封存技术并采取固碳措施也是应对气候变化的重要举措。在减少碳排放的同时，扩大碳封存的规模可以缓解经济过渡到零碳或者低碳模式的压力，争取更多的时间以避免严重气候风险。

目前，各国已经在政策、行动以及技术上大力支持碳封存行动。植树造林和退化森林的恢复有助于通过更多的植物光合作用吸收和存储CO_2，将碳固定在生物质和土壤中。建立可持续发展的农业系统，采取合理使用和维护自然资源的方式，实行技术变革和机制性改革，以确保当代人类及其后代对农产品需求的可持续性，例如采用覆盖种植、减少耕作、轮作等做法，有助于生物质回归土壤，增加碳含量，同时减少土壤侵蚀和养分流失。恢复湿地、红树林和泥炭地等重要的碳汇系统，使其通过生物活动再次成为碳汇。发展碳捕集与封存技术，直接空气捕集或点源捕集与地质封存，可将CO_2锁定在地下或固体矿物碳酸盐中。改善废物管理模式，减少填埋和有机废物堆肥，以减少分解产生的CH_4和CO_2排放。

延伸阅读1-9　广西北海红树林

虽然目前在人为碳封存上已经取得一些进展，但是人为的碳封存行动并不足以抵消人为碳排放对地球环境的影响。首先，人为碳排放和人为碳封存在规模上不匹配。与任何固碳解决方案相比，通过燃烧化石燃料、砍伐森林、农业等方式排放的CO_2的规模都是巨大的，即使做出很多努力，碳封存也无法完全抵消碳排放。其次，目前的碳封存技术缺乏成本和可行性，大规模的技术解决方案，如直接空气捕集，成本高昂且能源密集，在数年内不可能实现广泛部署；人为碳封存也会存在风险，储存的碳可能会因森林火灾、土地管理变化、地质泄漏等事件而被重新释放，封存解决方案并不能保证永久清除。

除了技术和产业上的挑战，大幅减排要求人们彻底改变生活方式，如减少旅行、远离肉类等，达成全社会共识存在极大的挑战。此外，与化石燃料开采和森林砍伐等可货币化的排放活动相比，碳封存几乎不存在商业激励，这就难以形成可持续性发展的商业模式。总之，碳封存可以帮助减少排放，但目前阶段尚缺乏完全补偿人类CO_2排放量所需的规模化、持久性、成本效益高和激励措施，人类对化石燃料的持续依赖性超过了为碳清除所做的努力，碳封存仍然任重道远。

第三节
温室效应与温室气体

在前面的小节中，了解了地球的气候变化，引起气候变化的重要的元素——碳，以及它是如何通过自然及人为因素在各气候系统之间进行循环的。CO_2在大气中的不断累积，导致全球变暖，使得我们的生命维持系统变得越发的不稳定，人类可持续发展面临着严峻的挑战。那么，CO_2是如何导致全球升温的呢？导致全球变暖的元凶是否只有CO_2呢？

一、温室效应

（一）什么是温室效应？

温室效应的名称源于温室的工作原理。温室，是我们常用来在冬季培养喜温植物的房间，通常需要具备透光、保温这两个基本条件。常见的温室搭建材料包括玻璃、塑料，泡沫、玻璃纤维等，其他隔热材料也经常用到。玻璃是透明的，所以可见光、紫外线和近红外线可以进入温室；聚乙烯等塑料薄膜对可见光也是透明的，但塑料通常对紫外线不透明，可提供紫外线防护。阳光进入室内之后，被室内的植物、土壤等吸收，并以红外辐射的形式向外辐射热量。然而，玻璃对中红外和远红外线是不透明的，会将结构内部重新辐射的热量"困"在温室内；而塑料经过优化，相较于玻璃而言可以更好地阻挡红外线，进一步提高保温性能；隔热材料用于温室的墙壁和屋顶板，亦可以进一步限制热量从建筑物流出，从而达到保温效果。正是这些材料对不同波长的电磁辐射选择性透过的特殊性质，才能使温室在寒冷的冬天能够维持一定的室内温度（图1.18）。

同样，地球接收来自太阳的辐射，能量在进入大气层之后，被大气中的某些气体组分吸收，热量被"困"在地球表面。这些能够"困住"热量的气体被称为温室气体，温室气体和温室的玻璃、塑料等起到了相同的作用。同这些材料一样，温室气体对于地球的生命系统提供了重要支撑，没有温室气体，地球表面温度将降至-18 ℃，而不是现在的平均温度15 ℃（图1.19）。

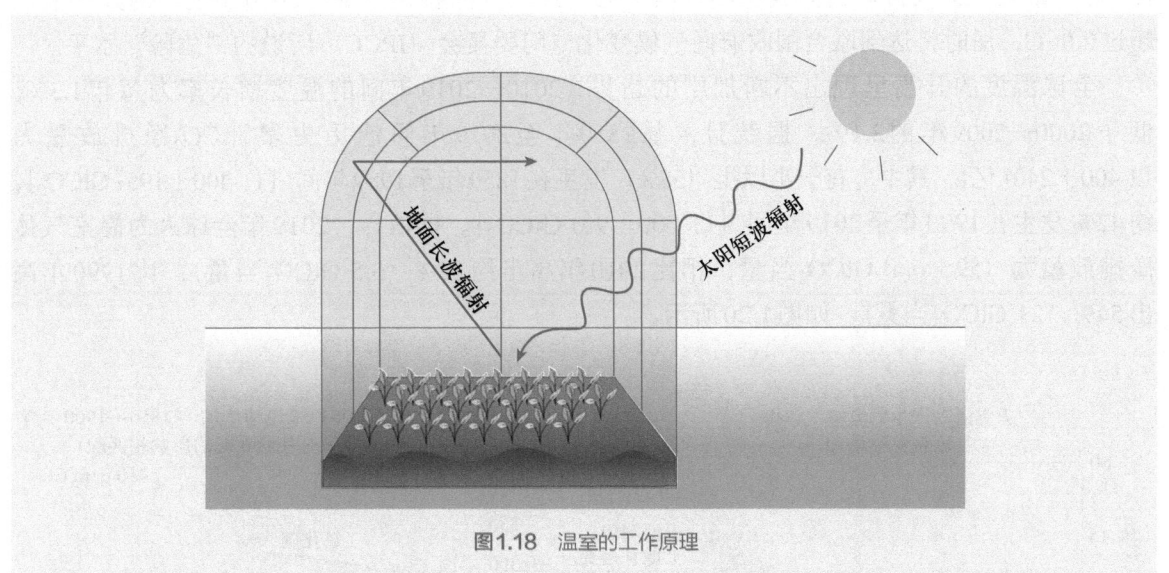

图1.18　温室的工作原理

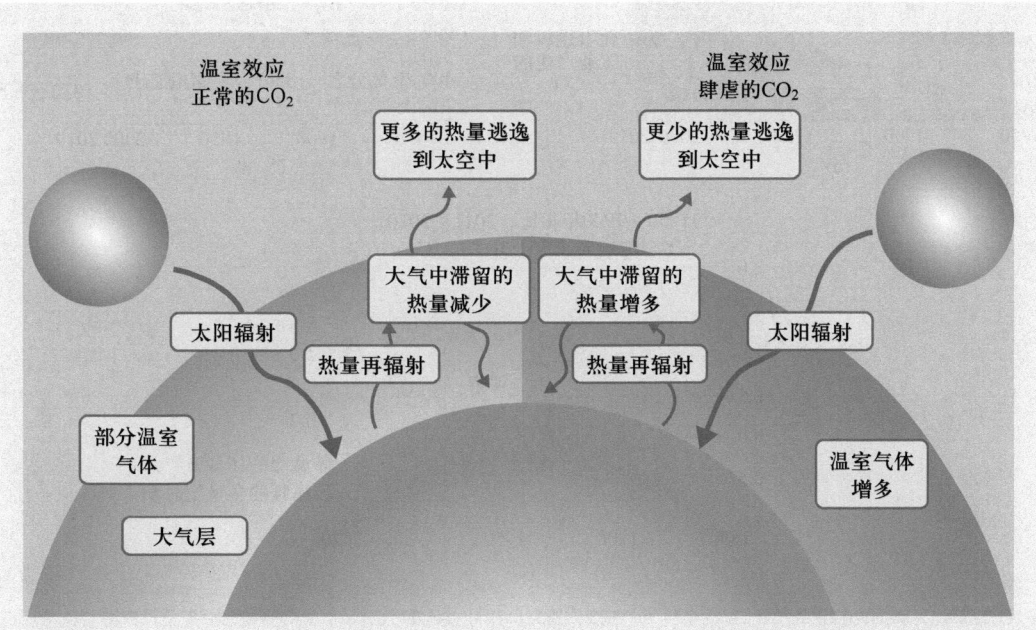

图1.19　温室效应

左图：正常的生命过程产生了正常水平的CO_2、CH_4和N_2O，它们捕获了一些太阳的热量，防止了地球的冻结；右图：燃烧化石燃料产生的大量CO_2捕获了多余的热量，导致地球平均温度升高

资料来源：Will Elder，NPS

（二）温室气体排放与全球升温

随着地球人为碳排放的不断增加，地球的温室效应逐渐加剧，使地球气候系统逐渐脱离平衡状态，全球温度不断攀升。据统计，2011—2020年全球地表温度比1850—1900年高出1.1 ℃，如果人类以目前的排放速度继续下去，那么气温将在2040—2070年之间的某个节点超过2.0 ℃，届时将达到联合国政府间气候变化专门委员会（IPCC）所说的"危险"水平。

全球温度的升高呈现出不断加剧的趋势。2010—2019年间的温度增长率为每年1.3%，低于2000—2009年的2.1%。据统计，从1850年至2019年间的历史累计CO_2净排放量为（2 400±240）亿t。其中，有一半以上（58%）发生在1850年至1989年间〔（1 400±195）$GtCO_2$〕，约42%发生在1990年至2019年间〔（1 000±90）$GtCO_2$〕。据估计，2019年全球人为温室气体净排放量为（59±6.6）$GtCO_2$当量，相比2010年高出约12%（6.5 $GtCO_2$当量），比1990年高出54%（21 $GtCO_2$当量），如图1.20所示。

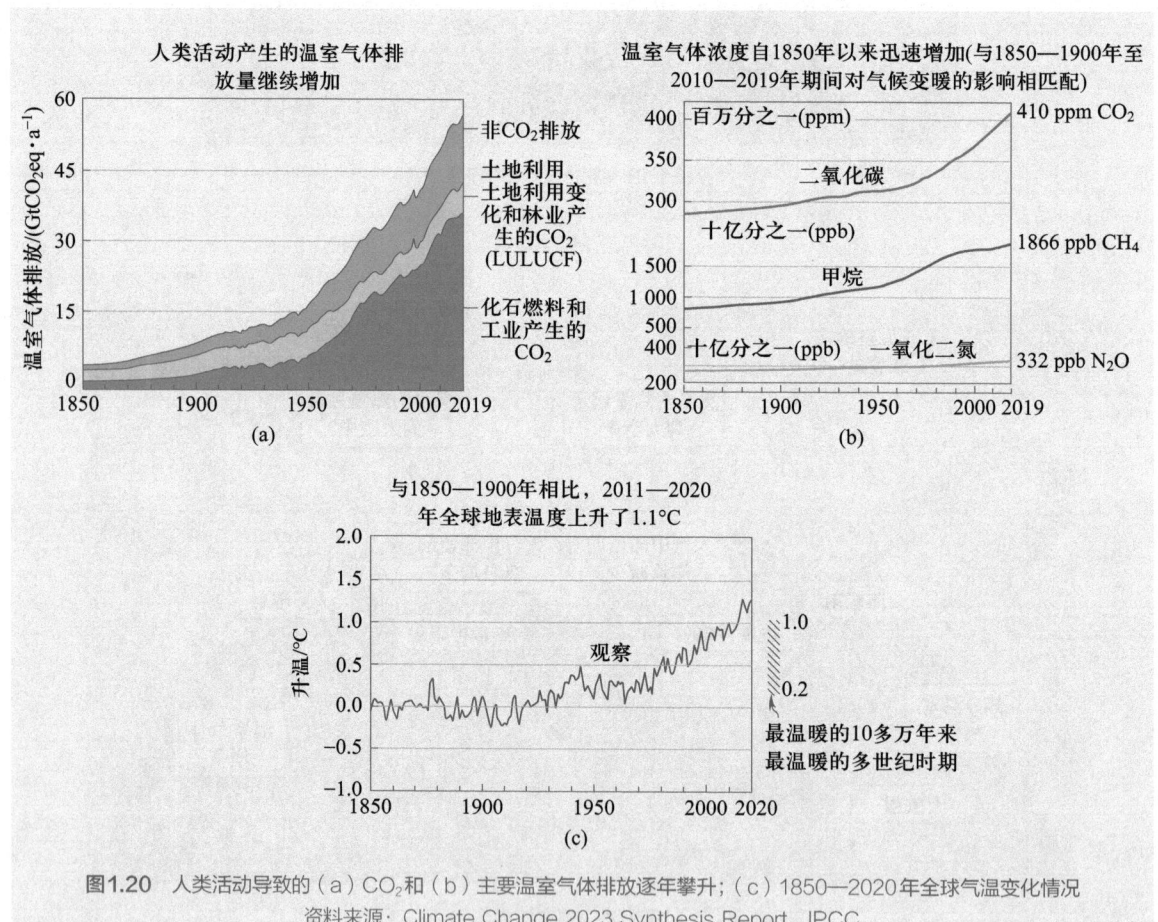

图1.20 人类活动导致的（a）CO_2和（b）主要温室气体排放逐年攀升；（c）1850—2020年全球气温变化情况
资料来源：Climate Change 2023 Synthesis Report，IPCC

（三）温室气体排放的区域差异性

在不同历史时期，温室气体的主要排放国或地区对全球人为温室气体排放的贡献存在着显著差异。不同地区CO_2排放的历史贡献在总量级、CO_2-FFI（CO_2 emissions from fossil-fuel combustion and industrial，化石燃料和工业导致的CO_2排放）[（1 650±73）$GtCO_2$当量]和CO_2-LULUCF（CO_2 emissions from land use，land-use change and forestry，土地利用、土地利用变化与林业导致的CO_2排放）[（760±220）$GtCO_2$当量]排放量的净贡献方面差异很大（图1.21）。

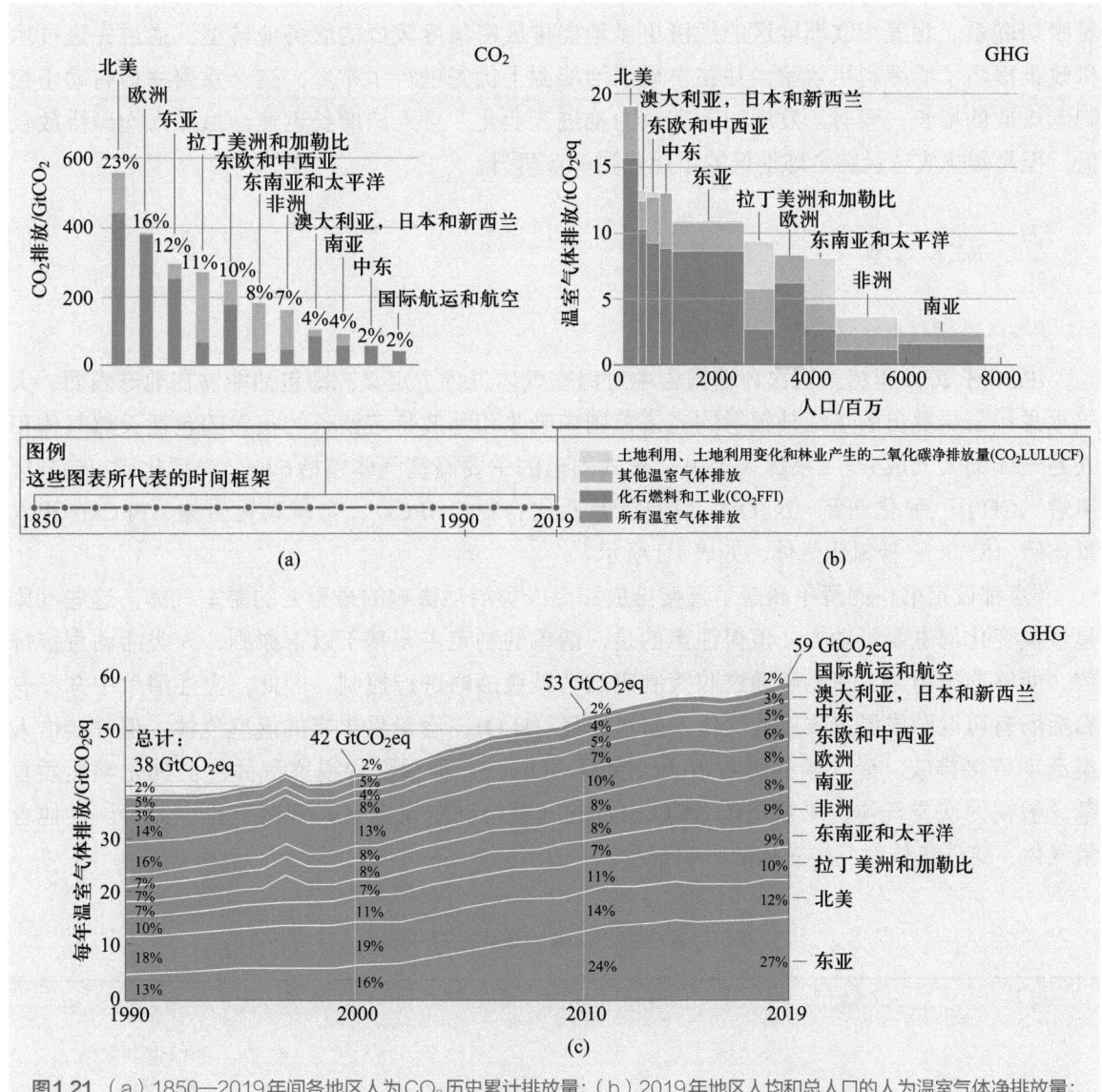

图1.21 （a）1850—2019年间各地区人为CO_2历史累计排放量；（b）2019年地区人均和总人口的人为温室气体净排放量；（c）1990—2019年间全球人为温室气体净排放量中各地区的贡献比例

如图1.21（a）和（b），据1850—2019年的区域历史累积排放量显示，北美地区和欧洲的贡献最大，分别为23%和16%，远高于其在2019年的占比（北美12%，欧洲8%）。主要有如下原因：首先，美国和欧洲国家比亚洲和其他地区更早实现工业化且更早开始使用化石燃料能源，这使它们更早排放更多温室气体，并随着时间的推移而不断累积。其次，虽然近几十年来，许多发达国家将制造业和工业生产转移到发展中国家（相当于把一些碳排放转移到了亚洲等其他地区），但是发达国家仍然维持了较高的人均碳排放水平。这就是欧美地区的历史累积排放量占据全球排放量约40%的原因。

近几十年来，东亚地区的碳排放占比逐年增加，这和全球经济的转型以及人口增长存在着密切联系。北美和欧洲地区的经济更多地向排放密集度较低的服务业转型，通过先进技术和政策提高了能源利用效率，并在发展清洁能源上优先进行了布局，这一系列举措有助于控制碳排放的增长。同时，发展中国家大力推进工业化，且人口增长迅速，虽然人均碳排放较低，但是碳排放总量在全球地区的占比仍进一步提升。

二、温室气体

（一）温室气体的定义

IPCC于2007年的第四次评估报告中对温室气体进行了定义，即包括能够在地球表面、大气本身和云层发出的热红外辐射的光谱范围内吸收和释放特定波长的辐射的包括天然气体和人为气体的大气成分。《京都议定书》正式列出的主要温室气体包括6种：二氧化碳（CO_2）、甲烷（CH_4）、氧化亚氮（N_2O），以及氢氟碳化合物（HFCs）、全氟碳化合物（PFCs）和六氟化硫（SF_6）三种氟化气体，如表1.1所示。

《京都议定书》的清单涵盖了直接排放和受人类活动影响的最重要的温室气体，这些气体是气候变化的主要驱动力。值得注意的是，清单的制定主要基于以下原则：人类活动直接排放、能够准确测量，并能够通过政策制定或者减缓战略进行控制。因此，上述清单中并没有囊括所有可以形成温室效应的气体，如水蒸气（H_2O），含量最丰富的温室气体，但并非由人类活动直接排放，受气候的影响很大；臭氧（O_3），一种重要的温室气体，但其化学性质复杂，被视为次要气体；氯氟化碳（CFCs），在《蒙特利尔议定书》管制下正在减少；其他含氟气体，这些气体对气候变化的影响很小。

表1.1　典型温室气体的含量及其主要排放源

化合物	工业化前浓度/ppmV	2020年浓度/ppmV	大气寿命/a	全球变暖潜势/GWP	主要人类活动来源
二氧化碳 CO_2	278	413	浮动不定	1	化石燃料燃烧 森林砍伐 水泥生产 天然气和石油的生产和分配

化合物	工业化前浓度/ppmV	2020年浓度/ppmV	大气寿命/a	全球变暖潜势/GWP	主要人类活动来源
甲烷 CH_4	0.722	1.889	12	28	化石燃料燃烧 垃圾填埋 牲畜消化系统的发酵 稻米种植
一氧化二氮 N_2O	0.27	0.333	121	265	化石燃料燃烧 化肥、粪便 尼龙生产 半导体制造业
三氟甲烷 CHF_3	0	0.000 024	222	12 400	电子行业 制冷剂 气体绝缘开关 消防灭火剂
1，1，1，2-四氟乙烷 CF_3CH_2F	0	0.000 062	1.3	1 300	消防灭火剂 泡沫材料生产 溶剂使用、制冷剂 气体绝缘开关
1，1-二氟乙烷 CH_3CHF_2	0	0.000 064	1.5	138	消防灭火剂 泡沫材料生产 溶剂使用、制冷剂 气体绝缘开关 半导体制造业
四氟化碳 CF_4	0.000 04	0.000 079	50 000	6 630	光学镀膜 制冷剂 消防灭火剂 气体绝缘开关 半导体制造业
全氟乙烷 C_2F_6	0	0.000 041	10 000	11 100	光学镀膜 制冷剂 消防灭火剂 气体绝缘开关
六氟化硫 SF_6	0	0.000 073	3 200	23 500	电力传输和分配系统 断路器、镁生产

注：ppmV：体积百万分之一；GWP：100年全球变暖潜势。数据来源：IPCC（2007）Climate Change 2007，IPCC（2013）Climate Change 2013，IPCC（2014）Climate Change 2014，IPCC（2021）Climate Change 2021.

（二）温室气体的吸热原理

温室气体之所以可以形成温室效应，是因为其具有较强的吸收红外辐射的能力。那么是什么特性导致其具有红外辐射的吸收能力呢？首先根据黑体辐射定律，地球会不断以电磁波的形式辐射能量，根据地表平均温度（约为300 K），地面辐射波长主要集中在1～30 μm，其最大辐射的平均波长为10 μm，属红外区间，称为地面长波辐射。该红外辐射的能量（频率）正好和分子振动的能量（频率）区间重合，当某些气体分子暴露于红外辐射时，自身的某些振动模式可引发其电偶极矩的变化，从而吸收与其振动频率相近的红外辐射。由同种原子组成的双原子分子，例如氧气（O_2）和氮气（N_2），由于结构的对称性，它们在振动过程中正、负电荷中心始终重合，不会引起自身电偶极矩的变化，因此不具备吸收红外辐射的能力。单原子分子如氩（Ar）更没有复杂的振动模式，也不会吸收红外线。而CO_2和CH_4这样的气体，由于它们原子种类和结构的不对称性，部分振动模式会引起正、负电荷中心发生相对运动，引起电偶极矩的变化，从而吸收红外辐射（图1.22）。

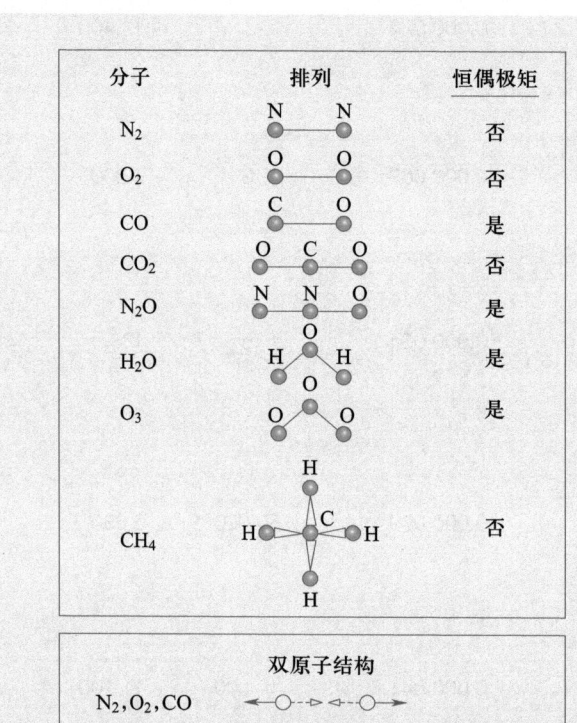

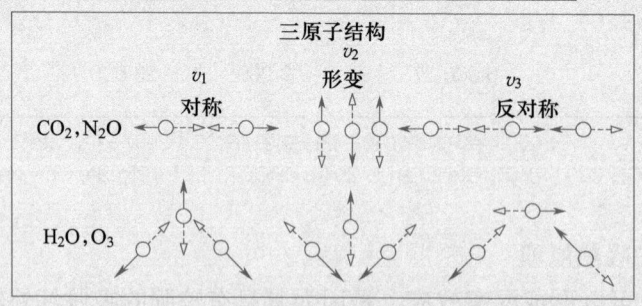

图1.22　常见气体分子的结构、振动模式及其与电偶极矩变化的关系示意图

数据来源：Dennis L H等，2016

除温室气体分子导致的红外辐射吸收之外，气溶胶也是影响气候变化的重要物质。气溶胶是悬浮在大气中的微小固体或液体颗粒。天然气溶胶的来源主要包括海盐、灰尘、火山灰和野火产生的烟雾，人为来源主要包括工业生产、发电、农业焚烧和汽车尾气排放。气溶胶在大气中的生命周期较短，大概是几天到几周的时间，但是气溶胶可以通过影响太阳辐射的吸收以及影响大气的化学成分进而对气候产生影响。根据气溶胶的尺寸、组分和光学特性，部分气溶胶可以吸收太阳辐射。大气中的气溶胶也可以为空气中水蒸气的凝结提供凝结核，有助于云层的形成并反射更多的太阳辐射以缓解地表升温。一些气溶胶，比如燃烧过程中释放的黑炭气溶胶，可以吸收红外辐射。某些气溶胶中的活性组分（例如硫酸盐）会与大气的温室气体相互作用并影响其作用，进而影响温室效应。

大气中一些气体虽然不直接吸收红外辐射，但是可以通过影响温室气体的形成以及寿命进而对温室效应产生影响，比较典型的有一氧化碳（CO）、氮氧化物（NO_x）、挥发性有机物（VOCs）。其中，一氧化碳可以和大气中的羟基自由基（·OH）反应并降低其水平，因为羟基自由基氧化是重要的甲烷去除路径，因此一氧化碳的存在可以间接增加甲烷的寿命，强化温室效应。氮氧化物气体如一氧化氮（NO）和二氧化氮（NO_2）没有直接的温室特性，但它们可以催化对流层中的臭氧（O_3）形成，臭氧可以形成温室效应导致气候变暖；在平流层，氮氧化物破坏臭氧，又可以间接地使地球降温。挥发性有机物反应也可产生对流层臭氧，强化温室效应。因此，全球气候变化不仅要控制温室气体的排放，影响温室气体形成、寿命的其他气体排放控制也至关重要。

下面让我们从温室气体红外辐射的视角重新审视一下温室效应（图1.23）。由于不同温室气体的分子结构不同和振动模式不同，导致不同温室气体对红外波长的吸收存在不同的波长范围：CO_2的对称和非对称振动模式大约在4.3 μm和15 μm的波长处有很强的吸收；水蒸气在大部分红外区都有广泛的吸收；甲烷的吸收峰在3.3 μm和7.7 μm。值得注意的是，太阳辐射的能量主要的波长为300 nm（近紫外）到2 500 nm（近红外），为短波辐射，因此，温室气体和太阳直接辐射的相互作用很小，也即对太阳直射的能量是"透明"的，允许其进入大气层并到达地球表面。地球吸收太阳能之后，将吸收的能量和自身的能量重新辐射到太空，不过由于地球温度远低于太阳，因此发出的辐射是波长较长的红外线，即长波辐射（基于普朗克黑体辐射定律）。大气中的温室气体会将长波辐射重新辐射到各个方向——一部分向下返回地球，另一部分返回太空。向地面的长波辐射进一步促使地球表面升温，形成温室效应。

（三）辐射强迫

辐射强迫指由于气候变化的外部驱动因素（如CO_2浓度或太阳辐射能量）的变化而导致的对流层或大气层顶部（海拔20 km）的净辐射通量的变化（向下减向上，以$W \cdot m^{-2}$表示）。辐射强迫的计算是在对流层的所有属性保持不变的情况下进行的。产生向下通量（短波加长波）净增加的变化时，辐射强迫为正值，通常意味着地表能量的增加，即地表和/或大气温度上升。相反，产生净上升通量增加的变化时，辐射强迫为负值，意味着地表能量的流失，即

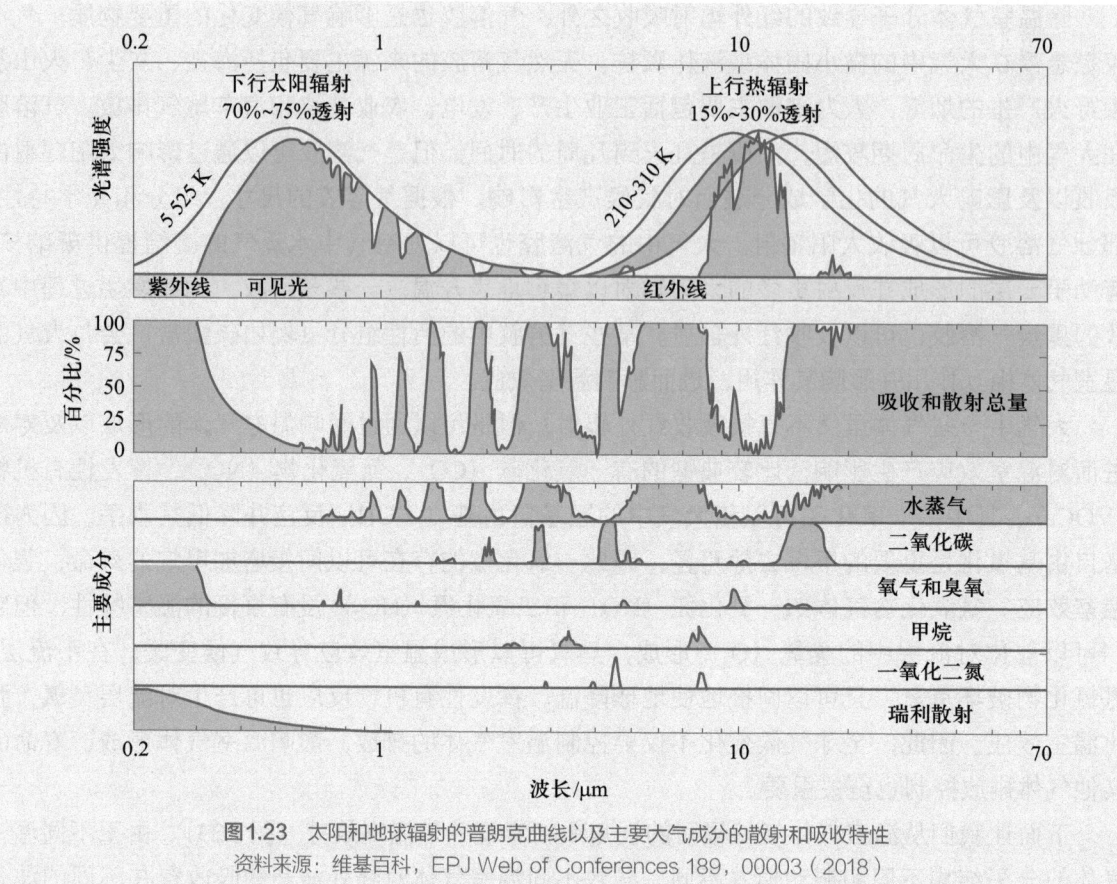

图1.23 太阳和地球辐射的普朗克曲线以及主要大气成分的散射和吸收特性
资料来源：维基百科，EPJ Web of Conferences 189，00003（2018）

地表和/或大气温度下降。辐射强迫被广泛用于全球气候长期变化的量化模拟，在气候研究中，辐射强迫通常将早于工业革命的1750年定义为基准年份（前工业时代气候系统）。例如，在IPCC《全球气候变化2013》报告中，辐射强度的计算年限基于1750—2011年。辐射强迫可以基于现场和远程观测、温室气体和气溶胶的特性，以及观测过程相关数值模型进行计算。辐射强迫可以根据每种物质的浓度变化进行计算，也可以报告基于某种特定气体组分的辐射强迫，后者可以得出和人类活动更直接的该物质排放引起的温室效应情况。

根据IPCC《全球气候变化2013》分析（图1.24），相较于1750年，2011年的总辐射强迫为正值，意味着地球气候系统处于吸收能量的状态。对总辐射强迫贡献最大的是1750年以来大气中CO_2浓度的增加。大气中气溶胶总效应的辐射强迫（包括气溶胶引起的云层调整）为 $-0.9\ [-1.9\sim-0.1]\ \mathrm{W\cdot m^{-2}}$（中等置信度），是大多数气溶胶的负强迫和黑炭吸收太阳辐射的正向贡献的综合结果。

延伸阅读1-10　如何准确测量大气中的CO_2？

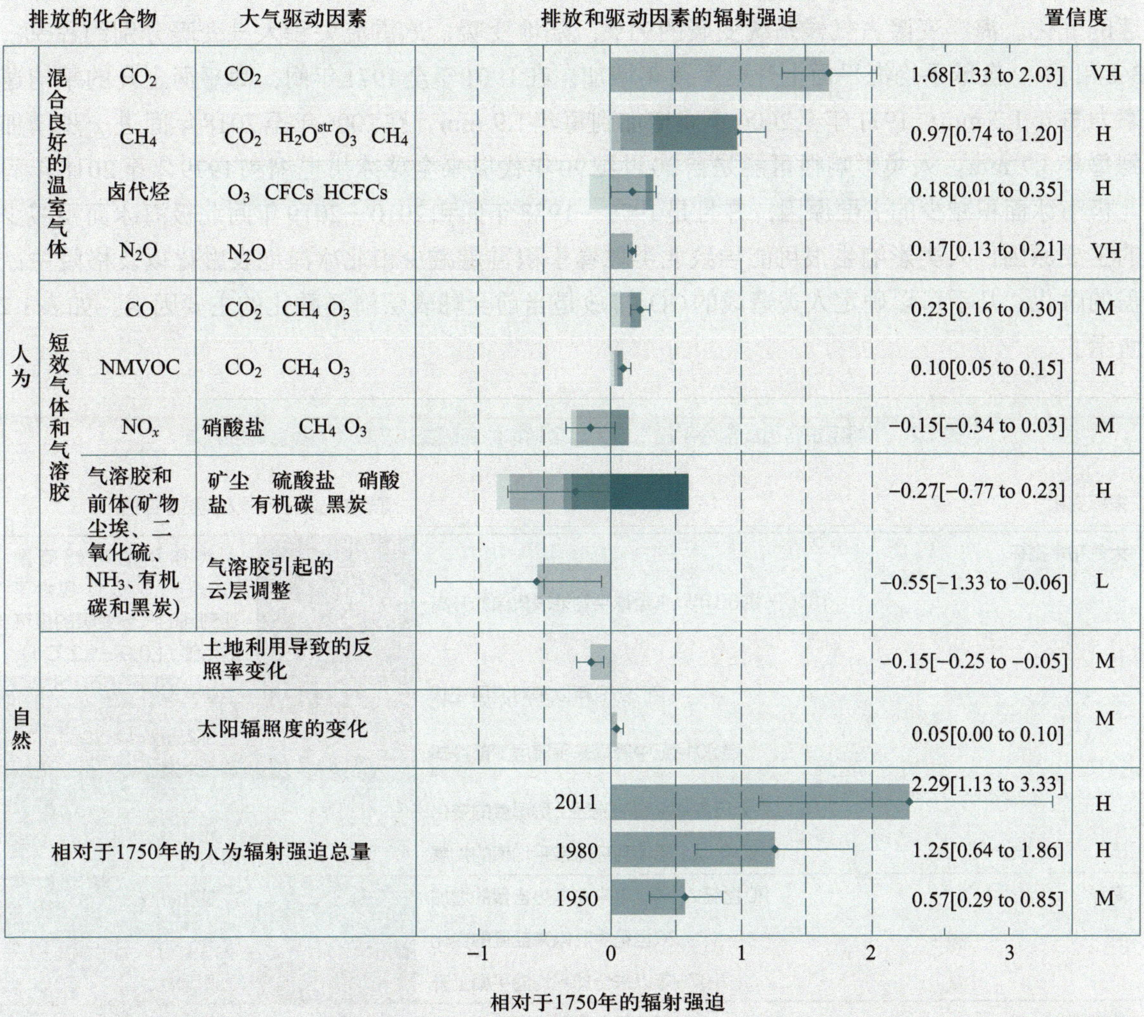

排放的化合物		大气驱动因素	排放和驱动因素的辐射强迫	置信度
人为	混合良好的温室气体	CO_2 → CO_2	1.68[1.33 to 2.03]	VH
		CH_4 → CO_2 H_2O^{str} O_3 CH_4	0.97[0.74 to 1.20]	H
		卤代烃 → O_3 CFCs HCFCs	0.18[0.01 to 0.35]	H
		N_2O → N_2O	0.17[0.13 to 0.21]	VH
	短效气体和气溶胶	CO → CO_2 CH_4 O_3	0.23[0.16 to 0.30]	M
		NMVOC → CO_2 CH_4 O_3	0.10[0.05 to 0.15]	M
		NO_x → 硝酸盐 CH_4 O_3	−0.15[−0.34 to 0.03]	M
	气溶胶和前体(矿物尘埃、二氧化硫、NH_3、有机碳和黑炭)	矿尘 硫酸盐 硝酸盐 有机碳 黑炭	−0.27[−0.77 to 0.23]	H
		气溶胶引起的云层调整	−0.55[−1.33 to −0.06]	L
		土地利用导致的反照率变化	−0.15[−0.25 to −0.05]	M
自然		太阳辐照度的变化	0.05[0.00 to 0.10]	M
相对于1750年的人为辐射强迫总量		2011	2.29[1.13 to 3.33]	H
		1980	1.25[0.64 to 1.86]	H
		1950	0.57[0.29 to 0.85]	M

相对于1750年的辐射强迫

图1.24 2011年相对于1750年的辐射强迫估计值和气候变化主要驱动因素的总不确定性

注：数值为全球平均辐射强迫（RF14），根据导致驱动因素组合的排放化合物或过程划分。净辐射强迫的最佳估算值以菱形显示，并附有相应的不确定性区间；数值显示在图的右侧，并附有置信区间。图右侧提供了数值，以及净强迫的置信度（VH—非常高，H—高，M—中等，L—低，VL—非常低）。由于冰雪上的黑炭造成的反照率作用力包含在黑炭气溶胶条中，由飞行物引起的小强迫（0.05 W·m⁻²，包括飞行物引起的卷云），以及HFCs、PFCs和SF_6（总计0.03 W·m⁻²）造成的微小影响未显示。气体的基于浓度的辐射强迫可以通过求和同色条来获得。火山由于其偶发性质，很难与其他强迫机制进行比较，因此不包括火山强迫。提供了相对于1750年的三个不同年份的总人为辐射强迫

资料来源：Climate Change Report 2013，IPCC

彩图1.24

三、未来全球气候变化

人为碳排放导致的温室效应是全球气候变化的主要驱动因素，这已经成为全球共识。人

类生产生活所带来的影响造成的全球变暖，使大气、海洋、冰冻圈和生物圈发生了广泛而迅速的变化。海洋变暖占气候系统变暖的91%，陆地变暖、冰雪流失和大气变暖分别约占5%、3%和1%。全球平均海平面上升速率逐年增加：在1901年至1971年间，海平面上升的平均速率为每年1.3 mm；1971年至2006年间增加到每年1.9 mm；在2006年至2018年间进一步增加到每年3.7 mm。人类影响很可能是自20世纪90年代以来全球冰川退缩和1979年至2018年间北极海冰面积减少的主要原因，并且是1979—1988年间和2010—2019年间北极海冰面积减少的主要原因；人类影响也很可能导致北半球春季积雪量减少和北冰洋地表融化以及格陵兰冰盖的融化。几乎可以确定人类造成的CO_2排放是当前全球表层海洋酸化的主要因素。如表1.2所示。

表1.2 气候系统各组成部分平均气候大尺度指标的观测变化及其受人类影响的程度

指标变化	观察变化评估	人类贡献评估
大气和水循环		
1850—1900年以来全球平均地表气温的升高		人类作用的可能范围（[0.8—1.3 ℃]）包含了观测到的气候变暖的极可能范围（[0.9—1.2 ℃]）
自1979年以来对流层变暖		主要驱动力
自20世纪中叶以来平流层下部冷却		主要驱动力1979—1990年代中期
1979年以来大尺度降水和对流层上层湿度的变化		
1980年以来哈德利环流带平均值的扩展		南半球
海洋		
20世纪70年代以来海洋热含量的增加		主要驱动力
20世纪中叶以来盐度的变化		
1970年以来全球平均海平面上升		主要驱动力
冰冻圈		
自1979年以来北极海冰的减少		主要驱动力
1950年以来北半球春季积雪量减少		
20世纪90年代以来格陵兰冰盖质量下降		
自20世纪90年代以来南极冰盖质量下降		有限的证据和中等程度的一致意见
冰川退缩		主要驱动力
碳循环		
自20世纪60年代初以来大气二氧化碳季节性周期的振幅增大		主要驱动力
全球表层海洋酸化		主要驱动力
陆地气候		
陆地地表平均气温（比全球平均变暖幅度大40 ℃左右）		主要驱动力
总结		
自工业化前时代以来全球气候系统变暖		

图例：置信度

中度信任　　可能/高度可信　　很有可能　　极有可能　　基本确定　　事实

注：数据来源：Climate Change 2023 Synthesis Report，IPCC.

未来全球气候将面临怎样的挑战？我们会不会像"在温水煮青蛙"中逐渐失去人类赖以生存的家园？全球气候研究学者通过强化气候观测手段和数据采集、构建气候模型，对未来气候变化开展预测研究，为我们制定规划提供了一定的参考。值得注意的是，全球气候变化的驱动因素是非常复杂的，因为对气候系统理解的不准确以及方法的局限性，预测结果仍然存在不确定性。

延伸阅读 1–11　气候变化情景——RCPs

（一）全球升温

在几乎所有情景和模拟结果中，全球变暖将在未来继续加剧。未来全球温度的变化将取决于未来温室气体的排放情况，但是累积净二氧化碳仍占主导地位。根据 IPCC《Climate change 2023》报道，在极低温室气体排放情景下，2081—2100 年相对于 1850—1900 年的极可能变暖幅度在 1.0~1.8 ℃（平均 1.4 ℃）之间变化，中等温室气体排放情景下在 2.1~3.5 ℃（2.7 ℃）之间变化，在非常高温室气体排放情景的温度变化区间为 3.3~5.7 ℃（平均 4.4 ℃）。

1~4 ℃的升温幅度看起来微不足道，但是对于地球生命系统而言却有着巨大的影响。预计全球每升温 1.5 ℃，健康、生计、粮食安全、供水、人类安全和经济增长面临的气候相关风险将不断增加。在全球升温达 2 ℃时，与极端天气事件相关的风险水平将升至非常高的水平，与气候相关（例如灌溉）的粮食供应和质量将导致营养缺乏等相关疾病，尤其是中低收入国家的家庭。全球升温到达 3 ℃时将产生广泛的系统性影响以及不可逆转的变化，生物多样性丰富的热点地区中特有物种的极高灭绝风险将相对于全球升温 1.5 ℃时增加至少 10 倍，直接洪涝灾害将比 1.5 ℃时提升 2.5~3.9 倍。全球升温 4 ℃及以上将对自然系统和人类系统产生深远影响，将导致约 50% 的热带海洋物种灭绝，全球 35% 的陆地面积上的生物群落发生变化，全球约 10% 的土地面积将面临极端高流量增加和减少的变化。若不采取额外的适应措施，将影响全球约 21 亿人口，约有 40 亿人将面临缺水问题，预计全球火灾面积将比目前增加 50%~70%，火灾频率将相较于目前增加约 30%。因此控制全球温度的升高极端重要。

要在 21 世纪末将升温限制在 1.5 ℃或 2 ℃以下，就必须深入、快速和持续地减少温室气体排放，达到 CO_2 净零排放，以及其他温室气体，特别是甲烷气体的大幅减排。在极低温室气体排放情景下，21 世纪 30 年代前半期全球变暖可达到 1.5 ℃，当 CO_2 排放量在 2050 年左右达到净零的情况下，21 世纪末变暖的最佳估计为 1.4 ℃，全球变暖不超过 1.6 ℃。除非在未来几十年内大幅减少 CO_2 和其他温室气体的排放，否则全球变暖幅度将在 21 世纪末超过 2 ℃。

（二）水循环

气候变化将显著影响全球降雨量的变化，该影响可能更多体现在降雨量的不均衡上，比如气候湿润和干旱地区的雨季和旱季的降雨量差距会更加明显，干旱、洪水和自然火灾等灾害的发生将更加频繁。到 21 世纪末，高纬度地区和赤道太平洋的年平均降水量可能会增加。

在许多中纬度和亚热带干旱地区，平均降水可能减少；而在许多中纬度潮湿地区，到21世纪末平均降水量可能增加。

（三）海洋

全球变暖对海洋温度、酸碱度、海平面、大洋环流将产生显著影响。海洋吸收了约90%由温室气体变暖引起的多余热量，导致自身升温。据测算，1900—2016年间，全球地表水的温度每世纪上升（0.7±0.08）℃。预计到2100年，全球平均海面温度将上升（2.7±0.7）℃，海洋升温将显著改变海洋生态系统。作为地球系统的重要碳汇，海洋吸收了至少25%的人为碳排放，大量的CO_2导致海洋不断酸化。据RCP 8.5模型预测，到2100年，全球平均海洋表面酸度将增加100%~150%，大西洋经向翻转环流（AMOC）很有可能在21世纪减弱，在RCP 2.6中预计减少范围为11%（1%~24%），在RCP 8.5中预计为34%（12%~54%）。AMOC的作用在于将温暖的海水从热带向北输送到北大西洋和北冰洋，其减弱将极大改变地球气候系统，并可能造成格陵兰冰盖融化和美国东海岸海平面上升等局面。相对于1986—2005年，2081—2100年的全球平均海平面上升可能在0.26~0.82 m（不同模型预测）。对于RCP 8.5，到2100年的上升幅度为0.52~0.98 m，2081—2100年间的上升幅度为8~16 mm/a。

（四）冰冻圈

据IPCC 2019年《气候变化中的海洋和冰冻圈特别报告》，预计2015—2100年冰川质量减少（不包括冰盖）范围为（18±7）%（RCP 2.6）~（36±11）%（RCP 8.5），可导致海平面上升（94±25）mm（RCP 8.5）~（200±44）mm（RCP 8.5）。根据RCP 8.5预测，大部分冰川较少的地区（如中欧、高加索、北亚、斯堪的纳维亚、热带安第斯山脉、墨西哥、东非和印度尼西亚）预计到2100年将失去现有冰量的80%以上，大量冰川的消失将成为必然。与1986—2005年相比，北极秋季和春季积雪预计在近期（2031—2050年）减少5%~10%。与1986—2005年相比，到2031—2050年，在高山地区，低海拔冬季平均积雪深度预计将减少10%~40%；到2100年，近地表（3~4 m）内多年冻土区域将减少（24±16）%（RCP 2.6）~（69±20）%（RCP 8.5）。冰冻圈的减少和消失将对地球生态系统的能量和物质交换产生重要影响，并进一步加剧全球气候变化。

延伸阅读1-12　气候变暖——"OK冰川"不再"OK"

第四节
碳中和与可持续发展

地球是目前唯一已知有生命的星球，大海形成了它蓝色的主色调，植物、动物、昆虫、微生物在地球上生生不息，高山、大海、平原、沙漠，都是生命繁衍的栖息之地。我们理当为人类的聪明才智而骄傲，经过600万年的繁衍生息，我们俨然成了地球的主宰。然而，如果从太空中回望地球，它在茫茫的太空之中显得美丽又孤独。所有的生命和物质只能以地球为唯一的家园，至少目前，我们别无选择。地球的生命还可以有45亿年，在地球的生命里，人类又可以陪伴地球多久？人类文明是否可以永续发展？

一、碳达峰与碳中和

（一）碳达峰
碳达峰（carbon peaking）：指CO_2总排放量在某一时期达到历史峰值，峰值过后，排放量逐渐减少，它是实现碳中和的必要条件。需要注意的是，碳达峰是指人为碳排放达到峰值，而并非大气中CO_2的含量达到峰值。碳达峰之后大气中的CO_2仍然可能继续增加，这是因为海洋和陆地等碳汇吸收CO_2的速率较慢，排放的CO_2排放会在大气中长时间停留，所以即使今天停止排放CO_2，大气中的CO_2含量仍会继续上升很多年。据IPCC估计，如果今天达到碳排放峰值，大气中的CO_2含量至少需要100年才能恢复到工业化前的水平。

（二）碳中和
碳中和（carbon neutrality）：指一段时间内，特定组织或整个社会活动产生的CO_2，通过植树造林、海洋吸收、工程封存等自然、人为手段被吸收和抵消掉，实现人类活动CO_2相对零排放。

在温室气体排放上，人们还提出了净零排放（net zero）、气候中性（climate neutral）、零碳（zero carbon）、近零碳（near-zero carbon）等概念，这些概念从不同的角度定义了温室气体排放控制的方向。

净零排放：指在温室气体产生量和温室气体排放量之间达到总体平衡。在一定时期内，当全球人为CO_2排放量与人为CO_2清除量达到平衡时，就实现了净零排放。

气候中和：通过平衡温室气体排放量，使其等于（或少于）通过地球自然吸收而消除的排放量，从而实现温室气体净零排放的理念。其基本方式是指通过气候行动减少所有温室气体的排放。

零碳：根据英国气候变化委员会的定义，零碳意味着消除公司、产品、服务或地区的所有CO_2和其他温室气体排放。

近零碳：国际能源署对"近零碳排放"的定义是，到2050年，与能源相关的CO_2排放量在目前的水平上至少减少90%。近零碳排放最大限度地提高了能源效率，并转向低碳能源，然而一些残余的CO_2排放仍然难以完全消除。

IPCC指出，碳中和与CO_2净零排放是两个相互重叠的概念，可应用于全球或全球以下范围（如区域、国家和国家以下范围）。在全球范围内，这两个词是等同的；在全球范围内，CO_2净零排放通常适用于报告实体（如国家、地区或部门）直接控制或领土责任范围内的排放；而碳中和也适用于企业、商品和活动（如服务或活动），通常包括实体直接控制或领土责任范围以外的排放和清除。这意味着与净零目标相比，"中和"应包括的排放量和清除量范围更广，但也意味着可采用抵消机制，通过超出实体直接控制范围的减排来帮助实现中和。在IPCC的报告中的"碳"中和一词被定义为特指CO_2中和，主要针对人类活动过程中的CO_2排放，并不包括其他的温室气体，因为二氧化碳占据总温室气体的77%，因此二氧化碳得到控制也就意味着大部分温室气体排放得到了控制。但在实际使用中，该词的使用可能会有歧义，因为有些用户将其用于所有温室气体排放的中和。温室气体中和是指一个实体的所有温室气体总排放量必须与从大气中清除的等量CO_2相平衡（图1.25）。

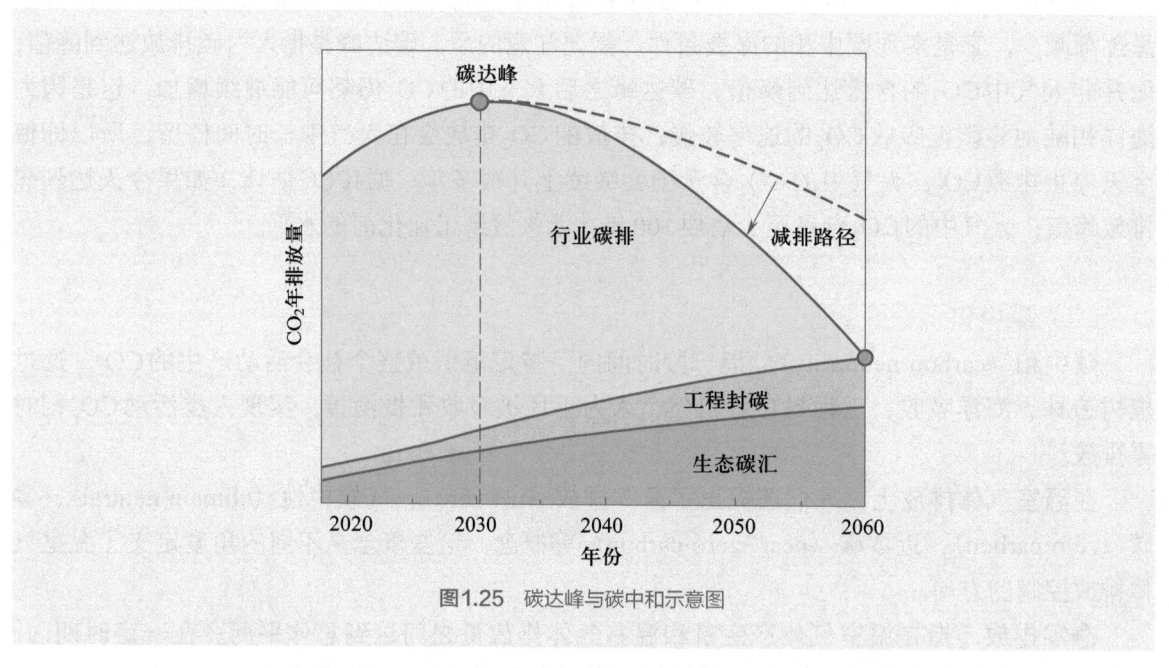

图1.25 碳达峰与碳中和示意图

（三）碳中和路径

实现碳中和的本质是降低碳足迹。直接降低碳足迹的方法即将碳从大气中消除，比如碳捕集与碳存储；间接降低碳足迹的方法即降低向大气中的碳排放，比如用清洁能源取代化石能源。基于对21世纪所有和全球能源、土地利用以及经济相关的排放量化分析，IPCC提出了对于将温度上升控制在1.5 ℃以内的减排策略。

1. 碳捕集和碳存储

从大气中主动去除CO_2的方法包括强化陆地和沿海植物以及土壤中的碳储存，如造林和再造林、土壤碳增强，以及土地和沿海生态系统的保护、恢复和管理。生物碳封存为陆地碳储存提供了另一条途径，此外也可以将大气中的CO_2储存在地质结构中。目前报道的方法有将生物质用于能源生产与碳捕集和储存，使用化学溶剂和吸附剂直接捕获与储存空气中的CO_2，通过增强岩石风化将大气中的CO_2矿化，通过海洋碱化封存海洋中CO_2，通过光催化的方法从大气中去除甲烷，N_2O和卤代烃等。然而，目前的碳去除方法仍然不成熟，其大规模应用的效率、造价以及长期影响仍然存在较大的不确定性。

瑞士的Climeworks公司开设了一家具有开创性的工厂，利用直接空气捕获（DAC）技术，从大气中吸收二氧化碳，并将其转化为可供多个市场使用的原材料。该工厂每年能够去除900 t CO_2，这些CO_2被转售给各种客户，包括附近的蔬菜农场，用作肥料。此外，CO_2还可用于生产碳酸饮料和碳中和燃料。Climeworks指出，利用经过过滤的CO_2，客户可以降低总体排放量，并减少对化石燃料的需求。这个工厂代表了第一个商业化的碳捕获操作。

2. 能源

目前，全球对于化石能源的重度依赖是碳排放急剧增加的重要原因。以煤炭、石油、天然气为主的传统能源仍然占据主导地位。在能源的产生源头上，通过光伏、风电、核电、水电、生物质能等绿色清洁能源的发展替代传统的化石能源成为实现碳中和的必然趋势；在能源传输上，采用特高压、储能设备提升能源传输效率，并进一步推进清洁能源的配套使用，可以进一步降低用电成本，降低电力产生过程中的碳排放；在能源的利用上，持续提升各产业能源利用效率，实现以节能减排为导向的生产链条；在能源利用的末端，通过对废气、废液以及固体废物的处理处置，实现末端碳减排。

3. 工业生产

工业生产是能源需求以及温室气体排放的最大需求行业，目前其直接CO_2排放量约占能源相关排放总量的25%，CO_2排放量在2000年至2014年间以年均3.4%的速率增长，明显高于总碳排放的增长速率。持续推进制造业绿色低碳循环发展是减少工业碳排放的关键。在工业生产的供给侧，采用绿色能源和绿色原材料或者回收材料、提升生产工业和技术可以降低生产过程的碳排放；从需求侧而言，降低绿色低碳循环产品的造价，提升民众选择低碳产品的意识，引导市场需求，可以进一步降低产品全生命周期碳排放；采取合理的低碳政策和有利于低碳循环经济的市场机制也可以降低行业的碳排放。

4. 建筑

在2014年，建筑行业占全球最终能源使用总量的31%，占最终电力需求的54%，占能源相关CO_2排放总量的8%（不包括电力产生的间接排放），是重要的碳排放源。若考虑上游发电，建筑产生的CO_2占全球能源相关CO_2排放的23%，其碳排放的三分之一来自化石燃料的直接消耗。建筑排放涉及建材生产、施工、运行三个阶段，我国建筑全生命周期碳排放中，三者的占比分别是55.2%、2%、42.8%。因此选择绿色建材、实现建筑低碳运行是降低碳排放的重要方法，建筑行业的弹簧发展和深度脱碳势在必行。

5. 交通

2014年，交通占全球最终能源需求的28%，占全球能源相关CO_2排放量的23%。2010年至2015年期间，排放量每年增长2.5%，在过去半个世纪中，交通碳排放量增长速率超过任何其他领域。交通是能源终端使用最为单一的领域，消耗了全球石油最终能源需求的65%，其中92%的最终能源需求由石油产品构成，交通领域碳减排面临重大挑战。交通领域的大幅减排可以通过提升能源效率、更换燃料、避免或改变运输活动的结构变化来实现。采用清洁能源代替传统化石能源，大力推进新能源汽车的研发和使用，具有极大的碳减排潜力；构建绿色运输模式，改变和优化出行方式和货运模式，建设智慧交通体系，提升交通运输效率也有助于碳减排的实现。

6. 土地利用和农业

森林砍伐和其他土地利用变化是历史上大气CO_2浓度的增加的重要原因。如果到2050年使森林砍伐和森林退化速率可以降至零，每年可避免$0.4 \sim 5.8$ kMt CO_2当量排放。通过改进农田管理、改进畜牧饲料和粪便管理等改变农业发展模式，每年可减少$0.2 \sim 1.4$ kMt CO_2当量排放；改变饮食结构，增加低排放畜产品比例，可显著降低农业排放。

（四）碳中和国际共识

碳中和行动对于减缓全球气候变化的重要性已经达成全球共识。2015年12月12日，联合国气候变化框架公约（UNFCCC）197个成员国在巴黎气候变化会议（PCCC）上一致同意通过《巴黎协定》，该协议制定了2020年后全球应对气候变化的行动计划，各国达成在2050至2100年间实现全球碳中和的共识。根据《巴黎协定》，各国同意将全球气温上升幅度控制在2 ℃以内，并努力将全球气温上升幅度控制在1.5 ℃以内。

2020年9月22日，习近平在第七十五届联合国大会上宣布，中国将提高国家自主贡献力度，采取更加有力的政策和措施，CO_2排放力争于2030年前达到峰值，努力争取2060年前实现碳中和。实现碳达峰碳中和的"双碳"目标，是党中央经过深思熟虑作出的重大战略决策，是着力解决资源环境约束突出问题、实现中华民族永续发展的必然选择，也是构建人类命运共同体的庄严承诺。至此，我国现代化进入了低碳化发展的新阶段，低碳化、零碳排放成为中国式现代化的新标志，成为高质量发展的新标志。我国已经建立了针对"双碳"目标实现的顶层设计和落实和保障方案，将气候变化纳入生态文明建设整体布局和经济社会发展全局，并加快推动产业结构、能源结构、交通运输结构等重点行业的调整优化。

延伸阅读1-13　碳中和相关国际组织

《联合国气候变化框架公约》《巴黎协定》等国际公约对减少温室气体排放都做出了约束性规定，但低成本的清洁能源替代传统化石能源是一个漫长过程。当前，碳排放总量仍在增加，碳达峰拐点未现，温室效应愈发明显。由此，碳排放总量成为人类文明进步的最重要约束变量。碳中和的实现是一场广泛而深刻的经济社会系统性变革。在《巴黎协定》的倡导下，截至2023年8月，全球已有145个国家宣布碳中和目标和净零碳排放目标，其中绝大多数国家计划在2050年或2060年之前实现该目标，133个国家将目标定在2050年，12个国家承诺在2050年后实现碳中和或净零排放。目前，有4个国家宣布实现净零排放，包括贝宁、科摩罗、圭亚那和苏里南，不丹和加蓬宣布实现碳中和。做出碳中和或者净零排放的137个国家中，有30个国家做出了法律规定，有98个国家做出政策宣示和承诺。另外有700余个地区和1 100多个城市制定碳中和或净零排放目标。

延伸阅读1-14　部分国家和地区的碳中和目标及其简要说明

气候变化的应对非一国之事，需要在技术创新、产业升级、知识共享等层面进行全球合作，互惠互利，共同应对全球气候变化。各国需要根据各国的发展阶段、能源结构等制定对应的碳中和达成路径，我国国务院发展研究中心课题组分析了不同情景下的增长与排放情况，给出了推荐情景下的碳达峰时间、碳达峰峰值和能源利用的CO_2排放值。未来40年，实现"双碳"目标可以分为四个阶段，分别为2021—2030年的碳达峰阶段，2031—2035年从相对减排向绝对减排快速平稳过渡阶段，2036—2050年的加速减排阶段，2051—2060年的碳中和攻坚达标阶段。在碳达峰阶段，需要兼顾经济社会发展，进行节能减排技术推广，逐渐提高绿色能源比例，并对碳捕集、利用与封存技术进行战略部署；在平台期平稳过渡阶段和加速减排阶段，需要显著降低能源系统碳排放，加快负碳技术的应用，努力让经济发展和碳排放脱钩；在碳中和攻坚阶段，碳中和技术发展成熟，脱碳技术实现大规模应用，基本形成绿色低碳的社会发展模式。

二、可持续发展

（一）可持续发展的历史演变

1. 早期概念的萌芽：从环境保护到资源管理的初步思考

20世纪60年代，随着工业化进程的加快，全球范围内的环境问题日益严重。空气污染、水污染、森林砍伐以及生物多样性的丧失等问题引起了人们的广泛关注，使人类开始从单纯的环境保护意识转向对资源管理和可持续发展的初步思考。1962年，美国海洋生物学家蕾切尔·卡逊（Rachel Carson）出版了《寂静的春天》（*Silent Spring*），这本书揭示了杀虫剂DDT对生态系统的破坏，尤其是对鸟类种群的影响。该书一经出版即引发了全球范围内对环境保护的深刻反思，促使公众意识到人类活动对自然环境的负面影响。卡逊的研究成果被认为是现代环境运动的起点之一。在此期间，科学家和政策制定者开始探讨如何平衡经济发展与环境保护之间的关系。1968年，罗马俱乐部（Club of Rome）发表了《增长的极限》（The

Limits to Growth）报告，指出资源有限性将人类社会持续发展形成巨大挑战。这一时期的思考为可持续发展理念的形成奠定了重要基础。

2. 里程碑事件：从斯德哥尔摩到布伦特兰

1972年，在瑞典斯德哥尔摩召开了第一次联合国人类环境会议（Stockholm Conference on the Human Environment），这是全球范围内首次围绕环境问题举行的国际会议。该会议通过了《人与环境宣言》（*Stockholm Declaration*）和《行动计划》，为可持续发展理念的形成奠定了基础。1987年，联合国世界环境与发展委员会（WCED）发布了《我们的共同未来》（*Our Common Future*），即著名的《布伦特兰报告》。该报告正式提出了"可持续发展"的概念，并给出了其经典定义："既满足当前世代的需求，又不损害后代满足其自身需求的能力构成危害的发展"。可持续发展概念的提出为各国重新审视经济发展与环境的关系提供了全新的视角和理论框架。它强调了经济、社会和环境三个方面的相互依存与协调发展，呼吁各国在制定政策和发展战略时，必须充分考虑到环境和社会因素，实现可持续的经济增长，成为后续国际政策制定的重要指导原则。

3. 全球化背景下的演变：从区域性问题到全球性挑战

进入21世纪，可持续发展理念经历了进一步的深化。随着经济全球化的加速，气候变化、资源枯竭、海洋酸化等跨境性和全局性的环境问题日益突出。这些问题不再是单一国家或地区能够解决的，而是需要国际社会共同应对的全球性挑战。2000年，联合国通过了"千年发展目标"（Millennium Development Goals，MDGs），这份宣言呼吁建立全球性的伙伴关系以减少极端贫困，这是联合国所有成员国以及世界主要发展机构首次达成一致的具有可量化目标的全球战略。为了支持该宣言，联合国确立了八项配套目标，包括：消除极端贫困和饥饿，普及初等教育，促进性别平等并增强妇女力量，降低儿童死亡率，改善孕产妇健康状况，抗击艾滋病、疟疾以及其他疾病，确保环境可持续性，建立全球发展伙伴关系。2015年，联合国又提出了《2030年可持续发展议程》，相较于千年发展目标对减贫的关注局限于过去，可持续发展目标则包含了新的主题，反映了一种将环境、经济和社会视为嵌入式系统而不是相互独立竞争的方法。近年来，气候变化问题成为全球关注的焦点。1997年的《京都议定书》和2015年的《巴黎协定》体现了国际社会对可持续发展理念的深入实践。这一时期，可持续发展不仅被视为环境保护的目标，更被认为是实现经济增长、社会公平和环境保护三赢的重要途径。

从早期的环境保护意识到如今的全面可持续发展理念，人类社会在认识和实践中不断进步。然而，可持续发展仍面临诸多挑战，如技术创新不足、国际合作不充分以及发展中国家与发达国家之间的利益平衡等问题。未来的可持续发展需要全球范围内的共同努力，以确保人类社会在经济繁荣的同时，不损害地球生态系统的承载能力，为后代创造更加美好的未来。可持续发展理念的提出和发展，不仅反映了人类对自然环境的日益深刻的理解，也展现了国际社会在应对全球性挑战时的合作精神和共同责任感。

（二）可持续发展目标与核心原则

1. 气候变化与可持续发展目标

在联合国《世界环境与发展委员会报告：我们共同的未来》中，对人类文明永续发展主题下，如何协调环境和发展这一命题给出了我们应该遵循的道路，那就是可持续发展的道路。全球气候变化已经深刻影响了地球的环境，并且已经、正在并将在未来深刻影响人类生产生活，已经成为人类发展面临的最大挑战。人们必须将对气候变化的关注转化为不同国家和地区之间更强的合作，跨越经济、文化、政治、信仰以及地域差别，为人、资源、环境和发展之间的协调发展做出实质性的努力，因为没有一个国家能在这场全人类的生存之战中独善其身。

2015年联合国制定可持续发展17项SDGs核心目标（图1.26），并呼吁所有国家：无论是发达国家或者是发展中国家，采取联合行动，共同消除贫困、改善健康和教育、减少不平等现象、促进经济增长，实现经济、社会、环境的可持续发展。可持续发展与气候变化息息相关，其引发的系列问题对可持续发展的17个核心指标的实现具有决定性的影响。

图1.26　联合国可持续发展17项目标

无贫穷：气候变化会对农业、渔业、旅游业等造成影响，从而导致生计和收入的损失，可能迫使人们陷入贫困。

零饥饿：降雨模式的改变和极端天气事件的增加会导致粮食减产和粮食价格上涨，并影响粮食安全。

良好的健康和福祉：气候变化增加了营养不良、疟疾和热应激等健康问题的风险；之外，气候变化会破坏卫生基础设施，影响人类健康。

优质教育：气候变化导致的极端天气事件会破坏教育设施；并且，气候变化导致的区域发展不平衡也会影响教育的投入，影响教育公平。

性别平等：气候变化引起的环境和社会变化使女性在获得食物、教育、资源等方面受到负面影响，也会进一步影响女性的生存环境和工作条件。

清洁饮水和卫生设施：气候变化会造成干旱或者洪涝灾害，此外海水入侵也会影响淡水供应，海平面上升可能会污染地下水。

经济适用的清洁能源：气候变化可能会通过极端天气破坏能源基础设施，可再生能源的效率可能受到影响。

体面工作和经济增长：气候变化可能导致农业、工业、旅游业等就业机会减少，增加生产成本，降低生产效率等，影响经济发展。

产业、创新和基础设施：海平面上升、洪水、热浪和其他气候影响都可能会破坏基础设施。

减少不平等：气候变化对贫困人口和边缘化人口的影响尤为严重，从而进一步加剧不平等现象。

可持续城市和社区：沿海城市受到海平面上升和极端天气的威胁，从而影响城市和社区的安全性、抵御灾害能力。

负责任消费和生产：气候变化将导致能源、土地和资源使用模式的变化，进而影响消费和生产。

气候行动：气候变化可能是最大的可持续发展挑战，必须采取紧急的减缓和适应措施。

水下生命：海洋吸收大量热量和CO_2，加剧海洋酸化，使珊瑚礁白化，破坏海洋生态系统。

陆地生物：气候变化导致荒漠化和永久冻土融化，土地退化使得生物栖息地减少，导致生物多样性的丧失。

和平、正义和强大机构：气候变化会加剧争夺食物和水等稀缺资源的冲突，甚至引发战争，影响世界和平。

促进目标实现的伙伴关系：气候变化将影响全球伙伴关系和合作中资金投入、技术转化、贸易等，进而影响全球一体化发展和共同价值的实现。

全球气候变化对可持续发展目标的实现具有本质和深远的影响，同时可持续发展是应对气候变化的根本。它可以帮助减少温室气体排放以及适应气候变化的影响，并建立抵御气候变化冲击的能力。可持续发展有利于进一步投资可再生能源，减少对化石燃料的依赖；森林保护可以促进碳汇，有助于减缓气候变化；贫困是环境退化的一个主要驱动因素，减少贫困有助于减少温室气体排放和保护环境。

因此，如何减少全球碳排放，适应和减缓气候变化的影响，是可持续发展的关键挑战。

2. 引导可持续发展的基本原则

根据联合国环境规划署（UNEP）的解释，可持续发展不仅仅是对环境保护的关注，还涉及社会公平和经济增长。可持续发展强调这三者之间的平衡与协调，只有实现这三者的和谐统一，才能确保人类社会的长期繁荣与自然环境的健康稳定。在可持续发展实践中，环境保护、经济发展和社会是相互关联且同等重要的，且三者之间的关系是复杂的，它们共同构成了可持续发展的核心内涵（图1.27）。

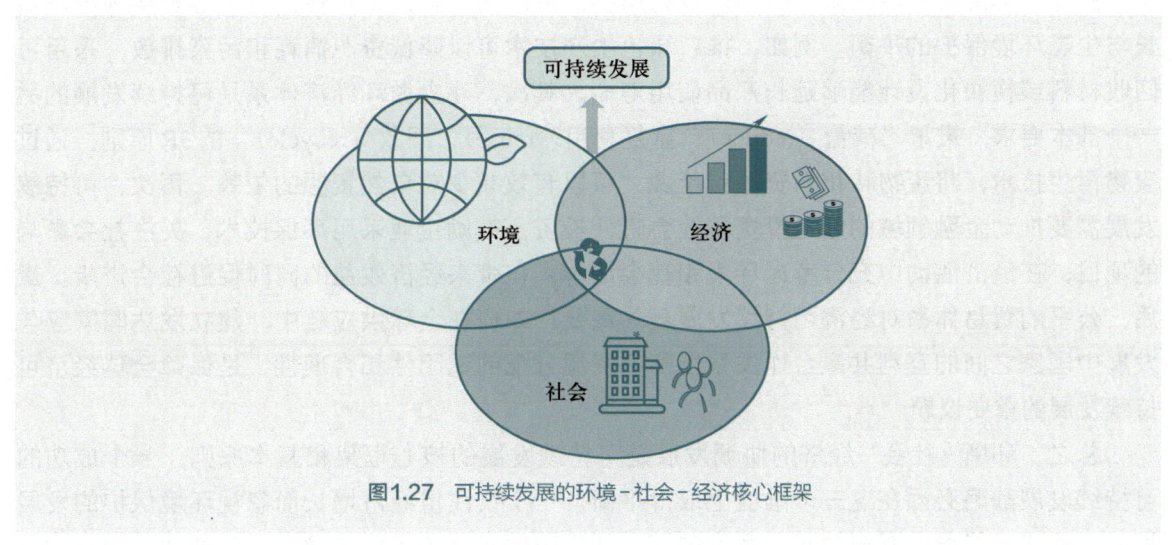

图1.27 可持续发展的环境－社会－经济核心框架

（1）环境保护原则

环境是人类赖以生存的基础，保护环境是实现可持续发展的首要前提。首先，可持续发展强调生态系统的平衡与自然资源的合理利用，尊重生态系统的完整性和多样性，避免对生物多样性造成破坏。自然栖息地的过度开发会导致物种灭绝，这不仅影响当前生态平衡，也会对未来产生不可逆转的负面影响。其次，可持续发展要求减少人类活动对环境的负面影响，如温室气体排放、污染物释放等。通过推广清洁能源（如太阳能、风能）、提高资源利用效率和采用循环经济模式，可以有效降低生态足迹。最后，可持续发展还强调自然资源的可持续利用，确保它们能够满足当代人的需求，同时为后代留下足够的资源储备。例如，在保障粮食生产的同时保护土壤健康和水资源，是可持续农业发展的重要内容。预防性原则是环境保护的核心，即使在科学不确定的情况下，也应采取措施避免潜在的环境风险。例如，尽管关于温室气体排放对全球变暖影响的具体机制仍有许多未解之谜，但各国仍应采取积极措施减少碳排放，以防范潜在的灾难性后果。这种以防患于未然的做法，不仅可以有效保护环境，也为社会经济发展创造了更安全、更可靠的条件。

（2）社会公平与正义原则

可持续发展的另一个内涵是确保社会公平正义，其核心是实现社会资源的公平分配，确保所有人的基本需求得到满足。例如推广基础教育和职业技能培训，建设完善的公共卫生系统等，对于保障教育和医疗的公平具有重要意义。此外，可持续发展还强调包容性增长，即确保发展成果惠及所有人，而不是仅仅让少数群体受益。在城市化进程中，关注贫困社区的住房条件、基础设施建设和公共服务水平，通过税收政策、社会保障体系等手段缩小贫富差距，对于较少社会不平等、更好地实现共同福祉具有重要意义。此外，代际公平是社会可持续发展的另一项重要原则，即当代人的发展不应损害后代人的利益。

（3）经济发展原则

首先，可持续发展强调资源的高效利用和经济活动的长期稳定性，其核心是实现经济增长与生态环境保护的平衡。例如，推广绿色生产技术可以降低资源消耗和污染排放，采用可回收材料或模块化设计能够延长产品使用寿命。其次，建立循环经济体系是可持续发展的另一个基本要求，秉承"减量（reduce）、重复利用（reuse）、回收（recycle）"的3R原则，通过废物再生技术，将废物转化为资源或能源，可以有效减少对自然资源的依赖。再次，可持续发展需要推动金融领域的绿色投资和社会责任投资，鼓励企业采用环保技术、关注社会影响的项目，在经济活动中充分考虑环境和社会成本，在带来经济效益的同时促进社会进步。最后，公平的贸易体系对经济可持续发展至关重要，如何在全球供应链中，建立发达国家应与发展中国家之间的互利共赢合作关系，确保资源分配的透明性和合理性，是保障全球经济可持续发展的重要议题。

总之，环境-社会-经济的协调发展是可持续发展的核心框架和基本原则，一个成功的可持续发展战略必须在这三个维度上取得平衡。一个仅注重经济增长而忽视环境保护的发展模式，最终可能导致资源枯竭和生态破坏，从而阻碍经济的可持续发展。同样地，如果过分强调环境保护而忽略社会公平，可能会加剧贫富差距，导致社会不稳定。

（三）可持续发展指标体系与评估

1. 可持续发展指标体系

2015年在 联合国大会第七十届会议上通过了《2030年可持续发展议程》，该议程于2016年1月1日正式启动。新议程呼吁各国采取行动，为今后15年实现17项可持续发展目标而努力。《2030年可持续发展议程》中，将17项可持续发展目标下分为169个子目标，包括126个数字类目标（结果目标）和43个字母类目标（实施手段目标），共包括244个细分指标（表1.3）。例如，可持续发展目标6共有8个具体目标。前六个是结果目标，标为目标6.1至6.6。最后两个目标是实施手段目标，分别标为目标6.a和6.b。这一框架应简明严格，涵盖所有可持续发展目标和具体目标，包括执行手段，可持续发展目标的指标应根据官方统计的基本原则，按收入、性别、年龄、种族、族裔、移民身份、残疾和地理位置或其他特征分列。

由于该指标体系指标数目众多，整体描述性缺乏细节，不同发展阶段的国家采用该指标时必须做本土化处理，以形成符合本国特色的指标体系。另外，个别指标存在相互重叠的情况，因此有待在实践中不断完善和改进。

表1.3　可持续发展目标指标体系基本情况

可持续发展目标	子目标类型及个数	指标数
目标1. 在全世界消除一切形式的贫穷	数字类5个 字母类2个	13

可持续发展目标	子目标类型及个数	指标数
目标2. 消除饥饿，实现粮食安全，改善营养状况和促进可持续农业	数字类5个 字母类3个	14
目标3. 确保各年龄段人群的健康生活方式，促进他们的福祉	数字类9个 字母类4个	28
目标4. 确保包容和公平的优质教育，让全民终身享有学习机会	数字类7个 字母类3个	12
目标5. 实现性别平等，增强所有妇女和女童的权能	数字类6个 字母类3个	14
目标6. 为所有人提供水和环境卫生并对其进行可持续管理	数字类6个 字母类2个	11
目标7. 确保人人获得负担得起的、可靠和可持续的现代能源	数字类3个 字母类2个	6
目标8. 促进持久、包容和可持续经济增长，促进充分的生产性就业和人人获得体面工作	数字类10个 字母类2个	16
目标9. 建造具备抵御灾害能力的基础设施，促进具有包容性的可持续工业化，推动创新	数字类5个 字母类3个	12
目标10. 减少国家内部和国家之间的不平等	数字类7个 字母类3个	14
目标11. 建设包容、安全、有抵御灾害能力和可持续的城市和人类住区	数字类7个 字母类3个	15
目标12. 确保采用可持续的消费和生产模式	数字类8个 字母类3个	13
目标13. 采取紧急行动应对气候变化及其影响	数字类3个 字母类2个	8
目标14. 保护和可持续利用海洋和海洋资源以促进可持续发展	数字类7个 字母类3个	10
目标15. 保护、恢复和促进可持续利用陆地生态系统，可持续管理森林，防治荒漠化，制止和扭转土地退化，遏制生物多样性的丧失	数字类9个 字母类3个	14
目标16. 创建和平、包容的社会以促进可持续发展，让所有人都能诉诸司法，在各级建立有效、负责和包容的机构	数字类10个 字母类2个	20
目标17. 加强执行手段，重振可持续发展全球伙伴关系	数字类19个 字母类0个	24

2. 可持续发展量化评估

联合国秘书处协调193个联合国会员国在17项可持续发展目标方面的表现进行最全面的评估，编制年度《可持续发展报告》（Sustainable Development Report，SDR），各国政府根据达成情况来确定行动重点、明确挑战、跟踪进展，以更好、更快实现可持续发展，图1.28展示了各国家开展SDGs定量评估的基本思路。

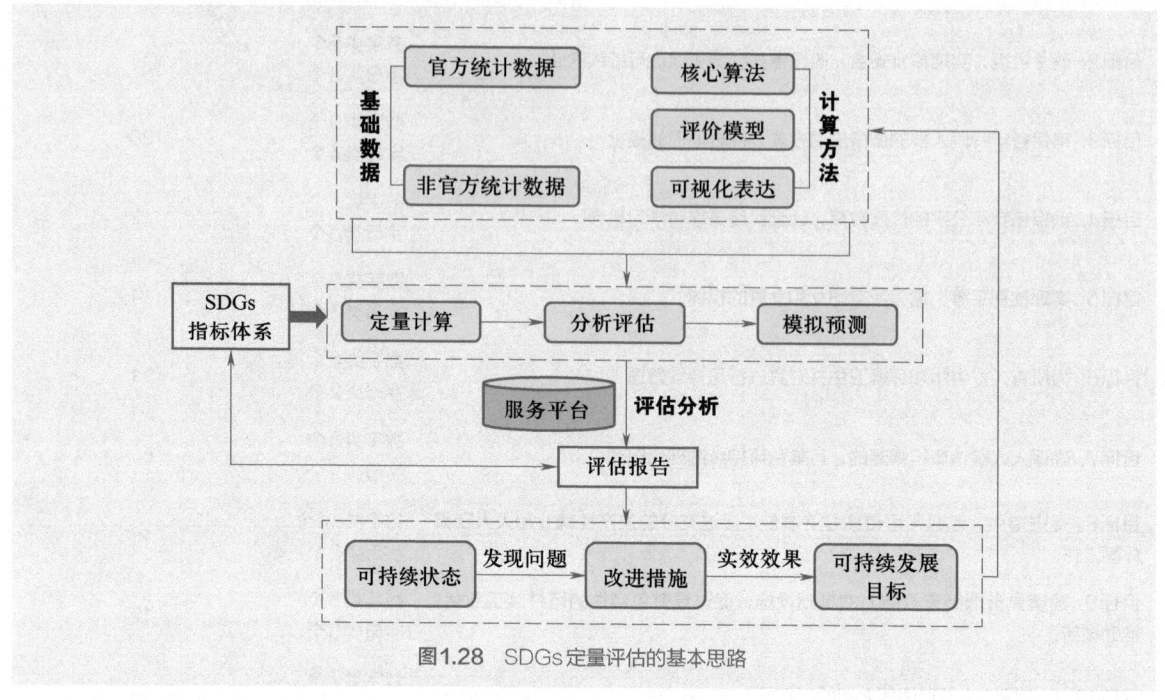

图1.28 SDGs定量评估的基本思路

延伸阅读1-15 《2030年可持续发展议程》各项可持续发展目标和具体目标全球指标框架

（1）评估原则

《2030年可持续发展议程》要求各国政府落实和评估国家、区域和全球各级或是各项目标和具体目标的进展。指标落实和评估工作需遵循如下基本原则：

● 自愿进行，由各国主导，兼顾各国不同的现实情况、能力和发展水平，并尊重各国的政策空间和优先事项。

● 跟踪所有国家执行普遍目标和具体目标的进展，包括执行手段，同时尊重目标和具体目标的普遍性、综合性和相互关联性以及可持续发展涉及的三个方面。

● 后续评估工作将长期进行，找出成绩、挑战、差距和重要成功因素，协助各国作出政策选择。

● 后续评估工作将对所有人开放，做到包容、普遍参与和透明，还将协助所有相关利益相关方提交报告。

● 后续评估工作以人为本，考虑性别平等问题，尊重人权，尤其重点关注最贫困、最脆弱和落在最后面的人。

● 后续工作以现有平台和工作为基础，避免重复，顺应各国的国情、能力、需求和优先事项。

• 后续评估工作将保持严谨细致和实事求是，并参照各国主导的评价工作结果和以下各类及时、可靠和易获取的高质量数据：收入、性别、年龄、种族、族裔、迁徙情况、残疾情况、地理位置和涉及各国国情的其他特性。

• 后续评估工作要加强对发展中国家的能力建设支持，包括加强各国、特别是非洲国家、最不发达国家、小岛屿发展中国家和内陆发展中国家，以及中等收入国家的数据系统和评价方案。

• 后续评估工作将得到联合国系统和其他多边机构的积极支持。

延伸阅读1-16　2023年《中国落实2030年可持续发展议程进展报告》

（2）评估流程

数据选择：可靠的数据是实现可靠的可持续发展状况评估的基础，评估国应当优先采用联合国统计委员会认可的官方SDG指标，当存在数据缺口或官方指标的数据不足以反映实际情况时，需要根据如下五个标准纳入来自官方和非官方提供者的其他度量标准，具体如下：(i) 全球相关性和适用性：这些指标对广泛的国家环境具有全球性的意义和适用性；(ii) 统计充分性：这些指标代表了有效且可靠的测量方法；(iii) 时效性：这些指标是最新的，并按照及时的时间表发布；(iv) 覆盖范围：至少80%的人口超过100万的联合国成员国拥有可用的数据；(v) 目标距离可测性：必须能够测量与目标的距离（可以定义最优性能）。

目前可持续发展报告的数据来源于官方和非官方数据源的混合，其中大约三分之二的数据来自国际组织（如世界银行、经合组织、世界卫生组织、粮农组织、国际劳工组织、联合国儿童基金会等），因为这类组织拥有严谨的数据验证流程，可靠性较好。其余约三分之一的数据则来自不太传统的统计数据，包括家庭调查（如盖洛普世界民意调查）、民间社会组织和网络（如乐施会、税务正义网、世界正义工程、无国界记者组织等）、同行评审期刊（如用于追踪国际溢出效应），以及地理信息系统（GIS）。这些非官方数据源补充了其他数据源，并有助于提高关键SDG指标和目标的数据可用性和时效性。

评估程序：计算可持续发展目标指数的程序包括三个步骤：确定绩效阈值，并从每项指标的分布中剔除极端值；重新调整数据规模，以确保各项指标之间的可比性（标准化）；在可持续发展目标内和可持续发展目标之间汇总各项指标。

(i) 确定绩效阈值并归一化

为了使不同指标间的数据具有可比性，需要将不同的变量变换至0～100的范围，其中0表示最差表现，100则代表最优表现。每个指标的上限是通过以下决策树来确定的：

a. 使用SDG和目标的绝对定量阈值：例如，零贫困、全民完成教育、全民获得水和卫生设施、完全性别平等。

b. 当没有明确的SDG目标时，应用"不让任何一个人掉队"的原则，将上限设定为全民覆盖或零剥夺。

c. 对于科学设定的目标，如果这些目标必须在2030年或之后实现，则使用这些目标来设定100%的上限（例如，二氧化碳温室气体排放量不迟于2050年降至零，以限制全球变暖不超过1.5 ℃；渔业的100%可持续管理）。

d. 对于所有其他指标，使用前五名表现者的平均值作为上限。

这些原则将SDG解释为"拉伸目标"，重点关注国家落后的指标。下限被定义为总数据分布的第2.5百分位数。每个指标分布都进行了删失处理，即所有超过上限的值得分均为100，而低于下限的值得分则为0。通过这种方法，确保了不同国家和地区的数据在评估其可持续发展目标进展时能够进行公平比较，并且突出了需要改进的关键领域。同时，这也强调了即使是最优表现者也有继续进步的空间，因为即使是最高分也可能不是真正的最优状态。

在确定了上下限之后，变量使用以下变换公式线性转换到0~100的尺度范围内：

$$x' = (x - \min) / (\max - \min) \times 100$$

其中：x是原始数据值；$\max$和$\min$分别表示上限和下限；x'是重新变换后的标准化值。

该变换公式确保所有重新缩放后的变量都被表达为升序变量（即更高的值表示更好的表现）。通过这种方式，重新缩放后的数据变得易于解释和比较：一个在某指标上得分为50的国家意味着它已经达到了最优值的一半；而一个得分为75的国家则表明它已经完成了从最差到最优距离的四分之三。

（ii）确定权重与聚合

基于将所有SDG视为平等且不可分割的整体目标集的承诺，SDG制定者对每个SDG赋予固定且相等的权重。这意味着，为了提高其SDG指数得分，各国需要关注所有目标，特别是那些距离实现SDG最远的目标。

计算SDG指数时，首先使用各项目标下指标的算术平均值来估算每个目标的得分，然后将这17个SDG的目标得分进行平均，以获得最终的SDG指数得分。为确保数据的稳健性，将在线上对各SDG指数进行敏感性测试，包括测试不同的权重方案对国家排名和得分的影响，比较算数平均值和几何平均值对SDG准确性的影响，考察极端数值的处理方式对整体的影响，以及不同数据覆盖程度下结果对比，以评估缺失数据对指数准确性的影响；同时为确保数据的可靠性，将在指数和目标层面上进行蒙特卡罗模拟，包括对不确定性进行量化，确定由于数据不确定性和权重选择等因素导致的结果波动范围；进行风险评估，模拟可以帮助识别那些可能对指数产生显著影响的风险因素；提供决策支持，使决策者可以获得关于不同政策选项可能产生的效果的更深入见解，进而指导可持续发展目标相关政策的制定；进行稳健性检查，验证SDG指数对各种假设条件的敏感度。

（iii）SDG仪表盘和发展趋势

彩图1.29

为每个指标引入了额外的定量阈值，以将国家分组到一个"交通灯"表格中。这些阈值是基于统计技术，并通过自2016年以来与专家进行的多轮咨询建立的。基于该阈值，可以将SDG发展状况定义为SDG达成（绿色）、存在挑战（黄色）、存在显著挑战（橙色）、存在重大挑战（红色）（图1.29）。

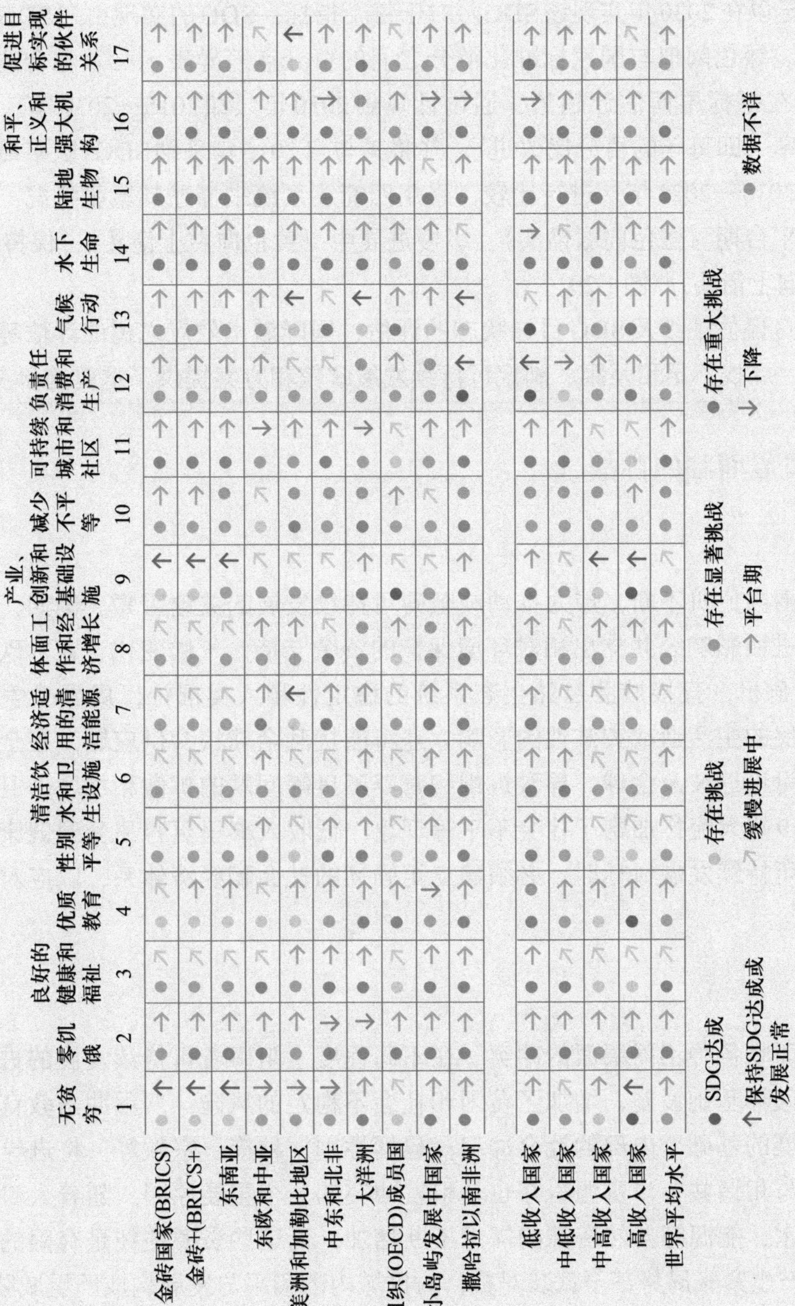

図1.29 基于地区和收入的SDG仪表盘数据

这是一个SDG（可持续发展目标）仪表盘图表，纵向排列，行为地区/收入分组，列为17个可持续发展目标。

地区/收入组	1 无贫穷	2 零饥饿	3 良好的健康和福祉	4 优质教育	5 性别平等	6 清洁饮水和卫生设施	7 经济适用的清洁能源	8 体面工作和经济增长	9 产业、创新和基础设施	10 减少不平等	11 可持续城市和社区	12 负责任消费和生产	13 气候行动	14 水下生命	15 陆地生物	16 和平、正义和强大机构	17 促进目标实现的伙伴关系
金砖国家(BRICS)	↑	↑	↗	→	→	↗	↗	↗	↗	→	↗	→	↗	→	↗	→	→
金砖+(BRICS+)	↑	↑	↗	→	→	↗	↗	↗	↗	→	→	→	↗	→	→	→	→
东南亚	↑	↗	↗	→	→	↗	→	↗	↗	↗	→	→	↗	↘	→	→	→
东欧和中亚	↑	↗	→	→	→	→	→	→	→	→	↓	→	↗	→	↗	→	↑
拉丁美洲和加勒比地区	↓	↓	↗	→	→	↗	→	↑	↗	→	→	→	↑	→	→	→	→
中东和北非	→	↗	→	↑	→	→	→	→	→	→	→	→	↗	→	→	↘	→
大洋洲	→	↓	→	↘	→	↗	→	→	→	→	↗	→	→	→	→	→	→
经济合作与发展组织(OECD)成员国	↑	↗	→	→	→	→	→	→	→	→	→	→	→	↗	↗	→	→
小岛屿发展中国家	→	→	→	→	→	↗	→	→	→	→	→	→	↗	↘	→	→	→
撒哈拉以南非洲	↓	↗	↗	→	→	→	→	→	↗	→	↗	↗	↗	→	↗	→	→
低收入国家	↑	→	↗	→	→	↗	→	→	→	→	→	→	↗	→	→	→	→
中低收入国家	↑	↗	↗	→	→	→	→	↗	↗	→	→	→	→	→	↗	→	→
中高收入国家	↑	↗	↗	→	→	→	↑	↗	↑	→	→	↓	↗	↘	↗	→	→
高收入国家	↑	↑	→	↓	→	→	↗	→	→	→	→	→	→	→	→	→	→
世界平均水平	↑	↗	↗	→	→	→	→	→	→	→	→	→	↗	→	→	→	→

图例：
- ● SDG达成　　↑ 保持SDG达成或发展正常
- ● 存在挑战　　↗ 缓慢进展中
- ● 存在显著挑战　　→ 平台期
- ● 存在重大挑战　　↓ 下降
- ● 数据不详

注：不包括经合组织的具体指标，人口加权平均指数

资料来源：Sustainable Development Report 2024

此外，利用历史数据可以估算一个国家向某个SDG迈进的速度，并确定如果将这一速度外推到未来，是否足以在2030年实现该SDG。对于每个指标，SDG的实现由为SDG仪表盘设定的绿色阈值定义。绿色阈值与国家标准化得分之间的百分点差异表示必须弥合的差距，以达成该目标。为了在指标层面估计趋势，通过计算到2030年（即2015—2030年）实现目标所需的线性年增长率（即每年的百分比改进），并将其与自2015年采纳SDGs以来最近期间的平均年增长率（如2015—2023年）进行比较，采用四箭头系统来描述其紧张状况，包括下降（红色向下箭头）、平台期（橙色向右箭头）、缓慢进展中（黄色向右上箭头）、保持SDG达成或发展正常（绿色向上箭头）（图1.29）。

除此之外，SDG评估还涉及SDG目标状态的评估、国际溢出效应之树的评估等，为各国根据自身发展状态、寻找不足和差距、制定可持续发展政策和方案提供了重要的参考。

三、可持续发展面临的挑战

（一）危机

当前，全球范围内危机不断，成为推动或阻碍可持续发展的关键因素。例如，经济危机可影响国家财政，进而影响公共支出和对环境保护的资金支持；气候变化、森林砍伐、生物多样性丧失等环境危机，直接威胁自然生态系统的稳定性和人类福祉；局域战争和冲突不断，不仅对当地人民的生活造成灾难性的影响，还可能扰乱全球粮食供应链，在全球化背景下，区域性的问题可迅速波及全球，导致饥饿和营养不良等问题的扩散和加剧；卫生系统危机，例如COVID-19的大流行加剧了社会不平等现象，低收入群里更容易受到健康危机的影响。因此，在追求可持续发展目标时，必须建立更强韧的社会和经济体系，以应对未来的不确定性。

（二）冲突

当今全球仍然面临各种不同层面的冲突，在不同程度上阻碍着可持续发展的进程。国家间的军事冲突直接破坏基础设施，增加了贫困和社会不稳定的风险，严重冲击教育和医疗服务，削弱了长期发展的基础；内部的社会冲突，包括性别、种族、宗教等，将进一步导致社会分裂，阻碍合作与和谐共存；资源争夺也是引发冲突的一个重要原因。随着人口增长和经济发展，对土地、水、能源等自然资源的需求不断增加，而这些资源往往是有限的。当竞争超过合作时，就会产生紧张局势甚至武装对抗，对区域内的和平与发展构成严重威胁。

（三）妥协

在全球化进程中，为了推进可持续发展，各利益相关方需要在多个领域进行妥协。在政策制定方面，政府应当平衡短期经济增长目标与长期环境保护之间的关系，如减少化石燃料补贴或限制高污染行业的扩张，转而投资于清洁能源和绿色技术的研发与应用，确保经济持续健康发展；在国际合作中，不同发展阶段的国家需要积极磋商，达成共识。发达国家和发展中国家之间存在明显的差异，前者通常拥有更多技术和资金优势，后者则更迫切需要解决贫困、饥饿等问题。因此，双方应在气候融资、技术转移等方面找到共同点，并设立合理的机制来帮助较贫穷国家过渡到低碳经济路径；公众参与也是实现可持续发展不可或缺的一部分。消费者的选择可以引导市场走向更加环保的方向，但这也要求生产者愿意接受更高的成本和标准。在这个过程中，企业、非政府组织、科研机构等各方都应发挥积极作用，共同努力促进全社会向可持续消费和生产模式转变。只有当所有参与者都能够认识到自身责任并作出相应调整时，真正的变革才可能发生。

综上所述，面对危机、冲突和妥协，可持续发展需要一个综合性的方法论，既要加强国内治理结构的有效性，又要增进国际间的协作精神。唯有如此，才能克服当前面临的种种障碍，构建人类与自然和谐共生的美好未来。

四、碳中和与可持续发展的关系

碳中和与可持续发展是当今全球面临的两个重要议题。它们之间存在着紧密的联系，共同构成了人类应对气候变化、保护环境以及促进经济和社会进步的核心框架。实现碳中和不仅是减缓全球变暖的关键措施，也是推动社会向更加绿色、包容性增长转型的重要途径，碳中和目标的设定和实施可以支持更广泛的可持续发展目标。

（一）碳中和是可持续发展的核心组成

从本质上讲，碳中和是可持续发展的一个具体表现形式，它要求我们在经济发展过程中充分考虑对自然资源的影响，确保当前的需求不会损害后代满足自身需求的能力。要实现碳中和，必须经历一场深刻的经济社会变革——从依赖化石燃料的传统高碳经济模式转向以可再生能源为基础的低碳甚至无碳经济。这一过程涉及能源结构的重大调整，包括加大对风能、太阳能等清洁能源的投资力度；提高工业生产效率，推广高效节能技术和产品；加强森林资源保护，扩大绿化面积以及研发并应用碳捕捉与储存技术等。

这样的转型并非易事，尤其是在那些传统能源产业占据重要地位的国家和地区。然而，随着技术的进步和社会意识的提升，越来越多的企业和个人认识到低碳发展的潜力，投资于清洁技术和环保项目不仅可以降低运营成本，还能带来新的市场机会和社会认可度。因此，追求碳中和的过程，实际上是在构建一种更为健康、稳定且具有竞争力的经济体系，这正是可持续发展的应有之义。

（二）碳中和是助推可持续发展的有效路径

除了环境保护和技术革新外，碳中和还意味着要在整个社会层面上推进更加公平合理的分配机制。气候变化的影响往往不呈比例地落在最脆弱群体身上，如贫困社区、小岛屿国家和发展中国家。为了实现真正的可持续发展，必须确保所有人在享受低碳生活方式的同时，都能获得足够的支持和服务，不至于因政策调整而陷入困境。例如，在实施碳定价机制时，可以通过补贴等方式减轻低收入家庭的负担；在推动新能源产业发展过程中，优先考虑就业创造和技能培训，帮助工人适应新行业的需要。此外，还要特别关注女性、儿童和少数族裔的权利保障，使他们能够在决策过程中拥有发言权，并从中受益。总之，只有当所有人都能平等地参与到低碳转型之中，才能真正建立起一个持久和谐的社会秩序，这也是可持续发展理念所强调的核心价值之一。

（三）全球合作是推进碳中和与可持续发展的必要条件

碳中和和可持续发展都是全球性问题，任何一个国家都无法独自解决。面对气候变化带来的共同威胁，国际社会应当加强协作，共同制定规则并分享经验教训。联合国及其下属机构在这方面发挥了重要作用，如《巴黎协定》就是通过多方协商达成的一份具有法律约束力的文件，旨在引导各国共同努力应对全球变暖。

除此之外，非政府组织、科研机构和私营部门也应积极参与进来，形成合力。通过跨国界的合作研究、技术转移和资金援助等形式，可以加速知识传播和技术扩散，使得更多地区能够更快更好地实现碳中和目标。同时，这也促进了不同文化之间的交流互鉴，增进了相互理解和信任，为进一步深化国际合作奠定了坚实基础。

综上所述，碳中和与可持续发展之间存在着不可分割的关系。前者提供了明确的方向和工具，帮助人们克服当前面临的环境危机；后者则为人们描绘了一幅理想的未来图景，指引着人类社会向着更加繁荣、公正和美丽的方向前进。两者相辅相成，缺一不可。展望未来，只要世界各国齐心协力，勇于担当起各自的责任，就一定能够成功跨越这个历史性的转折点，开启一个人类与自然和谐共生的新时代。

思考题

1. 什么是温室效应，其主要影响因素有哪些？

2. 什么样的辐射被温室气体捕获？它对地球气候有什么影响？

3. 气候和天气有什么区别和联系？

4. 通过课外阅读，阐述目前我国碳捕集、利用与封存（CCUS）项目产业的发展现状以及未来前景。

5. 近年来，"藻菌共生"体系逐渐成为污水处理相关研究的热点问题。通过文献调研，请阐述"藻菌共生"体系为什么兼具固碳、减污的双重效果。

6. 浅谈"厄尔尼诺现象"与"温室效应"之间的区别与联系。

7. 什么是碳达峰？什么是碳中和？二者的关系是怎样的？

8. 请说明对于未来全球气候变化，学者们给出了关于哪些方面怎样的预测？

9. 请简述自然碳循环的主要路径。

10. 地球的气候系统是由哪些圈层组成的？各圈层包含哪些内容？

11. 通过课外阅读，总结广西红树林的生态作用。

12. 农业碳排放主要来源于哪些过程？

13. 通过文献调研，阐述地球轨道对地球温度的影响。

14. 通过文献调研，阐述地球板块运动对温度的影响。

15. 通过文献调研，阐述海水运动对温度的影响。

16. 微妙的平衡——火山喷发和风化之间形成的平衡是维持地球环境的原因吗？

17. 氢气是一种清洁能源，我们会经常听到绿氢、灰氢和蓝氢，类似也会听到绿电、灰电和蓝电的描述，请谈一谈它们之间的区别与联系。

18. 银杏是植物界的活化石，是第四纪冰川运动后存活下来的最古老的植物，你了解银杏的气孔数与大气中CO_2的关系吗？银杏是如何指示大气碳水平的长期变化的？

19. 了解巴西第一个零环保处罚的大型工程：美丽山二期项目。

20. 了解雄县（雄安）如何通过地热能的使用而成为华北首座没有煤烟的"无烟城"。

延伸阅读

延伸阅读1-1　黄河流域文明及生态变迁

延伸阅读1-2　国内外典型极端气候事件

延伸阅读1-3　地壳中各种元素的组成及含量

延伸阅读1-4　石墨烯的发现及应用

延伸阅读1-5　CO_2的材料安全数据表

延伸阅读1-6　地壳、生物圈、海洋、大气等各个介质中的总碳含量是如何确定的？

延伸阅读1-7　地球温度的影响因素：地球轨道、板块运动及海水运动

延伸阅读1-8　植物（藻类）光合作用过程

延伸阅读1-9　广西北海红树林

延伸阅读1-10　如何准确测量大气中的CO_2？

延伸阅读1-11　气候变化情景——RCPs

延伸阅读1-12　气候变暖——"OK冰川"不再"OK"

延伸阅读1-13　碳中和相关国际组织

延伸阅读1-14　部分国家和地区的碳中和目标及其简要说明

延伸阅读1-15　《2030年可持续发展议程》各项可持续发展目标和具体目标全球指标框架

延伸阅读1-16　2023年《中国落实2030年可持续发展议程进展报告》

参考文献

［1］Loh P R, Genovese G, McCarroll S A. Monogenic and polygenic inheritance become instruments for clonal selection [J]. Nature, 2020, 584(7819): 136-141.

［2］Pullen A, Kapp P, Mccallister A T, et al. Qaidam Basin and northern Tibetan Plateau as dust sources for the Chinese Loess Plateau and paleoclimatic implications [J]. Geology,

2011, 39(11): 1031−1034.

[3] Shennan I. Sea level from global to local [J]. Nature Geoscience, 2011, 4(5): 283−284.

[4] Peters G P, Le Quéré C, Andrew R M, et al. Towards real-time verification of CO_2 emissions [J]. Nature Climate Change, 2017, 7(12): 848−850.

[5] Ritchie H, Roser M. Forests and deforestation [J]. Our world in data, 2021.

[6] Rockström J, Steffen W, Noone K, et al. Planetary boundaries: exploring the safe operating space for humanity [J]. Ecology and society, 2009, 14(2).

[7] Steffen W, Richardson K, Rockström J, et al. Planetary boundaries: Guiding human development on a changing planet [J]. Science, 2015, 347(6223): 1259855.

[8] Zahnle K, Schaefer L, Fegley B. Earth's earliest atmospheres [J]. Cold Spring Harbor perspectives in biology, 2010, 2(10): a004895.

[9] Lebrun T, Massol H, Chassefière E, et al. Thermal evolution of an early magma ocean in interaction with the atmosphere [J]. Journal of Geophysical Research: Planets, 2013, 118(6): 1155−1176.

[10] Li J, Bergin E A, Blake G A, et al. Earth's carbon deficit caused by early loss through irreversible sublimation [J]. Science Advances, 2021, 7(14): eabd3632.

[11] Fuller D Q, Van Etten J, Manning K, et al. The contribution of rice agriculture and livestock pastoralism to prehistoric methane levels: an archaeological assessment [J]. The Holocene, 2011, 21(5): 743−759.

[12] Rivera J E, Chará J. CH_4 and N_2O emissions from cattle excreta: a review of main drivers and mitigation strategies in grazing systems [J]. Frontiers in Sustainable Food Systems, 2021, 5: 657936.

[13] Roy P S. National forest cover assessment 2015 [J]. Journal of Earth Science & Climatic Change, 2015, 6(11), 1−7.

[14] Fang J, Chen A, Peng C, et al. Changes in forest biomass

carbon storage in China between 1949 and 1998 [J]. Science, 2001, 292(5525): 2320−2322.

[15] Friedlingstein P, O'sullivan M, Jones M W, et al. Global carbon budget 2022 [J]. Earth System Science Data Discussions, 2022, 2022: 1−159.

[16] Hartmann D L. Atmospheric Radiative Transfer and Climate [J]. Global Physical Climatology(Second Edition), 2016: 49−94.

[17] Alimonti G. Our energy future starts from actual energy limits [J]. The European Physical Journal Conferences, 2018, 189: 00003.

[18] Godard O. The Stern Review on the Economics of Climate Change: contents, insights and assessment of the critical debate [J]. Sapiens, 2008, 1(1): 49−58.

[19] Chen L, Msigwa G, Yang M, et al. Strategies to achieve a carbon neutral society: a review [J]. Environmental Chemistry Letters, 2022, 20(4): 2277−2310.

[20] Steffen W, Richardson K, Rockström J, et al. Planetary boundaries: Guiding human development on a changing planet [J]. Science, 2015, 347(6223): 1259855.

[21] Rockström J, Steffen W, Noone K, et al. Planetary boundaries: exploring the safe operating space for humanity [J]. Ecology and society, 2009, 14(2).

[22] 汪品先. 地球系统与演变 [M]. 北京: 科学出版社, 2018.

[23] 坎普赫. 地球系统 [M]. 张晶, 译. 北京: 高等教育出版社, 2011.

[24] 刘南威. 自然地理学 [M]. 3版. 北京: 科学出版社, 2014.

[25] Ruddiman, William F. Earth's Climate: past and future[M]. 3rd ed. New York: Macmillan, 2014.

[26] 杰弗里·贝内特. 宇宙中的生命 [M]. 霍雷, 译. 北京: 机械工业出版社, 2016.

[27] 埃里克·蔡森. 今日天文·星系世界和宇宙的一生 [M]. 高健, 译. 北京: 机械工业出版社, 2016.

[28] 埃里克·蔡森. 今日天文·恒星: 从诞生到死亡 [M]. 高健, 译. 北京: 机械工业出版社, 2016.

[29] 埃里克·蔡森. 今日天文·太阳系和地外生命探索 [M]. 高健, 译. 北京: 机械工业出版社, 2016.

[30] 日本朝日新闻出版. 46亿年的奇迹: 地球简史 [M]. 北京: 人民文学出版社, 2020.

[31] Smith W B, Darr D. US forest resource facts and historical trends[M]. Washington, D. C.: United States Department of Agriculture, Forest Service, 2014.

[32] Dellasala D A, Goldstein M I. Encyclopedia of the Anthropocene[M]. Amsterdam: Elsevier, 2018.

[33] 全球碳捕集与封存研究院. 全球碳捕集与封存现状2020 [R]. 澳大利亚. 2020.

[34] 蔡博峰, 李琦, 张贤, 等. 中国二氧化碳捕集利用与封存 (CCUS) 年度报告 (2021) ——中国CCUS路径研究 [R]. 生态环境部环境规划院等, 2021.

[35] IPCC, 2021. Summary for Policymakers. In: Climate Change 2021: The Physical Science Basis[R]. Cambridge University Press. 2021.

[36] IPCC, 2023. Longer Report. AR6 Synthesis Report: Climate Change 2023[R]. Cambridge University Press. 2023.

[37] IPCC, 2013. Summary for Policymakers. In: Climate Change 2013: The Physical Science Basis[R]. Cambridge University Press. 2013.

[38] IPCC, 2007. Summary for Policymakers. In: Climate Change 2007: The Physical Science Basis[R]. Cambridge University Press. 2007.

[39] IPCC, 2014. Summary for Policymakers. In: Climate Change 2014: The Physical Science Basis[R]. Cambridge University Press. 2014.

[40] IPCC, 2017. Summary for Policymakers. In: Climate Change 2014: The Physical Science Basis[R]. Cambridge University Press. 2017.

[41] WMO, 2022. State of the global climate 2021[R]. Genera: WMO, 2022.

［42］ IPCC, 2022. Climate Change 2022: Mitigation of Climate Change.

［43］ WFP, 2022.2022世界粮食安全和营养状况[R]. Rome: WFP, 2022.

［44］ IEA, 2020. Global Energy Review 2019[R]. Paris: IEA, 2020.

［45］ EPA, 2023, Global Greenhouse Gas Emissions Data[R]. Washington, D. C.: EPA, 2023.

［46］ AOML, 2023, NOAA Scientists Return to Cheeca Rocks, Find Reef Completely Bleached[R]. Miami: AOML, 2023.

第二章
重点领域的碳
中和路径

第一节
概述

实现碳达峰碳中和，是党中央统筹国内国际两个大局作出的重大战略决策，是顺应绿色发展时代潮流、着力解决资源环境约束突出问题、推动经济社会高质量发展、构建新发展格局的必由之路。以重点领域为切入点，开展"双碳"目标下各自梯次有序达峰路径研究，明确时间表、路线图、施工图，是统筹经济社会发展和"双碳"工作、支撑经济社会绿色低碳转型、如期实现2030年前碳达峰的基础性研究。

工业化和现代化的步伐使得人类社会取得了飞速的发展，但这一切的成就也伴随着一个沉重的代价——气候变化。极端气候事件的频发，如洪水、干旱和热浪，正在逐渐揭示出环境恶化对人类生存环境的威胁。在这样的背景下，实现碳中和显得尤为迫切。碳中和意味着减少温室气体的排放，平衡人类活动与自然生态之间的关系，最终实现经济发展与环境保护的和谐共生。电力、交通、工业和建筑，作为碳排放的四个重点领域，不仅是经济活动的核心，也是碳排放的主要来源。因此，这四个领域的碳中和路径对于实现全球环境目标至关重要。

电力行业在全球能源转型和碳减排中发挥着核心作用，特别是在推进以新能源为主体的新型电力系统构建中。在电力领域，可再生能源的利用是实现碳中和的关键。通过大规模部署第Ⅰ类清洁能源（如水能、太阳能、风能等）和第Ⅱ类清洁能源（如天然气、经处理的化石燃料等），电力领域可以显著减少对煤炭的依赖，同时提高能源的清洁度和可持续性。储能技术在电力系统中的应用是多方面的，从发电侧到电网侧，再到用户侧，储能都能提高能源利用效率，减少能源浪费，并帮助平衡电力供需。特别是对于新能源的不稳定输出，如风能和太阳能，储能系统能有效缓解其功率波动，确保电网的稳定运行。新基建，包括5G、特高压电网、智能电网等，将为电力系统的现代化提供强大支持。这些技术不仅提升了电网的智能化水平，还促进了能源的高效使用和电力安全。

交通领域的转型同样重要。在全球碳中和的背景下，交通领域的碳中和策略包括优化运输结构和运输效率、提升运输装备能效。通过调整运输结构，如提升公共交通系统的效率和优化货运网络，以及采用智能运输技术优化运输路径，可以显著降低能源消耗和碳排放。提升运输效率涉及优化速度、增加运输能力、降低成本以及减少损耗这几个关键方面。同时，推广电动汽车和氢燃料汽车，并提高这些新能源汽车的能效，是降低交通工具碳排放的关键。此外，高效循环利用汽车动力电池和加强新能源汽车核心技术的研究创新也至关重要。

工业领域的碳中和则需要技术革新和过程优化。中国实现工业低碳化转型的关键战略包括调整产业结构、提高能源效率和提升电气化水平。通过优化产业结构，推广高技术和低碳产业，可以有效降低碳排放，同时增强国际竞争力并避免贸易壁垒。提高能源效率，特别是在能源密集型领域中通过采用先进技术和更新生产工艺，能显著降低能源消耗和碳排放。此外，电气化通过直接使用替代化石燃料并依赖可再生能源，进一步减少碳排放，尤其是在成本较低和技术改造复杂度较低的工业设施中，更易实现。这三个战略互为支撑，共同推动中国工业向低碳、高效、可持续的方向发展。

建筑领域在实现碳中和目标中起到关键作用。为达到碳中和，关键策略包括提高建筑能效，有效措施包括推广建筑清洁供暖、高效冷热源系统、照明及新风热回收技术，并不断提高节能标准，推动超低能耗及近零能耗建筑的发展。同时，利用太阳能和地热能等可再生能源也是实现建筑碳中和的重要路径。此外，建筑电气化也是提升效率的关键方向，包括电气化供暖、生活热水和空调，利用热泵及电蓄冷空调技术，推广"光储直柔"新型电力系统，结合分布式光伏、储电装置和低压直流配电系统，不仅简化供配电系统，还增强了电力系统的效率和柔性，进一步促进了能效提升和可靠性提高。这些措施共同支撑中国建筑领域向更加可持续的方向发展。

通过以上探讨可以看到，碳中和不是一个单一领域的任务，而是一个系统工程，需要多方面的合作和创新。而这一切的开始，是对于碳中和必要性的认识和重视。通过在电力、交通、工业和建筑这四大领域的努力，不仅能够逐步实现碳中和目标，还能推动社会向更加可持续的方向发展。本章节将围绕这四大领域的碳中和路径以及相关案例分析展开。

第二节
电力领域碳中和路径

在我国，CO_2排放的主要来源为能源活动，相应排放量占全社会CO_2排放总量的近87%，其中，我国电力领域碳排放约占能源碳排放的40%，是能源碳排放的最主要来源。未来，通过电能和清洁能源替代煤、石油、天然气等化石能源，并提高用能终端的电气化水平，将有效降低因能源使用而产生的直接碳排放量。

电力碳减排路径主要分为碳达峰、深度低碳、碳中和3个阶段。

第一阶段：碳达峰（2021—2030年）：预计在2028年左右，电力领域的碳排放将达到顶峰并保持稳定。在此期间，工业、建筑和交通等领域的电气化进程迅速发展，电力需求不断上升，所有新增电力需求都由清洁能源提供。新能源装机达到17亿kW，其在总发电量中的比例将提升至28%，水能与核能发电量达到13%、7%，而煤炭与天然气发电量分别为42%、9%。

第二阶段：深度低碳（2031—2050年）：电力系统碳排放将经历一个短暂的平台期，随后呈现先慢后快的下降趋势，实现深度低碳，预计到2050年，电力系统的碳排放量将降至1亿t CO_2

以下。在这一阶段，电力需求的增速将减缓，新能源装机达到44亿kW，发电量占比提高至53%，水能、核能发电量分别达到13%、14%，煤炭、天然气发电量分别降至13%、7%。

第三阶段：零碳（2051—2060年）：电力系统将由深度低碳向零碳电力系统转变。新能源装机达到52亿kW，发电量占比增至61%，水能、核能发电量达到13%、16%，碳捕集、利用与封存技术（CCUS）应用进一步扩大，煤炭、天然气发电量将分别降至7%、3%。

在碳达峰碳中和的大背景下，本节重点关注电力领域，分析电力领域在节能减排方面的关键作用，深入探讨其实现碳中和的具体路径，如图2.1所示。电力是能源转型的中心环节、碳减排的关键领域，电力领域将承担更大的减排责任，应结合储能技术大力推动清洁能源发电，加快构建以新能源为主体的新型电力系统，实现电力数字化转型，开启一个高效、清洁、低碳、智能的能源新时代。

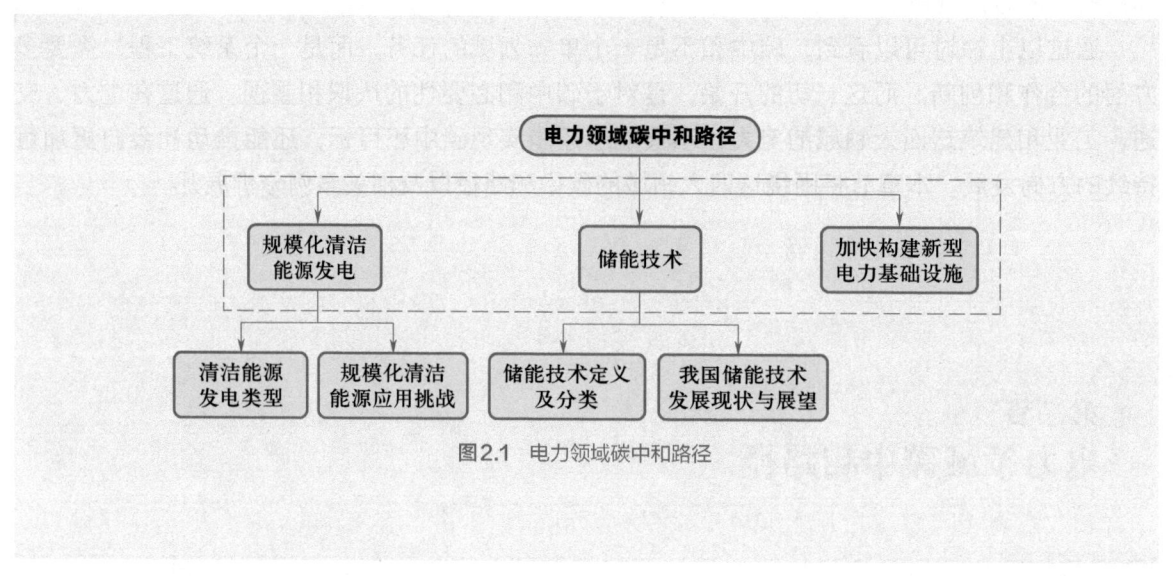

图2.1　电力领域碳中和路径

一、规模化清洁能源发电

清洁能源可以划分为第Ⅰ类清洁能源和第Ⅱ类清洁能源，其中第Ⅰ类清洁能源又称为可再生清洁能源，第Ⅱ类清洁能源又称为不可再生清洁能源，具体分类如图2.2所示。

随着人类社会低碳化转型，清洁能源成为世界能源发展主流，推进绿色能源低碳技术创新、建立以清洁能源为主的现代能源体系已成为全社会的共识。近些年，我国持续推动清洁能源大力发展，在清洁能源领域的投资额，以及水电、风电、光伏发电装机容量连续多年位居全球首位。预计2025年可再生能源将占全社会用电量增量的约三分之二，其在发电装机总量中的比例将超越50%，成为能源电力消费增量和发电装机的主体。图2.3表示2022年中国能源消费结构占比。

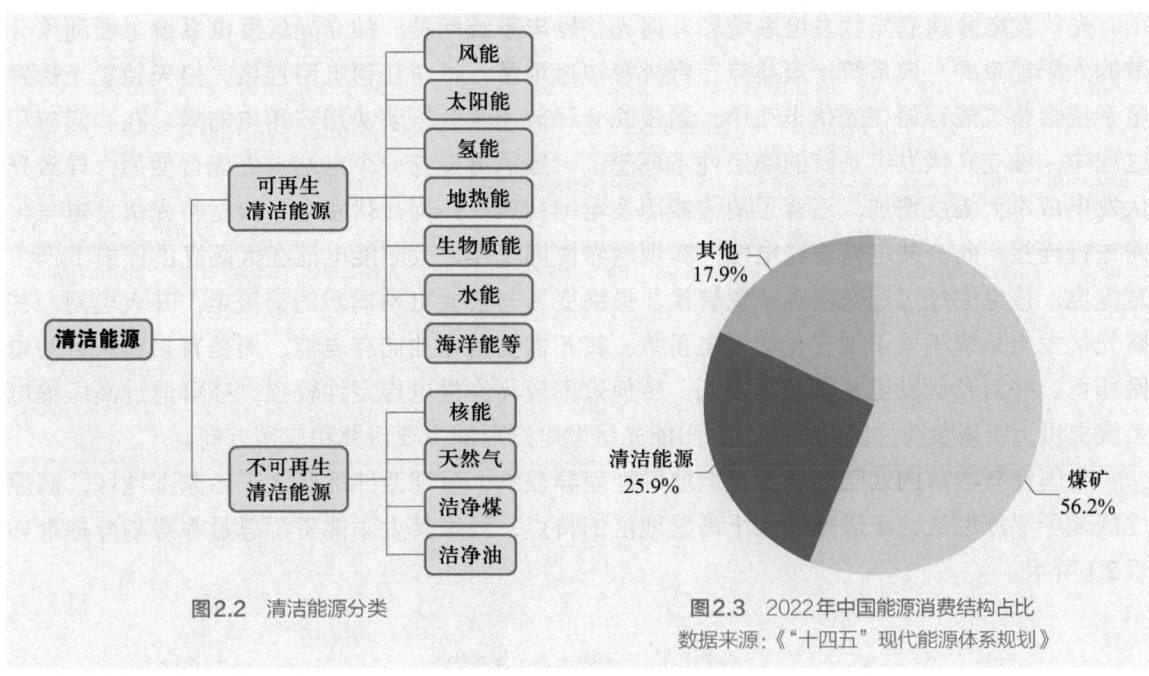

图2.2　清洁能源分类

图2.3　2022年中国能源消费结构占比

数据来源:《"十四五"现代能源体系规划》

（一）清洁能源发电类型

1. 太阳能

太阳能指的是太阳发出的光能，可以转化为热能、电能、化学能等不同形式的能源。太阳能发电主要分为光热发电与光伏发电两种，光热发电技术是通过太阳能集热器收集热能，将热能转化为蒸汽，随后利用蒸汽推动汽轮机发电。然而，这种发电方式的初始投资成本是传统火力发电站的5～10倍，且转换效率不高，导致其在我国的推广使用尚不广泛。光伏发电技术依赖于半导体材料和光伏效应，将太阳光直接转换为电能。光伏发电系统中有逆变器、太阳能电池板组件、电子元器件、控制器等。其中，太阳能电池是核心设备，是一种含有P-N结的半导体光电二极管，通过光生伏特效应实现太阳能向电能的转换。当太阳光照射到P-N结上时，会在半导体中产生新的空穴-电子对。在P-N结电场的作用下，空穴由N区流向P区，而电子则相反，由P区流向N区，若在电场的两端接入负载，便可在负载中形成电流。当把多个电池进行串联或并联时，太阳能电池可以实现较大的功率输出，原理如图2.4所示。

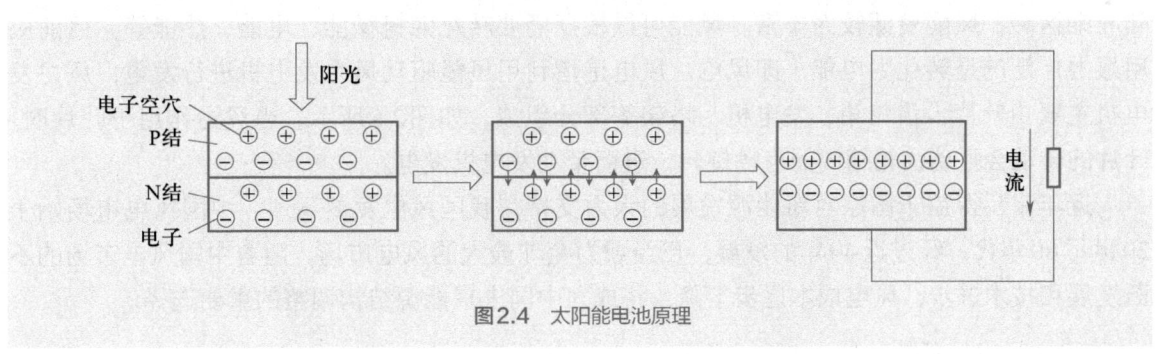

图2.4　太阳能电池原理

光伏发电分独立光伏发电系统和并网光伏发电系统两种。独立光伏发电系统主要利用分散的太阳能资源，该系统一般建立在野外等边远地带，不与任何电网连接。白天独立光伏发电系统会将电能存储在光伏电池中，到夜晚会释放出来就近解决用户用电需求。在实际应用过程中，独立光伏发电系统的稳定性不理想，一般需另建立一个电站与之配合使用，导致光伏发电成本大幅度增加，违背了清洁能源发电的初衷。并网光伏发电系统是将光伏发电与电网进行连接，向公共电网输送电能，实现两者协同工作。太阳能电池在太阳光的照射下产生直流电，该电流经过逆变器等装置转换，最终变为与公共电网同步的交流电，并入电网。并网光伏发电系统不同于独立光伏发电系统，其不需要蓄电池储存电能，而是直接输入公共电网即可。并网光伏发电系统成本较低，转换效率较高，供电稳定性较强，还可通过高压输电系统提供远距离负荷，因此是目前太阳能光伏发电产业的主要研究和应用方向。

我国拥有丰富的太阳能资源，但地区性差异较大，呈现西部地区大于中东部地区，高原地区大于平原地区，干燥地区大于高湿地区的特点，我国其太阳能资源总量等级划分标准如表2.1所示。

表2.1 太阳能资源总量等级

名称	符号	年总量/（kW·h·m^{-2}）
最丰富带	A	≥1 750
很丰富带	B	1 400～1 750
较丰富带	C	1 050～1 400
一般带	D	<1 050

注：数据来源：国家气候中心。

近些年，在我国相关政策的引导支持下，我国光伏发电发展迅速。截止到2022年，中国光伏累计装机容量已连续八年保持全球领先地位，而年度新增装机量也连续十年领跑全球。

2. 风能

风能的形成源于太阳辐射导致地球表面不同区域受热差异，进而引起大气层内压力分布不均，空气流动产生了动能。风能的分布受地形因素显著影响，尤其在沿海地带和广阔的大陆收缩区域，风能资源较为丰富。风能可以根据需要转化为机械能、电能、热能等，目前应用最为广泛的是转化为电能，即风电。风电是指利用风能驱动风力发电机进行发电，风力发电机主要由叶片、齿轮箱、发电机、塔架等部分组成，如图2.5所示。当风力作用于叶片时，叶片的转动会驱动齿轮箱内的齿轮旋转，进而带动发电机发电。

近年来，得益于国家对新能源发展的大力支持，我国风电发展飞速。中国风电市场始于20世纪80年代，经过近40年的发展，已经成为全球最大的风电市场。随着中国风电市场的不断发展和技术进步，风电成本逐步下降，将成为中国未来能源结构调整的重要选择。

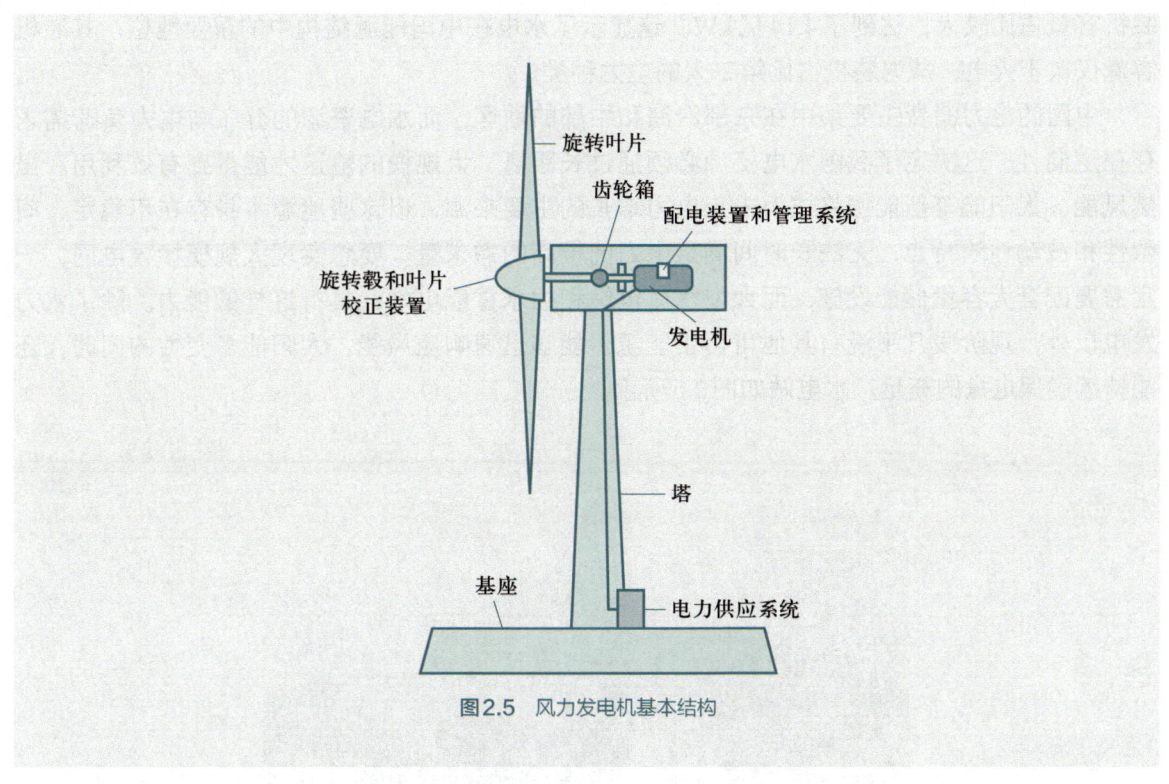

图2.5　风力发电机基本结构

风电主要分为陆上风电和海上风电。我国陆上风能资源丰富，拥有良好的先天开发条件。陆上风力资源主要分布在"三北"地区，云贵高原和东南沿海地区次之。受风能资源分布和开发难度等因素的影响，我国陆上风电发展过程呈现"从北向南""从戈壁平原到山区""从集中到分散"的特点。

与陆上风电相比，海上风电展现出更为广阔的发展潜力。海上风电拥有诸多优势，如更高的风速、更稳定的风能资源，且不涉及土地资源的占用。然而，海上风电同样遭遇了诸多技术挑战，包括初期建设成本高、施工难度大、复杂环境下的设备运维问题，以及工程管理和生产运维经验的缺乏，此外，部分关键设备依赖进口，标准体系不够完善。在开发海上风电的过程中，还需充分考虑对军事活动、航运以及海洋生态环境保护的影响。当前，海上风电正处于快速发展阶段，持续的实践与创新将推动海上风电产业的健康和持续发展。

3. 水能

水能主要广泛运用于水力发电，通过水的自由落体运动，将势能转化为动能，使水轮机带动发电机运作，转换而产生电能。水电作为一种技术成熟、操作灵活且可靠的清洁低碳可再生能源，始终是全球各国优先发展和利用的电力资源之一。它在推动国民经济和社会进步、降低碳排放方面扮演着关键角色。

中国的水电行业在近年来保持了稳定的发展势头，成为国内电力产量的重要支柱。根据中电联的统计数据，截至2022年末，中国的总发电装机容量达到了25.64亿kW，其中，水电装机容量占比较大，达到了4.14亿kW。这显示了水电在中国能源结构中的重要地位，其装机容量仅次于火电，成为装机占比第二大的电力种类。

中国的电力消费主要集中在东部沿海和中部的地区，而水电资源的分布与电力负荷需求存在逆向性，这决定了我国水电资源必须通过长距离、大规模的输送才能得到有效利用。虽然风能、太阳能等新能源将成为未来电力增长的主要来源，但这些能源本身存在不稳定、间歇性和波动性的特点，无法长时间满足电力的极高的需求量。要想实现大规模接入电网，一定需要配套大容量储能设施，而大型水库电站和抽水蓄能电站就具备这样的能力。除了水力发电以外，现阶段几乎没有其他可再生能源，能够迅速响应风能、太阳能多变性的同时，还能持续确保电量的充足。水电站如图2.6所示。

图2.6　水电站

4. 生物质能

生物质是由光合作用生成的多种有机物质，涵盖了所有动物、植物和微生物。作为继煤炭、石油、天然气之后的第四大能源，生物质能在整个能源系统中占据重要地位。其产生过程是通过光合作用，将太阳能以直接或间接形式转化为化学能，并储存在生物质内部，在成长过程中吸收二氧化碳，在燃烧过程中释放二氧化碳，从而达到碳平衡。

生物质能来源丰富、成本低、可稳定连续供应且用途广泛，主要用于发电、供热、制油、制气、制生物质碳等。目前生物质能发电是我国生物质能发展的主要趋势，其要承担未来新型电力系统中解决风、光发电所带来的不稳定性问题。根据发电技术的不同，生物质能发电可划分为直接燃烧发电、垃圾发电、混合燃烧发电、沼气发电和气化发电五种。利用秸秆、畜禽粪污、有机生活垃圾发电，生产沼气、生物天然气，不仅可以实现清洁供电、供暖，还可以解决垃圾处理、环境污染等问题。

我国产生的生物质资源量极为庞大，超过35亿t，涵盖了农作物秸秆、畜禽粪便、林业废料、城市垃圾等多种类型。我国生物质能源的开发潜力大约为4.6亿t标准煤，然而实际上转化为能源的部分尚不足0.6亿t标准煤，转化比例相对较低。造成其中巨大浪费的原因是多方面的：生物质本身先天性的能量密度较低，原料收集和运输都较为困难，且效率低下，再加之对生物质能认知不足，部门间的协作不够充分，相关产业标准尚未完善，监管体系亦存在缺陷。生物质能源的发展正遭遇诸多挑战。根据《中国生物质能产业发展年鉴2023》的数据，目前，我国已基本构建了生物质能发电、供热、厌氧发酵以及成型燃料加工等关键技术的装备体系，多个促进生物质能产业发展的政策也正在研究推进中。

5. 海洋能

（1）潮汐能

潮汐能指的是海水在周期性涨落运动中所产生的能量，目前主要用于发电。潮汐能发电的工作原理与水力发电有共通之处，在涨潮期间将海水引入蓄水池并储存为势能，在落潮时释放蓄水池中的海水，利用潮汐的高低水位差驱动水轮机，进而带动发电机产生电能，如图2.7所示。因为潮汐具有间歇性再加上蓄积的海水流量比较大，海平面的落差较小，所以潮汐发电对水轮发电机的结构与性能提出了较高的要求。

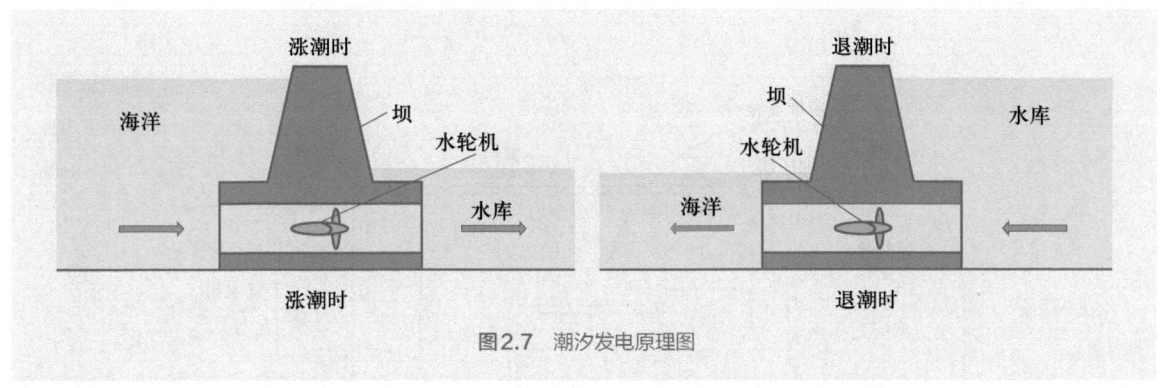

图2.7 潮汐发电原理图

多年来，通过对潮汐能发电站的建设进行深入研究和试点，技术不断进步，同时也在降低成本和提高经济收益方面取得了显著成就。目前，潮汐发电已经实现较为成熟的商业模式。未来，充分挖掘条件优越的站址资源，利用潮汐发电的周期性与风能、太阳能等其他清洁能源的差异，为沿海地区提供清洁能源，实现能源多样化互补，将拥有广阔的发展潜力。

（2）波浪能

波浪能，指的是海洋表面波浪所蕴含的动能与势能。目前，波浪能发电技术还处于工程示范的初级阶段，其关键技术主要包括波浪载荷设计及其在海洋环境中的生存技术、装置建造和施工中的海洋工程技术、不规则波浪中的发电装置设计与运行优化技术等。波浪能开发的高成本、较低的单一能源开发效率以及不稳定性，限制了其规模化商业应用的可能性。目前，将波浪能发电与海上风电开发相结合，共同利用电力传输通道，以提升系统的综合发电效率，是研究的热点领域。

（3）盐差能

盐差能，即海水与淡水或不同盐浓度海水之间的电位差所蕴含的能量。其发电原理是将不同盐浓度海水间的化学电位差转换为水的势能，进而通过水轮机产生电能。该技术的关键在于提升渗透膜的工作效率、降低其制造成本以及延长其使用寿命等。目前，盐差能发电技术还停留在实验室研究阶段，需要克服技术和选址方面的难题，以逐步从实验室研究向工程应用过渡。

6. 核能

核能是原子核裂变或者聚变释放出来的能量，又称为原子能。从核能产生的原理来看，核能发电的途径主要有两条，一是核裂变发电，二是核聚变发电。经过多年研究与探索，核裂变发电技术不断改进，目前已经发展到了第三代，安全性、核燃料利用率以及经济性都有了很大的提升，废物产生量大幅减少。核聚变发电技术仍处在研究阶段。

核电站是通过核反应所释放的能量产生电能的发电厂，其工作原理是利用核反应产生的热能来驱动蒸汽涡轮机，进而带动发电机工作。其核心设备是核反应堆，核燃料在反应堆内发生裂变反应，释放出大量热能，再由高压水吸收，在蒸汽发生器内产生蒸汽，蒸汽作用于汽轮机，使其旋转并驱动发电机，最终实现电能的产生，原理如图2.8所示。

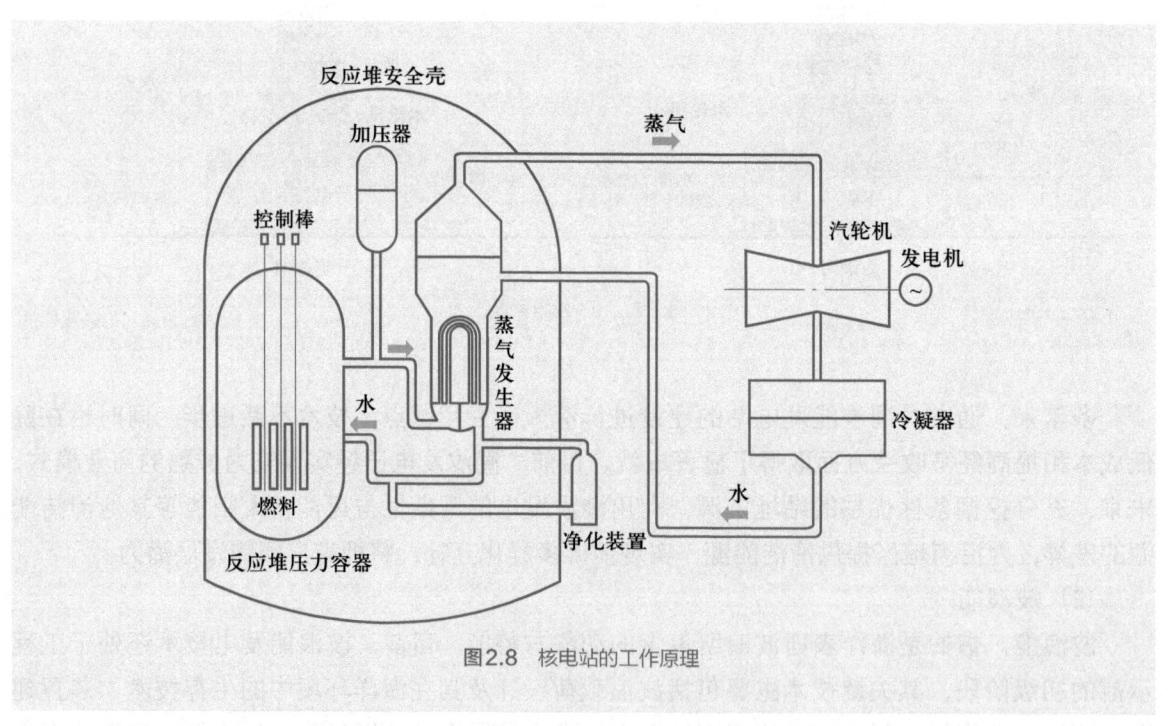

图2.8 核电站的工作原理

核电站发电有许多优点，它可以较好控制辐射引发的污染且不会产生碳排放，所用燃料体积小、易储存运输且发电成本低、发电方式稳定。但核电站热污染严重，核能利用率较低，投资成本高，加之存在大量放射性物质，有较大安全隐患，且核废料的处理技术不成熟，导致公众接受度较低。

根据《中国核能发展报告（2023）》蓝皮书数据显示，2022年，中国的核电总装机容量占全国电力总装机容量的2.2%，核能发电量达到4 177.8亿kW·h，位居全球第二。预计到2035年，核能在中国电力结构中的占比将增至大约10%；到2060年，核能发电量在我国电力结构中的占比需要达到20%左右。以国和一号、华龙一号、高温气冷堆为代表，具有我国完全自主知识产权的大型核电工程国产化率达90%以上，这标志着我国核电装备自主化和国产化能力得到了显著增强，随着"华龙一号"核电机组的逐步投入使用，标志着我国实现了由二代向自主三代核电技术的全面跨越。

（二）规模化清洁能源发电面临的挑战

1. 优化电力系统调峰策略，促进清洁能源的高效利用

电力系统的稳定运行依赖于电厂发电量与用户用电量之间的供需平衡。维持这种平衡是保障发电机和系统安全运行，防止系统崩溃的关键。为此，采取有效措施实现电力系统的调峰，确保电力供需平衡至关重要。风力、光伏等非水力可再生能源虽然在发电时间与空间上与用户负荷存在一定的错配，但这也为优化能源结构和提高电力系统灵活性提供了新的机遇。例如，风电在傍晚至次日清晨达到发电高峰，而光伏发电则在中午时分最为充沛，这些特性为电力系统提供了多样化的能源供给。

随着可再生能源装机容量的持续增加，以及火电机组的逐步优化调整，电力系统调峰方式正面临转型升级。可再生能源出力的随机性、调峰资源的容量与功率限制，以及负荷曲线的变化，虽然带来了挑战，但也推动了电力系统在多个时间尺度上寻求新的平衡策略。通过平衡这三者之间的关系，提升系统整体的灵活性，实现出力曲线与负荷曲线的更好拟合，成为解决调峰问题的关键途径。

储能技术的发展为解决清洁能源的不稳定性和间歇性问题提供了有力支撑，有效改善了调峰和能源消纳状况。尽管目前国家尚未出台储能相关电价政策，企业面临一定的经济压力，但这也预示着储能行业未来发展的巨大潜力。随着政策的逐步完善，储能电站的日常运维费用和折旧费用将得到合理补偿，为企业发展创造有利条件。

此外，分布式能源发电和微电网建设的制度约束，虽然在一定程度上制约了其大规模开发应用，但也为政策创新和制度完善提供了方向。随着相关政策的逐步优化，分布式能源的发展将迎来新的机遇，可为电力系统的稳定运行和清洁能源的广泛应用贡献力量。

2. 构建完善的清洁能源发展机制，推动行业持续进步

清洁能源的发展涉及多个政府部门的协作，这一多元化的参与格局为行业带来了广泛的支持。目前，虽然各部门之间在统一协调、推进和监管机制方面尚有提升空间，但也为优化资源配置、加强合作提供了改革机遇。资金投入的多样性促进了市场活力的提升，而资源的共享和平台建设的整合将是未来工作的重点，有望通过更高效的协调减少项目申报的复杂性。

政府部门已经出台了多项支持清洁能源发展的政策，这些政策为行业的发展奠定了坚实的基础。虽然部分政策在微观层面尚需细化和完善，以确保其可操作性和实施效果，但这也反映了政策制定者对行业实际情况的深入考量。特别是税收优惠政策，其进一步的强化和执行力度的加大，将更加有效地激励清洁能源市场的健康发展。

3. 明确清洁能源发展规划，引领可持续发展新格局

部分地区在规划目标上与国家规划目标保持高度一致，针对生物质能、风电、太阳能发电等领域的专项规划已经制定，显示出对清洁能源细分市场的重视和前瞻性布局。虽然电网发展规划尚未出台，但这也为电网与清洁能源发展的深度融合提供了新的机遇，预示着未来电网规划将更加注重与清洁能源的协同发展。丰富的清洁能源资源为经济欠发达、偏远贫困区域带来了转型的契机，这些地区的发展需求也凸显了国家层面特殊扶持政策的重要性。这些挑战和需求正成为推动国家层面政策创新和区域经济均衡发展的动力，为清洁能源的广泛利用和区域经济的振兴提供了新的发展路径。

二、使用储能技术

储能是把电能转化为各种形态存储起来，需要时再释放出来利用，可以实现削峰填谷、供需平衡，产生的电能不需要即时传输，可以有效解决风光电的消纳问题，如图2.9所示。以风电为例，我国风电资源的分布与电力负荷中心存在逆向特性，导致风电必须通过高压输电线路实现长距离传输至负荷中心。在此过程中，储能系统对于保障电网连接后的系统稳定性、可靠性和品质起到重要的作用。同时，构建储能系统有助于风电资源的本地化消纳，这可通过在风电基地周边部署供热和能耗较高的产业来实现。发展新型储能被公认为是提升新能源利用率、增强能源使用效率以及降低电力成本的有效策略。

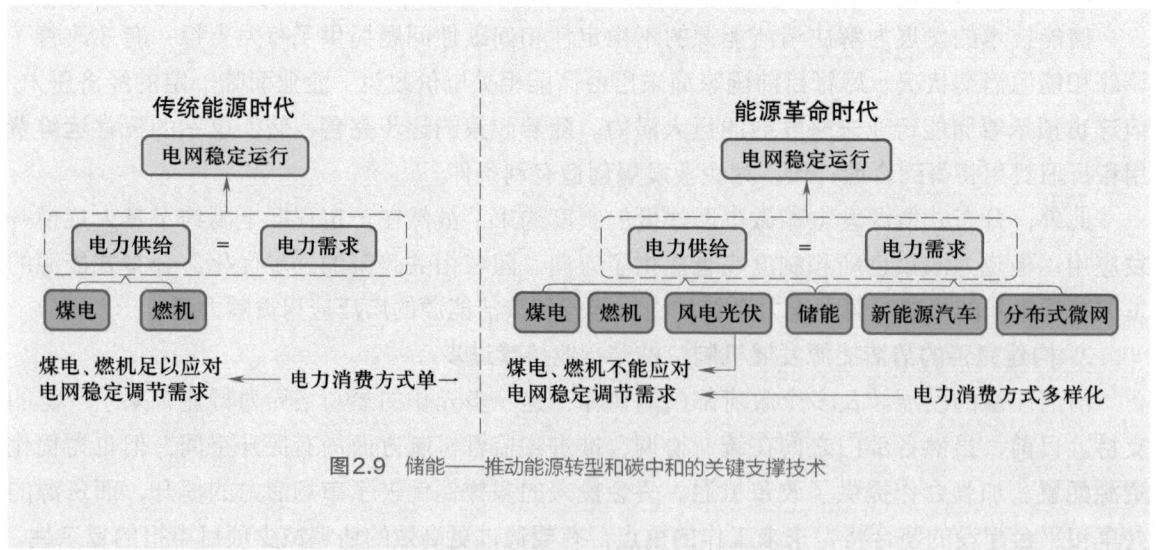

图2.9 储能——推动能源转型和碳中和的关键支撑技术

（一）储存介质分类

储能技术按照储存介质分类，如图2.10所示。

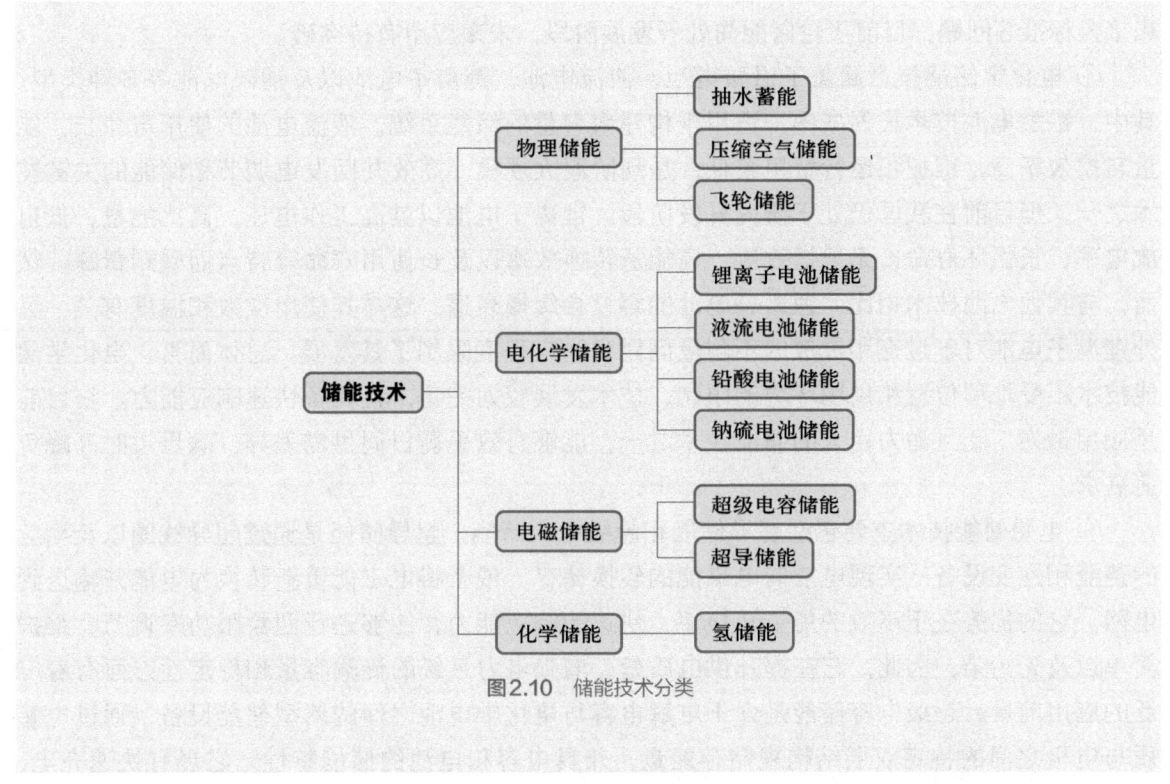

图2.10 储能技术分类

① 抽水蓄能技术采用水作为储能媒介，通过电能与重力势能之间的转换来实现电能的储存。在电力需求较低的时段，该技术利用过剩的电能将水抽至高水位水库；而在电力需求高峰期间，则通过释放水库中的水进行发电，从而将低需求时段的低价多余电能，转变为高峰时段的高价电能。抽水蓄能技术相对成熟，也是使用规模最大、成本较低的一种储能方式。该技术具备多种功能，包括电网调峰、调频、调相、储能、系统备用以及黑启动等，对电网安全稳定、新能源的充分利用以及电力系统性能的增强发挥着关键作用。然而，抽水蓄能的资源总量受限，选址条件苛刻，建设周期漫长，且初期投资较高，大规模发展较为困难。

② 压缩空气储能技术是电力需求低谷时段使用电能来压缩空气，并将其储存在密封的高压容器中。当电力需求达到高峰时，储存的压缩空气被释放出来驱动燃气轮机发电。压缩空气储能使用寿命长、安全系数高、储能规模大，不过传统压缩空气储能系统的效率较低且其受外部环境和材料制约较大。近年来，经国内外学者研究开拓出了多种新型的压缩空气储能技术，新技术推广使效率显著提升，效率和成本已经和抽水蓄能基本相当，初步具备大规模商业化条件。

③ 飞轮储能技术是通过电动机使飞轮达到高速旋转，从而将电能转换为机械能进行储

存。当需要电能时，飞轮的惯性作用驱动电机反向运转，进而将储存的机械能重新转换为电能以供使用。飞轮储能具有功率密度高、充放电响应速率快、使用寿命长、对环境友好的优点，但还存在成本偏高、缺乏价格激励方案、技术路径尚未完全成熟、缺少统一的技术规范和接入标准等问题，目前飞轮储能尚处于发展阶段，未来应用有待突破。

④ 电化学储能技术涵盖了铅酸电池、液流电池、锂离子电池以及钠硫电池等多种类型。其中，铅酸电池技术较为成熟，适用于构建大容量的储能系统。液流电池的使用寿命长，能量转换效率高、维护和运行费用较低，是现阶段大规模、高效并网发电调节和储能的关键技术之一，但目前在我国仍处于研究开发阶段。锂离子电池以其高工作电压、高比能量、低自放电率、长循环寿命、无记忆效应、高能量转换效率以及长使用寿命等特点而受到青睐。然而，与其他电池技术相比，锂离子电池的容量会缓慢衰退，这与其使用次数和温度有关，另外锂离子电池对于过充和过放的不耐受问题也一定程度限制了其发展。总体而言，电化学储能技术不受地理位置和周围环境的限制，技术发展较为完善，且具备快速响应能力。它目前是应用最为广泛且潜力巨大的储能技术之一，能够有效平衡日间供需差异，满足短时高峰负荷需求。

⑤ 电磁储能技术主要包括超导储能和超级电容储能。超导储能是通过超导线圈以及相应的整流和逆变设备，实现电能向电磁能的转换储存，或者将电磁能重新转换为电能并输送到电网。它的优势在于高效的能量转换率、快速的响应能力、能够进行四象限功率调节、维护简单以及无污染，因此，它在提升供电质量、增强电力系统的传输容量和稳定性方面有着广泛的应用前景。超级电容储能是介于电解电容与电化学电池之间的新型储能设备，通过电解质与电极之间的特定双层结构来储存能量，兼具电容和电池的储能特性。它具有快速充电、长寿命、良好的温度控制性能和环保性，且充放电速度极快，几乎不受充放电次数和最大放电量的限制，但其能量密度低于一般的化学电池，且放电持续时间较短。电磁储能总体成本较高，目前还处于研究阶段。

⑥ 氢储能技术是利用富余电能或电力需求低谷期价格较低的电能来电解水生成氢气，并将生成的氢气储存。储存的氢气可以通过燃气涡轮机燃烧发电，或者通过燃料电池转换为电能。作为一种理想的二次能源，氢气的燃烧产物仅有水，无污染排放，且能量密度高、储存方式灵活，可以实现大规模、远距离、跨区域的能量储存和运输，从而充分解决电力消纳时间和空间不匹配的问题。但由于氢气的制备和储存成本较高，其易燃易爆的特性存在一定的安全隐患，作为一种新兴的能源储存技术，其关键技术和政策标准还不成熟完备，所以需要政府和企业共同努力，通过技术研发、政策支持等方法促进氢储能技术的发展和应用。

截止到2022年，中国电力储能市场累计装机规模所占比例如图2.11所示。

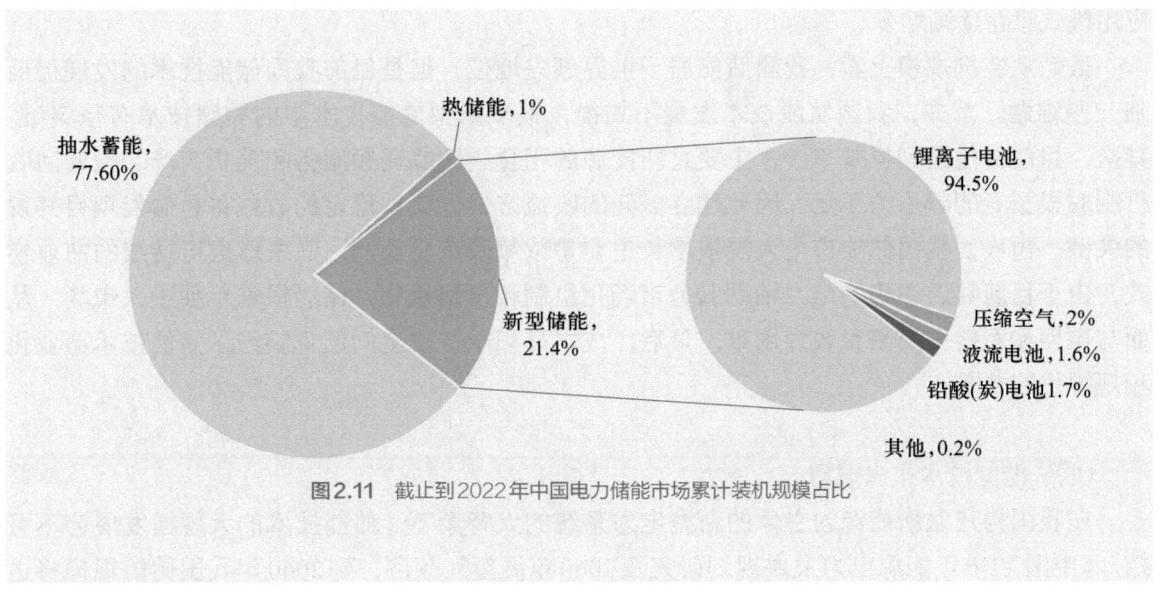

图2.11 截止到2022年中国电力储能市场累计装机规模占比

(二) 部署方式分类

储能技术按部署方式，可分为集中式储能和分布式储能。

集中式储能是将储能设备集中在一个地方，并通过输电网将储存的电力分配到需要的地方，能源储存量大，适用于大型能源系统，需要通过输电线路进行能量传输，因此存在一定的能量损失。

分布式储能是指利用分散的新能源资源，通过小型发电设备产生电能，并直接接入配电网络，以实现用户侧的电力供应。相较于集中式储能，分布式新能源系统更接近负荷中心，有效降低了电能传输损失，并具有较好的经济效益。分布式新能源相当于一个配电网电源，可以在一定程度上防止因输电网问题导致的配电网停电，提高了供电的可靠性。此外，分布式储能具有建设周期短、安装地点灵活、投资成本较低等优点，使其能够与虚拟电厂相结合，形成虚拟电厂模式。同时，分布式储能的应用还可扩展至社区层面，形成社区储能模式。

(三) 我国储能技术发展现状

根据中关村储能产业技术联盟（CESA）发布的《储能产业研究白皮书2023》可知，截至2022年底，中国电力储能项目的累计装机容量达到了59.8 GW，占全球市场总量的25%，年增长率为38%。新型储能技术持续高速增长，其累计装机容量首次超过10 GW，功率规模的年增长率高达128%，而能量规模的年增长率更是达到了141%。2022年中国新增投运的电力储能项目装机容量首次超过15 GW，达到16.5 GW。其中，抽水蓄能的新增装机容量为9.1 GW，同比增长了75%；新型储能的新增装机容量创下历史新高，功率规模同比增长了200%，能量规模同比增长了280%。其中锂离子电池占据绝对主导地位，占比达97%。除此之外，压缩空气储能、液流电池、钠离子电池、飞轮等其他储能技术也在规模上实现了突破，应用模式也在逐渐增多。

虽然从装机规模上看，我国储能居于世界领先地位，但是目前我国储能技术的发展仍面临一些难题。首先，我国储能技术发展不均衡，很多新型储能技术中的关键技术有待突破。其次，目前储能盈利模式单一，主要是新能源的租赁、调峰调频服务和现货市场，投资回收机制对投资者的吸引力不足，因此建立多元的收益方式以实现稳定的收益将是储能项目开发的关键。再次，我国储能市场大规模增长主要是依赖政策驱动的，尚未形成可持续的商业模式，由于目前缺乏明确的电力辅助服务市场化机制和价格机制，储能很难单独进入市场，从而与电网和新能源交易也较为困难。最后，成本高和一些安全问题也制约了储能技术商业化和规模化的发展。

（四）储能技术未来展望

在我国构建以新能源为主体的新型电力系统的大背景下，储能技术的大规模发展势不可挡。《中国2030年能源电力发展规划研究及2060年展望》预测，到2060年我国储能规模将达到7.5亿kW，抽水蓄能将达到1.8亿kW。除储能规模外，储能成本将持续下降，服务寿命也大幅度延长。在"十三五"规划期间，储能的度电成本为0.4～0.6元。"十四五"规划期间，随着循环性能、日历寿命、能量效率的显著提升，能量密度的增加，低成本储能技术的发展和初期采购成本的降低，储能的度电成本有望减少至0.1～0.2元，预计未来还将继续降低。在目前的新型储能技术领域，锂离子电池已确立了其主导地位，未来随着分布式储能规模化应用进一步加快，锂离子电池将发挥重要作用；而氢储能将成为集中式可再生能源大规模长周期存储的最佳方式。

三、加快构建新型电力基础设施

新型基础设施建设简称新基建，主要包括5G基站建设、特高压输电、城际高速铁路与城市轨道交通、新能源汽车充电设施、大数据中心、人工智能、工业互联网七大领域。新基建遵循新的发展理念，以技术革新为动力，依托信息网络基础设施，旨在满足高质量发展的需求，提供数字化转换、智能化提升和融合性创新等服务，其与传统基建的对比如图2.12所示。

（一）电力"新基建"相关定义

1. 智慧能源系统

智慧能源系统是融合了能源产业和信息技术所形成的一种新概念，是基于大数据、人工智能和信息技术构建的综合性的能源管理平台，是深度融合大数据、物联网、云计算、人工智能等新一代信息技术的智慧能源的载体。智慧能源系统能够对能源的生产、传输、储存和分配等环节的信息进行智能化分析，以达到能源的高效利用。在电力新基建的背景下，构建智慧能源系统涉及将新兴的数字技术应用于大量数据的整合、分析与管理工作，以促进能源

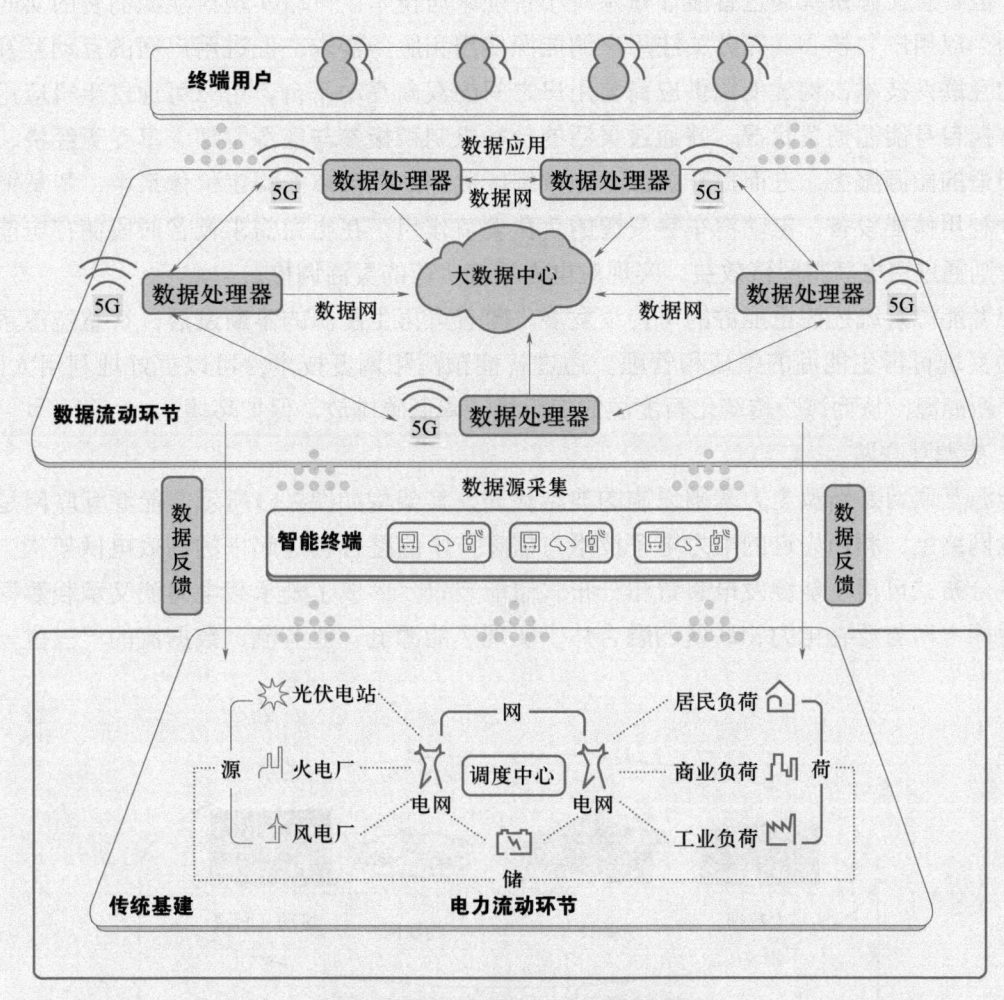

图2.12 电力"新基建"与传统基建对比

资料来源:《电力"新基建"发展模式和路径研究报告(2021)》

的持续发展,并推动能源供需的变革。

智慧能源系统实现了能源生产的智能化,通过使用先进的监测和控制技术,可以实时监测太阳能、风能等可再生能源的产生情况,同时结合天气预测等数据,优化能源生产计划,确保能源的稳定供应。

智慧能源系统关注能源传输和分配的高效性。传统能源系统中,电力传输损耗大,能源分配不均匀。而智慧能源系统通过智能电网技术,实现了实时监测和优化了电力传输,减少了能源损耗,提高了电力系统的稳定性。此外,智能电网还可以实现对能源的精准分配,确保能源在不同区域的合理分配,从而可提高能源的利用效率。

智慧能源系统实现了能源消费的智能化管理。传统能源系统中,能源的消费往往缺乏灵活性。但智慧能源系统通过智能计量系统和智能家居技术，可以实现对能源消费的实时监测和控制；以用户为核心，充分关注用户的能源使用和服务需求，促进用户间的互动互补；借助移动互联网技术，构建能源供应商与用户之间的双向互动平台。用户可通过手机应用程序实时掌握自身能源消费状况，并通过灵活的价格机制积极参与能源管理，享受更经济、高品质、舒适的能源服务，进而提升能源利用效率。此外，在动态能源定价体系中，智慧能源系统充分利用储能设备、电动汽车等资源的负荷调节作用，在电力需求低谷时段储存电能，高峰时段则通过售电获得经济效益，实现对电力系统负荷的灵活调控。

智慧能源系统还注重能源的可持续发展。随着可再生能源的不断发展，智慧能源系统可以帮助实现可再生能源的集成和管理。通过智能预测和调度技术，可以更好地利用太阳能、风能等新能源，从而减少传统化石能源的使用量，降低碳排放，保护环境。

2. 能源互联网

能源互联网是新型电力基础设施的典型代表，其架构如图2.13所示。能源互联网是在现有配电网络上，利用先进的电力电子技术与信息技术的整合构建起来的高效电网架构，融合了众多分布式可再生能源发电装置和分布式储能装置，形成了既承载电力流又承载数据流的强韧智能电网与泛在电力物联网的融合体，实现了能源流、业务流、数据流的"三位一体"。

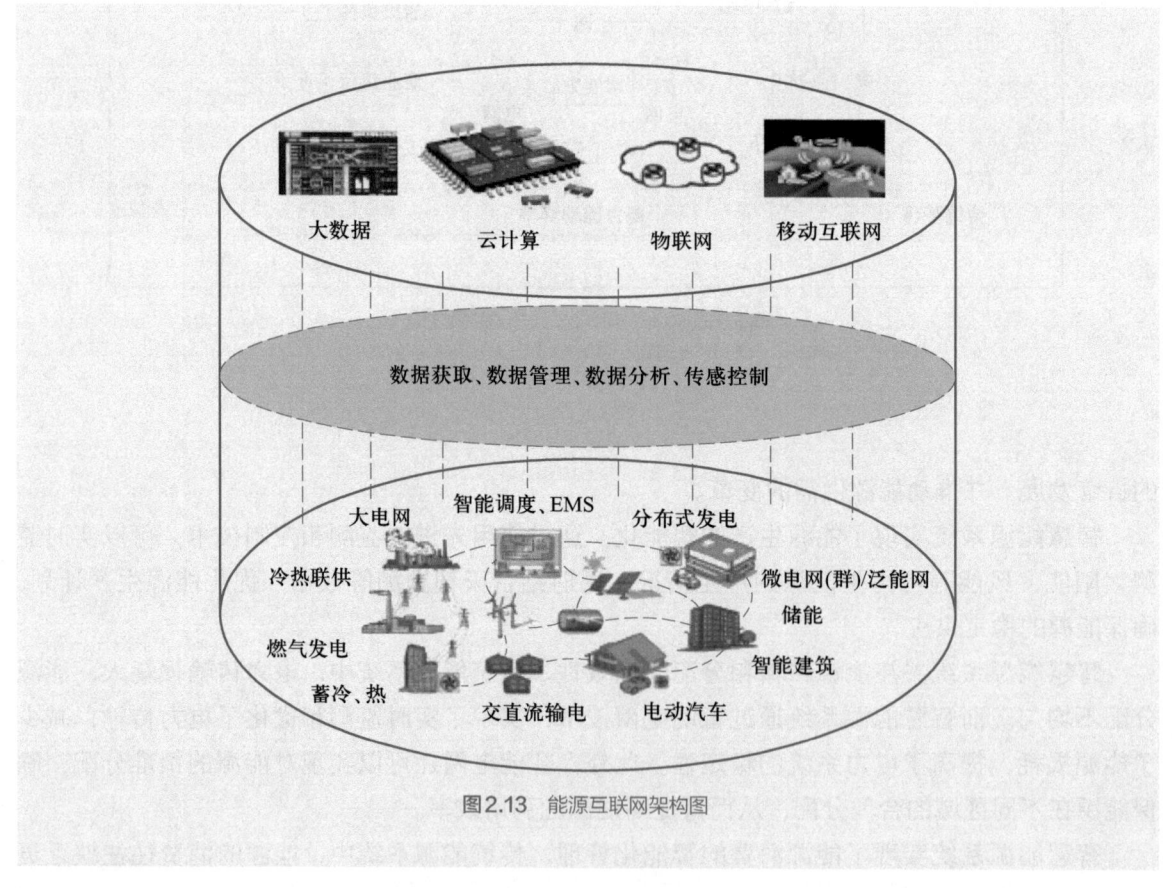

图2.13 能源互联网架构图

能源互联网是互联网思维、技术与智慧能源系统的有机交融，是智慧能源实现的组织方式和形态，是促进可再生能源消纳、提高能源使用效率、构建低碳可持续能源系统的重要途径。

（1）泛在电力物联网：泛在电力物联网是信息技术与新一代电力系统融合的成果，涉及电力系统的各个层面和部门，充分利用人工智能、移动智能设备等当代信息技术，以及5G、无线传感等先进通信技术，实现了电力系统各部分的互联互通和人机互动，具有全面感知、高效处理、便捷灵活特征的智慧服务系统。

平台层、网络层、感知层和应用层组成了泛在电力物联网的基本架构，如图2.14所示。感知层是这四层的基础，主要解决数据的采集问题；网络层主要解决数据传输的方面问题；平台层主要解决数据管理方面的问题；应用层位于架构的最顶层，是泛在电力物联网的用户接口，并通过边缘计算提升各终端智能化水平。

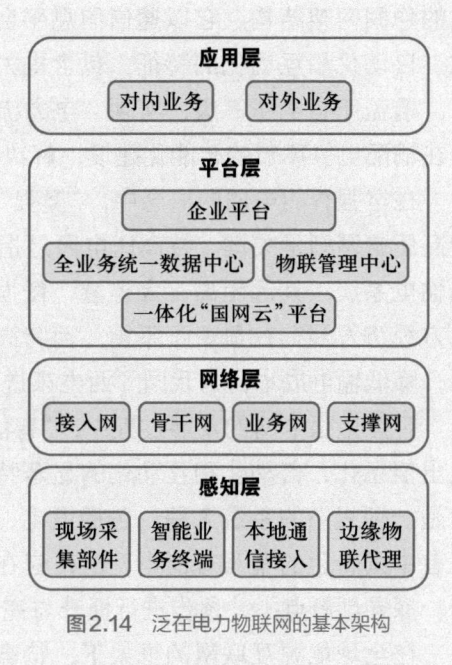

图2.14　泛在电力物联网的基本架构

（2）坚强智能电网：在"2009特高压输电技术国际会议"上，我国正式提出了"坚强智能电网"这个概念，截至2020年底，中国已成功构建了一个统一的、具有国际领先技术水平的坚强智能电网（图2.15）。

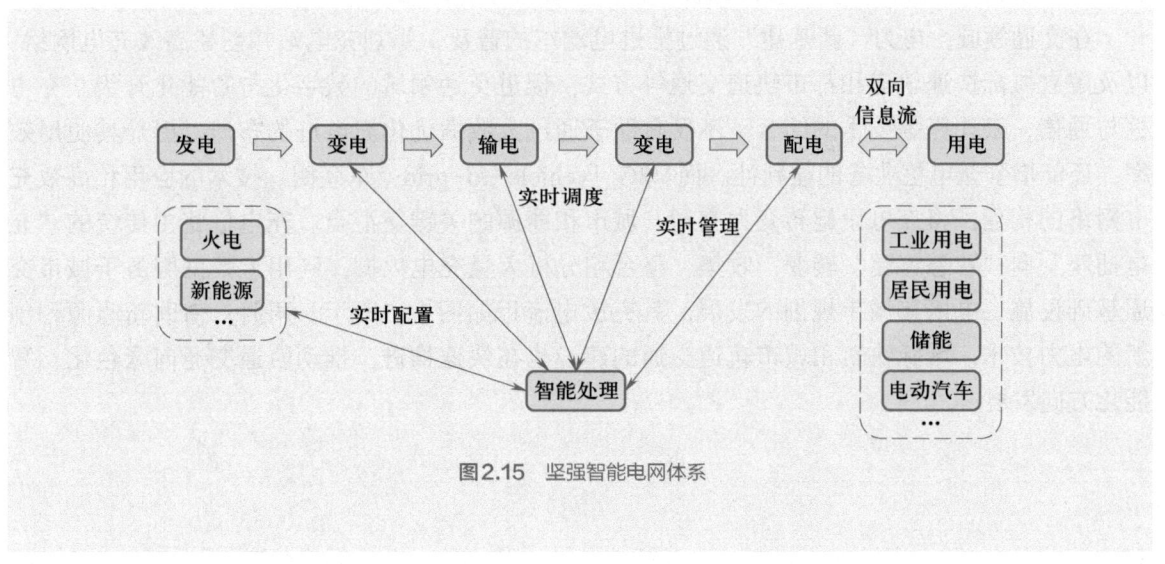

图2.15　坚强智能电网体系

坚强智能电网构建在特高压电网这一骨干网架之上，是依托于各级电网的协调发展而形成的稳固网架结构。它以通信信息平台作为支撑，运用智能控制技术，展现出信息化、数字化、自动化和互动化的特征，包含电力系统的发电、输电、变电、配电、用电和调度各个环节，覆盖所有电压等级，实现"电力流、信息流、业务流"的深度融合，其核心在于通过电网在输配电等环节的智能化建设，解决能源供给侧面临的各类问题。

在坚强智能电网的概念中，"坚强"是基础要求，而构建具备长距离、大容量输电特性的特高压电网则是关键。特高压电网是指交流 1 000 kV 及以上、直流 ±800 kV 及以上电压等级的输电系统，其远距离、大容量、低损耗等特征对于我国尤为重要，我国的能源资源分布与地方经济发展存在显著不平衡，而特高压输电提高远距离、大容量输电的效率，减少输电损耗，降低输电成本，为我国"西电东送"项目提供良好保障。

智能坚强电网的发展过程中，"智能"扮演着核心角色，它通过高度集成多种新技术，展现出信息化、自动化和互动化的显著特点，以适应电力服务多样化的必然趋势。智能电网建设是一项复杂的系统工程，包括发电、输电、变电、配电、用电及调度这六个环节。在打造具有中国特色的坚强智能电网时，应在现有电网架构上，对电力系统的各个部分进行深入分析，探寻创新点，并逐步进行提升与完善。

在全球能源互联网的框架下，特高压电网构成了能源传输的通道，泛在智能电网则作为能源调度的平台，而清洁能源是关键的供应资源。这三者的协同作用使得全球能源互联网成为一个互联互通的网络系统，推动了全球能源配置方式的重大变革。

（二）电力"新基建"外延

电力"新基建"不仅促进了电力数字化转型，同时还将扩展支持交通、建筑、工业制造等行业实现数字化转型，支撑我国国民经济的全面数字化转型。

在交通领域，电力"新基建"通过推进电动车的普及、筹划充电站并创建高效充电网络，以及建立城际快速轨道和都市轨道交通等方式，促进交通领域的数字化与智能化升级。充电桩与通信、云计算等技术的结合，不仅有助于通过大数据优化充电桩的布局，提升其使用效率，还能增强充电桩业务的盈利性。而 V2G（vehicle-to-grid，车联网）技术的应用和高效充电网络的构建，将充电设施转变为交通、城市和能源的关键交汇点。充电桩将由传统的"充电插座"向"智慧终端"转变，收集、整合和分析大量充电数据，利用大数据服务于城市交通基础设施、电网和城市规划的发展，其充放电流程如图 2.16 所示。同时，借助新能源和创新的电力技术，城际快轨和城市轨道交通的建设也在快速推进，推动轨道交通向绿色化、智能化方向发展。

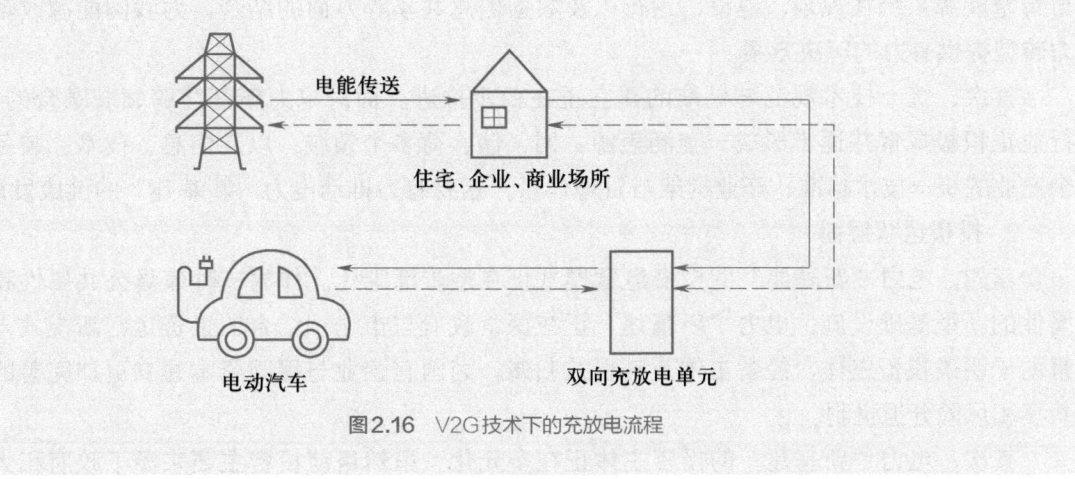

图2.16 V2G技术下的充放电流程

延伸阅读2-1　V2G技术介绍及其应用

在建筑领域，通过深度融合大数据、人工智能等尖端技术与基础设施，电力的"新基建"推动了传统楼宇向智能化方向的进步。数字化手段能够根据气候和用户需求的变化，动态地调整建筑功能，并对潜在的危害进行实时监测与警告。利用互联网技术可以快速获取和分析环境数据，高效地响应居民的需要，并提供更多的决策和管理建议。通过传感器、智能管理和实时监控，可分析楼宇及其设备产生的各项数据，降低建筑总体能耗和运营成本。

在工业制造领域，电力"新基建"正推动整个产业链的进步，并激励相关企业实施数字化转型。从研发、设计、生产、销售、管理到服务各个环节，都将与电力"新基建"的持续发展深度融合，进而推动工业制造业的技术创新与产业升级。

（三）电力"新基建"未来展望

在"双碳"目标和能源与数字技术革命的双重推动下，电力"新基建"已成为电力行业转型创新的重要引擎。目前，得益于新一代信息技术的迅猛发展，电力"新基建"已经取得了显著成就。尽管在战略布局、投资运营以及信息安全等方面仍面临一些挑战，但这些领域也为未来的优化升级提供了广阔的发展空间和潜力。

1. 战略布局层面

首先，电力"新基建"的顶层设计和整体规划正在逐步完善。自"新基建"提出以来，电网公司、发电企业、电力建设企业以及众多民营企业积极响应，积极参与电力"新基建"项目的布局与建设，展现了行业内的创新精神和实践动力。虽然目前国家层面的顶层设计与统筹规划尚在深化，但这一过程为明确建设责任、确立发展方向和细化工程计划提供了宝贵的时间和空间。这种集体努力预示着未来将有效避免资源和产能浪费，深化电力"新基建"

与智慧能源系统在规划、建设、运行以及数据信息共享等方面的结合，为我国能源改革和电力转型提供有力的解决方案。

其次，统一技术规范与标准的建立正在稳步推进。面对电力新基建跨领域融合的挑战，行业正积极探索并逐步形成一套涵盖源、网、储、荷多个领域，以及信息、技术、装备等多个产业的统一技术标准、产业构架与管理体系，这将有力推动电力"新基建"的健康发展。

2. 投资运营层面

首先，电力"新基建"的投资运营模式正在逐步清晰化。作为一种兼具公共属性和商业属性的新型基础设施，电力"新基建"正在探索政府与市场相结合的投资运营新模式，这将有助于明确投资主体、经营主体及其权益归属，为国有企业与民间资本建立更加完善的利益共享和风险分担机制。

其次，电力"新基建"的投资主体正在多元化。虽然目前投资主要来源于政府和大型国有企业，但已经在积极拓宽民营社会资本的参与途径，降低投资门槛，激发不同属性资本的活力，促进投资渠道的多样化。

再者，电力"新基建"的融资渠道正在创新拓展。面对初期阶段的融资挑战，行业正在探索与传统资金渠道不同的新融资模式，以满足电力"新基建"项目的特殊需求，这将为高端技术创新和轻资产项目提供更加灵活的融资解决方案。

最后，电力"新基建"的商业模式正在不断成熟。随着市场体制的探索和构建，电力"新基建"正在形成体现数据价值的商业策略，这将促进数据在市场中的交易，适应开放市场背景下的持续发展。

3. 信息安全层面

电力"新基建"的信息安全防护正在持续加强。随着5G、大数据、人工智能等新技术的大量应用，电力"新基建"对网络和计算机资源的依赖性日益增强，行业正积极构建可靠的数据和网络安全体系，提高信息安全风险的防范意识。云计算技术的广泛应用和设备间的频繁交互，虽然带来了新的安全挑战，但也推动了电力领域核心服务器数据安全防护技术的进步。内部和外部安全威胁的识别与应对，正成为电力"新基建"持续关注和投入的重点。

第三节
交通领域碳中和路径

交通领域碳中和是应对全球气候变化的重要一环，旨在通过减少交通活动产生的温室气体排放，特别是二氧化碳，实现交通行业的碳平衡。这要求采取综合措施，包括推广电动汽车、氢能汽车等清洁能源交通工具，优化交通网络布局，提高公共交通和共享出行比例，以及加强交通设施能效管理。同时，还需加强技术研发和创新，推动交通行业绿色转型，为全球可持续发展贡献力量。

交通运输领域的碳中和是指交通领域使用能源产生的温室气体排放总量（以二氧化碳当量计算）接近零的状态。全球交通领域的碳排放预计在2025年前后达到峰值，而公路运输是实现交通领域碳中和的关键。根据《城市零碳交通白皮书2022》，如图2.17所示，截至2022年，包括公路客运和公路货运在内的公路运输碳排放量占全球交通领域碳排放总量的77%，其余部分来自航空、海运和铁路等部门。根据国际能源署（IEA）的预测，在可持续发展的情景下，全球交通领域的碳排放将在新冠疫情过后短暂反弹，达到峰值后将持续下降。由于交通运输各部门在节能减排成熟度方面存在差异，在公路运输碳排放中，公路客运和中重型卡车运输是降低交通领域碳排放的重点。交通领域的碳中和目标可以划分为三个阶段，如图2.18所示。短期目标是实现道路和铁路交通的电气化；中期目标是推动氢能源的大规模商业化，以促进交通和建筑等领域的脱碳进程；长期目标是实现航空与航运领域的碳中和。

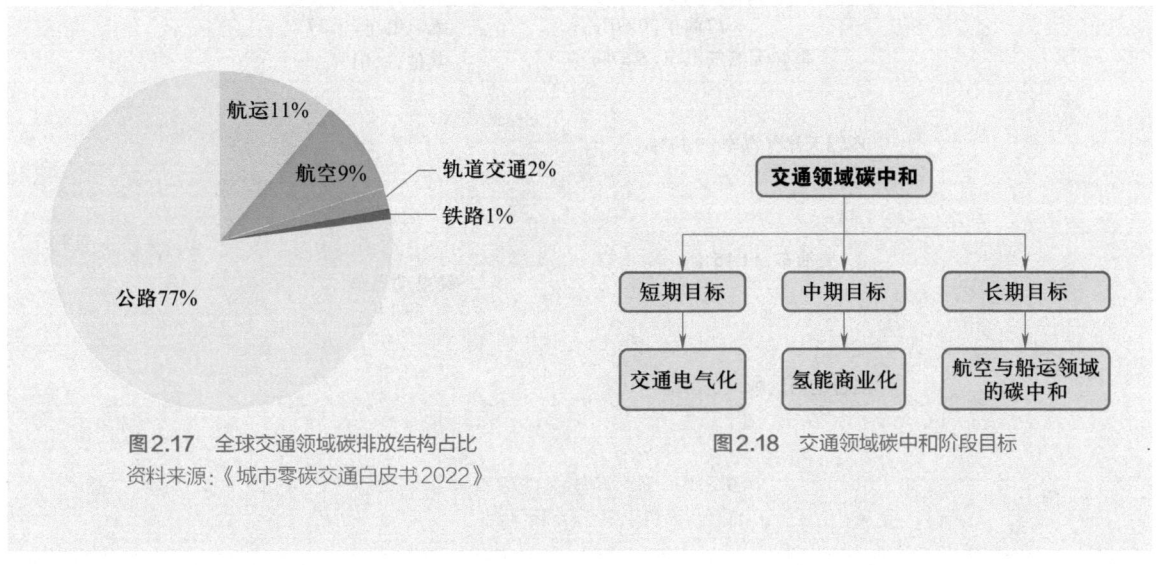

图2.17　全球交通领域碳排放结构占比
资料来源：《城市零碳交通白皮书2022》

图2.18　交通领域碳中和阶段目标

随着经济的持续发展，人们的出行时长和距离不断增加，对私人交通工具的需求也不断上升，碳排放总量持续增加。同时，交通领域仍主要依赖化石能源，尽管新能源已初步发展，但仍处于起步阶段，交通工具整体电气化进程推进存在诸多限制。以我国为例，交通领域碳中和一方面要控制因交通总量增加而导致的碳排放增长，另一方面需要推动能源系统从主要依赖化石能源向以新能源为主的转型。这需要通过交通、能源和社会生态的协同发展，打通碳中和的路径。在此过程中，需要采取适当的措施和政策，以促进节能减排、推广新能源车辆、改善交通规划和发展可持续的交通模式，实现交通领域的低碳转型。根据国际能源署（IEA）公布的《全球能源调查报告（2023）》，自2020年以来，交通领域的能源投资占比逐年增加。近三十年来，发达国家在交通领域的碳排放总量和人均碳排放量明显高于发展中国家。北美和欧洲等发达国家的排放量已经经历了增长到出现拐点并开始下降的过程，而中国仍处于排放量上升的阶段。随着中国经济发展的稳步推进以及城镇化建设程度加深，城市客户和货运服务需求将保持高速增长，道路交通排放压力也将继续加大。根据联合国统计，2018年发达国家的城镇化率已达到78%，而中国的城镇化率目前接近20世纪70年代发达国家的水平，还有较大的提升空间。

在过去的20年，中国交通运输领域的发展令人瞩目。据公安部统计，截至2022年9月底，我国机动车保有量高达4.12亿辆。在城市汽车保有量方面，目前全国有82个城市的汽车保有量超过100万辆，同比增加6个城市；其中北京汽车保有量超过600万辆，成都、重庆汽车保有量超过500万辆，苏州、上海、郑州、西安、武汉汽车保有量超过400万辆。2021年公共交通燃料类型如图2.19所示。中国致力于实现汽车电气化进程，近年已取得初步成就。

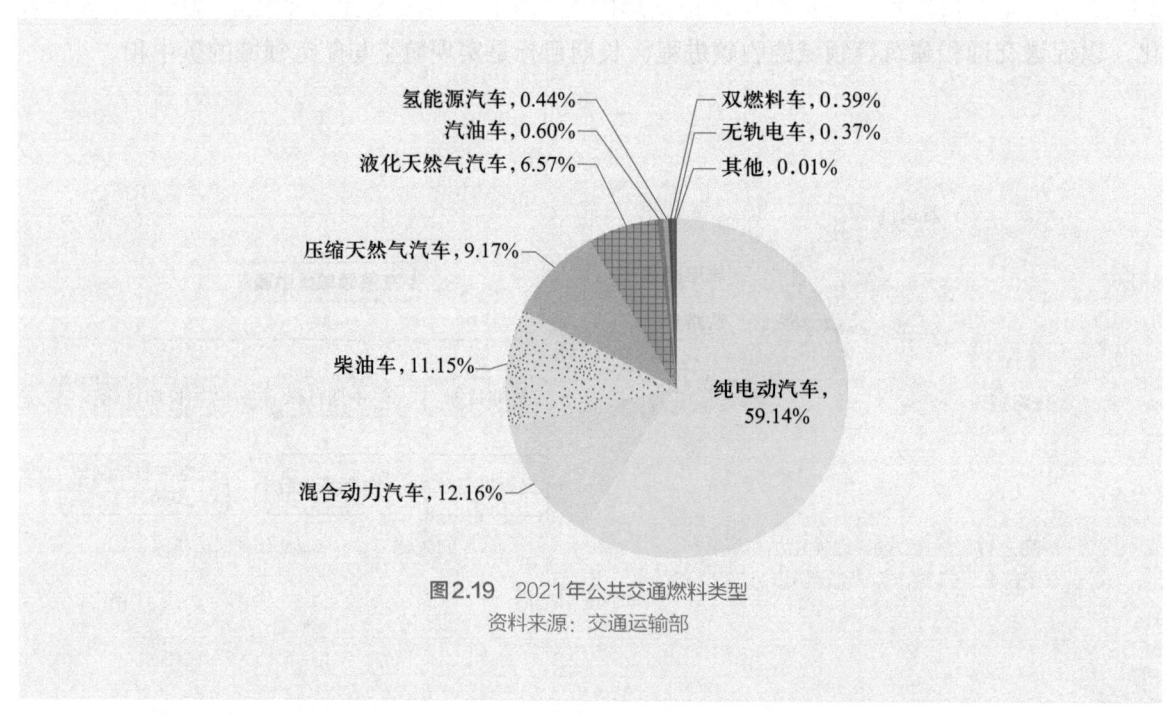

图2.19 2021年公共交通燃料类型

资料来源：交通运输部

在交通领域的碳排放结构中，道路交通占据了极大比例，约为75%。自1949年以来，中国交通运输体系逐渐成熟，从着力应对"有没有""够不够"的问题，正向解决交通运输"好不好"的问题过渡。过去十年中，我国交通领域二氧化碳排放占比呈现上升趋势，其中约四分之三来自道路运输。随着中国经济发展的稳步推进以及城镇化建设程度加深，城市客户和货运服务需求将保持高速增长，道路交通排放压力也将继续加大。

本节在全球碳中和的研究背景下，简要描述全球主要国家的碳中和现状，并聚焦于交通领域，重点分析交通领域碳中和可行途径，具体路径如图2.20所示。综合一系列国内外最新数据与研究成果，基于交通运输业对于全领域节能减排的重要意义，介绍优化运输结构与运输组织效率、提升运输装备能效、鼓励绿色出行等三大策略。

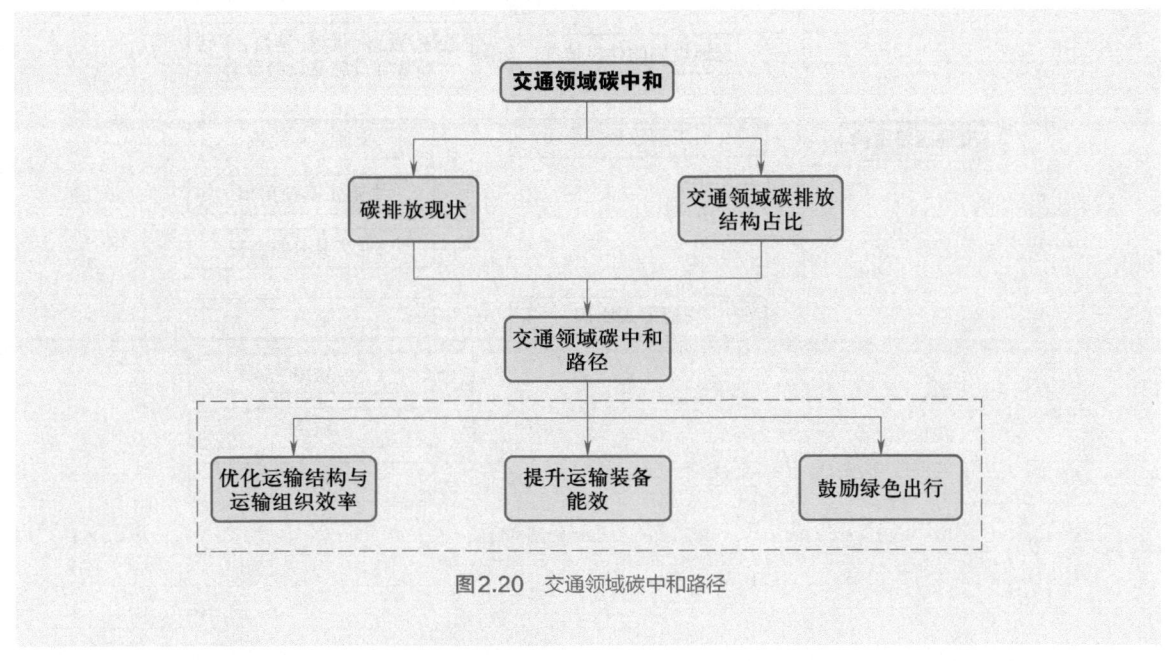

图2.20 交通领域碳中和路径

一、优化运输结构与运输组织效率

根据国家统计局的研究数据，城市人口的人均能源消耗是农村人口的三倍，从交通运输结构与运输效率的角度来看，城市人员和货物的运输结构更加复杂，运输效率需求更高、活动更为频繁，机动交通的水平也更高。第七次人口普查的调查数据显示，2020年我国常住人口的城镇化率已接近64%，较2010年提高了14%。与此同时，中国交通运输领域能耗占比在过去十年间也呈现逐步上升的趋势。这些数据反映了城镇化过程中可能带来的能源消耗增加和碳排放增加的现象。

因此，优化运输结构与运输组织效率是实现交通领域碳中和的重要路径之一。如图2.21所示，交通运输结构是指一个地区或一个国家的交通系统的组成和安排方式，它包括各种交通方式（如道路、铁路、航空、水运等）的组成比例、交通网络的布局、交通工具的数量和分布、交通设施的建设情况。运输组织效率在交通领域的碳中和进程中是一个关键概念，它指的是通过合理规划和组织交通运输系统，提升运输效率，以最低的能源消耗和碳排放来实现货物和人员的高效运输。

2020年，德国颁布了《德国可持续交通战略》，旨在促进交通领域的碳中和进程。该战略提出了一系列目标和举措，包括改善公共交通、推动多模式交通、减少交通拥堵和碳排放等，以优化运输组织和提高效率。法国于2019年通过了《长期交通规划法案》，旨在推动法国的可

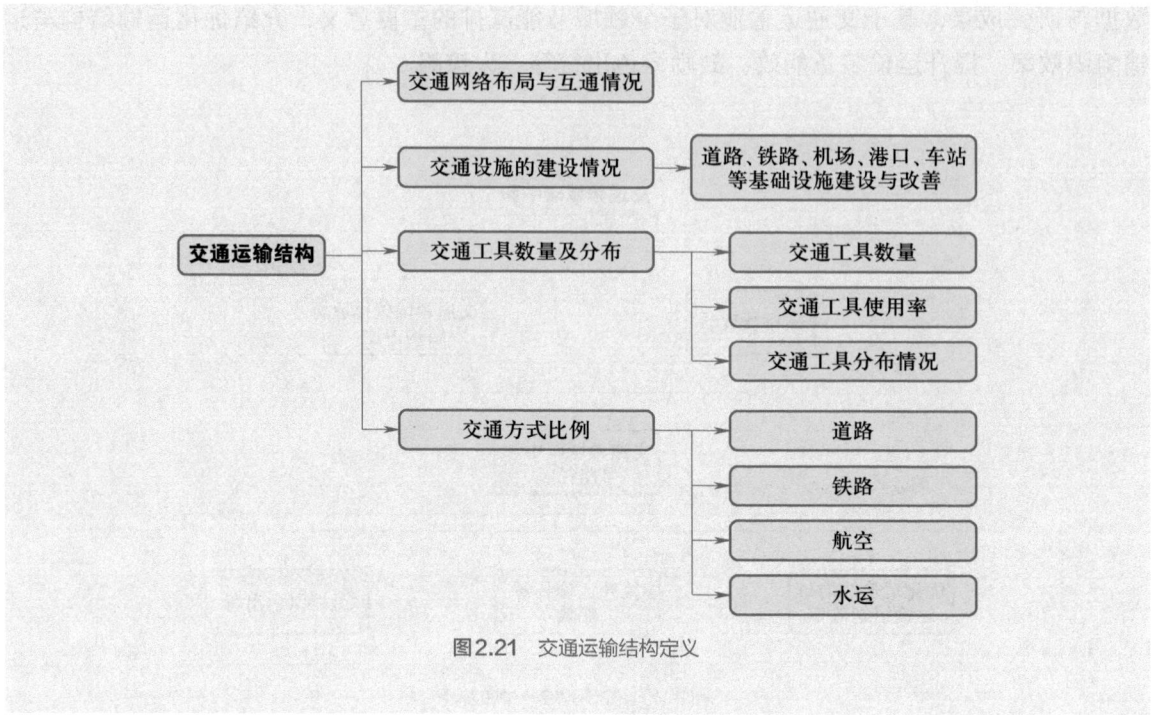

图2.21 交通运输结构定义

持续交通发展，其目标之一是提高运输系统的结构及效率，减少碳排放和环境负荷。该法案促进了多式联运、可持续公共交通、电动汽车推广和智能交通解决方案的发展。挪威于2017年颁布《零排放交通路线图》，旨在实现挪威交通领域的零排放目标。该路线图提出了采取措施推动零排放交通工具的发展，改善挪威境内运输结构现状，包括推广电动汽车、氢燃料电池车辆和电动自行车等。亚洲地区也在努力优化运输组织和提高运输效率。中国提出《交通强国建设发展战略纲要》（2019年）和《交通运输现代化"十三五"规划》（2016年），以推动交通运输现代化、提升运输效率和优化运输结构。韩国政府制定了《第四次国家基础设施战略计划》（2019—2023年）和《数字通信构想2020》，以加强基础设施建设、提升数字通信和交通物流效率。印度政府发布了《自主可持续发展目标2022》和《千年可持续发展目标国家报告》（2020年），旨在促进可持续发展、改善基础设施和提高交通运输效率。上述文件和政策体现了各国对于优化运输结构和提高运输组织效率的共同关注。

延伸阅读2-2 绿色出行，共筑低碳未来——揭秘交通部门能源碳排放

（一）优化运输结构

交通领域碳中和进程中运输结构优化方向包括：

1. 优化交通网络布局与互通情况

（1）公共交通优先：考虑到中大型城市交通压力，应进一步大力发展公共交通，优化市

内出行公共交通系统网络建设，积极推动城市轨道交通逐步成为中、大型城市公共交通的主要方式，建立便捷的公共交通运输体系，加大清洁燃料公共汽电车投放比例，提升城市公共交通分担率。应在公共交通规划、用地、资金及路权等方面给予优先支持，助力快速公交系统（BRT）、城市轨道交通建设，着力打造高品质、温馨舒适的自行车、行人道等慢行交通系统，加强不同类型交通工具换乘的便捷性和智能化，推动城市交通客运向友好、绿色、低碳、智慧化方向发展。

（2）合理城市规划与土地利用：在城市规划中考虑交通因素，鼓励混合用途开发，使居住区、商业区和工作场所更加接近，减少通勤距离和交通需求。不同形式的土地利用会引发不同性质和强度的交通需求。通过合理的城市规划，可以优化出行方式和路线，有效缩短出行距离，并减少不必要的出行活动，进而降低或优化交通流量。

（3）智能交通系统：采用智能交通技术和解决方案，如智能交通信号控制、实时交通信息系统和智能出行平台，以优化交通流量、提高交通效率和减少拥堵。进而改善道路利用率，减少碳排放。

2. 优化交通设施建设情况

（1）加强充电基础设施建设：推动电动汽车的普及，建设充电基础设施网络，包括公共充电桩和私人充电设施，以支持电动汽车的充电需求。鼓励更多人选择电动汽车，减少传统燃油车的使用和碳排放。

（2）改善交通枢纽及站点设施：优化交通枢纽和站点的设计和布局，以提高换乘便利性和效率。例如建设现代化的公交车站、火车站和轻轨站，提供便捷的换乘条件和良好的旅客服务。

（3）支持可再生能源应用：在交通设施建设中，加强对可再生能源的利用，如太阳能和风能等。建设太阳能充电站、风力发电站和可再生能源供电设施，为交通设备和充电设施提供清洁能源。

3. 优化交通工具数量及分布

（1）支持低碳公共交通：优化公共交通网络的布局，增加公共交通线路和运力，提高公共交通的服务质量和可靠性。同时，鼓励使用低碳公共交通工具，如电动巴士和轻轨等，以减少汽车出行对碳排放的贡献。

（2）管理出租车和网约车数量：通过制定政策和法规，合理管理出租车和网约车的数量，以确保供需平衡和运营效率。同时，鼓励出租车和网约车公司转向使用可持续交通工具，以减少尾气排放。

4. 优化交通方式比例

（1）发展多式联运：鼓励多种交通方式间的衔接和协同，以提供高效的多式联运服务。将不同交通方式整合起来，提供便捷的换乘设施和信息共享，使不同的交通工具之间无缝连接，减少公众对单一交通方式的依赖。

（2）提高铁路比例：加强铁路建设和改进运营，尤其是发展高速铁路和城际高铁网，以提供快速、高效和环保的远程交通服务。优化铁路线路布局，减少长途道路运输需求，降低碳排放。

（3）促进航空领域的碳中和：推动航空领域的绿色创新和碳中和技术的应用，如可持续航空燃料、电动飞机和氢燃料电池飞机等。鼓励航空公司采取节能、减排和碳抵消措施，减少航空业的碳足迹。

（4）发展环保航运：支持环保航运，采用先进的船舶设计和技术，减少船舶的能源消耗和碳排放。促进航运领域的可持续发展，包括使用清洁燃料、优化航线和提高航行效率。

（二）优化运输效率

作为影响交通领域碳中和进程的重要因素之一，运输效率对交通领域的碳排放影响巨大。优化运输效率涉及多个指标，包括运输速度、运输能力、运输成本以及运输损耗，其定义如图2.22所示。

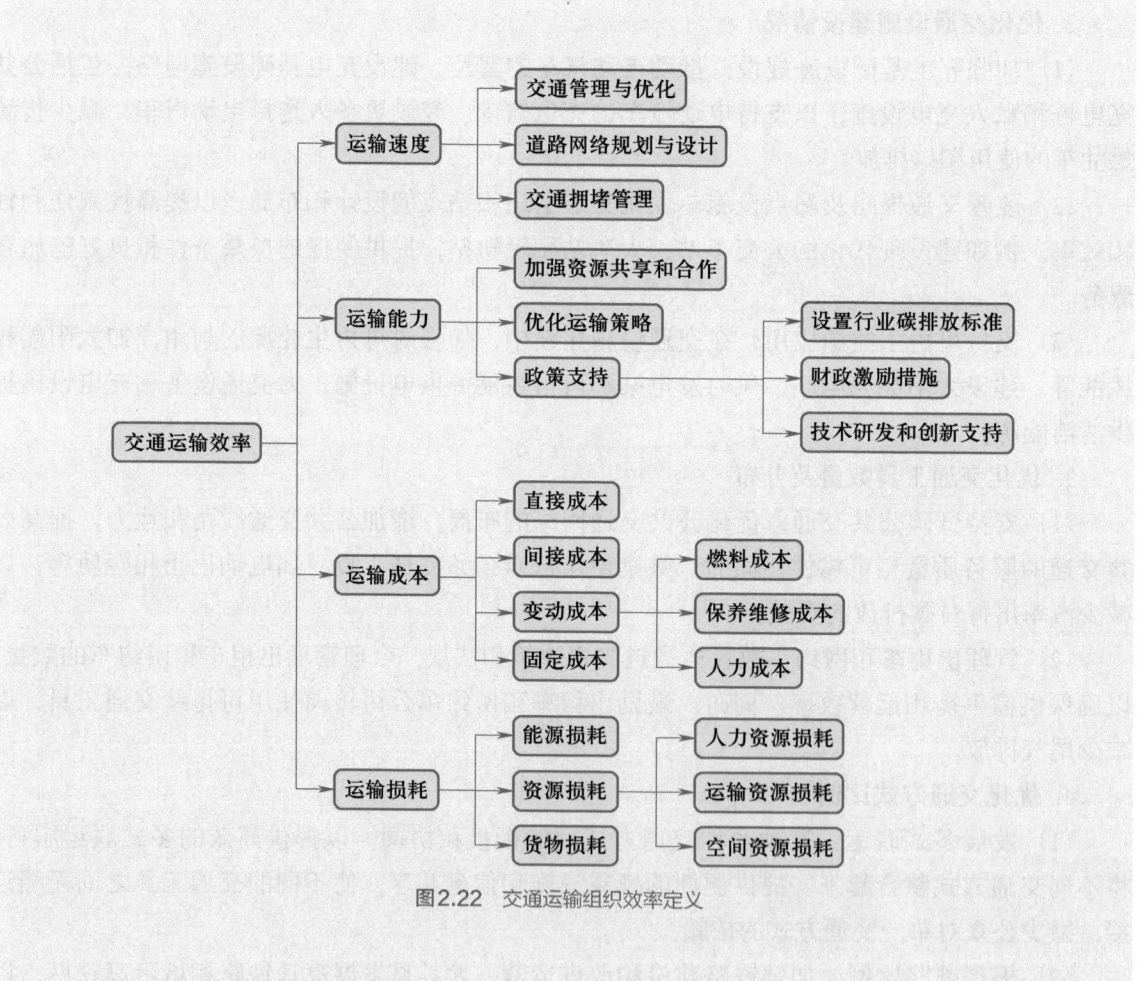

图2.22 交通运输组织效率定义

交通领域碳中和进程运输效率具体优化方向包括：

1. 优化运输速度

（1）交通管理与优化：采用先进的交通管理和控制系统，如交通信号优化、智能交通监控和调度系统等。这些系统可以减少拥堵和交通阻塞，优化交通流动，提高运输速度。

（2）道路网络规划与设计：通过科学合理的道路网络规划和设计，优化道路布局和连接，减少交通流阻塞，提高道路通行能力。这包括合理设置道路几何设计、出入口布局和标线，以确保交通流动顺畅、减少路况阻碍。

（3）交通拥堵管理：采取一系列交通管理措施，如限行措施、交通管制、交通疏导和动态交通指示牌等，以减少交通拥堵和瓶颈情况。同时，实施交通管理措施可以缓解路况压力，提高交通运行效率和运输速度。

2. 优化运输能力

（1）加强资源共享和合作

包括促进运输资源的共享和合作，例如共享运输工具、共享货运设施等。① 车辆共享和联运：运输企业可以共享车辆资源，将闲置或空载的车辆开放给其他企业或个人使用。② 仓储和物流设施共享：提供仓储和物流设施的企业可以将其空闲的存储空间和设备资源对外共享。其他企业可以借助共享资源，避免独立投资建设新的仓储设施，减少资源浪费和碳排放。这种资源共享和合作可以提高整体的仓储和物流效率，优化运输能力。③ 路况与交通信息共享：通过共享路况和交通信息，不同的运输企业可以了解实时交通情况，避免拥堵和寻找最佳路线。这种信息共享可以优化运输路线的选择和规划，减少时间浪费和碳排放，提高运输速度和能力。

（2）优化运输策略

利用智能物流技术和数据分析，进行运输规划和调度的优化，以最小化运输成本和碳排放。通过合理分配货物运输任务、减少不必要的行驶距离和空载里程，提高运输能力的利用效率。① 车辆调度和路径优化：采用优化算法和规划模型，对车辆进行调度和路径规划。综合考虑货物量、时间窗口、车辆特性以及最优路线等因素，生成最佳的车辆调度计划。优化后的调度方案可提高车辆的装载率、减少空驶和等待时间，最终提升运输能力。② 运输计划协调：从供应链的角度对运输计划进行协调与整合。与供应商、制造商、仓储等相关方紧密协作，共同规划货物运输的时间、数量和路径，确保货物的及时交付和流程的协调。通过供应链的优化，提高整体的运输能力和效率。③ 实时监控与调整：运输规划和调度需要与实时监控系统相结合，对运输过程进行监测和调整。通过运输过程中的实时数据反馈，及时调整计划，处理运输中的不确定性和突发情况，确保运输计划的顺利执行。

（3）政策支持

制定和推动交通领域的政策支持，鼓励创新和投资，促进绿色和可持续的交通发展。① 设置领域碳排放强度指标、车辆燃料效率标准、碳定价措施等，以激励企业和个人采取行动减少碳排放。② 财政激励措施：政府可以提供财政激励措施来支持交通领域的碳中和进程。例如，通过税收优惠、补贴或资金奖励，鼓励企业和个人采购和使用低碳运输工具，推动新能源车辆的普及和使用。③ 技术研发和创新支持：政府可以支持交通领域的研发和创新，特别是低碳运输技术和解决方案方面的研究。通过设立研究基金、提供研发资金支持和推动技术创新平台建设，促进低碳运输技术的发展和应用。

3. 优化运输成本

（1）直接成本优化

在交通领域碳中和的大环境下，直接成本也包括与碳减排相关的成本，如低碳燃料、绿色技术和节能设备等方面的费用。其优化方向为：① 节能车辆和燃料选择：采用节能型车辆和使用低碳燃料，如电动车辆、混合动力车辆和生物燃料等，以降低直接成本。② 驾驶行为改进：通过培训和引导，促使驾驶员采取经济驾驶行为，如减少急加速、急刹车和急转弯等，降低燃料消耗和运营成本。

（2）间接成本优化

间接成本是指与运输活动相关的但不直接与每个运输业务或项目的运营直接相关联的成本。其优化方向为：① 路线优化和规划：通过优化运输路线和规划，减少行驶距离、减少堵车时间，降低间接成本，如燃料消耗和运行时间。② 交通工具管理与调度：采用交通工具管理系统和智能调度技术，合理调配运输资源和车辆，避免空载或低负载行驶，提高运输效率和间接成本效益。

（3）变动成本优化

变动成本是指与运输量的变化成正比的成本，它们随着运输量的增加或减少而变化。其优化方向为：① 优化燃料成本，采用节能车辆。例如，考虑使用电动车辆、混合动力车辆或者采用先进的燃料技术。② 优化保养维修成本，建立科学的车辆保养与维护计划，及时检查和维护车辆以减少故障和损坏。③ 优化人力成本，为员工提供专业的培训和技能提升机会，使其具备更高的工作效率和专业水平。

（4）固定成本优化

固定成本是与运输业务或项目的运营规模无关的成本，它们在短期内不会随着运输量的变化而改变。这些成本主要与基础设施、设备和固定资产相关，如车辆购买成本、设备折旧、场地租赁、管理人员工资等。固定成本通常不会因为运输量的增减而直接变动，但可以通过长期的调整来改变。

4. 优化运输损耗

（1）能源损耗

能源损耗是指在交通运输过程中消耗的能源量超出实际所需的情况，涉及燃料的消耗、能源的浪费和能源效率低下等问题。能源损耗的优化包括减少能源消耗、提高能源利用效率和采用低碳能源等措施。

（2）资源损耗

资源损耗在交通运输中涉及物质和非物质资源的浪费和损失。其优化方向为：① 优化人力资源损耗，合理评估运输需求，确保适当的人员配备，避免人力过剩或不足情况。通过精确的人员需求预测和调度，最大限度地减少人力资源的浪费。② 优化运输资源损耗，通过综合利用公路、铁路、水路和空运等运输模式，根据货物特性和距离选择最佳运输方式，减少重复运输和资源浪费。③ 优化空间资源损耗，科学规划和设计交通路网，合理布置交通设施和城市道路。

(3) 货物损耗

货物损耗是指在运输过程中货物的损失、破损、丢失或降级的现象。通过合理的包装和装卸策略、跟踪和监控技术等措施，可以降低货物损耗率，提高运输过程的质量和效率。其优化策略可包括：① 包装和装卸优化：采用合适的包装材料和方法，确保货物在运输过程中的安全性和完整性，减少货物损坏和损耗。同时，优化装卸策略和装卸设备的使用，提高装卸效率，减少货物损耗和能源消耗。② 货物跟踪和监控：利用物联网技术和传感器等，实现货物的实时跟踪和监控，及时发现货物异常情况，并采取相应措施，减少货物丢失和损耗。③ 供应链协同和信息共享：加强供应链各环节间的协同和合作，共享货物信息和需求预测，优化供应链运作，减少货物滞留和损耗。

二、提升运输装备能效

车辆是城市道路交通的主要运输工具，也是与交通领域碳排放量密切相关的因素。在交通领域碳排放进程中，交通工具的电气化是交通领域碳中和的发展方向。为了实现交通领域碳中和进程，加速燃油车替代，积极发展电动汽车、氢能等新能源汽车技术，并推动电动汽车与人工智能、物联网、自动驾驶、共享经济等新技术、新业态的融合发展，提升运输装备能效是至关重要的途径。提升运输装备能效的方法主要包含优化交通工具全生命周期碳排放、实现汽车动力电池的高效循环利用、高度重视利用单一能源的新能源汽车研究、加大新能源汽车核心技术的研究创新、加强对于氢燃料汽车的研发五个方面。

(一) 优化交通工具全生命周期碳排放

在欧盟出台的一揽子环保提案中，欧盟提到设立碳边境调节机制（CBAM），其目标是基于产品的生命周期碳排放来建立国际贸易的新规则。该规则的初步覆盖范围包括水泥、电力、化肥、钢铁和铝等领域。尽管目前尚未涵盖汽车领域，但相关的法案正在规划中。据预计，从2024年起，进入欧洲市场的动力电池制造商和供应商将需要提供碳足迹声明。而到2025年，每辆出口到欧盟的汽车都需公开核算其整个生命周期中的二氧化碳排放情况。这意味着汽车制造商需要逐步地提供更全面的碳排放信息，以满足欧盟对于可持续性和环境保护的要求，欧盟汽车全生命周期法规体系倡议如图2.23所示。

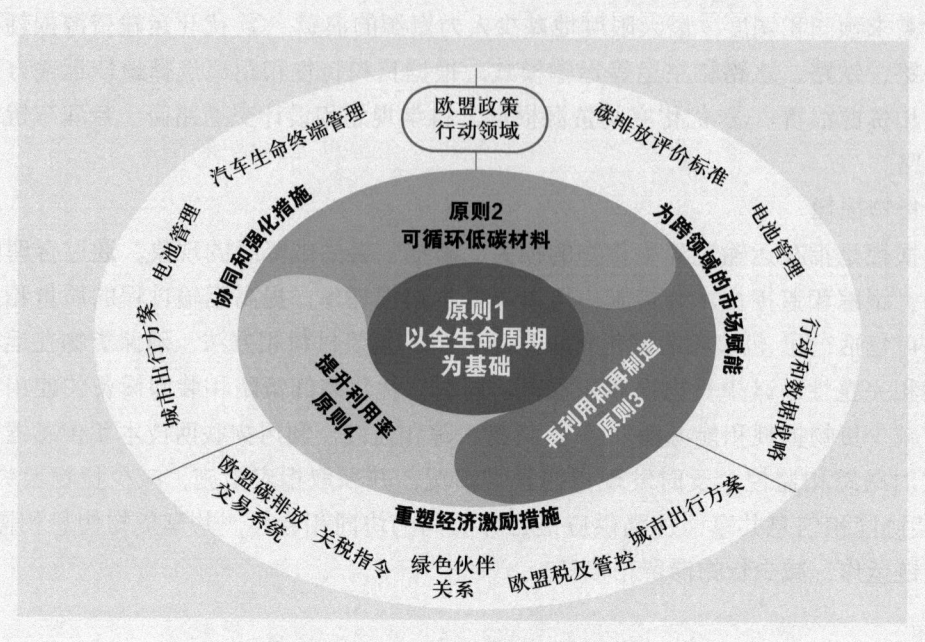

图2.23　欧盟汽车全生命周期法规体系倡议
资料来源:《2022城市零碳交通白皮书》

　　当前我国汽车碳排放管理政策主要集中于汽车使用端。2021年7月,国家发展和改革委员会印发的《"十四五"循环经济发展规划》中提出,要进行汽车使用全生命周期管理推进行动,研究制定汽车使用全生命周期管理方案,构建涵盖汽车生产企业、经销商、维修企业、回收拆解企业等的汽车使用全生命周期信息交互系统等。未来,仍需行业参与者共同努力,积极对标国际标准,一方面避免我国新能源汽车产业出海遭遇碳壁垒的风险,另一方面也作为我国提升产业绿色化水平,促进交通领域脱碳的重要机遇。

　　汽车作为主要的道路交通工具,在交通领域碳中和的过程中扮演着重要的角色。随着时间的推移,国际上的政策倾向也逐渐转向从使用端向汽车的整个生命周期扩展。针对汽车本身的温室气体排放管理,包括减少尾气排放和提高燃烧效率等措施已经成为全球各地的关注焦点。然而,仅仅关注使用阶段的排放并不能全面逐渐上升的碳排放问题。如今越来越多的国家和地区开始考虑整个汽车生命周期的温室气体排放,包括生产、运输、使用和报废等各个环节。这种趋势对汽车制造商和相关领域提出了更高的要求,同时也为推动新能源汽车、低碳技术和可持续交通的发展提供了机遇。具体优化交通工具全生命周期碳排放方向有:

　　① 优化车辆设计与制造过程:优化车辆设计和制造过程,采用轻量化材料以减少燃料消耗和排放。增加车辆的能源效率,包括改进发动机设计、降低内阻、改善变速器效率等技术。采用可持续、环保的材料,例如可回收材料和可再生材料,以减少资源消耗和环境影响。

② 优化动力燃料：推动使用低碳燃料或无碳燃料，例如推广电动汽车、插电式混合动力车辆和燃料电池车辆，以减少依赖传统燃油车辆所带来的排放。此外，推动可再生能源在能源供应中的比例，包括可再生能源电力和氢能等，也能减少车辆使用阶段的碳足迹。

③ 政策支持：政府制定和执行严格的车辆排放标准和能源效率标准，迫使制造商提供更环保的汽车选项，并提供税收和财务激励措施，鼓励消费者购买低碳汽车。

（二）实现汽车动力电池的高效循环利用

对新能源汽车而言，动力电池的生产具有高度的自然资源依赖性，提高运输装备能效迫在眉睫。研究数据显示，当前全球锂、钴、镍资源经济可采储量分别为2 100万t、9 400万t和710万t。以锂资源为例，当前储量可以支撑2 000亿kW·h动力电池，即20亿辆电动汽车生产制造。

从出口方面来看，欧洲是我国锂离子电池产品出口的重要目的地。根据欧盟委员会的新电池法案要求，从2024年7月1日起，工业及电动汽车电池的制造商和供应商必须提供产品碳足迹声明。这既是我国产品出海面临的挑战，也是倒逼我国完善电池生产的碳足迹标准、实现产业高质量升级的重大机遇。在实施层面，通过推行新能源汽车换电服务，实现车电分离，由电池运营商统一管理电池，集中充电，不仅能够缓解用户对于汽车电池折旧成本的焦虑，还可以有效延长电池的寿命，实现梯次利用，提高电池全生命周期应用价值。

（三）高度重视利用单一能源的新能源汽车研究

对新能源汽车能源效率进行深入探讨后，发现采用单一燃料策略对提升该类汽车的能源使用效率具有关键作用。与双燃料系统相比，单一燃料新能源汽车在能效方面展现出明显的优越性。这种能源配置不仅在资源节约上表现出色，还在环境保护方面具备独特的技术优势，是其他类型汽车难以企及的。因此，单一能源新能源汽车被视为汽车行业，特别是新能源汽车领域未来发展的重要方向标，为解决当前人类社会面临的资源与环境挑战提供了有力途径。尽管初期投资成本较高，但随着技术创新和规模化生产的推进，其长期运行与维护成本正逐步趋于合理，预示着其广阔的发展前景和不可阻挡的趋势。

（四）加大新能源汽车核心技术的研究创新

新能源汽车的运输能效与核心技术存在显著联系。当前，新能源汽车领域已显著进步，但中国新能源汽车的核心技术仍待深入探索与持续创新，以推动其进一步发展。特别是在电机、电池和电控技术方面，其对于新能源汽车的能源利用效率和整车性能具有重要影响。

首先，电机的能源转化效率是影响新能源汽车性能的关键因素之一。针对电机的设计和优化，需要综合考虑效率、功率密度、可靠性等因素，以实现更高效的能源转换，提高动力输出和行驶里程。其次，电池的存放电效率和使用寿命对于新能源汽车的可靠性和续航能力至关重要。通过改进电池的材料组成、结构设计和管理系统，以提高电池的能量密度、循环寿命和安全性能，可以进一步提高新能源汽车的运行效率和可靠性。最后，电控系统是新能源汽车的关键技术之一，对整车的运行性能具有重要影响。通过精确控制演算法、电动系统的参数以及能量管理策略，可以优化能源的利用和分配，实现驱动系统的高效运行，提高整车性能和驾驶体验。

（五）加强对于氢燃料汽车的研发

氢能可显著增进运输设备能效。由于氢是最轻的元素，它具有非常高的能量密度，释放出的能量比传统燃料更大。这使得氢燃料可以为新能源汽车提供强劲的动力，并提高能源利用效率。此外，氢燃料是可再生能源，可以通过再生技术进行生产。例如，通过电解水来制备氢气，利用可再生能源（如风能、太阳能）来提供电力，可以实现清洁的氢气生产过程。

三、鼓励绿色出行

"人"是城市交通系统的重要参与者，个体和群体的绿色交通行为对于整个交通领域碳中和进程至关重要。通过培育创建积极的低碳文化，并建立富有成效的激励机制，使交通参与者从内心对绿色交通理念产生认同感，在绿色低碳出行的过程中获得幸福感，有助于营造全社会绿色低碳的文化氛围。

（一）鼓励绿色交通消费理念

为实现交通领域碳中和，一方面，要强化低碳交通发展理念，将其与行业文化建设有机融合，丰富绿色交通的文化内涵，并将其融入行业的核心价值体系，加以推广和弘扬。通过文化建设，可以增强社会对低碳交通的认同和支持，形成全社会共同参与低碳交通发展的良好氛围。另一方面，要加强低碳交通的宣传教育工作。借助新兴传播媒介和数字化工具，开展多种形式的节能低碳宣传、培训和交流活动，以提高公众和从业人员的意识和知识。可以利用社交媒体、移动应用程序等数字平台，广泛传播低碳交通的相关信息和案例，引导公众采取积极的行动。此外，可以组织举办低碳交通的培训课程、研讨会、展览等活动，提供专业的指导和技能培训，加强领域内外的交流与合作。同时，要打造线下联动的宣传教育体系，将物理空间与数字空间相结合。可以在公共交通站点、城市广场等人群密集的场所设置宣传展板、户外广告等，向公众展示低碳交通的理念和实践。还可以利用现有的物理场景，结合数字技术，通过虚拟现实、增强现实等技术手段，创造沉浸式的低碳交通体验，增强宣传教育的吸引力和影响力。

（二）完善绿色服务体系

鼓励绿色出行的同时，必须认识到随着社会的发展，人们对于出行服务的舒适化、高品质、高效率甚至智能化的需求日益增强。因此，在以城市公共交通为核心的低碳交通体系中，应不断提升基础设施和管理服务的品质，以提升用户的出行体验。

一方面，要兼顾逐渐老龄化的社会，关注公共交通对于高龄用户和残弱群体的友好程度。这可以通过完善老年乘车的优待政策、提升助老出行服务水平、适老化的交通基础设施改造等方式实现。同时，可以帮助老龄人口提升数字化体验，共同打造温暖友善的绿色出行体系。例如，一些主要网约车公司已经在近300个城市推出了"一键叫车"服务，上海市的8个中心城区还推出了具备"一键叫车"信息化功能的200个出租汽车候客站，这些都是适老化交通服务的典型应用场景。另一方面，也要满足年轻人群的数字化需求，与新生代出行用户建立良性互动。可以推出具有生动多元的数字化交通出行服务，打造具有互动性和社交属性的出行服务场景。通过整合技术创新和数字化平台，提供个性化定制、实时信息、智能路径规划等功能，满足年轻人对于便捷、互动的出行体验的需求。

（三）打造数字化智慧交通社群

绿色出行方式需要从意识方面调动"人"的积极性，激励人们向更加可持续的出行方式转变，进而形成良性健康的出行文化。身处数字时代，新时代人群具有与生俱来的数字共生能力，天然适应社群化数字空间。而5G、大数据、物联网等数字技术的高速发展，使得交通出行服务可以通过包括智能手机在内的各种移动终端轻易触达。基于此，澳大利亚学者Husssin Dia在其著作中提出，可以在智能终端开发游戏化的应用，通过游戏的框架规则设定引导出行者选择更加低碳、可持续的出行方式，并通过积分、虚拟币、排行榜、角色、社交网络等游戏化元素，提升参与者参与积极性与游戏体验。国外在此领域已有过多项尝试，如应用程序Changers-CO_2 fit可以自动测量通勤者的行程距离并计算其碳足迹，旨在通过奖励积分等方式为自行车、步行或公共交通提供奖励积分；MOBI项目通过增加团队成员间竞争性的游戏体验，促进员工智能出行。在我国，目前主流的导航及生活服务应用小程序模块也都逐渐融入了游戏化的激励因素，作为交通领域碳中和项目的一个重要方面，未来可持续深入探索该领域所带来的低碳潜力。

第四节
工业领域碳中和路径

工业作为我国经济发展的核心支柱及主要物质生产部门，扮演着推进社会全面绿色转型的关键角色。当前，我国正以前所未有的决心推进工业领域的碳达峰碳中和战略，将其视为国家整体碳减排蓝图的关键一环。《2030年前碳达峰行动方案》明确定位工业为碳排放的重点领域，要求其加快步伐，先行实现碳排放峰值，为全国范围内的碳达峰奠定实践基础。随后，《"十四五"工业绿色发展规划》进一步细化行动方向，强调以碳达峰碳中和为目标导向，将工业领域的绿色转型作为未来五年的发展主线，力求在优化产业结构、提升能源效率、促进清洁能源使用等方面取得实质性进展。

工业领域作为国家经济发展的核心组成部分，其碳排放量占全国总量的显著比例，凸显出工业转型对实现国家碳减排目标的决定性意义。工业碳排放主要源自直接能源消耗，即煤炭、天然气等化石燃料的燃烧，以及生产过程间接能源消耗，即外购电力和热力的碳排放，这些构成了工业碳足迹的主要组成。我国工业面临的问题在于产业结构偏向重工业和能源结构过度依赖化石能源，这对减排构成挑战。

工业碳排放从构成上来看，包括直接能源消耗产生的碳排放和生产过程间接能源消耗产生的碳排放，两部分用公式可表达为：

$$E_{CO_2} = E_{CO_2 能源消费} + E_{CO_2 生产过程} = \sum_{i=1}^{n} E\left(P_i \times E_{Fi}\right) + \sum_{j=1}^{n}\left(M_j \times E_{Fj}\right) \tag{2-1}$$

其中，E_{CO_2} 为工业领域二氧化碳排放量（kg）；$E_{CO_2 能源消费}$ 为工业能源消耗碳排放量（kg）；$E_{CO_2 生产过程}$ 为工业生产过程碳排放量（kg）；i 为化石能源种类，E 为工业能耗总量（kg），P_i 为某种化石能源消费占比，E_{Fi} 为某种化石能源燃烧碳排放系数；j 为产品类别，M_j 为第 j 种产品产量，E_{Fj} 为第 j 种产品生产过程二氧化碳排放系数。

假设有一个工业企业，它使用两种化石能源：煤炭和天然气，并且生产两种产品：钢铁和水泥。若需计算这个企业一年内的二氧化碳排放量，则需要收集以下数据：

① 煤炭和天然气的年消耗量（假设单位是t）。

② 煤炭和天然气的碳排放系数（假设单位是 kg CO_2/t 能源）。

③ 钢铁和水泥的年产量（假设单位是t）。

④ 钢铁和水泥生产过程中的碳排放系数（假设单位是 kg CO_2/t 产品）。

假设数据如下：

● 煤炭消耗量：1 000 t，碳排放系数：2.5 kg CO_2/t 煤炭。

● 天然气消耗量：500 t，碳排放系数：1.5 kg CO_2/t 天然气。

● 钢铁产量：2 000 t，生产过程碳排放系数：1.8 kg CO_2/t 钢铁。

● 水泥产量：3 000 t，生产过程碳排放系数：0.9 kg CO_2/t 水泥。

将这些数据代入式（2-1），计算总的二氧化碳排放量：

$$E_{CO_2} = \sum_{i=1}^{n} E\left(P_i \times E_{Fi}\right) + \sum_{j=1}^{n}\left(M_j \times E_{Fj}\right)$$

对于能源消耗产生的碳排放和生产过程产生的碳排放如表2.2所示。

表2.2　能源消耗产生的碳排放和生产过程产生的碳排放

能源或产品类型	消耗量或产量/t	碳排放系数/($kg\ CO_2 \cdot t^{-1}$)	碳排放量/($kg\ CO_2$)
煤炭	1 000	2.5	2 500
天然气	500	1.5	750
钢铁	2 000	1.8	3 600
水泥	3 000	0.9	2 700

总碳排放量计算:

- 能源消耗产生的碳排放量: 2 500 $kg\ CO_2$(煤炭) + 750 $kg\ CO_2$(天然气) = 3 250 $kg\ CO_2$。
- 生产过程产生的碳排放量: 3 600 $kg\ CO_2$(钢铁) + 2 700 $kg\ CO_2$(水泥) = 6 300 $kg\ CO_2$。
- 总排放量: 3 250 $kg\ CO_2$(能源消耗) + 6 300 $kg\ CO_2$(生产过程) = 9 550 $kg\ CO_2$。

这个例子展示了如何使用公式来计算工业企业的碳排放量,包括直接能源消耗和生产过程中的间接能源消耗。

工业碳排放与工业增长速率、能耗效率和产业结构紧密相关。当前我国工业仍面临产业结构偏重、能源结构依赖化石能源的挑战。工业发展与碳排放增长尚存正相关,需通过提高能效和优化产业结构以实现脱钩。

面对这一现状,我国制定了多维度的工业减碳应对策略:一方面,推动产业结构调整,减少高耗能、高排放领域比重,发展循环经济和数字经济,提升产业链的绿色化水平。同时,优化能源消费结构,减少对化石能源的依赖,增加非化石能源比例。特别是通过提高工业电气化水平,利用清洁电力替代传统化石能源,预计到2050年工业电气化率将大幅提升至69.5%。另一方面,针对工业生产过程中的碳排放,通过技术创新和流程优化,如在钢铁、水泥等重点领域推广低碳生产技术,利用工业固废替代原材料,提高废钢利用率,发展绿氢炼钢等前沿技术,减少工业过程中的碳足迹。

不同工业领域的效率提升策略各有侧重。例如,在水泥领域,技术方案主要围绕燃烧过程而展开,如利用高温有效地焚烧生活垃圾,以及引入更好的煤炭燃烧技术。而在钢铁领域,技术方案主要注重于废钢的再利用,以及回收再利用冷却过程中释放的热量。

为了实现碳达峰和碳中和的目标,必须重点关注钢铁、建材、石化化工以及有色金属等高排放行业的减排路径。在"十四五"期间,一些关键工业领域的产能已接近或达到峰值。随着限制高耗能、高排放项目的政策实施以及节能降碳技术的广泛采用,预计这些重点行业将在"十五五"期间达到碳排放峰值。鉴于不同行业在产量和生产工艺上存在显著差异,需要采取差异化措施,分阶段推动各行业逐步达峰,最终带动整个工业体系实现碳达峰。

(1)钢铁行业

作为二氧化碳排放量最大的工业部门之一,钢铁行业对于整体工业碳达峰至关重要。短期内,通过将传统长流程炼钢工艺转换为更高效的短流程方法(如电弧炉炼钢),并提高生产过程中的电气化比例，可以有效减少二氧化碳排放。长远来看，随着中国钢铁存量不断增加以及废钢回收利用率的提升，到2030年基于废钢的电弧炉炼钢占比有望增至20%～25%。

（2）建材行业

建材行业的工业过程排放相对较高。一种有效的减排方式是利用电石渣、硅钙渣、钢渣等工业废弃物替代石灰石用于水泥熟料的生产，这不仅能够大幅度降低过程中产生的二氧化碳排放，还有助于促进建材行业的碳达峰进程。

（3）石化化工行业

石化化工领域内，随着多个大型炼油化工项目的建成投产，"十四五"与"十五五"期间中国石化产业仍将持续增长，因此该行业整体碳达峰的时间点可能会晚于钢铁和建材行业。未来，需进一步优化原料结构，严格控制新增煤炭使用，并探索增加氢气等低碳原料的应用，促进原料轻量化转型。

（4）有色金属行业

针对有色金属领域，应大力推广先进的节能减排技术，例如高质量阳极材料在铝冶炼中的应用，同时增强铜、铅、锌等行业能源使用的效率。此外，还需突破包括余热回收在内的多项节能技术难题，以全面提高整个产业链条的绿色化水平。

如图2.24所示，可以看到黑色金属行业，尤其是钢铁产业，在中国经济中占有重要地位，同时也在碳排放方面占有显著的比重。2020年，黑色金属行业的年产值达到了7.3万亿元，但其年碳排放量也高达18.5亿t，这表明钢铁产业在能源消耗和碳排放方面具有较大的提升空间。

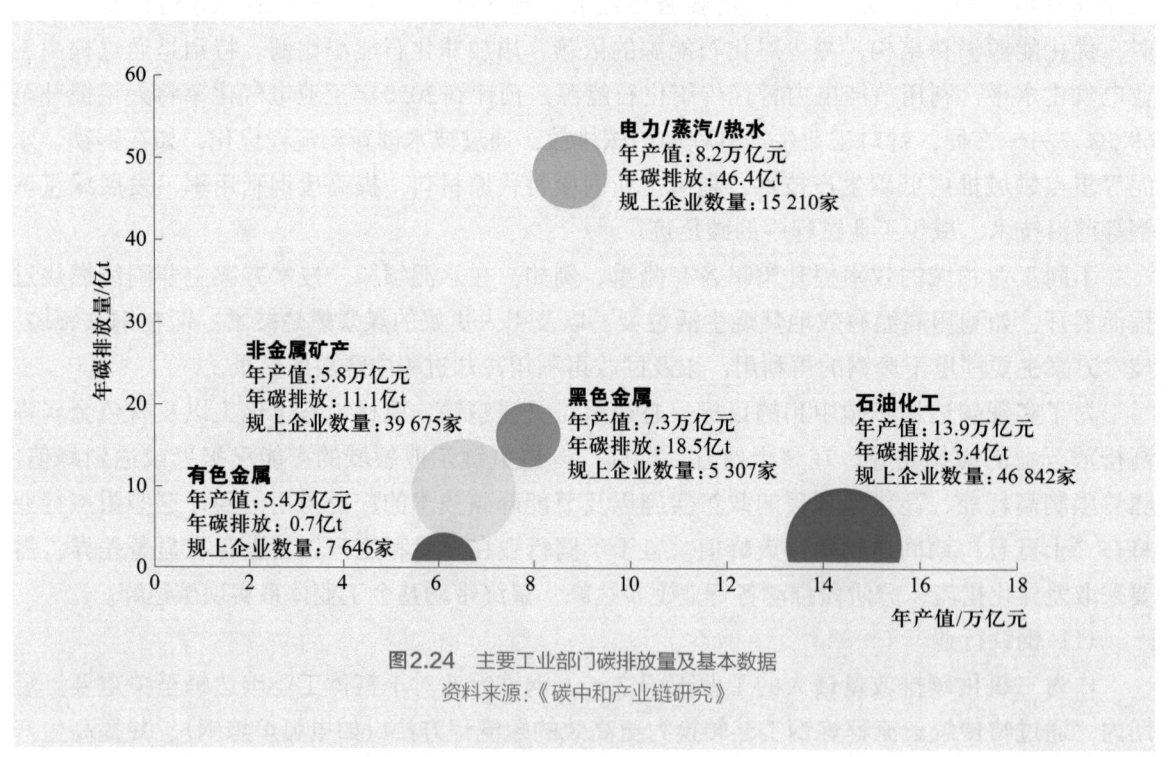

图2.24　主要工业部门碳排放量及基本数据
资料来源：《碳中和产业链研究》

钢铁生产过程中的碳排放主要来源于炼铁和炼钢过程中的化石燃料燃烧，以及生产过程中使用的原材料，如焦炭和煤炭。为了减少碳排放，钢铁行业正在寻求多种解决方案，包括提高能效、使用清洁能源、采用电弧炉替代传统的高炉，以及开发碳捕捉和存储技术。

此外，钢铁行业也在探索使用废钢作为原料，这不仅可以减少对原材料的需求，还能显著降低碳排放。废钢的熔炼过程比使用铁矿石生产新钢的碳排放要低得多。

随着全球对减少温室气体排放的重视，中国钢铁行业面临着转型升级的压力。政府和企业正在共同努力，通过技术创新和政策引导，推动钢铁产业向更加环保、高效的方向发展。这包括加大对绿色能源和低碳技术的投资，以及提高产品的环境标准和认证，以促进整个行业的可持续发展。随着这些措施的实施，预计未来几年中国钢铁行业的碳排放将逐步降低。

电力/蒸汽/热水行业在经济贡献和环境影响方面占据显著地位。该行业年产值高达8.2万亿元，但相应的年碳排放量也达到了46.4亿t，凸显了其在能源转换过程中的巨大排放量。这一数字不仅反映了该行业在能源生产中的核心地位，也指出了其在减排方面的潜在改进空间。

与此同时，非金属矿产行业虽然年产值略低于电力行业，为5.8万亿元，但其年碳排放量相对较低，仅为11.1亿t。这一差异可能归因于非金属矿产加工过程中能源效率的提高和原材料的低碳特性。然而，该行业拥有的规上企业数量高达39 675家，这表明了行业的分散性和减排措施实施的复杂性。

在有色金属领域，年产值为5.4万亿元，年碳排放量相对较低，仅为0.7亿t。这一较低的排放量可能是由于有色金属生产过程中对能源和原材料的高效利用，以及对清洁生产技术的投入。尽管如此，该行业仅有7 646家规上企业，这可能意味着行业集中度较高，为实施统一的减排策略提供了便利。

石油化工行业以其13.9万亿元的年产值在经济规模上占据领先地位，但其年碳排放量相对较低，为3.4亿t。这一现象可能反映了该行业在提高能源效率和采用清洁能源方面的积极进展。尽管如此，该行业拥有的规上企业数量为46 842家，这表明了在实现全行业减排目标方面的挑战。

为了达成碳达峰和碳中和的长期目标，在各行业实现初步碳达峰之后，必须持续推进创新技术的研发与应用，以实现更深层次的减排。在这一过程中，碳捕集、利用与封存（CCUS）技术将扮演关键角色。钢铁生产是主要的二氧化碳排放源之一。对于依赖煤炭的传统高炉炼钢工艺，引入碳捕集技术是减少排放的有效途径。此外，推动以绿氢为基础的新型炼钢技术的发展，如使用绿色氢能替代焦炭作为还原剂，将是未来钢铁行业迈向净零排放的关键步骤。石化领域由于其特定的生产工艺，已经具备了较为成熟的CCUS技术应用经验和优势。因此，在该行业中进一步推广CCUS技术，有望大幅降低碳足迹。与此同时，开发并采用更多基于可再生能源的技术方案，比如利用绿电进行化学品合成，也将成为石化工业转型的重要方向。针对有色金属冶炼过程中的高能耗问题，除了加大节能降耗力度外，还需借助智能化管理手段提高整个生产流程的效率。同时，在不影响生态环境的前提下，引导有色金属产业向拥有丰富可再生电力资源的地区迁移，有助于显著削减温室气体排放。

本节将先进行工业领域碳中和的概述以及现状介绍。然后将目光聚焦于钢铁和水泥等行业，探讨其在减碳进程中扮演的关键角色，并详细阐述行业实现碳中和的可行路径。如图2.25所示。

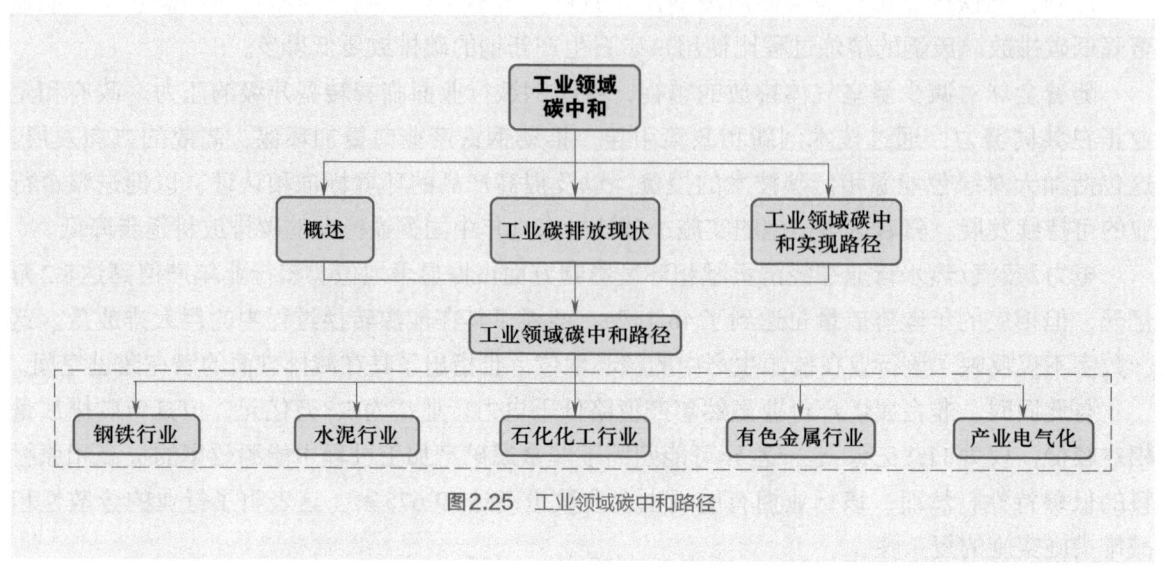

图2.25　工业领域碳中和路径

延伸阅读2-3　绿色转型：一家钢铁厂的碳中和之旅

一、调整产业结构

在工业经济的持续发展中，产业结构的差异性对碳排放水平产生显著影响，即使经济规模、技术水平及产业类别相近，不同的产业结构也会导致碳排放量的不同。产业结构的合理调整不仅能有效降低碳排放，还能促进经济的高质量发展，确保国家在全球经济竞争中的领先地位。本节旨在深入探讨在经济规模、技术水平及产业类别等条件相似的情况下，如何通过产业结构的优化调整，推动工业向低碳化、绿色化转型，以期达成碳中和的长远目标。

工业内部的产业结构低碳化升级是工业碳中和的必经之路，它要求产业结构调整与低碳经济理念深度融合。这一过程不仅促进工业结构向"轻型化"转型，而且建立以低碳排放为标志的新型工业体系，对于推动产业升级、维护国际贸易竞争力、规避碳关税壁垒及促进工业出口的可持续性具有重要意义。

工业内部产业结构的低碳化升级，是实现工业可持续发展的内在要求。它要求将低碳理念贯穿于产业结构调整的全过程，通过政策引导和市场机制，推动传统产业与新兴低碳产业的融合发展，构建以低碳排放为特征的新型工业体系。针对钢铁、化工、建材等高碳排放领域，应着重引进和自主研发低碳技术，推动产业技术改造升级。同时，通过政策调控，适度控制这些领域的产能扩张，鼓励产业内部的低碳转型。而对于电子设备制造等低排放领域，则应加大扶持力度，促进其规模扩张和技术创新，形成新的经济增长点。在轻重工业结构优化过程中，既要重视轻工业的低碳化发展，也要推动重工业的绿色转型。通过提高轻工业中如医药制造、精密仪器制造等低排放领域的比重，同时引导重工业向循环经济模式转型，实现资源的高效利用和废弃物的循环利用。

图2.26以三个关键年份2020年、2030年和2060年为时间节点，展示了中国与世界其他国家在粗钢、水泥、铝、纸以及初级化工产品产量方面的对比与预测。中国主要大宗材料的一次产量预计将在未来几年内达到顶峰，之后将会下降。可以看到除了初级化工产品，其他的大宗材料在中国的产量到2060年都有减少。这与产业结构的调整有密切的关系，调整产业结构的主要路径有：

① 构建低碳产业布局：在国家战略区域如京津冀、长江经济带等，通过产业政策引导，促进产业有序转移和集群化发展，特别是在可再生能源丰富的地区布局高耗能产业，利用地域优势降低碳足迹。

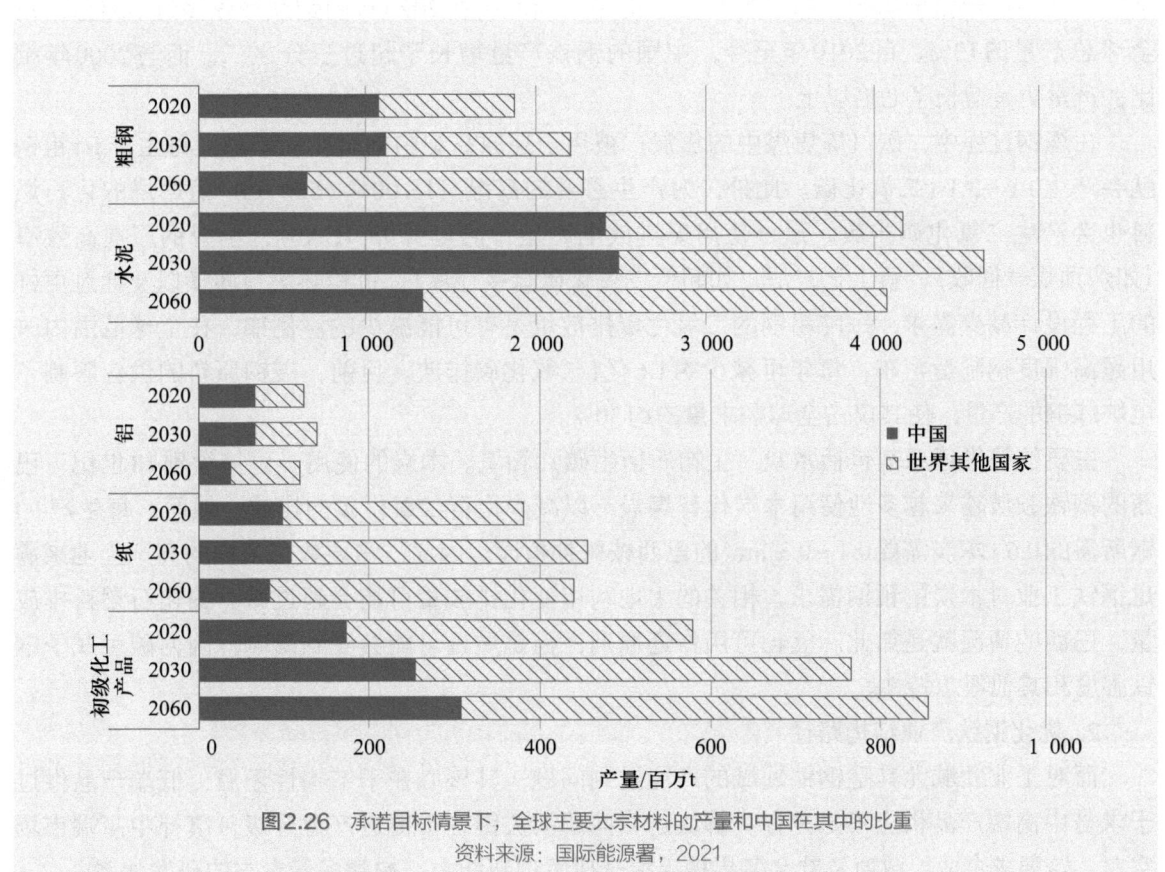

图2.26　承诺目标情景下，全球主要大宗材料的产量和中国在其中的比重

资料来源：国际能源署，2021

② 产能规模与结构的精细化管理：修订产业结构调整目录，严格实施产能置换政策，强化对重点领域的产能过剩预警和窗口指导，通过法律、标准等手段淘汰落后产能，确保产能规模与市场需求、环境承载力相匹配。

③ 推动产业协同与循环经济：强化跨领域协同，构建循环经济模式，如钢化联产、炼化一体化、林浆纸一体化等，通过产业链上下游的紧密合作，促进资源的高效循环利用，减少废弃物排放，提升整体能效。

④ 加强政策引导与技术创新：制定和实施有利于低碳发展的政策，如设立碳排放标准、节能标准，优化招商政策，鼓励低碳技术研发和应用，提升产业的整体低碳技术水平。

（一）优化钢铁产业结构

1. 钢铁产业结构

从2000年至今，中国的钢铁行业经历了显著的增长，这一增长主要受到了基础设施建设和制造业快速发展的推动。尽管2020年全球范围内受到了新冠疫情的影响，但中国的钢铁产量却逆势增长了7%，首次突破了11亿t的大关。而2021年，产量更是持续攀升，有效弥补了全球其他地区产量的减少。特别值得注意的是，河北省在2020年的钢铁产量接近2.5亿t，占全球总产量的13%。自2010年至今，中国的钢铁产量增长了超过三分之二，而与2000年相比，产量更是增长了七倍以上。

在炼钢过程中，碳（炼焦煤中的焦炭）被用于还原高炉中的氧化铁矿石，每生产1 t粗钢就会产生1.6~3.1 t二氧化碳。此外，为产生必要的高温（1 100~1 500 ℃）而燃烧的化石燃料也会产生二氧化碳排放。通过使用无排放电力运行的电弧炉（EAF）、小型钢厂提高效率（如炉顶煤气回收）、新工艺方法（如超低二氧化碳直接还原）、过程热燃料转换以及通过更好的工程设计减少需求，每吨粗钢的二氧化碳排放量是有可能减少的。例如，在全球范围内改用超高强度钢制造汽车，每年可减少约1.6亿t二氧化碳排放。目前，废钢原料的供应限制了电炉炼钢的产量，使其仅占全球需求量的约30%。

主要的替代还原剂包括木炭（生物质衍生碳）和氢。木炭的使用一直持续到18世纪，巴西的钢铁领域越来越多地使用木炭代替煤炭，以减少化石二氧化碳的排放。然而，每生产1 t钢所需的0.6 t木炭需要0.1~0.3 hm^{2}的巴西桉树种植园。因此，需要数亿公顷的高产土地来满足钢铁工业对木炭的预期需求，相关的土地利用变化排放量可能会超过减少的化石燃料排放量，巴西的情况就是如此。氢也可用作还原剂，但是质量可能会受到影响，因为碳可赋予钢铁强度和其他理想特性。

2. 优化钢铁产业结构路径

面对工业领域尤其是钢铁领域的产能过剩问题，其核心在于结构性矛盾：低端产品供过于求与中高端产品供应不足并存。解决这一问题的关键在于促进产业升级，填补中高端市场空白。这要求企业、政府及社会各界携手提升研发创新能力，构建多元参与的研发体系。

在政策引导层面，政府需采取系列措施激励创新和结构调整：一是强化现有政策的实施与宣传，确保企业能够获得足够的激励以增加研发投资，同时建立健全政策评估机制，确保政策精准有效；二是加强规划和监督，利用宏观调控手段优化产能布局，推动产能置换与企业兼并重组，坚守产能不新增原则，提升现有产能的利用效率；三是强化市场监管，加速淘汰落后产能，对高耗能、高污染设备实行严格管控，并适时采取重组、兼并或关闭措施；四是建立信息共享平台，提高产能过剩预警能力，灵活应对市场动态，同时转变政府职能，通过优化市场机制促进公平竞争，为化解产能过剩构建长效解决方案。

技术创新是破局的重要途径。这意味着采用高效节能设备，充分利用余热余压资源，优化生产工艺以提升能源利用效率；紧跟国际技术前沿，通过合作、引进等方式吸纳先进经验和技术，带动全领域的技术进步；通过领域对比分析，深挖节能空间，实现实质性降耗。

市场策略方面，钢铁企业应紧贴市场需求，实施差异化战略，加大对高附加值产品和创新工艺的研发投入，推动产品结构向高端化、多元化转型，以提升市场竞争力和品牌价值。

通过政策激励创新、技术升级和市场导向的结构调整，形成政府引导、企业主体、社会协同的综合治理模式，将有效破解钢铁领域产能过剩难题，推动产业向高质量、绿色化方向发展。

如图2.27所示，在承诺目标情景下，钢铁行业的二氧化碳排放量预计从2020年的约15亿t减少到2030年的14亿t，并在2060年进一步降至约1.2亿t。这一显著的减排效果主要得益于材料和能效措施的实施，特别是废钢使用量的增加，这将贡献从现在到2060年累计减排量的大约一半。废钢用量的增长主要是由经济因素驱动的，即使没有专门的减排努力，废钢使用量也会自然增加。

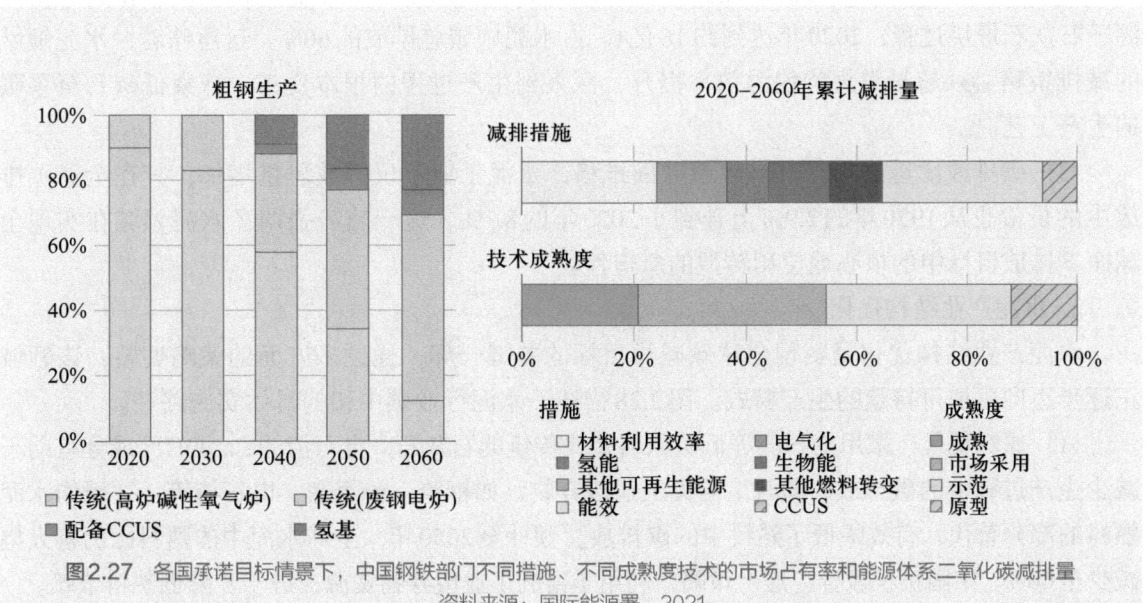

图2.27 各国承诺目标情景下，中国钢铁部门不同措施、不同成熟度技术的市场占有率和能源体系二氧化碳减排量

资料来源：国际能源署，2021

长期来看，与许多其他重工业部门相似，钢铁行业的深度减排将依赖于目前尚未商业化的创新技术，尤其是碳捕集、利用与封存（CCUS）技术和电解氢技术。这两种技术预计将共同贡献累计减排量的大约15%。未来有两条主要的生产路线与这些技术相关联：一是基于氢气的直接还原铁（DRI）工艺，该工艺具有较高的能源效率，并且能够与低成本、可再生电力相结合；二是创新的冶炼还原工艺，这种工艺无须传统的焦炉和某些烧结步骤，同时能够产生更纯净、更适合捕捉的二氧化碳流。

到2060年，这两条新技术路线预计将占据原生钢产量的三分之二以上，而剩余部分则主要由即将达到使用寿命的传统高炉提供。此外，利用废钢的电弧炉炼钢产量将在2060年占钢铁总产量的一半以上，成为钢铁生产的重要组成部分。通过这些综合措施，钢铁行业有望实现显著的碳减排，为全球气候目标作出重要贡献。

（二）优化水泥产业结构

1. 水泥产业结构

水泥工业作为全球经济不可或缺的一部分，也是全球二氧化碳排放的重大贡献者，占据了2020年全球碳排放总量的8.3%，约相当于27亿t，反映出该领域在减缓气候变化方面的巨大挑战。水泥产业的碳排放特点凸显了几个关键点：

（1）未达碳排放峰值：尽管全球多数领域正寻求碳排放的峰值与下降，水泥工业的碳排放量仍随产量增长而持续攀升，自1930年至2020年，产量从7 396万t跃升至41.5亿t，相应的碳排放量也由5 400万t剧增到27亿t，显示其减排路径的紧迫性和复杂性。

（2）非能源碳排放占比高：尤其值得关注的是，水泥生产中非能源相关的碳排放，主要源于石灰石煅烧过程，2020年达到约16亿t，占水泥领域总排放的60%。这意味着，水泥领域的减排策略必须超越常规的能源效率提升，深入到生产过程的根本变革，探索低碳乃至零碳的生产工艺。

（3）碳排放比重逐年上升：随着时间推移，水泥工业不仅排放总量增加，其在全球碳排放中的份额也从1970年的2.9%上升到了2020年的8.3%。这一趋势强调了水泥领域在实现全球净零排放目标中的核心地位和转型的急迫性。

2. 水泥产业结构优化

水泥产业结构优化是实现全球碳减排目标的关键一环，通过多方面的策略调整，该领域正逐步迈向更加可持续的生产模式。图2.28描述了水泥行业碳中和的具体实施路径。

（1）原料替代：采用电石渣等低碳原料替代传统的石灰石，电石渣的$Ca(OH)_2$成分有助于减少生产过程中的碳排放。同时，各类工业废弃物，如钢渣、粉煤灰、电石渣等，被用作水泥熟料的部分替代，有效降低了熟料中的碳排放。预计至2050年，全球水泥中的熟料比例将大幅减少至60%。中国正积极推广这一策略，利用丰富的工业废弃物资源，进一步降低熟料依赖。

（2）燃料与助燃物替代：采用燃料电池和生物质能、高热值废弃物作为燃料以及富氧替代空气，减少化石燃料依赖，降低碳排放。富氧燃烧提高CO_2浓度，利于捕集，燃料电池减

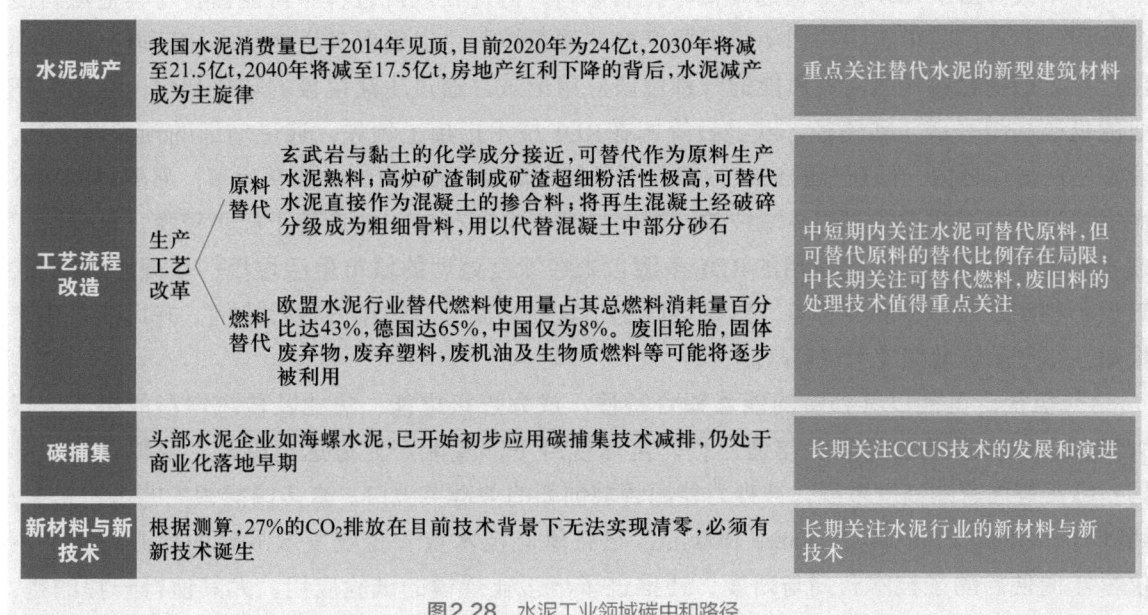

水泥减产	我国水泥消费量已于2014年见顶,目前2020年为24亿t,2030年将减至21.5亿t,2040年将减至17.5亿t,房地产红利下降的背后,水泥减产成为主旋律	重点关注替代水泥的新型建筑材料
工艺流程改造	生产工艺改革 — 原料替代: 玄武岩与黏土的化学成分接近,可替代作为原料生产水泥熟料;高炉矿渣制成矿渣超细粉活性极高,可替代水泥直接作为混凝土的掺合料;将再生混凝土经破碎分级成为粗细骨料,用以代替混凝土中部分砂石 生产工艺改革 — 燃料替代: 欧盟水泥行业替代燃料使用量占其总燃料消耗量百分比达43%,德国达65%,中国仅为8%。废旧轮胎,固体废弃物,废弃塑料,废机油及生物质燃料等可能将逐步被利用	中短期内关注水泥可替代原料,但可替代原料的替代比例存在局限;中长期关注可替代燃料,废旧料的处理技术值得重点关注
碳捕集	头部水泥企业如海螺水泥,已开始初步应用碳捕集技术减排,仍处于商业化落地早期	长期关注CCUS技术的发展和演进
新材料与新技术	根据测算,27%的CO_2排放在目前技术背景下无法实现清零,必须有新技术诞生	长期关注水泥行业的新材料与新技术

图2.28 水泥工业领域碳中和路径
资料来源:《碳中和产业链研究》

少有害烃类排放,且更环保。燃料替代不仅有助于循环经济,还能解决固废处理问题。欧洲水泥工业在这方面已取得显著成效,部分工厂实现了100%的燃料替代率。

燃料替代对于水泥工业碳中和的作用巨大。根据全球水泥和混凝土协会(Global Cement and Concrete Association, GCCA)数据,水泥工业替代燃料的替代率从1990年的2%,增加到2000年的5.2%、2010年的12.2%、2019年19.4%。欧洲水泥工业燃料替代率更高,2017年替代燃料使用占欧洲水泥总燃料需求的46%,其中16%为生物质燃料。事实上,国外一些水泥工厂燃料替代率非常高,如施文克的德国阿门丁根水泥和雷茨奈的奥地利拉法基霍尔西姆的燃料替代率高达100%,挪威的海德堡水泥的燃料替代率高达72%。

(3)燃料替代分类

① 生物质燃料:作为一种清洁、高效的能源资源,生物质能在替代传统化石燃料(煤炭、石油、天然气)方面展现出巨大潜力,既可作为能源直接利用,亦能服务于工业原料需求。尤为值得注意的是,《中国水泥生产企业温室气体排放核算方法与报告指南(试行)》明确指出,生物质燃料燃烧释放的二氧化碳不增列于温室气体排放清单之中,意味着其燃烧过程被视作零碳排放,碳减排效率达100%,进一步凸显了生物质能在减缓气候变化方面的积极作用。

② 垃圾衍生燃料(RDF):垃圾衍生燃料(RDF)的全称是"refuse-derived fuel"。这是一种由城市固体废物(MSW, municipal solid waste)经过分选、破碎、干燥和成型等工艺处理后制成的燃料。RDF通常用于替代部分化石燃料,如煤或天然气,在发电厂或水泥窑中燃烧以产生能源。RDF的使用有助于减少废物的填埋量,同时通过回收废物中的能量来降低温

室气体排放。由于RDF的热值通常低于化石燃料，因此在燃烧过程中可能需要与其他燃料混合使用。此外，RDF的生产和使用需要严格的质量控制，以确保其燃烧效率和环境影响最小化。垃圾衍生燃料作为生物质能的一种创新应用形式，通过生活垃圾的转化利用，为水泥产业的低碳转型开辟了新路径。欧美日等国在RDF技术运用上领先，通过精细的预处理工艺，能够生产出高热值、低灰分的RDF，部分工厂甚至实现了高达100%的替代率，显著提高了水泥生产过程中的能源效率和环境绩效。相比之下，中国在RDF的应用上起步较晚，且受限于成本和技术成熟度，当前使用的RDF多源自未经深度处理的城市生活垃圾，呈现出水分高、热值不稳定及灰分多变等特点，这直接限制了其在水泥分解炉中的替代比例，并可能对生产稳定性和产品质量构成一定挑战。

③ 氢能：氢能以其独特的能量耦合特性，成为连接电能、热能及传统燃料的桥梁，极大增强了电力系统的灵活性与适应性。全球视野下，氢能产业正迅速崛起，获得日本、韩国、欧美等国家的高度重视，被视为能源领域创新的关键突破口。众多国际领先的水泥企业，诸如Heidelberg Cement和Lafarge Holcim，已将氢能技术置于企业发展战略的核心位置，不仅早年间便启动了技术布局与研发，还推进了半工业规模的试验应用。尤其值得一提的是，Heidelberg Cement的子公司汉森水泥已成功实践了在水泥生产中混合使用20%氢气、70%生物质燃料和10%甘油的案例。

在承诺目标情景下，采用替代燃料将是减少水泥行业排放的关键措施之一。如图2.29，预计到2060年，电解氢将被混入窑炉燃料中，提供约5%的热能需求，而生物能源的混合比例将达到热能需求的大约30%。此外，在经过专门改造的窑炉中，电力将能够满足约8%的热能需求。届时，仍然使用的化石燃料所产生的大部分二氧化碳排放将与工艺过程中的排放一起被捕获。通过捕集窑炉燃烧生物质能源时释放的二氧化碳（即生物质能结合碳捕集与封存，

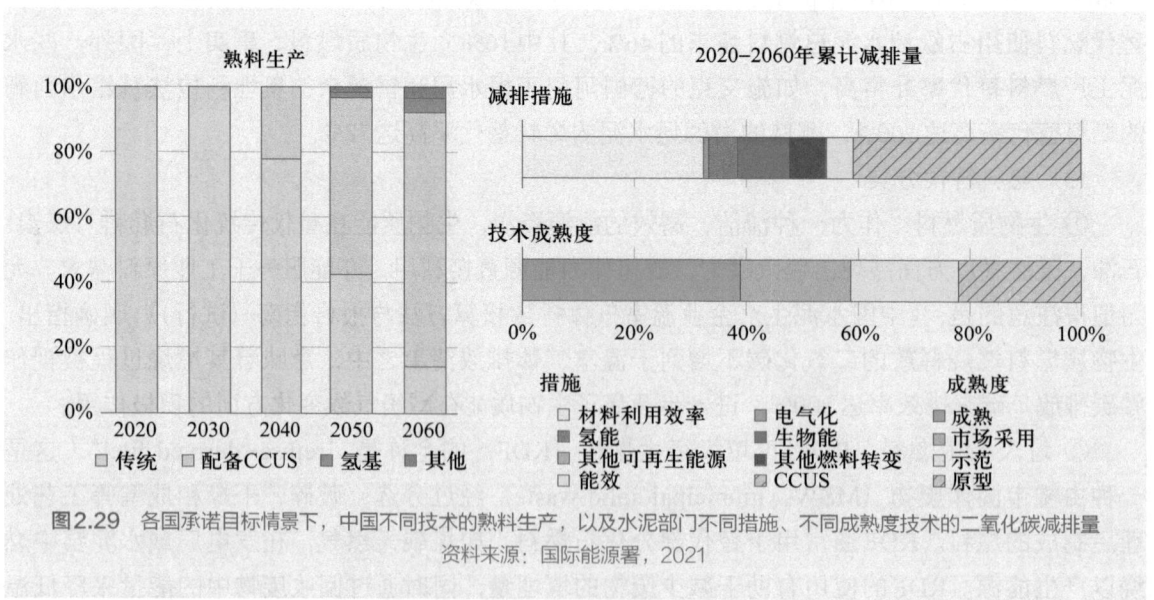

图2.29　各国承诺目标情景下，中国不同技术的熟料生产，以及水泥部门不同措施、不同成熟度技术的二氧化碳减排量

资料来源：国际能源署，2021

BECCS），水泥行业剩余的二氧化碳排放将得到一定程度的抵消。这些综合措施将显著降低水泥行业的整体碳足迹。

（三）优化制造业结构

制造业内部包含众多细分领域，其中，木材加工、竹藤棕制品等六类领域因其高碳排放关联性尤为显著。鉴于自然资源分布不均，对这些领域采取的策略应强调地域化限制，且需深入审视生产链的每一环——从能源利用至废气处理，以促进低碳转型，旨在让这些高关联领域逐步趋近一般关联领域的排放基准，并最终向低碳标准靠拢。

包括农副食品加工在内的十七类领域，横跨重工业、轻工及医疗保健等，紧密联系民生，归类为一般关联产业。它们的低碳转型策略聚焦于技术创新，采纳高效节能技术和生产模式，力求接近低关联产业的排放标准，以减轻环境压力。另外七类低关联产业，如仪器仪表、文化产品等，因其固有的环保特性，已具备低碳优势。这些领域的发展策略应侧重于巩固并拓宽其低碳产品与服务的广度，成为制造业绿色转型的标杆。

二、提高能源效率

工业领域实现低碳发展的首要策略是提高能源效率，这与全球倡导的低碳经济理念相符。节能被国际社会誉为"第五大能源"，凸显其重要性。针对能源密集型和重工业部门，如金属冶炼、化工、非金属制品、石油加工等，采用先进技术改造升级工艺流程，使之达到国际能效标准，是当务之急。

中国在提高能源效率上已取得显著成就，工业领域的进步尤为突出。优化技术路径、提升系统能效及研发低碳产品，双管齐下，不仅削减了能源消耗，也减少了二氧化碳排放。技术创新成为推动能效提升的关键，因此，将低碳技术的研发和商业化纳入国家战略规划，重视新能源开发、能效提升及低碳技术转移，是发达国家低碳政策的核心。

洁净煤技术，如煤炭高效开采与多联产技术，以及煤气化、液化技术的改进，是减排温室气体的关键。此外，制定低碳技术路线图和技术标准，促进研发推广，构建节能、洁净煤、碳捕捉与新能源技术体系，为能源结构和工业结构调整奠定技术基础。

工艺路线优化同样关键，不合理工艺会导致大量废气排放，影响碳减排效果。化学循环燃烧技术与轻质燃料油氢裂解炼制技术，便是优化工艺、减少碳排放的成功案例，值得推广。企业产品结构的调整也不容忽视，增加高附加值产品的比重能有效降低能耗。以石油化工为例，提高精细化工产品比例，是实现能耗降低的有效途径，鉴于精细化工在发达国家化学工业中占比大，且能耗较低，这为中国化工工业提供了转型借鉴。

如图2.30，在承诺目标情景下，预计2020—2060年，中国工业部门的二氧化碳排放量将减少近95%，剩余的少量排放可通过其他领域的负排放技术得到中和。到2060年，重工业仍将是主要的排放源，约占剩余工业排放总量的80%。这一显著减排主要是通过向低碳技术和燃料过渡实现的，并且节能措施也发挥了重要作用。在此期间，能源消耗预计将下降约20%，部分原因是产业结构的变化：中国经济逐渐从高能耗的水泥与钢铁生产转向附加值更高但单位能耗较低的制造业。此外，效率提升也是减排的重要因素；随着低能耗生产工艺的发展，以及再生材料（如钢铁、铝和塑料）使用量的增长，将进一步推动整体能效的提高。这些变化共同作用，将有助于实现工业部门大幅度的碳排放削减。

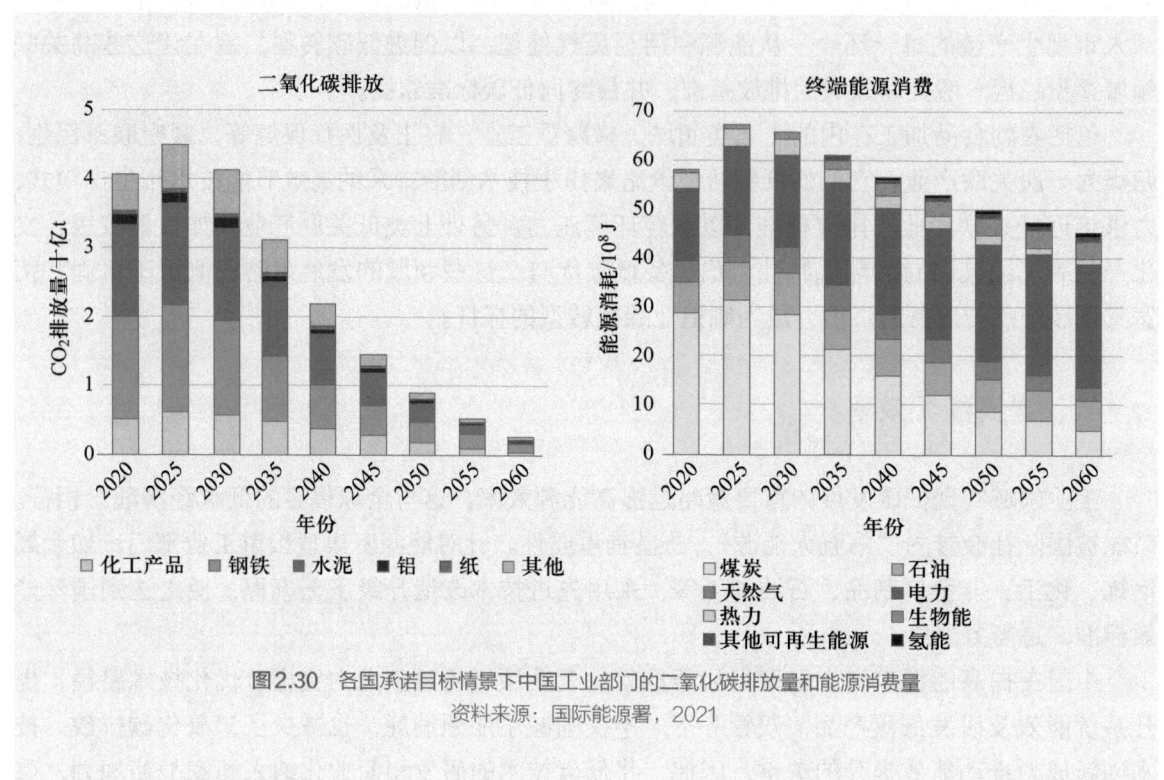

图2.30　各国承诺目标情景下中国工业部门的二氧化碳排放量和能源消费量

资料来源：国际能源署，2021

（一）提升钢铁领域能源效率

1. 钢铁领域能源消耗以及低碳节能潜力

除电力和供热领域外，钢铁是中国最大的煤炭消耗方。中国的钢铁产量目前占世界产量的50%，其中87%用于国内消费。中国钢铁领域的能耗强度也明显高于其他主要钢铁生产国。这主要是中国采用了煤炭密集型工艺且该领域内的效率较低的缘故。

钢铁工业是一个将"石头"（铁矿石、石灰石、萤石等）变成"钢铁"的工业，其需要将Fe_xO_y的铁氧键打开，需要很大的能量即很多能源才能得到铁。单位kg/t（HM）在钢铁工业中是指每吨生铁（hot metal，HM）所需的某种物质的质量。具体来说，这里的t代表吨（ton），而HM代表生铁（hot metal）。因此，kg/t（HM）表示生产1 t生铁所需的某种物质的质量。

在钢铁制造业中，生产1 t铁所需的能量消耗是相当高的，尤其是高炉炼铁环节，该过程至少需要消耗414 kg/t（HM）的纯碳，或者等效的465 kg/t（HM）焦炭。这一能耗占据了整个钢铁生产长流程能耗的60%左右，是不可避免的，因为没有这样的能量输入，高炉就无法完成炼铁的任务，这也是钢铁行业能耗较高的原因之一。

钢铁的制造过程包括多个环节，如烧结、高炉冶炼、转炉炼钢、热轧和冷轧等，每个环节都涉及升温和降温的过程。在这些过程中，降温阶段，也就是余热回收的阶段，是减少能耗和实现低碳生产的关键环节。目前，钢铁生产过程中存在大量未被充分利用的显性和隐性余热资源，这些资源如果得到有效回收，相当于139万t标准煤的能量。按照30%的转换效率计算，这些能量可以用来发电，发电潜力可达500 MW，具有显著的经济和环境效益。

尽管钢铁行业的长流程生产中，总的余热资源大约占到了每吨钢能耗的三分之一，显示出巨大的节能潜力，但目前仍有大约一半的余热资源未得到有效回收和利用。这表明，通过改进余热回收技术，钢铁行业有巨大的空间来降低能耗和减少碳排放。

2. 提升能源利用效率

如图2.31所示，钢铁领域主要使用两大生产工艺：高炉－碱性氧气转炉和电弧炉。

这两大生产工艺不能直接互换，因为它们采用了不同的工艺路径。在高炉－碱性氧气转炉工艺中，铁矿石和焦炭（去除杂质的煤）首先在高炉的高温下，转化为更纯净的液态铁（或"铁水"），然后通过燃烧煤炭或其他燃料来加热。在碱性氧气炉中，通过向铁水吹氧将热金属变成钢。

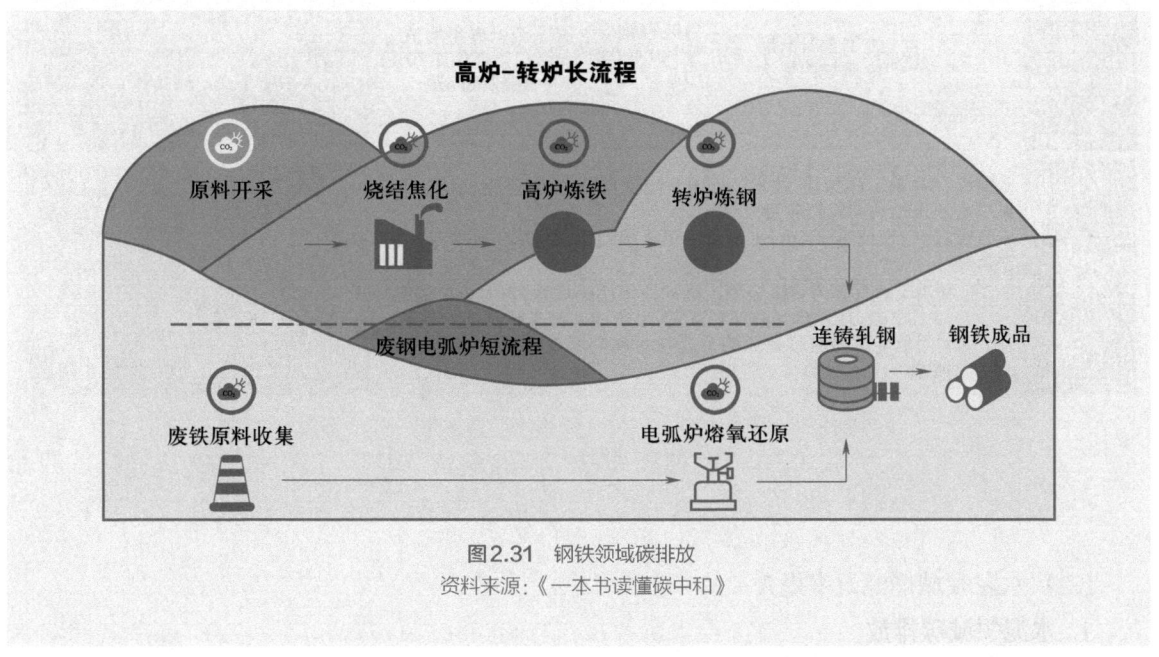

图2.31　钢铁领域碳排放
资料来源：《一本书读懂碳中和》

电弧炉工艺则是直接使用电力将已经加工过的铁制成钢——这些预加工过的铁可以是废钢或者是被净化过的铁水，如通过一种基于天然气的工艺生产直接还原铁。通过使用预处理的铁（而不是铁矿石），并以电力代替煤炭作为主要能源，电弧炉所需的能源是高炉－碱性氧气转炉的 1/3~1/2。

针对目前钢铁领域技术升级面临的问题，在政策方面，政府需制定与之配套的奖惩机制作为技术更新的政策保障，积极营造有利于电弧炉炼钢发展的政策环境，对废钢回收的规范工作给予持续关注，促进废钢加工配送基地的建设；同时，通过推动电力体制改革降低工业电价，为电弧炉炼钢提供良好的条件。如图2.32，在技术方面，提高电弧炉炼钢冶炼效率，优化生产工艺，加强精细管理与操作，充分利用钢水中化学反应产生的化学能和所排放废气中的物理能，如采用二次燃烧技术和废钢预热技术；同时，加强关键技术的研发及成果转化，为了降低成本，应尽快实现关键技术产品的国产化，积极制定相关标准和评价体系。

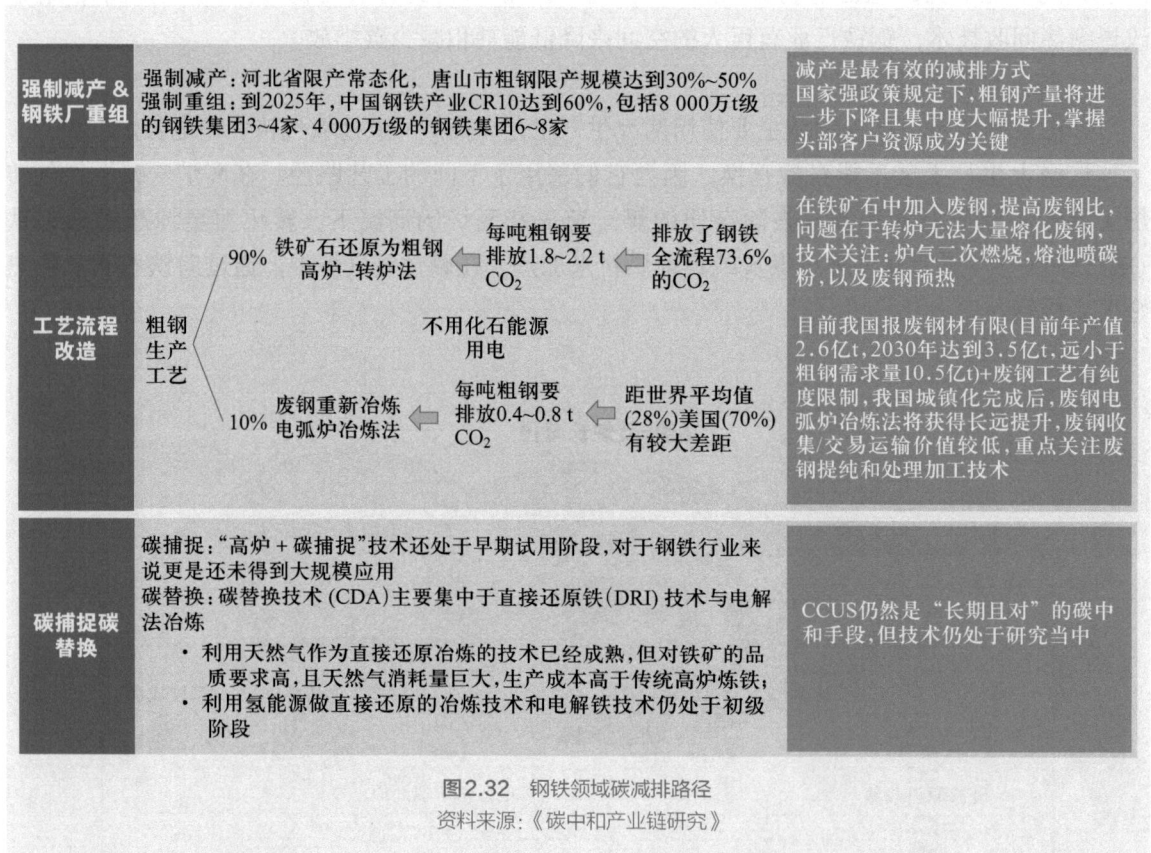

图2.32　钢铁领域碳减排路径
资料来源:《碳中和产业链研究》

（二）水泥领域能源效率提升

1. 水泥领域碳排放

作为建筑和基础设施系统的"皮肤组织"，水泥是世界上使用最广泛的建筑材料。伴随着城市化的快速蔓延，水泥让我国铺平了一条条四通八达的道路，建起了一幢幢高楼，塑造着城市的框架和全貌。也正是由于人们对水泥的高需求及其固有的原料结构和生产工艺，水泥天然就是二氧化碳排放大户，因此跟踪并限制水泥的碳排放足迹对推动城市可持续发展、实现碳中和愿景至关重要。

影响水泥碳中和的因素是多方面的：水泥消费习惯与水泥产量、水泥工业能源转型和能源利用效率、水泥生产工艺与低碳生产技术创新、电力系统低碳转型、运输领域低碳转型、CCUS技术成本和商业化水平以及碳汇、碳交易市场建设等政策。

2. 提高能源利用效率

水泥生产流程如图2.33所示，提高水泥领域的能源利用效率是推动领域绿色转型的关键，这主要通过减少热损失和提升水泥窑的热效率来实现。减少热损失的技术路径包括：采用高级隔热材料减少筒体热损失、使用新型煤粉燃烧器提高燃烧效率减少不完全燃烧热损失、应用稳流篦式冷却机优化熟料冷却，以及部署高效预热器系统和加强窑系统密封以减少废气热损失。这些措施不仅提升了热效率，也直接减少了碳排放。

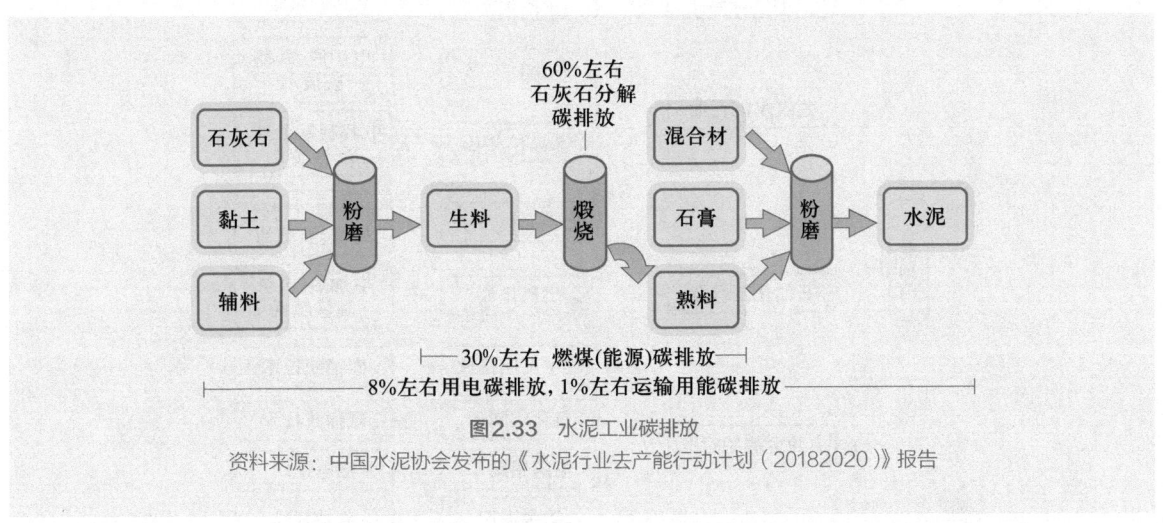

图2.33 水泥工业碳排放

资料来源：中国水泥协会发布的《水泥行业去产能行动计划（20182020）》报告

技术创新方面，我国水泥领域正致力于完善传热理论与智能工厂系统，通过自动化控制喂煤量、过剩空气系数等参数，以科学数据指导高效运行。同时，探索经济高效的新技术推广模式，促进技术革新在工业窑炉上的广泛应用。政策方面，构建市场导向的绿色技术创新体系，扶持节能环保领域的科技项目，通过科技成果转化基金及创业投资，加速绿色技术的市场化应用。

余热回收发电技术在水泥领域节能减排中扮演重要角色，通过回收熟料煅烧废气产生的余热，转化为电能，极大提高了电效率。目前，我国水泥余热发电技术普及率已达到高水平，预计随着政策完善和技术进步，余热发电将成为领域标配。

国际上，如丹麦史密斯公司的热盘炉、德国蒂森克努伯公司的阶梯外挂炉、德国洪堡公司的旋转燃烧反应器等，均为创新的替代燃料技术实例。史密斯热盘炉适应性强，能处理多种燃料，但装置复杂且成本高；蒂森克努伯阶梯外挂炉通过设计优化燃烧均匀性，便于操作和控制；洪堡公司的PYROTOR旋转燃烧反应器循环利用废料，提高替代燃料利用率，促进碳减排。这些技术各有利弊，均展示了在提高能源效率和环保方面的潜力。

三、提升电气化水平

推进行业电气化是降低碳排放的关键策略之一。在工业这一能源消耗大户中，通过提升能源使用的电气化水平，并结合可再生能源的广泛应用，可以逐步减少对煤炭和石油等传统化石燃料的依赖，从而在整个经济层面上显著降低二氧化碳的排放量。如图2.34显示了不同行业的主要二氧化碳排放源以及通过电气化途径进行减排的可能性。

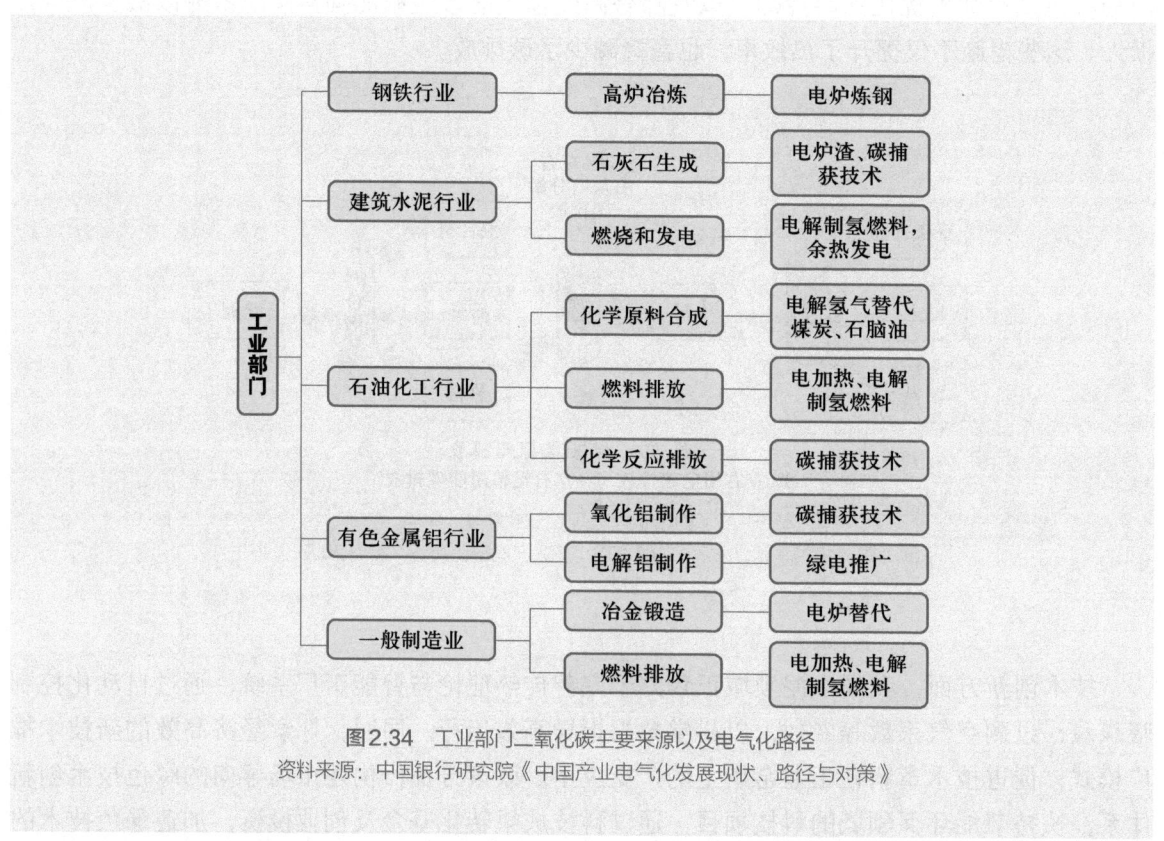

图2.34 工业部门二氧化碳主要来源以及电气化路径
资料来源：中国银行研究院《中国产业电气化发展现状、路径与对策》

在工业领域，电气化及其相关的燃料替代技术正成为减少直接排放的有效手段。这种转变的减排潜力不仅与电力来源的清洁程度有关，还受到工艺需求、改造成本等多种因素的影响。那些改造成本较低且能够获得廉价清洁电力的工业设施，更有可能率先实现电气化。

工业生产中的燃烧供热过程是碳排放的主要来源，占比超过60%。随着电气化进程的推进，用电力替代传统化石燃料，可以显著降低碳排放。目前，许多工业流程已经或正在实现电气化，尤其在低温和中温生产环节中取得了成功。然而，对于那些需要高温处理的重工业，如水泥生产、原始钢铁制造和化学原料生产等，电气化面临着技术和经济上的挑战。在这些情况下，采用清洁氢或生物质能等替代燃料可能更为可行和经济。

随着工业部门对电力驱动设备的技术进步和对高端产品需求的增长，电气化趋势在工业生产中日益显著。在一些传统的能源密集型行业中，电能替代化石燃料的潜力巨大。以黑色金属行业为例，随着废钢利用率的提升，高功率电弧炉的使用越来越普遍，而轧钢工艺中的设备，如轧机，也消耗大量电力。技术进步和自动化需求的增加，特别是在高新技术产业和高端制造业中，推动了电气化水平的显著提升。智能制造的兴起，包括全自动化生产线、精密控制系统和智能管理平台，以及数据中心等，都依赖于电力运行。

（一）煤化及钢铁领域电气化

煤化工领域在2015年约贡献了中国碳排放总量的10%，是化工领域中碳排放主力。相比其他国家，中国的化工领域更多使用高碳排放的煤炭作为原料（如合成氨与甲醇，占到煤化工领域煤耗的一半以上），导致中国煤化工领域的碳强度高于其他国家，化工领域需要在2050年之前将碳排放量降低90%以上。煤化工领域中高浓度CO_2最适合开展CCUS，关注电解氢和燃料电气化的成本下降趋势。如图2.35煤化工领域碳减排路径图，包含了煤化及钢铁领域的减产、工艺流程改造和碳捕集三个方面。在工艺流程改造方面，新兴气化炉可以减少单位能耗并降低碳排放量。燃煤电气化（例如将燃煤锅炉改为电锅炉）可以消除燃煤碳排放（占总体的50%），该技术已经商业落地，但在高温过程中会显著提高运营成本。电解氢可以用于合成氨制备煤气，但成本较高，需要进一步降低成本。

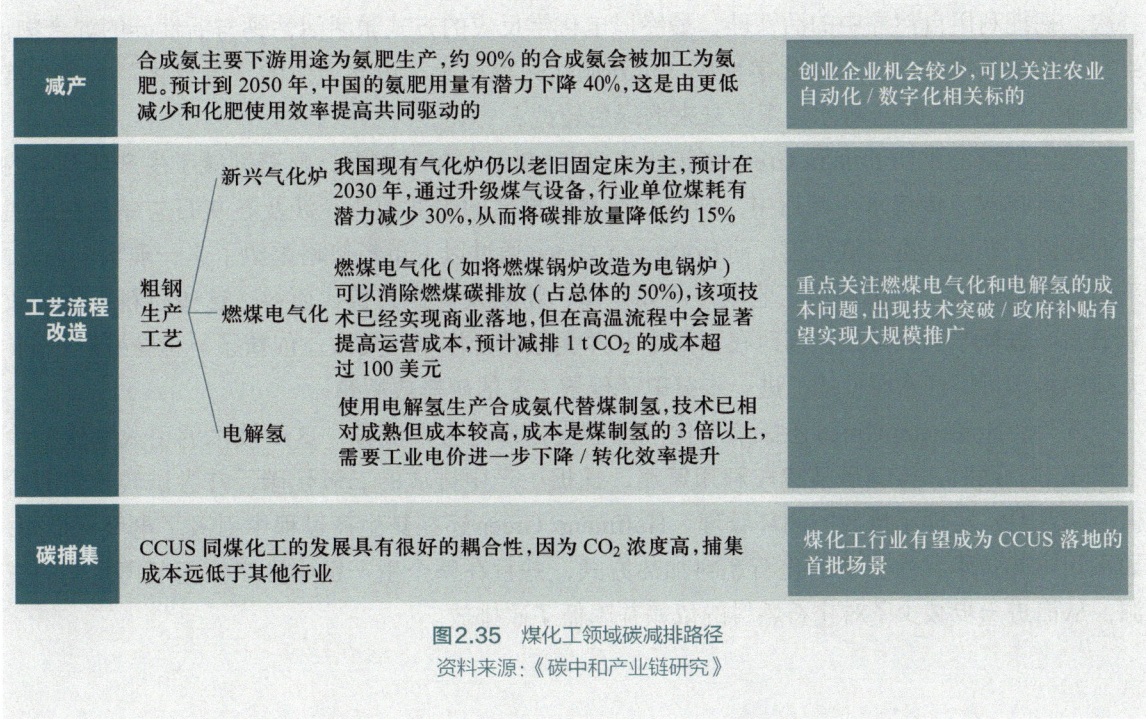

图2.35　煤化工领域碳减排路径
资料来源：《碳中和产业链研究》

在钢铁行业中，推广电炉冶炼是减少碳排放的关键策略。目前，钢铁生产主要依赖高炉和转炉工艺，每生产1 t钢会产生1.68 t二氧化碳排放。其中，非电力能耗排放为1.42 t/t钢，电力能耗排放为0.26 t/t钢。电炉炼钢作为一种成熟的电气化减排方法，具有显著优势：它不仅能有效减少碳排放，还能促进资源的循环利用，并具有较低的投资成本。预计到2050年，电炉炼钢将占钢铁生产的45%，而转炉炼钢的比例将降至5%。

（二）水泥领域电气化

1. 传统水泥电气化

在水泥行业，尽管通过原料替代、余热发电等措施推动了电气化进程，但碳减排效果仍有待提高。目前，干法熟料工艺是水泥生产的主要技术路线，其二氧化碳排放主要来自原料和燃料动力。水泥制造的电气化路径包括使用低碳排放的替代原料、电解制氢替代化石燃料，以及利用余热发电和清洁能源电力。然而，由于电炉无法替代水泥煅烧过程中的燃煤窑炉，电气化在水泥行业的碳减排效果有限，未来可能需要依赖碳捕获技术来实现更显著的减排目标。

2. 零碳排放的水泥电气化生产

美国Sublime Systems初创企业开创性地运用电化学过程替代化石燃料发热，革命性地制造出实现环境友好且碳足迹极低的水泥。

Sublime的水泥制造流程分为两个核心阶段：首先，利用可再生电力驱动电化学分解矿物质，通过电化学手段提取钙元素，绕过了石灰石加热的传统步骤，同时减少了能耗和碳排放。其次，初期利用自然界中的活性硅，最终以电化学反应的方式激活活性钙与活性硅的混合物，当与水和碎石混合时，启动化学反应，迅速固化为混凝土，由此产生的"电气化"水泥，其碳足迹几乎为零，标志着水泥工业未来的绿色转型。

法国创新企业Hoffmann Green创造出产品Hoffmann Blue水泥，显著削减了生产环节中的二氧化碳排放。传统水泥制造中，熟料制造是碳排放的主要源头，涉及石灰石与黏土在高温下的煅烧，产生大量二氧化碳。而Hoffmann Green通过以下革新策略重塑了这一现状：首先，采用无熟料技术，大量利用工业副产品如矿渣、粉煤灰等作为替代原料，这些材料不仅有效降低生产过程中的碳排放，同时在水泥中发挥类似黏合作用。其次，创新了一种特殊黏合剂，无须熟料即可保证水泥性能，进一步突破了传统工艺的碳排放瓶颈。

此外，Hoffmann Green还探索电化学途径优化水泥生产流程，这一技术的引入再次减少了碳足迹。同时，实施碳捕集与利用策略，捕捉生产中排放的二氧化碳，并尝试转化为有价值的副产品，实现了排放的闭环管理。Hoffmann Green还在其生产过程中引入了电气化措施，如采用电热技术代替传统的化石燃料加热方式，并且在整个生产链中推广使用可再生电力资源，从而进一步减少了对化石燃料的依赖并降低了碳排放。

（三）石化领域电气化

1. 石化领域碳排放

石化化工领域通过复杂的开采与精炼流程，将地下原油和天然气转化为多样化的能源产品和化工原材料，这些产品广泛服务于纺织、交通、电子、轻工、建筑、日用品及农业等多个领域。为了促进可持续发展和节能减排，石化企业正探索提高其运营中的终端电气化率，即增加电能使用占比以替代传统化石燃料，这一策略对于减少碳足迹至关重要（表2.3）。

表2.3 2020年主要石化产品碳排放情况表

序号	重点产品名称	碳排放量/（万 t CO_2）
1	油气开采	6 414
2	原油加工	20 338
3	煤制烯烃	10 838
4	烯烃（石油基）、对二甲苯	14 318
5	合成氨	18 563
6	磷酸一铵、磷酸二铵	3 660
7	烧碱、纯碱	10 481
8	电石	9 594
合计		94 206

注：数据来源：《石化碳中和：我国化工行业碳排放现状面面观》。

目前，石化企业提高终端电气化率的制约因素主要包括：新能源绿电尚未形成规模化供应，且绿电生产地大多与石化企业距离较远；绿电的不稳定性和不连续性影响了动力替代效果，且大规模储能技术仍有瓶颈，成本较高；现有价格体系下，电力价格明显高于自用的油气价格，因此，目前电的热力替代在石化企业中经济性较差。此外，大规模电力替代后，对于石化企业电网的稳定性和抗晃电要求也是新的挑战。

2. 考虑因素及影响分析

提高石化企业的终端电气化率，作为深度脱碳和减少化石能源依赖的关键策略，是一个涉及多维度考量的复杂工程。这项工作不仅要求评估技术和装备的可行性，还要兼顾经济性和安全性，同时考虑新增电力需求的供应、电力系统的扩展潜力，及其对全厂能量平衡的连锁效应（表2.4）。

从技术装备层面看，当前可行的电气化技术涵盖电伴热、电加热器、电驱动装置、液环泵和热泵等，特别是在20 MW以下的电机应用已相当成熟，能够有效替换炼油环节中的传统驱动方式。然而，针对大规模乙烯项目，尤其是60 MW以上的防爆电机应用，国内技术尚待突破，可能需采用双电机协作方案。此外，电蒸汽锅炉、微电网、电力储能等技术虽展现出潜力，但仍面临规模、效率、成本和连续运行能力等挑战，正处于持续研发和工业验证阶段。

经济性方面（表2.4），电气化改造的直接成本与运营效益对比凸显了电力成本与传统燃料价格的敏感性。尽管目前绿电成本普遍偏高，但在特定情境下，如电驱动替代蒸汽驱动，已显示出良好的经济效益。例如，中国石化燕山石化的实践证明了这一经济可行性。因此，随着绿电成本的预期下降和技术效率的提升，电气化的经济前景乐观。

表2.4 电气化相关技术投资及经济性分析

对比类别		工程费用/10^4元	运行费用/（10^2元·a^{-1}）	备注
电伴热与蒸汽伴热	蒸汽伴热	22.9	7.8	管道长度1 km；蒸汽伴热含伴热及蒸汽供汽管道安装、保温、疏水，电伴热含输电线路、配电室等
	电伴热	30.0	3.4	
电驱动与蒸汽驱动	蒸汽驱动	600～1 100（若现有为0）	3 528	功率3 500 kW；按照将现有蒸汽驱动改为电驱计算
	电驱动	870	1 470	
电炉与燃料加热炉	燃料加热炉	600（若现有为0）	2 800	功率10 MW；按照将现有燃料加热炉改为电炉计算
	电加热炉	1 200～2 000	4 380	

注：数据来源：《袁明江等：石化企业提高终端电气化率路径》。

安全考量不可或缺，尤其鉴于电网故障是石化企业非计划停机的主要原因，且极端天气事件增加了供电不稳定的风险。为了确保电气化改造的顺利实施，企业需加强电网结构，采用抗扰动设备，以及部署不间断电源系统；同时针对电力质量的潜在问题，如谐波污染和电压波动，采取相应的预防和应对措施。

综上，石化企业的电气化转型是一个系统工程，涉及技术成熟度、经济合理性与运行安全性等多方面考量。随着技术进步和政策支持，未来十年内，诸如电蒸汽锅炉、智能微电网等关键技术有望在石化领域内更广泛地应用，推动整个领域向低碳、高效、可持续的生产模式转变。在此过程中，持续的技术创新、成本效益分析以及电力系统的稳定强化将是成功转型的关键要素。

3. 电气化实施路径

不同石化企业由于加工规模、流程配置的不同，现有用能结构的差异，可采取的电气化率提升路径也不尽相同。提升电气化率的路径有：

（1）节能改造与电气化提升：节能改造是提高电气化率的基础，它不仅提升经济效益，也适用于所有石化企业。这包括优化蒸汽－电力系统，减少蒸汽的不合理使用，如减温降压、减少管网散热，以及采用高效技术如冷剂循环裂解、高效热交换器、高效烟机、氢气透平应用、原料泵、物料直供氢氢网络集成优化等，以降低能耗。

（2）低温热泵技术应用：低温热泵技术是关键方向，如两级热泵可产热至120～150 ℃，结合"闪蒸+压缩"工艺，有效回收低温余热生产低压蒸汽，节能显著。热泵产蒸汽成本效益高，替代1.0 MPa蒸汽，为3.5 MPa电驱改造铺路，同时优先保温应用，而非发电。

（3）电驱替代：石化厂压缩机全面可电驱替代。先从凝汽轮机改造，再考虑背压式汽轮机。抽凝式汽机则需多抽少凝汽，抽汽占比45%~70%，优化蒸汽调节。

（4）电伴热与电加热：电伴热成熟，控温准、维护简便，适合长距离管道和间歇管道，但对电气化贡献小。电加热器替换蒸汽和燃料加热，轻烃类、非敏感流体电加热器最高70°C，效率95%，两相流体用间接电加热炉，氮气载体，热效率90%。优化电加热器设计考虑功率密度和电压，减少损耗，大负荷采用浸式电加热器，以提高安全性。

（5）其他电气化措施：绿氢作为原料和燃料间接电气化，高热值、低碳，替代化石燃料和原料，与二氧化碳合成实现负碳。电加热和碳捕获技术降低化学排放。炼厂减压塔通过真空泵和熔盐技术，利用太阳能、绿电加热熔盐替代蒸汽，大幅减少碳排放，提升电气化率。

（6）结合新能源与策略：结合新能源、储能，提高电力供应和互补能力，优化能源效率、碳交易和资产管理，开发核证项目，促进绿色金融，协同碳配额和绿电交易，推动石化企业向绿色转型。整体策略围绕电气化路径，从节能到新能源利用，全面推动石化领域向低碳、高效转型。

4. 选择及建议

在推动工业部门的电气化转型过程中，必须综合考虑成本效益、技术实施的可行性以及改造的实际操作性。这一转型应逐步实施，从实施节能措施开始，逐步过渡到采用凝汽式涡轮机进行电驱动替代、进行背压式改造、升级电伴热和电加热系统，最终考虑用电动炉替代传统炉。对于电加热和电炉的改造，应分阶段进行，优先处理那些负荷较小、处理相对简单的气体材料。特别是在石化行业，采用凝汽式涡轮机等电驱动技术不仅能显著提高能效和降低碳排放，而且经济效益显著，这与国家实现碳达峰和碳中和目标的战略需求相契合。

（四）有色金属领域电气化

1. 有色金属领域碳排放

中国有色金属工业协会数据显示，2020年，我国有色金属领域二氧化碳排放量约6.6亿t，占全国总排放量的4.7%；其中铝领域二氧化碳排放量约为5.5亿t，占有色金属领域的83.3%。我国新能源汽车、家电、建筑等产业动能强劲，铝消费强度不断增强。根据国际铝业协会预测，到2030年，全球铝需求量将增加近40%，其中三分之一增长将来自中国。

2. 绿色电力减排

中国有色金属工业协会数据显示，铝领域在碳排放中占据重要位置；其中原铝生产环节贡献超过90%，具体到氧化铝和电解铝的碳排放分别占铝领域总量的4.6%和7.6%；铝材加工环节同样不容忽视，碳排放占比8.2%。因此，原铝的节能减排是铝领域实现碳中和目标的关键路径（表2.5）。

表2.5 2020年我国铝领域碳排放情况表

生产环节	二氧化碳单位产品排放量 / [t CO$_2$·(t产品)$^{-1}$]	二氧化碳总排放量/亿t	占比/%
铝土矿	0.01	0.02	0.4
氧化铝	1.08	0.8	14.6
电解铝	11.7	4.2	76.6
再生铝	0.2	0.01	0.2
铝材	1.1	0.45	8.2
铝行业总计		5.5	100.0

注：数据来源：《重点工业行业碳达峰碳中和需求洞察报告（2022年）》。

目前，中国采用的拜耳法生产氧化铝，碳排放来源于：原料碳酸盐分解（如石灰石）、石灰石煅烧制熟料和能源消耗（煤炭、天然气等）、电力及辅助能源（煤气、重油等）、辅助材料（电力、蒸汽）和润滑及运输燃料。电解铝则主要受电力消耗影响，火电依赖度高。

在铝加工环节，碳排放主要与铸造、热轧等工序有关。目前，许多中国铝加工企业并未直接使用电解铝铝水进行铸造和成品加工，而是选择将铝锭熔化后再浇铸，这导致了能源的一定浪费。在铝加工领域，传统热轧工艺中的能耗问题尤为突出，例如，将铝锭加热至550°C的过程中热量损失严重，同时也造成了煤炭资源的浪费。此外，中国的铝废料回收和再生利用率不高，再生铝生产技术亟待提升，以避免优质变形铝合金废料的降级使用，减少资源的浪费。

铝制造业的二氧化碳排放在有色金属行业中占据主导地位，占比超过80%，因此成为减排的关键领域。电解铝生产包括从铝土矿到氧化铝，再到电解铝的过程。其中，非电力能耗在铝土矿到氧化铝阶段产生的碳排放占总排放的20%，而电力能耗在氧化铝到电解铝阶段产生的碳排放占80%。目前，铝土矿到氧化铝的生产主要采用低碳排放的拜耳法，但技术改进的减排潜力有限，需要引入碳捕捉技术。而氧化铝到电解铝的生产过程则通过电力技术实现，通过在电解槽中使用强电流分解氧化铝得到金属铝，这一过程可以通过改用清洁能源电力来减少碳排放。

第五节
建筑领域碳中和路径

建筑领域是消耗能源资源以及造成环境破坏的主要领域，城市中60%以上的碳排放量来自建筑领域。所以，尽快实行低碳建筑，采取建筑碳中和的模式来进行建筑设计，能够有效地控制和降低大量碳排放量，形成一个可以持续发展的模式。

　　建筑领域碳中和指的是通过采取多样化的措施与技术手段，减少或抵消建筑活动所产生的碳排放量，以达到净零碳排放的过程建筑领域碳中和路径如图2.36所示。建筑领域碳中和的方法包括提高建筑能效、深化可再生能源规模化应用、提升建筑电气化等。

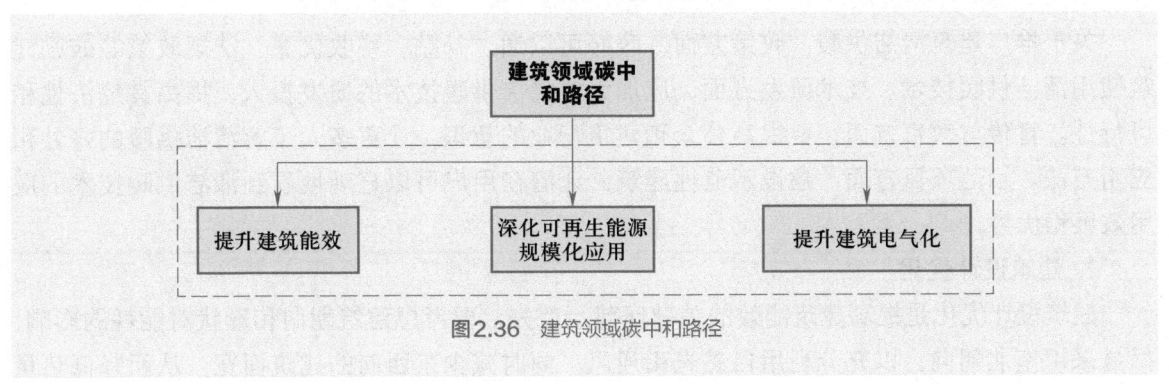

图2.36　建筑领域碳中和路径

一、提高建筑能效

　　建筑能效，也称为建筑能源效率，是指建筑在设计和使用过程中，通过科学的设计和管理，降低能源消耗，提高能源利用效率的能力。它包括照明、供暖、空调、热水供应等在内的一系列建筑用能效率指标。提升建筑能效是减少建筑领域能源消耗和碳排放的有效手段，有助于实现节能减排目标，可以促进经济与环境的协调发展，为实现国家低碳发展目标提供支撑，以应对气候变化带来的挑战。优化供暖、通风和空调系统等能显著节能降耗，相关投资的回收期短，从而带来经济效益并降低成本。减少能源消耗有助于降低对化石能源的依赖，间接推动能源结构的优化和可再生能源的广泛应用，进而产生积极的环境效益。

（一）建筑能效现状

　　当前，我国城镇建筑领域面临着严峻的节能挑战。我国城镇建筑中，节能建筑的比重仅占约30%，剩余70%的既有建筑亟待进行能效提升改造。同时，每年新建房屋中，高耗能建筑仍占据主导地位，而既有建筑中仅有不到4%采取了能源效率措施，提升能效水平的有效措施包括推广建筑清洁供暖、高效冷热源系统、照明及新风热回收技术，并不断提高节能标准，推动超低能耗及近零能耗建筑的发展。建筑清洁供暖、高效冷热源系统、高效照明系统以及新风热回收等措施，作为提升建筑能效的重要手段，正逐步受到重视和推广。

（二）提高建筑能效的方式

1. 推广建筑清洁供暖

清洁供暖通常指的是使用低碳或可再生能源进行供暖的方式，包括但不限于：利用电能为建筑供暖，通过地源热泵或空气源热泵将周围环境中的热量转移到建筑内部，利用木材、农作物残余等可再生资源进行燃烧供暖，通过太阳能集热器获取热能进行供暖。

推广建筑清洁供暖，能提高建筑的能源使用效率，减少对化石能源的依赖，降低能耗。还能减少温室气体及其他污染物的排放，改善环境质量。也能提高室内环境的舒适性和健康性。从而实现可持续发展，响应全球气候变化挑战，推动绿色建筑建设。

关于推广建筑清洁供暖，政策方面，政府可以通过补贴、税收优惠、法规政策等鼓励建筑使用清洁供暖技术。技术研发方面，应加大对清洁供暖技术的研发投入，提高其经济性和可行性。宣传与教育方面，要提高公众和建筑行业的意识，让更多人了解清洁供暖的好处和应用方法。示范项目方面，建设示范性建筑，让潜在用户可以直观地看到清洁供暖技术的应用效果和优势。

2. 建筑设计优化

建筑设计优化是提高建筑能效的关键环节。首先，要考虑建筑朝向和形状对能耗的影响，尽量采用南北朝向，以充分利用自然光和通风，同时减少东西向的建筑面宽，从而降低热量损失。其次，墙体和屋顶的保温性能至关重要，采用高性能的保温材料可以有效减少室内外温差引起的能量损失，优质的隔热材料如聚氨酯（PU）、聚苯乙烯泡沫（EPS）、玻璃棉和岩棉等，具备良好的热阻性能，能够显著减缓热量的传导。建筑设计应优先考虑这些材料的应用，从而降低建筑的供暖和制冷需求。最后，充分利用自然光和自然通风，可以减少照明和空调的使用，进一步降低能耗。这些措施的综合应用，有助于实现建筑的节能目标。

3. 高效能源设备应用

具体来说，高效能源设备的应用体现在对建筑内所有耗能设备的升级和优化。以空调系统为例，选用能效比（EER）和性能系数（COP）较高的变频多联机空调系统，可以在满足舒适度的同时，大幅降低能耗。这些系统通过精确控制室内温度和湿度，减少不必要的能源浪费。同时，采用高效节能的LED照明灯具，不仅提高了照明效率，而且降低了发热量，进一步减少空调负荷。电梯系统的节能改造也不可忽视，通过安装能量回馈装置，可以将电梯运行过程中产生的能量回馈到电网，实现能量的再利用。

4. 采用智能建筑技术

近年来，智能建筑技术得到了迅速发展，其中建筑自动控制系统（BAS）和能源管理系统（EMS）是实现建筑能效提升的两个关键组成部分。建筑自动控制系统（BAS）是一个综合系统，用于监测和控制建筑内部环境，包括环境监测、空调（HVAC）系统控制和照明控制等。BAS使用传感器实时监测建筑内的温度、湿度和光照等因素，帮助管理人员了解环境状况，并根据反馈数据自动调节供热、通风和空调（HVAC）系统的运行，避免不必要的能耗。此外，BAS还可以智能调节照明系统，根据自然光的强度自动调暗或关闭电灯，从而减少电力消耗。通过分析历史数据和使用模式，BAS能够优化运行模式、提高能效、降低运营成本。

能源管理系统（EMS）是帮助建筑管理人员实时监测和管理能源使用情况的工具。EMS

对建筑内的电力、水和气等能源使用进行实时监测，提供数据分析与报告，识别高发的能源使用区域和时间段，从而帮助用户制定合理的能源使用策略。基于EMS提供的数据，用户还可以制定有效的节能措施，例如在用电高峰期减少非必要设备的运行。EMS允许用户设定具体的能源消耗目标，并依据实时数据进行监控和评估，推动建筑的可持续管理，确保节能目标得到落实。

将BAS与EMS结合使用，形成一个智能化、自动化的建筑管理平台，通过实时监测、数据分析和自动控制，不仅提高了建筑的能效，减少了运营成本，还增强了居住和使用的舒适性。这种智能建筑技术有助于降低碳排放，促进可持续发展，符合现代社会对环境友好型建筑的需求。综上所述，建筑自动控制系统和能源管理系统在提升建筑能效方面发挥着至关重要的作用，通过精准的监测和灵活的控制，使建筑物更加智能、高效、经济和环保。

提高建筑能效不仅可以降低能源消耗和运营成本，还能提升居住和工作环境的舒适度。通过实施上述关键技术，建筑可以在可持续性和环境保护方面发挥积极作用。

（三）建筑节能政策

在探索建筑节能的道路上，我国积极借鉴国际先进经验。美国通过自愿性能效评价和建筑能耗对标等手段，有效推动了建筑节能；英国则通过供暖低碳化、既有建筑改造和能效标识制度等措施，实现了建筑能耗的显著降低；德国和日本则在建筑节能标准体系、能效评价和零能耗建筑推广方面取得了显著成效。这些经验为我国提供了宝贵的参考，但在具体实施过程中，必须充分考虑我国国情和气候特点，做出适应性的调整和创新。

近年来，我国建筑节能标准稳步提升，我国建筑节能经历了"三步走"。1986年第一版建筑节能设计标准《民用建筑节能设计标准（采暖居住建筑部分）》发布，建筑节能率目标是30%，1996年，该标准修订，将建筑节能率目标提升至50%，并制订了《建筑节能"九五"计划和2010年规划》。1999年《民用建筑节能管理规定》发布，并于2005年进行了修订，其间还分别出台了夏热冬冷地区和夏热冬暖地区建筑节能规划。根据住房和城乡建设部制定的《民用建筑节能设计标准（采暖居住建设部分）》。30余年时间，我国颁布了居住建筑节能（五类气候区）、公共建筑节能、农村建筑节能、节能产品等标准规范，形成了比较系统的节能技术体系和标准体系。目前，全国已初步建立起以节能65%为目标的建筑节能设计标准体系，部分地区执行更高的75%节能标准。这些措施的实施，不仅大幅降低了建筑能耗，还有效提升了建筑品质和居住舒适度，如图2.37所示。

目前，我国对于"三步节能"以后的规划尚未有足够的统一认识。住房和城乡建设部每年评审全国范围低能耗建筑示范项目，其规定是在必须满足强制节能标准的基础上，对能耗控制有创新有突破，比当地现行节能设计标准的设计节能率再降低5%以上，但低能耗建筑和被动房的标准体系、认证制度并没真正建立起来，对于室内环境、能耗限值没有相应的规定。国家还未有针对超低能耗建筑的补贴和激励政策，更关键的是缺乏实现超低能耗建筑的技术手段和产品，相关产业和施工工艺比较滞后，低能耗建筑三种表现形式如图2.38所示。

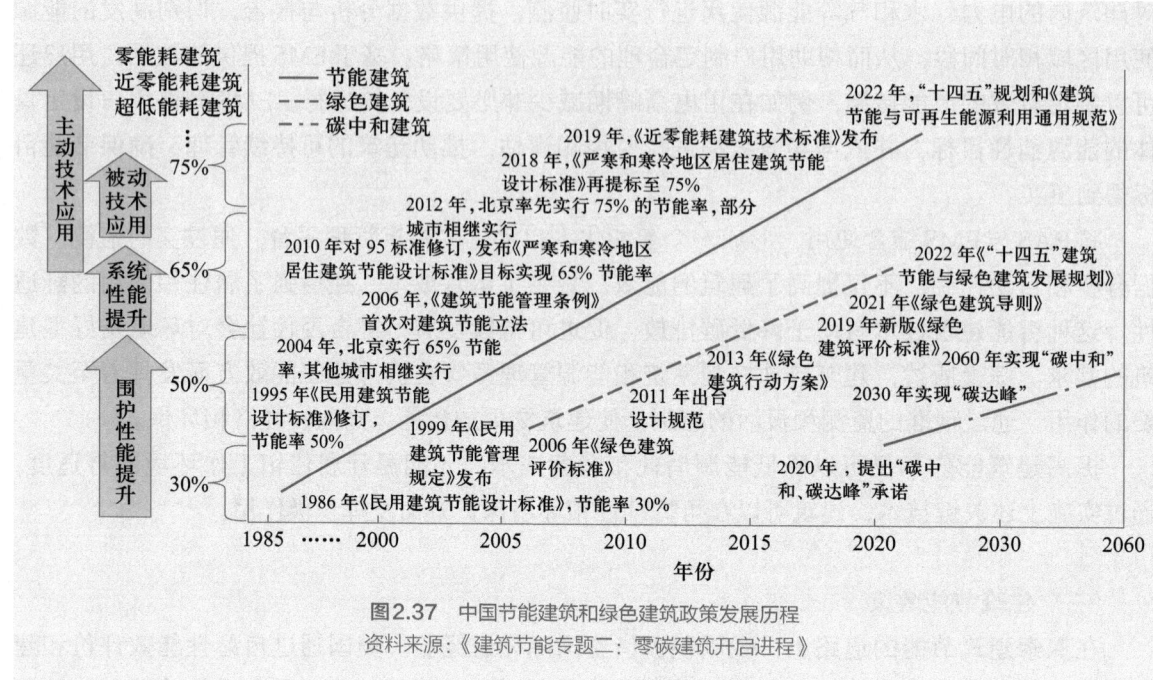

图2.37　中国节能建筑和绿色建筑政策发展历程

资料来源：《建筑节能专题二：零碳建筑开启进程》

图2.38　低能耗建筑三种表现形式

资料来源：北京新航城智慧生态技术研究院

（四）提高建筑能效的建议

政府在推动建筑节能方面扮演着至关重要的角色。第一，政府应当加快建筑节能标准的制定和修订工作，确保这些标准能够紧跟科技发展和市场需求，不断提高建筑节能设计、施工、验收等环节的标准化水平。通过实施严格的节能标准，可以有效推动建筑行业向绿色低碳方向发展，实现可持续发展的目标。第二，政府也应加大对建筑节能工作的支持力度，制定和完善相关政策法规，为建筑节能工作提供有力的法律保障。同时，政府可以通过税收减免、资金补贴等优惠政策，鼓励和支持采用节能技术和产品的建筑项目。这将有助于降低节能改造的成本和门槛，提高建筑企业和个人采用节能技术和产品的积极性。第三，为了更好地推动建筑节能工作，政府还可以加强对建筑节能技术的研发和推广，支持企业和科研机构开展建筑节能技术研发，提高建筑节能技术的创新能力和应用水平。同时，政府可以通过举办建筑节能展览会、研讨会等活动，提高公众对建筑节能的认识和关注度，营造良好的社会氛围。

延伸阅读2-4　低能耗建筑：引领绿色未来的建筑新风尚

二、深化可再生能源规模化应用

可再生能源（renewable energy）是指风能、太阳能、水能、生物质能、地热能、海洋能等非化石能源，是取之不尽、用之不竭的能源，是相对于会穷尽的不可再生能源的一种能源，对环境无害或危害极小，而且资源分布广泛，适宜就地开发利用。可再生能源可将自然资源，如太阳、风、水或生物质直接转换成电力。将可再生能源应用于建筑中，是实现建筑绿色低碳发展的关键环节。由于技术成熟度、经济性、环境影响和政策支持等因素，太阳能和地热能的应用更为广泛，以下主要介绍太阳能和地热能应用的相关技术。

1. 太阳能应用

太阳能是一种清洁、可再生的能源，具有许多优点。第一，太阳能的获取非常广泛，几乎可以在全球范围内利用，尤其是在阳光充足的地区，能够提供稳定的电力供应。第二，太阳能发电过程不会产生温室气体排放，有助于减缓气候变化，改善空气质量。第三，太阳能系统的维护成本相对较低，且随着技术的进步，太阳能电池板的效率和耐用性不断提升，使其在经济上更具吸引力。第四，太阳能还能够实现分布式发电，用户可以根据自身需求安装太阳能电池板，减少对集中电网的依赖，提高能源安全性。因此，太阳能不仅是一种环保的选择，还能够促进经济发展和技术创新，推动向可持续能源的转型。

太阳能是利用太阳辐射的能量进行发电和供热的一种可再生能源。它通过不同的技术将太阳光转化为其他形式的能量，主要包括光伏发电和太阳能热利用两种方式。

（1）光伏发电技术

光伏（photovoltaic，简称PV）是一种将太阳光直接转换为电能的技术，其工作原理基于光伏效应，即太阳光中的光子击中特定材料（通常是半导体，如单晶硅、多晶硅、非晶硅等）时，会释放出电子，从而产生电流。光伏系统主要由光伏电池、光伏模块、逆变器和支架系统组成。其中光伏电池是核心，能将太阳光转换成直流电（DC）；光伏模块则通过串联或并联多个电池以产生更高的电压和电流；逆变器则负责将直流电转换为交流电（AC），如图2.39所示，以便用于家庭或商业电网；而支架系统则用于固定光伏模块，常安装在屋顶或地面。

光伏技术以其清洁可再生、维护成本低、寿命长和安装灵活等特点，在家庭屋顶光伏系统、商业光伏发电站以及远程地区离网供电系统等领域得到广泛应用。随着技术进步和成本降低，光伏发电正日益成为全球范围内重要的清洁能源解决方案。

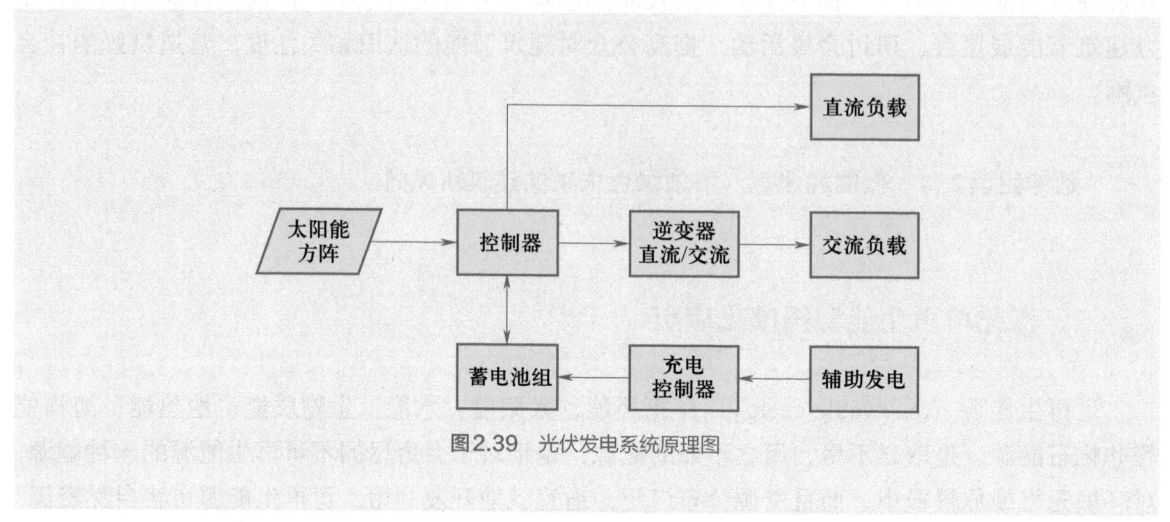

图2.39　光伏发电系统原理图

　　光伏发电在建筑领域对实现碳中和的影响显著，它通过将太阳能转化为电能，减少建筑物的碳排放，推动可再生能源的使用，帮助建筑实现能源自给自足。通过安装屋顶光伏系统，建筑不仅能够满足自身的用电需求，还能将多余的电力反馈至电网，从而降低对传统化石燃料的依赖，进而减少整体碳足迹。此外，光伏发电与建筑节能措施相结合，可以提升建筑的能效，进一步降低能耗和碳排放。同时，随着绿色建筑标准的推广，光伏系统成为评估指标之一，助力建筑项目获得税收优惠和政策支持，推动绿色建筑的发展。光伏技术的不断进步和成本降低也为建筑行业带来了新的机遇，提升了公众对可再生能源的意识，鼓励更多人参与可持续发展行动，最终推动整个社会向低碳生活方式转型。因此，光伏发电在建筑领域的应用对实现碳中和目标具有重要意义。

　　（2）太阳能热利用技术

　　太阳能热利用技术，作为一种清洁且高效的能源转换方式，已经在建筑领域得到了广泛应用。一方面，太阳能热水器通过在建筑物的屋顶或向阳墙面安装太阳能集热器，这些集热器能够有效地捕获太阳光能并将其转化为热能，进而为建筑提供持续稳定的热水供应，如图2.40所示。这一技术的应用大大减少了对传统电热水器和燃气热水器的使用，从而显著降低了家庭的能源消耗和运营成本，同时也减少了对环境的污染。光热利用方面，太阳能供热水发展起步较早，太阳能集热器装机容量长期保持世界领先，截至2019年，占世界总量的73%。另一方面，太阳能热空气系统则利用集热器吸收太阳热能来加热空气，为建筑内部提供温暖的气流，尤其是在寒冷的冬季，这种系统可以显著减少对煤炭、天然气等化石燃料的依赖，实现绿色供暖。太阳能集热系统的效率在30%~60%之间，其中小型服务型热水系统的效率相对较低，大型系统（游泳池等）的设计效率约为60%。与此同时，太阳能制冷技术通过太阳能驱动制冷循环，不仅能够在炎热的夏季为建筑提供必要的空调冷却，还能应用于冷藏服务，确保食物的新鲜度或为药品等对温度敏感的物品提供恒定的低温储存环境。这些太阳能热利用技术的具体应用，不仅显著提升了建筑的能效水平，而且推动了绿色环保的生活方式，为建筑领域的碳中和目标贡献了重要力量。

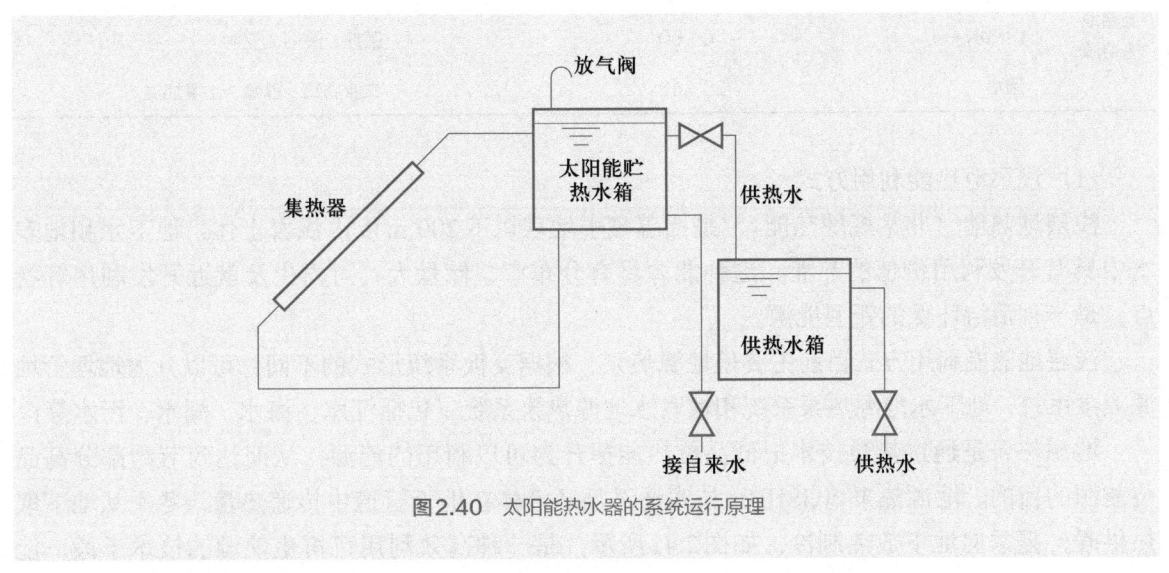

图2.40　太阳能热水器的系统运行原理

2. 地热能应用

地热能是蕴藏在地球内部的热能，这种能量来自地球内部的熔岩，并以热力形式存在，是引致火山爆发及地震的能量。地热能具有储量大、分布广、绿色低碳、可循环利用、稳定可靠等特点，是一种现实可行且具有竞争力的清洁能源。地热能开发利用可减少温室气体排放，改善生态环境。相比风能、太阳能等可再生能源资源，地热能不受季节、昼夜、气候等因素影响。但我国地热的产业化及商业化历史比较短暂，商业化开发规模总体较小，这也与地热资源开发利用受资源分布、资源品位和投资强度等诸多因素限制有关。

按储存形式，地热能可分为蒸汽型、热水型、地压型、干热岩型和熔岩型5大类。按温度的高低，地热能可分为高温型和中低温型两类，其中高温型一般温度高于150 ℃，中低温型一般低于150 ℃。温度不同的地热能拥有不同的利用方式，如表2.6所示。根据利用方式，地热能可以直接被分为直接利用和发电利用两类。中低温的地热能可以被直接利用，而高温地热能一般用来发电。按埋藏深度，地热能可分为浅层地热能、中深层地热能。

地热直接利用包括供热、制冷、烘干、温泉洗浴等。我国地热资源的分布具有以下3个特征：第一，浅层地热资源遍布全国；第二，中低温地热资源分布于沉积盆地和隆起山区；第三，高温地热资源分布于喜马拉雅地热带和台湾。

表2.6 不同温度地热资源的用途

分类		温度界限/℃	主要用途
高温地热资源		<150	发电、烘干
中温地热资源		90~150	工业利用、发电、烘干
低温地热资源	热水	60~90	供暖、工艺流程
	温热水	40~60	医疗、洗浴、卫生
	温水	25~40	农业灌溉、养殖、土壤加温

（1）浅层地热能利用方式

浅层地热能（非常规地热能），是指蕴藏于地表以下200 m以内浅岩土体、地下水和地表水中具有开发利用价值的热能。这种能源具有分布广、储量大、可再生及就近开发利用等特点，是一种清洁环保的新型能源。

浅层地热能利用方式目前主要是地源热泵。根据交换系统形式的不同，可以分为地埋管地源热泵系统、地下水地源热泵系统和地表水地源热泵系统（包括江水、海水、湖水、污水等）。

地源热泵是通过热泵技术把低品位热能提升为可以利用的能源，从而达到节约部分高品位能源的目的。地源热泵（GSHP）技术通过循环液体在地下管道中传递热量，冬季从地下取热供暖，夏季向地下放热制冷，如图2.41所示，是一种高效利用可再生能源的技术手段，能效高，可同时供热供冷，还可以供应生活热水，能完美地匹配近零能耗建筑的需求。21世纪初以来，热泵供暖（制冷）等浅层地热能开发利用逐步加快发展。

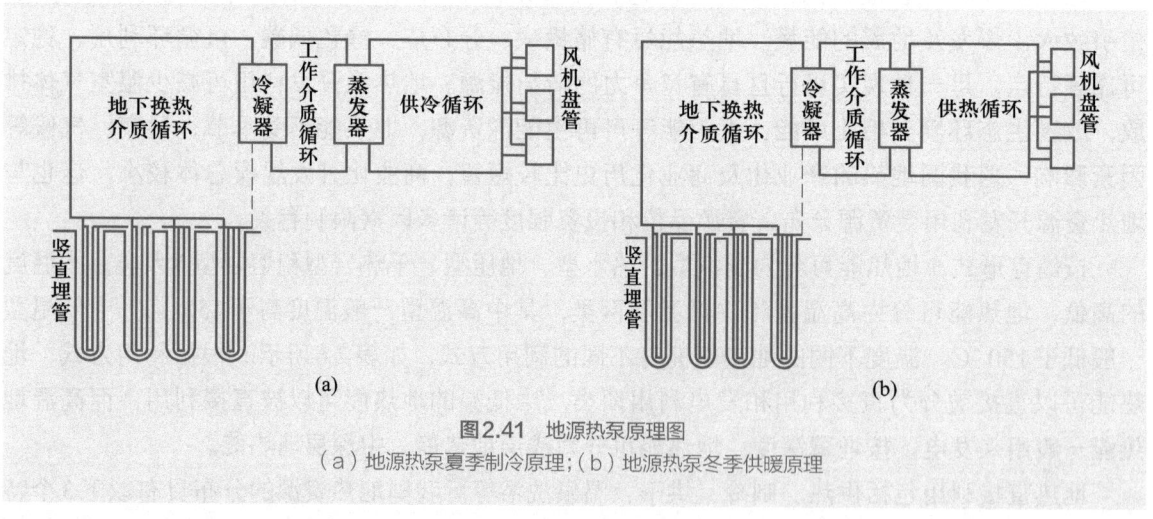

图2.41 地源热泵原理图
（a）地源热泵夏季制冷原理；（b）地源热泵冬季供暖原理

（2）中深层地热能利用方式

中深层地热资源是指地表以下一定深度范围内（一般埋深小于3 000 m）、温度大于25 ℃、在当前技术经济条件下具备开发利用价值的地球内部的热能资源。

除温泉可直接利用外，中深层地热资源开发方式包括地热井直采开发方式、采灌井组开发方式和井内换热（包括中深层地热能地埋管换热和U形井换热）开发方式。

中深层地热的利用可分为地热发电和直接利用两大类，而对于不同温度的地热流体可能利用的范围如下：

① 200~400 ℃直接发电及综合利用；

② 150~200 ℃双循环发电，制冷，工业干燥，工业热加工；

③ 100~150 ℃双循环发电，供暖，制冷，工业干燥，脱水加工，回收盐类，罐头食品；

④ 50~100 ℃供暖，温室，家庭用热水，工业干燥；

⑤ 20~50 ℃沐浴，水产养殖，饲养牲畜，土壤加温，脱水加工。

地热能开发利用必须实现规模化。尽管我国地热能直接利用量已经位居全球第一，但相对于其他可再生能源，地热能在一次能源消费中占比不足1%，且以分散式的地热水供暖和浅层地热能供暖/制冷为主。构建地热的规模化开发利用技术体系是未来地热产业长远发展必须面临的问题。这其中包括3个方面：最关键的是如何圈定有利于热能规模化开采的地质体，即靶区优选技术；构建供热和用热负荷相平衡的地热开发利用技术，包括热储增产改造、热能梯级综合利用、建筑节能等相关技术；充分发挥地热能安全、稳定、清洁、高效的特点，建立地热能与太阳能、燃气、电能等耦合利用技术，通过储能技术拓展地热应用范围，让地热能成为适宜性广、开发成本低、运行效果好的可再生能源。

三、提升建筑电气化

建筑电气化包括电气化供暖、生活热水及空调的电气化。与使用化石燃料提供同样服务相比，能够为用户在电器的寿命周期内节约成本并能减少碳排放量。随着电力系统中可再生能源占比的提高，电力需求弹性的价值也很有可能会提高。用户通过智能设备实现电力需求弹性的能力还能够进一步降低电气化的全生命周期成本。建筑电气化的技术路径包括：建筑用能需求的减少；用电设备的能效提升；用热需求的经济高效电能替代等。通过建筑电气化可减少建筑运行期的碳排放，助力建筑领域尽早实现碳达峰。

1. 建筑电气化的指标

建筑用能中的电力消费比例是建筑电气化的关键指标。对于该指标，国内外有不同的计算方法，一种是按照不同类型能源的热值计算，而另一种则是考虑品位差异把不同类型能源按照系数折算为同类型能源后计算。考虑到建筑终端中的电能和燃料（天然气、生物质等）的品位差异较大，因此建议采用发电机组的供电煤耗系数把电能折算为一次能源后计算其在建筑用能中的占比。按照后一种计算方法，2017年建筑用能中的电力消费比例已达48%，比较2001年提高了29%，反映了建筑电气化的快速发展趋势。

建筑电气化还包括其他方面的评价指标。分布式光伏覆盖率和非化石电能占比反映建筑能源供应中可再生分布式能源的利用情况；建筑供电可靠率反映建筑持续供电的能力；人均建筑用电量和人均建筑最大负荷分别从kW·h和kW的角度反映建筑领域的电力消费水平；还有建筑用电量占全社会电量的比重、建筑用能中的电力消费比例分别反映建筑领域在电气化进程中的重要性以及电能在建筑终端能源消费中的重要性。基于这些指标，可以分别从建筑电力供给和电力消费领域描述新时期建筑电气化进程的主要特征。

2. 建筑电气化相关措施

建筑电气化是建筑领域低碳发展的重要前提。未来低碳情景下的建筑电气化指标呈现两个"90%"的特征，即建筑电气化率90%，建筑电力供给中非化石比例90%。两个"90%"再叠加建筑节能工作的持续推进，2050年建筑碳排放量才有可能降到5.5亿t左右，基本满足巴黎协定2 ℃温升目标的要求；而要想实现碳中和或1.5 ℃温升的目标，还需要采取更激进的建筑电气化和建筑能耗总量控制政策。

建筑电气化还能加速建筑供配电产业的迭代升级。"光储直柔"新型建筑电力系统发展将带动其核心技术包括分布式光伏、分布式蓄电、建筑直流配电、柔性建筑能量管理、能源互联网等技术的发展，未来的潜在市场值得关注。

鼓励建设以"光储直柔"为特征的新型建筑电力系统，发展柔性用电建筑，如图2.42所示。"光"是在建筑场地内建设分布式、一体化太阳能光伏系统，"储"是在供配电系统中配置储电装置，"直"是低压直流配电系统，"柔"是建筑用电具有可调节、可中断特性。"光储

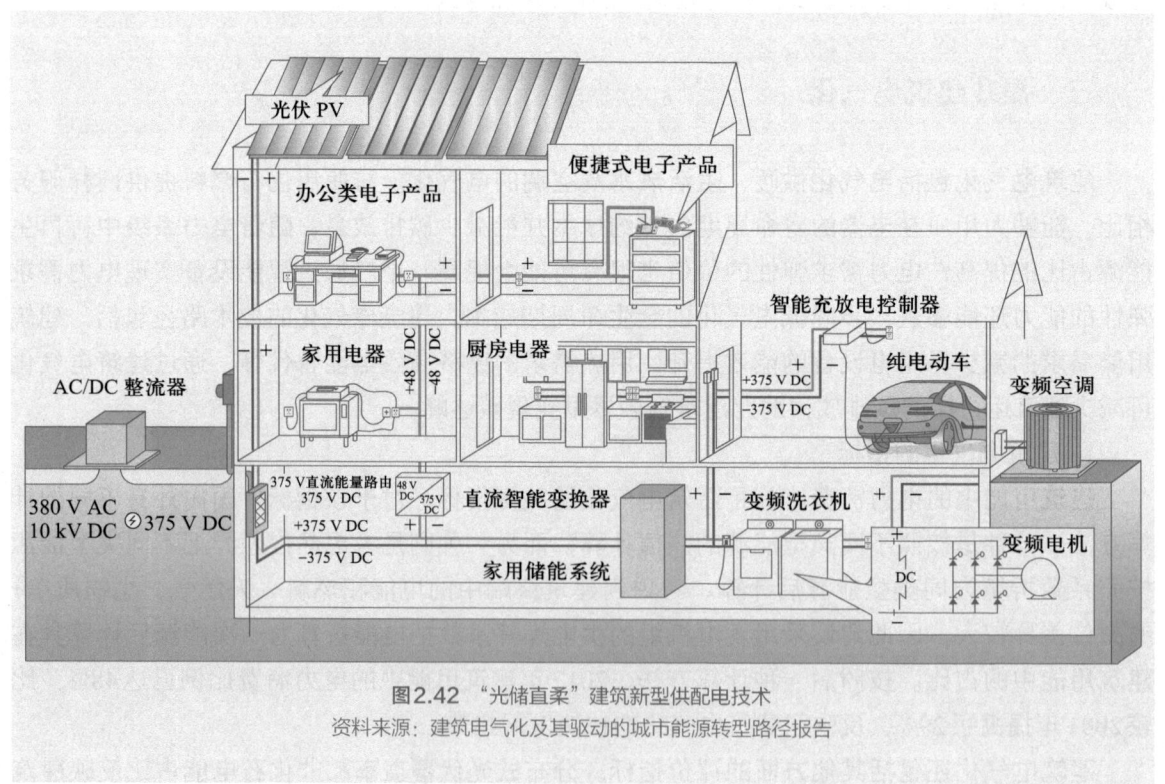

图2.42 "光储直柔"建筑新型供配电技术
资料来源：建筑电气化及其驱动的城市能源转型路径报告

直柔"建筑新型供配电系统与建筑传统供配电系统相比具有显著的差别，一方面是源、储、荷的布局从分离到融合；另一方面终端建筑的用电需求也将从原来的刚性需求（用户用多少、电网供多少）转变为柔性需求（可中断、可调节）。另外，低压直流配电技术的应用使建筑供配电系统简单化，促进能效提升、可靠性提高和能量智能化控制的发展。

加速建筑电气化既包括电量的加速增长，也包括供用电技术的进步。在加速电量增长方面主要聚焦以下领域的电能替代，旨在提高建筑用能中的电力消费比例。

① 生活热水电能替代。对于居住建筑和公共建筑（简称"公建"）的集中式生活热水系统，由于存在热损失大的问题，采用分散式电热水器能够有效实现节能，并且促进可再生能源的利用；对于公共建筑的生活热水系统，将其从蒸汽供热系统中独立出来，采用高效电热泵作为替代热源，具有显著的节能效益。

② 北方城镇供暖电能替代。北方城镇集中供热管网的普及，是充分利用城市内部或周边的热电联产和工业余热的基础。这些热源比电热泵等电供暖电气化技术更加高效和经济，应该作为城镇集中供暖的优选热源。再考虑到冬季光电、水电等可再生能源量减少的问题，供暖电气化技术主要用于补充供热缺口，可以在城镇集中供热中占据一定比例，但不应过分追求完全电气化。

③ 北方农村供暖电能替代。北方农村推广空气源热泵等采暖电气化技术是替代散煤、减少大气污染物排放的有效途径。然而，单纯"煤改电"而不增强建筑保温性能会导致农户用电成本增加和农村配电网增容承压。从提高室内舒适度、降低农户的采暖成本、保障电力安全等角度出发，农村采暖电气化应该与建筑围护结构保温、建筑需求响应技术共同实施。

④ 炊事电能替代。一方面随着城镇居民越来越多地选择在外用餐，炊事能耗从住宅向公建转移，因此需要更多关注公建炊事电气化；另一方面，居民用户的炊事习惯改变是住宅炊事电气化的难点，需要加以引导，同时推广高效电炊具，通过效率差解决价格差。

3. 建筑电气化当前情况

中国电力企业联合会编制的《中国电气化年度发展报告2022》认为，目前中国电气化发展总体呈现稳步向好态势，预计2025年，全国电能占终端能源消费比重提高至31.2%，东部、中部、西部、东北地区预计分别达到33.1%、28.2%、31.4%、17.4%。

电气化是支撑新型能源体系建设、构建新型电力系统和助力实现"双碳"目标的重要途径。2021年以来，中国终端用能电气化发展政策导向清晰，低碳电气化发展政策持续完善，主要电气化进程评价指标总体向好。数据显示，目前全国电能占终端能源消费比例约27%，高于世界平均水平。

中国建筑电气化处于快速发展阶段。根据深圳建筑科学研究院（郝斌等，2020）《建筑电气化及其驱动的城市能源转型路径报告摘要》，截至2017年，建筑用电量占全社会用电量的26%，人均建筑用电量达1 186 kW·h，建筑电气化率48%。对比2001年的指标，人均建筑用电量增长了4倍，建筑电气化率提高了29%，但是中国各省市的电气化进程差异明显。建筑人均用电量与各地居民的消费水平相关，北京、上海等一线城市的建筑人均用电量接近

3 000 kW·h，是全国平均水平的2倍多。另外，由于南北供暖需求的差异，建筑电气化率的南北差异较为明显。此外，中国的建筑人均用电量距离欧美发达国家还有一定差距，中国的建筑电气化还有很大的增长潜力。但是这并不意味着中国未来的建筑人均用电量就不一定会增长到欧美国家的水平，还应考虑到用能模式的差异和能效水平的提升。

4. 建筑电气化与电网、交通、工业协同发展

① 建筑与电网：建筑是城市电网的消费主体，建筑电气化提升自身用电量促进电力消费增长。采用"光储直柔"供配电技术的新型建筑具有较强的电力灵活性，可以实现电力解耦合离网运行，增强电力系统的可靠性。此外，建筑灵活性提升还能促进建筑分布式能源系统参与城市电网的调峰和调频服务，促进消纳更多可再生能源；削减建筑负荷峰值，缓解小区配电网增容压力和城市电网调峰压力。

② 建筑与交通：随着新能源汽车逐渐从B端市场（企业市场或商业市场，包括出租车公司、公共交通公司等，它们批量购买或租赁新能源汽车用于商业运营）向C端市场（消费者市场，个人购买新能源汽车用于日常出行，如上下班、家庭使用等）转移，私家车全天平均停车时长高达80%，快充的必要性逐渐降低。再考虑到电动车充电对配电变压器负荷峰值的影响，建筑周边充电桩的运行模式应以慢充为主，并且需要有序充电、双向充放电技术的支撑。未来住宅小区和公共建筑的配电网与汽车充电桩需要统筹建设，建筑用电与交通用电的耦合程度也将越来越高。

③ 建筑与工业：建筑电气化依托于光伏、储能、直流配电等建筑新型供配电技术。工业和民用建筑是城市中的两大应用场景，新型供配电技术会在不同场景中协同发展。例如低压直流配电技术在建筑场景中主要用于促进建筑光伏和储能的应用，增强建筑电力灵活性；而在工业场景中则主要用于治理电压暂降问题，保障供电可靠性。储能电池在汽车工业中主要关注能量密度和行驶安全；在建筑场景中则主要关注储能经济性和消防安全。

5. 建筑电气化的政策建议

明确建筑电气化目标：在能源、电力、可再生能源、应对气候变化、节能减排、建筑节能与绿色建筑等专项规划中予以体现。

完善技术标准规范：组织编制直流建筑、电网友好型建筑、能源互联网用户侧技术等建筑电气化相关的技术标准规范。

加强建筑电气化技术研究：研究分布式光伏、分布式蓄电、柔性用电负荷、建筑低压直流配电等技术的"光储直柔"建筑新型供用电系统。

加强建筑电气化机制研究：研究适应分布式能源和储能发展的电价机制、建筑与电动车充电桩的协同设计运行技术、建筑与城市电网的交互技术和补偿机制。

推动示范工程建设：设立新型电气化技术应用试点，规划实施高效电能替代技术和建筑新型供配电技术，试行新的政策机制。

扶持建筑新型供配电技术产业链发展：在建筑直流配电、建筑储能等产业发展前期给予财政补贴支持。

激励建筑电气化的利益相关方：加强宣传增强重要性高且影响力强的主体对于建筑电气化领域发展路径和目标的理解；加强引导重要性高但影响力弱的主体有序参与到建筑电气化过程。

第六节
案例分析

一、北京冬奥会100%绿电项目

北京冬奥会作为《奥林匹克2020议程》发布后的首个全面实践可持续发展战略的体育盛会，其筹备与举办全过程深刻体现了环保与可持续的核心理念。达成"绿色奥运"愿景的技术支撑主要聚焦于两大维度：一是强化各环节的能效管理，实现节电降耗；二是全面引入并依赖绿色清洁能源作为动力源。此次冬奥会实现了电力供应的百分之百绿色化，覆盖范围广泛，从赛事照明、场地运营维护，到造雪作业、电视信号转播，乃至奥运村的整体后勤服务体系，均采用了环保电力，彰显了绿色办奥的坚定决心与实际行动。

为实现百分百绿色供电，项目采用了以下技术：

（1）二氧化碳冷却

北京冬奥会通过前沿科技的运用，开创性地实现了冬奥会历史上首次大规模应用低成本二氧化碳制冷技术的壮举。四大核心冰上竞赛场馆——短道速滑、花样滑冰、冰壶及冰球赛场，均采纳了这种环保的二氧化碳制冷方案。如图2.43所示，首都体育馆电力保障团队对设备进行巡视测温工作。为与传统空气冷却技术相比，此创新不仅有效减轻了对臭氧层的潜在威胁，还显著降低了中央空调系统的能耗，整体能耗降幅高达30%。国际奥委会对此技术革新给予了高度评价，并指出，北京冬奥会的这一应用相当于每年减少约3 900辆汽车的碳排放，其环境效益等同于通过植树造林抵消了相当于120亿棵树木所能吸收的碳排放量，展现了卓越的环保贡献。

（2）最大化开发利用氢能

在北京冬奥会的璀璨开幕式中，创新设计的氢能源圣火"飞扬"惊艳亮相，标志着绿色奥运理念的崭新实践。我国航空科技领域的资深专家韩宗捷，作为火炬研发的重要参与者，深入剖析了氢能的独特优势：其燃烧产物仅为水，展现了无与伦比的安全稳定性与环境友好性，从物质本质而言，是一种近乎"零污染"的优质能源；同时，作为可再生能源，氢能拥有近乎无限的潜力，堪称"不竭之源"，其成熟应用为北京冬奥会披上了绿色的华服。赛事期

图2.43　首都体育馆电力保障团队对设备进行巡视测温工作
资料来源：国网北京电力

间，中国国家电投自主研发的"氢腾"系列电池赋能的200余辆氢能巴士，在延庆赛区穿梭，
为赛事交通提供绿色动力。这些氢能巴士单次充电续航里程可达630 km，相较于传统燃油车
辆，每百公里行驶即可减少约70 g二氧化碳排放，相当于自然界中十四棵树木一天的碳吸收
量，展现了显著的环保效益。为保障氢能巴士的顺畅运行，加氢站扮演了至关重要的角色。
其中，中国石化太子城加氢站于2021年2月7日正式投入运营，成为多个赛区氢能大巴的坚强
后盾，确保了氢能供应的稳定与高效，为北京冬奥会的氢能应用打响了"第一枪"，并为赛区
内所有需求区域提供了坚实的能源保障。

（3）最大化地发掘与利用可再生能源的潜力

河北省作为中国风能与光伏资源开发利用的佼佼者，拥有得天独厚的清洁能源生产条件与
丰富的能源储备，为北京冬奥会的筹备工作提供了坚实的能源基础。在筹备过程中，张家口与延
庆地区丰富的能源资源得到了充分利用。据评估，张家口地区的风电资源潜力超过4 000万kW，
太阳能可开发量亦高达3 000万kW，为冬奥场馆的绿色电力供应提供了坚实保障。这些绿色
能源通过京津冀区域构建的500 kV柔性直流电网进行高效传输，该电网采用了多项全球领先
及首创技术，在电压等级与输出容量上均达到世界顶尖水平，确保了绿色电能以最低损耗、稳
定安全的方式送达北京冬奥会三大赛区的每一个角落。在电力需求高峰时段，多余电量还能无
缝并入国家电网，实现资源的最优配置。北京冬奥会赛区的电力建设项目以"四站一体系"为
核心架构，集供热、供冷、太阳能光伏发电、储能及智能电力监控等多种功能于一体，实现了
多种能源形式的互补与协同工作。特别是直流电网富余电能的合理利用，不仅被送入国家电网
的储能发电厂进行储存，还在用电高峰时段作为"充能宝"为电网提供额外支持，确保了冬奥
赛场电力供应的充足与安全。值得一提的是，位于张家口市张北县的一座巨型风电机组，其扇
叶直径达146 m，日均发电量足以满足首钢滑雪大跳台中心在冬奥会期间的全部造雪需求，这

一壮举生动展示了可再生能源在大型体育赛事中的巨大潜力与应用价值。

(4) 绿能贸易

在可见的绿色电网之外,一个隐形的绿色能源网络亦在高效运作,依托为北京冬奥会量身定制的跨区域"绿色能源交换"管理体系,坚实支撑了各冬奥场馆的绿色能源运营需求。此机制聚焦于绿色电力贸易,即一种以可再生能源电力为核心标的物的中长期能源交易模式,旨在满足能源消费者对于绿色电力的采购、使用及认证需求。简而言之,它允许用户通过电力市场交易的方式,直接采购风能、太阳能及水力发电等清洁电力。鉴于对主办城市丰富资源的充分挖掘与利用,北京冬奥会的绿色电力供应主要依托既有的城市电力基础设施,并遵循我国绿色电力市场化交易机制,通过绿色能源的有效调配与交换,实现了赛事期间全场馆的绿色电力覆盖。在此过程中,城市电力供应体系得以高效整合,除了必要的场馆内部配电设施外,其余几乎全部利用了城市既有的供电资源及既定建设计划中的供电设备,避免了额外的电力设施建设,从而实现了资源的最优配置与利用。

北京冬奥会成功推动绿电市场化消纳的关键,在于创新性地构建了"省域内融合跨区域"的绿色电力交易机制,该机制有效促进了潜在需求向实际消费需求的转化。此机制的运作根基在于市场主体的明确界定。组委会携手政府,秉持"全面绿电供应"的坚定目标,细致考量用户绿色电力需求与电网建设现状,分阶段、有计划地将各类电力用户纳入绿色电力交易体系,为冬奥绿电交易的顺利启动奠定了坚实的基础。与此同时,各大电力公司、交易中心积极响应,聚焦于绿电交易流程优化、交易执行与清算技术创新,以及服务保障措施的新颖设计等方面进行深入探索。在获得政府批准后,随即对用户展开系统培训,以确保绿电市场化交易的稳健推进与高效执行。鉴于北京市内风能与光伏资源的局限性,冬奥会所采用的绿色电力主要依赖于跨区域的特高压电网远距离输送。在这一背景下,省级电网企业作为购电代理,承担起重要角色;而电力交易中心则负责交易的对接、结果公示及合同签订的协调工作,确保绿电交易流程的每个环节均遵循规范、责任清晰,从而充分激发绿电交易市场的活力与潜力。

值此北京冬奥会圆满举办一周年之际,北京2022年冬奥会和冬残奥会组织委员会(简称"北京冬奥组委")委托北京奥林匹克促进中心,正式对外发布了《可持续·向未来——北京冬奥会赛后可持续发展总结报告》(简称"《赛后可持续发展报告》"),同时,国际奥林匹克委员会(IOC)与国际残疾人奥林匹克委员会(IPC)也携手推出了该报告的国际版。《赛后可持续发展报告》精心构建了七大章节,涵盖可持续性管理体系、生态环境保护、气候变化应对策略、可持续采购实践、区域协同发展、公众参与深化以及可持续遗产传承等关键领域,全面而深入地回顾了北京冬奥会从筹备至举办期间,所采取的绿色低碳及可持续发展措施与取得的显著成效。该报告不仅展示了大型活动在可持续性管理方面的创新路径与实践智慧,更为未来同类活动的可持续性管理提供了宝贵的参考范例与启示。

二、零碳产业园

鄂尔多斯市，作为我国知名的能源重镇，承担着内蒙古"打造国家重要能源和战略资源基地"战略任务的关键角色。在此背景下，鄂尔多斯市内蒙古蒙苏经济开发区内的江苏产业园，成功建立了全球首个零碳产业园，如图2.44所示。该产业园依托于地区丰富的可再生资源和先进的智能电网技术，致力于推动能源结构的转型，加速构建以风能、光能、氢能、储能和电动汽车为核心的绿色能源供应网络，确保了高比例、低成本的可再生能源大规模生产和利用。鄂尔多斯零碳产业园还借助数字化基础设施，推动零碳排放产业技术的发展，如电解铝、绿氢制钢、绿色化工等领域，构筑了以零碳能源为基石的"零碳新工业"创新体系，为全球绿色发展提供了有力支撑。

图2.44　鄂尔多斯零碳产业园区
资料来源：《零碳智慧园区白皮书》

（1）搭建新型电力系统，实现100%零碳能源供给

在园区内，风能、太阳能光伏及储能系统直接供应了高达80%的能源需求，而剩余的20%能源则依托于智能物联网技术的精细调配，采取"电力盈余时售予电网，需求时从电网回购"的灵活策略，确保园区实现全链条的零碳排放能源供给。当前，鄂尔多斯零碳产业园区已成功落成一座占地约400亩、初期具备10 GW·h生产能力的先进动力电池制造基地。展望未来，该项目的二期扩建规划将产能翻倍至20 GW·h，预计年产量足以装备超过3万辆电动重型卡车，提供集高安全性、卓越能量密度、长久耐用性与经济高效性于一体的动力解决方案。此外，该工厂还将为风能、太阳能及储能系统供应超过10 GW·h的储能电池，有力支撑包括风光储氢在内的综合智慧能源示范项目，有效促进可再生能源的广泛消纳，从而在更大范围内实现电力成本的显著降低。

（2）构建"绿色能源＋交通＋化工"零碳新工业体系，驱动工业制造业绿色升级

于园区范畴内，风能、太阳能光伏与储能系统协同作业，直接覆盖了近八成的能源需求缺口，而余下两成则凭借智能物联网技术的精细化调控机制，实施"电力富余即售电网，需求之际自电网回购"的灵活调度策略，确保园区内能源供给链条实现全方位零碳排放。目前，鄂尔多斯零碳产业园区已荣耀揭幕一座占地广阔约400亩的现代化动力电池生产基地，其初始阶段即展现出 10 GW·h 的强劲生产能力。展望未来，该项目的二期扩建蓝图旨在将产能倍增至 20 GW·h，年产量预估将充足装备逾三万量电动重型卡车，提供一套集高度安全、卓越能量存储密度、长久使用寿命与经济效率于一身的动力解决方案。同时，该工厂还计划为风能、太阳能及储能系统配套供应超过 10 GW·h 的储能电池，为涵盖风电、光伏、储能乃至氢能的综合智慧能源示范项目提供坚实支撑，加速可再生能源的广泛吸纳与利用，进而在更广阔的地域范围内达成电力成本的显著削减目标。

（3）以"能碳双控"平台为数字基座，实现零碳管理闭环

鄂尔多斯零碳产业园区构建以"能源与碳排放双重监控"为核心的数字基石平台，如图2.45所示，此平台不仅实现了碳排放与能源消耗指标的全程追踪、深入分析及直观可视化，还整合了碳足迹数据、碳效指标及能耗监测数据，确保对关键指标如碳排放量与能耗水平进行即时监测、预警响应及优化循环控制。该平台进一步赋能，为园区内生产的所有产品赋予独特的"零碳认证标识"。"能碳协同管理平台"精准计量并剥离了由新能源发电贡献的绿色电量，避免其计入总能耗统计之中。园区依托此管理平台，实现了能源生产、消耗、利用全链条的数据采集与动态监控，将能效评估深度融入其中，通过直观的可视化界面展现能源利用效率，显著增强了能源数据的追溯与审计能力。借助对海量数据的深度挖掘与分析，平台助力企业达成能源管理的信息化升级，实现了设备节能的精细化管理策略，以及能源系统的全面统筹与优化，有效遏制了能源浪费现象，促进了能源转化效率的显著提升。

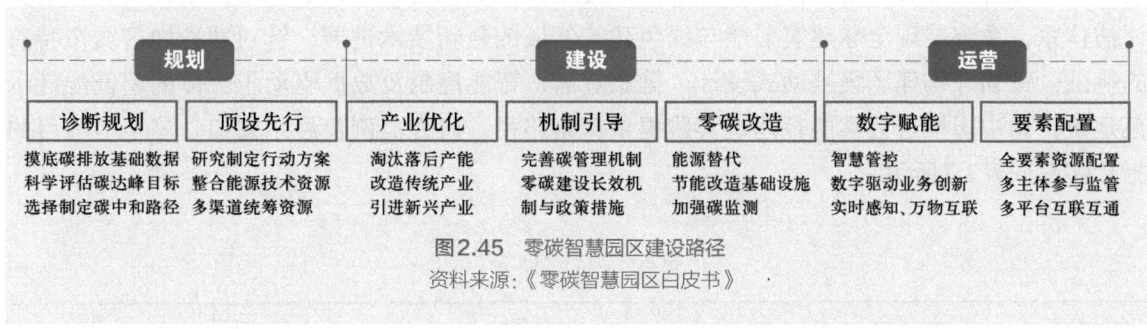

图2.45 零碳智慧园区建设路径

资料来源：《零碳智慧园区白皮书》

三、近零能耗示范楼

（1）项目简介

坐落于北京市朝阳区北三环东路30号的中国建筑科学研究院近零能耗标志性建筑（简称

"示范楼"），占地面积达 4 025 m²，主体建筑四层，辅以二层附楼设计，其外观与布局详见图 2.46。项目集成展示了全球顶尖的技术成果，树立了中国建筑节能科技未来发展的新标杆。示范楼作为"中美清洁能源合作"二期项目的核心研究基地，通过了极为严苛的认证标准，同时获得了绿色建筑评价体系中的最高荣誉——三星级绿色建筑评价标识，以及国际公认的 LEED-NC 铂金级认证。

图2.46　中国建筑科学研究院近零能耗示范楼
资料来源：中国建筑科学研究院

（2）特色介绍

聚焦于中国建筑节能技术发展的关键议题，秉持"优先采用被动策略，主动技术优化为辅，兼顾经济性与实用性"的核心理念，以尖端建筑能源技术为核心脉络，依托翔实的数据评估体系，系统展现全球建筑节能与绿色建筑领域的最新技术进展；针对寒冷地区城市特有的挑战，策划并构建了集被动式设计、健康宜居、智能控制及数据驱动于一体的超低能耗示范建筑，为中国推进近零能耗建筑实践提供探索路径、研究范例及展示窗口。该示范项目的指标体系如表2.7所示。

表2.7　建筑指标体系

指标类型	指标	目标值	说明
一般指标	面积	3 800 m²	
	造价	1 300万元	
	层数	4层	局部2层

指标类型	指标	目标值	说明
能源指标	能耗水平	25 kW·h/（m²·a）	
	节能率	80%	
	最大空调功率	<40 W/m²	
	最大供热功率	<25 W/m²	
	可再生能源替代率（电）	5%	
	可再生能源替代率（热）	30%~60%	
	可再生能源替代率（冷）	30%	
	照明功率密度	降低60%，4 W/m²	
资源指标	节水率	>50%	
	非传统水源利用率	30%	
	可循环材料利用率	20%	
	本地植物指数	100%	
舒适度指标	PM$_{2.5}$	35	
	温湿度	40%~60%	非自然通风的工作时间
	CO$_2$	0.10%	非自然通风的工作时间
	VOCs	无害标准	

数据来源：中国建筑科学研究院。

（3）项目亮点

① 针对当前低能耗示范楼能耗偏高的问题，项目致力于实现超低能耗目标，采用前沿的主被动节能技术，力求在寒冷地区将目标建筑的年能耗降低至 25 kW·h/m² 以下，从而彻底扭转能耗现状。

② 在被动建筑设计领域，墙体、窗户、遮阳装置及屋面得以优化。项目采用了超薄真空绝热板，其卓越的保温性能使得传热系数仅为传统材料的极小部分；而外窗则选用了三层真空Low-E铝木复合窗，结合内置电动百叶遮阳系统，整窗的隔热性能较国家75%节能标准显著提升，达到了50%以上的节能效果。

③ 针对寒冷地区城市的独特气候条件与城市问题，如夏季湿热、冬季干寒、空气质量不佳及交通压力等，项目实施了被动房示范。基于长期积累的运维数据分析，夏季供冷期间，地源热泵系统与太阳能空调系统协同工作，贡献比例分别为80%和20%；而冬季，则由地源热泵与太阳能集热系统共同承担供暖任务，贡献比例分别为70%和30%。此外，项目还通过

整合建筑周边的地源热泵系统及屋顶安装的太阳能空调系统，实现了可再生能源在建筑供冷供暖中的高效应用。同时，示范楼的照明系统引入了多种高效节能灯具，实现了基于用户个性化需求的智能调光与自动开关控制。

④ 在健康建筑方面，项目重视室内空气质量的维护，包括但不限于对$PM_{2.5}$、挥发性有机化合物（VOCs）、二氧化碳（CO_2）浓度、温度及湿度的严格监测与调控，旨在为居住者营造一个健康、舒适的室内环境。

⑤ 智能建筑方面，深度融合信息与通信技术（ICT）以优化用户体验。通过广泛应用射频识别（RFID）技术、无线传感器网络、人脸识别系统、智能手机应用及WEB平台等先进手段，项目不仅增强了建筑的智能化程度，还为用户提供了更加便捷、个性化的服务体验。同时，这些技术的应用也充分展示了节能技术的最新成果与实际应用效果。

（4）技术体系

技术体系包含超薄真空绝热板（STP）外保温系统、低辐射玻璃（Low-E）真空三层玻璃外窗＋中置遮阳、太阳能中高温真空管集热及高温槽式集热、太阳能空调供暖优化设计及控制、太阳能与地源热泵复合供能系统、超低能耗建筑联合蓄冷蓄热系统、碲化镉太阳能光伏发电系统、$PM_{2.5}$监测与控制、重视ICT技术与用户体验的智能建筑技术、蒸发式冷却、新风热回收、吊顶及地板辐射供冷供暖末端、低能耗建筑空调系统调试、水冷多联机组、超低能耗建筑能耗监测及控制优化、用能系统性能测试方法及工程应用、气象实时采集及显示装置、屋顶绿化、雨水收集及回用、自然采光利用（光导管）、建筑材料再利用。

（5）实施效果

① 节能减碳效果

示范楼年节约电能约为33.01万kW·h。按照华北区域电网CO_2排放因子为0.884 3 $kgCO_2$/（kW·h）进行计算，示范楼每年的CO_2减排量约为291.91 t，按照项目使用寿命为50年计算，CO_2总减排量约为14 595.37 t。以北京市同类项目为基准进行比较，这一项目每平方米可节电78 kW·h，每年减少二氧化碳225 t，为城市减低碳排放、提升人居环境水平作出贡献。

② 经济效益

相比于普通公共建筑，示范楼总增量成本约为330万元，单位建筑面积的增量成本约为800元/m^2。以普通公共建筑的运行能耗约为120 kW·h/（m^2·a）为基准，示范楼运行能耗约为37.9 kW·h/（m^2·a），年运行能耗远低于普通公共建筑能耗水平，每年可节约运行费用33万元，总增量成本可在10年内回收，经济效益显著。

③ 社会效益

该示范楼以全球视野为引领，致力于促进建筑领域的可持续转型，构建中国零碳建筑的新标杆，从而引领我国建筑节能事业的革新方向，加速建筑节能关联产业的蓬勃发展。此举不仅彰显了我国在推进绿色建筑技术上的决心，更是对国家"双碳"目标实现的全面支撑与积极贡献。通过示范效应，该楼将激发行业内外的广泛参与，共同探索建筑行业的低碳未来。

四、零碳社区

（1）项目简介

全球首个"零碳排放"建筑典范，坐落于英国伦敦的贝丁顿零碳居住区，该社区位于伦敦西南隅的萨顿镇，占地面积达 1.65 hm²，于 2002 年竣工，集 82 套公寓与 2 500 m² 办公及商业居住空间于一体。该社区规划全面，包含住宅单元共计 99 套，办公区域扩展至 1 405 m²，并配备了多功能展览中心、儿童保育设施即幼儿园、社区活动中心以及一个足球场，居民总数达到 210 人，同时拥有 60 名工作人员，共同构成了一个和谐共生的低碳生活典范。

（2）特色介绍

① 建筑材料可持续化：在贝丁顿社区的构建历程中，通过"本地化取材"策略与广泛采用回收建筑材料，显著降低了项目的经济成本。为响应节能号召，该社区九成五的建筑结构钢材均源自周边 35 英里（1 英里 ≈ 1.61 km）范围内拆除的建筑废墟，其中包括源自一座废弃火车站的再利用材料。此外，众多木料与玻璃亦是从邻近工地的剩余物资中精心挑选而来。在建筑设计中，特意选用了木材作为窗框材料，以替代未增塑聚氯乙烯，此举措在窗框材料的生产阶段便实现了超过 10% 的二氧化碳减排量，相当于避免了约 800 t 的碳排放，彰显了环保与经济效益的双重提升。

② 通风、采暖系统节能：鉴于英国夏季气候温和而冬季严寒且漫长，采暖需求覆盖近半年时间，贝丁顿项目在设计中巧妙融入了多项策略，旨在减少建筑热损失并最大化太阳能利用，从而摒弃了传统供暖系统。具体措施包括：构建紧密相邻的建筑布局，以缩减总体散热表面积；墙体厚度超过 50 cm，内置高效隔热层，有效阻断热量散失；窗户则精选三层结构并填充氩气，进一步提升保温性能；窗框则选用木质材料，凭借其低导热性助力节能。

此外，屋顶装备了风力驱动的自然通风系统——"风帽"，如图 2.47 所示，这是一种创新的被动式通风装置，其独特开口设计能随风向自动调整，引导室外清新空气经由管道顺畅入室。在室内温度偏高时，"风帽"内置的热交换模块巧妙利用废气余热预温冷冽新风，确保室内温度不因换气而骤降，实现了通风能耗的大幅削减。实验数据表明，该系统能挽回高达 70% 的通风热损失，同时，基于热交换机制，该系统在促进空气流通的同时，还能有效维持室内 50%～70% 的适宜湿度，营造更为舒适的居住环境。

③ 热电联产系统：贝丁顿社区创新性地引入了热电联供系统，该系统专为社区居民供应日常电力及热水需求，且其运作不依赖于天然气或外部电网，而是巧妙地利用木材废弃物作为能源。具体而言，系统流程始于碎木屑的自动化输送，自储存区直接进入干燥设备，随后转至气体发生器内。在控制性空气流的辅助下，木屑经历加热气化，转化为富含氢气、一氧化碳及甲烷的燃气，这一过程实现了能源的高效转化。

对于木材原料的预估年需求量，设定为 1 100 t，其供应渠道多元化，既涵盖周边区域收集的木材残余物，也包含邻近区域种植的速生林资源。社区内特设有一片占地 70 hm²、树龄三年的速生林，遵循可持续原则，每年仅采伐三分之一的林木，并随即补植新苗，形成良性

图2.47　贝丁顿零碳社区
资料来源：《零碳智慧园区白皮书》

循环。此过程中，树木在生长期间有效吸收大气中的二氧化碳，而在后续作为能源燃烧时，这些碳元素又以等量形式释放，从而在生命周期内实现了碳的闭环管理。

④ 被动设施：每栋住宅均精心规划了面向阳光的玻璃温室空间，旨在最大化捕获日光热能。此外，住宅结构采用了高效的蓄热材料，能够在室温过高时自动蓄积热能，包括家庭日常烹饪所释放的余热，待到环境温度下降时自动释放这些储存的热量，从而显著降低对外部供暖系统的依赖。

社区屋顶则巧妙植被化，广泛种植景天科植物，形成天然的温度调节层。在寒冷冬季，这些植物如同绿色保温层，有效阻止室内热量散失；而到了温暖夏季，它们不仅继续发挥隔热作用，还绽放出绚烂花朵，将贝丁顿社区装点成一座生机盎然、美不胜收的花园。

（3）实施效果

该建筑项目在构建过程中，实现了成本的有效控制，展现出低造价的显著优势。同时，其采暖系统经过精心设计，达到了零能耗运行的卓越目标，而整体的能源供应体系则实现了零排放的环保标准，充分体现了绿色可持续的发展理念。

社区内通过巧妙设计并使用可循环利用的建筑材料、太阳能装置、雨水收集设施等措施，成为英国第一个也是世界上第一个零二氧化碳排放社区。该社区因此获得可持续发展奖，被列入"斯特林奖"的候选名单，并作为上海世博会零碳社区的原型在中国上海展出。

第七节
碳中和路径与可持续发展

一、重点领域碳中和推动经济绿色转型

随着全球气候变化日益严峻，碳中和目标已成为世界各国应对气候变化、实现可持续发展的关键战略之一。实现碳中和不仅需要各国政府的政策引导，更需要在重点行业进行绿色转型。电力领域、交通领域、工业领域和建筑领域是碳排放的主要来源，因此在这些领域推动绿色转型尤为关键。

电力行业是碳排放的重要来源之一，尤其是在依赖煤炭、石油等传统能源的国家和地区，碳排放占比高。发展可再生能源是电力领域转型的核心，风能、太阳能等可再生能源应逐步替代传统煤电、天然气电力，降低碳排放。随着高比例可再生能源的应用，提升能源存储技术成为关键，如电池储能和氢能储存，解决可再生能源波动性问题，确保电网稳定运行。智能电网建设也至关重要，通过大数据、AI 等技术优化电力分配，提高能源效率。此外，应推广高效发电技术和节能设备，提升现有电力系统的能源利用效率，减少浪费。碳捕捉与存储技术（CCS）可以用于传统燃煤电厂捕捉并封存二氧化碳，减少其排放。

交通行业是全球碳排放的重要源头，尤其是汽车、航空、航运等领域。发展电动汽车（EV）和氢燃料电池汽车（FCEV）是减少交通排放的核心途径。政府应通过政策激励、基础设施建设（如充电桩和加氢站）来促进新能源汽车的普及。优化公共交通系统，推广电动公交、地铁等低碳交通工具，能够减少私人汽车的使用，降低整体排放。智能交通系统的建设也是重要手段，通过大数据和AI优化交通流，减少拥堵，提高能源使用效率。共享出行服务，如共享单车和共享汽车，可以有效降低个人用车需求，减少交通碳排放。此外，绿色物流和电动货车的发展，将进一步推动货运行业的绿色转型。综合采取这些措施，交通行业的绿色转型不仅有助于减排，还能改善城市空气质量，推动经济的可持续发展。工业是全球碳排放的主要来源之一，减少碳排放能显著降低温室气体浓度，推动生态环境改善，提升公共健康，进而促进社会经济的可持续发展。通过清洁生产和绿色技术的应用，提高能源使用效率、减少废弃物排放，有助于降低生产成本，提升企业竞争力。推动循环经济和绿色制造不仅能优化资源利用，减少原材料消耗，还能促进废物回收和再利用，推动资源循环流动，从而推动绿色产业链的形成。此外，碳排放定价机制（如碳税、碳交易）能通过市场手段引导企业加速绿色转型，创造新的低碳经济机会。工业绿色转型将推动产业结构调整，培育新兴绿色产业，推动经济由传统高碳模式向低碳、可持续方向发展，提升经济的整体韧性与长期发展潜力。建筑领域的碳中和对推动经济绿色转型具有重要作用。建筑行业是全球碳排放的主要来源之一，尤其在能源消耗和建筑材料生产中排放大量温室气体。通过推动建筑领域的碳中和，可以有效减少碳排放，改善环境质量，提升资源利用效率。绿色建筑设计和节能技

术可以大幅降低建筑能耗，减少运营期间的碳排放，从而降低整体能源消耗。推广低碳建筑材料和循环利用技术，不仅减少了建筑过程中的碳排放，还能推动环保材料产业的发展。旧建筑的绿色改造有助于延长建筑使用寿命，提高资源利用率，减少资源浪费。通过实施绿色建筑认证体系，推动行业标准化和技术创新，建筑领域的绿色转型能够刺激绿色建筑市场需求，促进绿色产业链的发展。建筑领域的碳中和转型将带动经济结构优化升级，培育绿色产业和绿色就业，推动经济向低碳、可持续方向发展。

推动经济绿色转型，需要各行业协同发力，特别是在电力、交通、工业和建筑领域的低碳转型。通过创新技术、政策支持和市场引导，推动碳排放降低、资源循环利用，最终实现经济的可持续发展与碳中和目标的达成。各个行业的绿色转型不仅会助力应对气候变化，还能够推动经济高质量发展，促进新兴绿色产业的兴起，为未来创造更加绿色、健康、繁荣的经济环境。

二、重点领域碳中和对可持续发展的影响

重点行业碳中和与可持续发展之间有着深刻的内在联系。可持续发展强调在满足当代人需求的同时，不损害未来代际满足需求的能力。实现碳中和，既是对气候变化的应对，也是全球可持续发展的重要组成部分。

推动绿色经济发展，实现碳中和需要加快绿色技术和产业的发展。随着清洁能源、绿色制造、低碳建筑等产业的快速发展，新的经济增长点和就业机会将不断涌现。这不仅能为经济增长提供新的动力，也能推动经济从传统的高碳模式向低碳、绿色、高效模式转型，增强经济的韧性和竞争力。改善环境质量与公共健康，碳中和有助于减少温室气体排放，减缓气候变化的速度，保护生态系统。低碳经济的推动还能够减少污染物排放，改善空气质量，降低对水资源和土地资源的消耗，从而改善公众的生活质量和健康水平。促进资源节约与效率提升通过推动绿色技术和循环经济，能够提高资源利用效率，减少资源浪费。这不仅有助于减少环境负担，也能推动经济从资源消耗型增长向创新驱动型增长转型，促进可持续的资源管理和利用。

综上所述，重点领域的碳中和转型不仅能直接减少温室气体排放，改善环境，还能通过推动技术创新、产业升级、能源结构调整等途径，促进经济的绿色发展。它能够提升资源利用效率，推动产业结构的优化，培育新的绿色产业和就业机会，最终推动全球经济走向低碳、可持续的未来。因此，推动这些重点领域的碳中和转型，不仅是应对气候变化的迫切需求，也是实现全球可持续发展的必由之路。

思考题

1. 电力领域、交通领域、工业领域、建筑领域实现碳中和的路径分别有哪些?
2. 清洁能源发电类型有哪些?
3. 我国规模化清洁能源发电存在的问题有哪些?
4. 储能技术的分类有哪些?
5. 什么是新型电力基础设施建设?
6. 如何提升运输装备能效?
7. 我国各工业领域电气化现状如何?
8. 如何提升可再生能源电气化?
9. 可再生能源在我国建筑领域中的应用现状怎样?
10. 什么是"光储直柔"技术?
11. 建筑电气化的技术路径有哪些?

延伸阅读

延伸阅读2-1　V2G技术介绍及其应用

延伸阅读2-2　绿色出行,共筑低碳未来——揭秘交通部门能源碳排放

延伸阅读2-3　绿色转型:一家钢铁厂的碳中和之旅

延伸阅读2-4　低能耗建筑:引领绿色未来的建筑新风尚

参考文献

[1] 白玫. 中国水泥工业碳达峰、碳中和实现路径研究 [J]. 价格理论与实践, 2021 (4): 4-11+53.

[2] 崔东岭, 摆念宗. 海上风电与陆上风电差异性分析(上) [J]. 风能, 2019 (5): 74-76.

[3] 程春田，武新宇，申建建，等. 亿千瓦级时代中国水电调度问题及其进展 [J]. 水利学报，2019，50（1）：112-123.

[4] 陈继兴. 电力物联网的关键技术与应用前景探析 [J]. 大众用电，2021，36（3）：76-77.

[5] 邓秋根，曹建华. 基于"双碳"战略的新型电力系统储能方案研究 [J]. 电工技术，2023（10）：49-51.

[6] 冯晓云. 挪威能源可持续发展政策的路径研究 [D]. 上海：华东师范大学，2022.

[7] 凤振华，王雪，张海颖，等. 低碳视角下绿色交通发展路径与政策研究 [J]. 交通运输研究，2019，5（4）：37-45.

[8] 郭偲悦，耿涌. IPCC AR6 报告解读：工业部门减排 [J]. 气候变化研究进展，2022，18（5）：574-579.

[9] 葛稚新，王善宇. 潮汐及其能量利用 [J]. 石油知识，2022（1）：46-47.

[10] 何建坤. 全球低确化转型与中国的应对策略 [J]. 气候变化研究进展，2016，12（5）：357-365.

[11] 郝斌，李叶茂，冯威，等. 建筑电气化及其驱动的城市能源转型路径报告 [R]. 深圳建筑科学研究院，2020.

[12] 黄坚坚，覃贵芳. 太阳能发电技术探讨 [J]. 中国高新科技，2022（10）：42-44.

[13] 和萍，宫智杰，靳浩然，等. 高比例可再生能源电力系统调峰问题综述 [J]. 电力建设，2022，43（11）：108-121.

[14] 贾璐宇，王克. 碳中和背景下中国交通部门低碳发展转型路径 [J]. 中国环境科学，2023，43（6）：3231-3243.

[15] 陆潘涛，韩亚龙，戴瀚程. 1.5 ℃和 2 ℃目标下中国交通部门 2050 年的节能减排协同效益 [J]. 北京大学学报（自然科学版），2021，57（3）：517-528.

[16] 刘俊伶，王克，夏侯沁. 城镇化背景下中国长期低碳转型路径研究 [J]. 气候变化研究进展，2020，16（3）：355-366.

[17] 李晓易，谭晓雨，吴睿，等. 交通运输领域碳达峰、碳中和路径研究 [J]. 中国工程科学，2021，23（6）：15-21.

[18] 李禾. 建立基于生物质的新型生态能源系统 [N]. 2023-

04-18.

[19] 李凡，岳浩，郭志诚，等．智能输电关键技术发展及应用研究［J］．电力勘测设计，2023（7）：17-22.

[20] 刘希瑞．水能开发利用的法律制度研究［D］．贵阳：贵州大学，2022.

[21] 梁婧，刘佩忠．我国产业电气化发展现状、路径与对策［J］．中国国情国力，2023（6）：15-21.

[22] 饶柳．浅析光伏发电在北京冬奥会中的应用［J］．储能科学与技术，2022，11（12）：4096-4097.

[23] 冉德钦，赵子雪，刘文君，等．交通运输行业碳达峰碳中和政策分析［J］．青海交通科技，2022（2）.

[24] 舒印彪，张丽英，张运洲，等．我国电力碳达峰、碳中和路径研究［J］．中国工程科学，2021，23（6）：1-14.

[25] 童光毅，王梦真，杜松怀，等．关于智能电网发展的几点思考［J］．南方能源建设，2018，5（4）：21-28.

[26] 全国信标委智慧城市标准工作组．《零碳智慧园区白皮书（2022）》发布［J］．信息技术与标准化，2022（3）：73.

[27] 王志轩．Research on the Pathway and Policy Framework of Achieving Carbon Peak and Carbon Neutrality 4 [J]．电力科技与环保，2021，37（3）：1-8.

[28] 王高远，陈天．热带地区净零能耗建筑设计策略浅析——以新加坡国立大学SDE4教学楼为例［J］．世界建筑，2021（2）：110-117+127.

[29] 王嘉铭，余浩，陈武晖．多馈入直流输电系统换相失败研究综述［J］．发电技术，2020，41（4）：335-345.

[30] 王翔宇，陈武晖，郭小龙，等．发电系统数字化研究综述［J］．发电技术，2024（45）：1-23.

[31] 魏晓健，陈长佼，彭慧．中国光伏行业协会行业发展部副主任王青：2022年光伏行业发展回顾与2023年形势展望［N］．2023-04-11.

[32] 许立国，任建宇．海上风力发电的现状及展望［J］．港工技术，2022，59（6）：45-48.

[33] 袁明江，王志刚．石化企业提高终端电气化率路径［J］．油气与新能源，2023，35（3）：97-102.

[34] 袁志逸，李振宇，康利平，等．中国交通部门低碳排放

措施和路径研究综述［J］．气候变化研究进展，2021，
17（1）：27-35.

[35] 姚冰峰，薛煜坤，郭大琦，等．我国绿电交易的进展、
挑战及机制探讨——基于北京冬奥会和杭州亚运会用电
实践［J］．价格理论与实践，2023（1）：145-150.

[36] 余碧莹，赵光普，安润颖等．碳中和目标下中国碳排
放路径研究［J］．北京理工大学学报（社会科学版），
2021，23（2）.

[37] 杨东升，王道浩，周博文，等．泛在电力物联网的关键技
术与应用前景［J］．发电技术，2019，40（2）：107-114.

[38] 朱刚．碳中和目标下的水泥工业低碳技术研究［J］．水
泥工程，2022（4）：1-4+21.

[39] 张力菠，吴一锴，王群伟．考虑碳中和目标与成本优化
的可再生能源大规模发展规划［J］．广东电力，2023，36
（7）：31-39.

[40] 张佳鋆，王增栩，田中华．碳达峰碳中和背景下广东省
电力行业降碳路径研究［J］．科技和产业，2022，22（8）：
61-67.

[41] 张丹，沙志成，赵龙．综合智慧能源管理系统架构分析
与研究［J］．中外能源，2017，22（4）：7-12.

[42] 张旸．谈5G发展与物联网潜力激发［J］．江苏通信，
2016，32（2）：61-62.

[43] 张章奎．国内外特高压电网技术发展综述［J］．华北电
力技术，2006（1）：1-2+11.

[44] 郑敏嘉，吴伟杰，李逸欣，等．广东电力碳达峰路径研
究［J］．广东电力，2023，36（1）：29-34.

[45] 郑声安，彭程，等．改革开放四十年中国可再生能源发展
成就与展望［R］．北京：水电水利规划设计总院，2018.

[46] 赵卫东，赵越．工业领域实现"双碳"目标常见误区分
析及对策建议［J］．工业技术创新，2022，9（1）.

[47] Davis S J, Lewis N S, Shaner M, et al. Net-zero emissions
energy systems [J]. Science, American Association for the
Advancement of Science, 2018, 360: 9793.

[48] IRENA. Global Renewables Outlook: Energy transformation
2050 [R]. Abu Dhabi: International Renewable Energy

Agency, 2020.

[49] Narayanan S, Chaniotakis E, Antoniou C. Shared autonomous vehicle services: A comprehensive review [J]. Transp Res Part C Emerg Technol, 2020, 111: 255−293.

[50] Pan X, Wang H, Wang L, et al. Decarbonization of China's transportation sector: In light of national mitigation toward the Paris Agreement goals [J]. Energy, 2018, 155: 853−864.

[51] Tang B, Wu Y, Yu B, et al. Co-current analysis among electricity-water-carbon for the power sector in China [J]. Sci Total Environ, 2020, 745.

[52] Wang W W, Zhang M, Zhou M. Using LMDI method to analyze transport sector CO_2 emissions in China [J]. Energy, 2011, 36(10): 5909−5915.

第三章
生态环境治理
碳中和技术

03

第一节
概述

环境污染物的减排与温室效应的抑制具有密切的相关性，这主要体现在温室气体和污染物的同源性和治理的协同性上。许多温室气体，如二氧化碳和甲烷，主要来自化石燃料的燃烧、工业排放和农业活动。这些活动不仅释放温室气体，也产生大量的污染物，如硫氧化物、氮氧化物和颗粒物，这些污染物会对人类健康和生态环境造成严重影响。同时，污染物的减排和温室气体的控制具有明显的协同效应，针对这些污染源的管控，如清洁能源的推广、工业技术的升级和农业生产方式的转变，可以同时减少温室气体和其他污染物的排放。可见，环境污染物的减排与温室效应的抑制存在着深刻的联系，在生态环境治理中融入"碳中和"理念，实现"减污降碳·协同增效"对我国生态文明建设和"双碳"目标达成具有重要意义。

要深入探讨生态环境治理中的"减污降碳·协同增效"，可以从理念的协同、技术层面的突破和社会层面的协作三个方面进行分析：① 在减污降碳的理念上，不同利益相关者需要形成共识，强调可持续发展的重要性。这种协同理念鼓励政府、企业和公众共同承担环境保护的责任。例如，政府制定政策以促进清洁能源的发展，从源头减少污染物的排放，而企业则通过创新技术来降低污染物和碳排放，公众则可以通过改变生活方式来减少污染。只有各方理念统一，才能形成合力，推动全面的减污降碳行动。② 技术是实现减污降碳的关键。近年来，新能源技术的快速发展，如风能、太阳能和氢能，显著降低了对化石燃料的依赖，进而降低了因化石燃料燃烧带来的大气污染。此外，碳捕捉与储存技术（CCS）和碳利用技术（CCU）也在不断进步，助力企业有效减少碳排放。智能电网、节能建筑和绿色交通系统等技术创新从系统上对污染物和碳的减排路径进行优化，都是推动减污降碳的重要工具。这些技术的突破不仅提高了能源的利用效率，也为未来的环境保护提供了新的解决方案。③ 社会层面的协作同样至关重要。政府需要加强对公众的环保意识教育，鼓励民众参与减污降碳行动。社区和非政府组织的积极参与，可以增强公众的参与感和责任感。通过建立绿色社区、推广低碳生活方式，从分散式的细节上贯彻减污降碳的工作，社会各界能够形成合力，实现减污降碳的目标。此外，国际合作也不可忽视，各国应分享经验、技术与资源，共同应对全球气候变化带来的挑战。

"减污降碳·协同增效"是一个系统工程，本章将聚焦环境多介质内的减污降碳研究，贯穿大气、水、土壤等环境介质的污染物治理，以及温室效应抑制。并重点关注污染物和温室气体排放的相关性及主要减污降碳路径，涵盖大气污染物和温室气体协同控制及重点行业大气减污降碳路径、水体污染物治理及典型水环境减污降碳路径、固废处置及典型固废减污降碳路径。

大气污染减排降碳协同治理

一、大气污染的来源与组成

(一) 大气污染物的来源

大气污染物按照来源可以分为天然源大气污染物和人为源大气污染物。

天然源大气污染物是指由自然过程产生的污染物,主要包括火山喷发、森林火灾、沙尘暴及生物质分解等。该过程产生的大气污染物可以分为固体颗粒物和气体两类。火山喷发会释放大量的火山灰、硫氧化物和二氧化碳,导致局部及全球气候变化。森林火灾则产生大量的烟雾和颗粒物,对空气质量产生短期和长期影响。沙尘暴在干旱地区尤为常见,风将沙土和尘埃吹入空气,造成能见度降低和呼吸问题。海洋气溶胶是海洋表面波浪作用下产生的微小水滴和盐颗粒,有助于云的形成,但也会影响气候。尽管这些污染物是自然产生的,但它们的浓度和影响会受到气候变化和人类活动的影响。例如,全球变暖可能使火灾和沙尘暴的发生频率增加,从而加剧大气污染。因此,理解天然源大气污染物及其影响,对于保护环境和改善空气质量至关重要。

人为源大气污染物是指由于人类活动而排放到大气中的各种有害物质。这些污染物主要来自工业生产、交通运输、建筑施工、农业活动等。常见的人为源大气污染物包括二氧化硫、氮氧化物、挥发性有机化合物(VOCs)、颗粒物(PM_{10}和$PM_{2.5}$)、一氧化碳和臭氧等。这些污染物对环境和人类健康造成严重影响。比如,二氧化硫和氮氧化物在大气中反应生成酸雨,损害水体和土壤,影响生态系统;颗粒物则可能引发呼吸道疾病和心血管疾病。此外,挥发性有机化合物在阳光照射下可形成臭氧,加剧城市的光化学烟雾,降低空气质量。为减少人为源大气污染物的排放,各国采取了多种措施,包括制定排放标准、推广清洁能源、改善交通管理和鼓励公众参与环保等。通过这些努力,可以有效降低空气污染水平,保护人类健康和生态环境。

(二) 大气污染物的组成

1. 标准限制的大气污染物

为贯彻《中华人民共和国环境保护法》和《中华人民共和国大气污染防治法》,保护环境,保障人体健康,防治大气污染,生态环境部与国家质量监督检验检疫总局联合发布了针对环境空气质量的国家标准。现行的《环境空气质量标准》(GB 3095—2012)相较于1996年(第二版)和1982年(第一版)存在明显的差异,不仅在环境功能区分类上做了调整,更重要的是在大气污染物的指标体系和浓度限制上做了优化。

《环境空气质量标准》(GB 3095—2012)中明确了六项基本大气污染物,分别为二氧化硫(SO_2)、二氧化氮(NO_2)、一氧化碳(CO)、臭氧(O_3)、颗粒物(PM_{10})和细颗粒物（PM$_{2.5}$），以及四项其他大气污染物，分别为总悬浮颗粒物（TSP）、氮氧化物（NO$_x$）、铅（Pb）和苯并［a］芘（BaP），并明确了这些大气污染物的监测评估平均时间和浓度限值。同时，结合我国各省、自治区、市的特征，补充了环境空气中镉（Cd）、汞（Hg）、砷（As）、六价铬（Cr（VI））和氟化物（F$^-$）的参考浓度限值。

2. 新大气污染物

2022年5月4日国务院发布的《新污染物治理行动方案》中对新污染物做了明确的定义：新污染物不同于常规污染物，指新近发现或被关注，对生态环境或人体健康存在风险，尚未纳入管理或者现有管理措施不足以有效防控其风险的污染物。新污染物具有生物毒性、环境持久性、生物累积性等特征，进入环境后，对生态环境或者人体健康存在较大风险，但尚未纳入环境管理或者现有管理措施不足。目前，国家新污染物清单已列出14种新污染物，包括PFOS类、PFOA类、PFHxS类、短链氯化石蜡、二氯甲烷、三氯甲烷、壬基酚、抗生素以及已淘汰的氯丹等持久性有机污染物。

相较于二氧化硫（SO$_2$）、二氧化氮（NO$_2$）、一氧化碳（CO）、臭氧（O$_3$）、颗粒物（PM$_{10}$）和细颗粒物（PM$_{2.5}$）等常规的大气污染物而言，公众对新污染物的认知较浅。新污染物和常规污染物的来源几乎一样，都来源于工业生产、日常生活以及农业活动。因此，以持久性有机污染物、内分泌干扰物、抗生素、微塑料等为代表的新污染物同样广泛存在于水、大气和土壤环境介质中。

（三）大气污染物与温室气体的同源性

大气污染物与温室气体之间存在显著的同源性，主要体现在它们的产生过程和来源上。两者都源于人类活动，如工业排放、交通运输和能源生产等。燃烧化石燃料是这两类物质的重要来源，燃煤、石油和天然气等化石燃料的燃烧不仅释放二氧化碳（CO$_2$）等温室气体，还产生硫氧化物（SO$_x$）、氮氧化物（NO$_x$）和颗粒物等大气污染物；同时，大气污染物和温室气体在空气中存在相互转化关系。例如，挥发性有机化合物（VOCs）在太阳辐射条件下会诱发产生臭氧（O$_3$），而臭氧是一种温室气体。

二、大气污染控制技术及碳排放

颗粒物、SO$_2$和NO$_x$是最常见的大气污染物，针对不同特征的烟气已经发展出多种成熟的烟气除尘、脱硫和脱硝工艺。如何将传统的烟气净化工艺与温室气体高效捕集方法进行耦合，既是当下的研究热点，也是多个行业的关注重点。

（一）除尘降碳一体化技术

1. 传统除尘工艺

重力除尘、旋风除尘、静电除尘、袋式除尘及电－袋联用除尘是工业烟气净化工艺中常见的除尘技术，各自有其特点和应用场景。

重力除尘工艺是一种利用重力原理去除气体中颗粒物的技术，其基本原理是通过减速气流，使气体中的固体颗粒因重力作用而沉降，从而实现除尘。在这一工艺中，气体首先进入除尘设备，流速降低，颗粒物因重力和惯性作用被分离（图3.1）。常见的设备包括沉降室和重力除尘器，前者通过大空间使颗粒沉降，后者则利用多个沉降室提高效率。重力除尘工艺的优点在于结构简单、能耗低、维护方便，但对细小颗粒的捕集效果较差，适合处理较大颗粒物的气体。此外，重力除尘工艺常与其他除尘技术结合使用，以提升整体效率。通过深入研究和优化该工艺，可以实现更好的环保效果和资源回收，为工业的可持续发展提供支持。

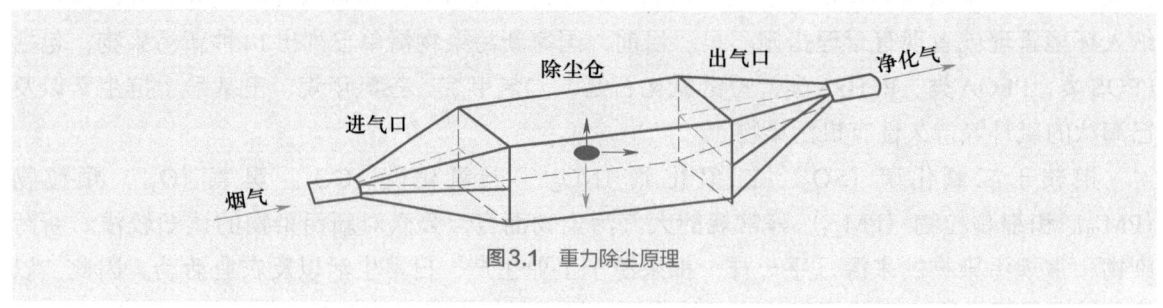

图3.1 重力除尘原理

旋风除尘工艺是在重力除尘基础上发展起来的，其原理与重力除尘相似，主要变化体现在将颗粒物分离的作用力由重力改为向心力，进而可通过烟气流速和设备内径的调整进一步放大颗粒物的分离作用力，达到更高的除尘效率（图3.2）。

静电除尘工艺是一种利用静电原理去除气体中颗粒物的高效技术，其基本原理是通过在除尘设备中施加高电压，使气体中的颗粒物带上电荷，随后在电场的作用下被吸引到带有相反电荷的集尘极上。静电除尘器通常由放电电极和收集电极组成。气体在流经静电场时，颗粒物被电离并获得正或负电荷，经过一段距离后，它们被集尘极吸引并沉积，最终被定期清理（图3.3）。这一过程的优点在于其除尘效率高，可以处理微米级别的细小颗粒，适用于各种工业气体。此外，静电除尘工艺具有较低的能耗和占地面积小的优点，但也存在一些挑战，例如对气体湿度和电场均匀性的敏感性。为提高除尘效果，静电除尘工艺常与其他除尘技术结合使用。总体而言，静电除尘工艺是一种高效、环保的除尘解决方案，为减少工业排放和保护环境作出了重要贡献。

袋式除尘工艺是通过滤袋对烟气中的粉尘进行捕集的高效净化工艺，主要基于过滤和惯性碰撞

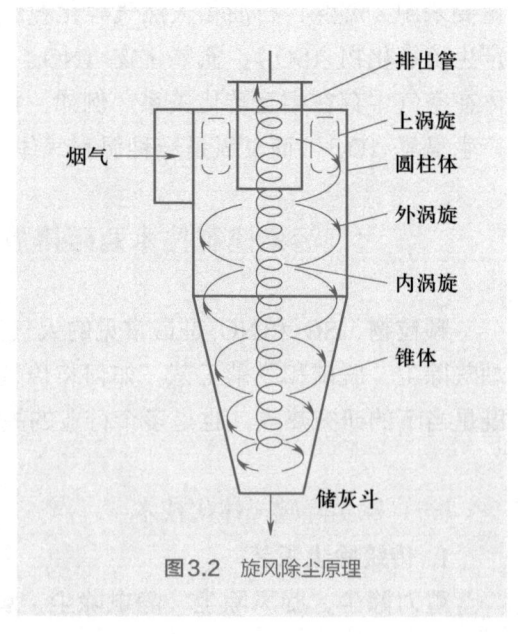

图3.2 旋风除尘原理

进行气体分离（图3.4）。袋式除尘具备高除尘效率，通常可达99%以上，能够有效去除微细颗粒。袋式除尘具备良好的适应性，可以处理不同类型的气体和粉尘，滤袋材料和结构可根据工况调整，以应对高温、高湿或腐蚀性气体。此外，袋式除尘器的维护相对简便，滤袋更换周期长，且现代设备常配有自动清灰系统，确保滤袋持续发挥效能。袋式除尘系统能耗低，运行噪音小，符合现代环保标准。随着智能化技术的发展，袋式除尘器也在提升自动化水平和监控能力，进一步提高了工作效率和系统稳定性。基于上述优势，袋式除尘成为工业除尘的主流选择，广泛应用于水泥、冶金、化工等多个领域。

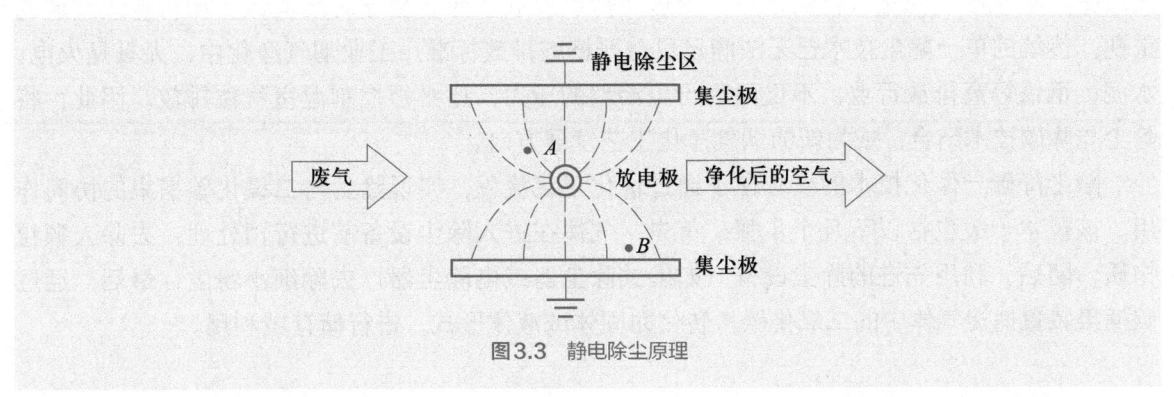

图3.3 静电除尘原理

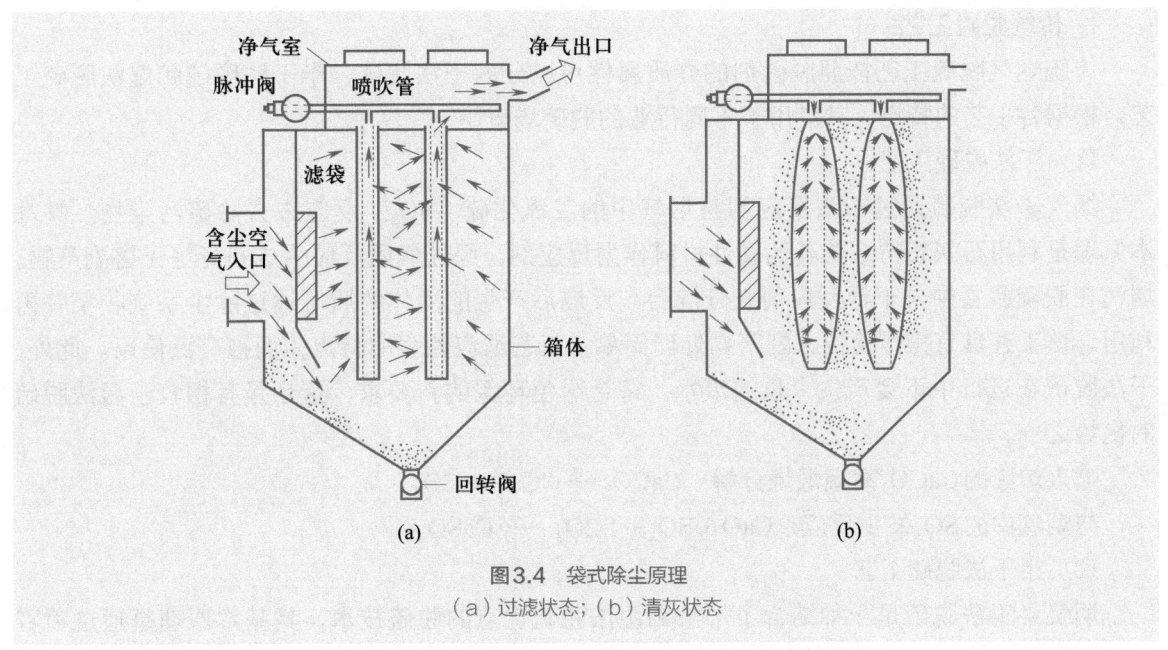

图3.4 袋式除尘原理
（a）过滤状态；（b）清灰状态

随着环保要求的不断提升，超低排放的压力不断加大，对颗粒物的控制力度也在不断加大。因此，将不同除尘进行串联使用是实现超低排放的思路之一。电-袋除尘是一种结合静电除尘与袋式除尘技术的高效气体净化工艺。其基本原理是先利用静电场对气体中的粉尘进行电离和吸附，再通过滤袋进一步过滤剩余颗粒。气体首先进入电除尘器，经过高压电极，粉尘颗粒被电离并带上负电荷，随后被带正电荷的集尘极吸附。经过这一阶段，绝大部分粉尘已被去除，但为了提高净化效果，气体随后流入袋式除尘器，滤袋将残留的细小颗粒进一步捕集。

2. 除尘降碳一体化技术

除尘降碳一体化技术是近年来应对空气污染和气候变化的重要发展方向。这项技术旨在将传统的除尘工艺与碳捕集与封存（CCS）技术相结合，既有效去除工业生产中产生的粉尘，又减少二氧化碳等温室气体的排放，促进可持续发展。随着全球对环境保护和可持续发展的重视，传统的单一除尘技术已无法满足日益严格的排放标准。工业烟气净化中，尤其是火电、水泥、钢铁等高排放行业，不仅面临粉尘治理的压力，还必须控制温室气体排放。因此，将除尘与降碳技术结合，成为新的烟气净化工艺发展方向。

除尘降碳一体化技术的核心在于通过优化工艺流程，实现除尘与二氧化碳捕集的协同作用。该技术一般包括以下几个步骤：首先，气体在进入除尘设备前进行预处理，去除大颗粒物质；随后，利用先进的除尘设备（如袋式除尘器或电除尘器）去除细小粉尘；最后，通过碳捕集装置捕捉气体中的二氧化碳，转化为固体或液体形式，进行储存或利用。

（二）脱硫降碳一体化技术

1. 传统脱硫工艺

传统烟气脱硫工艺按照脱硫剂的介质属性可以分为干法脱硫、半干法脱硫和湿法脱硫工艺，根据各工艺的特点，其应用于不同行业的脱硫场景中。

（1）干法脱硫工艺

烟气干法脱硫通过干法反应剂与烟气中的二氧化硫（SO_2）反应来去除硫污染物。其基本原理是利用石灰石粉末或其他碱性材料作为反应剂，经过气固反应生成石膏等无害副产物。烟气在脱硫装置中与干粉反应剂充分混合，反应后产生的固体物质可通过除尘系统收集并再利用。该工艺具有操作简便、副产物处理简单、工艺适应性强的特点，而被广泛使用。此外，干法脱硫在运行中不会产生大量的废水，符合绿色环保的新要求，这也是其相较于湿法脱硫的优势之一。

喷入炉膛的 $CaCO_3$ 高温煅烧分解：$CaCO_3 \longrightarrow CaO + CO_2$

与烟气中的 SO_2 发生反应：$CaO + SO_2 + 1/2O_2 \longrightarrow CaSO_4$

（2）半干法脱硫工艺

烟气半干法脱硫是一种结合了干法和湿法脱硫优点的脱硫技术。其基本原理是通过喷雾将一定浓度的水溶液（通常为石灰水）与烟气中的二氧化硫（SO_2）进行反应，从而形成氢氧化钙，再进一步转化为石膏。这一过程主要在反应塔中进行，烟气在此与喷雾雾化的石灰水充分混合，促进反应。半干法脱硫工艺脱硫效率相对较高，能够有效去除烟气中的 SO_2，通常可达到 70%~90% 的脱硫率。同时，其副产物石膏的利用率高，可作为建筑材料。在实际工业应用中，半干法脱硫工艺系统相对紧凑，占地面积小，适合空间有限的场所，并且能够处理不同浓度的烟气。此外，半干法脱硫在控制排放和水资源使用方面表现良好，避免了湿法脱硫的废水处理问题。

生石灰制成石灰浆：$CaO + H_2O \longrightarrow Ca(OH)_2$

SO_2被液滴吸收：$SO_2 + H_2O \longrightarrow H_2SO_3$

吸收剂与SO_2的反应：$Ca(OH)_2 + H_2SO_3 \longrightarrow CaSO_3 + 2H_2O$

液滴中$CaSO_3$过饱和沉淀析出：$CaSO_3(aq) \longrightarrow CaSO_3(s)$

部分$CaSO_3(aq)$被溶于液滴中的氧气氧化：$CaSO_3(aq) + 1/2O_2 \longrightarrow CaSO_4(aq)$

$CaSO_4$难溶于水，会迅速沉淀析出：$CaSO_4(aq) \longrightarrow CaSO_4(s)$

（3）湿法脱硫工艺

烟气湿法脱硫是目前工业应用最广泛的脱硫技术，该工艺通过将烟气与含有脱硫剂的水溶液进行反应，去除烟气中的二氧化硫（SO_2）（图3.5）。在湿法脱硫中，常用的脱硫剂是石灰石或氢氧化钙[$Ca(OH)_2$]，它们与SO_2在喷淋填料反应塔中进行反应。烟气经过预处理后，进入脱硫塔，与喷淋系统喷入的脱硫剂溶液充分接触。在这一过程中，SO_2与脱硫剂反应生成硫酸氢钙（$CaHSO_4$），随后在进一步氧化过程中，转化为石膏（$CaSO_4$）。反应生成的石膏可通过沉淀和过滤进行回收，进而作为建筑材料或其他用途。然而，湿法脱硫也存在一些不足之处，比如对水资源的需求较高，需有效处理脱硫产生的废水。此外，系统中可能出现腐蚀和结垢等问题，需要定期维护和监测。

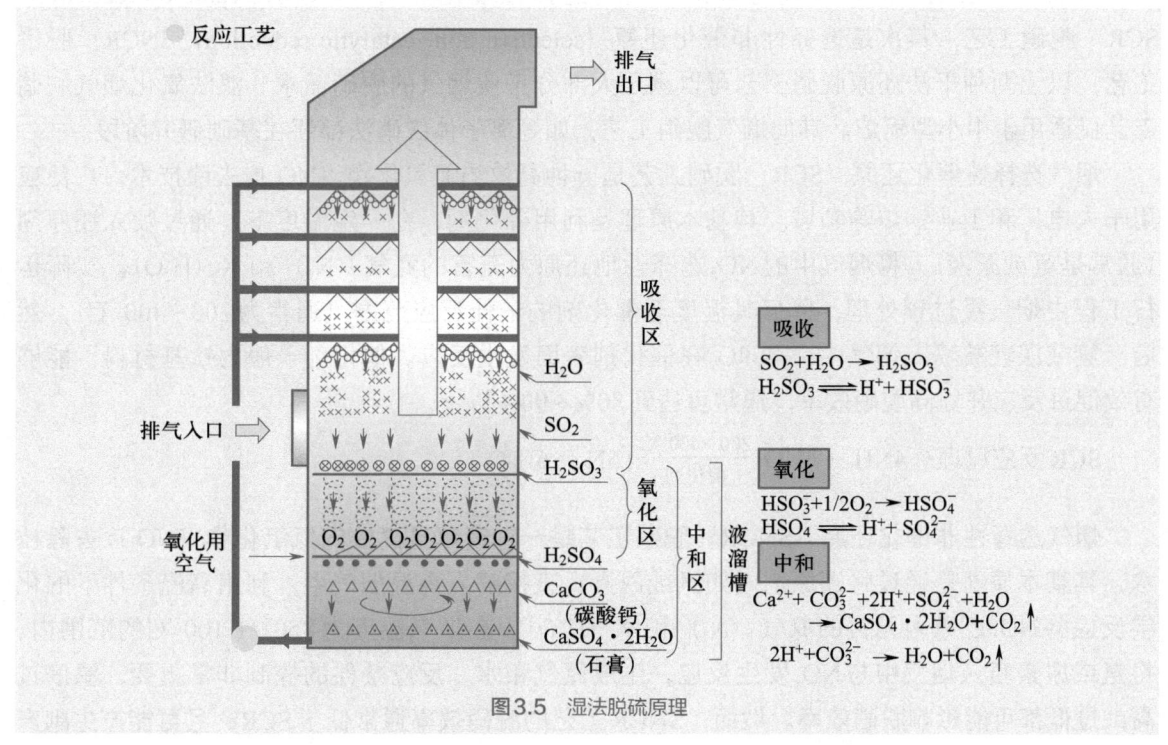

图3.5 湿法脱硫原理

2. 脱硫降碳一体化技术

烟气脱硫降碳一体化技术是近年来应对气候变化和环境污染的重要创新，旨在同时实现二氧化硫（SO_2）和二氧化碳（CO_2）的高效去除。这一技术的出现是应对全球变暖和空气污染双重挑战的重要举措，尤其在火电、冶金和化工等高排放行业具有广泛应用前景。传统的烟气脱硫技术主要集中在去除颗粒物、SO_2 和 NO_x，但随着全球对温室气体排放控制的日益重视，单一的脱硫技术已无法满足"碳达峰碳中和"的需求。因此，将脱硫和降碳技术整合成为一体化解决方案显得尤为重要。这一技术不仅提升了资源的利用效率，还实现了废物的协同处理，降低了整体运营成本。

在技术实现上，烟气脱硫降碳一体化主要采用化学吸收和吸附材料等方法。化学吸收法是通过引入吸收剂，使 SO_2 和 CO_2 同时被吸收。例如，使用改性石灰石或氨水等作为吸收剂，可以在反应中同时捕集 SO_2 和 CO_2，生成可再利用的副产品。而吸附材料能够在同一反应条件下分别捕集 SO_2 和 CO_2。此类材料通常具备较强的选择性和吸附能力，提高了脱除效率。同时，新兴的膜分离技术和低温分离技术也在该领域得到应用，能够高效分离烟气中的 SO_2 和 CO_2，并实现其回收利用。此外，如何在保证脱硫和降碳效率的同时，降低能耗和操作成本，是当前技术研发的重要方向。

（三）脱硝降碳一体化技术

1. 传统脱硝工艺概述

目前，工业烟气脱硝市场份额最大的是选择性催化还原（selective catalytic reduction，SCR）脱硝工艺，其次是选择性非催化还原（selective non-catalytic reduction，SNCR）脱硝工艺，以上两种干法还原脱硝工艺可以满足大部分工业烟气的脱硝需求。湿法氧化烟气脱硝工艺仅适用于中小型锅炉。其他烟气脱硝工艺，如等离子体脱硝法都还在基础研究阶段。

烟气选择性催化还原（SCR）脱硝工艺是一种高效的氮氧化物（NO_x）去除技术，广泛应用于火电厂和工业锅炉等领域。其基本原理是利用催化剂，在一定温度下，通过喷入还原剂（通常是氨或尿素），将烟气中的 NO_x 选择性地还原为无害的氮气（N_2）和水（H_2O）。实际运行工程中烟气经过预处理，降低其温度至催化剂的最佳反应范围（通常为 200～400 ℃）；然后，氨或尿素被喷入烟气中，与 NO_x 在催化剂表面发生反应。催化剂一般为钛基材料，能够有效促进反应并提高脱硝效率，通常可达到 80%～90% 以上。

SCR 反应原理：$4NH_3 + 6NO \xrightarrow[\text{催化剂}]{200\sim400\ ℃} 5N_2 + 6H_2O$

烟气选择性非催化还原（SNCR）脱硝工艺是一种简单且高效的氮氧化物（NO_x）去除技术，其基本原理是通过将还原剂（如氨或尿素）直接喷入高温烟气中，利用高温条件下的化学反应将 NO_x 还原为无害的氮气（N_2）和水（H_2O）。在烟气温度为 850～1 100 ℃ 的范围内，将氨或尿素喷入烟气中与 NO_x 发生反应，生成氮气和水。反应条件的控制非常重要，温度过高或过低都可能影响脱硝效率。然而，SNCR 工艺的脱硝效率通常低于 SCR，且可能产生副产物，如氨逃逸（未反应的氨气），因此需要合理控制喷入量和反应温度。

SNCR反应原理：$4NH_3 + 6NO \xrightarrow{850 \sim 1\,100\,℃} 5N_2 + 6H_2O$

2. 脱硝降碳一体化技术

烟气脱硝降碳一体化技术是一项创新性解决方案，旨在同时去除烟气中的氮氧化物（NO_x）和二氧化碳（CO_2），以应对日益严峻的环境污染和气候变化问题。传统的脱硝技术主要集中在去除NO_x，但未能有效处理CO_2的排放问题。随着全球气候治理的加剧，单一的脱硝技术已无法满足综合环保需求，因此，脱硝与降碳一体化的技术研究逐渐成为热点。

目前，脱硝降碳一体化的研究主要集中在协同催化、共同捕集和膜分离等技术的研发上。协同催化法在催化剂的作用下，利用还原剂（如氨或尿素）实现NO_x和CO_2的同时转化。例如，某些新型催化剂在特定反应条件下能够有效催化NO_x和CO_2的转化反应，从而达到同时去除的目的。共同捕集法通过开发新型吸附材料，使NO_x和CO_2能够在同一设备中被有效捕集。这些材料通常具有良好的选择性和高效的吸附能力，能够在较低的温度下工作，降低能耗。膜分离法可以实现NO_x和CO_2的分离和回收，在节能和降耗方面表现出色。这一技术能够在不影响烟气处理效率的情况下，实现多组分的分离。

尽管烟气脱硝降碳一体化技术展现出良好的发展前景，但仍面临一些挑战。例如，系统设计的复杂性和设备的高成本可能影响技术的推广和应用。此外，如何提高反应效率、降低能耗以及优化操作条件，也是未来烟气脱硝降碳一体化工艺展现所关注的重点。

三、典型行业大气减污降碳路径

（一）全球典型行业大气减污降碳的压力与动力

随着对大气污染的认识逐渐加深，人类社会开始越来越重视大气污染治理。一方面，大气污染问题严重影响了人类健康；另一方面，大气环境污染物与全球气候变化也息息相关，间接影响着生态平衡以及社会可持续发展。因此，各国纷纷采取了一系列政策和行动来治理大气污染，以实现更清洁、健康的人居生存环境。

以美国为代表的西方发达国家采取更为严格的大气污染法规和标准，通过环境保护监管和执法部门来监控大气污染物的排放。例如，美国清洁空气法案的颁布旨在限制工业和交通的大气污染排放，以改善空气质量。此外，美国加大了对清洁能源的投资，推动可再生能源的发展，从而减少了化石燃料的使用。欧盟也是大气污染治理的领导者之一，通过实施"欧洲空气质量指令"等法规，限制了工业、交通和农业排放。欧洲也推动了能源转型，鼓励可再生能源和能效改进。例如，德国实施了"能源转型"计划，逐步减少对煤炭的依赖，提高清洁能源比例。亚洲国家中，印度面临严峻的大气污染问题，政府采取了一系列措施来应对。例如，实施了"国家清洁空气计划"，强化了监测和治理。印度还鼓励清洁燃料使用，推广电动汽车，以减少交通排放。此外，印度借鉴了中国的"大气十条"政策，加强了工业和能源行业的污染治理。日本采取了综合性的大气污染防治措施，包括改善工业排放控制、推广清洁燃料、提高交通效率等。日本鼓励工业升级，实施高效清洁生产，减少污染物排放。此外，日本也积极推动技术创新，开发了高效减排设备，如氮氧化物催化还原装置，用于降低工业排放。

我国的大气环境污染问题从20世纪70年代逐渐显现，之后相当长一段时间内逐渐恶化。2013年6月国务院发布了《大气污染防治行动计划》（简称"大气十条"）（国发〔2013〕37号），将大气环境污染上升到了前所未有的高度。经过五年的治理，我国的大气环境污染问题已经逐渐缓解。2018年7月，国务院印发了《打赢蓝天保卫战三年行动计划》（国发〔2018〕22号），开启了新一轮的大气环境攻坚克难的工作。经过五年的深度治理，大气环境攻坚战顺利收官，我国的大气环境污染问题也基本得到治理，空气质量趋于改善。2023年12月，国务院印发了《空气质量持续改善行动计划》（国发〔2023〕24号），对今后我国的大气污染控制和空气质量改善，以及减污降碳指明了方向。2023年以后，我国大气治理行业即将迎来重大变革和发展。政府越来越重视大气治理，加大了大气污染治理行业投入，加快了环境建设步伐。随着经济的发展和技术的进步，大气治理行业也迎来了飞跃。

在大力控制大气污染物的同时，温室气体的减排关注度同样日益升高。据统计，工业能耗占比与碳排放占比都在70%左右，因此减少工业的碳排放，推动工业实现低碳发展，成为我国经济低碳转型、绿色发展的关键。工业低碳发展指的是探索一种低耗能、低污染、低排放的可持续发展模式来发展工业，让工业增长与碳排放实现深度脱钩。但在很多情况下，一个国家和地区总是低碳行业与高碳行业同时存在，无法准确地界定其工业是低碳工业还是高碳工业。另外，一个国家或地区的工业总是处在发展状态，碳排放水平也在不断变化。

（二）煤炭行业减污降碳路径

想要如期完成碳达峰、碳中和目标，首先要了解我国的资源禀赋，对煤炭产业的基础性保障作用产生深刻认知，因为在未来很长一段时间，煤炭在我国的能源结构中仍将占据主体地位。根据《中国环境统计年鉴》（2023）显示，我国煤炭开采和洗选业在2022年共排放3 698 t SO_2、5 824 t NO_x 和 1 032 518 t 颗粒物，煤炭行业的颗粒物排放是工业源大气污染物排放的重要组成部分。

煤炭开采碳排放主要有两大来源，一是煤炭开采设备在运行过程中产生的二氧化碳，二是煤炭开采过程中产生的煤层气（煤矿瓦斯）。为了减少煤炭开采的碳排放，煤炭企业可以引入智能变频永磁驱动等节能技术减少煤炭开采设备的能耗，使用矿井水、回风、瓦斯等余热资源代替部分煤炭消耗，对煤炭开发过程中的大气污染物排放进行有效控制与利用。另外，煤炭企业还要积极推进关键共性技术开发，建立可以在不同地质环境、不同开发条件下应用的煤层气抽采利用技术、工艺和装备体系，对煤层气进行开发利用，提高煤层气利用规模与效率，在减少碳排放的同时增加天然气供应，一举两得。

为了提高煤炭资源的利用率、减少碳排放，我国要积极推进煤炭第四次技术革命，即煤矿智能化，推动煤炭行业向着智能化、数字化的方向转型升级，形成新产业、新业态，探索一条安全、清洁、低碳、绿色、智能的发展道路。煤矿智能化可以对各种信息进行实时感知，切实提高风险管控的质量；打造"人－机－环－管"的数字化闭环，让各个环节实现高效协同，开展自动化作业与生产；为工人创造更优质的工作环境，创造更多价值。因此，在未来的发展中，煤炭行业要紧抓5G、大数据、人工智能、区块链等新一代信息技术与传统行业融合发展的机遇，积极开展技术创新、应用创新和模式创新，拓展综合能源服务，同时与互联网相结合实现智能化升级。

降低煤炭开发利用能源消耗强度。政府要加强对煤炭企业的宣传教育，培养煤炭企业节能减排的责任感，降低单位产品能耗。煤炭企业可以引入高能效开采技术和设备减少开采过程中的能耗，并对煤炭开采过程中产生的余热、余压等进行综合利用，实现全方位节能；对各种高效清洁发电技术进行推广应用，包括清洁高效热电联产技术、超临界二次再热技术、特殊煤种超临界循环流化床等；改善煤炭开发利用技术，提高煤炭利用效率，减少煤炭用量，这种方式的碳减排效果比碳捕集、封存技术的碳减排效果要好很多，而且成本更低。

与国外发达国家相比，我国煤炭利用率还有很大的提升空间。钢铁、建材、化工、煤电企业进行技术改造与工艺升级，可以大幅减少煤炭使用量，减少碳排放。据预测，通过提高煤炭利用效率，开展系统节能，到2030年，煤炭行业对碳减排的贡献可能超过50%。

推动煤炭从燃料向原料转变。煤化工可以有效减少碳流失，推动煤炭行业低碳发展。在煤化工领域，煤制油、煤制天然气可以在转化过程中捕捉高浓度的二氧化碳，切实提高节碳率；煤制甲醇、烯烃、乙二醇等工艺，可以让部分二氧化碳进入产品，固定30%~40%的二氧化碳，提高节碳率，减少碳流失。煤炭企业可以将煤炭转化与可再生能源，碳捕集、利用和封存技术整合应用，创建低碳、清洁、高效的现代煤化工产业体系；提高煤化工行业的发展水平，改变煤炭单一燃料的属性，赋予其原料、燃料的双重属性；对能源安全、市场供需、环境保护等多重因素进行综合考量，科学地发展现代煤化工产业，继续致力于煤炭焦化、气化、煤炭液化（含煤油共炼）、煤制天然气、煤制烯烃等行业的关键技术研发；推动现代煤化工产业链不断地向上下游延伸，推动煤基新材料规模化发展。

延伸阅读3-1　加拿大边界坝热电站碳捕集项目

推进煤炭与可再生能源耦合发展。煤炭行业想要突破碳减排瓶颈，必须依赖于大规模、低成本的碳减排与储能技术的突破，与可再生能源实现耦合发展，让可再生能源高比例接入现有的能源体系，完成新型能源体系的创建。煤炭与新能源进行耦合化学转化、耦合发电、耦合燃烧，不仅可以大幅减少碳排放，而且可以切实扩大新能源的利用规模。这样不仅可以提高煤电发电效率，而且可以切实保障电力安全。在世界各国、各行各业努力进行碳减排的形势下，煤炭行业必须加大碳减排力度，为我国的碳减排事业做出更多贡献，同时对新能源发展产生积极的推动作用。

（三）钢铁行业大气减污降碳路径

在工业领域，钢铁是碳减排的重点。2022年我国黑色金属冶炼和压延加工业共计排放412 606 t SO_2、751 988 t NO_x 和397 650 t 颗粒物，是工业源大气污染物的组成部分。目前，全球75%的钢铁采用的是高炉生产，在生产过程中需要添加焦炭作为铁矿石还原剂。在这种生产模式下，生产1 t生铁需要消耗1.6 t铁矿石、0.3 t焦炭、0.2 t煤粉，二氧化碳排放达2.1 t。在整个生产过程中，高炉还原过程产生的碳排放在碳排放总量中所占比重高达90%。为了减少二氧化碳排放，一些企业开始使用天然气代替焦炭作为还原剂，然后通过电弧炉将海绵铁转化为钢。虽然这种方式有效减少了碳排放，但无法实现深度脱碳。为了让钢铁行业实现深度脱碳，西方发达国家开始探索氢冶金技术，取得了较大的进展。在最新的氢冶金技术中，在温度达到矿石软化温度之前，可以将氢气作为还原剂，将铁矿石转化为海绵铁。通过这种方式生产的海绵铁，碳和硅含量都比较低，成分与钢非常接近，可以替代废钢直接用来炼钢。用氢能作为还原剂，可以在最大程度上减少炼钢过程中的碳排放。随着可再生能源成本不断下降，可再生能源电解水制氢工艺不断成熟，在轧铸环节使用可再生能源发电，基本可以让钢铁行业实现深度脱碳，二氧化碳实现近零排放。

延伸阅读3-2　钢铁行业碳中和愿景和低碳技术路线图

在我国，很多钢铁、冶金企业都在尝试利用氢能减少碳排放，实现深度脱碳。例如，中核集团、中国宝武集团正在探索用氢气作为还原剂的氢冶金技术，促使钢铁冶金行业的碳排放量大幅下降，基本实现近零排放。除此之外，中核集团、中国宝武集团还与清华大学签署了《核能－制氢－冶金耦合技术战略合作框架协议》，对核能制氢展开深度探索。

（四）石化行业大气减污降碳路径

在碳中和背景下，"十四五"重构石化工业，使我国石化行业迎来了转型发展的重大机遇。在新冠疫情结束后，"绿色复苏"将成为世界经济发展的主流方向，我国也会大力推进低碳发展，为石化行业低碳转型、高质量发展带来机遇。2022年我国化学原料和化学制品制造业共计排放111 724 t SO_2、151 449 t NO_x 和106 776 t颗粒物，石化行业排放的大气污染物同样是工业源大气污染物的组成部分。

石化行业要根据我国"2030年实现碳达峰，2060年实现碳中和"的时间规划，分阶段设立碳减排的短期目标、中期目标和长期目标，从以油气生产为主转向以生物质能、氢能等非化石能源为主，围绕油品替代、生产用能、原材料替代等制定具体的实施路径，同时政府要出台与之配套的政策体系与体制机制。对于"十四五"时期的发展规划，我国石化行业要立足于行业实际，对国家碳减排的长期目标进行充分考虑，同时保证进入"十五五""十六五"之后，甚至在更长时期，石化行业的碳减排规划可以延续下去。同时，政府要鼓励部分地区的石化企业打造碳减排试点，利用先进的碳减排技术与管理模式，在大型炼化一体化项目的带领下，使下游烯烃产业链、芳烃产业链、化工新材料、精细化学品产业链实现协同发展，同时大规模开展碳捕集、利用与封存项目，打造二氧化碳近零、净零排放示范工程。

为了降低能耗，减少碳排放，我国石化企业要积极推进新技术、新工艺、新设备、新催化剂等技术研发，在原油直接制化学品技术、先进生物燃料制备技术、以电力为动力的新型加热炉技术、传统石化与新一代信息技术深度融合的智能化技术、石墨烯等新型纳米催化材料技术等领域取得重大突破。同时，石化企业可以聚焦国家重大科技专项，发起一些低排放技术研发和创新项目。例如，利用废弃塑料、生物质、天然气等原料直接制备化学品，打造绿色二氧化碳化工利用平台；利用碳捕获、利用与封存技术对传统石化厂进行改造，帮助石化企业实现净零排放；加大在氢燃料电池、太阳能电池、先进储能材料等领域的投入，大力发展新能源汽车、非化石能源等低碳产业。

目前，我国石化行业正在向高质量方向转型发展，必须加强对低碳减排、应对气候变化的认知，在项目规划、设计、建造、运营、管理等环节深入贯彻低碳发展理念与思路，建立健全行业绿色评价指标体系和标准体系，对行业绿色产品、工艺与生产基地做出科学评价。另外，石化行业要建立绿色责任考核体系，强化石化企业碳减排的责任意识，尝试将地区的碳减排任务分散给大型石化企业，让石化企业与政府共同承担碳减排责任，助力碳达峰、碳中和目标更好地实现。石化企业要响应国家的碳减排政策，主动承担碳减排责任。积极开展碳普查，按照《中国石油化工企业温室气体排放核算方法与报告指南（试行）》中规定的方法对碳排放规模进行准确核算，创建温室气体排放台账；编制碳减排规划，根据企业自身的实际情况制定碳减排路径，探索低碳发展策略。

石化企业要积极参与全国碳市场建设，强化碳资产管理，对碳金融等手段进行灵活运用；创建碳排放管理组织机构，搭建碳资产和碳交易管理的IT信息平台，建立健全低碳管理体系与制度；同时做好碳市场相关政策的宣传与普及，不断改进碳核算技术，培养一支专门的管理团队，保证碳减排任务顺利完成。

四、大气污染减污降碳的挑战与展望

大气环境污染治理与减污降碳协同增效是当今环境保护和可持续发展领域的重要议题。随着工业化进程加速，空气质量问题日益严峻，给人类健康和生态环境带来了严重威胁。因此，采取有效措施应对大气污染和碳排放的双重挑战显得尤为紧迫。

成熟的工艺技术是大气减污降碳的关键因素。尽管许多国家和地区已经在大气污染治理和碳减排方面取得了一定进展，但仍然面临技术创新不足的问题。特别是在发展中国家，经济发展与环保需求之间的矛盾更为突出。因此，提升大气环境污染治理与减污降碳协同增效的技术水平，特别是在可再生能源和清洁生产技术方面，是未来的一个重要方向。新兴技术如碳捕集与储存（CCS）、氢能技术以及智能化的污染监测系统等，有望在未来实现更有效的减排效果。同时，推动绿色经济和循环经济的发展，也将为大气减污降碳提供新的机遇。

政策和法规的完善同样不可或缺。许多国家已制定了相关的环境保护法规，但在实施过程中，往往缺乏足够的监管和执行力度。未来，亟须建立更加严格的排放标准和监管机制，促进企业遵循环境法规。此外，政府应通过财政激励和政策引导，鼓励企业和公众积极参与减污降碳行动。

第三节
水污染治理与降碳协同

一、水污染的来源及分类

（一）水污染的来源

水污染是指人类活动排放的污染物进入水体，其数量超过了水体的自净能力，使水和水质的理化特性和水环境中的生物特性、组成等发生改变，从而影响水的使用价值，造成水质恶化，乃至危害人体健康或破坏生态环境的现象（图3.6）。水污染的来源多样，以下是主要的水污染来源：

图3.6　水污染危机
资料来源：Tozer L.，2023

1. 工业废水

工业废水所含污染物种类繁多，包括工业原料、中间产物、副产品以及生产过程中产生的污染物，如重金属、化学毒物、无机固体悬浮物、病原体等。工业废水污染物一般毒性高、降解难，对水生态系统造成严重威胁。

2. 生活污水

生活污水是由居民在日常生活中产生的污水，如厨房、浴室、厕所及其他洗涤场所排出的污水，其主要由有机物、无机物、悬浮物、化学污染物及病原体等组成，排放量随时间波动较大，需经严格处理后达标排放。

3. 农业生产

降水形成的径流和渗流会使土壤中的氮、磷、农药以及牧场、养殖场、农副产品加工厂的有机废物进入水体，导致水质恶化。同时，集约化畜禽养殖过程中产生的粪便含大量氮、磷等营养元素及病原微生物，其造成的水污染问题也不容忽视。

4. 船舶污染

船舶所产生的各类水污染源包括含油废水、生活污水、船舶废弃物、洗舱水、化学制品及废气等，如不进行妥善处理，将严重威胁湖泊、江河及海洋生态系统。

5. 自然因素

自然因素如火山喷发、岩石风化等也会释放一些污染物到水体中，但相对于人为因素，自然因素导致的水污染通常较轻。然而，极端气候事件如暴雨和洪水可以导致水土流失，增加水体中的悬浮固体物。

（二）水污染的分类

水中的污染物主要分为物理型污染物、化学型污染物和生物型污染物三大类，它们所包含的污染物种类及其特点概况如下：

1. 物理型污染物

物理型污染物主要指不改变水的化学性质，但会改变其物理特性的污染物。这类污染物通常包括悬浮颗粒物、色度、浊度、温度以及放射性物质等。其中，悬浮颗粒物可能来源于土壤侵蚀、城市尘埃或工业排放，它们会增加水的浑浊度，影响水体的透明度和美观；水体色度的变化可能由废水中的化学物质反应产生，或由生物组成变化引起；温度的升高主要源于工业冷却水的排放，造成热污染；而放射性物质则主要来源于核能发电等，对人体健康和环境构成潜在威胁。

2. 化学型污染物

化学型污染物主要指由化学物质导致的水质污染，主要包括无机污染物质、有机污染物质等。无机污染物质如酸、碱、无机盐类，以及重金属（汞、镉、铅、砷等元素）等，它们可能来源于工业废水、农业排放或生活污水等。这些物质会改变水体的pH，降低水体自净能力，并可能腐蚀船舶和水下建筑物。同时，重金属等无机有毒物质还具有潜在的长期影响，可通过食物链在人体积累。有机污染物质则包括各种有机农药、多环芳烃、芳香烃等，它们大多是人工合成的物质，化学性质稳定，难以被生物分解。这些有机污染物会在水中积累，对水生生态系统造成长期影响，破坏生态平衡。

3. 生物型污染物

生物型污染物主要指病原微生物、寄生虫、昆虫以及某些水生生物异常繁殖进入水体后导致的水质恶化现象。这些生物污染物可能来源于多种途径，如医院、畜牧场、屠宰场、生物制品厂等的污水排放，以及城市污水和地表径流等。其中，病原微生物如细菌、病毒、原生动物和寄生虫是主要的污染源，它们在水中存活并繁殖，通过饮用或接触等途径进入人体，引发各种疾病，对人类健康构成严重威胁。此外，某些水生生物如藻类的异常繁殖也会造成水体富营养化，消耗水中的溶解氧，导致水生动物死亡，破坏生态平衡。这种现象在河流、湖泊、水库等水体中尤为常见，给生态环境和水资源利用带来了巨大压力。

（三）水中新污染物的赋存特征与治理挑战

新污染物（emerging contaminants，ECs）是一类具有生物毒性、环境持久性、生物累积性等特性的有毒有害化学物质，它们对生态环境及人体健康构成了显著的潜在风险。尽管这些物质尚未被充分纳入环境管理体系，或现有的管理措施尚不完善，但它们的存在不容忽视。新污染物主要包括四大类：持久性有机污染物（POPs）、内分泌干扰物（EDCs）、抗生素以及微塑料（图3.7）。"新"一词在这里具有双重含义：一方面，它们相对于传统的污染物而言是新近被认识到的；另一方面，这些污染物的种类繁多，且数量在不断增长。更重要的是，随着科学研究的深入和环境监测技术的进步，预计将有更多新的污染物种类被识别和关注，这意味着新污染物的名单可能会持续扩展。

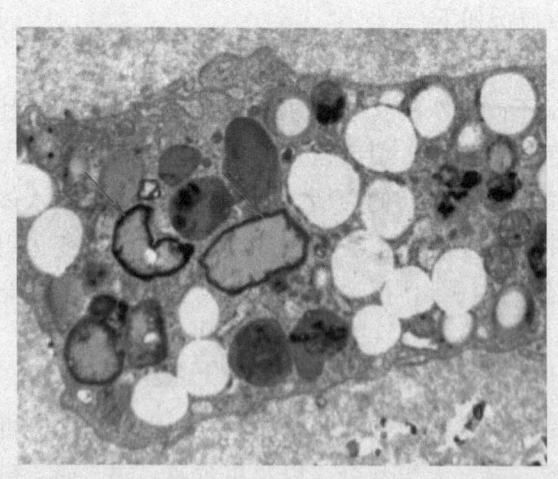

图3.7　微塑料颗粒入侵被称为巨噬细胞的活免疫细胞

资料来源：Kozlov，2024

在我国，城镇污水处理厂普遍采用的工艺流程包括物理、化学和生物处理技术，这些技术主要针对的是去除污水中的悬浮固体、氮、磷、溶解性有机物和病原体等传统污染物。然而，由于新污染物浓度低（ng/L～μg/L）、结构稳定，且具有生物毒性，使得常规的污水处理技术难以奏效。特别是以活性污泥法为主的二级处理工艺，在处理这些新污染物时，其去除效率往往较低，有时甚至会出现污染物浓度不降反升的"负去除"现象。随着公众环境安全意识的提高和对污水再利用需求的增加，提升污水处理厂对新污染物的处理能力变得尤为迫切。因此，加强城镇污水处理厂在新污染物去除方面的技术和管理，对于科学实施新污染物治理行动计划，保障环境安全和公众健康，具有重要的意义。这不仅是提升污水处理效能的需要，也是推动可持续发展和环境保护的重要一步。

近年来我国高度重视新污染物监测、治理和管控，例如，《中共中央、国务院关于全面推进美丽中国的意见》明确，到2035年新污染物环境风险要得到有效管控；《中共中央关于制定国民经济和社会发展第十四个五年规划和二〇三五年远景目标的建议》，提出"重视新污染物治理"；《关于深入打好污染防治攻坚战的意见》明确提出"加强固体废物和新污染物治理"，强调要"注重综合治理、系统治理和源头治理"；《新污染物治理行动方案》旨在加强新污染物的管理和治理，加强新污染物的识别、监测、评估和治理，以提升新污染物的管理水平，保护生态环境和公众健康；《重点管控新污染物清单（2023年版）》明确持久性有机污染物类、有毒有害污染物类、环境内分泌干扰物类、抗生素类四大类14种重点新污染物应严格落实禁止、限制、限排要求。同时，国家鼓励有条件的地方因地制宜制定本地区重点管控新污染物补充清单和管控方案。各省也陆续出台针对新污染物的地方性法规和政策，结合地方环境实际情况进行更为具体的治理。广东省实施了《广东省新污染物治理工作方案》，加快新污染物的监测网络建设，强化企业源头治理和全链条管理；江苏省出台了《江苏省新污染物治理工作方案》，重点关注工业废水、固废和农药残留等新污染物，提出了分级分类管理和重点监管企业名单；山东省发布了《山东省新污染物治理工作方案》，着重于化工园区和重污行业的新污染物处置，促进企业技术改造。

二、水污染主要处理技术及碳排放

（一）生物处理技术

水污染的生物处理技术是利用某些生物（主要是微生物）吸收与降解污染物的能力来净化污水的措施或技术，是现代污水处理应用最广泛的技术之一。按对氧气需求情况可分为厌氧生物处理和好氧生物处理两大类。

1. 厌氧生物处理

厌氧生物处理通过在无氧的条件下利用厌氧微生物的降解作用使污水中有机物净化。污水中的厌氧细菌可把碳水化合物、蛋白质、脂肪等有机物分解生成有机酸；然后在甲烷菌的作用下，把有机酸分解为甲烷、二氧化碳和氢等，从而使污水得到净化。常用厌氧处理方法包括厌氧塘、化粪池、污泥的厌氧消化和厌氧生物反应器等。厌氧生物处理生化需氧量（BOD）负荷高，一般可达 3.5 kg/ $(m^2 \cdot d^{-1})$，其处理费用低于好氧处理，广泛用于生活污水/污泥、高浓度有机工业废水和粪便等的处理。

2. 好氧生物处理

好氧生物处理通过采用机械曝气和自然曝气（如藻类光合作用产氧等）为污水中好氧微生物提供活动能源，促进好氧微生物的分解活动，使污水得到净化。常用方法如活性污泥法、生物膜法、生物滤池、生物转盘、污水灌溉、氧化塘等。

3. 活性污泥法

活性污泥法是由英国的克拉克（Clark）和盖奇（Gage）在1913年左右于曼彻斯特的劳伦斯污水试验站发明并应用的一种污水处理技术。经过一个世纪的发展，它已经成为处理城市污水最广泛使用的方法之一。活性污泥法通过微生物群体的生物降解作用来净化污水中的有机污染物。这种方法的核心是活性污泥，这是一种由多种微生物（包括细菌、原生动物、真菌等）及其分泌物组成的复杂生态系统，它们在污水中形成絮状颗粒，具有很强的吸附和氧化分解有机物的能力。活性污泥法的工艺流程包括三个主要步骤：初次沉淀、曝气处理和二次沉淀（图3.8）。在曝气池中，污水与回流的活性污泥混合，通过曝气设备提供氧气，微生物利用这些氧气将有机物转化为二氧化碳、水和新的生物细胞。经过曝气处理的混合液进入二次沉淀池，活性污泥与净化后的水分离，清水溢出，污泥则在底部浓缩后部分回流至曝气池以维持活性污泥的浓度，剩余的污泥则作为废弃物排出。活性污泥法的优点包括：处理效率高，能够去除污水中的多种污染物，如有机物、悬浮物、氮、磷等；适应性强，适用于不同类型的污水；操作相对简单，易于管理和控制。

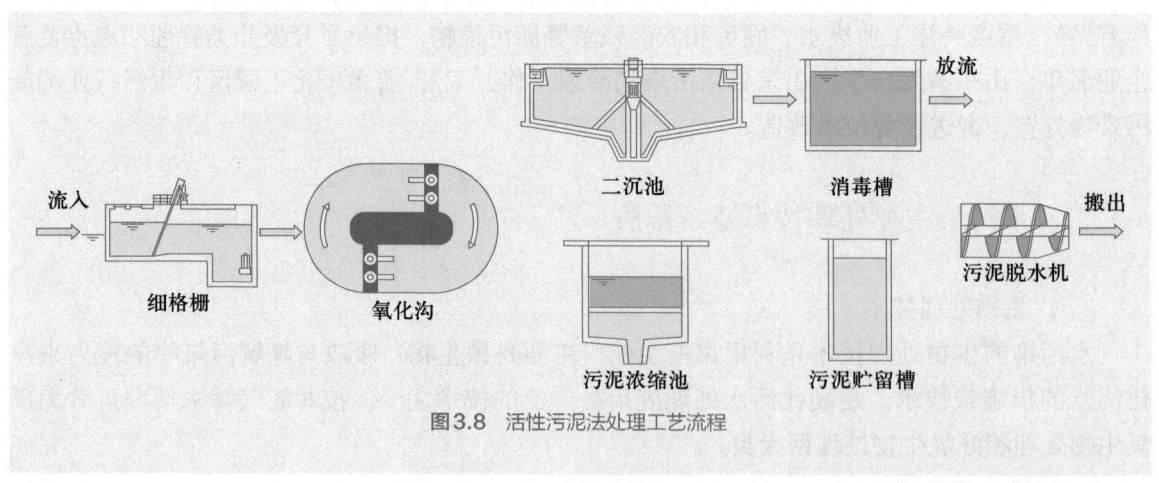

图3.8　活性污泥法处理工艺流程

4. 生物膜法

生物膜法在污水处理中是一种广泛应用的技术，它通过在固体载体表面附着生长的微生物形成的生物膜来去除废水中的溶解性有机污染物（图3.9）。这种方法因其高效稳定的处理能力，在污水处理领域占有重要地位。生物膜法的核心在于固定化微生物技术，它通过利用微生物的代谢反应过程和生物合成产物来净化污水。与传统的活性污泥法相比，生物膜法能够更有效地处理特定污染物，且具有更强的抗冲击负荷能力。此外，生物膜法可以减少污泥的产生量，并且受温度变化的影响较小，尤其在低温条件下仍能保持较高的活性，操作管理也更为简单。随着对环境安全的重视增加，生物膜法在污水处理中的应用也在不断发展。例如，振动膜生物反应器技术就是一种创新的升级，它通过机械振动方式代替了传统的鼓风曝气，有效控制膜污染，显著提升脱氮效能，同时降低能耗。此外，生物膜法也在探索新的应用领域，如高寒高海拔地区生活污水处理的研究，通过耐低温工程菌剂的培养和稳定运行，为工程应用提供技术支撑。

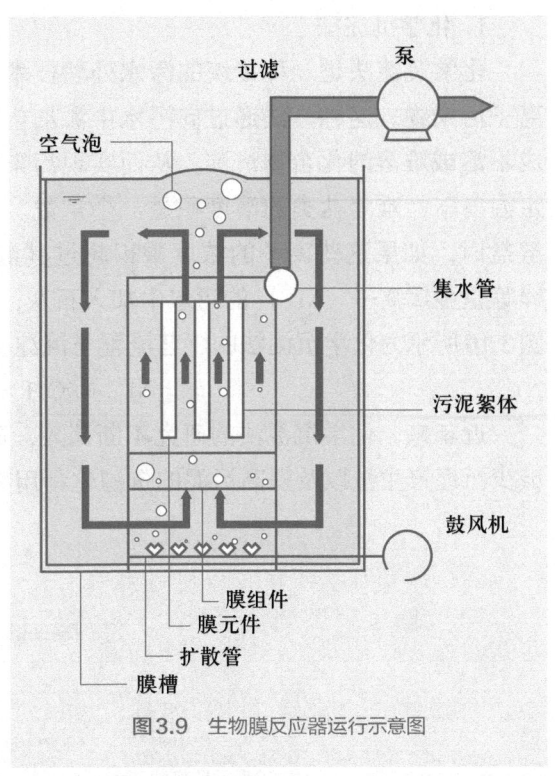

图3.9　生物膜反应器运行示意图

生物处理技术是污水处理中去除有机物的关键方法，它涵盖了多种工艺和设备的协同作用，并常辅以化学药剂以提高处理效率，确保污水满足排放标准。这一过程中的多个环节都会产生碳排放。首先，微生物在代谢污水中的有机物时，会将其分解成二氧化碳（CO_2）、水和其他无机物质，以获取能量和生长必需的营养物质。由于CO_2是一种主要的温室气体，因此微生物代谢过程是污水处理碳排放的主要来源之一。其次，好氧生物处理过程中，为了向污水中提供微生物所需的氧气，通常会使用曝气设备，这些设备的运行需要消耗大量电能，而电能的产生往往依赖于化石燃料，从而导致CO_2排放。此外，为了促进污水与微生物的充分接触，提高处理效率，通常会使用搅拌器和混合器，这些设备的运行同样需要电能，也会增加碳排放。再者，某些生物处理过程中可能需要添加化学药剂来调节水质、中和酸碱度或去除特定污染物，如磷，这些药剂的生产和运输也会带来碳排放。最后，生物处理过程中产生的污泥含有大量有机物和微生物，污泥的处理和处置方式，如焚烧、填埋或堆肥，同样会产生碳排放，其中，污泥焚烧是主要的碳排放源之一。

（二）化学处理技术及碳排放

污水的化学处理技术是污水处理中的一个重要分支，它通过化学反应来去除或回收污水中的污染物。这些技术主要包括化学沉淀法、混凝处理法、氧化处理法、中和处理法等。

1. 化学沉淀法

化学沉淀法是一种传统的污水处理技术，广泛应用于去除污水中的重金属离子和某些阴离子污染物。这种方法通过向污水中添加化学沉淀剂，与污水中的污染物发生化学反应，生成不溶或难溶的化合物沉淀，从而实现污染物的去除。化学沉淀法基于溶度积原理，即在一定温度下，难溶盐类的溶度积是一个常数。当污水中的某些离子与加入的沉淀剂反应生成难溶盐时，如果这些离子的浓度乘积超过其溶度积，就会形成沉淀。例如，向含汞、铅、铜、锌等重金属离子（M^{n+}）的污水中加入石灰，可以生成难溶的金属氢氧化物沉淀 [式（3-1）]，图3.10所示为化学沉淀法的工艺流程与沉淀机理。

$$M^{n+} + nOH^- \longrightarrow M(OH)_n(s) \tag{3-1}$$

近年来，化学沉淀法的研究不断深入，研究者们在探索更高效的沉淀剂、优化沉淀条件、减少污泥产生量以及提高污泥的资源化利用率等方面取得了一定的进展。

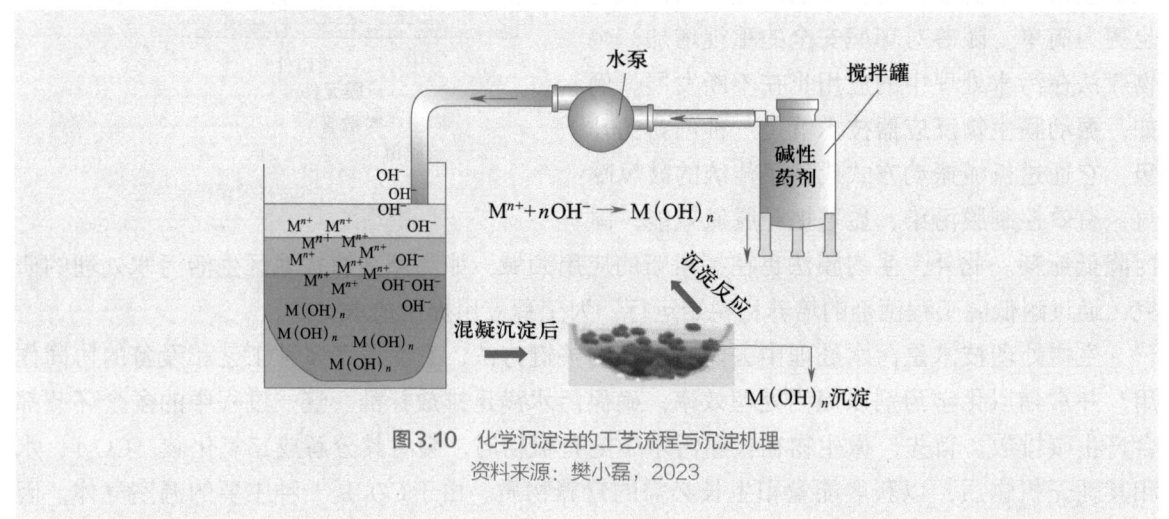

图3.10 化学沉淀法的工艺流程与沉淀机理
资料来源：樊小磊，2023

2. 混凝处理法

混凝处理法是一种广泛应用于污水处理的物理化学方法，通过向污水中加入混凝剂，使污水中的悬浮物、胶体和其他微小颗粒凝聚成较大的絮凝体，然后通过沉淀或气浮的方式从水中分离出来。这种方法能有效去除污水中的悬浮固体、有机物、某些重金属和微生物等污染物。混凝剂是混凝处理法的核心，可分为无机盐类和高分子物质两类：无机盐类混凝剂主要包括铝盐（如硫酸铝）、铁盐（如三氯化铁）和碳酸镁等，高分子物质混凝剂则包括聚合氯化铝和聚丙烯酰胺等。镉、铬、汞、铅等重金属的无机盐类混凝沉淀去除法的相关工艺参数见表3.1。混凝处理法不仅用于污水处理，还广泛应用于饮用水处理、工业用水处理和废水回用等领域，通过优化混凝剂的选择和操作条件，可以提高混凝效果，减少化学污泥的产生，减少环境污染和降低处理成本。

表3.1　混凝沉淀法处理典型重金属相关工艺参数

重金属	饮用水标准/ ($mg \cdot L^{-1}$)	沉淀物形式	理论pH	配合物形式	配合物标准 稳定常数	铁盐混凝 沉淀法pH	铝盐混凝沉淀 法pH
Cd	0.005	$CdCO_3$ $Cd(OH)_2$	>9	$[Cd(NH_3)_4]^{2+}$	1.3×10^7	8.5~9	8.5~9
Cr	0.05	$Cr(OH)_3$	8.5	$[Cr(OH)_4]^-$	7.8×10^{29}	8.5	—
Pb	0.01	$PbCO_3$ $Pb(OH)_2$	10.2	$[Pb(OH)_3]^-$	8.3×10^{13}	>7.5	9~9.5
Hg	0.001	HgO	>9	$[Hg(NH_3)_4]^{2+}$	2.0×10^{19}	>9.5	不适用

3. 氧化处理法

污水的氧化处理法是一种通过使用强氧化剂将污水中的有机物氧化分解成小分子直至最终形成CO_2、H_2O及无机盐的处理技术。这种方法对于难以被生物降解的有机物尤其有效，如农药、杀虫剂、酚类、氰化物等。氧化处理法的关键在于所使用的氧化剂，常用的氧化剂可以分为氯类和氧类两大类：氯类氧化剂包括气态氯、液态氯、次氯酸钠、次氯酸钙、二氧化氯等，而氧类氧化剂则包括空气中的氧、臭氧、过氧化氢、高锰酸钾等。在实际生产实践中，Fenton氧化法和臭氧氧化法是应用最广的氧化处理方法。其中，Fenton氧化法使用Fe^{2+}和H_2O_2作为氧化剂，通过生成高反应性的羟基自由基（·OH）来氧化分解有机物［式（3-2）］，而消耗的Fe^{2+}可通过［式（3-3）］实现再生，或者由Fe^{3+}与中间有机自由基通过［式（3-4）~式（3-6）］再生。

$$Fe^{2+} + H_2O_2 \longrightarrow Fe^{3+} + HO \cdot + OH^- \tag{3-2}$$

$$Fe^{3+} + H_2O_2 \longrightarrow Fe^{2+} + HO_2 \cdot + H^+ \tag{3-3}$$

$$RH + HO \cdot \longrightarrow H_2O + \cdot R \tag{3-4}$$

$$\cdot R + Fe^{3+} \longrightarrow R + Fe^{2+} \tag{3-5}$$

$$R^+ + HO^- \longrightarrow ROH \tag{3-6}$$

延伸阅读3-4　历久弥新的芬顿反应

运用Fenton氧化法的废水处理工艺是在二沉池出水处增加一套Fenton系统，其主要工艺流程如下（图3.11）：二沉池出水经由Fenton供料泵送至Fenton氧化塔中，氧化去除废水中难以降解的污染物；Fenton氧化塔的出水自流至中和池，向中和池中投加液碱，使得废水呈中性；中和池废水自流至脱气池中，通过鼓风搅拌去除废水中的少量气泡；脱气池出水流入絮凝反应池，向池中投加絮凝剂聚丙烯酰胺（PAM）并进行充分反应，使废水中的铁泥絮凝；混凝反应池的废水最终自流至终沉池，铁泥沉淀后由污泥泵送至原污泥处理系统进行处理，而上清液达标排放。

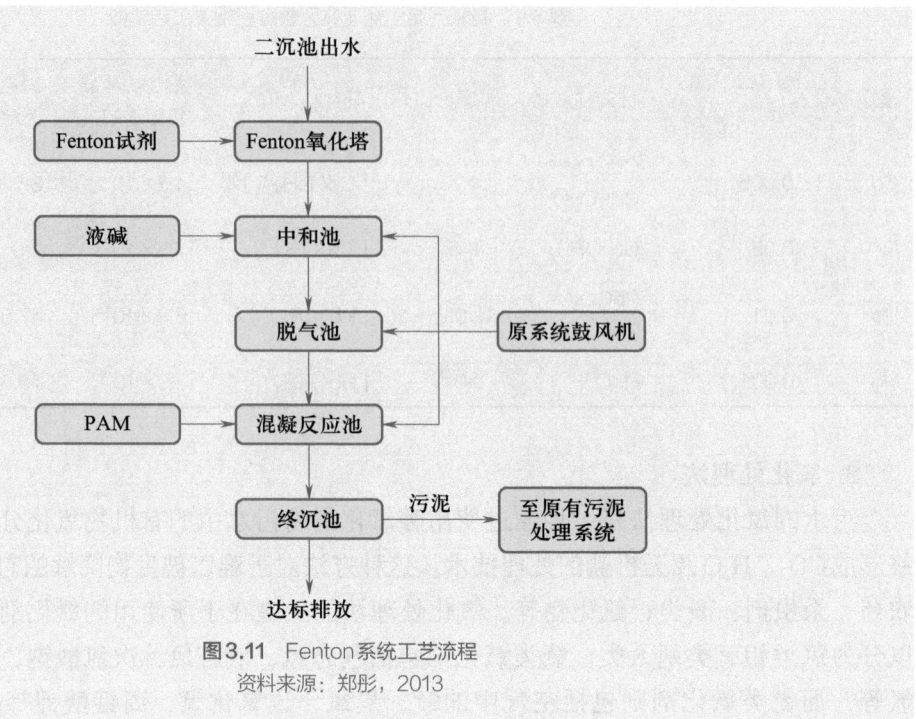

二沉池出水

Fenton试剂 → Fenton氧化塔

液碱 → 中和池

脱气池 ← 原系统鼓风机

PAM → 混凝反应池

终沉池 —污泥→ 至原有污泥处理系统

达标排放

图3.11 Fenton系统工艺流程
资料来源：郑彤，2013

臭氧氧化法利用臭氧（O_3）的强氧化性，可以迅速氧化分解有机物，适用于处理含有酚、氰化物等污染物的废水。O_3通常以三种不同的方式反应，即普通化学反应、生成过氧化物、发生臭氧分解或生成臭氧化物。例如，O_3处理氰化物的化学机理主要是按照以下反应式进行。

O_3与氰化物反应生成氰酸盐：

$$CN^- + O_3 \longrightarrow CNO^- + O_2 \tag{3-7}$$

生成的氰酸盐可进一步水解为碳酸根和氮：

$$2CNO^- + 3O_3 + H_2O \longrightarrow 2HCO_3^- + 3O_2 + N_2 \tag{3-8}$$

臭氧也可与硫氰酸盐反应：

$$SCN^- + O_3 + H_2O \longrightarrow CN^- + H_2SO_4 \tag{3-9}$$

而上述反应过程受pH影响较大，当pH为$10\sim12$时，为最佳氧化条件。同时，若反应过程中存在微量的铜离子，对分解反应有催化作用，这是因为铜离子可以加快O_3氧化氰离子和氰酸根离子的速率。当废水中存在1 mg/L的铜离子时，可将正常去氰时间缩短到原来的$2/3\sim3/4$。

氧化处理法的优点在于其能够高效地处理多种类型的难降解有机物，但同时也存在一些缺点，如操作成本高、可能需要特殊的设备和条件，以及产生大量污泥等。

4. 中和处理法

污水的中和处理法是一种常见的化学处理方法，主要用于调节酸性或碱性废水的pH，使其达到中性或接近中性，以便满足后续处理过程的要求或达到排放标准。这种方法通常涉及使用碱性或酸性物质来中和污水中的酸性或碱性物质。中和处理的基本原理是利用酸碱中和反应，通过添加适当的化学物质来调整污水的pH。例如，向酸性废水中加入碱性物质（如石灰、石灰石或苛性钠），或向碱性废水中加入酸性物质（如硫酸、盐酸），中和过程会形成水和可溶解或难溶解的盐类，从而消除酸性或碱性物质的有害作用。在选择中和方法时，需要考虑废水的性质、浓度、水量变化规律，以及中和药剂的供应情况和成本。此外，还需考虑中和产物的处理和处置方式，以及对环境的影响。

污水的化学处理过程同样会产生大量碳排放，主要包括以下排放途径。① 药剂生产与运输过程中的碳排放。在化学处理过程中，需要投加各种化学药剂，如混凝剂、沉淀剂、氧化剂、调节剂等。这些药剂的生产过程中，需要消耗大量的能源和原材料，并产生温室气体排放。此外，药剂的运输过程，无论是陆路运输还是水路运输，都会消耗能源并产生碳排放。② 化学反应过程中的碳排放。化学处理过程中，药剂与污水中的污染物发生化学反应，这些反应本身可能会产生温室气体排放。例如，某些混凝剂和沉淀剂在与污水中的污染物反应时，可能会产生CO_2等温室气体。此外，一些氧化剂在使用过程中，如臭氧、氯等，也会在降解矿化有机物过程中产生碳排放。③ 能源消耗过程中的碳排放。化学处理过程通常需要消耗大量的能源，如电力、蒸汽等。这些能源的消耗主要来源于化石燃料的燃烧，如煤炭、石油和天然气等。因此，能源消耗过程中会产生大量的碳排放。特别是在一些能源消耗量大的化学处理工艺中，如电解、氧化等，碳排放量更为显著。④ 污泥处理过程中的碳排放。化学处理后产生的污泥含有大量有机物和微生物，其处理和处置过程中也会产生碳排放。污泥的处理方式有多种，如焚烧、填埋、堆肥等。其中，污泥焚烧过程中会释放大量的CO_2和其他温室气体，因为焚烧过程中有机物被氧化分解为CO_2和水蒸气等。而填埋过程中，污泥中的有机物在微生物的作用下进行分解，也会产生CO_2等温室气体。

（三）物理处理技术及碳排放

污水物理处理技术，作为水处理领域基础且重要的一环，主要依赖于物理原理和机械装置，不改变污染物的化学性质，而直接通过物理作用力（如重力、离心力、筛滤、截留等）将污水中的悬浮物、漂浮物、油类及部分溶解物质分离去除。这一技术不仅在水质净化中扮演着预处理、深度处理乃至最终处理的关键角色，还因其低能耗、易操作、环境友好等特性，在环境保护与水资源循环利用中发挥着日益重要的作用。污水物理处理技术主要基于以下原理进行分类：

1. 筛选与截留

利用格栅、筛网或微滤机等设备，通过物理阻挡的方式，去除污水中较大的悬浮物、漂浮物及纤维等杂质。这些设备结构简单，维护方便，是污水处理流程中的第一道防线，有效减轻了后续处理单元的压力。

2. 重力分离

利用污水中不同组分在重力作用下的密度差异，实现固液分离。沉淀池是最典型的重力分离设备，通过减缓水流速度，使悬浮颗粒沉降到底部形成污泥，而上清液则作为净化水流出。此外，气浮技术利用微小气泡的浮力，使悬浮颗粒上浮至水面，实现分离，特别适用于去除油类及轻质悬浮物。

例如，抚顺石油二厂污水处理厂在1974年初步建立了一级全溶气压力浮选工艺，在1994年升级改造为二级串联文氏管喷射气浮工艺，但由于其除油率较低，经常造成污水处理厂出水超标。在2000年进行了技术改造，改造后的浮选工艺流程采用部分回流出水加压溶解气浮流程，其工艺流程如图3.12。含油污水先经隔油池除去浮油，后流入浮选装置吸水井中，通过浮选泵进入浮选池；浮选池出水自流入储水池中，一部分污水会通过回流泵进入溶气罐，利用空气压缩向溶气罐中通入空气，使得罐内空气与污水充分混合达到过饱和状态，再通过减压阀减压后与未溶气充分混合后重新进入浮选池。经过技术改造后的浮选装置的运行效果明显提高，油去除率较改造前提升50.9%，COD去除率提升53.2%，而且装置出水的含油量下降到6.07 mg/L，较改造前下降了77.8%，如表3.2。

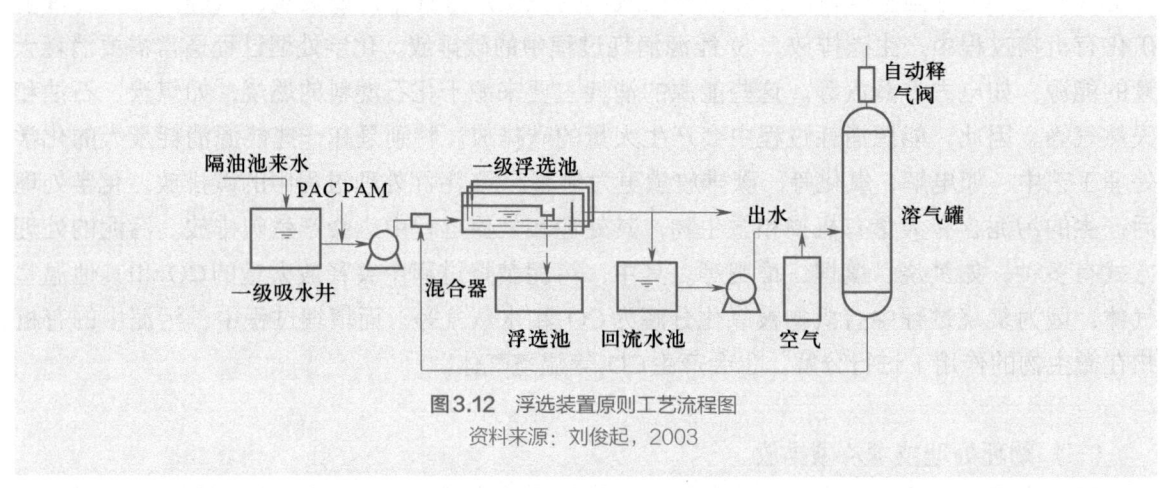

图3.12　浮选装置原则工艺流程图
资料来源：刘俊起，2003

表3.2　浮选装置改造前后运行效果及处理成本对比

项目	出水含油量/（mg·L^{-1}）	除油率/%	COD去除率/%	电耗/（万kW·h·t^{-1}）	处理成本/（元·t^{-1}）
改造前	27.4	56.6	15.8	524.4	0.46
改造后	6.07	85.4	24.2	272.2	0.28
差值	-21.33	+28.8	+8.4	-252.2	-0.18
对比	-77.8	+50.9	+53.2	-48.1	-39.1

3. 离心分离

利用旋转产生的离心力，将污水中的悬浮颗粒分离出来。旋流器及离心分离机是此类技术的代表，它们适用于处理含有微小颗粒的污水，尤其是当重力分离效果不佳时，离心分离成为有效的替代方案。

4. 过滤

通过多孔介质（如砂滤、活性炭、膜材料等）对污水进行过滤，截留悬浮物、胶体及部分溶解物。膜过滤技术，尤其是超滤、纳滤和反渗透，因其高精度和广泛的应用范围，已成为现代水处理领域的重要组成部分。

5. 其他物理方法

包括调节（水质、水量调节）、蒸发与结晶等，这些技术或用于预处理以稳定水质，或用于特定污染物的去除。如蒸发技术可用于处理高盐废水，实现水的回收和盐的分离。

6. 污水物理处理技术中的碳排放

污水物理处理技术具有高效、节能、环境友好的特点，在水质净化中扮演着至关重要的角色。然而，其实施过程中的碳排放问题同样不容忽视，尽管相较于化学处理和生物处理，其碳排放量相对较低，但仍需关注并采取措施使其减少。污水物理处理过程中的碳排放主要来源于以下几个方面：

（1）能源消耗

物理处理设备如格栅、筛网、沉淀池、气浮装置、过滤设备等的运行，以及污水提升、输送等过程，均需消耗电力或燃料。这些能源的消耗主要来源于化石燃料的燃烧，如煤炭、石油或天然气，从而间接产生二氧化碳等温室气体排放。特别是当电力供应依赖于高碳能源时，碳排放量会显著增加。

（2）设备维护与更新

物理处理设备在使用过程中需要定期维护和更新，包括更换磨损部件、清洗滤网、调整设备参数等。这些活动同样需要消耗能源和材料，进而产生碳排放。此外，设备的生产、运输和报废处理过程中也会释放温室气体。

（3）污泥处理与处置

污水物理处理过程中产生的污泥，虽然量相对较少，但仍需进行妥善处理。污泥的脱水、干燥、焚烧或填埋等过程，都可能产生碳排放。特别是焚烧过程中，污泥中的有机物质在燃烧时会释放大量二氧化碳。

三、典型水污染的减污降碳路径

（一）工业废水的减污降碳路径

工业废水处理过程中的减污降碳路径是一个涉及技术创新、管理优化和政策引导的系统工程，旨在通过减少污染物排放和降低碳排放量，实现工业废水处理的绿色转型。面向国家"双碳"战略目标，应从多方面开展工业废水处理过程中的减污降碳实践，以促进经济社会发展全面绿色转型。

1. 源头控制

源头控制是实现工业废水减污降碳的首要步骤。企业应从生产工艺、原料选择和能源管理等方面入手，减少废水产生量和污染物含量。通过优化生产工艺，如采用循环用水系统、密闭式生产等，减少新鲜水的消耗和废水排放。同时，选择低毒、低害、易降解的原料，降低废水中的有毒有害物质含量。在能源管理方面，推广使用高效节能设备如节能电机、变频器等，以及太阳能、风能等可再生能源，减少能源消耗和温室气体排放。

2. 高效废水处理技术

高效废水处理技术是工业废水减污降碳的关键。随着科技的进步，生物处理、高级氧化、膜分离等新技术不断涌现，为工业废水处理提供了更多选择。生物处理技术通过微生物的代谢作用，将废水中的有机物转化为无害物质，具有成本低、效率高的优点（图3.13）。高级氧化技术利用强氧化剂将废水中的难降解有机物氧化为无害物质，适用于处理含有难降解有机物的工业废水（图3.14）。膜分离技术利用膜的选择透过性，将废水中的污染物分离出来，具有处理效果好、占地面积小的优点。在废水处理过程中，应注重技术的集成与优化。例如，将生物处理与膜分离技术相结合，形成生物膜反应器，既能提高处理效率，又能降低能耗（图3.15）。此外，通过优化处理工艺参数，如污泥龄、溶解氧浓度等，可进一步提高处理效果，减少碳排放。

3. 污泥资源化利用

污泥是工业废水处理过程中的重要产物，其资源化利用和能源回收是实现减污降碳的重要途径。污泥中富含有机质和微生物，通过厌氧消化、好氧发酵等过程，可以转化为沼气、生物肥料等资源。沼气是一种可再生能源，可用于发电、供热等，替代化石能源，减少碳排

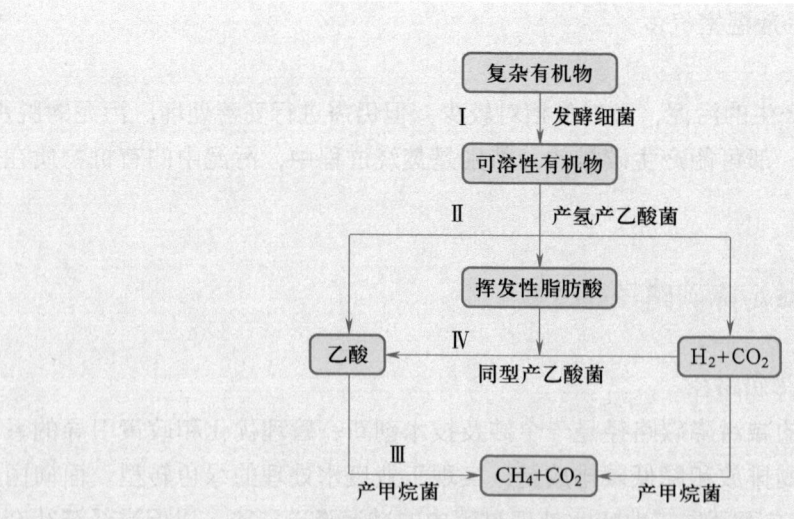

图3.13　厌氧处理三阶段理论和四类群理论原理示意
Ⅰ、Ⅱ、Ⅲ为三阶段理论；Ⅰ、Ⅱ、Ⅲ、Ⅳ为四类群理论

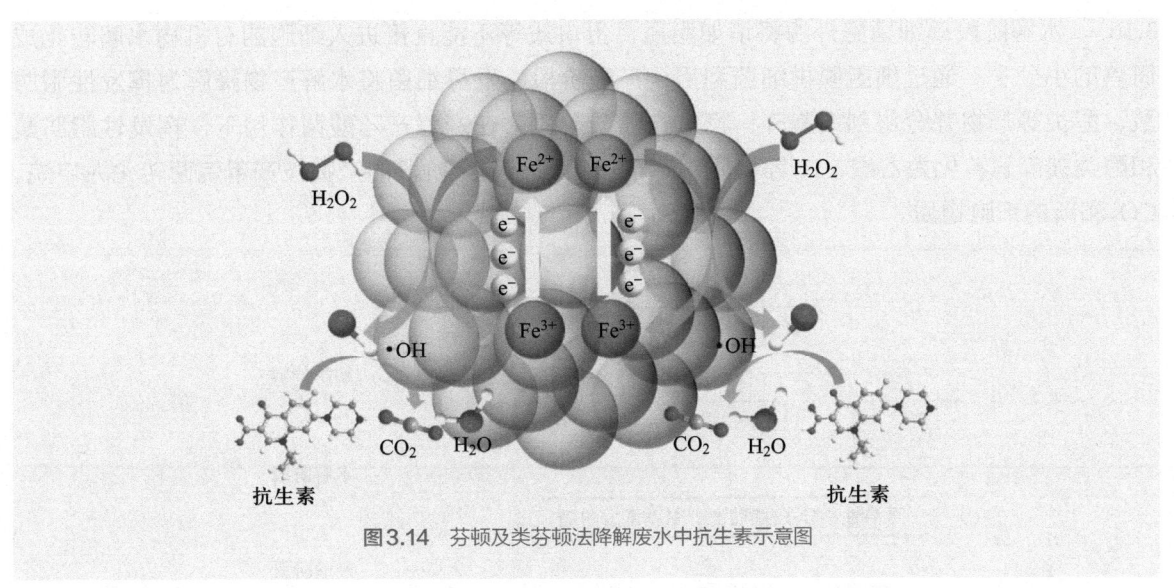

图3.14　芬顿及类芬顿法降解废水中抗生素示意图

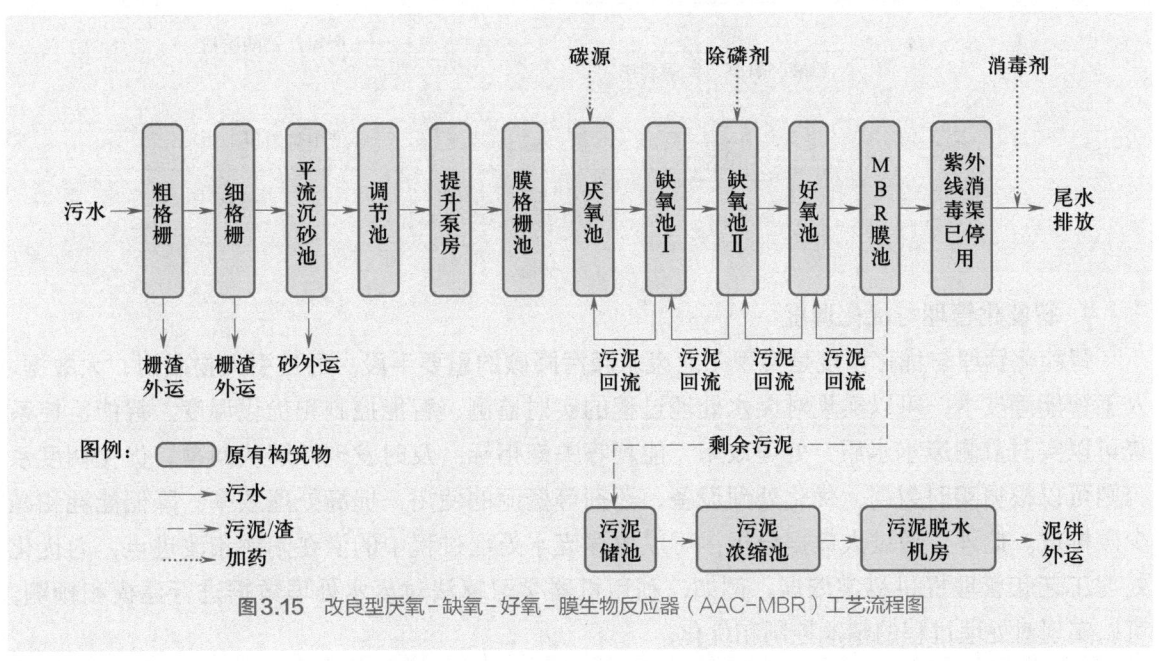

图3.15　改良型厌氧-缺氧-好氧-膜生物反应器（AAC-MBR）工艺流程图

放。生物肥料则可用于农田施肥，提高土壤肥力，促进农业可持续发展。在污泥处理过程中，应注重技术的创新与优化。例如，采用高效厌氧消化技术，提高沼气产量和品质；采用好氧发酵技术，提高生物肥料的质量和稳定性。同时，加强污泥处理过程中的环境监测和质量控制，确保资源化利用的安全性和有效性。

厌氧消化是指在无分子氧条件下，将污泥或废水中的各种复杂有机物转化为甲烷、二氧化碳等物质的过程，主要包括水解阶段、产酸阶段、产氢产乙酸阶段和产甲烷阶段（图

3.16）。水解阶段：细菌胞外酶将诸如脂质、蛋白质等不能直接进入细胞的有机物水解转化成简单的小分子，通过细胞膜供细菌利用；产酸阶段：发酵细菌将水解产物降解为挥发性脂肪酸、醇类等产物并分泌到细胞外；产氢产乙酸阶段：在产氢产乙酸菌作用下，挥发性脂肪酸和醇类被降解转化为乙酸、H_2 等物质；产甲烷阶段：上一阶段的产物被产甲烷菌转化为甲烷、CO_2 和新的细胞物质。

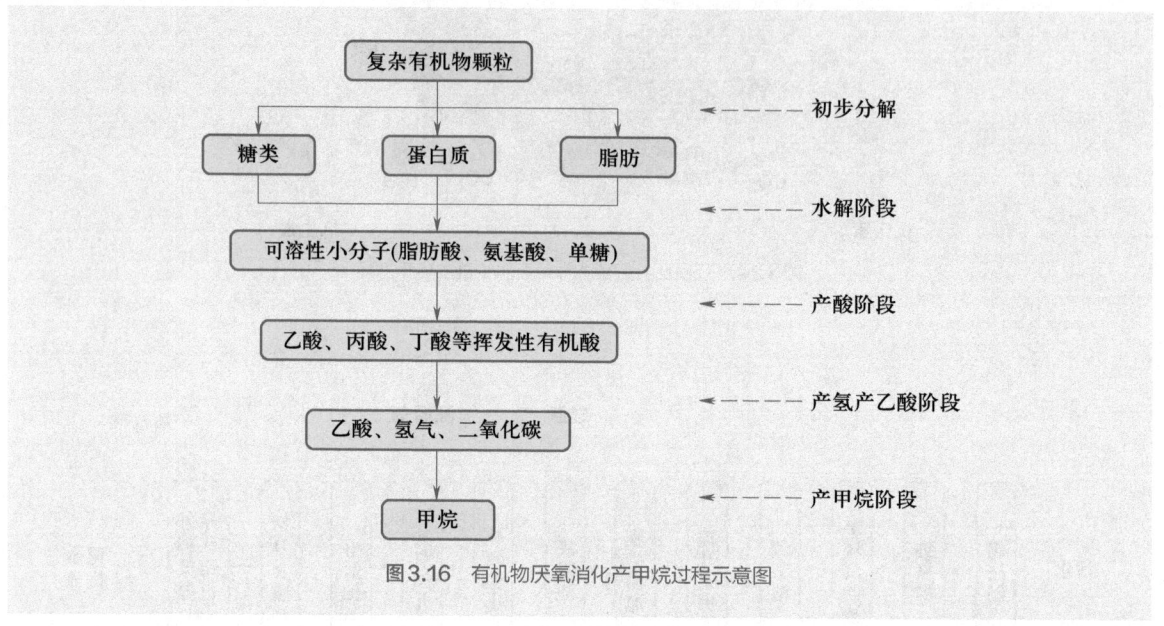

图 3.16　有机物厌氧消化产甲烷过程示意图

4. 智能化管理与优化调度

智能化管理与优化调度是实现工业废水减污降碳的重要手段。通过引入物联网、大数据、人工智能等技术，可以实现对废水处理过程的实时监测、智能控制和优化调度。智能监控系统可以实时监测废水水质、处理效率、能耗等关键指标，及时发现并解决问题。优化调度系统则可以根据实时数据，优化处理设备、药剂等资源的使用，提高处理效率，降低能耗和减少碳排放。此外，通过大数据分析，可以挖掘废水处理过程中的潜在问题和改进点，为优化处理工艺和管理提供科学依据。例如，利用机器学习算法对废水处理数据进行建模和预测，可以实现对处理过程的精准控制和优化。

（二）市政污水的减污降碳路径

1. 源头减排

源头减排是市政污水处理减污降碳的首要环节。通过改进城市排水系统，提高雨水与污水的分流效率，减少进入污水处理厂的污水量，从而减轻处理负担。同时，推广节水器具和雨水收集利用系统，提高水资源利用效率，减少污水排放。此外，加强工业废水预处理，确保工业废水在排入市政管网前达到排放标准，避免对市政污水处理系统造成冲击。在资源回收方面，市政污水中含有大量热能、有机物和无机盐等资源。通过采用先进的污水处理技术，如厌氧消化、膜分离等，可以实现污水中有机物的回收和转化，如生产生物肥料、沼气等。同时，利用污水源热泵等技术，可以从污水中提取热能，用于供暖、制冷等，实现能源的循环利用（图 3.17）。

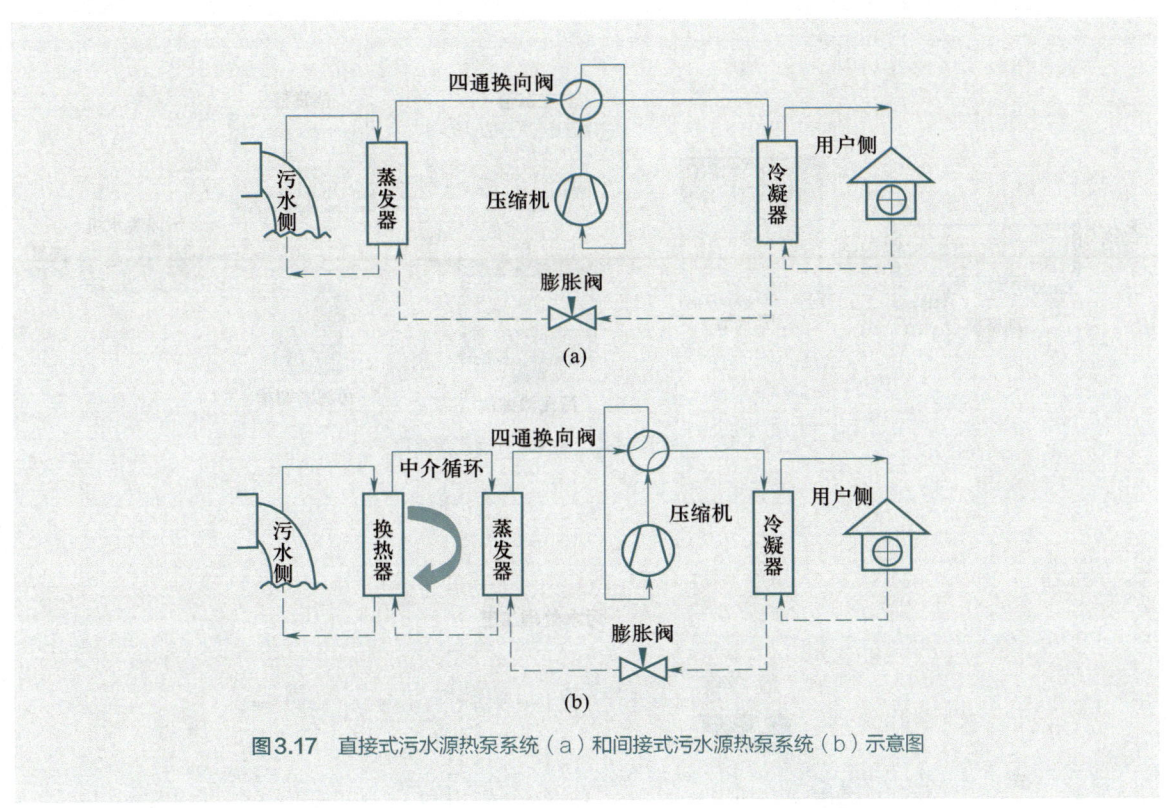

图 3.17　直接式污水源热泵系统（a）和间接式污水源热泵系统（b）示意图

2. 高效污水处理技术

高效污水处理技术是市政污水处理减污降碳的关键。传统活性污泥法、生物膜法等生物处理技术，通过微生物的代谢作用，将污水中的有机物转化为无害物质。然而，这些技术存在能耗高、处理效率低等问题。因此，研发和应用高效、低能耗的污水处理技术成为当前的研究热点。例如，采用低氧曝气、间歇曝气（图 3.18）等节能操作，可以降低曝气能耗，提高处理效率。同时，利用膜生物反应器（MBR）等技术，可以实现污水的高效处理与回用。MBR 技术结合生物处理与膜分离的优点，具有出水水质好、占地面积小、易于自动化控制等优点。此外，采用高级氧化技术、电化学技术等新型污水处理技术，可以实现对难降解有机物的有效去除。

3. 污泥的高值化利用

污泥是市政污水处理过程中产生的主要固体废弃物。传统的污泥处理方式如填埋、焚烧等，不仅占用大量土地资源，还可能造成二次污染。因此，污泥处理与资源化利用成为市政污水处理减污降碳的重要方向（图3.19）。通过采用厌氧消化、好氧发酵等技术，可以将污泥中的有机物转化为生物肥料、沼气等资源。同时，利用污泥焚烧灰渣制砖、制水泥等建材化利用方式，可以实现污泥的减量化和资源化。此外，采用热解、气化等技术，可以将污泥转化为燃料或化工原料，实现污泥的高值化利用。

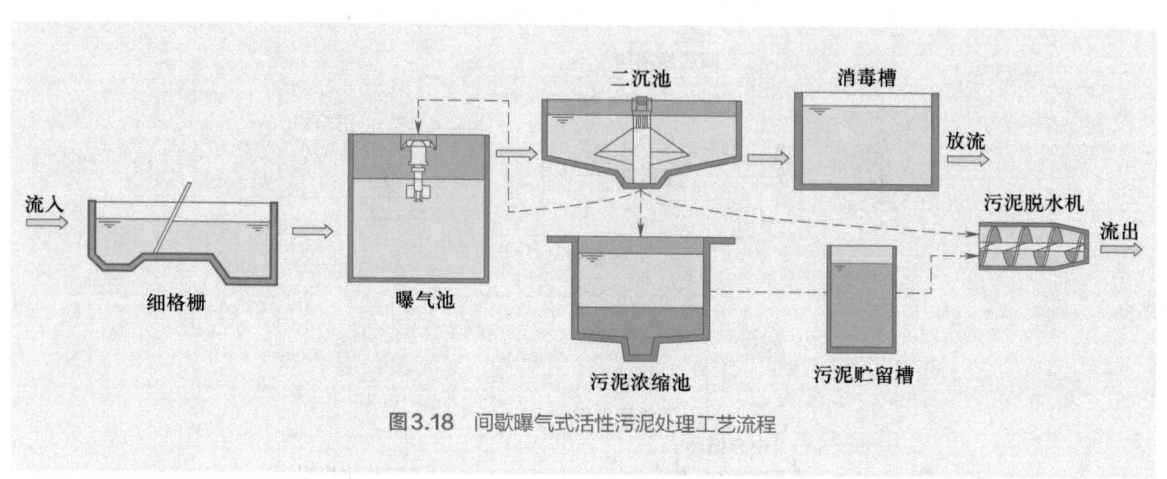

图3.18　间歇曝气式活性污泥处理工艺流程

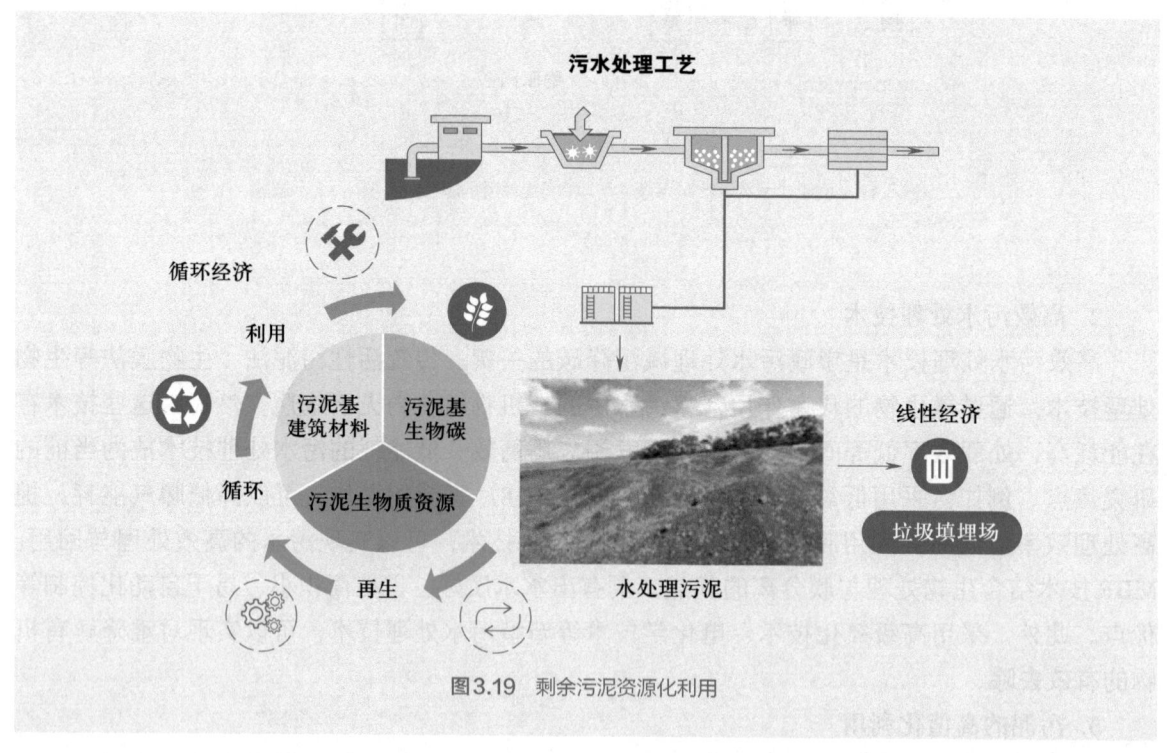

图3.19　剩余污泥资源化利用

4. 智能化管理与优化调度

智能化管理与优化调度是实现市政污水处理减污降碳的重要手段。通过引入物联网、大数据、人工智能等技术，可以实现对污水处理过程的实时监测、智能控制和优化调度。例如，利用智能传感器和远程监控系统，可以实时监测污水水质、处理效率、能耗等关键指标，及时发现并解决问题。同时，利用大数据分析技术，可以对污水处理数据进行挖掘和分析，发现潜在的节能降耗点，为优化处理工艺和管理提供科学依据（图3.20）。此外，采用智能优化算法，可以根据实时数据，对处理设备、药剂等资源的使用进行优化调度，提高处理效率，降低能耗和碳排放。

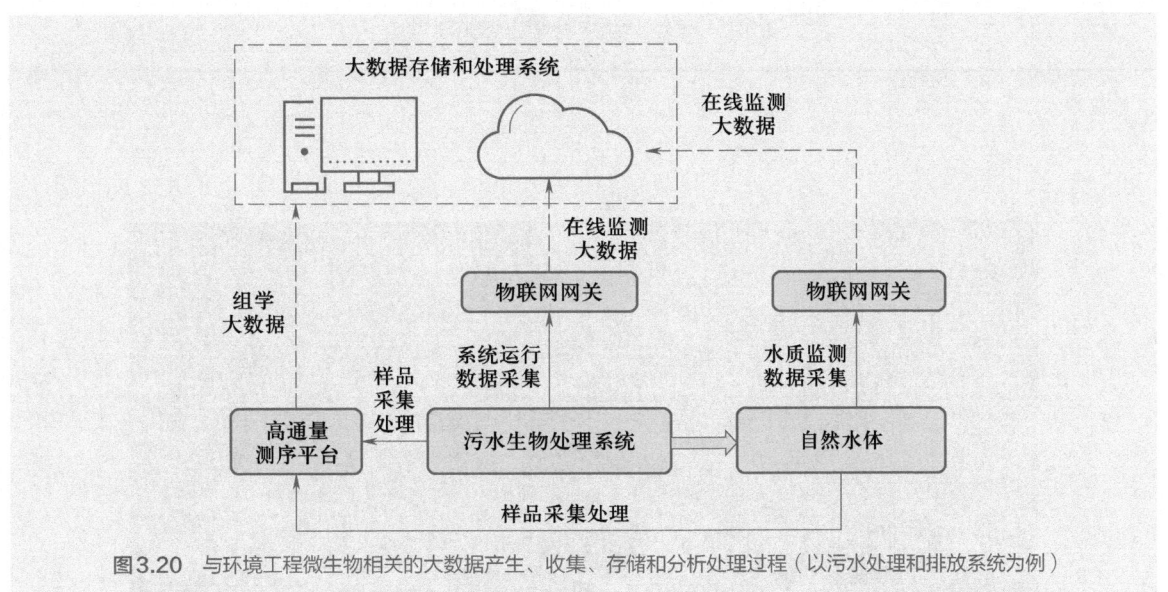

图3.20　与环境工程微生物相关的大数据产生、收集、存储和分析处理过程（以污水处理和排放系统为例）

（三）污染湖泊的减污降碳路径

湖泊作为自然界中重要的碳储存库，通过其生态系统内的生物、化学和物理过程，能够吸收并储存大量的二氧化碳，从而减缓温室效应。湖泊碳汇的形成主要依赖于湖泊生态系统内的生物和化学过程。一方面，湖泊中的水生植物通过光合作用吸收二氧化碳，并将其转化为有机物储存在植物体内。这些有机物在植物死亡后，部分被分解并释放到水体中，部分则沉积在湖底形成有机沉积物。另一方面，湖泊水体中的溶解性无机碳（如碳酸氢根离子）在适宜的条件下，可以转化为碳酸盐沉淀，进一步储存在湖底。此外，湖泊周边的湿地、沼泽等生态系统也具有重要的碳储存功能（图3.21）。

以武汉市蔡甸区沉湖湿地碳汇综合监测建设项目为例，该项目通过通量塔监测、样地试验、遥感解译等手段，对沉湖湿地的碳汇量进行了全面评估（图3.22）。结果显示，沉湖湿地总碳汇量约12.55万t，为武汉市碳中和目标的实现提供了有力支撑。该项目不仅丰富了湿地碳汇的计量、核算体系，还为湿地碳汇功能的长效发挥、精准管理提供了科技支撑。

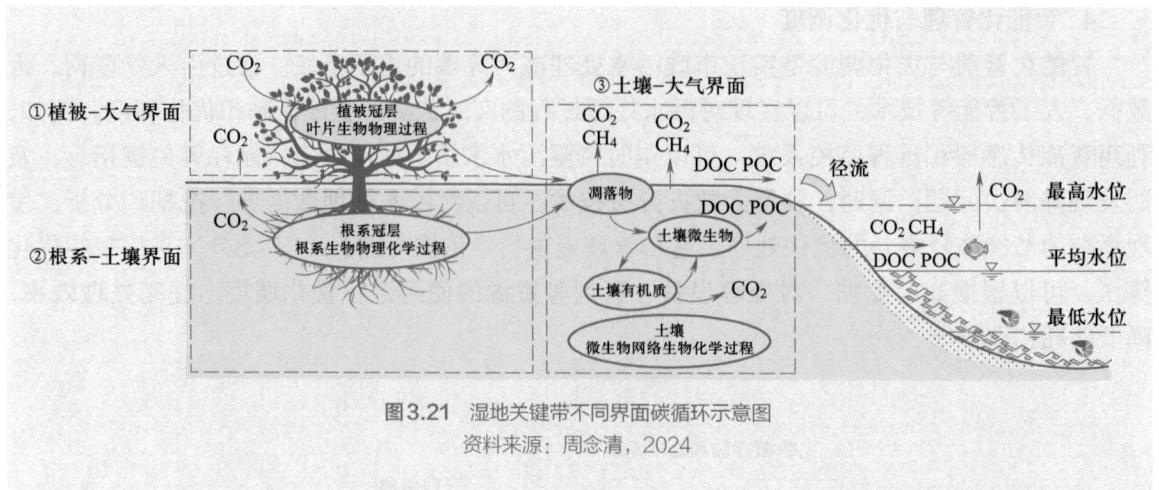

图3.21 湿地关键带不同界面碳循环示意图
资料来源：周念清，2024

图3.22 武汉蔡甸沉湖国际重要湿地
资料来源：武汉市农业农村局

湖泊碳汇建设的主要方法简述如下。

1. 水生植物恢复与种植

通过恢复湖泊中的水生植物群落，如芦苇、香蒲等，可以增加湖泊的光合作用强度，从而提高二氧化碳的吸收量。同时，这些植物还能为湖泊生态系统提供生物栖息地，增加生物多样性。对于已经退化的湖泊，可以通过人工种植水生植物的方式，加速生态系统的恢复。

2. 湿地保护与恢复

湿地是湖泊碳汇的重要组成部分。通过保护现有的湿地生态系统，防止其退化和破坏，可以保持其碳储存功能。对于已经退化的湿地，可以通过生态修复技术，如地形重塑、植被恢复等，恢复其碳储存能力。

3. 沉积物管理

湖泊沉积物是碳储存的重要载体。通过合理的沉积物管理，如控制沉积物的输入量、优化沉积物的分布等，可以提高湖泊的碳储存能力。同时，还可以通过沉积物的挖掘和利用，实现碳的循环利用。

4. 水体富营养化控制

水体富营养化会导致湖泊生态系统的退化，降低其碳储存能力。因此，通过控制水体中的营养物质输入，如减少化肥和农药的使用、加强污水处理等，可以降低湖泊的富营养化程度，从而保持其碳储存功能。

5. 人工碳汇构建

在湖泊周边或湖泊内部构建人工碳汇，如人工湿地（图3.22）、植被过滤带等，可以进一步提高湖泊的碳储存能力。这些人工碳汇通过模拟自然生态系统的过程，能够吸收并储存大量的二氧化碳。

四、水污染治理减污降碳的挑战与展望

水污染治理与减污降碳是当前全球环境保护的重要议题，尤其在面临水资源短缺、气候变化和环境污染等多重压力下，这一领域的挑战与机遇并存。在这一背景下，甲烷（CH_4）、氮氧化物（NO_x）和二氧化碳（CO_2）的治理也成为重要内容，它们的控制对实现低碳和可持续发展目标至关重要。

（一）水污染治理的技术瓶颈

水污染治理的首要技术瓶颈在于处理效率与能耗之间的权衡。传统的污水处理工艺，如活性污泥法、生物膜法等，虽然在一定程度上能够有效去除污水中的有机物、氮、磷等污染物，但往往伴随着较高的能耗。这主要源于处理过程中的曝气、混合、污泥回流等环节，需要大量电力支持。此外，高浓度的污染物处理效率低下，尤其是高氨氮和高磷等复杂成分的处理，更是传统工艺的难点。因此，如何在提高处理效率的同时降低能耗，成为当前水污染治理领域亟待解决的技术瓶颈。研发高效、低能耗的污水处理技术成为关键。例如，膜生物反应器（MBR）技术结合了生物处理与膜分离的优势，能够在较低能耗下实现高效的水质净化。此外，纳米技术、生物强化技术、电化学氧化等前沿科技也在不断探索中，以期在提升处理效率的同时，显著降低能耗。

（二）温室气体排放的控制

在水污染治理中，甲烷、氮氧化物和二氧化碳的排放控制也越来越受到重视：

1. 甲烷排放控制

甲烷作为一种强效的温室气体，主要在污水处理的厌氧消化阶段生成，若处理不当会直接释放到大气中。有效的甲烷捕集与利用技术是减污降碳的重要环节。采用密闭的厌氧消化系统和甲烷收集装置，可以在处理污水的同时减少温室气体的无序排放。

2. 氮氧化物排放控制

氮氧化物的生成主要与污水处理中的氮去除过程有关。传统的硝化－反硝化工艺在氮的去除过程中可能会产生氮氧化物，影响环境和人类健康。因此，研发新型生物脱氮技术，优化反应条件，以减少氮氧化物的生成，是当前的重要研究方向。

3. 二氧化碳减排

二氧化碳是最主要的温室气体，其排放控制是实现减污降碳目标的关键。在污水处理过程中，尤其是传统的活性污泥法，能耗大且二氧化碳的排放量相对较高。通过提高能效、采用低碳工艺和回收利用二氧化碳，可以减少整体排放。例如，利用二氧化碳进行碳捕集和利用（CCU）技术，将其转化为有用的产品，如碳酸盐和化学原料，从而实现减碳目标。

（三）污泥处理与资源化利用

污泥是污水处理过程中不可避免的产物，其处理与资源化利用是当前面临的另一大技术瓶颈。污泥中含有大量的有机物、重金属及病原微生物，若处理不当，不仅会对环境造成二次污染，还会占用大量土地资源。传统的污泥处理方式，如填埋、焚烧等，存在环境风险高、资源利用率低等问题。针对这一瓶颈，创新需求聚焦于污泥的减量化、稳定化及资源化利用。通过生物发酵、厌氧消化等技术，可以将污泥中的有机物转化为生物能源，如沼气和生物肥，实现资源的循环利用。同时，探索污泥中的重金属及有害物质的分离与回收技术，也是未来研究的重点方向。

（四）技术适应性与智能化水平

水污染治理技术的适应性与智能化水平也是当前面临的重要挑战。不同地区、不同行业的污水成分复杂多样，对处理技术的要求各不相同。传统的处理技术往往难以适应这种多样性，导致污水处理效果不佳或成本高昂。此外，智能化水平的不足也限制了水污染治理的效率和精度。因此，研发适应性更强、智能化水平更高的污水处理技术成为当务之急。通过大数据、物联网、人工智能等技术的应用，可以实现水质的实时监测、智能调控及远程管理，提高处理效率和准确性。同时，针对特定行业或地区的污水特点，开发定制化、模块化的处理技术，以满足不同场景下的处理需求。

（五）生态修复与综合治理

水污染治理不仅仅是单一的技术问题，更是一个涉及生态、经济、社会等多方面的系统工程。传统的治理方式往往侧重于末端治理，忽视了生态修复与综合治理的重要性。这导致治理效果有限，且难以实现长期的可持续发展。因此，强调生态修复与综合治理的理念至关重要。通过构建人工湿地、生态缓冲区等生态修复措施，可以恢复水体的自净能力，提高水质。同时，结合农业、林业、渔业等产业的综合发展，形成生态与经济双赢的治理模式。此外，推动跨部门、跨领域的合作与协同，也是实现综合治理的关键。

（六）未来趋势与展望

面对上述技术瓶颈与创新需求，未来的水污染治理将呈现以下趋势：

1. 技术融合与创新

通过跨学科、跨领域的合作，推动新技术、新工艺的研发与应用，尤其是针对甲烷、氮氧化物和二氧化碳的综合治理技术。

2. 智能化、自动化水平的提升

利用大数据、物联网等技术实现水质的实时监测与智能管理，提高处理效率和准确性。

3. 资源化利用与循环经济

通过污泥的资源化利用、污水的再生回用等措施，实现资源的最大化利用，推动循环经济的发展。

4. 政策法规的完善与强化

加强针对甲烷、氮氧化物和二氧化碳的减排政策，推动水污染治理的深入发展，为技术创新与应用提供有力保障。水污染治理中的技术瓶颈与创新需求紧密相联，既是对当前技术的挑战，也是推动技术创新与产业升级的动力。相信通过不断探索与实践，未来的水污染治理将更加高效、环保、可持续，同时可实现减污降碳的目标。

第四节
固体废物低碳循环技术

一、固体废物的来源与分类

根据《中华人民共和国固体废物污染环境防治法》（简称《固废法》），固体废物是指在生产、生活和其他活动中产生的丧失原有利用价值或者虽未丧失利用价值但被抛弃或者放弃的固态、半固态和置于容器中的气态的物品、物质，以及法律、行政法规规定纳入固体废物管理的物品、物质。经无害化加工处理，并且符合强制性国家产品质量标准，不会危害公众健康和生态安全，或者根据固体废物鉴别标准和鉴别程序认定为不属于固体废物的除外。

随着城市人口的不断增加和经济的快速发展，固体废物的产生量迅速增加，这些废物不仅占用了宝贵的土地资源，还可能造成土壤和水源的污染，危害生态平衡和人类健康。在"双碳"目标提出的背景下，固体废物如何高效综合利用，促进碳中和与碳达峰目标的实现，也逐渐引起了行业内的关注，成为环境保护、资源循环使用和绿色发展的重要议题。

（一）固体废物的来源

固体废物的来源主要包括工业源、生活源和农业源，了解固体废物的不同来源可以更有针对性地对不同来源的固体废物进行管理与处理，保证环境污染的减少和资源的充分利用。

1. 工业来源

工业是固体废物的主要来源之一，如冶金、煤炭、食品加工、造纸、石油化工等工业，这些工业生产中所产生的废渣、矿石、燃料、橡胶等废弃物最终都会成为固体废物。生态环境部《2020年全国大、中城市固体废物污染环境防治年报》资料显示2020年中国工业固体废物产生量为36.8亿t，其中电力行业、供热行业、黑色金属加工冶炼行业、有色金属采集行业和黑色有色金属矿采行业产生的废物量占所有行业固体废弃物的80%（表3.3）。

表3.3　固体废物工业来源和主要组成物

工业来源	主要组成物
冶金、交通、金属结构等工业	金属、矿渣、砂石、模型、陶瓷边角料、黏结剂、塑料、橡胶、烟尘、废旧建筑材料等
煤炭工业	矿石、木材、金属、煤矸石等
食品加工	肉类、谷物、果类、蔬菜、烟草等
橡胶、皮革、塑料等工业	橡胶、皮革、塑料、布、纤维、染料、金属等
造纸、木材、印刷等工业	锯木、碎木、化学药剂、金属填料、塑料填料、塑料等
石油化工	化学药剂、金属、塑料、橡胶、陶瓷、沥青、油毡、石棉、涂料等
电器、仪器仪表等工业	金属、玻璃、木材、塑料、橡胶、化学药剂、研磨料、绝缘材料等
纺织服装业	布头、纤维、金属、塑料、橡胶等
建筑材料工业	金属、水泥、黏土、陶瓷、石膏、砂石、纸等
电力工业	炉渣、粉煤灰、烟灰等

2. 生活来源

除了工业生产外，在我们的日常生活和日常生活提供服务活动中也会产生大量的固体废物，主要来源于居民家庭、餐饮业、旅游业、市政环卫、交通建设、文教卫生业和行政事业单位等（表3.4）。随着生活质量不断地提高，生活垃圾的产生量也在逐年增加。近年来，我国的生活垃圾清运量基本维持在1.5亿t左右，这些固体废物已经成为城市环境管理不可忽视的问题。

表3.4　固体废物生活来源和主要组成物

生活来源	主要组成物
居民生活	食物垃圾、植物残余、金属、玻璃、陶瓷、塑料、燃料、灰渣、碎砖瓦、废器具、粪便、杂品等
商业、机关	管道、沥青、建筑材料、废汽车、废电器、易燃、易爆、腐蚀性、放射性的废物、各种生活废物等
市政维护、管理部门	碎砖瓦、树叶、死禽兽、金属锅炉灰、污泥、脏土等

3. 农业来源

农业生产也是固体废物产生的一大来源，主要包括作物种植业、动物养殖业和农副产品加工业等方面（表3.5）。据不完全统计，目前我国是农业固体废物产量最多的国家，农业固体废物每年总量为50多亿t，折合约30亿t左右的标准煤，预计到2025年将达到60亿t。

表3.5　固体废物农业来源和主要组成物

农业来源	主要组成物
作物种植业	作物种植过程中产生的废物，如稻草、麦秸、玉米秸、根茎、落叶、烂菜、废农膜、农用塑料、农药等
动物养殖业	动物养殖过程中产生的废物，如猪粪、牛粪、羊粪、鸡粪、鸭粪等，以及死禽死畜、死鱼死虾、脱落的羽毛等
农副产品加工业	农副产品加工过程中产生的废物，如畜禽内容物、鱼虾内容物、未被利用的菜叶、菜梗和菜根、秕糠、稻壳、玉米芯、瓜皮、果皮、果核、贝壳、羽毛、皮毛等

（二）固体废物的分类

固体废物由于来源广泛，种类众多，是一个十分复杂的混合物质，故有多种分类方式，可以按照组成、形态、危害状况、来源进行分类。

按组成划分，固体废物根据组分可以分为有机固废、无机固废和有机/无机复合固废；按形态划分，固体废物分为固态废物、半固态废物、非常规固态废物；按危害状况划分，固体废物可分为危险废物和一般废物。本教材根据《固废法》的规定，主要介绍固体废物的一级分类，按照产生源进行划分，包括工业固体废物、生活垃圾、建筑垃圾、农业固体废物和其他固体废物。

1. 工业固体废物

工业固体废物，是指在工业生产活动中产生的固体废物。这些废物可能来自不同的工业生产过程和工业加工过程，又可以分为一般工业固体废物和工业有害固体废物两大类。

一般工业固体废物包括但不限于高炉渣、钢渣、赤泥、有色金属渣、粉煤灰、煤渣、硫酸渣、废石膏、脱硫灰、电石渣、盐泥等。这些废物通常不具有直接的危害性，但若处理不当，仍可能对环境造成污染。工业有害固体废物则包括具有毒性、易燃性、反应性、感染性、腐蚀性等危险特性的废物。这些废物对环境和人体健康具有较大的危害，需要特别的处理和处置方法。

随着工业生产的发展，工业固体废物数量日益增加，尤其是冶金、火力发电等工业排放量最大。工业固体废物的消极堆放不仅占用大量土地，造成人力物力的浪费，有的甚至淤塞河道、污染水系、影响生物生长、危害人体健康。目前我国工业固体废物处置处于成熟期，主要处理方法包括压实、破碎、分选、固化、焚烧、生物处理等。

2. 生活垃圾

生活垃圾，是指在日常生活中或者为日常生活提供服务的活动中产生的固体废物，以及法律、行政法规规定视为生活垃圾的固体废物。生活垃圾通常包括厨余垃圾、塑料制品、纸类、金属、玻璃、纺织品、有害垃圾和其他生活垃圾。

生活垃圾的性质复杂多变，处理不当，会对环境造成严重污染，包括土壤污染、水体污染、空气污染等，其处理方式包括源头减量、分类收集，物理处理、生物处理、焚烧处理和填满处理等。合理有效的垃圾处理和资源化利用是保护环境、促进可持续发展的重要措施。

3. 建筑垃圾

建筑垃圾，是指建设单位、施工单位新建、改建、扩建和拆除各类建筑物、构筑物、管网等以及居民装饰装修房屋过程中产生的弃土、弃料和其他固体废物。建筑垃圾的组成可以非常复杂，通常包括但不限于土地开挖垃圾、道路开挖垃圾、旧建筑物拆除垃圾、建筑施工垃圾和建材生产垃圾等。

建筑垃圾的常用处理方式有填埋、焚烧、回收、压实和生物处理等，但建筑垃圾在处理过程中仍存在填埋造成的水污染、空气污染和土壤污染。因此，建筑垃圾的处理亟待寻找到有效的管理措施与技术创新，实现资源的循环利用。

4. 农业固体废物

农业固体废物，是指在农业生产活动中产生的固体废物，主要包括农田和果园残留物、农产品加工废弃物、畜禽粪便及栏圈铺垫物和农村生活垃圾等。

我国是农业大国，农业固体废物是重要的再生资源，随意堆弃是对资源的浪费，对其进行资源化利用是变废为宝的重要途径。农业固体废物的产生地点分散、产生具有明显的季节性、成分复杂，在管理和处理方面具有一定的难度。目前农业固体废弃物资源化综合利用技术有固体厌氧发酵技术、综合堆肥技术和生物液体燃料生产技术。

5. 其他固体废物

固体废物中除以上四类外，其他固体废物均称为其他固体废物，主要包括自来水生产供应和污水处理中产生的污泥、河道清淤的底泥和实验室固体废物等。对于这些其他废物，依旧需要进行分类贮存和处理。针对污泥可以采取焚烧、土地利用、建材利用、填埋和资源回收等方式进行处置利用；针对实验室固体废物则要做好分类收集、采用物理化学处理、焚烧和溶剂回收等方式处置。

（三）固体废物的管理

固体废物管理是指运用环境管理的理论和方法，通过法律、经济、技术、教育和行政等手段，鼓励废物资源化利用和控制固体废物污染环境，促进经济与环境协调可持续发展。

负责管理的部门主要是各级环境保护局（厅）、城市建设局（委）和各行业的环境保护部门。固体废物主要通过法律法规、技术政策、经济政策和技术标准等实施管理。由于固体废物来源、性质和处理处置技术的复杂性，必须通过多种手段的组合，才能实现固体废物的有效管理。

1. 法律法规

1995年《固废法》首次通过立法，自1996年4月1日起开始施行。最新于2020年4月修订，2020年9月1日开始实施。《固废法》是我国针对固体废物管理制定的首个国家法律，也是实施固体废物管理的最高法律。

除了《固废法》之外，生态环境部、住建部和其他有关部门还单独或联合颁布了一系列的行政法规。例如，《城市市容和环境卫生管理条例》《城市生活垃圾管理办法》，这些行政法规都是以《固废法》中确定的原则为指导，结合具体情况，针对某些特定污染物制定的，它们是《固废法》在实际中的具体应用。

2. 技术政策

《固废法》确立我国固体废物污染防治的技术政策为：全过程管理、危险废物优先管理和"三化"原则。全过程管理是指对固体废物实行从产生、收集、运输、贮存到处理处置各环节的全过程的科学管理。危险废物优先管理是指由于危险废物具有较大的危害性，需要对危险废物进行优先控制。"三化"原则是指固体废物的减量化、资源化和无害化。

3. 经济政策

除了通过法律法规进行固体废物管理之外，运用经济手段也是有效的管理方法之一。固体废物管理的经济政策包括排污收费、押金返还、生产者延伸责任制、税收减免、信贷优惠和垃圾填埋费等。

4. 技术标准

通过制定技术标准对固体废物实施管理，也是行之有效的方法之一。经过多年的努力，我国已经建立了比较完善和全面的固体废物管理标准体系，它主要分为四大类，即固体废物分类标准、固体废物监测标准、固体废物污染控制标准和固体废物综合利用标准，如《生活垃圾分类标志》（GB/T 19095—2019）、《危险废物鉴别标准　通则》（GB 5085.7—2019）和《农业废弃物综合利用　通用要求》（GB/T 34805—2017）等。

二、固体废物主要处理技术及其碳排放

了解固体废物处理方式及其碳排放情况，对优化中国固体废物处理方式结构和挖掘碳减排的潜力至关重要。中国固体废物处理最常见的方法主要有填埋、焚烧和堆肥三种方法。近年来，中国固体废物的处理方式发生较大变化，过去以填埋为主，但随着技术进步和环保要求提高，焚烧和堆肥量逐年上升。目前，中国大部分城市固体废物处理方式由填埋为主、焚烧为辅的旧格局，逐步转变为以焚烧为主、填埋为辅的新格局。在碳排放背景下，固体废物处理技术的发展必须充分考虑其对环境的影响和碳排放的优化。未来，通过技术创新与政策的有效结合，固体废物处理将在促进可持续发展和应对气候变化中发挥更大作用。

（一）固体废物填埋技术及其碳排放

1. 固体废物填埋技术

固体废物填埋技术是按照工程理论和土工标准将固体废物掩埋覆盖，并使其稳定化的最终处置方法，是从传统的堆放和土地处置发展起来的一项最终处置技术，对固体废物进行有效管理的综合性科学工程方法。这种技术的主要目的是减少废物对环境的影响，尤其是防止废物中的有害物质污染土壤、地下水和空气。固体废物填埋技术工艺简单、成本低廉、适应性广，是现阶段我国固体废物处理的主要方式之一。

根据填埋固体废物类型可分为一般工业固体废物填埋场、生活垃圾填埋场和危险废物填埋场。一般工业固体废物填埋场是专门设计用于安全处置一般工业固体废物的场所。卫生填埋是采取防渗、铺平、压实、覆盖对城市固体废物进行处理和对气体、渗滤液、蝇虫等进行治理的处理方法。危险废物对环境的危害性更大，因此危险废物填埋场相对于一般工业固体废物填埋场和生活垃圾填埋场在选址、设计、施工、运行、封场及监测的环境保护要求上更为严格。以生活垃圾的填埋技术为例，生活垃圾填埋场主要包括防渗衬层系统、渗滤液导排系统、渗滤液处理设施、雨污分流系统、地下水导排系统、地下水监测设施、填埋气体导排系统、覆盖和封场系统。首先进行固体废物的接收、称重和分类；然后进行压实和逐层覆盖，以减少体积、控制异味和防止疾病传播；同时填埋场会收集和处理由废物分解产生的渗滤液和填埋气体（主要是甲烷和二氧化碳），以防止环境污染和温室气体排放；最后，当填埋场用量达到设计容量后，会进行封场覆盖和植被恢复，以恢复土地的使用价值并进行长期的环境监测（图 3.23）。

2. 固体废物填埋技术的碳排放

固体废物被填埋后，由于氧气的存在，好氧微生物开始分解有机物质，产生二氧化碳和水。尤其中国的生活垃圾具有高可生物降解有机部分和高水分含量的特点，有机物质分解过

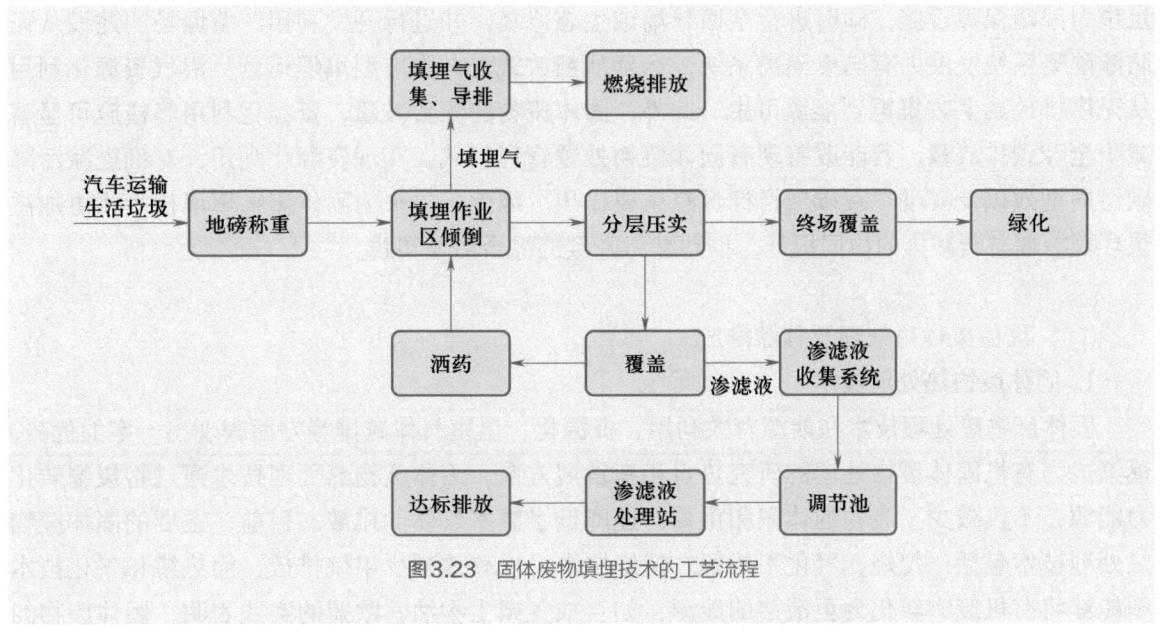

图3.23 固体废物填埋技术的工艺流程

程将会更加快速。随着氧气的消耗，填埋系统环境逐渐转变为厌氧条件。在厌氧条件下，厌氧微生物开始分解有机物质，产生甲烷和二氧化碳，这两种气体成分体积占填埋气体总量的95%～99%，且甲烷是一种比二氧化碳更强的温室气体。全球温室气体排放中，源自垃圾填埋场的排放量约占2%，垃圾填埋场产生的甲烷占全世界每年5亿t量中的2 200万～3 600万t。因此，垃圾填埋场的温室气体排放是一个重要的环境问题，需要通过有效的气体收集和处理技术来减少其对气候变化的影响。随着有机物质的持续分解，废物中的有机物质含量逐渐减少，填埋场产生的气体量也随之减少，最终达到稳定状态。填埋场表面覆盖层中的甲烷氧化菌利用甲烷作为唯一的碳源和能源，通过甲烷单加氧酶催化氧化甲烷为甲醇，进一步转化为二氧化碳。

　　基于上述过程，填埋场的设计包括废物的堆放方式、覆盖材料的选择和气体收集系统，以及填埋操作如废物的压实程度、覆盖的及时性和日常运营中的维护，会影响甲烷的产生和排放，对碳排放有很大的影响。填埋场的后期管理和封场后的维护，包括填埋气体的收集和利用以及渗滤液的处理，也是控制碳排放的关键因素。为了减少填埋过程中的碳排放，可以采取多种措施。改进填埋技术以加速废物稳定化并减少甲烷产生，建立有效的填埋气体收集系统将甲烷转化为可再生能源，通过渗滤液管理减少污染物排放，推广垃圾分类和减量以减少有机废物量，以及采用生态工程技术如人工湿地对渗滤液进行处理和利用。这些措施共同作用，旨在降低填埋场的温室气体排放，同时提高废物处理的环保效率。

　　由于全球对碳排放问题的关注日益增加，固体废物的填埋技术正在不断地得到改良和发展，以满足环境保护和可持续性发展的需求。未来，固体废物填埋技术应该集中在减少碳排放和提高环境可持续性上，向专业化、精细化、集约化、智能化方向发展。填埋场功能重新定位为战略保障设施，同时进行全面封场或生态修复，并进行开发利用。填埋场的建设从无防渗隔离系统发展为有防渗隔离系统，运营从粗放式走向生态型填埋运营，沼气资源化利用从无序排放到全收集再到能源再生。此外，固体废物的源头减量、资源化利用等措施可显著减少全球碳排放量，若能改善现有固体废物处置管理模式，实现资源化利用，对推进减污降碳协同增效以及实现"双碳"目标具有重要作用。因此，未来的固体废物填埋技术将更加注重环境治理与碳减排的协同提升，推动减污降碳的综合治理实践。

（二）固体废物热处理及其碳排放

1. 固体废物热处理技术

固体废物热处理技术在能源有效利用、资源化、温室气体减排等方面表现出一定的优势，逐渐成为有机固体废物处理的研究热点和新发展方向。固体废物热处理技术通过将废物转化为能源，不仅减少了废物的体积和重量，还降低了温室气体的排放。目前，主要的固体废物热处理技术包括：焚烧、气化和热解。焚烧技术可以有效减少甲烷排放，而热解和气化技术则能够将有机废物转化为更清洁的能源，如合成气或生物油。欧盟的实践表明，固体废物的处理方式由填埋向焚烧、堆肥和厌氧发酵以及回收利用转型，是减排的主要来源之一。我国生活垃圾处理行业已经初步形成以焚烧处理为主、资源化利用为辅、填埋保障兜底的态势，正在向"资源化"的方向发展。

2. 固体废物焚烧技术

固体废物焚烧技术是以一定量的过剩空气与被处理的有机废物在焚烧炉内进行氧化燃烧反应，废物中的有毒有害物质在高温下氧化、热解而被破坏的高温热处理技术。这一过程释放大量热量，产生基态和激发态的自由基，并伴随光辐射现象。由于其在减少废物体积和彻底消除有害物质方面的显著效果，焚烧已成为处理城市生活垃圾和危险废物的主要方法。此外，焚烧技术也在处理其他类型固体废物方面得到了日益广泛的应用。固体废物焚烧技术的基本工艺流程如图3.24所示。

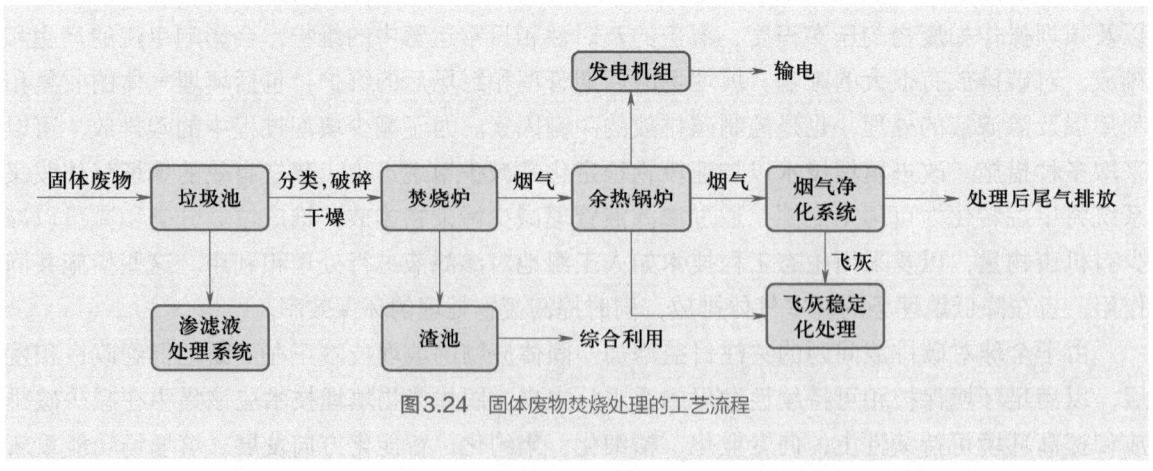

图3.24 固体废物焚烧处理的工艺流程

固体废物的焚烧处理是一个包含多种物理和化学变化的复杂过程，通常分为干燥、热解和燃烧三个主要阶段。实际上是干燥脱水、热化学分解以及氧化还原反应相互作用的结果。干燥过程利用焚烧系统热能，使入炉固体废物水分汽化、蒸发。热分解将固体废物中的有机可燃物质，在高温作用下进行化学分解和聚合反应。最后，可燃物质进行快速分解和高温氧化。在这个过程，固体废物需要具有足够的热值以维持正常焚烧，即进行焚烧时垃圾焚烧释放出来的热量足以加热垃圾，并使之到达燃烧所需要的温度或者具备发生燃烧所必需的活化能。否则，便需要添加辅助燃料才能维持正常燃烧。经过焚烧处理，生活垃圾、危险废物和辅助燃料中的碳、氮、硫、氯等元素，分别转化成为碳氧化物、氮氧化物、硫氧化物、氯化物及水等物质组成的烟，不可燃物质、灰分等成为炉渣。

3. 固体废物气化技术

气化是指固体废物在高温缺氧条件下，与氧、水蒸气反应产生燃气和燃油的过程。实质是有机可燃垃圾在部分氧气存在的条件下，利用热能使化合物的化合键断裂，由大分子的有机物转变为小分子的一氧化碳、氢气、甲烷等可燃气体（图3.25）。固体废物气化技术是处理工业有机固体废物的一种高效且清洁的方法，近年来得到了广泛的应用。它在减少污染物排放和实现能源回收方面起到了显著的积极作用。通过保持还原性环境，气化反应能够将工业有机固体废物中的有机成分转化为具有高热值的合成气体。

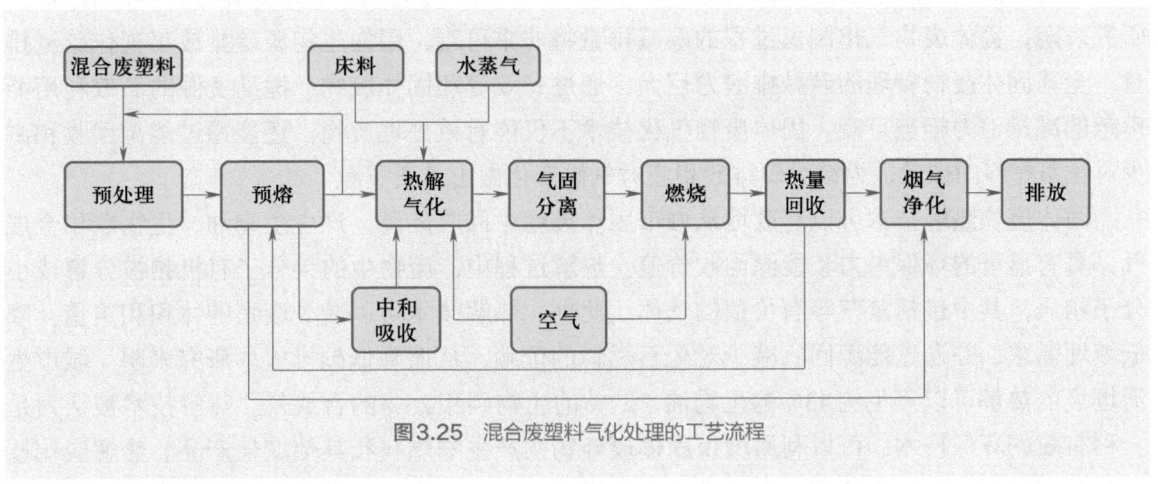

图3.25 混合废塑料气化处理的工艺流程

4. 固体废物热解技术

热解是将有机化合物在缺氧或绝氧的条件下利用热能使化合物的化合键断裂，由大分子量的有机物转化成小分子量的燃料气、液状物（油、油脂等）及焦炭等固体残渣的过程。热解过程包括裂解反应、脱氢反应、加氢反应、缩合反应、桥键分解反应等。固体废物热解技术是固体废物在无氧（外热式热分解）或缺氧（内热式热分解，又称气化）的条件下，高温分解成燃气，燃油等物质的过程。与燃烧不同，热解是吸热而非放热，主要目的是让大分子有机物分解成较小分子。热解产物包括氢气、甲烷等气体；甲醇、丙酮等液体；以及固体炭黑。热解过程可用下式表示：

$$有机固体废物 \xrightarrow{\triangle} 气体（H_2、CH_4、CO、CO_2）+ 有机液体（有机酸、芳烃、焦油）+$$
$$固体（炭黑、灰渣）$$

5. 固体废物热处理的碳排放

固体废物的焚烧处理是一种有效的降碳技术，它通过高温燃烧将固体废物转化为灰渣和气体，释放出热能，同时减少废物体积和重量。焚烧过程中，有机物质被转化为二氧化碳和水蒸气，实现了废物的减量化和无害化。此外，焚烧产生的热量可以回收利用，用于发电或供暖，进一步减少对化石燃料的依赖，降低碳排放。现代焚烧技术还配备了先进的烟气处理系统，如除尘器、脱硫装置和脱硝装置，以减少污染物排放，实现环保排放。通过优化炉体结构和热工性能，提高能源利用效率，减少能源消耗，进一步降低碳排放。在"无废城市"建设中，固体废物管理通过提高资源化利用率和焚烧率，有效减少了碳排放，其中生活垃圾的焚烧处理方式在回收利用中发挥了重要作用，避免了大量温室气体排放。固体废物的焚烧处理不仅减少了废物的环境影响，还通过能源回收减少填埋需求。

通过气化，固体废物中的有机物质被转化为可燃气体，这些气体可以用于发电或供热，实现能源回收，从而减少对化石燃料的依赖和相应的碳排放。此外，由于固体废物含有生物源碳，其燃烧所产生的二氧化碳将参与大气碳循环，不会对生态圈的碳浓度产生净影响。同时，垃圾中的生物源碳通过热解气化制氢可以替代传统化石燃料制氢的碳排放，实现碳减排。研究表明，固体废物气化制氢过程的碳减排量将非常可观，因为生物源碳排放可视作碳减排量。全球固体废物管理的碳减排潜力巨大，通过有效管理固体废物、提高资源的高效利用能贡献的减排潜力相当可观。固体废物气化技术不仅能有效处理废物，还能通过能源回收和减少对化石燃料的依赖，为减少碳排放和应对气候变化做出重要贡献。

固体废物热解技术可以有效地从城市固体废物中回收能源，产生生物油、生物碳和合成气，具有显著的环保潜力和能源回收价值。热解过程中，废物中的大分子有机物被分解成小分子物质，其中包括氢气等有价值的气体。此外，热解技术可以减少废物的体积和重量，降低填埋需求，并通过能源回收减少对化石燃料的依赖，从而降低碳排放。研究表明，城市生活垃圾的热解可以产生约43%的生物油，27%的生物碳和25%的合成气。热解技术被认为是一种有效的环保技术，可以利用城市固体废弃物生产生物燃料和其他增值产品。热解炭化技术在污泥处置中的应用表明，该技术可以将污泥转化为生物碳，其具有固定重金属、保留营养元素的特点，并且热解过程中的碳排放量比传统的污泥填埋、焚烧工艺更少。污泥热解炭化过程中，大部分碳元素被转化为芳香碳并固定在生物碳中，生产的热解气可以产生碳汇，从而实现碳减排。固体废物热解技术在减少碳排放方面具有显著潜力。

固体废物热处理技术在碳排放背景下展现了重要的减排潜力和经济价值。焚烧、气化和热解各自具有独特的特点和适用场景，在资源循环利用和减少温室气体排放方面发挥了重要作用。随着可持续发展意识的加强，以及对碳排放的严格监管，固体废物热处理技术将迎来更广泛的应用。

（三）固体废物生物转化及其碳排放

固体废物的生物转化是一种环保和资源化处理方法，它通过微生物的作用将有机固体废物转化为有价值的产品，如生物燃料、有机肥料等。在碳排放背景下，固体废物生物转化技术不仅有助于减少废物量和环境污染，还能减少温室气体排放，实现资源的循环利用。目前生物转化方式及工艺主要包括好氧堆肥技术、厌氧消化技术。

1. 固体废物生物转化技术

（1）好氧堆肥技术

堆肥是利用微生物的分解作用，使废物中有机物质稳定化的过程。好氧堆肥是在充分供氧的条件下，主要利用好氧微生物对废物进行堆肥的方法。过程中，微生物吸收可溶性有机物，并利用胞外酶将固体和胶体有机物分解为可溶性物质，再吸收进细胞内。微生物通过氧化还原和生物合成，将一部分有机物转化为能量，另一部分用于生成新细胞，促进生长繁殖。其堆肥过程如图3.26所示：

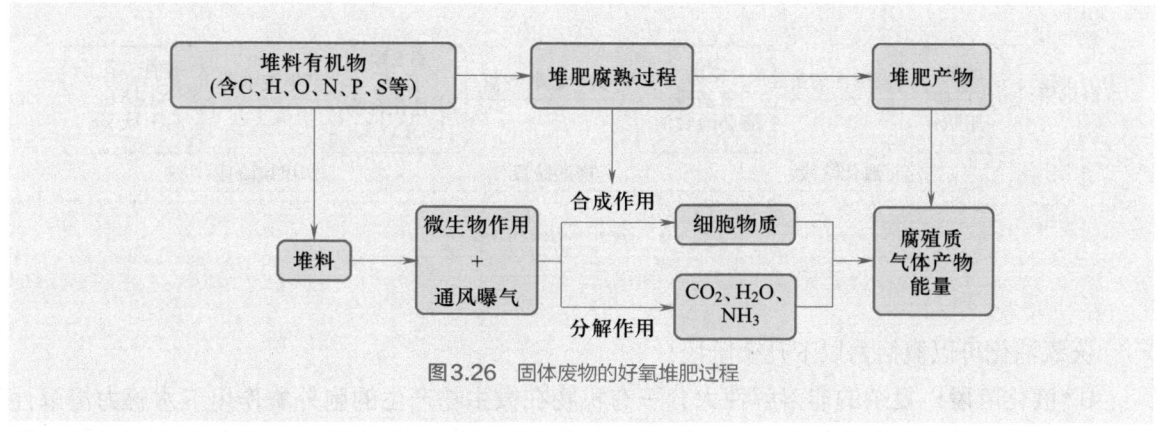

图3.26　固体废物的好氧堆肥过程

好氧堆肥可以概括为以下几个阶段：

① 发热阶段：在堆肥的初始阶段，主要由中温好氧细菌和真菌主导，它们利用堆肥中易于分解的有机物，例如淀粉和其他糖类，迅速增长并释放热量，从而导致堆肥温度的持续上升。

② 高温阶段：当堆肥的温度升高至50 ℃以上时，它便进入了高温期。随着温度的升高和易分解有机物的减少，喜好高温的纤维素分解菌开始取代中温微生物，成为主导。在这个时期，除了残留的或新形成的可溶性有机物继续被分解外，一些复杂的有机物，如纤维素和半纤维素，也开始被迅速分解。由于不同种类的好热性微生物对温度的偏好不同，随着堆肥温度的波动，这些微生物的种类和数量也在不断变化。高温对于堆肥的快速成熟至关重要，它促进了腐殖质的形成，并导致能溶于弱碱的黑色物质的出现。此外，高温对于消除病原体也非常重要，通常认为，如果堆肥温度维持在50~60 ℃，持续6~7天，可以有效杀死虫卵和病原体。

③ 降温和腐熟保肥阶段：随着高温阶段的持续，堆肥中的易分解和较易分解的有机物（如纤维素）大部分已被分解，剩余的是更难分解的有机物，例如木质素，以及新形成的腐殖质。此时，好热性微生物的活动减弱，产生的热量减少，导致温度逐渐降低。中温性微生物再次成为主导菌群，继续分解残余物质，腐殖质不断积累，堆肥进入成熟阶段。为了保留腐殖质和氮等植物养分，可以采取压实堆肥的方法，创造厌氧环境，抑制好氧微生物的生长，减缓有机质的矿化过程，从而避免养分的损失。

（2）厌氧消化技术

厌氧消化是在无氧或缺氧条件下，利用厌氧微生物的作用使废物中可生物降解的有机物转化为甲烷，二氧化碳和稳定物质的生物化学过程。在转化作用中，被分解的有机碳化物中的能量大部分转化贮存在甲烷中，仅有一小部分有机碳化物氧化成二氧化碳，释放能量作为微生物活动的需要。

厌氧消化的过程如图3.27所示：

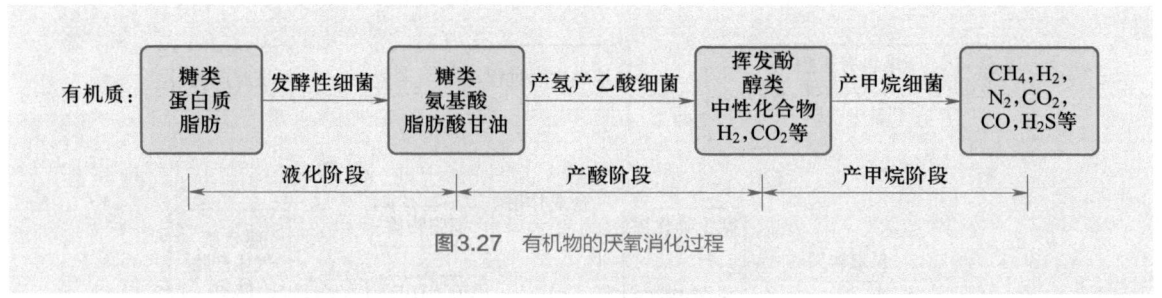

图3.27　有机物的厌氧消化过程

厌氧消化可以概括为以下几个阶段：

① 液化阶段：复杂的非溶解性大分子有机物在微生物产生的胞外酶作用下水解为溶解性小分子物质，如淀粉分解为葡萄糖，纤维素分解为纤维二糖和葡萄糖，蛋白质分解为肽和氨基酸等。

② 产酸阶段：上述小分子物质在发酵细菌（酸化菌）作用下转化为更简单的化合物并分泌到细胞外，形成挥发性脂肪酸、醇类、乳酸、二氧化碳、氢气、氨、硫化氢等。产氢产乙酸菌将上述产物转化为乙酸、氢气、碳酸等。

③ 产甲烷阶段：好氧微生物分解有机物质，将其转化为较小的分子，如二氧化碳、水和热量。

2. 固体废物堆肥技术的碳排放

堆肥技术在处理农业有机废弃物方面已经被广泛应用，堆肥的过程是耗氧的过程，常排放出大量的二氧化碳，这样才利于有机物质分解、腐殖质形成。但是在堆肥发酵过程中，由于物料混合不均、通气不良或堆体过大等原因，难免会出现部分厌氧的状态。在这种状态下，一些温室气体如甲烷、一氧化二氮等就会形成并排放出来，增加了堆肥过程的碳排放量。堆肥中碳素的损失是造成碳排放的主要原因。在堆肥过程前期，微生物首先利用简单、易降解的有机物进行新陈代谢和矿化。这些有机物主要包括可溶糖、有机酸和淀粉。这些易降解有机物在微生物作用下不断地进行分解并以二氧化碳、甲烷等形式挥发掉，可降解有机质越多释放二氧化碳越多。在堆肥后期，一些较难降解和难降解的有机物变为碳源，它们在微生物的代谢作用下分解成酚类、醌类以及芳香族化合物等，而这些中间产物有部分同样会进一步分解生成二氧化碳释放。

理想的堆肥条件能够减少温室气体的排放。在堆肥过程中，氧气的供应水平是决定甲烷生成量的关键因素。在缺氧的环境中，甲烷的产生更为活跃。通过精确控制氧气的供应，可以有效地调节甲烷和二氧化碳的排放量。然而，一氧化二氮的排放与甲烷的排放之间存在一种复杂的关系，它们受到水分条件的影响而相互竞争。在干湿交替的条件下，尤其是当水分含量较低时，甲烷的排放量会降低，而一氧化二氮的排放量则可能增加。通风率对二氧化碳和氨气的排放有着显著的影响。通风量的增加与甲烷排放量的减少相关，而与氨气损失的增加相关。二氧化碳的排放主要集中在堆肥的高温期，而高孔隙度有助于防止厌氧微生物的生长，从而减少一氧化二氮和甲烷的生成。

研究显示，二氧化碳的排放量与温度有显著的正相关关系，而通风率与甲烷排放量则呈负相关。随着对堆肥过程中碳减排方法关注的增加，人们开始探索并实施一系列精细化的策略。一种方法是在堆肥原料中有针对性地加入生物炭或绿藻等特定物质。生物炭因其高孔隙率和稳定碳结构，能有效吸附并固定二氧化碳，提升堆肥的通气性和保水性；绿藻能增加微生物多样性，加速有机物的分解，减少甲烷等温室气体的排放。另一种方法是改进堆肥的工艺和设备，如采用自动化控制的通风系统，该系统能根据堆体内部的氧气含量和温度自动调节通风速率，维持最佳的微生物活性条件，避免厌氧发酵导致的甲烷产生。引入高效混合设备，确保堆肥原料均匀混合，提高分解效率，并结合智能监测系统，实时追踪堆肥过程中的碳足迹，以实现更精确、更有效的碳减排。

三、典型固体废物的减污降碳路径

随着我国经济迅速发展和生产活动快速扩张，二氧化碳排放量也呈上升的趋势。根据国际能源署（IEA）的数据，我国二氧化碳总体排放量从2005年的54.07亿t增长到2019年的98.09亿t，增长将近一倍。但同时我国在控制碳排放、实现绿色发展方面取得了积极进展。二氧化碳排放增速明显放缓，2005—2010年二氧化碳排放年均增速约达8%，2011—2015年下降至3%，2016—2019年进一步下降至约1.9%。

我国每年产生固体废物超过110亿t，其中，工业固体废物超过40亿t，农业固体废物超过50亿t（含畜禽粪污和秸秆等），建筑垃圾超过20亿t，生活垃圾约为4亿t，危险废物约为1亿t。通过科学管理和技术创新，实现固体废物的减量化、资源化和无害化，不仅可以减少环境污染，还能促进资源的循环利用，降低对原生资源的开采需求，进而减少温室气体排放，实现绿色低碳发展。

（一）生活垃圾的减污降碳路径

我国是人口大国，生活垃圾产生量大，居世界首位。2020年全国城市生活垃圾处理全过程碳排放量9 404.5万t，碳抵消量4 703.5万t，净排放量4 701.0万t。2021年，我国城市生活垃圾清运量为2.5亿t，如果加上0.7亿t县城生活垃圾清运量，生活垃圾处理量达到3.2亿t。厨余垃圾、纸张、塑料等生活垃圾占比较大，尤其是厨余垃圾，通常占到城市生活垃圾的一半以上，且含有大量水分，给处理带来较大难度。

生活垃圾处理量与人口数量和经济发展水平呈正相关。人口越多，经济越发达，生活垃圾产生量越多。未来随着居民收入水平的提高和生活方式的改变，生活垃圾产生量和处理量有持续增长趋势。生活垃圾处理面临巨大的挑战。

1. 减量化

减量化一直是我国生活垃圾处理的首要目标。生活垃圾中的许多成分，如塑料、纸张、金属等，在生产过程中都需要消耗大量的能源和资源，产生碳排放。减少生活垃圾的产生，意味着减少这些原材料的需求，从而减少生产过程中的碳排放。例如，每回收并再生1 t废塑料，就相当于减少了1.51~2.2 t的碳排放。

2. 垃圾分类

生活垃圾分类是实现资源化和循环利用的前提条件。对于堆肥来说，只有做好生活垃圾分类，才能保证堆肥所要求的有机物纯度。在垃圾尚未实现分类的情况下，堆肥产生的有机肥不仅成本高、肥效低，而且有害成分较多，影响有机肥的功效。对于焚烧来说，垃圾分类最大的贡献是干湿分离。一方面，干湿分离减少了垃圾数量，干湿分离后餐厨垃圾将不再直接焚烧，这将减少上亿吨二氧化碳等温室气体排放。另一方面，干湿分离后垃圾质量提高，成分更加均匀，燃烧更为充分，污染物排放减少。

垃圾分类后，许多物品可以被重新利用，如废纸、废塑料、废金属等。这些物品的再利用可以减少对新原料的需求，从而降低生产过程中产生的碳排放。例如，回收1 t废纸能生产800 kg的再生纸，可以节约一半以上的造纸原料，减少水污染和碳排放。厨余垃圾等有机垃圾可以进行堆肥处理或沼气发电，不再被填埋或焚烧，减少填埋过程中产生的甲烷等温室气体排放，以及焚烧过程中产生的二氧化碳和其他污染物排放。

垃圾精细化分类可提高后续可回收资源的利用率，提高湿垃圾纯度，提高干垃圾热值，是源头推动碳减排的关键。只有生活垃圾分类工作持续推进，实行推广精细化的垃圾分类模式（如上海市的4分法生活垃圾分类，图3.28），才能实现长远的温室气体减排目标。

3. 优化处理技术

目前，垃圾焚烧发电技术已成为垃圾处理行业的主要技术手段，通过焚烧方式替代传统的填埋方式处理生活垃圾，避免了垃圾填埋过程中产生的以甲烷为主的温室气体排放。同时焚烧过程中产生的热能可以被转化为电能，实现了废物能源化利用，减少对传统能源的依赖，

图3.28 生活垃圾分类公示告知牌
资料来源：上海市绿化和市容管理局，2024

从而减少化石燃料的消耗和二氧化碳的排放。与传统燃煤发电相比，垃圾焚烧发电能够显著减少二氧化碳的排放量，有助于降低大气中的温室气体浓度。

技术创新是实现垃圾处理行业碳减排的重要途径，通过优化焚烧工艺，提高焚烧效率，减少有害气体排放，可以实现垃圾处理过程中的碳减排。上海东石塘再生能源有限公司通过在既有的脱硫脱硝烟气净化系统基础上开展焚烧炉内渗沥液回喷改造，实现了氮氧化物排放量的显著降低。该技术利用自产渗沥液作为脱硝剂，与SNCR脱硝工艺实现协同脱硝，同时降低渗沥液处置量，实现双重减排效果。技术实施后，该发电厂氮氧化物排放总量逐年降低，年可节约尿素费用约31.5万元，节约渗沥液处理费用约252万元。这一技术的成功应用，为垃圾焚烧发电行业的碳减排提供了新的思路和路径。

此外，生物降解技术、气化技术等新型垃圾处理技术也在不断研发和推广中，有望进一步提高垃圾处理行业的碳减排效果。

绿色低碳循环处理生活垃圾对于我国这样一个人口大国和经济大国具有尤为重要的现实意义，是我国城乡居民改善人居环境、实现可持续发展的重要途径。

（二）建筑垃圾的减污降碳路径

2023 年中国建筑节能协会和重庆大学在重庆联合发布《2023 中国建筑与城市基础设施碳排放研究报告》显示：2021 年全国房屋建筑全过程碳排放总量为 40.7 亿吨，占全国能源相关碳排放的比重为 38.2%。当考虑基础设施时，全国建筑业全过程碳排放总量为 50.1 亿 t，占全国能源相关碳排放的比重为 47.1%。据研究表明，每综合利用 1 t 建筑垃圾可减少二氧化碳排放量约 0.698 t，可见建筑垃圾减量化、资源化利用在碳减排方面的重要作用。

1. 源头减量

建筑材料的生产过程会消耗大量的能源和资源，并因此产生碳排放。通过优化建筑设计、采用标准化和模块化设计等方式，可以从源头上减少建筑材料的使用种类和数量，降低碳排放。例如，使用可再生材料、低碳材料和环保材料，这些材料在生产过程中的碳排放量相对较低，有助于减少整体碳排放。

建筑施工过程中，由于施工方式不当或管理不善，往往会产生大量的建筑垃圾。通过精细化管理、加强施工现场管理、提高施工技能和质量意识等方式，可以减少施工过程中的浪费和损耗，从而降低建筑施工过程中的碳排放。

2. 分类回收

根据分类标准严格分类，使用专用运输车辆，将分类后的建筑垃圾运送到相应的回收处理中心。在运输过程中，应采取覆盖、封装等措施，防止二次污染和扬尘。在回收处理中心，对各类建筑垃圾进行进一步的处理和加工。如粉碎、磁选、筛分等工艺，分离出可再利用的材料；有害垃圾则需要进行安全处置，防止对环境和人体健康造成危害。

建筑垃圾分类回收后，许多材料如金属、混凝土块、木材、塑料等都可以被重新利用，减少对原材料的需求，进而减少原材料开采和生产过程中的碳排放。将有价值的材料分离出来，减少填埋和焚烧的垃圾数量，降低处理过程中的碳排放及对土地资源的占用和污染。许多材料回收后可以被加工成再生制品，如再生骨料、再生混凝土、再生木材等（图 3.29）。这些再生制品在生产过程中所需的能源和材料消耗较少，因此碳排放也相对较低。

3. 废旧钢材再生利用

废旧钢材主要经过熔炼、轧制等工艺进行再生利用。废旧钢材被送入熔炼炉进行熔炼，去除其中的杂质和涂层，经过精炼和合金化处理，得到合格的钢水。最后，钢水通过连铸或模铸等工艺制成新的钢材产品，如型钢、钢板等。

铁矿石的开采和加工需要大量的能源和机械设备，同时还会产生大量的废弃物和污染物，对环境造成严重影响。而废旧钢材的再生利用则可以直接将这些废弃的钢材转化为新的建筑材料，避免了原材料开采和加工过程中的碳排放。相比于从铁矿石中提炼新钢，这一过程所需的能源消耗和温室气体排放大大减少。利用回收钢铁生产钢材所需的能源比生产原始钢材要少 70% 左右，能够大幅度减少钢铁生产所需的能源和碳排放量。

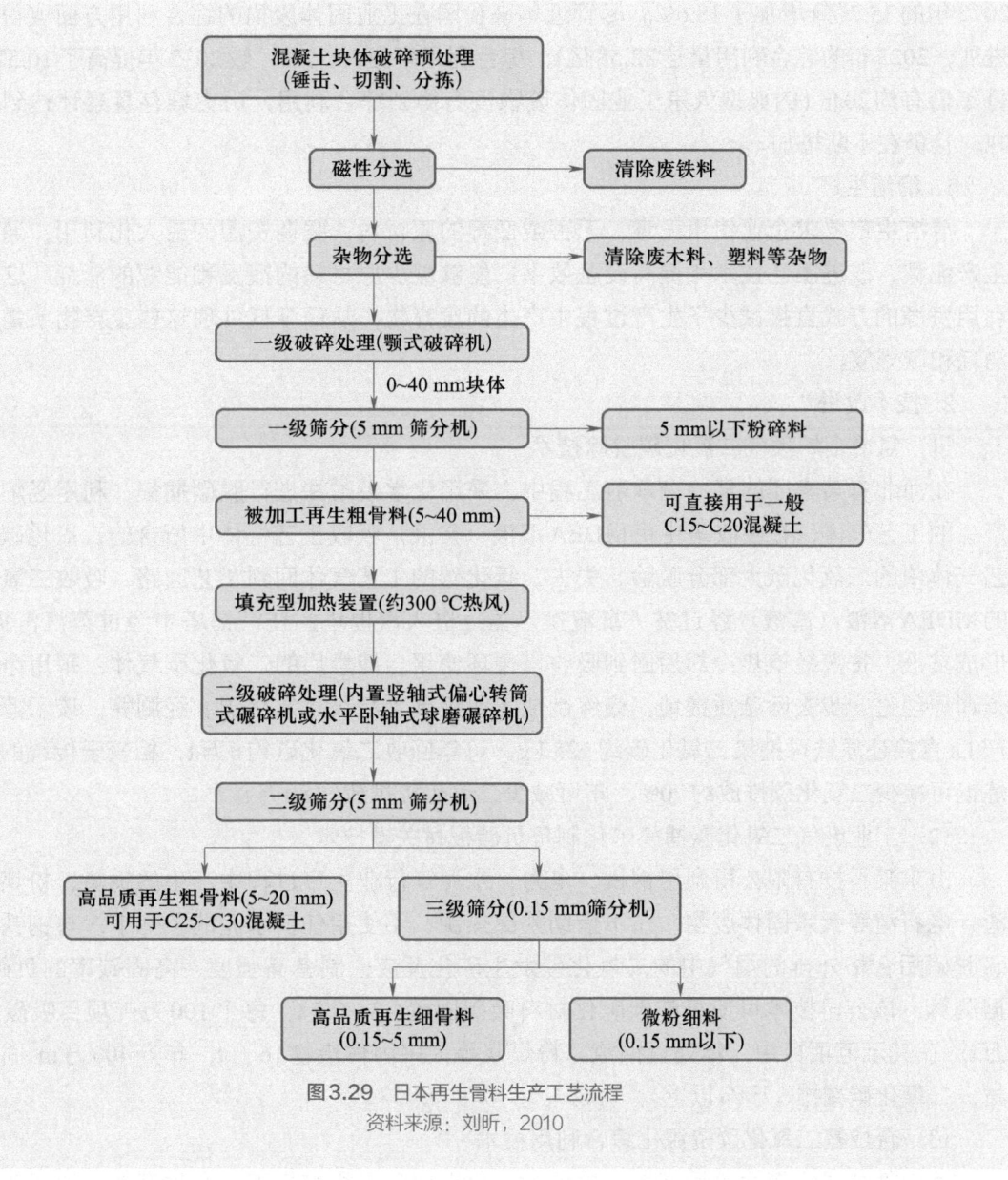

图3.29 日本再生骨料生产工艺流程

资料来源：刘昕，2010

建筑垃圾不仅占用大量土地资源，还可能对土壤、水体和空气造成污染，同时其处理过程中也伴随着大量的碳排放。建筑垃圾的减污降碳路径是推动建筑业绿色转型、实现城市可持续发展的重要途径。

(三）工业固体废物的减污降碳路径

工业固体废物的产生与利用情况直接关系到碳排放和环境污染。数据显示，2023年我国煤矸石、粉煤灰、磷石膏、赤泥、冶炼渣等典型大宗工业固体废物产生量达42.34亿t，较

2012年的35.7亿t增加了18.6%。尽管近年来我国在工业固体废物的综合利用方面取得了显著进展,2023年的综合利用量达22.58亿t,综合利用率为53.32%,较2012年提高了10.52%,但每年仍有约20亿t的典型大宗工业固体废物没有得到综合利用,历史堆存量累计达到数百亿吨,且仍在不断增加。

1. 清洁生产

清洁生产要求企业使用无毒、无害或低毒的原材料,强调资源的最大化利用,通过优化生产流程、改进工艺技术和提高设备效率,能够减少原材料的浪费和能源的消耗。这种高效利用资源的方式直接减少了生产过程中产生的废弃物,从而降低处理这些废弃物所需的能源消耗和碳排放。

2. 技术改进

(1) 氢冶金炉顶气二氧化碳脱除技术

在河北省某集团的氢冶金示范工程中,采用化学吸附法进行脱碳捕集,利用竖炉反应器产生的工艺气体,在吸收塔中用MDEA溶液(贫液)吸收工艺气体中所含的二氧化碳,使工艺气体中的二氧化碳大部分脱除。失去二氧化碳的工艺气体回到工艺回路,吸收二氧化碳后的MDEA溶液(富液)经过贫/富液换热器,进入汽提塔,在汽提塔中经过蒸汽汽提再生,形成贫液,贫液经换热冷却后回到吸收塔循环使用。捕集后的二氧化碳气体,采用净化低温蒸馏原理进一步去除杂质提纯,最终制成工业级或食品级二氧化碳。经测算,该示范工程生产1 t直接还原铁可捕集二氧化碳约125 kg,可年回收二氧化碳约6万t,相较于传统的长流程炼钢可减少二氧化碳排放约70%,年可减少二氧化碳排放约80万t。

(2) 工业废气二氧化碳捕集矿化制备负碳板材关键技术

山东某科技有限公司利用钢铁、电力、水泥等行业生产过程中产生的钢渣、粉煤灰、炉渣、电石渣等大宗固体废物,在不借助外部热源、不使用任何水泥的条件下,与钢铁企业脱硫脱硝后合格外排的烟气中的二氧化碳发生矿化反应,制备高强度、高固碳率的负碳材料。据测算,该公司技术可使每吨碳矿化材料吸碳固碳0.3~0.5 t,每个100万吨项目吸碳可达50万t。在其示范项目中,年处置钢渣、粉煤灰等大宗固体废物16万t,年产400万 m^2 固碳石建材,二氧化碳减排6万t/a以上。

(3) 合成氨二氧化碳资源化综合利用技术

河南某公司因淘汰落后产能,导致二氧化碳原料平衡被打破,产品产能无法释放,于是成立了二氧化碳产耗平衡改造项目组。通过对合成氨厂低温甲醇洗装置等产出的二氧化碳进行收集利用,调整合成氨厂低温甲醇洗工艺指标,提高二氧化碳产品气产量,并对甲醇洗四塔尾气进行资源化利用。例如,将尾气代替输煤用二氧化碳或与高纯度二氧化碳混合作为碱厂碳化下段浓气使用等。经改造后,每小时二氧化碳增量达到40 000 m^3/h,折合78 t/h,每年减排二氧化碳62.4万吨/年。

3. 建设低碳化园区

低碳化园区是一种旨在减少碳排放、提高资源利用效率和促进可持续发展的产业园区。

天马无废低碳环保产业园（以下简称"天马园区"）位于上海松江区，总占地约1000亩。该园区通过协同管理、资源共享的方式，实现了工业固体废物的有效处理和资源的高效利用。天马园区注重固体废物的协同处置，将生活垃圾、湿垃圾、建筑垃圾、市政污泥等多种固体废物进行统一处理。通过焚烧发电、资源化利用等手段，将固体废物转化为电能、沼气、再生砖等可利用资源。这种协同处置方式不仅提高了固体废物处理效率，还减少了因分散处理而产生的碳排放。园区内各处理厂之间实现了资源共享和能源共享。湿垃圾处理过程中产生的臭气被收集后通过管网运到垃圾焚烧厂中焚烧，减少了臭气处理药剂的使用和设备能耗。垃圾焚烧发电产生的电和蒸汽等能源被直接用于其他处理厂的生产过程中，减少了能源消耗和碳排放。在能源使用上注重优化结构，减少化石能源的使用比例，提高可再生能源的利用率。通过采用先进的节能技术和设备，如高效电机、余热回收系统等，提高了能源利用效率，降低了碳排放。园区内企业积极研发和应用绿色技术，如低碳材料、低碳工艺等，降低了生产过程中的碳排放。同时，园区推广绿色产品，如环保建材、绿色包装等，减少了产品的碳足迹。

大量堆存的工业固体废物不仅占用大量耕地、林地、草地等自然资源，还通过大气、水体和土壤等迁移转化形成复合污染，影响生态环境安全。工业固体废物处理与处置是保障生态环境、促进国家可持续发展及达成"双碳"目标的关键环节，对工业绿色转型与经济环境和谐共生至关重要。

（四）农业固体废物的减污降碳路径

农业碳排放已经成为我国温室气体排放的第二大来源，仅次于能源行业。农业产业聚集的初始阶段，由于大量投入农业生产资料、扩大生产规模，农业碳排放量迅速增加。然而，随着农业产业聚集程度的提高，农业生产开始向绿色化方向发展，农业碳排放量开始递减。尽管如此，农业减排固碳的基础仍然薄弱，农村生产和生活过度依赖传统能源，农村能源利用率较低，农村居民对新能源和可再生能源的消费能力不足。

1. 农作物秸秆的碳减排

（1）秸秆还田

秸秆还田是将农作物收获后的秸秆直接或经过简单处理后还回农田土壤中的过程。秸秆在土壤中通过微生物的分解作用，逐渐转化为有机质，增加土壤碳储量，改善土壤结构和肥力。分解过程中释放的二氧化碳可被作物通过光合作用重新吸收利用，形成农田生态系统中的碳循环，从而减少温室气体向大气中的净排放。

（2）秸秆能源化利用

秸秆能源化利用是指将秸秆作为生物质资源，通过物理、化学或生物方法转化为能源产品的过程。生物质发电利用秸秆燃烧或气化产生的热能发电；生物质成型燃料则是将秸秆压缩成高密度、易燃烧的固体燃料，替代煤炭等传统能源。沼气发酵则是利用厌氧微生物将秸秆中的有机物质转化为沼气和有机肥料，沼气可用作燃料或发电，肥料则回归农田。

（3）秸秆饲料化利用

通过青贮、黄贮等发酵处理技术，使秸秆中的纤维素等难以直接消化的成分变得易于被畜禽吸收利用。这些处理过程不仅能提高秸秆的营养价值，还能有效抑制有害微生物的生长，减少腐败现象。饲料化利用不仅增加了秸秆的经济价值，还促进了畜牧业与种植业的有机结合，减少了畜禽粪便的产生量，有利于农业生态系统的良性循环。图3.30展示了2021年我国秸秆不同资源化利用碳减排方式的比例。

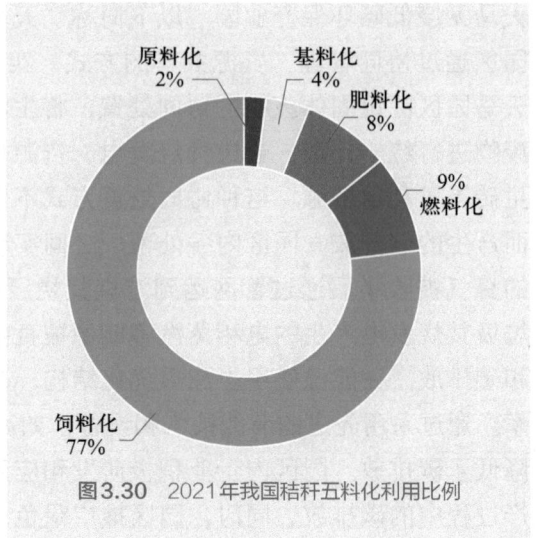

图3.30　2021年我国秸秆五料化利用比例

2. 畜禽粪便的碳减排

（1）粪便资源化利用

通过厌氧发酵和好氧堆肥等生物技术，畜禽粪便中的有机物质被微生物分解为稳定的腐殖质和生物气体（如沼气）。厌氧发酵产生的沼气可用作清洁能源，而堆肥产品则是优质的有机肥料，可替代部分化肥使用，减少化肥带来的环境污染。这一过程不仅实现了粪便的资源化利用，还减少了温室气体（如甲烷）的排放。

（2）粪便处理设施升级

推广先进的畜禽粪便处理设施，如高效沼气工程、固液分离设备等，能够显著提高粪便处理效率，减少处理过程中的温室气体排放和二次污染风险。这些设施通过优化工艺设计、采用自动化控制技术等手段，确保处理过程的高效、稳定和环保。

（3）养殖模式优化

通过模拟自然生态系统中的物质循环和能量流动规律，实现畜禽粪便的就地消纳和资源化利用。如稻渔综合种养模式将水稻种植与水产养殖相结合，利用水稻吸收水体中的氮、磷等营养物质，减少水体富营养化风险；鱼类的活动促进了水体循环和底泥翻动，有利于粪便的分解和有机物质的循环利用。这些模式减少了粪便的排放量，提高了农产品的品质和产量，促进了农业可持续发展，降低了碳排放。

3. 农产品加工废物的碳减排

（1）废物回收再利用

建立农产品加工废弃物回收体系，将废弃物进行分类收集、储存和运输。对于可回收的废物，如金属、塑料等，进行回收利用；对于有机废物，则进行资源化利用或无害化处理。

（2）废物能源化利用

将有机废物通过厌氧发酵等技术转化为生物能源，如沼气、生物柴油等。这些能源可以替代化石能源，减少温室气体排放。生物能源的生产过程还可以产生有机肥料，实现资源的循环利用。

（3）废物减量化

通过改进农产品加工工艺和设备，减少加工过程中的废物产生量。例如，采用先进的清洗、去皮、切割等技术，提高原料的利用率；采用节能降耗的设备，降低加工过程中的能耗和排放。

在农业碳排放现状日益严峻的背景下，探索农业固体废物的减污降碳路径，对于实现农业绿色发展、助力乡村振兴具有重要意义。

（五）电子废物的减污降碳路径

电子废物，也称电子垃圾，随着电子产品普及和更新换代速度加快，数量迅速增长，已成为全球面临的大环境问题之一。电子废物不仅包含大量有价值的材料，如金属、塑料等，同时也蕴含着不容忽视的碳排放问题。电子废物的碳排放主要源于两个方面：一是电子产品在生产、运输和使用过程中产生的温室气体排放；二是电子废物的不当处理，如焚烧和填埋，会释放有毒气体和温室气体，进一步加剧环境污染和碳排放。

据报告，2019年全世界一年产生的电子废物高达5 360万t，相比五年前增长了21%，预计到2030年将达到7 470万t。然而，这些巨量的电子废弃物中仅有17.4%得到正规处理。不合规处置的电子废物，尤其是空调和电冰箱，其释放的制冷剂相当于9 800万t碳排放。

1. 清洁生产

通过改进生产工艺流程，采用低能耗低排放的技术手段，从源头上减少污染物的产生。包括优化生产过程中的化学反应条件、提高原料利用率、采用更环保的原材料替代传统有害材料，以及应用先进的设备和技术（如低VOCs排放的喷涂技术、高效焊接技术等），以减少碳排放。

在产品整个生命周期内（从设计、制造、使用到废弃处理）考虑其对环境的影响，采取措施最小化这种影响。具体包括使用可再生或可回收材料、减少有害物质使用（如铅、汞、镉等重金属及卤素阻燃剂）、提高产品的能效和耐用性，以及设计易于拆解和回收的产品结构，达到碳减排目标。

2. 回收与再利用

（1）金属离子回收

针对电子废物中的金属离子，如锂、钴、镍等，采用多种技术段进行回收。吸附法利用特定吸附剂对金属离子的选择性吸附能力；离子交换法则通过离子交换树脂实现金属离子的交换与富集；纳米材料吸附法则利用纳米材料的特殊表面性质提高吸附效率；生物吸附法则利用微生物或生物大分子对金属离子的亲和力；电化学回收法则通过电解等电化学过程实现金属离子的提取；乳状液膜则利用液膜（流动载体）中特定的表面活性剂和添加剂实现金属离子的高效分离和富集（图3.31）。

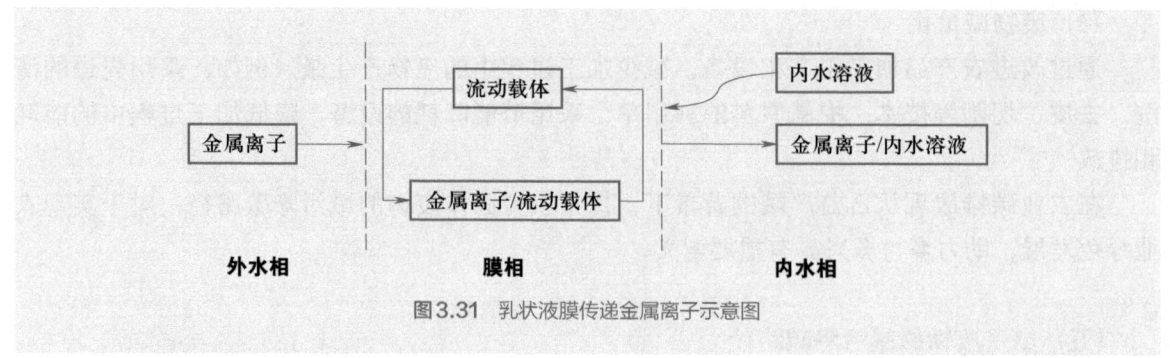

图3.31 乳状液膜传递金属离子示意图

通过回收电子废物中的金属离子，可以减少对原生矿产资源的开采，直接降低了开采过程中产生的碳排放，包括矿开采、运输、冶炼等环节所消耗的能源和排放的温室气体。使用回收的金属离子作为生产原料，可以替代通过传统采矿和冶炼过程获得的金属，减少了能源消耗，降低了与金属生产相关的碳排放。

（2）难降解有机物的生物转化

利用微生物的代谢活动，将电子废物中的难降解有机物（如有机氮、塑料添加剂等）转化为无害或低毒的物质，以较低的能耗实现有机物的分解，从而减少碳排放。通过筛选和优化高效降解菌株、调控温度、pH、氧气浓度等环境条件，以及设计高效的生物反应器，促进微生物对目标污染物的降解和转化，进一步提高降解效率，进一步降低能源消耗。

3. 能源优化

在处理工厂中采用高效节能的设备和系统，如高效电机、节能灯具等，减少能源消耗和碳排放。在条件允许的情况下，利用太阳能、风能等可再生能源为处理过程提供能源，减少化石燃料的使用和碳排放。

4. 低碳工艺

流态化焚烧炉资源化及无害化处理技术主要用于处理废旧印制电路板、废电线、废电缆等含铜电子废物。通过将破碎后的电子废物加入流态化焚烧炉内，利用高温熔池进行快速熔化和反应。在熔池的翻滚下，物料迅速进入熔体，并通过喷枪鼓入高压空气和燃料，加速物料熔化和反应过程。这种强化气-液-固之间的传质传热过程，不仅提高了热能利用率，还减少了化石燃料的消耗。电路板中的有机物在燃烧过程中放出大量热量，直接供给熔体，进一步提高了热能利用效率。该技术还实现了对金属（如铜）的高效回收，通过后续处理可以得到高品质的金属产品。

电子废物的合理利用和高效处理，对于促进资源循环利用、减少环境污染和推动绿色低碳发展具有重要意义。

第五节
土壤和地下水绿色低碳修复技术

与大气污染控制和水污染治理不同，土壤和地下水污染修复具有较强的掩蔽性、复杂性和异质性，涉及环境科学、土壤学、工程学、化学、水文地质学和生物学等多学科领域。因此，土壤和地下水修复需要综合多个学科的内容和知识体系，需要系统的理论与实践作为支撑。虽然我国土壤和地下水风险管控和修复水平不断提升，重点建设用地安全利用得到有效保障，但是过程中的资源、能源过度使用和二次污染潜在问题治理力度仍需进一步提升。因此，土壤和地下水绿色低碳修复的技术研发和工程实施也更具挑战性。

一、土壤及地下水污染的来源与分类

（一）土壤污染的来源及分类

土壤是自然环境要素的重要组成之一，是岩石圈表层经受各种复杂的地质作用所形成的松软物质，具有支持植物和微生物生长繁殖的功能。土壤是由固体、液体和气体三相共同组成的相体系，其中固相物质主要是指由岩石风化而成的矿物质、土壤生物以及动植物和微生物残体腐解产生的有机质；液相物质即土壤水分；气相物质是存在于土壤孔隙中的气体。土壤的pH、质地、氧化还原电位和有机质含量控制着土壤体系中污染物和营养元素的迁移转化。土壤具有同化和代谢外界进入土壤中物质的能力，然而当土壤中有害物质的积累超过了土壤的自净能力，会导致土壤的结构和功能发生变化，引发土壤污染，进而影响生态环境和人类健康。土壤污染的来源多样，可以大致分为人为污染源和自然污染源。人为污染指通过工业排放、农业活动、城市垃圾和污水处理不当、交通等活动导致的污染物在土壤中的过量积累。虽然人为因素是土壤污染的主要原因，但自然污染源同样不可忽视。某些自然过程也可能导致土壤中有害物质增加，如火山喷发、地震、矿物风化等。这些地质活动可能将地下深处的有害元素带至地表，或者将矿物结构内部的有害元素释放出来，进而污染土壤。根据污染物的不同性质，土壤污染大致可以分为以下几类：重金属污染、有机物污染、放射性污染和酸性污染等。

（二）地下水污染的来源及分类

地下水，即地表以下的水，储存于土壤孔隙和岩层裂缝中，是人类生活、农业生产和工业活动的重要水资源（图3.32）。地下水是一种可再生资源，但是可再生性亦会受到过度使用和污染的影响。由于人类活动和自然因素的影响，地下水污染问题日益严重。地下水污染是指污染物进入地下水系统并改变其自然组成，导致水质恶化，影响生态系统和人类健康。根据污染物的不同来源，地下水污染的成因可分为人为来源和自然来源。人为污染源包括工业

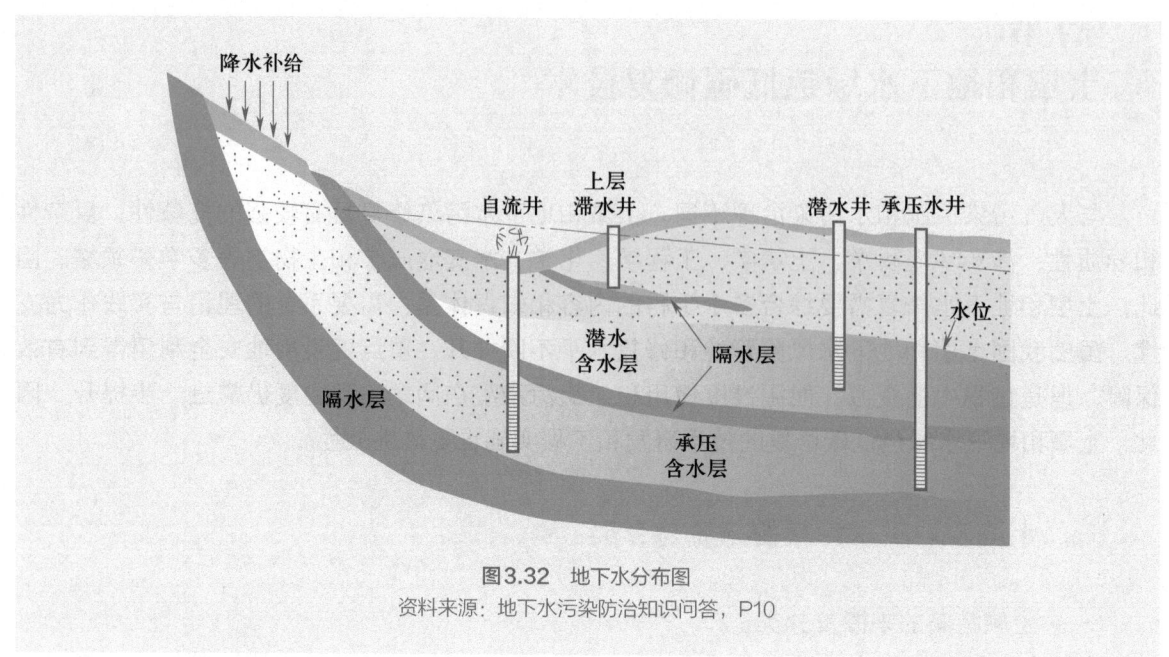

图3.32　地下水分布图
资料来源：地下水污染防治知识问答，P10

废水排放、农业生产、城市垃圾和污水处理不当、石油泄漏和采矿活动等；自然污染源包括地质活动和盐水入侵等。根据地下水中主要污染物的不同特性，地下水污染可以分为：重金属污染、有机物污染、氮磷污染、微生物污染和放射性污染等。

（三）土壤及地下水污染的相关性

　　土壤和地下水是地球生态系统中密切相连的两个组成部分。它们之间的关系不仅在于物理连接，还体现在污染物的迁移、扩散和相互作用上。土壤污染与地下水污染往往相互关联，一个系统的污染会影响另一个系统。土壤和地下水之间通过水循环过程相互联系。土壤具有一定的吸附能力，可以吸收和暂时截留某些污染物，但这种吸附能力有限，尤其是在土壤污染严重的情况下。一旦土壤吸附能力达到饱和状态，污染物会随着雨水或灌溉水渗透进入地下水层，形成地下水污染。例如，农田中施用过量化肥或农药后，这些化学物质会逐渐渗透至地下，最终污染地下水源。反之，地下水中的污染物也可能通过毛细作用、水位波动或其他水循环过程返回地表，污染土壤。例如，在盐水入侵的地区，盐分会通过地下水返流到土壤中，导致土壤盐碱化，影响土壤生态功能和农业生产。因此，土壤和地下水环境污染需要综合考虑和协同治理。

二、土壤及地下水污染主要处理技术及碳排放

（一）热处理技术及碳排放

热处理技术主要通过加热手段来分解或去除污染物，适用于有机污染物（如多环芳烃、

有机农药、多氯联苯等）和易挥发的金属汞等污染物。常见的热处理方法包括：

1. 热脱附

热脱附技术将污染土壤加热至目标污染物的沸点以上，通过控制系统温度和物料停留时间，有选择性地促使污染物挥发，使目标污染物与土壤介质相分离而去除（图3.33）。当污染物转化为气态之后，其流动性将大大提高，挥发出来的产物通过收集和捕获后进行净化处理。

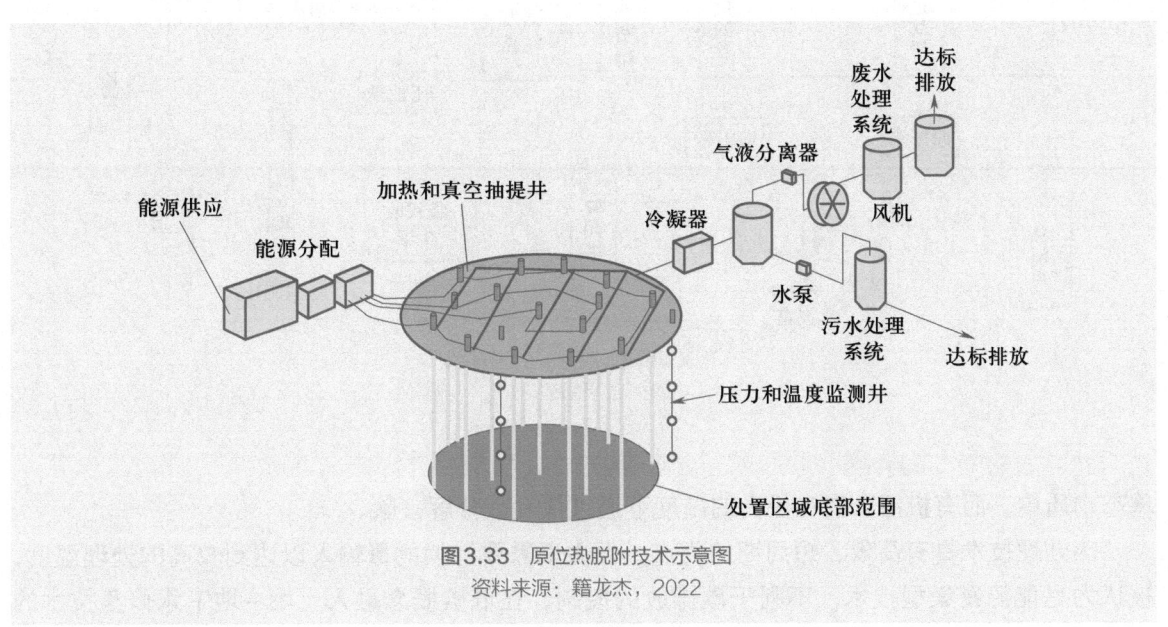

图3.33 原位热脱附技术示意图

资料来源：籍龙杰，2022

2. 焚烧技术

将开挖的污染土壤投入焚烧装置（回转窑、流化床反应器或红外线加热器等），在有氧条件下进行高温燃烧，将其中的污染物分解转化为灰烬、CO_2和H_2O，并对焚烧产生的烟气进行处理。这一方法适用于处理含有毒有害有机物的土壤，如含多氯联苯（PCBs）和二噁英的土壤。

3. 水泥窑协同处置

水泥窑协同处置技术是国内目前应用较广的一类土壤修复技术，一般是将满足或经过预处理后满足入窑要求的土壤投入水泥窑，在进行水泥熟料生产的同时，实现对污染土壤无害化处置的技术（图3.34）。水泥窑协同处置技术具有焚烧温度高、热回收和资源利用效果好、经济效益显著等诸多优点。但需要对污染土壤理化性质、投加比例和投加点进行深入分析，同时涉及污染土壤挖掘或远距离运输，可能产生次生污染。

4. 玻璃化技术

玻璃化技术是固化/稳定化技术的一种，通过电流等加热方式将土壤加热到1 600～2 000 ℃，使其熔化，冷却后形成玻璃态物质，从而将重金属或放射性污染物固定在生成的玻

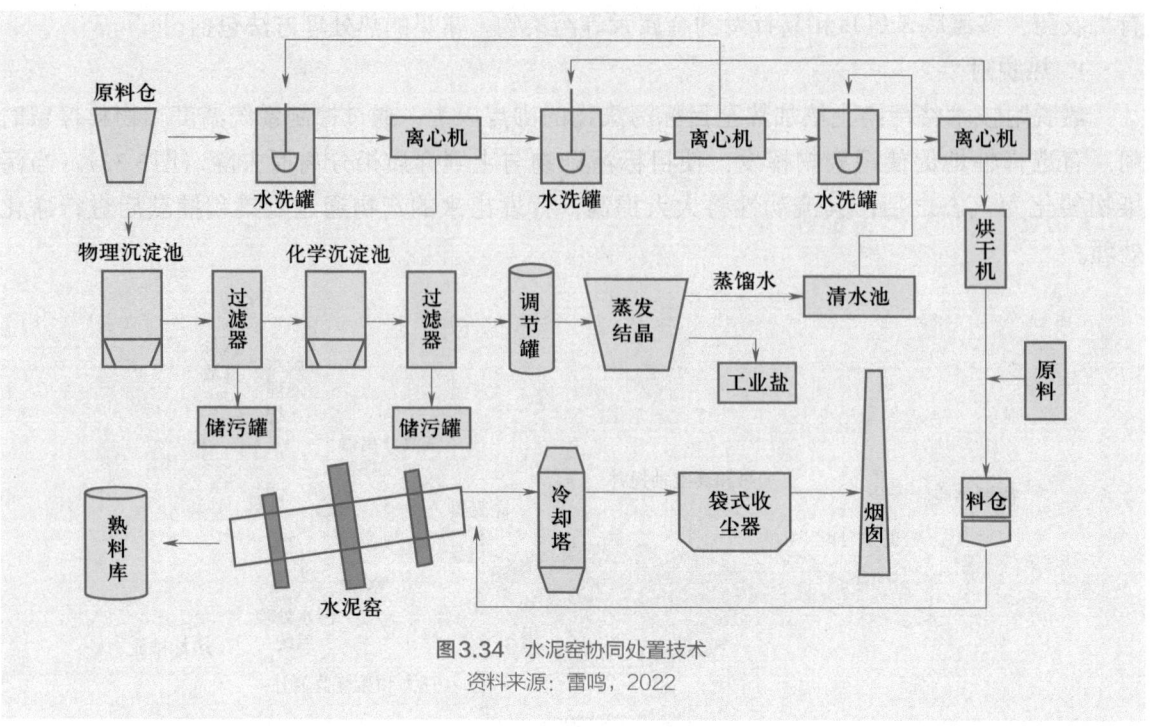

图3.34 水泥窑协同处置技术

资料来源：雷鸣，2022

璃态物质中，而有机污染物在极高的温度下通过挥发或分解去除。

热处理技术具有高效、短周期的优点，但由于需要持续能量输入以达到较高的处理温度，被认为是能源密集型技术，不利于碳排放的控制。在低碳概念融入土壤－地下水修复技术的发展趋势下，高耗能的修复技术需要降低能耗、提高效率。因此，热脱附技术可以通过改变能源使用类型，减少不可再生能源的使用。

（二）化学修复技术及碳排放

化学修复技术是利用化学反应原理，通过添加化学试剂来去除、转化或固定污染物，达到修复受污染土壤和地下水的目的。该技术适用于多种类型的污染物，包括重金属、有机化合物和放射性物质等。主要的化学修复方法如下。

1. 固化/稳定化

固化/稳定化修复技术是将污染物在污染介质中固定，使其处于长期稳定状态，是较普遍应用于土壤重金属污染的快速控制修复方法，对同时处理多种重金属复合污染土壤具有明显的优势（图3.35）。固化和稳定化具有不同的含义。固化技术中污染土壤与黏结剂之间可以不发生化学反应，只是机械地将污染物固封在结构完整的固态产物，隔绝其与外界环境的联系，从而达到控制污染物迁移的目的；稳定化是指将污染物转化为不易溶解、迁移能力或毒性更小的形式来实现其无害化，降低对生态系统危害性的风险。固化产物方便运输，而无须其他辅助容器；稳定化则不一定改变污染土壤的物理性状。

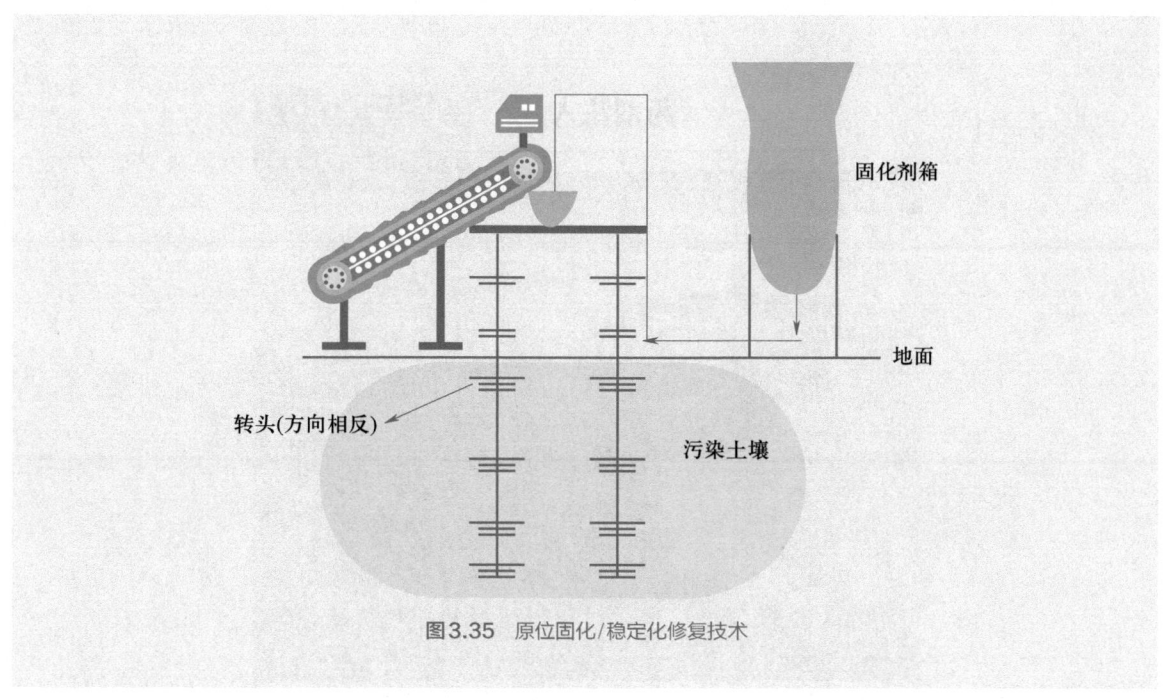

图 3.35 原位固化/稳定化修复技术

2. 化学淋洗

化学淋洗技术是将可促进土壤污染物溶解或迁移的化学溶剂注入受污染土壤中，从而将污染物从土壤中溶解、分离出来并进行处理的技术。土壤淋洗的作用机制在于利用淋洗液或化学助剂与土壤中的污染物结合，并通过淋洗液的解吸、螯合、溶解或固定等化学作用，最终得到迁移态的化合物，再将包含污染物的液体从土层中抽取出来。

3. 化学氧化/还原法

化学氧化/还原法通过投加化学氧化剂或还原剂到被污染的土壤和水体中，经过一系列的化学反应，将污染物转化、破坏成无害的或毒性较低的化合物。在场地污染的土壤修复中，原位化学氧化/还原技术通过在污染区设置不同深度的钻井，将化学药剂泵入土壤和地下水环境中，使氧化剂/还原剂与污染物发生反应，降低污染物浓度（图3.36）。常用的化学氧化剂有Fenton试剂、过硫酸盐、臭氧、过氧化氢、高锰酸钾等；还原剂有SO_2、H_2S、零价铁等。以Fenton试剂降解有机污染物为例，通过H_2O_2和亚铁离子反应生成羟基自由基后，引发的一系列链反应，通过链增长反应促进污染物降解，链终止反应抑制污染物降解。反应机制如下所示：

链增长：

$$\cdot\,OH + H_2O_2 \longrightarrow \cdot\,HO_2 + H_2O$$

$$\cdot\,HO_2 \longrightarrow \cdot\,O_2^- + H^+$$

$$\cdot\,OH + RH\,(有机污染物) \longrightarrow \cdot\,R\,(有机自由基) + H_2O$$

$$\cdot\,R + H_2O_2 \longrightarrow ROH + \cdot\,OH$$

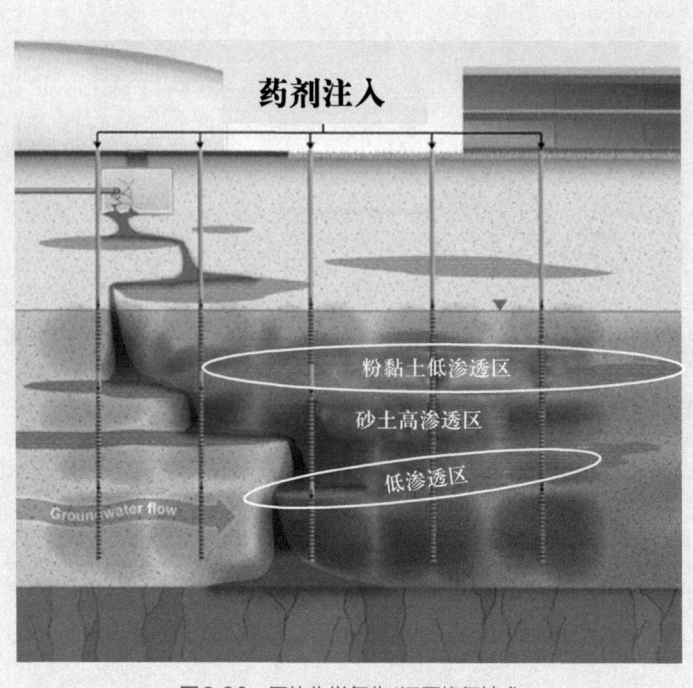

药剂注入

粉黏土低渗透区

砂土高渗透区

低渗透区

Groundwater flow

图3.36 原位化学氧化/还原修复技术

链终止：

$$\cdot HO_2 + Fe^{3+} \longrightarrow O_2 + H^+ + Fe^{2+}$$
$$\cdot HO_2 + Fe^{2+} \longrightarrow HO_2^- + Fe^{3+}$$
$$Fe^{3+} + \cdot O_2^- \longrightarrow Fe^{2+} + O_2$$

4. 光催化降解

光催化降解法在正常环境条件下（常温、常压），能将挥发性有机物（VOCs）分解成CO_2、H_2O和无机物质，反应过程快速高效，易于操作，价格相对不高且无二次污染问题。主要有土壤表层直接光解、土壤悬浮液光解、溶剂萃取与光降解联合处理、光催化氧化等，一般方法为将被污染土壤置于适合与光源充分接触的特殊仪器中处理。另外，有机污染物在自然光照条件下降解速率极慢，光催化降解技术的关键是找到合适的光敏剂提高降解效率，目前比较常用的光敏剂有TiO_2、Fe_2O_3、腐殖质等。

5. 电动力学

电动力学技术是通过电化学和电动力学的复合作用（电渗、电迁移和电泳等）驱动污染物富集到电极区，进行集中处理或分离的过程（图3.37）。电动力学修复技术具有成本低、适用范围广、接触有害物质少、可控性强、处理快速且比较彻底（重金属去除效率一般都可以达到90%以上）、只处理阴阳两极之间的污染物、不会对环境产生其他影响等优点，特别适用于小范围的黏质的多种重金属污染土壤和可溶性有机物污染土壤的修复。

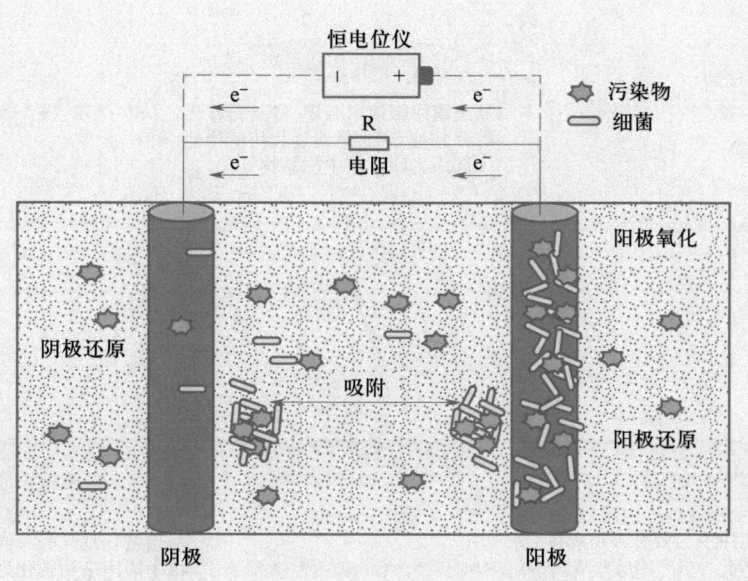

图3.37 土壤电动力修复技术

资料来源: 杨珍珍, 2021

化学修复技术是一种可同时用于土壤和地下水中污染物的修复技术, 但化学药剂本身生产工艺需消耗大量能源, 并且一般修复项目药剂的使用量也较大。低碳的要求不仅仅体现在修复过程中, 还需要从源头控制, 药剂总使用量的减少对碳的排放亦至关重要。因此化学修复技术亟须开发更加绿色高效的氧化药剂, 减少药剂使用量, 开发更加高效的装备, 增加药剂和土壤的接触, 提高药剂使用率。

(三) 生物修复技术及碳排放

生物修复是指利用生物体 (如微生物、植物等) 或其代谢产物来去除或转化土壤和地下水中的污染物。根据生物修复对象的不同, 生物修复可以分为以下几种主要类型:

1. 植物修复

植物修复是指通过植物自身对污染物的吸收、固定、转化和累积功能, 以及为微生物修复提供有利修复条件, 促进土壤微生物对污染物的降解与无害化的过程 (图3.38)。植物修复对土壤中重金属和有机污染物的作用原理不同。对重金属污染土壤, 通常是种植可以超累积或超耐受该有害重金属的植物, 通过植物生长代谢将金属污染物以离子态的形式从环境中转移到植物的特定组织部位, 再将植物进行处理, 如蜈蚣草对砷有很强的富集作用, 东南景天、苎麻、长柔毛委陵菜等对于锌有较强的富集能力。对于有机污染物, 则需要植物根系与根际微生物共同作业形成的微环境, 实现对有机污染物的去除。植物修复技术具有绿色、低碳、对环境扰动小、无二次污染等优点, 但也具有修复植物筛选、种植和修复周期长、复合污染物耐受性低和处理效果差等缺点。

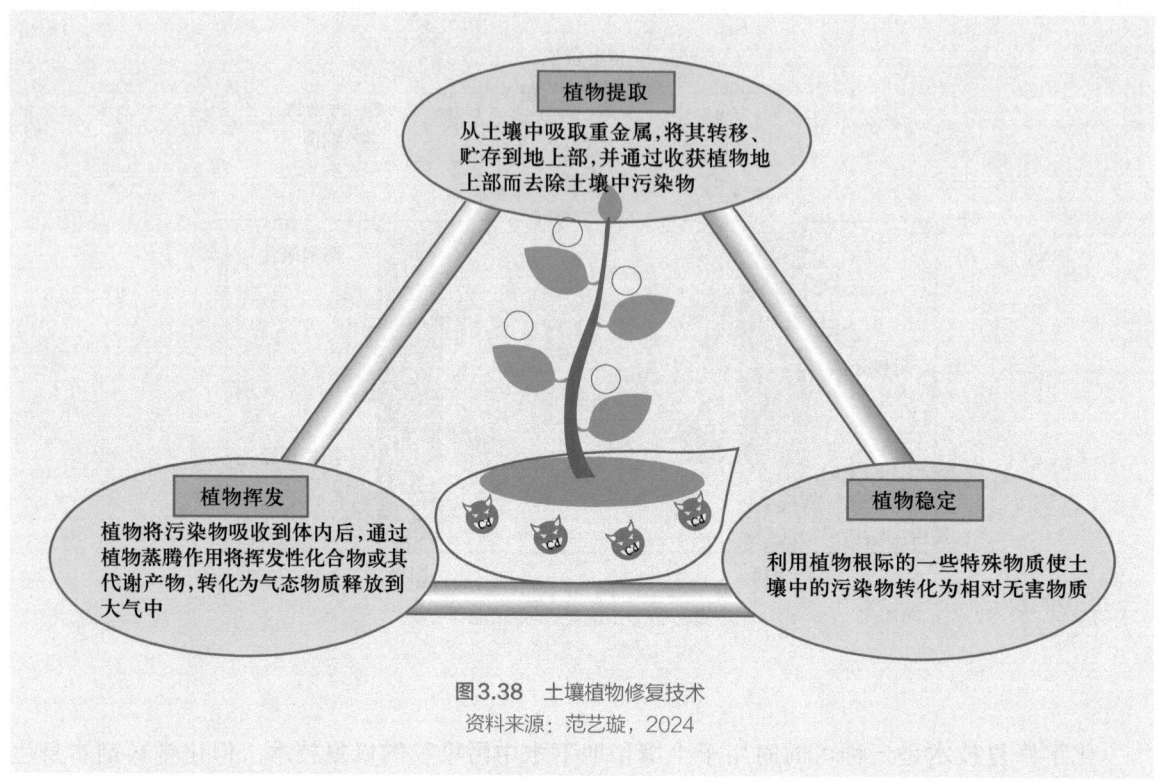

图3.38 土壤植物修复技术
资料来源：范艺璇，2024

2. 微生物修复

微生物修复是指利用微生物降解有机污染物，从而修复被污染环境或消除环境中污染物的一个受控或自发进行的过程。微生物修复技术是利用土著菌、外来菌、基因工程菌对污染物的代谢作用而转化、降解污染物，主要用于土壤中有机污染物的降解。通过改变各种环境条件，如营养、氧化还原电位、共代谢基质，强化微生物降解作用以达到治理目的。

生物修复作为一种低成本、不破坏生态环境、不引起二次污染的技术，并且植物和微生物对温室气体捕获固定，对碳的吸收和碳中和目标实现有极大促进作用。目前生物修复技术普遍存在富集能力有限、修复范围较小及修复周期较长等情况。因此生物修复的技术优化方向包括驯化特定微生物与植物产生联系，通过微生物对污染物的固化后再通过植物吸附，缩短修复周期，培养出高富集植物，通过植物的高富集能力提高修复能力。

三、典型土壤及地下水污染的减污降碳路径

（一）农用地污染土壤低碳修复技术

根据生态环境部（原环境保护部）公布的资料显示，2000年，我国农田重金属超标面积占总监测基本农田保护区面积的12.1%。2005年4月，我国首次对全国土壤环境开始进行长达9年的调查，并于2014年4月发布了《全国土壤污染状况调查公报》，结果显示，全国土壤

总超标率为16.1%，耕地作为主要的土地利用类型之一，点位超标率占19.4%，污染物主要以重金属为主。2015年发布的《中国耕地地球化学调查报告》显示，在占全国耕地总面积69%，即0.92亿hm²调查耕地范围中，污染耕地面积占比达到8%，部分地区，尤其是南方地区，耕地重金属超标程度有所增加。由于土地资源紧张、农产品需求量大，肥料、农药、农膜等农用投入品施用量高居不下，不仅导致农用地土壤重金属、农药积累量加重，也引起农田土壤中抗生素、酞酸酯、微塑料等新污染物含量增加，严重影响农用地土壤环境质量和农产品安全。

与场地土壤污染修复不同，农用地土壤修复需要考虑修复后土壤的可耕种性，保障农用地的可持续生产能力。在诸多土壤污染修复技术中，由于淋洗剂会在一定程度上破坏土壤团聚体结构和营养成分，化学淋洗技术虽然在场地修复中应用较广，但该技术很少在农用地土壤修复中的规模化应用。电动力修复技术受电极材料成本高、施工难度大等因素的影响，在农用地土壤修复中尚未形成规模化使用。热脱附修复技术仅适合汞等沸点相对较低的重金属或重金属与持久性有机污染物（如石油烃、多环芳烃、多氯联苯等）复合污染的土壤修复，该技术处理成本高，不适用于体量巨大的农用地土壤修复。清洁土壤的引入或污染土壤的剥离在技术上操作简单、见效快，但修复成本高，所需的清洁土壤难以获得，且不同土壤间性质差异大，易影响土壤的理化性质和肥力，同时受污染的旧土需要处置且工程量大。目前，该技术仅用于修复污染严重、规模较小的污染土壤。

1. 原位钝化低碳技术

在广泛应用的重金属污染农用地修复技术中，原位钝化技术具有修复效果好、对土壤影响小等特点，对土壤环境、农产品安全和人体健康的风险较低。同时，施洒钝化剂操作简单，而且在农作物种植前期可与肥料共同施洒使用，易于被农民接受，也可实现污染农田的"边生产边修复"。因此，对于大面积重金属污染农田土壤，原位钝化技术被认为是一种风险可接受、技术可操作、经济可承受的优选修复方式。"双碳"背景下，研发具有重金属钝化和碳固定能力的绿色材料，不仅能够实现农田污染的修复，同时能够发挥土壤碳汇潜力。基于生物质转化与碳排放固碳潜势智能预测，《3060零碳生物质能发展潜力蓝皮书（2021）》显示，到2030年，我国利用生物质能将减碳超9×10^8 t，到2060年将减碳超20×10^8 t。改性强化生物炭形成碳持留、土壤组分与环境因子人工干预，可实现土壤修复并提高碳封存能力（图3.39）。生物炭是生物质（如果皮、秸秆等）在一定条件下热解炭化形成的固体副产物，传统方法制备生物炭的生物质炭化率较低，并不能充分利用生物质组分中的碳。因此，可通过改性方法最大程度提高生物质中碳的利用率形成碳持留。将改性的生物炭投入到土壤中，不仅可以提高土壤的肥力值缩短农作物的生长周期，还可以协同去除土壤中的污染物。研究发现，秸秆生物炭、椰壳生物炭和污泥生物炭3种生物炭均能显著降低污染土壤中重金属的浸出浓度和酸溶分数。此外，人工碳材料在重金属离子/有机污染物去除与固定、改善土壤理化性质、影响微生物群落效应、提高作物肥力等修复过程中也具有重要意义。

延伸阅读3-6　生物炭修复和改良重金属污染农田土壤机制和工程示范

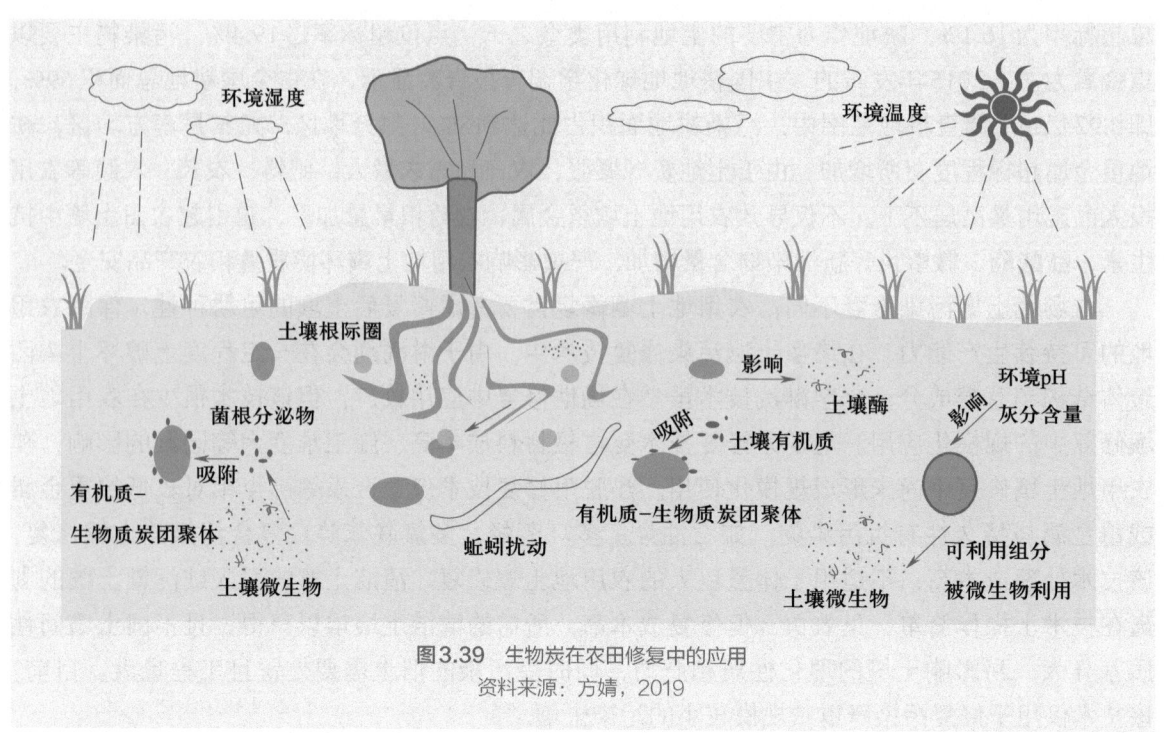

图 3.39 生物炭在农田修复中的应用

资料来源：方婧, 2019

2. 农艺调控低碳技术

农艺调控修复主要通过管理土壤水分、选择适宜的作物品种、实施合理的耕作方式和科学施肥等手段，修复轻微或轻度重金属污染的农田土壤。这些农艺措施旨在通过调整土壤水肥状态和种植方式等措施，降低作物对重金属的吸收及其在可食部分的积累，从而实现对重金属污染农用地的修复目的。以农艺技术为核心的修复方法大大简化了农用地土壤重金属污染修复的田间实践，更易被农民接受。合理的农艺措施不会显著影响土壤性质、结构和肥力，同时对植物生长、农产品产量和品质都有积极影响，可有效减轻重金属对农作物的危害，降低污染物通过"土壤–作物"系统进入食物链的风险。农艺调控可以减少对化石能源的依赖，降低温室气体的排放，同时可以提高土壤的有机质含量、增强水分保持能力和土壤微生物活性，有助于实现可持续农业目标，是一种低碳修复策略。

以镉（Cd）为例，土壤水分的调控对土壤中 Cd 的有效性及植物对其吸收和累积具有显著影响，增加土壤淹水程度能够有效降低水稻根系、茎叶和糙米各部分的 Cd 含量。研究表明，水稻全生育期淹水处理能有效减少水稻对 Cd 的吸收，并抑制 Cd 向籽粒的转移和积累。施用肥料可以改善植物的营养状况，也可影响其对 Cd 的吸收。肥料在进入土壤后也可与土壤胶体反应，改善 Cd 的形态和有效性。与施肥方法相比，喷施叶面肥料在用量较少的情况下同样能够有效减少作物中的 Cd 含量。喷施的叶面肥料主要由亚硒酸盐和硅酸盐等成分组成，这些成分能够影响土壤中 Cd 的形态和有效态。此外，喷施锌肥等肥料可以降低植物细胞中的过氧化水平，抑制 Cd 转运蛋白的表达，降低 Cd 的转运系数，从而减少 Cd 从地下部分向籽粒的转移。

改变耕作制度也是修复Cd污染耕地的重要措施。在Cd污染严重的地区，可以选择种植经济作物或观赏作物，利用超积累植物与粮食作物进行间作。在确保粮食安全的前提下，这种方式可以减少土壤污染带来的经济损失，同时借助超积累植物的富集能力降低土壤中Cd的含量，从而达到修复目的。针对土壤砷（As）的毒性，可考虑将水田改为旱地种植等修复措施。然而，在镉与砷复合污染的情况下，改为旱地种植可能会增加Cd的生物有效性。因此，修复Cd和As复合污染的农田需要综合考虑，避免在降低Cd污染的同时反而加重As污染。在Cd含量接近污染临界值或已受Cd污染的土壤中，应避免施用大量酸性肥料，如尿素、氯化铵和普钙等。此外，常用的磷、钾肥中，磷酸二铵和硫酸钾在Cd污染土壤中施用更为适宜。

（二）场地土壤和地下水绿色低碳协同修复

场地是指某一地块范围内一定深度的土壤、地下水、地表水及地块内所有构筑物、设施和生物的综合（环境保护部，2010）。国家环境保护部在2014年颁布的《污染场地术语》（HJ 682—2014）将污染场地定义为指因从事生产、经营、处理、贮存有毒有害物质，堆放或处理处置潜在危险废物，以及从事矿山开采等活动造成污染，且对人体健康或生态环境构成潜在风险的场地，并在对潜在污染场地进行调查和风险评估后，确认污染危害超过人体健康或生态环境可接受险水平的场地，又称污染地块。

我国的工业体系涵盖41个工业大类、207个工业种类及666个工业小类，是全球唯一拥有联合国产业分类中所有工业门类的国家。多样化的工业结构导致了我国污染场地内各种污染物类型的丰富性，并且存在多种污染物复合污染的现象。我国场地污染的修复主要集中于沿海发达城市，以及湖南、河北等污染严重的地区。根据统计，场地污染类别包括有机污染（43%）、重金属污染（30%）、无机污染（2%）和复合污染（25%）（图3.40）。目前，我国场地土壤修复的治理方式集中在复合修复，其中关键修复技术包括化学氧化还原、热脱附和化学淋洗等。我国传统的场地修复目标往往只关注效率，然而在当前"双碳"政策和国家

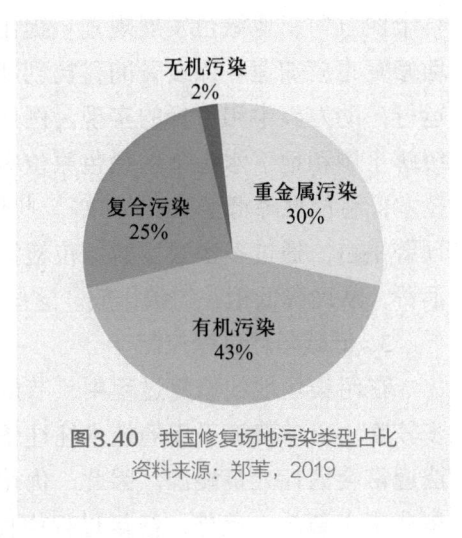

图3.40 我国修复场地污染类型占比
资料来源：郑苇，2019

战略需求的背景下，未来的场地修复需要同时兼顾低碳减排和高效修复。这一转变对未来的污染场地修复提出了新的要求，即需要将低碳理念全面融入环境服务中，强调风险管控、原位治理以及节能降耗。在设计场地修复方案时，应尽可能实现节能降耗和减排、温室气体的逸散和排放、修复后土壤资源化利用等目标。基于这些要求，传统的原位热脱附技术将面临能耗的严峻挑战，土壤淋洗技术则需关注药剂的绿色性。加强低碳修复技术的研发、绿色修复药剂的制备和环保设备的创新势在必行。

1. 低碳节能修复技术

将低碳理念融入场地修复，开发低碳节能的修复技术是当前的重要趋势。从高能耗的热脱附、热活化等聚焦修复效率为主，转变为同步考虑修复和低碳，如开发低能耗的植物修复技术、可持续原位生物修复技术、原位风险阻隔技术、多相抽提等场地修复技术和土壤生态碳汇技术。植物修复技术与可持续原位生物修复技术能够根据场地污染物成分，灵活选择合适的植物和微生物，实现低能耗和高选择性的修复。尽管这些方法的修复周期相对于化学修复和热处理较长，但可通过与其他技术耦合等手段进行强化。多相抽提通过真空抽提等手段，能够实现对污染场地中有机气体和油类污染物进行多级分离和修复，能够实现在高效去除污染物的同时考虑环境的影响，但是修复过程往往需要投加一定量的表面活性剂，以提高修复效果。

延伸阅读3-7　土壤和地下水绿色低碳修复技术——射频修复技术及应用

---

2. 低碳环保修复设备

将低碳概念融入污染场地修复技术，需要更深入推动技术装备的低碳运行，这一过程包括绿色环保材料的选择、设施结构优化、科学的人性化设计以及设备智能化等方面。《"十四五"工业绿色发展规划》提出大力发展绿色环保装备，以提高能源利用效率。污染场地修复也应加速环保设备的科技创新改造，持续研发新装备和新技术，实现技术装备的低碳运行，助力碳中和目标的实现。例如，张红振等研发的绿色修复核心技术装备，制备了有效缓解土壤和地下水污染的绿色原位氧化修复材料，同时通过高效节能的原位燃气热脱附集成技术，将能耗降低了30%~40%。此外，构建和完善土壤及地下水的风险管控体系和污染监控预警平台，通过多参数实时原位检测，可以避免过度修复和粗放修复导致的二次污染和资源浪费，从而降低相关的碳排放。这些措施的实施，将为污染场地的低碳修复提供有力保障。

3. 低碳降耗过程控制

在污染场地的修复过程中，节能降耗和减排显得尤为重要。中国的土壤和地下水修复起步较晚，目前普遍采用的技术往往依赖大型设备及电热等强化手段来优化处理效果，这些方法通常会消耗大量能源。因此，优化修复流程、减少能量的使用和损耗、提高能源利用效率是非常必要的。此外，修复过程中使用的大型仪器设备会导致大量逸散性温室气体的排放。在某些修复技术中，有机污染物在处理过程中可能会被分解成CO_2和甲烷等温室气体。因此，在土壤和地下水修复过程中，估算和控制逸散性温室气体的排放尤为重要。这可以通过实施气体收集和捕获技术来减少温室气体的排放，从而实现更为环保和可持续的修复效果。通过这些措施，我们可以在有效修复污染场地的同时，降低对环境的负面影响，推动低碳发展的目标实现。

（三）矿区污染生态修复与碳中和

矿山开采为全球经济发展提供了重要的资源和能源支持，但是矿山开采也是重要碳排放源。矿产资源开采过程中的剥离、运输、排弃等环节，伴随着化石能源、炸药和电力的使用，产生了大量的碳排放。此外，矿山开发造成生态系统服务功能受损，矿区生态系统碳汇能力也随之退化（图3.41）。有效的矿山生态修复不仅能够恢复生态环境，还能够发挥固碳增汇的作用。截至2018年，我国因采矿活动损毁的土地面积达361.02万hm^2，累计治理面积93.08万hm^2，治理恢复率仅为20.50%，远低于50%~70%的国际矿山复垦率。传统的矿山生态环境修复包括三个方面：地质地貌重塑、植被修复和土壤基质修复。地质地貌重塑主要涉及回填整平、坡面加固、土方挖运和废石清理等；植被修复包括植物搭配和植被营造，以促进生物多样性和生态平衡；土壤基质修复包括物理修复、化学修复和生物修复，以改善土壤的质量和功能。矿山生态环境修复的碳效应主要集中在矿区土地利用覆被变化带来的碳增汇，修复后的矿山生态系统可以达到自然土壤和植被的碳密度，分别为51.60~53.75 t/hm^2和6.24~9.95 t/hm^2。以煤矿区为例，有研究指出，开采后的煤矿塌陷区经过生态修复治理，能够成为固碳新场所，如果全国煤矿塌陷区80%的面积进行生态修复，预计能够固碳11亿t以上。

图3.41 湖南典型案例通报：株洲市某矿山开采导致生态破坏

资料来源：湖南生态环境厅

1. 能源结构调整和路径优化

矿产行业是典型的高能耗、高碳排放行业，这为其绿色转型带来巨大挑战。在矿山生态环境修复过程中，通过边采边修复、植被重建和土壤重构等措施，可以实现源头减排、植被固碳和土壤固碳等效果，从而使矿山生态环境修复与矿山减排增汇形成协同关系。分析矿产行业碳排放源，可以发现其主要集中在能源消耗碳排放和土地利用变化碳排放。对于能源消耗碳排放，单纯淘汰落后产能，实施低碳技改和工艺优化、节能技术改造并不能满足产能提升的需求。因此，从根本上改变矿产行业高能耗、高碳排放的现状关键在于调整能源结构，积极发展清洁能源。对于土地利用变化引起的碳排放，主要依赖土壤修复和植被恢复，这些措施可以有效提升土壤固碳量和植被固碳量。因此，开发清洁能源、调整能源结构，恢复矿山生态系统以巩固和发展碳汇，以及开展矿山固废的综合利用，都是实现空间腾挪和工艺减碳的有效路径。这些措施不仅能够推动矿业的绿色低碳发展，还能为应对气候变化和实现可持续发展目标提供有力支持。

2. 矿山生态环境修复"光伏＋"

矿业主要涉及矿产的勘查、采掘和选别，这些过程中二氧化碳排放量与能源消耗总量呈显著正相关。因此，开源节流是矿业绿色低碳发展的重要方向。目前，我国清洁能源在全国能源中的占比约为25%，距离2060年"碳中和"清洁能源占比需达80%的目标还有很大提升空间。控制化石能源强度和总量，提高清洁能源比例，成为矿山生态环境修复的一个新的切入点。我国矿山开发占地面积达361.02万hm^2，许多区域处于废弃闲置状态，在这些废弃地上发展太阳能等清洁能源，既可以恢复矿山生态环境，又能节约化石能源。与火力发电相比，在我国太阳年辐照量为3 000～9 000 MJ/m^2的地区采用光伏发电系统具有很好的碳减排效果。塞尔维亚在退化地区进行了光伏发电，其发电量相当于43%的火力发电量，年碳减排量达120万t CO_2当量。因此，利用矿山废弃地开展光伏发电具有显著的潜力和碳减排效果。对矿区中的中转场地、固体废弃物堆放场、采空塌陷区域和恢复治理区域，可以发展矿山生态环境修复"光伏＋"模式。充分利用矿区独特的地理区位和丰富的土地空间，可以因地制宜采用"光伏＋生物质""光伏＋药材""光伏＋草牧"等多种模式。这种生态环境修复模式可以有效提升土壤肥力和土壤生物量，还能为传统产业提供能源和生产原料，生产高附加值的新型生物质产品，达到土地的充分利用（图3.42）。

3. 固废资源化减碳

利用矿山固体废弃物进行资源化生产，可以显著减少上游原料采选和运输产生的化石燃料消耗，从而降低工艺碳排放。同时，以尾矿为生产原料，可以减少原料粉碎环节带来的能源消耗和碳排放。尾矿和废石的资源化利用途径主要为填料化（用于矿山采空区充填）、原料化（作为建筑材料原料）、基料化（用于修筑公路基料）和肥料化（用作肥料和土壤改良剂）。研究表明，利用尾矿和废石生产混凝土、砂浆等建筑材料，可以降低碳排放132.62～321.30 kg/m^3；将尾矿和废石作为铁路隧道基料，每万吨尾矿和废石可减少30～40 t二氧化碳排放量；用铁尾矿制备硅肥和土壤改良剂，每万吨铁尾矿可减少二氧化碳排放量1 904.8 t和7 619.0 t；用尾矿制备磷肥，生产每万吨磷肥可减少二氧化碳排放量达1 650 t。我国矿山固体废物的综合利用率约为32.5%，与粉煤灰（74.9%）、煤矸石（53.7%）和冶炼废渣（88.7%）等工业固体废物的综合利用率相比差距较大。尾矿资源的高效利用是矿山可持续发展的重要环节，也是推动工业固体废弃物综合利用产业绿色、循环、低碳发展转型的基础路

图3.42　内蒙古伊金霍洛旗采煤沉陷区建设光伏项目
资料来源：中华人民共和国中央人民政府网

径。在矿山生态环境修复中，融入固体废物资源化利用模式至关重要。在矿区周边建设以尾矿和废石为原料的建材、基料和肥料生产线，这种模式可以有效提高矿山固体废物资源化利用率，同时为传统产业提供生产原料，显著降低生产过程中的碳排放。此外，尾矿和废石排弃会压覆土地，导致原有土壤和植被的固碳能力丧失。因此矿山生态环境修复的前提是对尾矿和废石的资源化利用，从而为矿山生态系统提供固碳空间。

四、土壤及地下水污染减污降碳的挑战与展望

尽管绿色低碳修复一直是国内外土壤及地下水修复发展的目标，但近年来，在地下水修复效果评估周期较长、社会对修复达标不确定性包容性低及行政追责风险高，部分业主倾向于使用水泥窑和陶粒窑等高能耗手段进行协同处理，导致原位、原场、多元化的修复技术创新空间逐渐缩小，处置后的土壤作为环境介质和植物生长载体的功能也完全丧失。在当前"双碳"目标被高度重视的背景下，土壤修复行业亟须构建一个同时考虑"减污降碳"的技术评价体系。政府管理部门应将绿色低碳作为修复策略选择的重要依据，重视土壤生态环境功能的保全，细化企业土壤污染隐患排查、源头管控和边生产边管控，也进一步推动绿色低碳风险管控和修复的实施。在模式方面，国家政策引导下，应借助技术与金融的共同作用，丰富环境修复内涵、延伸土壤和地下水修复行业边界，以可持续推动环境修复行业持续稳定发

展。随着"深入打好净土保卫战"任务执行和存量市场逐步释放，需要模式创新与探索，因地制宜，在修复治理的同时，探索高效利用土地价值、促进修复行业产业化、规模化发展的途径、探索"环境修复＋开发建设"模式、探索在产企业边生产边管控土壤污染风险模式、探索污染土壤"修复工厂"模式等，是行业未来一个重要方向。在技术方面，随着对在产企业风险管控和地下水修复的关注，亟须开发适用于在产企业的原位、低扰动的风险管控与修复技术，以及地下水在线监测装备和预警系统，并结合原位修复、监控自然衰减等方式，利用更长的修复时间逐渐消除生态环境风险。

第六节
生态环境治理与可持续发展

一、生态环境治理支撑可持续发展

可持续发展是指社会、经济和环境的协调和长期延续发展的理念，生态环境治理作为支柱之一，对可持续发展整体目标的实现意义重大。保护环境资源及其所提供的生态系统服务是实现可持续发展目标的关键，从20世纪六七十年代起，污染事件频发，受到污染的环境介质，其物理、化学和生物学性质发生改变，导致生态系统服务功能下降，进而影响植物和微生物生长以及生态系统的稳定性。通过大气污染控制、水污染治理、土壤绿色修复等有效的生态环境治理维持生态系统的正常功能，保护丰富的生命物种和生态资源，是实现海洋资源保护与管理、陆地生态系统的恢复和保护、清洁饮用水获取、气候变化调节等可持续发展目标的重要基础。

从经济角度来看，生态环境治理和修复是实现经济可持续发展的必然要求。受到污染的生态系统往往无法正常用于农业生产和工业建设，导致资源浪费和经济价值降低，修复被污染的环境介质，可以使其重新具备生产能力，提高资源利用效率，为农业和工业的发展提供更多的空间和资源。此外，生态环境治理产业的发展也为经济增长带来了新的机遇，随着人们对环境质量要求的不断提高，生态环境治理行业日益繁荣，激发了全球性的绿色技术研发、设备制造、工程服务等工业革新和产业发展，提升经济发展质量和效益的同时，创造新的就业机会和经济效益。

生态环境治理也是社会可持续发展在社会公平、公共服务和社会和谐等多个层面的体现。生态环境治理能够确保生态环境资源公平地惠及每一个人，解决工业污染或资源过度开发导致的当地居民生活质量和健康状况问题，避免因地域差异或经济因素产生的环境资源分配不均，确保每个地区每一代人均能享受健康的生活方式，化解环境问题引发的区域矛盾和冲突，保障社会的公平、和谐和稳定。

二、可持续发展理念指导生态环境治理

随着可持续发展理念不断融入生态环境治理，各国和地区陆续颁布和更新相关的政策与措施。以国际上土壤污染修复和管理为例，主要经历了3个阶段：① 20世纪六七十年代基于背景值/环境质量的污染物彻底清除阶段；② 八九十年代基于健康和生态风险的管理阶段；③ 2000年以后逐渐兴起绿色可持续修复理念。当前，各个国家和地区都在积极推动绿色可持续的修复，不仅考虑生态环境治理对污染物的清除过程，而且考量治理过程所导致的环境、社会、经济二次影响，相继采取措施从应用实践、技术评估和管理框架等方面开展生态环境治理绿色可持续修复实践。在可持续发展理念的指导下，生态环境治理需综合考虑修复过程的二次污染、碳足迹、资源消耗、设备运行和设施建设等环境影响，修复成本、地方经济、居民收入影响等经济影响，以及工人健康与安全、公众参与及满意度、创造就业和修复弹性等社会影响。基于环境、经济和社会等三方面的绿色可持续发展的综合评估，是未来生态环境治理修复方案设计、工程实施和管理管控的重要指导依据。

可持续发展理念也正在引领生态环境治理从以下几个方面开展改革和创新：① 更加注重污染源头治理。可持续发展理念强调从源头上解决污染问题，而不是简单地依赖末端治理，意味着我们需要在生态环境治理中加强对工业、农业和生活等领域的污染源头控制，减少污染物的排放。以创新、协调、绿色、开放、共享的新发展理念为引领的"无废城市"建设正在努力践行这一改革，通过推动绿色生产和生活等发展方式，持续推进固体废物源头减量和资源化利用，最大限度减少填埋量，将城市发展产生的废物的环境影响降至最低。② 更加注重生态系统修复。可持续发展理念要求我们在生态环境治理过程中，加强维持生态平衡和生态系统服务功能恢复，通过恢复土壤、水体的系统的自然循环和生态平衡，提高自净能力和生物多样性，实现资源的可持续利用。例如，通过建设人工湿地、恢复河流生态系统、加强湖泊富营养化治理等措施，改善地表水环境质量，提升水生态系统的稳定性和韧性。③ 更加注重社会公众参与。生态环境治理作为社会、经济和环境可持续发展要素连接的重要接口，社会公众的参与和合作能够有效推动生态环境治理工作的顺利开展，通过加强环境教育、提高公众环保意识、鼓励公众参与和监督环境治理等措施，也有助于汇聚社会合力，推动环保政策有效执行，形成社会和谐、平等和稳定的良好氛围。④ 更加注重可持续工业创新。可持续发展理念要求在生态环境治理过程中注重科技创新和进步，推动工业转型创新。通过推动污染治理技术创新，发展清洁生产技术，加强资源循环利用技术研发，减少传统行业生产过程对环境的污染；在全球能源转型的大背景下，鼓励工业企业对太阳能、风能、水能和生物质能等清洁能源技术的研发和应用，减少传统化石能源的依赖和碳排放，实现能源供应的绿色可持续发展。

生态环境治理与可持续发展紧密相联、相互促进。生态环境治理是可持续发展的核心环节，而可持续发展理念则为生态环境治理提供了科学的指引。唯有高度重视生态环境治理，以可持续发展为引领，采取综合有效的治理措施，才能确保生态环境治理的可持续利用，推动经济社会的长期稳定发展。

第七节
案例分析

一、"零碳"污水处理厂案例——嘉兴市南湖工业污水处理公司近零碳绿色工厂

随着国家对环境保护和碳排放控制的日益重视，工业污水处理领域的减污降碳协同已成为生态环境治理体系中不可或缺的一部分。浙江嘉兴南湖工业污水处理厂在此背景下，聚焦"减污""降碳""协同""增效"四个环节，建设实施近零碳示范项目，以实现工业污水处理过程中的资源能源循环利用。

南湖工业污水处理厂是一座集高效节能和智慧化运行为一体的现代化工业污水处理厂，由嘉源集团与南湖城投集团共同投资建设运营（图3.43）。项目坐落于科技城东区，总投资约9.43亿元，占地约80亩，设计日处理规模达5万t/d，并配套建设了45 km的污水收集管网和3座污水提升泵站。该项目自2020年12月正式开工以来，已获得了多个奖项，并在2022年内完成了主体设备安装，计划进行通水调试。南湖工业污水处理厂通过一系列创新技术和先进管理手段，致力于实现零碳排放。其减少碳排放的关键举措简述如下：

1. 生物质能综合利用

南湖工业污水处理厂通过沼气焚烧项目实现了生物质能的综合利用。在污水处理过程中，厌氧处理阶段会产生大量沼气，这些沼气以往通常被直接排放或燃烧处理，不仅浪费了能源，还产生了温室气体排放。南湖工业污水处理厂利用沼气发电机组，将沼气转化为电能，全部达产后，项目年均收益608.87万元，生物质能综合利用年产1 068.2万kW·h电能，光伏发电机组年产18.2万kW·h，合计产生绿电1 086.4万kW·h/a，节约标煤约2 000 t/a，减少二氧化硫约5 t/a，减少二氧化碳排放约5 200 t/a。

2. 分布式光伏发电

为了进一步提高能源利用效率，南湖工业污水处理厂在屋顶和车位顶棚建设了分布式光伏发电系统。这些光伏系统利用太阳能发电，不仅为污水处理厂提供了绿色、清洁的能源，还减少了对传统电网的依赖，降低了碳排放。具体包括3组安装容量为118.91 kWp、安装面

积1 716 m² 的屋顶光伏，2组安装容量为86.95 kWp、安装面积444 m² 的车位顶棚光伏，共计建设205.86 kWp分布式光伏。

3. 新型储能与V2G充电桩

南湖工业污水处理厂还建设了新型储能系统和V2G充电桩，实现了储能及错峰用能方案。储能系统可以在光伏发电量过剩时储存电能，在光伏发电量不足时释放电能，从而提高了能源利用效率。V2G充电桩则可以将电动汽车作为移动储能设备，实现电动汽车与电网之间的双向互动，进一步提高了能源利用效率。

4. 智慧化工厂建设

南湖工业污水处理厂通过智慧化工厂建设，实现了从工程建设到投产后厂区污水运行管理、能耗高效管控、固定资产优化管理、安全生产管理、精细化办公等功能的"一网全覆盖"。智慧化工厂的建设不仅提高了污水处理效率和水质标准，还通过实时监测和优化能源使用，进一步降低了碳排放。

南湖工业污水处理厂总体可产生绿电1 086.4万kW·h/a，减少二氧化碳排放约5 200 t/a，远期将同步开展绿电交易，最终实现100%"零碳"工厂。其"零碳"排放实践不仅是一个成功案例，更是一个新的起点，它展示了工业污水处理领域在减少碳排放方面的巨大潜力和广阔前景，为其他类似项目提供了可借鉴的经验和模式（图3.43）。

图3.43 南湖工业污水处理厂项目效果图
资料来源：嘉兴市人民政府网站

二、污泥热解案例——青岛市即墨区污泥处置中心

1. 项目背景

青岛市即墨区，作为山东省青岛市的一个重要行政区，其经济发展和城市建设日新月异。然而，随着城市化进程的加速，城市污水处理量不断增加，污泥处理成为了一个亟待解决的问题。传统的污泥处理方式，如填埋和焚烧，不仅占用大量土地资源，还可能对环境造成二次污染。

为解决污泥处置难题，即墨区住建局与北控水务集团合作，投资建设了即墨污泥处置中心项目。该项目采用"建设–运营–移交"（BOT）模式，由北控水务集团负责勘察设计、施工和运营，合作期限为30年。项目位于即墨区墨水河西岸，孙家庄东侧，总投资13 901.18万元，设计处理能力为300 t/d（按含水率80%计）。

2. 工艺流程

即墨污泥处置中心项目采用了"叠螺浓缩 + 板框压滤 + 热风干燥 + 热解炭化"工艺，实现了污泥的高效处理（图3.44）。具体技术流程如下：

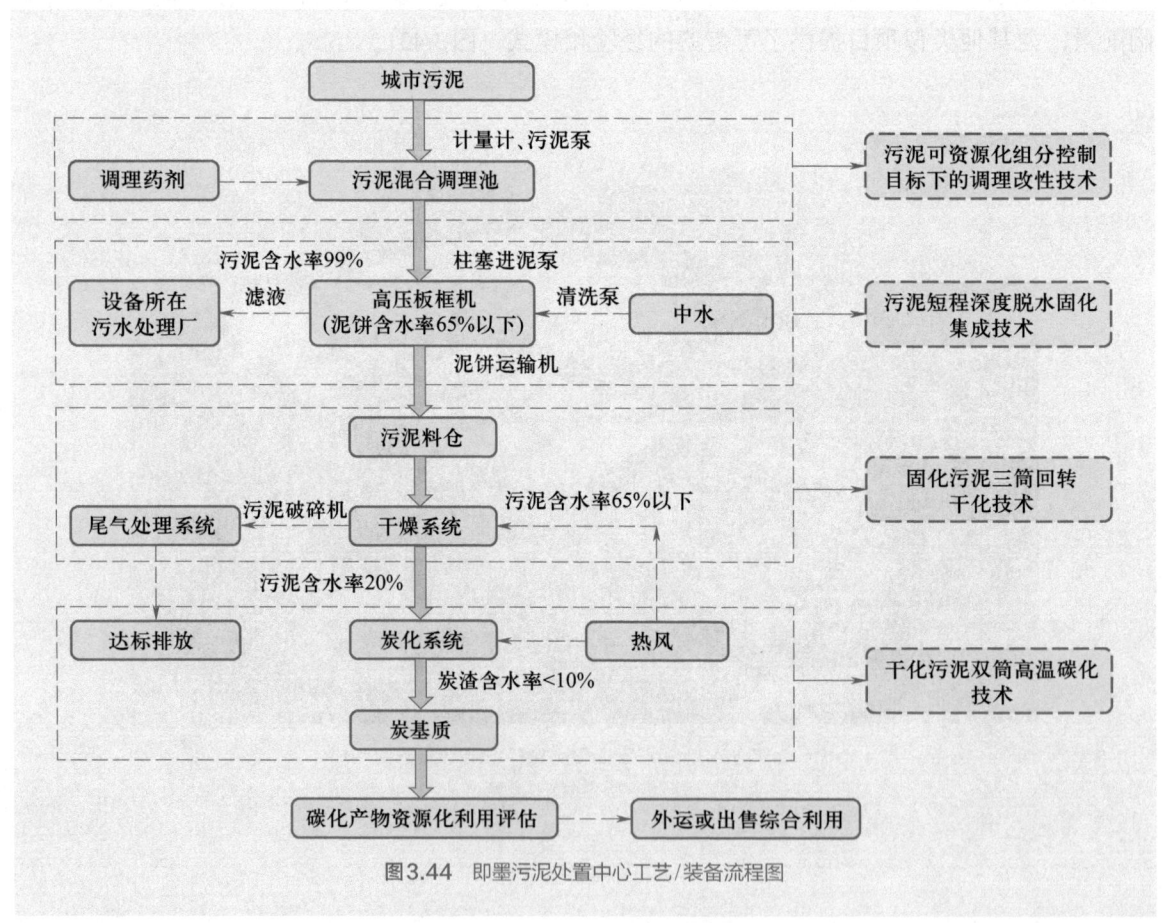

图3.44 即墨污泥处置中心工艺/装备流程图

（1）污泥接收与储存：污泥由市政污水处理厂通过专用污泥运输车运至即墨污泥处置中心。在污泥接收区，污泥被卸入污泥储存池，进行均质化和储存。

（2）叠螺浓缩：经过均质化的污泥被送入叠螺浓缩机进行浓缩处理。叠螺浓缩机通过螺旋轴的旋转和螺距的变化，对污泥进行压缩和脱水，使污泥的含水率降低到一定程度。

（3）板框压滤：浓缩后的污泥进入板框压滤机进行进一步脱水。板框压滤机通过板框的挤压和滤布的过滤作用，将污泥中的水分进一步挤出，使污泥的含水率降低到30%以下。

（4）热风干燥：脱水后的污泥被送入热风干燥机进行干燥处理。热风干燥机通过热风对污泥进行加热和干燥，使污泥的含水率降低到10%以下。干燥过程中产生的废气经过除尘和净化处理后排放。

（5）热解炭化：干燥后的污泥进入热解炭化炉进行热解炭化处理。热解炭化炉在高温缺氧条件下，将污泥中的有机物进行热解和炭化，生成气体、液体和固体产物。气体产物主要为可燃性气体，如氢气、一氧化碳和甲烷等，这些气体可以被进一步燃烧产生蒸汽或用于发电。液体产物主要为热解油，可作为燃料油或炼油厂的原料。固体产物主要是炭渣，炭渣经过处理后，可以制成建材或用于其他用途。

3. 工艺/设备原理

（1）固化污泥三筒回转干化技术：针对干化系统常见问题，该项目研发了高效节能的三筒回转式干化设备。设备工作原理为：根据试验/往期运行经验设置比例－积分－微分（PID）控制参数。启动燃烧器和第一引风机，当燃烧器内烟气温度大于600 ℃，出口风斗温度大于120 ℃时，开始投料；物料从进料系统进入内筒，与热烟气对流换热快速升温，使得物料部分表面水蒸发，在扬料板作用下进入蒸发区即内筒的后段，被打散装置进一步破碎、抛洒加速蒸发；物料进入中筒和外筒形成的恒温干燥区，在低扬程的扬料板作用下，依靠热气、筒壁及自身温度连续热交换，物料更加均匀并使温度保持80 ℃以上，避免水蒸气冷凝；物料整体含水率降低至30%以下后经出料端排出，螺旋输送设备送至中间保温料仓；污泥中的水分经热能交换，由液态转变为水蒸气蒸发出来，与烟气混合形成废气，在热压和第二引风机作用下被快速抽出，经过除尘器除尘、碱洗塔碱中和、除臭塔除臭后通过排气筒排放。

（2）干化污泥双筒热解炭化技术：针对普通外热滚筒式碳化炉的种种问题，该项目开发了双筒热解炭化技术。其原理为：补充燃料，在燃烧炉燃烧产生高温烟气进入加热炉膛，外筒体被加热炉膛内的高温烟气包裹直接加热，筒体高温区温度达600 ℃以上，嵌套在外筒内部的内筒受热升温，温度达300 ℃以上；流动高温烟气温度降低至600 ℃以下，通过高温烟气出口排出送至前端三筒回转式干化设备，供应干化热能；干燥段，进入进料仓的干化污泥经定量进料闭风器定量控制进入炭化装置内筒，在内筒扬料板的作用下被扬起、破碎、缓缓前行，与内筒筒壁热交换后逐步升温，内部水分不断汽化解出，基本干燥即含水率5%左右，污泥温度达到150 ℃，进入外筒；热解段，进入外筒的污泥在外筒扬料板的推动下前行，被加热后快速升温，温度达250 ℃～450 ℃，发生热解反应，不凝性气体和挥发组分大量析出；炭化段，污泥继续升温，升温至450～700 ℃并保持，有机物被进一步热解，重金属被固化，生成炭化物；降温段，外筒内的炭化物离开加热区，前行中经过内筒前端，对内筒前端加热并部分散热，温度降低，经闭风出料口落入水冷螺旋，进一步降温后送至炭化物储存仓内收集。对于热解气，热解炭化过程中产生的热解气、不凝性气体及挥发分进入除尘器净化后进入燃烧炉，在补充燃料燃烧产生的火焰中被充分燃烧，经脱硝处理、调节温度后进入加热炉膛。为降低热解气中氮氧化物含量，应充分利用热解气能量，合理控制高温烟气温度和外加能源。

（3）能量回收与利用：热解炭化过程中产生的可燃性气体和蒸汽具有较高的热值，可以被进一步利用。在即墨污泥处置中心项目中，可燃性气体被燃烧产生蒸汽，蒸汽被用于热风干燥机的加热和发电机的发电。同时，炭渣也可以作为建材或燃料使用，实现了能量的回收和再利用。

4. 运行结果

（1）污泥减量化：通过采用"叠螺浓缩 + 板框压滤 + 热风干燥 + 热解炭化"工艺，实现了污泥的高效处理。污泥的含水率从80%降低到10%以下，减量化效果显著。污泥减量率达到85%以上，大大减少了污泥的占地面积和运输成本。

（2）资源化利用：通过热解炭化技术，将污泥转化为炭渣、可燃性气体和热解油等资源。炭渣可以作为建材或燃料使用，可燃性气体可以被燃烧产生蒸汽或用于发电，热解油则可以作为燃料油或炼油厂的原料。污泥碳化过程释放的热解气再充分利用回到干化炉进行污泥干化，实现节能降耗。通过资源化利用污泥，项目实现了废物的减量化、资源化和无害化处理。

（3）环境效益：项目在运行过程中，严格按照国家环保标准和规定进行排放控制。废气经过除尘和净化处理后排放，达到了国家排放标准。同时，项目还实现了能量的回收和再利用，减少了能源消耗和温室气体排放。

（4）经济效益：通过销售炭渣、可燃性气体和热解油等资源，获得了可观的收入，可以用于项目的运营和维护，还可以用于进一步的技术研发和升级改造。

（5）社会效益：项目的成功运行解决了即墨区污泥处理难题，提高了城市污水处理的效率和质量，带动了相关产业的发展和就业的增加，改善了城市环境，提高了居民的生活质量和社会满意度。

三、矿山生态修复案例——唐山市南湖生态公园

唐山市南湖景区位于市中心以南，经过130多年的开采，成为对唐山市影响最大的一个采煤塌陷区。经过几十年的沉降，塌陷区平均高度较市区低约20 m，周边居民陆续搬迁，该区域逐渐成为人迹罕见的废弃地。20世纪末，唐山开始实施南部采沉区生态修复工程，计划将其改造为"南湖公园"。项目分为两个阶段：1997年至2005年为南湖公园建设时期，规划用地面积1.8 km²；2005年后，为未来大南湖地区景观建设时期。目前南湖公园已成为国家AAAA级景区，融合了自然生态、历史文化和现代文化，成为大型城市中央生态公园（图3.45）。

图3.45　矿山生态修复案例——唐山南湖生态公园

　　项目修复方案包括以下几个方面：评估积水范围并进行建设适宜度分析；通过地形改造、土壤改良和水系统整治，改善原本的生态环境。建立由田园小网格、边缘公园、绿地草场、芦苇地等组成的生态网络，从生态和美学角度考虑，使城市与绿地相互渗透，并界定了从开敞的水面到陆地的边界，发挥其生态效益，使采煤塌陷区形成独特景观。南湖地区景观生态设计包括：① 基于地质勘测，确定塌陷波及区域及其影响范围，评估积水情况并进行建设适宜度分析。② 进行地形改造和土壤改良，结合地质勘测和遗留物的生态特性实施"凿水造山"工程。③ 完成水系统整治，第一阶段将受污染的青龙河改道，并与新形成的水面景观隔离；第二阶段则是对现有湖面进行清理和整治，包括抽干湖水、清除垃圾，形成开阔水面。此外，沉降区的地表土壤和植物层将被移除，挖出的肥沃土壤将用于改善粉煤灰场和垃圾堆，使得植物在原本不毛之地上生长成为可能。④ 通过田园小网格、边缘公园、绿地草场、芦苇地等构建生态网络，既满足生态功能，又提升美学效果，促进城市与绿地的相互渗透，赋予采煤塌陷区新的生命与特色。

思考题

1. 为什么说大气污染物和温室气体具有同源性?
2. 参照已经发布的《钢铁行业碳中和愿景和低碳技术路线图》,畅想石油化工行业的碳中和愿景和低碳技术路线图。
3. 请简述水体污染物的自然衰减过程及机理。
4. 通过查阅资料,总结污水生物处理过程中有机物污染物的代谢过程。
5. 通过文献调研,总结化学氧化技术的分类及它们降解有机污染物的机制。
6. 通过查阅资料,总结武汉市沉湖湿地的保护措施及其有效性。
7. 固体废物按来源的不同可分为哪几类? 请列举其中主要的固体废物。
8. 固体废物的处理处置有何意义,与碳排放有何关系?
9. 简述典型固体废物的减污降碳路径。
10. 通过查阅资料,简述武汉市典型固体废物的低碳处理处置方法。
11. 如何基于碳排放指标评价不同土壤和地下水修复技术的效果?
12. 调研《关于促进土壤污染风险管控和绿色低碳修复的指导意见》的主要内容。
13. 调研监测自然衰减技术在土壤和地下水修复中的基本内涵。

延伸阅读

延伸阅读3-1 加拿大边界坝热电站碳捕集项目
延伸阅读3-2 钢铁行业碳中和愿景和低碳技术路线图
延伸阅读3-3 环境中无处不在的微塑料
延伸阅读3-4 历久弥新的芬顿反应
延伸阅读3-5 绿色化学: 从理念萌芽到实践应用
延伸阅读3-6 生物炭修复和改良重金属污染农田土壤机制和工程示范

延伸阅读3-7　土壤和地下水绿色低碳修复技术——射频修复技术及应用

参考文献

[1] 卞正富，于昊辰，韩晓彤．碳中和目标背景下矿山生态修复的路径选择［J］．煤炭学报，2022，47：449-459.

[2] 陈伟，夏良树，胡思思．乳状液膜技术分离回收金属离子的研究进展［J］．化学工程，2013，41：10-15.

[3] 丁艳敏．生活垃圾焚烧发电项目减污降碳对策研究［J］．清洗世界，2023，39：175-177.

[4] 樊小磊，詹作泰，高柏，等．重金属废水处理技术研究进展［J］．中国有色冶金，2023，52：112-127.

[5] 范艺璇，蒋太国，朱艳芬，等．铜尾矿区重金属污染土壤的植物修复技术研究进展［J］．绿色科技，2024，26：205-210.

[6] 方婧，金亮，程磊磊，等．环境中生物质炭稳定性研究进展［J］．土壤学报，2019，56：1034-1047.

[7] 高凌飞，王义祥，叶菁，等．堆肥过程中碳、氮转化与温室气体排放研究进展［J］．福建农业学报，2014，29：803-814.

[8] 巩峰，李栋，唐章程．多模式臭氧氧化技术在工业园区污水处理厂改造工程中的应用［J］．给水排水，2023，59：674-681.

[9] 顾军，赵敏燕，栾燕，等．膜生物反应器及其在工业废水处理中的应用［J］．化工设计通讯，2024，50：134-136.

[10] 郭冬艳，杨繁，高兵，等．矿山生态修复助力碳中和的政策建议［J］．中国国土资源经济，2021，34：50-54.

[11] 黄锡生，李旭东．碳中和目标下矿山生态修复的制度困境与规范调适［J］．中国地质大学学报（社会科学版），2024，24：21-34.

[12] 籍龙杰，陈芒，张维琦，等．原位热脱附去除土壤有机污染机理及技术研究［J］．能源环境保护，2022，36：46-52.

[13] 李鸿博，钟怡，张昊楠，等．生物炭修复重金属污染农田土壤的机制及应用研究进展［J］．农业工程学报，2020，36：173-185.

[14] 廖程浩，刘雪华，张永富．煤矸石山修复的碳减排效益——以阳泉矿区为例［J］．环境科学与技术，2010，33：195-199.

[15] 凌建菊，李雅婕，陈果，等．农村秸秆资源化利用研究进展［J］．广东化工，2024，51：98-101＋97.

[16] 刘晖．火电厂废水处理中化学沉淀法的优化与实践［J］．山西化工，2024，44：290-292.

[17] 刘俊起，王铁汉．溶解气浮技术在治理炼油厂污水中的应用［J］．辽宁城乡环境科技，2003：23-25.

[18] 刘晓红，陈民友，徐克贤，等．臭氧氧化法处理尾矿浆中氰化物的研究［J］．黄金，2005：51-53.

[19] 刘昕，张雄，李雯霞，等．国内外再生粗骨料研究新进展［J］．建筑技术，2010，41：63-66.

[20] 龙吉生，杜海亮，邹昕，等．关于城市生活垃圾处理碳减排的系统研究［J］．中国科学院院刊，2022，37（8）：1143-1153.

[21] 任月华，刘宝震，马彬，等．新型生物膜法处理农村生活污水的研究进展［J］．应用化工，2024，53（5）：1170-1174.

[22] 孙扬，王春虎，韩宛汝，等．北方沿海某市供水系统中23项代表性新污染物特征分布及风险评价［J］．净水技术，2024，43（8）：124-134.

[23] 唐啸．城市固体废物处置现状及对策研究［J］．节能与环保，2020（8）：32-33.

[24] 田敏慧，赵楠楠，许子聪，等．化学氧化法深度处理印染废水生化出水的研究［J］．工业用水与废水，2024，55（3）：25-29.

[25] 王灿，崔玉理，卢雅琼，等．固体废弃物资源化利用研究现状及发展趋势［N］．2022-04-25.

[26] 王江莉. 固态废物无害化处理技术研究 [J]. 山西化工, 2022, 42（3）: 277-278+293.

[27] 王文兵, 李春阳, 董纤凌, 等. 双碳背景下污染场地修复策略与技术前景 [J]. 环境工程学报, 2023, 17（1）: 188-196.

[28] 王耀, 郭徽, 马晓东, 等. Fenton氧化法在造纸废水处理中的应用 [J]. 中国造纸, 2014, 33（2）: 79-81.

[29] 吴嘉利, 杨舒茗, 赵志勇, 等. 低温对泥膜法和纯膜法处理污水的对比研究 [J]. 水处理技术, 2024, 50（6）: 125-130.

[30] 武肖媛. 农业固体废弃物资源化利用研究 [J]. 环境与发展, 2018, 30（8）: 50-51.

[31] 许伟翔, 白国梁, 李贝宁, 等. 浅水湖泊沉积物碳储存与释放及其影响因素研究进展 [J]. 水生生物学报, 2024, 48（5）: 878-888.

[32] 杨洁, 叶春梅, 司马菁珂, 等. "双碳"目标下污染场地原位热处理技术发展趋势 [J]. 环境工程学报, 2022, 16（11）: 3517-3529.

[33] 杨珍珍, 耿兵, 田云龙, 等. 土壤有机污染物电化学修复技术研究进展 [J]. 土壤学报, 2021, 58（5）: 1110-1122.

[34] 尹岩, 郗凤明, 王娇月, 等. "碳中和"背景下我国矿山生态环境修复研究现状及发展趋势 [J]. 化工矿物与加工, 2022, 51（11）: 7-12.

[35] 袁茂熙. 低氧间歇曝气SBR系统中脱氮性能及途径研究 [D]. 北京: 北京化工大学, 2024.

[36] 张红振. 大型复杂污染场地绿色修复与可持续风险管控关键技术及应用 [J]. 中国环保产业, 2022（2）: 63-64.

[37] 张金婷, 张珊, 赵蕾, 等. 湖泊湿地土壤有机碳研究进展: 形成、周转和稳定性 [J]. 生态学报, 2024（20）: 1-15.

[38] 张毅扬. 生活垃圾焚烧处理现状及污染控制策略分析 [J]. 黑龙江环境通报, 2023, 36（08）: 102-104.

[39] 赵由才, 龙燕. 固体废物处理技术进展 [J]. 有色冶金

设计与研究, 2003 (3): 10-14.

[40] 赵玉海, 魏显珍, 王鑫, 等. 城市固体废弃物资源化利
用分析与研究 [J]. 再生资源与循环经济, 2023, 16 (9):
38-41.

[41] 赵泽州, 王晓玲, 李鸿博, 等. 生物质炭基肥缓释性能
及对土壤改良的研究进展 [J]. 植物营养与肥料学报,
2021, 27 (5): 886-897.

[42] 郑彤, 杜兆林, 贺玉强, 等. 水体重金属污染处理方法
现状分析与应急处置策略 [J]. 中国给水排水, 2013,
29 (6): 18-21.

[43] 郑苇, 高波, 闵海华, 等. 我国污染场地修复技术应用
现状与发展研究 [J]. 环境卫生工程, 2019, 27 (3): 6-8.

[44] 周富春. 固体废物的处理现状及研究进展 [J]. 山西建
筑, 2009, 35 (10): 352-353.

[45] 周叶, 高峰, 戚雷强. 混凝水处理法应用现状及强化措
施探讨 [J]. 净水技术, 2021, 40 (S1): 9-14.

[46] Anand U, Reddy B, Singh V K, et al. Potential Environmental
and Human Health Risks Caused by Antibiotic-Resistant
Bacteria (ARB), Antibiotic Resistance Genes (ARGs)and
Emerging Contaminants (ECs) from Municipal Solid Waste
(MSW) Landfill [J]. Antibiotics-Basel, 2021, 10(4).

[47] Bautista P, Mohedano A F, Casas J A, et al. An overview of
the application of Fenton oxidation to industrial wastewaters
treatment [J]. J Chem Technol Biotechnol, 2008, 83(10):
1323-1338.

[48] David S H, Makinia J. Activated sludge process development
[M]. Activated Sludge-100 Years and Counting, 2014.

[49] Khan S, Naushad M, Govarthanan M, et al. Emerging
contaminants of high concern for the environment: Current
trends and future research [J]. Environ Res, 2022, 207.

[50] Lakshmi E, Priya M, Achari V S. An overview on the
treatment of ballast water in ships [J]. Ocean & Coastal
Management, 2021, 199.

[51] Méndez-Catalán J, Socas-Hernández C, Jiménez-Skrzypek
G, et al. Evaluation of the presence of emerging contaminants

in wastewater and seawater using automated solid-phase extraction and ultra-high-performance liquid chromatography coupled to tandem mass spectrometry [J]. Journal of Chromatography Open, 2024, 6.

[52] Oncel M S, Muhcu A, Demirbas E. A comparative study of chemical precipitation and electrocoagulation for treatment of coal acid drainage wastewater [J]. Journal of Environmental Chemical Engineering, 2013, 1(4): 989−995.

[53] Rekhate C V, Srivastava J K. Recent advances in ozone-based advanced oxidation processes for treatment of wastewater-A review [J]. Chemical Engineering Journal Advances, 2020, 3.

[54] Rout P R, Zhang T C, Bhunia P, et al. Treatment technologies for emerging contaminants in wastewater treatment plants: A review [J]. Sci Total Environ, 2021, 753.

[55] Scharlemann J P W, Tanner E V J, Hiederer R, et al. Global soil carbon: understanding and managing the largest terrestrial carbon pool [J]. Carbon Manag, 2014, 5(1): 81−91.

[56] Shi Y, Zhang F J, Du C Q, et al. Recycled biochar adsorption combined with $CaCl_2$ washing to increase rice yields and decrease Cd levels in grains and paddy soils: A field study [J]. Sci Total Environ, 2023, 865.

[57] Shi Y, Zhao Z Z, Zhong Y, et al. Synergistic effect of floatable hydroxyapatite-modified biochar adsorption and low-level $CaCl_2$ leaching on Cd removal from paddy soil [J]. Sci Total Environ, 2022, 807.

[58] Yang L, Xu X J, Wang H, et al. Biological treatment of refractory pollutants in industrial wastewaters under aerobic or anaerobic condition: Batch tests and associated microbial community analysis [J]. Bioresource Technology Reports, 2022, 17.

[59] Yi H, Li M F, Huo X Q, et al. Recent development of advanced biotechnology for wastewater treatment [J]. Crit Rev Biotechnol, 2020, 40(1): 99−118.

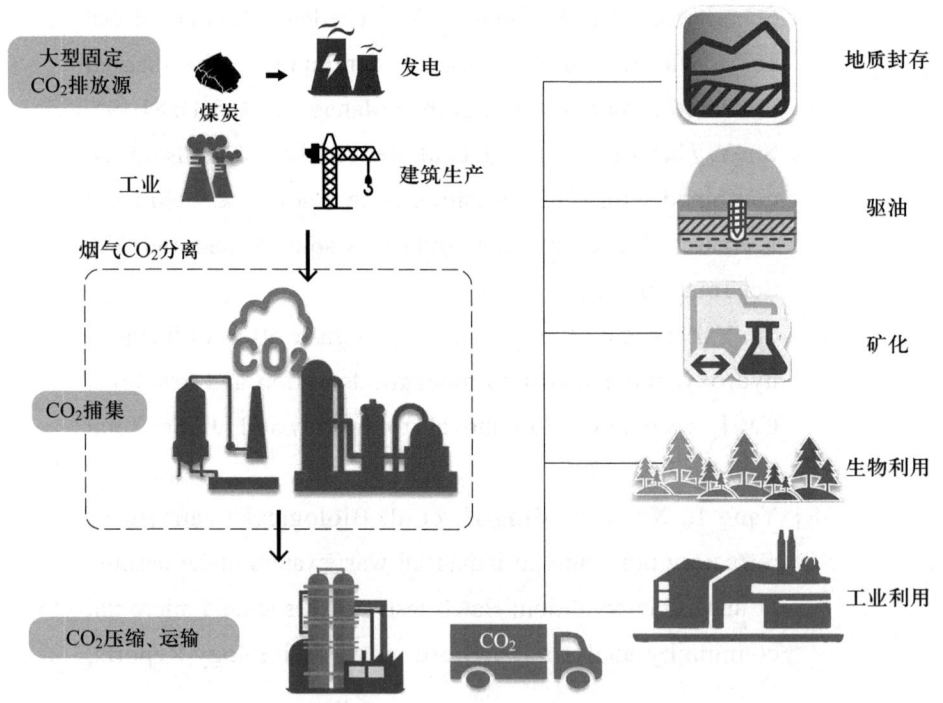

第四章

碳捕集、利用
与封存技术

大型固定
CO_2排放源

煤炭

发电

工业

建筑生产

地质封存

驱油

矿化

生物利用

工业利用

烟气CO_2分离

CO_2捕集

CO_2

CO_2压缩、运输

CO_2

第一节
概述

二氧化碳捕集、利用与储存技术（CCUS）是指从工业排放源或空气中收集二氧化碳（CO_2），并将其运输到指定地点以供利用或安全储存的过程。以此实现长期储存或转化利用。图4.1概述了从CO_2生成到收集、存储及再利用的技术流程。CCUS技术能够减少固定排放源的二氧化碳排放量，甚至可以直接空气捕捉并移除大气中的二氧化碳。

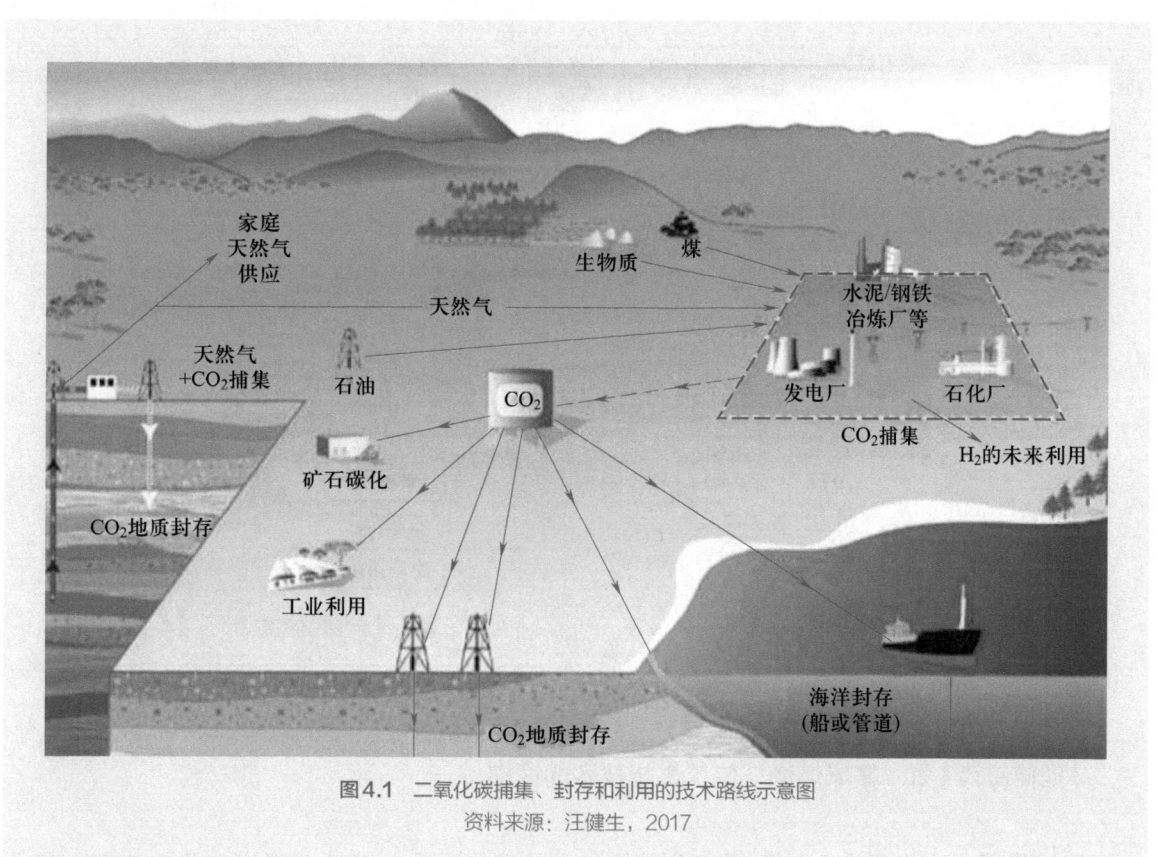

图4.1　二氧化碳捕集、封存和利用的技术路线示意图
资料来源：汪健生，2017

一、碳捕集技术

碳捕集涉及将二氧化碳从混合气体中分离并进行压缩收集的过程，最初在炼油、钢铁制造、水泥生产和化工领域得到应用。考虑到燃煤发电是大气中CO_2排放的重要来源，当前碳捕集技术主要用于捕捉发电厂和工业设施排放的二氧化碳。

传统的碳捕集方法主要包括预燃烧捕集、后燃烧捕集以及氧气强化燃烧捕集三种方式。

预燃烧捕集技术（图4.2）通过高压条件下的富氧气体将煤炭气化成合成气，随后转换为水煤气，在这一过程中产生的气体具有较高的压力和CO_2浓度，便于后续的CO_2捕集。后燃烧捕集技术（图4.3）则是在燃料燃烧完成之后，从排放的废气中提取CO_2，方法包括化学吸收、物理吸附及化学链捕集等。氧气强化燃烧捕集技术（图4.4）通过在富含氧气的环境中增加锅炉内的压力来提升排放物中的CO_2浓度与压力，随后使用后燃烧捕集技术来捕获这些高浓度的CO_2气体，以便于进一步处理和存储。

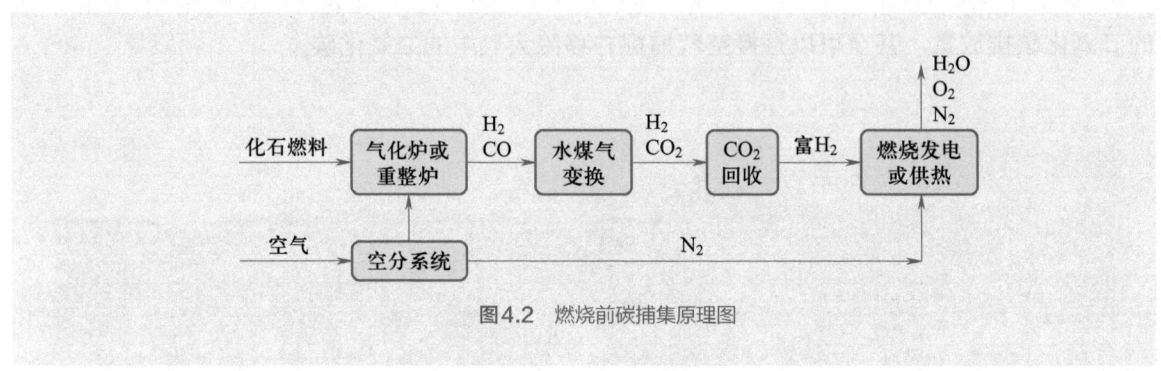

图4.2　燃烧前碳捕集原理图

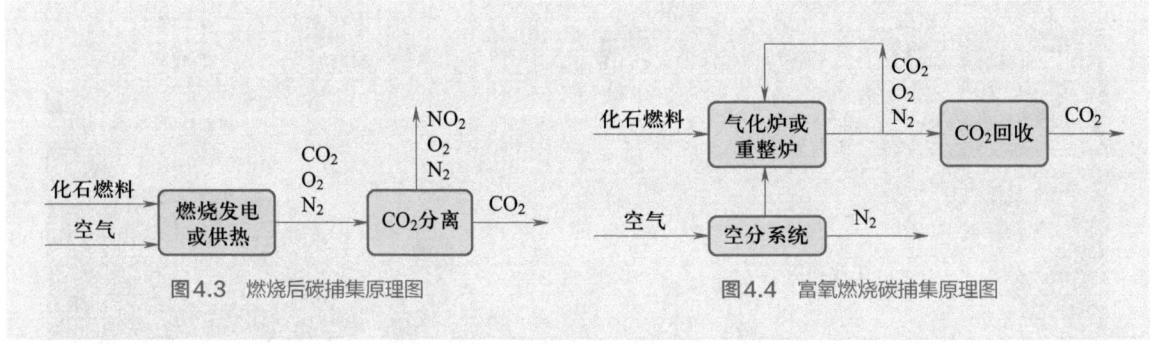

图4.3　燃烧后碳捕集原理图　　　　　　图4.4　富氧燃烧碳捕集原理图

延伸阅读4-1　富氧燃烧与传统燃烧技术的区别

　　碳捕集产业相当复杂，涉及的产业链较长，并且与电力、石油、煤炭和化工等多个行业紧密相联。当前，许多企业依然依赖化石燃料，造成温室气体排放过高。然而，碳捕集技术可以在排放源头处捕获二氧化碳，从而帮助调整碳平衡。作为减少温室气体排放的核心技术之一，碳捕集现已进入商业化应用阶段，例如，捕获的CO_2可以被再利用，为企业投资此类技术带来了额外的动力。在推进"双碳"目标的过程中，政府为各企业设定了碳排放配额。对于那些排放量大的工业、能源和建筑业等，通过减少购买碳排放权和支付碳税的成本，它们可以运用碳捕集技术处理排放的废气，从而实现企业的减排目标。

二、碳利用技术

碳利用技术涉及将二氧化碳转化为更高附加值的产品或燃料，以此来实现减排效果。CO_2可以用来制造纯碱、小苏打等无机化学品，也可以转变成聚合物、燃料等有机碳化合物。例如，二氧化碳可以与含有钙、镁的固体废物，如炼钢炉渣、粉煤灰或水泥窑尘，发生矿化作用，生成固态碳酸盐类产品，同时也有助于减少碳排放。

当前，碳利用技术通常包括化学转化、生物处理、矿化以及地质储存等多种方法。其中，化学转化主要借助热催化、电催化或光催化等途径来实现。将二氧化碳转化为更高价值的产品，例如通过加氢反应生成燃料。催化加氢可以合成α-烯烃、芳烃等高附加值化学品，从而促进能源结构的转型和绿色低碳发展，如图4.5所示。生物利用则依靠微生物、植物等生物体通过光合作用固定CO_2。例如，生物柴油的制备可以通过培养微藻，待微藻成熟后，先进行脱水和过滤，接着从所得悬浮液中提取脂质，并通过分馏提纯，最后加入醇类物质和催化剂，通过转酯化反应生产生物柴油。此外，在二氧化碳矿化利用方面，我国取得了显著进展。矿化利用是指利用天然矿物与二氧化碳反应形成稳定的碳酸盐，从而实现二氧化碳的固定。二氧化碳矿化利用的具体工艺流程如图4.6所示。

选择恰当的利用方式不仅能有效地减少碳排放，还能将二氧化碳转化为高价值产品，带来显著的经济效益。在碳管理过程中，碳利用是实现减排目标的关键环节之一，它不仅能够固定自由状态的二氧化碳，转化为有用的碳基产品，还能促进经济增长。加快碳利用技术的研发是达成碳中和目标、应对气候变化的重要行动。碳利用技术可以弥补土地使用、林业、农业以及其他非能源行业所产生的碳排放。未来碳利用技术将与工业生产的各个环节紧密结合，对工业领域的减排起到至关重要的作用。

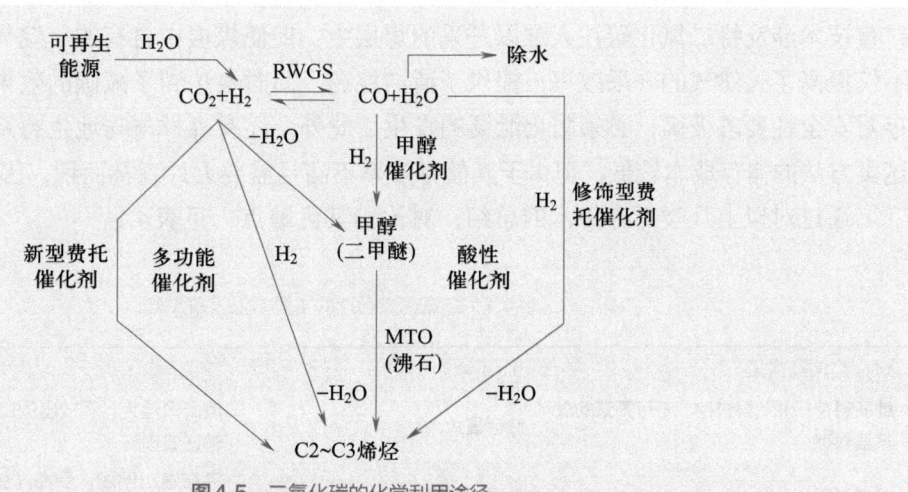

图4.5 二氧化碳的化学利用途径

RWGS：逆水煤气变换，是水煤气变换反应的逆向反应，由二氧化碳和氢气相互作用，生成一氧化碳和水

资料来源：鲁博文等，2021

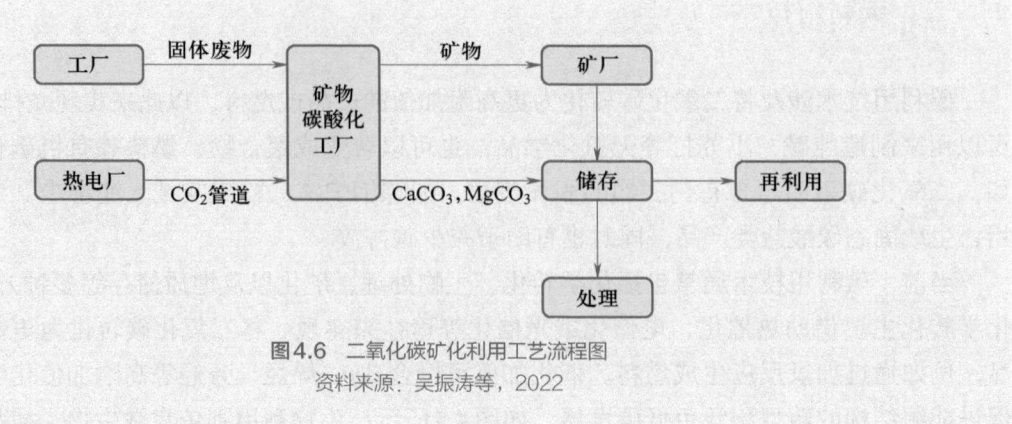

图 4.6 二氧化碳矿化利用工艺流程图

资料来源: 吴振涛等, 2022

三、碳封存技术

当前, 全球气候变暖已成为人类面临的严峻挑战, 而碳封存技术的应用是应对这一问题的关键措施之一。作为实现《联合国气候变化框架公约》目标的重要手段, 碳封存技术通过工程方法将收集到的二氧化碳注入适合的地层中, 使其长期与大气隔绝。碳封存技术主要包括海洋封存、油气田封存以及煤层封存等方式。

海洋封存技术一种方式是包括通过固定管道或移动船舶将二氧化碳注入深海, 一般深度超过 15 000 m, 使其溶解于水中; 另一种方式是通过固定管道或将设备安装在至少 3 000 m 深的海底平台上, 使二氧化碳沉淀形成液体湖泊, 延缓其在周围环境中的扩散。油气层封存则分为废弃油气田封存和正在使用的油气田封存。向油气层注入二氧化碳既能提高油气的回收率, 又能实现碳的封存, 减少碳排放。油气层封存还可以进一步细分为物理封存和化学封存。煤气层封存技术涉及将二氧化碳注入难以开采的煤层中, 促使煤层中含有的甲烷气体析出。这种方法不仅提高了天然气的开采效率, 提供了清洁能源, 同时也达到了减碳的效果。不过, 煤气层封存对安全性要求极高, 必须防止泄漏的发生。此外, 还有森林与陆地生态系统封存技术, 尽管这类方法的储存成本较低, 但由于其储存效率不高且需要大片森林面积, 因此适用范围有限。

通过对以上几类封存技术的总结, 对比出其优缺点, 见表 4.1。

表 4.1 二氧化碳封存的主要方法及优缺点

封存方法及类型	优点	缺点
地质封存: 油气层封存、不可开采的煤气层封存	储存量大	泄漏风险大, 释放出的二氧化碳会造成局部灾害; 输送成本高
海洋封存	处理二氧化碳潜力大	存在逸出问题; 受海洋生态系统的局限, 无法估计对海洋生态系统的影响
陆地生态系统封存	封存潜力大	固碳周期长, 短期效果不明显

注: 数据来源: 孙丽丽等, 2020。

碳封存技术应用中会涉及法律的规范，因此能够促进碳管理过程中法律法规的完善与发展。

由于国际环保大环境的现实需要、发展低碳产业所需以及人们的环保意识的增强，碳封存技术在一定程度上会促进环保融资。

我国的能源体系规模宏大且需求多样，预计在未来几十年内，化石能源仍将占据能源消费的10%~15%。因此，碳捕集、利用与封存（CCUS）技术成为了实现这部分化石能源净零排放的关键技术选项。在迈向碳中和的过程中，钢铁行业也需要通过工业革新替代传统的减排方法。特别是在钢铁和水泥行业中，CCUS技术几乎是唯一可行的减排途径之一。此外，在新能源发展的背景下，生物碳捕集、利用与封存技术展现出巨大潜力，对于推动"碳中和"进程至关重要，能够显著减轻经济和环境的压力。随着这项技术的稳步发展，预计到2030年将有助于实现整体温室气体排放量的快速下降，并有望在2045年前实现碳储存量的正增长。

发展碳捕集、利用与封存技术在碳管理中扮演着多重角色，如促进政策体系建设、拓展商业模式以及完善标准规范。未来我国若能加大对CCUS技术的支持力度，则可以加速相关法律法规和科学合理的建设、运营、监督机制及政策激励措施的制定，推动安全可靠、低能耗、低成本的全链条集成示范项目及商业应用。增加对CCUS技术基础设施的投资，不仅能够优化工业领域的碳管理方式，还能促进新兴产业的发展，并增强国际间的交流合作与知识共享。

第二节
碳捕集技术

一、碳捕集技术的发展现状及趋势

随着化石能源的大量应用，全球温室效应日益严重，为应对环境问题，未来的能源系统需具备绿色、低碳等特质，也就是说现有的以煤炭为主的高碳能源和电力结构无法满足需求，以清洁能源为主的低碳能源结构应得到更广泛的应用。煤电在我国电力供应中所占比例为58.4%，它依然是最主要的发电来源，此能源和电力结构短期内不易改变，这使得我国的CO_2排放量始终处于较高水平。为实现深度脱碳，单纯依靠清洁能源替代是不可取的，必须通过碳捕集、利用和封存技术才能完成。

碳捕集技术涉及从工业生产、能源使用过程中分离二氧化碳或直接从大气中分离二氧化碳，并对其进行储存或再利用，其目的是降低二氧化碳向大气的排放量，以帮助减缓全球变暖及其他气候变化效应（图4.7）。碳捕集技术的发展历经三代，第一代碳捕集技术主要基于成熟的方法，如化学吸收和物理吸收，这些技术已在工业上被广泛应用。第二代碳捕集技术在第一代的基础上进行了改进，提高了效率，降低了成本，并且减少了对环境的影响，包括改进的吸收法以及新的方法，如使用混合胺等新型高效溶剂的改进化学吸收法。第三代碳捕集技术在前两代技术的基础上更加注重创新性和可持续性，比如光催化和电催化技术。

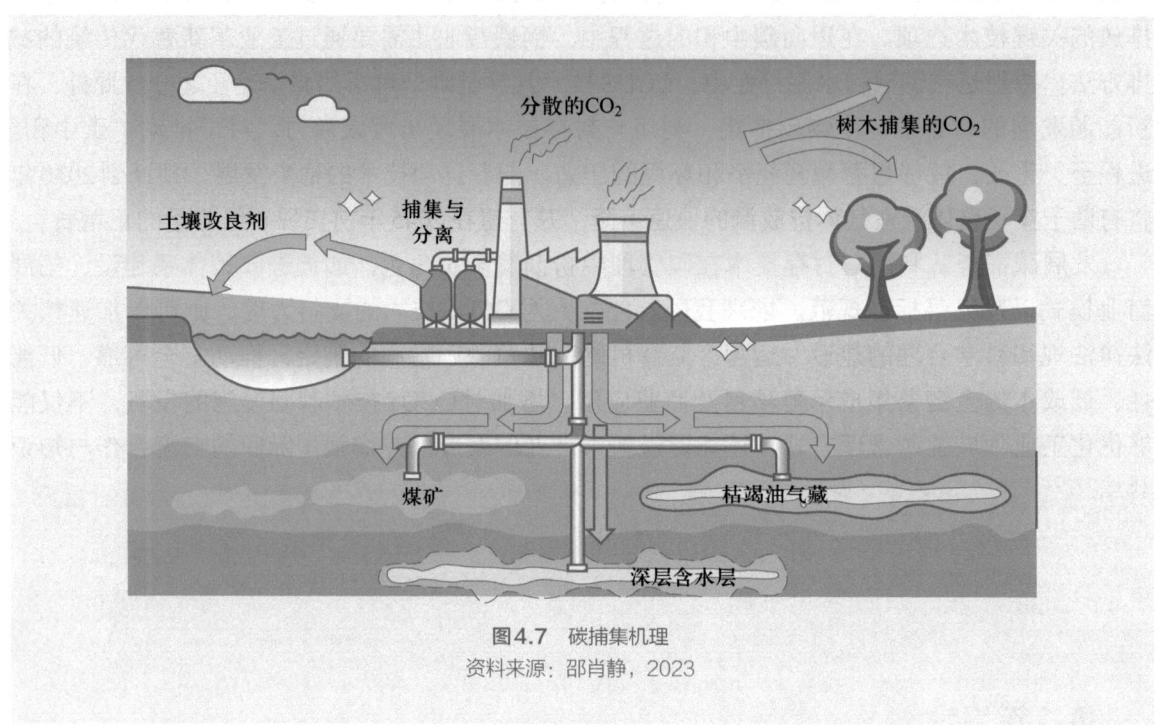

图4.7 碳捕集机理
资料来源：邵肖静，2023

　　碳捕集技术的未来发展趋势将集中在技术创新、成本降低和可持续性提升上，具体表现为开发更高效的吸收剂和吸附材料、推进膜分离技术的进步以及探索直接空气捕获等新兴方法；同时，通过集成不同技术形成复合解决方案，并结合可再生能源以减少整体碳足迹。此外，随着全球应对气候变化行动的加强，政策支持与市场激励机制将进一步促进碳捕集技术的商业化进程，而跨学科合作和国际间协作也将加速技术进步与应用推广，共同推动实现显著减少温室气体排放的目标。

二、碳捕集的方法

　　按照吸收剂的物理形态以及分离形式可以将碳捕集方法分为液体吸收法、固体吸附法及膜分离法。

（一）液体吸收法

液体吸收法是利用液体来处理混合气体。基于混合气体中不同成分在同一种液体里的溶解度差异来进行分离，其中一种或几种具有较高溶解度的成分会进入液相，引起气相成分的相对浓度变化，即通过这种方法可以实现混合气体的分离与纯化。在采用液体吸收法捕集二氧化碳时，根据吸收机理的不同，可将其分为物理吸收、化学吸收及物理化学复合吸收三种方式。

延伸阅读4-2　物理吸收与化学吸收的区别以及相关吸收材料

1. 物理吸收法

物理吸收法是基于二氧化碳在吸收剂中的物理溶解过程，而不涉及与二氧化碳发生化学反应的一种方法。相比于其他吸收方法，物理吸收法显示出明显的优越性。首先，材料无腐蚀性，无须对管线及设备进行焊接，降低了设备造价；其次，工艺无须外加热源，主要的能源消耗在溶剂循环泵及再循环燃气压缩机上，降低了运行费用。但物理吸收方法也有其局限，如 CO_2 分压偏低，导致其选择性不高。可以使用多种物理溶剂来吸收 CO_2 等酸性气体，这里详细介绍四种常用方法：甲醇（MeOH）法、碳酸丙烯酯（PC）法、聚乙二醇二甲醚（DEPG）法和 N-甲基-2-吡咯烷酮（NMP）法。

（1）甲醇法中，最具代表性的是德国林德（Linde）和鲁奇（Lurgi）公司共同研发的"低温甲醇洗"工艺（Rectisol），它是第一个商业化的以有机物理为基础的工业过程，被广泛应用于合成气中，工艺流程参见图4.8。低温甲醇洗涤技术利用了甲醇对酸性气体的高溶解能力，在较低温度条件下实现对多种酸性组分的选择性和分段吸收。甲醇类溶剂有毒，需要附加制冷装置对溶剂进行冷却，低温甲醇清洗过程一般在 $-40 \sim -62\ ℃$ 下进行，需要消耗较多的电能，捕集装置对原料的要求也很高，所以价格相对较高。

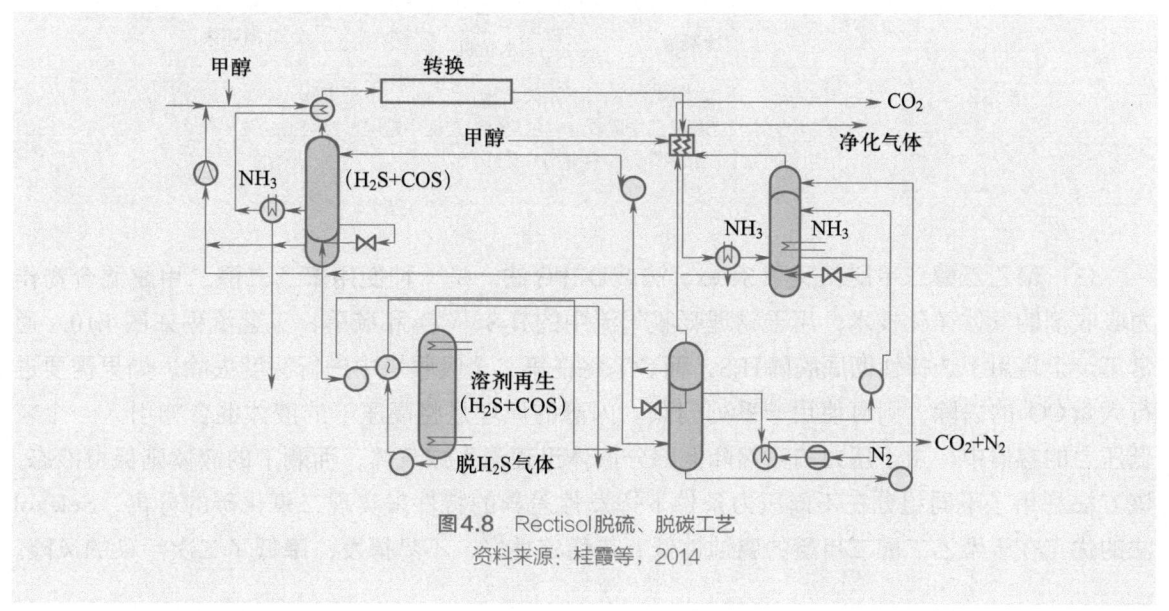

图4.8 Rectisol脱硫、脱碳工艺
资料来源：桂霞等，2014

（2）碳酸丙烯酯法（Fluor法）是一种用于从烟气中捕集二氧化碳的技术，它由美国Fluor公司开发。这种技术主要利用碳酸丙烯酯（propylene carbonate，PC）作为吸收剂来捕集CO_2，其流程如图4.9所示。碳酸丙烯酯法的流程包括吸收过程和解吸过程，在吸收过程中，烟气通过吸收塔，在这里与碳酸丙烯酯接触，碳酸丙烯酯与CO_2发生可逆的化学反应，形成碳酸盐；在解吸过程中，富含CO_2的碳酸丙烯酯溶液被加热至较高温度（通常为100~150 ℃），使CO_2从溶液中释放出来，释放出的CO_2气体可以被压缩并储存或进一步利用；再生后的碳酸丙烯酯可以循环使用，回到吸收塔中继续捕集CO_2。碳酸丙烯酯法以其高效性和良好的稳定性等优点而著称。碳酸丙烯酯对CO_2具有较高的选择性和吸附能力，尤其是在低浓度CO_2环境中表现良好；碳酸丙烯酯在高温和高压的条件下展现出优异的化学稳定性和热稳定性。碳酸丙烯酯法的缺点在于再生效率低，再生过程中的CO_2释放速率可能不如某些胺类吸收剂快。

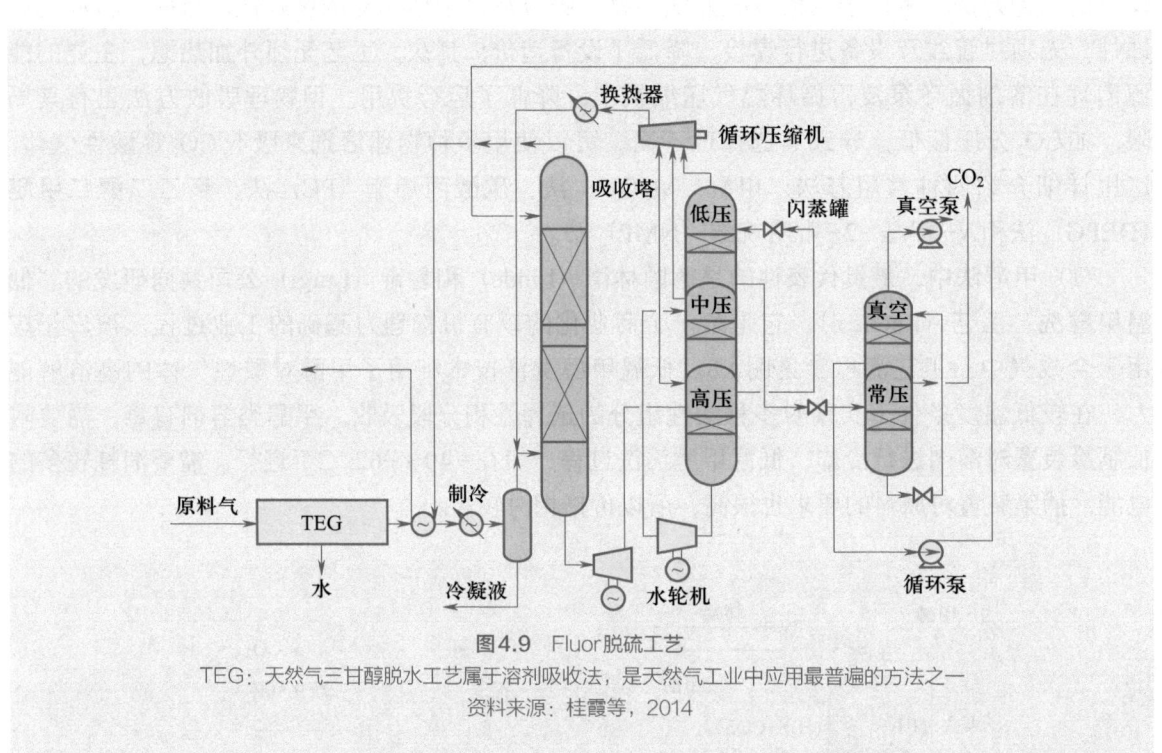

图4.9　Fluor脱硫工艺

TEG：天然气三甘醇脱水工艺属于溶剂吸收法，是天然气工业中应用最普遍的方法之一

资料来源：桂霞等，2014

（3）聚乙二醇二甲醚法又称Selexol法或DEPG法，是一种使用聚乙二醇二甲醚混合物作为吸收剂的气体净化技术，用于物理吸收气流中的H_2S、CO_2和硫醇，工艺流程如图4.10。通常第一个塔用于选择性彻底脱除H_2S，而CO_2将在第二个吸收塔中进行深度去除。如果需要进行大量CO_2的去除，则可使用一系列闪蒸。闪蒸的原理是将高压下的液体混合物引入一个较低压力的容器中，由于压力的突然降低部分液体迅速蒸发成气体，而剩下的液体则保持液态，该方法利用了不同组分在不同压力条件下挥发性差异的特性来实现二氧化碳的分离。Selexol法的优点在于聚乙二醇二甲醚的腐蚀性低、热稳定性好、不易挥发，降低了二次污染的风险。

Selexol法的缺点在于初投资较高，虽然长期运行成本较低，但Selexol系统的初始建设成本较高。

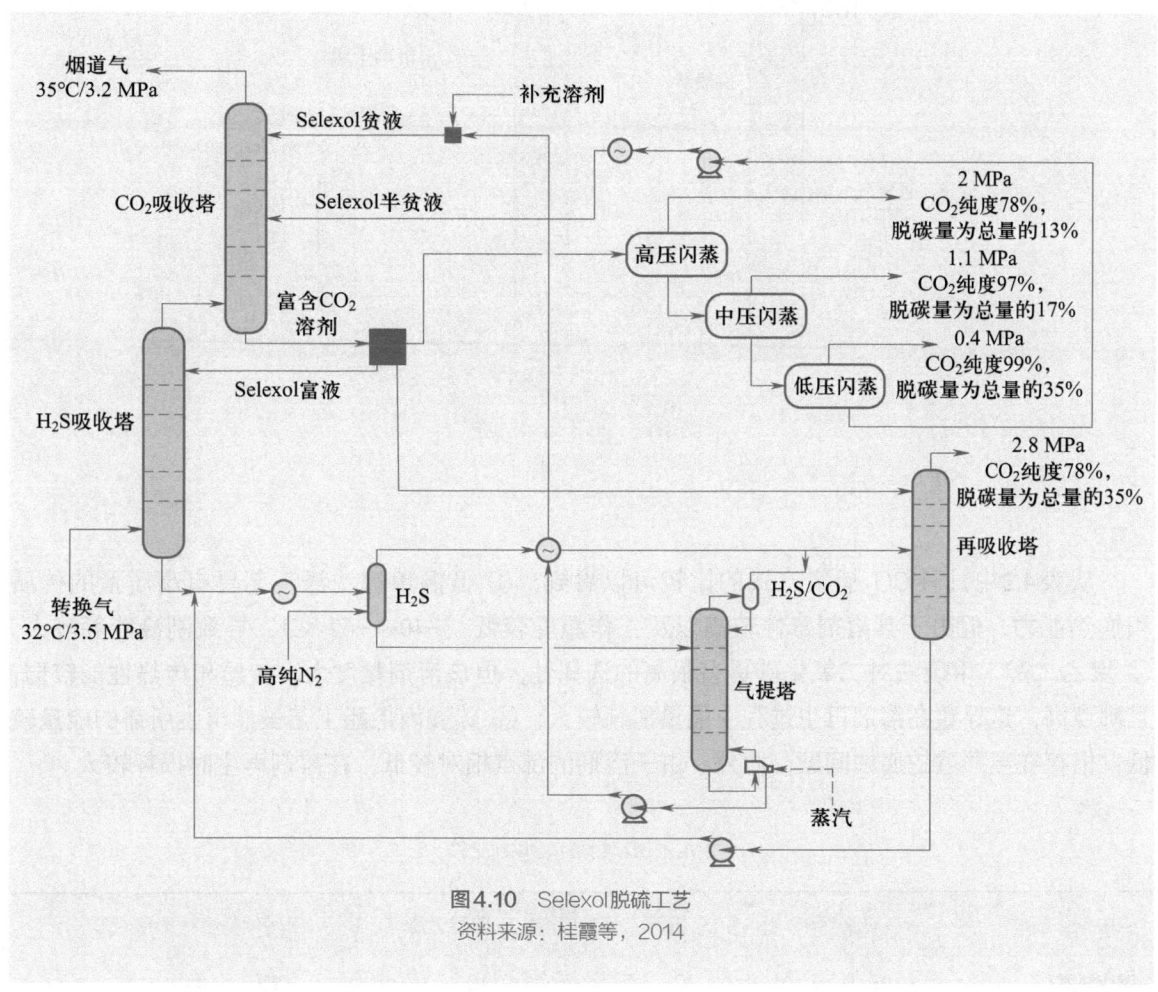

图4.10 Selexol脱硫工艺
资料来源：桂霞等，2014

（4）*N*-甲基-2-吡咯烷酮法，也称为Purisol法或NMP法，是使用*N*-甲基-2-吡咯烷酮作为物理吸收溶剂从混合气中脱除酸性气体的一种技术，工艺流程如图4.11。NMP法主要包括吸收和解吸两个主要过程，在吸收过程中，原料气进入吸收塔，与从塔顶向下流动的NMP溶液接触，二氧化碳和硫化氢等酸性气体被*N*-甲基-2-吡咯烷酮（NMP）溶液吸收，经过净化的气体从塔顶排出。在气提塔中通过加热或减压的方式进行解吸过程，使酸性气体从溶剂中释放出来，再生后的NMP溶剂再循环回吸收塔重复使用。NMP法的优势包括高选择性、低腐蚀性、良好的热稳定性和环境友好性；缺点在于设备的初始投资高，对温度、压力等的控制较复杂，需要专业人员进行管理和维护。

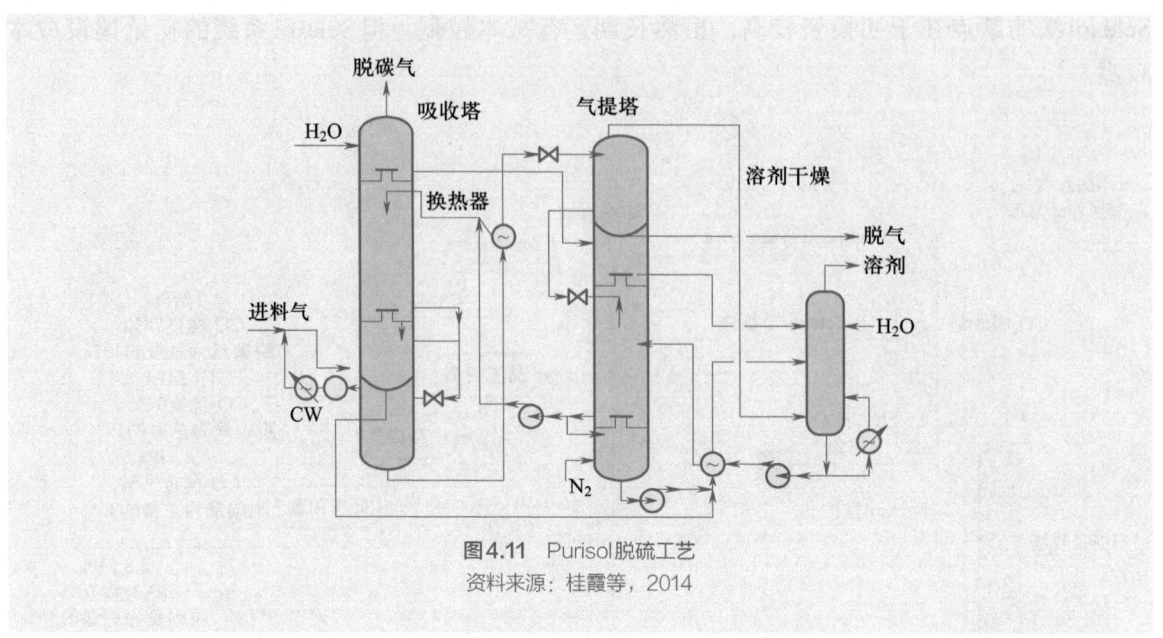

图4.11 Purisol脱硫工艺
资料来源：桂霞等，2014

从表4.2中几种CO_2捕集方式的比较可以看到：① 低温甲醇洗涤工艺具有高质量的传质和换热能力，但由于其溶剂毒性较高以及工作温度较低（$-40 \sim -62\ ℃$），导致制冷能耗较大。② 聚乙二醇二甲醚法对二氧化碳具有很高的选择性，但该溶剂黏度大，传质和传热性能较弱，且沸点高，这导致在溶剂再生过程中能量消耗较大；③ 碳酸丙烯酯工艺虽然再生所需的能量较低，但存在更严重的腐蚀问题，此外，由于溶剂的沸点相对较低，在溶剂再生时损耗较大。

表4.2　几种物理吸收剂比较

吸收剂类型	低温甲醇	聚乙二醇二甲醚	碳酸丙烯酯	$N-$甲基$-2-$吡咯烷酮
操作温度/℃	-40	0	10	-15
溶剂循环量	适中	大	大	大
CO_2脱除率	高	高	较高	较高
设备要求	高	一般	一般	一般
溶剂损失	严重	严重	一般	一般
热公用工程	中	高	高	高
冷公用工程	高	中	低	中

注：数据来源：桂霞等，2014.

2. 化学吸收法

化学吸收法通过碱性吸收剂与二氧化碳反应生成碳酸盐、碳酸氢盐或氨基甲酸盐等不稳定化合物。在外部条件（如温度和压力）的作用下，这些化合物可以分解，从而"逆"向释放二氧化碳，实现二氧化碳的脱除。从理论上讲，化学吸收方法主要有：有机胺法、氨法、热钾碱法、离子液体法、相变吸收法、酶促法。

有机胺法是利用有机胺中的氨基与二氧化碳进行酸碱中和反应，从而实现二氧化碳的分离与吸收。根据"两性离子"机理理论，伯胺和仲胺可以与 CO_2 反应生成两性离子，随后这些两性离子再与胺反应形成氨基甲酸盐 [见式（4-1）~式（4-2），其中 R_1 和 R_2 代表烷基或氢原子]：

$$CO_2 + R_1R_2NH \Longrightarrow R_1R_2NH^+COO^- \tag{4-1}$$

$$R_1R_2NH + R_1R_2NH^+COO^- \Longrightarrow R_1R_2NH_2^+ + R_1R_2NCOO^- \tag{4-2}$$

总反应如下：

$$2R_1R_2NH + CO_2 \Longrightarrow R_1R_2NH_2^+ + R_1R_2NCOO^- \tag{4-3}$$

叔胺的氮原子上没有额外的氢原子，因此在与二氧化碳反应时不会形成氨基甲酸盐。在吸收过程中，二氧化碳通过水解催化作用被吸收，并形成碳酸氢根离子 [见式（4-4），其中 R_1、R_2 和 R_3 代表烷基]：

$$CO_2 + R_1R_2R_3N + H_2O \Longrightarrow R_1R_2R_3NH^+ + HCO_3^- \tag{4-4}$$

从式（4-4）可以看出，1 mol 伯胺或仲胺最多可以吸收 0.5 mol 二氧化碳，而 1 mol 叔胺则能够吸收多达 1 mol 二氧化碳。伯胺和仲胺作为二氧化碳的吸收剂，表现出非常高的吸收速率，但它们的二氧化碳吸收量相对较小；相比之下，虽然叔胺作为二氧化碳吸收剂时的反应速率较低，但它能吸收更多的二氧化碳。因此，通过将不同类型有机胺按照一定比例混合，可以弥补单一有机胺的不足，并在吸收过程中发挥各种有机胺的优势。这样不仅可以提高二氧化碳的吸收速率，还能增加总的吸收量，从而提升整体的二氧化碳吸收性能。我国年处理能力为 15 万 t 的碳捕集、利用与封存（CCUS）示范项目主要采用新型复合胺作为吸收剂，同时结合相变吸收剂和离子液体等化学吸收技术，以实现二氧化碳的高效捕集。这种方法综合了多种吸收剂的优点，旨在提高整体的 CO_2 捕集效率和技术性能。试运期间，该项目能够连续生产 -20 ℃、压力 2.0 MPa、纯度 99.5% 的工业级合格液态 CO_2 产品。

氨法与有机胺法在二氧化碳捕集的原理上是相似的。氨与二氧化碳和水在一定温度下反应生成碳酸铵，当存在过量的二氧化碳时，会进一步反应生成碳酸氢铵。氨水与二氧化碳的反应过程可以表示如下 [见式（4-5）~式（4-9）]：

$$CO_2 + NH_3 \longrightarrow NH_2COOH \tag{4-5}$$

$$NH_2COOH + NH_3 \longrightarrow NH_2COONH_4 \tag{4-6}$$

$$NH_2COONH_4 + H_2O \longrightarrow NH_4HCO_3 + NH_3 \tag{4-7}$$

$$NH_4HCO_3 + NH_3 \longrightarrow (NH_4)_2CO_3 \tag{4-8}$$

$$NH_2COONH_4 + 2H_2O + CO_2 \longrightarrow 2NH_4HCO_3 \tag{4-9}$$

目前，国内合成氨工业主要采用氨法脱碳，再以氨为原料，制得较为成熟的副产品碳酸氢铵。氨法脱碳效率可达 99% 以上。与 MEA（单乙醇胺）溶液相比，氨法能够实现更高的二氧化碳脱除率和吸收能力，此外，氨法还具备成本低、再生能耗低、腐蚀性低、抗氧化降解性强等优点。但氨水的挥发性强，大量的氨逃逸将增加分离难度和运行成本，同时对环境造成二次污染。

热钾碱法使用碳酸钾溶液作为吸收剂，在制氨、天然气和制氢等化工行业中广泛用于脱碳工艺，具有成本低、稳定性高、再生能耗低、毒性小等优点。热钾碱法捕集二氧化碳的原理是：高浓度的碳酸钾水溶液与二氧化碳发生化学反应，生成碳酸氢钾。随后，通过高温加热或减压处理，可以将生成的碳酸氢钾分解，释放出二氧化碳，并重新生成碳酸钾。这样，吸收剂得以再生并可以循环使用。为提高其吸收速率，可通过在碳酸钾溶液中添加高效催化剂或活化剂以强化其吸收能力。

离子液体（ILs）法是指在常温或接近常温下，由阳离子或阴离子组成的液体盐。离子液体中的阳离子和阴离子可以通过多种相互作用（如静电相互作用、氢键、$\pi-\pi$堆积等）与CO_2分子结合，从而实现对CO_2的选择性吸收。离子液体结构可调、化学稳定性好、蒸气压低、不易挥发、吸附CO_2的能力强，可有效减少吸附损失，降低操作费用。

相变吸收法是使用能够与CO_2发生反应并伴随相变的吸收剂，当吸收剂与烟气中的CO_2接触时，它们会结合形成一个固态或液态的复合物，从而将CO_2从气体混合物中分离出来。相变吸收剂根据反应产物的不同形态，可以分为液-固相变吸收剂和液-液相变吸收剂两种类型。对于液-固相变吸收剂而言，当其吸收二氧化碳后，会生成固态产物。再生过程中，这些固态产物首先通过物理方法（如过滤或离心）从液体中分离出来，随后通过加热使二氧化碳释放，从而恢复原始的液态吸收剂，实现循环使用。液-液相变吸收剂涉及的是一个溶液体系，在其中溶质浓度的变化会导致溶液性质发生显著改变，当吸收剂溶液接触到CO_2后，会发生化学反应或者溶解作用，导致溶液中溶质浓度增加。这可能引起溶液黏度、密度等物理性质发生变化，甚至可能导致两个不相混溶的液相出现。典型的相变吸收剂捕集CO_2工艺流程见图4.12，在吸收塔内吸收剂与烟气中的CO_2接触时，它们会结合形成一个固态或液态

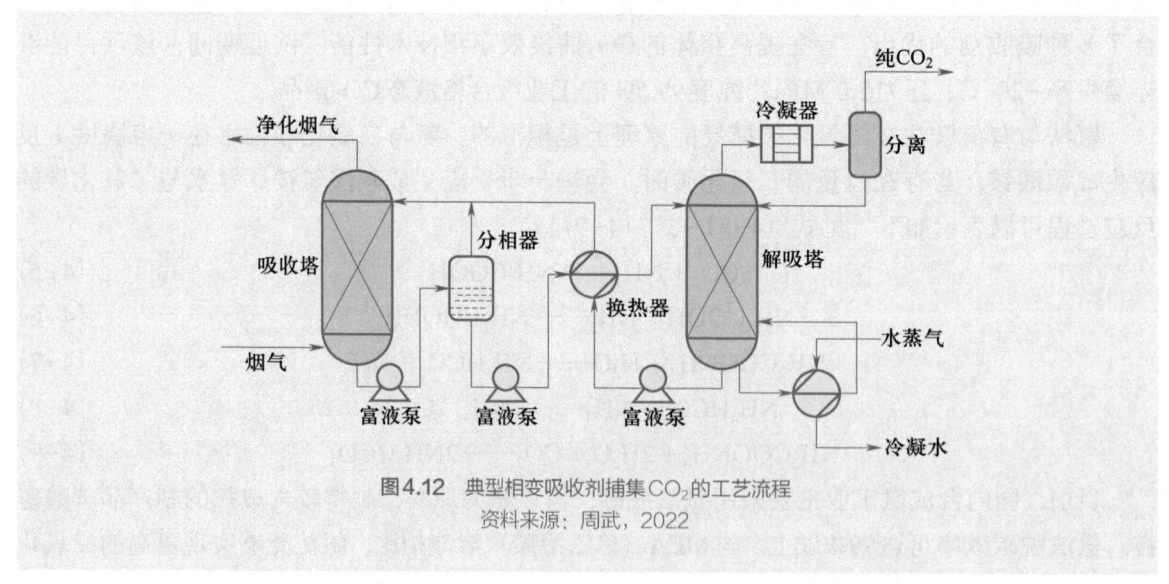

图4.12 典型相变吸收剂捕集CO_2的工艺流程
资料来源：周武，2022

的复合物，从而将CO_2从气体混合物中分离出来。在解吸塔内，通过加热或其他物理/化学手段使吸收剂释放出已经捕获的CO_2，释放出来的纯净CO_2可以被压缩并储存在地下或者其他地方。同时，这一步骤也会使吸收剂恢复原状，以便再次用于吸收CO_2。

　　酶促法是利用生物酶作为催化剂来促进二氧化碳的捕集过程的技术，这种碳捕集能在更加温和的温度和压力条件下进行。酶指的是碳酸酐酶（carbonic anhydrase，CA），其重要功能是催化CO_2的可逆水合反应，反应机制如图4.13。以碳酸酐酶Ⅱ为例，它催化CO_2水合反应的过程主要分为两个步骤：第一步是CO_2水合生成H_2CO_3，第二步是H_2CO_3解离生成HCO_3^-和CO_3^{2-}。其中第一步是整个水合反应的限速步骤，当引入碳酸酐酶后，可以非常有效地针对CO_2进行作用，而不会受到其他气体成分的影响，其吸收CO_2的速率得到显著提升。

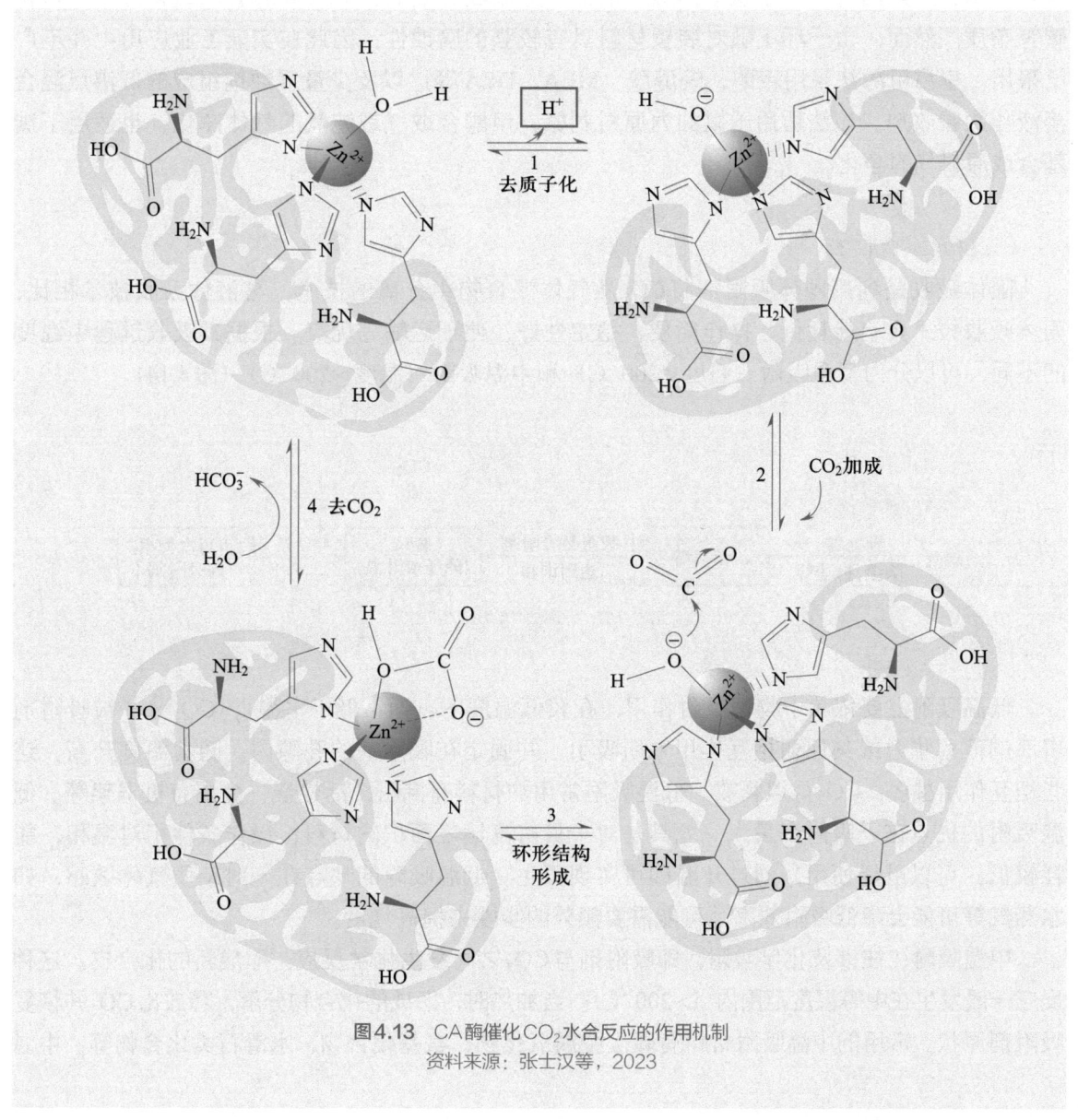

图4.13　CA酶催化CO_2水合反应的作用机制

资料来源：张士汉等，2023

目前，采用化学吸收法进行二氧化碳捕集仍面临以下挑战：① 高能耗：捕集过程中需要对大量高温烟气进行冷却，以便其进入吸收塔。这一过程不仅导致初始热量的损失，还增加了整体运行的能量消耗。② 吸收剂循环性能差：在操作过程中，吸收剂容易发生氧化降解，需要不断补充。这不仅增加了运行成本，还可能导致设备腐蚀和泡沫形成等问题。③ 装置体积大且灵活性不足：捕集设备通常体积庞大，且运行灵活性较差，限制了其在不同工况下的应用。④ CO_2的回收费用较高。

3. 物理化学复合吸收法

物理化学复合吸收技术结合了物理和化学吸收过程，通过调整两者的比例来优化二氧化碳的捕集效率。常见的实施方式包括使用环丁砜（sulfinol）及常温下的甲醇（amisol）。其中，以环丁砜、二异丙醇胺与水组成的混合溶液作为吸收介质时，能够同时去除硫化氢和一氧化碳等杂质。然而，由于环丁砜对装置材料具有较强的腐蚀性，因此在实际工业应用中并不广泛采用。室温甲醇法采用甲醇、烷醇胺（MEA、DEA等）以及少量缓蚀剂组成的低沸点混合溶液作为吸收剂。该法适用于以油为原料制氨、甲醇合成气或纯氢的气体净化，也适用于羰基合成原料气的净化。

（二）固体吸收法

固体吸收是利用固体吸附剂将CO_2从气体混合物中分离的技术，与液体吸收技术相比，固体吸收技术具有能耗低、操作简便、稳定性好、便于运输等优点。根据其吸收过程中温度的不同，可以分为低温吸附（温度<200 ℃）和中温吸附（温度>200 ℃）（图4.14）。

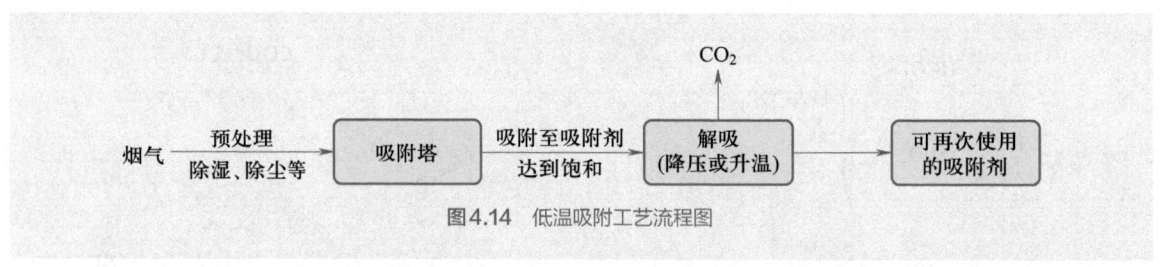

图4.14　低温吸附工艺流程图

低温吸附主要依赖于物理吸附作用，在较低温度下（通常低于室温），CO_2分子被吸附剂表面的范德华力或其他弱相互作用力所吸引，并固定在吸附剂的孔隙内。随着温度升高，这些相互作用减弱，CO_2得以释放。低温吸附常用的材料有沸石、活性炭、金属有机框架等。低温吸附的优点在于吸附容量大，尤其是对于具有高比表面积的材料；操作条件相对温和，能耗较低；可以重复使用，通过升温即可实现再生。低温吸附的缺点在于对杂质气体敏感，如水蒸气等可能会降低吸附效率，可能需要额外的步骤来提高纯度。

中温吸附往往涉及化学吸附，即吸附剂与CO_2之间发生化学反应，形成新的化合物。这种反应一般发生在中等温度范围内（>200 ℃）。当加热时，形成的化合物分解，释放出CO_2并恢复吸附剂原状。常用的中温吸附材料有碱土金属氧化物、氨基化合物、水滑石类化合物等。中温吸附的优点在于具有较高的选择性和较大的CO_2吸收量；适用于较高的操作温度，适合直接应用于工业排放源；化学吸收提供了更强的结合力，因此对其他气体组分不那么敏感。缺点在于再生过程可能需要较高的能量输入；有些化学吸收过程可能会产生副产物，增加了处理复杂性；长期运行后可能会出现吸附剂性能下降的问题，特别是由于热循环导致的结构退化（图4.15）。

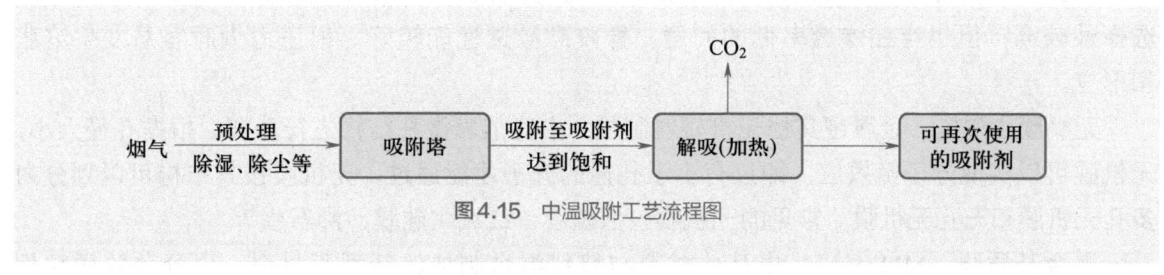

图4.15　中温吸附工艺流程图

（三）膜分离法

膜分离技术依赖膜的选择性透过能力，用于从气体混合物中分离出二氧化碳。该技术通过在膜的两侧施加压力差来驱动气体的分离或富集过程，其工作原理如图4.16所示。依据构

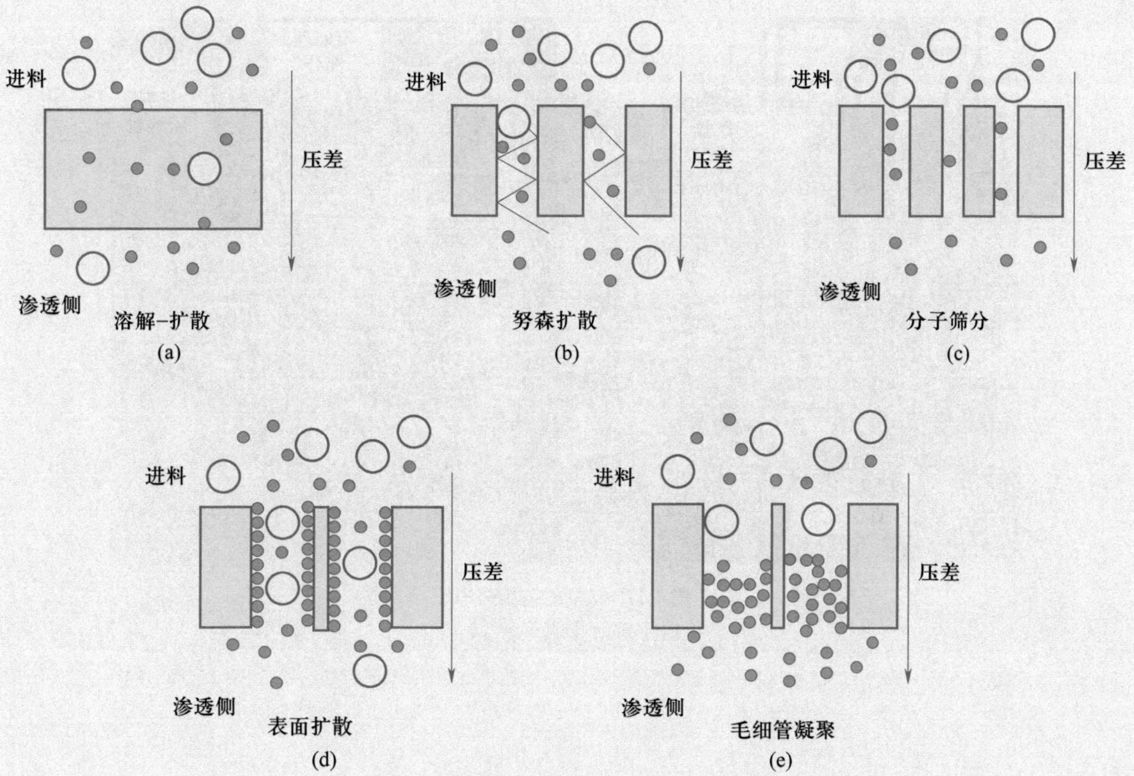

图4.16　膜分离机理示意图

资料来源：夏苗等，2023

成材料的不同，膜可以被分类为有机高分子膜、无机膜以及混合基质膜。

有机高分子膜是通过溶解–扩散机理传递气体分子，利用高分子链的运动，在空隙间形成一条通道，使气体分子能在其间自由运动，从而实现气体分子在薄膜中的高效扩散。高分子膜的制备工艺相对简单，能耗低，易于规模化生产。根据其形貌，有机高分子膜材料可以分为两种类型：一种是玻璃化状态，一种是橡胶状态。玻璃化高分子对重金属离子的选择性较高，但也存在渗透率低的问题。橡胶态渗透性能较好，但压力大时容易发生溶胀和形变。

无机膜由陶瓷、金属或其他无机材料制成，主要依靠微孔结构进行分离，根据孔径大小，无机膜可以实现分子筛效应，即只有小于孔径的分子才能通过。无机膜按其结构可以划分为多孔无机膜和无孔无机膜。常见的无机膜包括碳膜、二氧化硅膜、沸石膜等。

混合基质膜（MMMs）是由基体材料与填料混合制成的新型膜材料，由分散的微粒相（填料）和连续的聚合物相（基体材料）相互作用构成，填料一般为无机物，基体材料一般为有机物。因此混合基质膜是一种独特的复合材料，它融合了有机和无机膜材料的优势。既具备高分子膜的高成膜性及不易破损的特性，有优良加工能力和机械性能，也优化了高分子链的布局（图4.17）。

图4.17　碳捕集膜系统照片
资料来源：夏苗等，2023

第三节
碳利用技术

碳利用技术可使二氧化碳与其他物质合成一系列化工材料、化学品、绿色建材等，不仅可以实现二氧化碳的资源化利用，而且能够代替部分高毒性、高污染的传统工艺过程。因此碳利用技术对于减少温室气体排放，推进可持续发展和生态文明建设具有十分重要的意义（图4.18）。

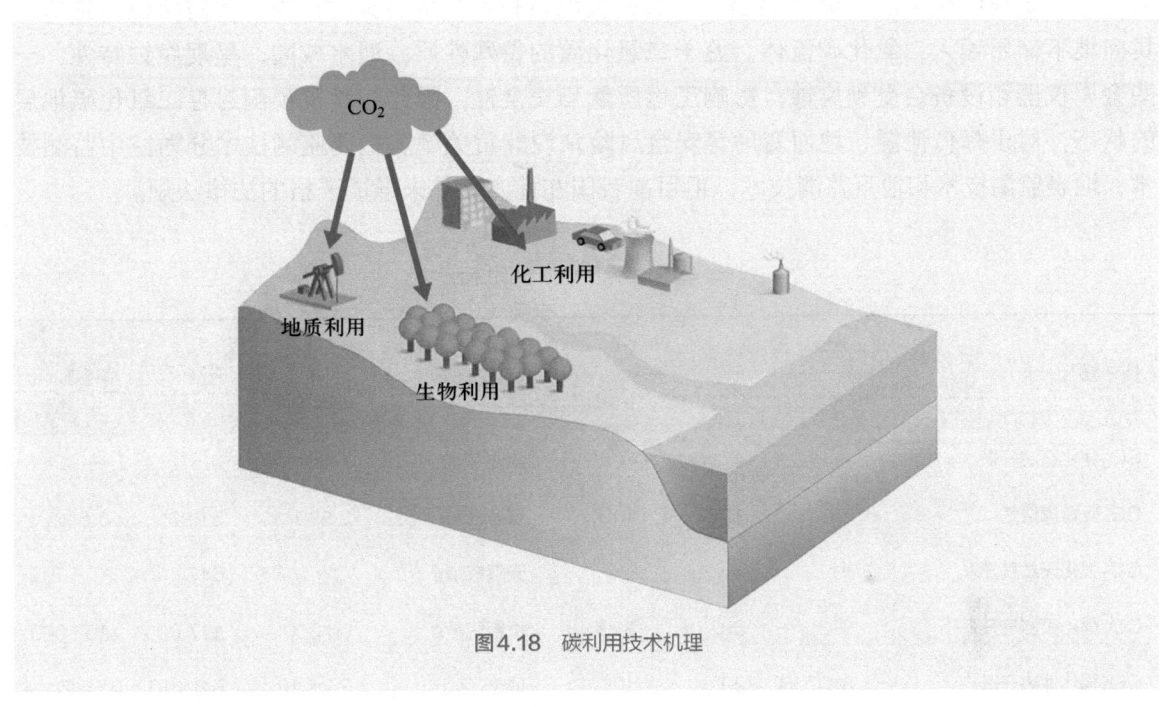

图4.18 碳利用技术机理

一、碳利用的发展现状和趋势

二氧化碳（CO_2）在地质、生物、化学、固废管理方面具备广泛的应用和利用潜力。在地质利用方面，二氧化碳可以用于增强油气回收，提高能源的开采效率；在生物利用方面，二氧化碳是植物光合作用的重要原料，促进植物生长，进而为农业生产提供重要的基础；在化学利用方面，二氧化碳可作为反应物参与合成有机化合物，如碳酸酯和合成燃料等，推动化学工业的绿色化转型；在固体废物管理利用方面，通过气候友好的技术将固废转化为可用的固体产品，减少环境污染和资源浪费，提升固体废物的利用效率。因此，二氧化碳的多领域利用不仅为经济发展提供了新机遇，也为应对气候变化和实现可持续发展目标带来了积极的影响。

二氧化碳地质利用指的是将捕获的二氧化碳注入地下岩层中，利用其化学特性以增加油气采收率或实现其他地质功能的过程。该技术可提高常规原油的采收率，常规一次采油技术仅能抽采油藏中原始石油地质储量的5%~40%；利用水驱等技术进行的二次采油可以增产地质储量的10%~20%；通过二氧化碳气驱强化采油可以进一步提高采出地质储量7%~23%的原油。地质利用技术还能促进页岩气、煤层气、地热等非常规能源的开发，以及铀矿地质浸采和原位矿化，见表4.3。二氧化碳强化石油开采技术在国外已经广泛商业化应用。我国也在多个油田成功开展了应用，并将成为未来封存二氧化碳的主要手段，单项目规模可达百万吨级。其他地质利用技术如废弃矿井、废弃盐穴封存理论仍在不断完善中。预计2030年我国二氧化碳地质利用减排潜力可达2亿t。二氧化碳地质利用技术实施过程中，都需要使用钻探工具向地下储层输入二氧化碳流体。鉴于二氧化碳的特殊性质，遇水成酸，呈现腐蚀特性，一些金属仪器和设备会受到腐蚀，影响工程质量和安全性，因此监测及预测封存二氧化碳地层的状态，对于降低泄漏、地面变形等安全风险来说非常关键。主要监测技术分为空中监测技术、地表监测技术和地下监测技术，但目前我国在此方面并未形成严格的法律法规。

表4.3　碳地质能源利用技术

技术途径	减碳容量/亿t			产品	P10	P50	P90
	P10	P50	P90				
CO_2强化石油开采	—	47.6	—	原油/亿t	—		—
CO_2驱替煤层气	65	114	148	煤层气/m³	2 880	5 080	6 590
CO_2强化天然气开采	—	40.2	—	天然气/m³		647	
CO_2强化页岩气开采	393	693	899	页岩气/m³	66 300	117 000	152 000
CO_2强化地热开采	8.1	29	106	地热/亿J	2.2×10^7	5.8×10^7	1.5亿
CO_2铀矿地浸开采	0.457	1.577	5.463	铀/万t	6.5	7.8	9.1
CO_2强化深部咸水开采	12 090	24 170	41 300	咸水/万t	12 100	31 400	66 100

注：数据来源：王大勇等，2023；P10：表示在所有可能情景中，减碳容量/产品产量的下限，即有10%的概率减碳容量/产品产量实际低于这个值；P50：表示减碳容量/产品产量的中位数值，即有50%的概率容量/产品产量高于这个值；50%的概率低于这个值；P90：表示在所有可能情景中，减碳容量/产品产量的上限，即有90%的概率减碳容量/产品产量实际低于这个值。

二氧化碳生物利用技术是指以光合作用为基础，利用绿色植物吸收光能的同时将二氧化碳用于生物质的生成，实现资源化利用，不仅限于农业。已工业化的生物利用技术有二氧化碳微藻生物利用、二氧化碳气肥利用、微生物固定二氧化碳合成苹果酸等。二氧化碳微藻生物利用技术是借助微藻将二氧化碳转化为生物燃料、功能食品、饲料添加剂等化学品。我国西南部地区阳光丰富、气候温暖、雨量适宜，丰富的地热资源有利于微藻养殖，已经开展了

"微藻能源，碳减排、废水综合利用、高附加值产品开发"耦合利用示范。每吨微藻干粉可固定1.83 t二氧化碳，预计到2030年减排潜力可达110万~180万t。反应方程见式（4-10）：

$$6CO_2 + 6H_2O（光照、叶绿体）\longrightarrow C_6H_{12}O_6[(CH_2O)_n] + 6O_2 \qquad (4-10)$$

绝大部分农作物所需二氧化碳较佳浓度为（1 000~1 600）$\times 10^{-6}$，远高于空气中的320×10^{-6}。二氧化碳气肥利用技术是将提纯的二氧化碳注入温室，增加二氧化碳浓度既可加强光合作用，提高农作物产量，还可增强农作物的抗虫病能力。培育微生物吸收二氧化碳生产的L-苹果酸，可广泛使用在医疗保健、美容化妆品、食品保鲜剂、化工产品、可降解塑料等领域。反应方程见式（4-11）：

$$C_6H_{12}O_6 + 2CO_2 === 2C_4H_6O_5 \qquad (4-11)$$

此外，通过森林生态系统的碳汇作用，可实现对大气CO_2的高效吸附和固持。森林生态系统每年固定20~40 t CO_2，我国森林植被碳储备总量为92亿t，且年均增长2亿t。国家已明确指出，到2030年，要相较于2005年增加约45亿m^3森林蓄积量。

二氧化碳化学利用是借助各种技术手段，将二氧化碳作为原料生产化学产品的技术。二氧化碳重整甲烷制合成气是指以铁基和镍基为催化剂，在600~900 ℃温度条件下，生成氢气和一氧化碳的过程，二氧化碳与甲烷重整实现了两种温室气体的资源化利用，并能够灵活地调控氢碳比，可在一定程度上替代部分煤气化产能。此外，合成气可用来生产绝大多数高附加值化工产品，也可作为铁矿还原剂。该技术综合减排量为每生产2 t产品消耗1 t二氧化碳。预计到2030年减排潜力达到2 000万~3 000万t/年。反应方程见式（4-12）：

$$CH_4 + CO_2 === 2CO + 2H_2 \qquad (4-12)$$

二氧化碳制取化学品，是指以绿氢、绿氨、环氧乙烷、环氧丙烷、苯胺、甲醛、二甲胺等为原料，生产甲醇、乙醇、乙酸、烯烃、异氰酸酯/聚氨酯、碳酸二甲酯、碳酸乙烯酯、碳酸丙烯酯、可降解塑料、二甲基甲酰胺、三嗪醇等高附加值产品的技术。见图4.19。

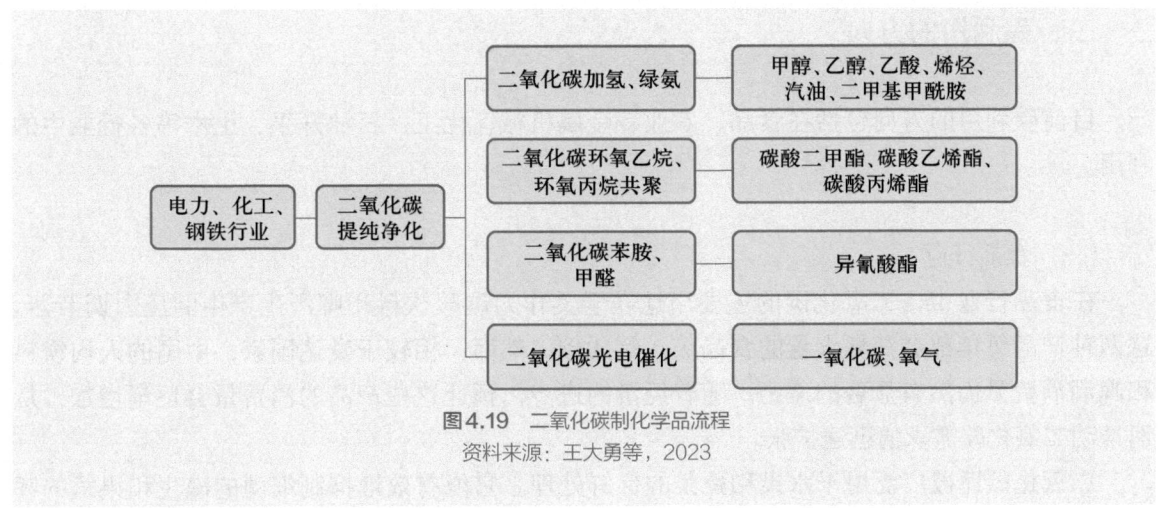

图4.19　二氧化碳制化学品流程
资料来源：王大勇等，2023

二氧化碳固废利用是指将二氧化碳（CO$_2$）转化为固体产品的过程，这种方法不仅有助于减少温室气体排放，还能实现资源的循环利用。二氧化碳固体废物利用的主要方式有以下六种。

（1）矿化利用：将二氧化碳与矿物质（如镁矿、钙矿）反应，形成碳酸盐矿物，例如碳酸钙或碳酸镁。这种方法能够长期储存二氧化碳，同时生成无害固体物质。

（2）建筑材料：利用二氧化碳生产水泥、混凝土等建筑材料。通过将 CO$_2$ 注入混凝土中，可以提高其强度，并减少其制造过程中产生的碳排放。

（3）化工原料：将二氧化碳转化为有用的化学品，如聚碳酸酯、甲醇、乙烯等。这些化学品可以用于塑料、燃料等的生产。

（4）培育合成材料：研究人员正在探索如何将二氧化碳与其他原料结合，合成高性能的聚合物或材料，作为新型产品的基础。

（5）土壤改良剂：通过矿化的方式，将二氧化碳转化为土壤改良剂，以改善土壤质量和提升农业生产力。

（6）废物再利用：与有机废物结合，利用微生物技术将二氧化碳转化为固态生物质。

在中国的经济环境下，食品级二氧化碳的消耗量仍然相对较低，仅占发达国家平均水平的三分之一左右。这一现状不仅凸显了中国在这一领域的巨大潜力，还预示着将来以碳酸饮料和啤酒等产品为主导的食品产业将推动食品级二氧化碳需求的快速增长。与此同时，中国每年原油进口量的持续上升，使得中国对外部原油依赖程度高达70%，这显著挑战了国家的能源安全。因此，提升国内原油产量显得尤为迫切，以降低对外部供应的依赖，确保能源的稳定性。而石油的大规模开采和使用则会向大气中排放大量二氧化碳，从而引发全球变暖等环境问题。因此，开发二氧化碳的利用技术显得尤为重要。利用二氧化碳作为化工原料，不仅能替代传统的石化产品，有效转化这一碳资源，还能在改善环境中碳平衡方面发挥积极作用，从而减轻人类生存环境的压力。

二、碳利用的方向

目前碳利用的方向包括在食品、农业、金属机械、化工、石油开采、土木等各行业中的利用。

（一）食品行业

在食品行业中，二氧化碳的主要用途在于其作为碳酸饮料和啤酒生产中的压力调节器。这两种产品每年都会消耗大量的食品级二氧化碳。然而，相较于发达国家，中国的人均饮料和啤酒消费量仍然有显著的差距。随着经济的进步，预计这些产品的消费量会逐渐增加，从而推动二氧化碳需求的迅速扩张。

二氧化碳还被广泛用于水果和蔬菜的保鲜处理。它能有效地抑制细菌的滋生和果蔬的呼吸活动，从而延长保鲜时间；同时，二氧化碳也具有保护性气体的特性，可以防止食品氧化，并消灭需要氧气的细菌和霉菌，以保持食品的原始口感和营养成分，避免了传统的冷冻保鲜方式所导致的脱水、不新鲜和能源浪费等问题；也可以大量应用于贮存粮食的杀虫熏蒸，可以使储存的谷物中无药物残留，减少大气污染。固态或液态二氧化碳也可作为冷冻食品的优良制冷剂，蒸发和挥发后不会有任何残余，从而可防止在运输中发生滴水腐蚀。

此外，超临界二氧化碳是一种良好的超临界萃取剂。超临界二氧化碳是把二氧化碳气体不断地降温加压，达到气、液两相平衡共存的极限热力状态。在此状态时，其流动性极好、表面张力极小、溶解能力很强，对有机化合物的溶解能力有明显的增加。下面介绍一些超临界二氧化碳的萃取应用。

1. 萃取香料

植物中的"香料精油"易于受热挥发，超临界二氧化碳就是理想的溶剂。精油在超临界二氧化碳中的溶解度大，再从溶液中把二氧化碳分离出去又很容易，所以提取率高、产品纯度高、操作简便，该技术在香料工业中得到了广泛的应用。例如，夜来香油、玫瑰油、丁香油、樟脑油等都可以用超临界二氧化碳萃取。

2. 萃取植物油

因为超临界二氧化碳能够溶解油脂，所以可用其萃取大豆油，不仅出油率高，而且无其他残留。大致流程是：把大豆破碎后与液态二氧化碳混合，放进萃取罐中；保持"适当"的压力、温度和停留时间，让豆油充分溶解；放出液体，减小压力和温度，豆油和二氧化碳就分离了。用超临界二氧化碳萃取大豆油与榨油比，出油率高；与其他溶剂萃取相比较，油中没有其他残留。

3. 脱去咖啡中的咖啡因

咖啡中含有水溶性物质，它有营养、有香味，但只有在烘焙后才产生出来；咖啡中还含有咖啡因，不烘焙时即存在。根据这个特点，把没有烘焙的咖啡豆去皮再适当破碎；用超临界二氧化碳萃取出咖啡因；把碎粒再烘焙磨碎，就得到脱除了咖啡因的咖啡粉了。

4. 萃取生物碱

采用超临界CO_2提取生物碱，具有温度低、速度快、效率高、产品质量好、成本低、无环境污染等优势，尤其是对资源稀缺、药效好、用量小、附加值高的生物碱具有更高的应用价值。从各种植物中提取抗肿瘤活性成分，如红豆杉皮、叶、叶中提取的抗肿瘤活性成分，银杏叶，洋葱提取物等。

5. 萃取黄酮类物质

类黄酮对心血管健康有一定的保护作用。类黄酮在自然界广泛分布，已知超过4 000种，其中芸香苷、橘皮苷、栎黄素、绿茶多酚、花青素、花色苷等均属于类黄酮。

（二）农业

作为光合作用的关键元素，二氧化碳在农业领域被广泛应用于大棚种植，作为一种重要的气体肥料。然而，尽管大气中的二氧化碳含量微乎其微，仅占0.038%，但在充足的光照条件下，它却成影响植物光合作用的关键制约因素。为了克服这一问题，在大棚环境中适当地增加二氧化碳的含量并提升其浓度，对于促进经济作物的生长具有积极意义。

经过实验验证，当大棚内的二氧化碳浓度增加到1%～5%时，蔬菜的生产量可以提升五倍，同时其成熟时间也会显著缩短。这项创新的技术已经在山东、河北等多个省份得到广泛应用，并取得了良好的成效。此外，值得一提的是，由于二氧化碳作为一种气体肥料，其纯度要求并不严格，这使得构建二氧化碳气体肥料装置的投资成本相对较低，而其带来的收益却相当可观，尤其适用于那些二氧化碳排放浓度较低的环境。

（三）金属机械行业

在金属加工和机械工程领域，二氧化碳被广泛应用于各种场景，如焊接防护、钢铁搅拌以及机械清洁等。其中，二氧化碳气体保护电弧焊作为一种重要的焊接技术，在黑色金属焊接和切割领域得到了广泛应用。这种技术的优势在于它能有效防止焊接金属的氧化，从而减少有害物质的生成，这对于提升焊接品质和维护员工健康具有重要意义。此外，由于其高效性和低电耗的特点，二氧化碳气体保护电弧焊也被视为一种节省时间和资源的焊接方式，并因此成为大力推广的技术项目之一。相较于传统的手工电弧焊，这种新技术的工作效率更高，电能消耗更少。

在焊接防护、钢铁搅拌以及机械清洁等方面，二氧化碳相较于氩气被证明是一种更具经济效益的选择，其特性包括较高的强度以及较低的成本。预计随着二氧化碳焊机数量的增长，这种趋势将持续下去，因此它们的使用将导致二氧化碳保护气的需求上升。在钢铁制造领域，我们已经看到一种新的趋势，即使用二氧化碳作为吹入气体来替代传统的氮气和氩气。这不仅可以显著减少炉渣的产生，同时也能有效地降低炼钢的整体成本。另外，由于钢铁业的碳排放量较高，若能将其转化为混合气体，则可有效降低碳排放量。

二氧化碳的另一个应用领域是干冰清洗技术。这种技术可以用于清理各种类型的加热炉、压缩机、储罐以及锅炉等设备表面的污渍和积灰。其工作原理是将固态二氧化碳转化为干冰颗粒，然后以压缩空气作为驱动力和传输介质，将这些干冰颗粒（直径约3 mm）喷射到待清洗的物体表面。这个过程不仅高效，而且成本低廉，不会对设备造成任何损害，并且操作起来非常便捷。

（四）化工行业

1. 无机化工

在中国的二氧化碳消费领域中，无机化工占据了主导地位，其占比至少90%，并且该行业的工业应用已经相当成熟。以下简单介绍尿素、碳酸镁、碳酸钠、碳酸氢钠的性质、工业制法和用途。

（1）尿素

尿素（urea），又称脲、碳酰胺，化学式是CH_4N_2O或$CO(NH_2)_2$，是一种由碳、氮、氧、氢构成的有机物（图4.20）。氮肥为中性肥，适合各类土壤及作物使用，是一种用量最多、含氮量最大的化肥。工业上采用液氨与 CO_2 反应，在高温、高压下，一步一步制备尿素，化学反应如式（4-13）：

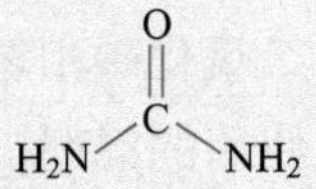

$$2NH_3 + CO_2 \longrightarrow NH_2COONH_4 \longrightarrow CO(NH_2)_2 + H_2O \qquad (4-13)$$

图4.20 尿素的结构式

（2）碳酸镁

碳酸镁是一种无机化合物，化学式为 $MgCO_3$，分子量为84.31，相对密度为3.037，外观为白色颗粒性粉末。在镁盐溶液中，一端加二氧化碳，另一端加碳酸钠，得到水合物，低于50 ℃干燥即得到无水物。

（3）碳酸钠

碳酸钠（sodium carbonate），是一种无机化合物，化学式为 Na_2CO_3，分子量为105.99，也称纯碱，但其归类为盐而非碱，在国际上被称为苏打或碱灰。碳酸钠是一种无色无味的白色粉末，在水中很容易溶解，在水溶液中有很强的碱性，遇湿后会吸收并凝结成碳酸氢钠。纯碱的制备方法有联合制碱法、氨碱法和路布兰法，在平板玻璃、玻璃制品、陶瓷釉料等领域具有广阔的应用前景，也被广泛应用于生活洗涤、酸中和、食品加工等领域。

作为一种关键的化学物质，碳酸钠在多个行业中都发挥着重要作用，包括轻工业、日化产品、建筑材料、化学制品生产、食品加工、金属冶炼、纺织业、石油开采、国防科技以及医药产业。

（4）碳酸氢钠

碳酸氢钠（sodium bicarbonate），分子式为 $NaHCO_3$，是一种无机化合物，呈白色结晶性粉末，无臭、味咸、易溶于水；遇湿或高温环境下迅速分解生成二氧化碳，遇到酸性物质也会迅速分解生成二氧化碳。碳酸氢钠的工业制备方法有：气相碳化法、气固相碳化法、废碱液回收法以及天然碱加工法等。

延伸阅读4-3　侯氏制碱法

2. 有机化工

二氧化碳的有机化工利用中包含了很多化学反应过程。将二氧化碳转化为有价值化学品的过程通常可以分为几类，每类都有其特定的反应方程和产物。以下是一些常见过程及其对应的反应方程和产品。

（1）甲醇

二氧化碳和氢气在催化剂的作用下转化成甲醇和水，反应过程如式（4-14）。甲醇是一种重要的化学品和燃料，广泛用于制造塑料、涂料、胶粘剂和其他化工产品。

$$CO_2 + 3H_2 \longrightarrow CH_3OH + H_2O \qquad (4-14)$$

（2）乙醇

二氧化碳和氢气在催化剂的作用下转化成乙醇和水，反应过程如式（4-15）。乙醇是一种广泛使用的溶剂，也可以作为生物燃料或在饮料工业中使用。

$$2CO_2 + 6H_2 \longrightarrow CH_3CH_2OH + 3H_2O \qquad (4-15)$$

（3）乙酸甲酯

二氧化碳、甲烷和甲醇在催化剂作用下被转化为乙酸甲酯和水，反应过程如式（4-16）。乙酸甲酯是一种常用的溶剂和原料，用于生产塑料、人造纤维和其他化学品。

$$CO_2 + CH_4 + CH_3OH \longrightarrow CH_3COOCH_3 + H_2O \qquad (4-16)$$

（4）二甲醚

二氧化碳和甲醇在催化剂作用下被转化成碳酸二甲酯和水，反应过程如式（4-17），然后转化成二甲醚，二甲醚是一种有用的有机化合物，通常用作燃料和溶剂。

$$CO_2 + 2CH_3OH \longrightarrow (CH_3O)_2CO + H_2O \qquad (4-17)$$

此外，在有机化学领域，利用二氧化碳制造其他有机物质的工业化进程仍然处于初级阶段，包括CO_2加氢制甲酸、甲醇、低碳烯烃、碳酸乙二醇酯、碳酸丙烯酯等基本化学品原料，并合成一系列的有机聚合物，如聚碳酸酯、脲、聚氨酯等。另外，利用CO_2制备可生物降解的塑料，也是一个重要的突破口。

对于碳的有机化工利用原材料主要包括二氧化碳及氢气。原料二氧化碳的来源主要为行业中的碳捕集。原料氢有"灰氢""蓝氢"和"绿氢"三种，国际能源委员会把氢分成三大类，分别是利用化石能源生产的"灰氢"、利用矿物原料制取的"蓝氢"和利用可再生能源生产的"绿氢"。不同之处是，"灰氢"生产过程中会产生二氧化碳，而"蓝氢"虽有碳捕集却不能完全消除二氧化碳，唯有"绿氢"才是零碳。不同的氢气制备方法会造成不同程度的碳排放，要想达到真正的减排，就必须采用"绿氢"。

（五）石油开采

在石油开采中，将高压二氧化碳注入油藏，可以增大原油的体积，减小其密度、黏度，减小原油的密度及黏度对重力分离过程的负面影响，从而达到高效驱油、提高采收率的目的。二氧化碳驱油是美国广泛采用的一种驱油方法，它能使采油率增加10%～15%。综合考虑油藏特性、流体性质和开发技术，选择出最合适的驱油方法，可将原油采收率提高到90%。我国胜利油田从2013年起开展了二氧化碳驱油试验，取得了显著的增产效果，并与齐鲁石化签署了年产60万t的二氧化碳驱油合同。

CO_2作为驱油剂的作用包括以下几个方面。

1. 降黏作用

CO_2与原油具有良好的互溶性，可使原油黏度下降到原始的1/10。原油具有较高的初始黏度，其黏度差异较大，黏度降低后原油流动能力增大，提高原油产量。

2. 改善原油与水的流度比

二氧化碳在石油和水中溶解并形成碳酸盐。结果表明，碳酸化后，原油的黏度下降，水的流动性减小，油水比例增大，影响范围增大。

3. 膨胀作用

将CO_2注射到储层中，会导致原油的体积急剧膨胀，从而提高了地层的弹性能，同时也有助于将膨胀后的残余油从地层水和岩层中分离出来，转化为可动油，从而提高驱油效率，提高原油采收率。

4. 萃取和气化原油中的轻烃

CO_2混合气具有抽提气化原油中各种轻烃组分，使其相对密度下降，进而达到增产的目的。CO_2对原油中的轻质烃进行抽提、气化，再通过气化使重质烃排出，最终达到稳定状态。

5. 混相效应

混相作用指的是两种液体之间可以无界面地互溶，从而消除界面张力。CO_2与原油掺混后，既可抽提气化原油中的轻烃组分，也可使CO_2固定在轻烃组分中。

6. 分子扩散作用

在石油工程中，分子扩散作用是二氧化碳驱油等复合增强技术的重要物理基础。在二氧化碳注入油田时，CO_2通过扩散进入石油相，促进了油气的流动和采收。

7. 溶解气驱作用

在石油中溶解了大量的CO_2，起到了溶解气驱的作用。降压开采的原理类似于溶解气驱，在压力降低的情况下，CO_2从流体中逃逸，形成气驱，从而改善驱油效果。此外，部分CO_2在驱油过程中占有一定的空隙，形成束缚气，还能起到增产的作用。

8. 提高渗透率作用

二氧化碳在石油和水中溶解并形成碳酸盐。碳酸盐在水中溶解性强，特别是在井眼附近存在大量水及二氧化碳的情况下，碳酸盐岩的渗透性得到了提高，从而提高了储层的渗透率。在此基础上，二氧化碳在一定程度上可以有效地抑制黏土的膨胀。

CO_2驱油可同时实现CO_2资源化以及提升油气采收率，是实现经济发展与环保双赢的有效途径。油气储层封闭性能好，既能阻止CO_2的逃逸，又能达到地质封存的目的。据《油气杂志》2010年度报告，美国通过CO_2开采已开采了约15亿桶石油；而美国能源部全国能源科技实验室估计，美国通过CO_2开采可提高石油产量340亿桶。

另外，CO_2在提高稠油油藏采收率和煤层气开发方面也有广阔的应用前景。对于我国来说，目前及未来一段时间内，CO_2驱油与埋藏技术必将作为一种高效率减排CO_2的方法得到广泛推广。

（六）土木行业

1. 混凝土养护

近十年高强度轻质混凝土发展十分迅速，其一般以石英砂、粉煤灰、煤矸石、矿渣、水泥、石灰、纤维等添加剂为主要原材料，矿化后混凝土内部孔隙和界面结构处会形成碳酸盐产物，并通过界面过渡区消除效应、填充效应和产物层效应，降低混凝土的孔隙率，结构实现致密化，混凝土的强度和耐久性得到改善。矿化方程式如式（4-18）～式（4-21）：

$$CaO \cdot SiO_2 + CO_2 + H_2O \longrightarrow CaCO_3 + SiO \cdot nH_2O \tag{4-18}$$

$$(n-2)CaO \cdot SiO_2 + CO_2 + H_2O \longrightarrow CaCO_3 + SiO \cdot nH_2O \tag{4-19}$$

$$Ca(OH)_2 + CO_3^{2-} + 2H^+ \longrightarrow CaCO_3 + 2H_2O \tag{4-20}$$

$$3CaO \cdot 2SiO_2 \cdot 3H_2O + CO_3^{2-} + H^+ \longrightarrow 3CaCO_3 \cdot 2SiO_2 \cdot 3H_2O \tag{4-21}$$

传统的水泥熟料吨产品碳排放量为0.866 t，以煤基固废产品取代部分水泥熟料可间接降低二氧化碳排放，以矿化养护技术取消蒸汽养护将CO_2直接转化为碳酸盐，预计每吨水泥砌块产品消耗二氧化碳0.034 t，间接减排0.021 t。我国煤基固废每年产生大约15亿t，若采用矿化养护，每年可实现减排二氧化碳1亿t以上。养护方法对比见表4.4。

表4.4　矿化养护混凝土与其他混凝土养护方法对比

养护方式	养护压力/MPa	养护温度/℃	时间	备注
自然养护	0.1	20～25	7～28 d	过程缓慢
蒸汽养护	0.8	175	≥5 h	能耗高
矿化养护	1～1.5	40	2～4 h	二氧化碳资源化利用

注：数据来源：王大勇等，2023.

2. 粉煤灰和煤矸石矿化养护制砖

为了防治城市积水，透水性、透气性好、吸声降噪性能良好的透水砖也有着广泛的应用前景。常规的粉煤灰生产砖以粉煤灰和煤矸石为基材，掺入石灰、水泥和石膏，然后进行坯料的制备和压制，并在高温或常压蒸养。

但蒸汽养护存在能耗高和成本高等缺点，研究人员通过对固废进行碳酸化养护处理，开发出免烧砖技术。国内有学者开发了一种以粉煤灰掺混生石灰、石膏、发泡剂、稳定剂为原料的制砖工艺，以醇胺类溶液吸收二氧化碳，与粒径为20～100 μm原粉进行预混合，在均化和养护过程中持续通入二氧化碳，保证体积浓度≥10%，养护压力≥0.1 MPa，保证质量的同时养护时间远小于蒸汽养护。

3. 二氧化碳的煤基固废矿化利用

近年来，低碳绿色建材的概念被提出并不断完善，旨在运用"固废资源化利用""CO_2资源化利用"以及"低碳水泥"等技术降低建材生产周期的碳足迹，以达到负碳效应。CO_2矿化技术指CO_2与钙镁等碱土金属氧化物发生反应，生成稳定的碳酸盐产物，反应深度一般超过10～15 mm，从而达到CO_2的永久封存的目的，并且矿化反应属于放热反应，封存过程能耗低，有利于规模化封存。反应方程式如式（4-22）～式（4-23）。

$$CaO + CO_2 \longrightarrow CaCO_3 \tag{4-22}$$
$$MgO + CO_2 \longrightarrow MgCO_3 \tag{4-23}$$

根据矿化反应发生的场所的不同，可以分为原位矿化和非原位矿化。原位矿化指将二氧化碳注入富含钙、镁等碱金属矿物的岩石层，原有地质空间位置不发生位移。非原位矿化是以天然矿石或煤矸石、粉煤灰、电石渣、气化渣、钢渣、脱硫渣、废弃水泥等工业固体废物为原料，进行二氧化碳矿化封存，根据反应物体系，非原位矿化技术又分为固相矿化和液相矿化，见图4.21。

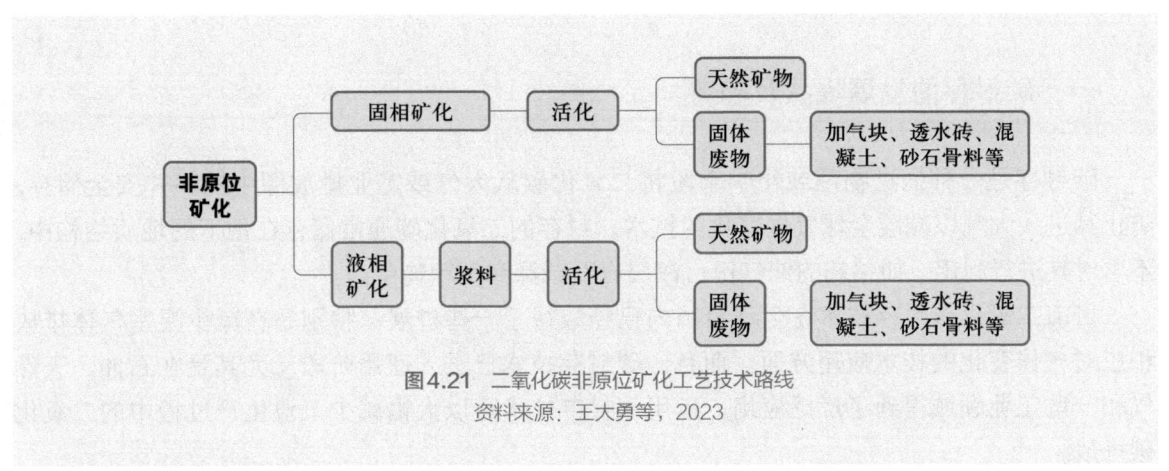

图4.21 二氧化碳非原位矿化工艺技术路线

资料来源：王大勇等，2023

鉴于我国能源结构以煤为主的特殊性，每年都会产生大量的煤基固体废物，制约着煤炭的绿色高效利用，借助二氧化碳矿化技术，在消耗煤基固体废物高效制备绿色建材的同时，也实现了二氧化碳的资源化利用。

（七）其他行业

除了上述行业外，在医疗保健领域，二氧化碳可被用作冷冻剂以储存各类血液制品、疫苗以及胰岛素等物品，同时二氧化碳作为冷冻剂还可以用来提取中药材的关键成分，通过降低温度来执行低温手术以及帮助遗体的保存。在消防领域，二氧化碳灭火剂因其广泛的应用而备受瞩目。由于其比氧气的密度更大，因此能有效地隔绝火源与氧气接触，再加上其惰性的特性，使得二氧化碳成为理想的灭火剂。这种灭火剂在扑灭火源后不会留下任何污染，因此适用于那些无法用水作为灭火介质的环境，例如图书馆、实验室等场所。在制冷行业，二氧化碳是一种价格低廉、环境友好、自然无毒的低温制冷剂，二氧化碳型螺旋冰机组已经投入使用。在气象行业，充分利用干冰在升华过程中吸收大量热量的特质，通过将干冰投放到云层中，可以迅速降低温度，从而引发降水或增强降雨量，这便是人工降雨技术。在环保领域，利用二氧化碳在水中溶解后的弱酸特性，可将其应用于碱性废水的治理。另外，二氧化碳也可用作干洗、印染的媒介。二氧化碳的应用前景十分广阔。

第四节
碳封存技术

一、碳封存的发展现状及趋势

碳封存是一种通过物理或化学手段将二氧化碳从大气或工业排放源中捕集并安全储存，防止其进入大气以减缓全球气候变化的技术。封存的二氧化碳通常储存在地下的地质结构中，不再对其进行利用，如枯竭的油气田、深层岩石或深海沉积物中。

目前二氧化碳封存技术在全球范围内已经取得了一些进展，特别是在减少温室气体排放和应对气候变化的技术应用方面。而且，碳封存技术已进入商用阶段，尤其是在石油、天然气和一些工业领域得到了广泛应用。运用碳封存技术可以大幅减少工业生产过程中的二氧化碳排放。

延伸阅读4-5　煤、石油、天然气等化石燃料的形成

(一) 地质封存技术现状及发展趋势

二氧化碳地质封存指捕集二氧化碳并将其注入地下深处的地质构造（如枯竭的油气田、深层咸水层或未开采的煤层）中，以实现长期存储的一种碳减排技术。该技术是目前最成熟、应用最广泛的二氧化碳封存方式之一，尤其在减少工业排放和应对气候变化方面具有重要潜力。

油气藏封存是应用最广泛且实现商业化的地质封存之一，其最重要的技术手段是将超临界的二氧化碳从油田注入井或生产井中注入地下，在实现二氧化碳封存的同时还可以促进油气的二次采收。目前，国内外学者们正致力于探索二氧化碳油气藏封存技术，以期提高原油采收率。这一研究方向与水驱方法有着相似之处，但又有其独特之处。油气藏封存也是以二氧化碳为驱动力，将原油输送到生产井，从而同时达到增产目的（图4.22）。将二氧化碳封存在废弃油气田是一种安全、持久的技术手段。美国等国家十余年前就已开展了这一技术的研究，但迄今为止，国内外将其用于废弃油气藏的工程依然屈指可数。究其原因，一方面受地理位置和埋藏条件的制约，另一方面是经济效果不佳。所以，尽管将二氧化碳埋藏至已枯竭的油气田是最佳的碳埋藏方法，仍未能实现大规模的应用。

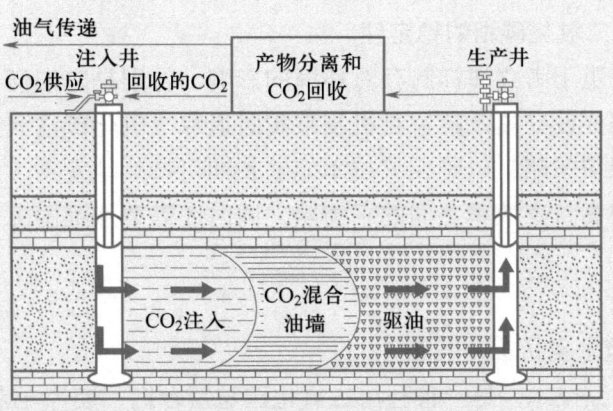

图4.22 二氧化碳驱动原油流向生产井提高原油的采收率
资料来源：姜睿，2022

近几年，世界范围内大规模的二氧化碳驱油与封存示范工程数量大幅增加。根据国际能源署（IEA）的数据与预测，未来全球范围内二氧化碳驱油项目将持续蓬勃发展。这一趋势不仅体现了对可再生能源的迫切需求，也为环保事业注入了新的活力。随着技术的不断进步和投资的增加，未来会有更多创新性的二氧化碳驱油项目涌现，为地球环境和能源产业带来积极影响。为了促进二氧化碳地质封存技术在未来得到更广泛的应用，必须加强政策上的支持与经济上的激励措施。现阶段，通过引入碳定价机制、征收碳税以及提供碳捕集项目的财政补贴等方式，不少国家正在积极推动CCS（碳捕集与封存）技术的发展。此外，国际协作对于跨国界的封存工程和建立全球性的碳交易体系至关重要，通过技术和经验的交流共享，可以推进该技术的大规模应用。

（二）海洋封存技术现状及发展趋势

二氧化碳海洋封存是一种将捕集的二氧化碳注入海洋深处或海底沉积物中，利用海洋的自然环境实现长期存储的技术。该技术具有很大的储存潜力，因为海洋覆盖了地球表面的70%以上，且深海能够稳定存储大量的二氧化碳。

海洋碳封存技术的两种主要方法包括深海注入和海底沉积物封存。深海注入指将液态二氧化碳注入超过1 000 m深的海洋中。在这种深度下，由于高压低温条件，二氧化碳的密度比海水大，能够形成碳湖，缓慢扩散或沉积在海床上。该方法依赖于深海的高压环境来防止二氧化碳再次释放到大气中。海底沉积物封存通过将二氧化碳注入海底沉积物中，或者使其与海底矿物质发生反应，生成稳定的碳酸盐矿物，从而实现二氧化碳的固定和储存。这一过程与矿物封存技术相似，只不过在海底这一特殊环境中进行。目前，海洋封存技术仍处于研发与试验阶段，尚未实现大规模的实际应用。过去几十年，许多实验室和小规模的现场实验已经进行，重点是研究二氧化碳在深海环境中的行为及其潜在影响。例如深海注入实验，通过模拟深海环境进行小规模的二氧化碳注入实验，探讨二氧化碳在不同深度和温度条件下的溶解、扩散以及形成的二氧化碳湖的稳定性。

　　未来的研究将着重于考察海洋封存对环境的影响，特别是它如何引起海洋酸化及生态系统的变动。为此，需要设立高效的监测机制来实时追踪二氧化碳注入后海洋的变化情况，并且制定相应的环境保护策略，以确保该技术能够长期可持续地发展下去。技术进步的关键在于找到保护环境与提高封存效率之间的平衡点，同时还需要加强国际合作以及完善相关法律法规。

（三）矿物封存技术现状及发展趋势

　　二氧化碳矿物封存技术，是一种利用二氧化碳与富含钙、镁等元素的矿物发生化学反应，生成稳固的碳酸盐矿物，从而长期储存二氧化碳的方法。这种封存方式利用化学反应将二氧化碳永久固化，具有较高的稳定性。

　　目前二氧化碳矿物封存的反应在实验室条件下已经广泛研究，并且取得了一定的技术突破。研究主要集中在提高碳酸化反应速率和降低能耗，以使该技术在大规模应用中更具经济性。目前的研究重点包括矿物活化和反应条件优化。其中矿物活化是通过物理或化学预处理方法，如热处理或酸处理，增加矿物的反应性，提高碳酸化反应速率。优化反应条件意味着，在提升温度和增加压力的环境下，碳酸化反应的速率会得到加快。部分研究尝试通过水合作用或使用催化剂来加快反应，以缩短封存时间。除了天然矿物，工业副产品（如水泥厂的废渣、钢铁厂的废料等）也是矿物封存的重要材料。这些副产物富含高浓度的钙或镁的离子，它们能够与二氧化碳发生化学反应，生成碳酸盐。一些水泥厂已经开始研究如何在生产过程中实现二氧化碳的矿物封存，将捕集的二氧化碳转化为稳定的固态碳酸盐。

　　为了促进这项技术的广泛采用，未来的发展需要集中在几个关键领域的改进上。首先，提升反应效率至关重要，这包括探索新的催化剂及反应介质，并优化反应过程中的温度与压力条件来加速碳酸化过程。其次，降低能耗也是必不可少的一步，比如通过改良矿物激活步骤或是利用工业废热等方法减少能源使用量，从而增强技术的经济吸引力。

二、碳封存的方法

　　目前，二氧化碳封存技术主要分为三大类：地质封存（图4.23）、海洋封存及矿物封存。本节将重点讲述各类封存方法以及原理。

（一）地质封存

　　地质封存类型主要分为五种，包括咸水层封存、油气藏封存、煤层封存、玄武岩地层封存、有机页岩地层封存。目前，在二氧化碳封存技术中，发展较为成熟且受到广泛关注的主要有咸水层封存、油气藏封存和煤层封存三类。

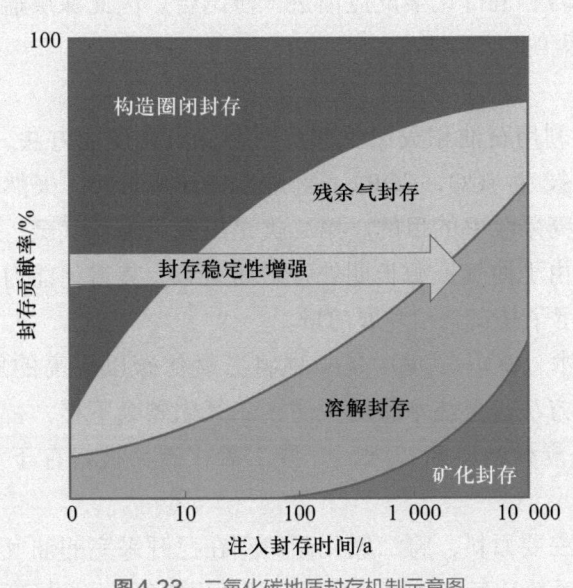

图4.23　二氧化碳地质封存机制示意图

资料来源：朱佩誉，2021

1. 咸水层封存

咸水层封存是一种有效的二氧化碳封存方法。初始埋存以水力封存为主导，后期则以残留气体封存、溶解封存和矿物封存等方式为主，而溶解封存与矿物封存的过程则相对漫长，需要历经数百年乃至数千年方能完成（图4.23，注入封存时间单位为年）。咸水层是充满盐水或卤水的多孔地层，并且跨越地下深处的大量地层。CCS侧重于总溶解固体（TDS）水平大于1 000 mg/L的盐水地层。

为了确保二氧化碳能够长期储存，必须考虑以下几个关键的地质要素：第一是地质构造。一个理想的二氧化碳储存地点应当具备出色的封闭性能。一般而言，选择低渗透性的沉积岩层作为储层是较为常见的做法，例如盐层、页岩或石灰岩等。这些类型的岩石能够有效阻止二氧化碳泄漏，保证其安全存储。第二是埋藏深度。通常情况下，二氧化碳会被储存在至少1 000 m深的地层中。这样的深度有助于保持二氧化碳处于液态或者超临界状态，这不仅减少了对周围地层的压力，也有助于提高储存效率。第三是储存容量。在选定储存地点前，必须仔细评估该区域地下岩层的孔隙度和渗透率，以确定其是否具备足够的空间来容纳预期数量的二氧化碳。充足的储存容量对于满足长时间内的碳封存需求至关重要。第四是水文地质特征。储存区域需考虑地下水的存在，特别是与饮用水水源的距离，以及可能的水体污染风险。第五是地震活动。选择地震活动较少的地区，以降低储存过程中可能出现的风险。第六是长期稳定性。地质条件需在长时间内保持稳定，防止二氧化碳因自然或人为因素而迁移或泄漏。而咸水层这种地质结构全世界到处都有，包括一些没有油气开采潜力的地方，它符合所有能够长期储存二氧化碳的条件。二氧化碳注入这些已经被圈闭住的流体之中，最终溶解于这些盐水之中，并与周围的岩石进行化学反应而进一步结合。因此深层盐水结构被认为是世界上能存储二氧化碳容量最大的地质结构。

2. 油气藏封存

油气藏封存是一种利用石油和天然气储层封存二氧化碳的方法。它通常可以分为两类：第一类是二氧化碳驱油技术（CO_2-EOR），它是指在开采石油、天然气的同时，向下部地层中注入液体，以达到提高采收率的目的。第二类是用完后的油气藏，即将二氧化碳作为超临界流体注入油气储层。由于油气资源长期处于封闭状态，其封闭能力较强，几十万年乃至上百万年不发生漏失，显示了其安全和发展前景。

其中，CO_2驱油技术（CO_2-EOR）是一种将二氧化碳以较高的压力注入地层中，并使其重新获得地层压力的方法。当注水量增大时，二氧化碳会下移，替代甲烷，从而使地层压力得到恢复。随着开采规模的不断扩大，一些二氧化碳会被封存于地层之中，成为永久性埋藏。

以石油和天然气为主要原料，将二氧化碳储存在已开采完的油气田中，是一种可行的方法。目前，国内外已投运且具有典型意义的废弃油气田二氧化碳封存项目如表4.5。

表4.5　世界范围内已投运的具有代表性的枯竭油气田二氧化碳封存项目

项目	年份	深度/m	构造类型	概况
West Pearl Queen	2002	2 000	枯竭油田	美国首次现场实验，共注入二氧化碳超过2 000 t
Otway Basin	2005	2 050	枯竭气田	澳大利亚最大的二氧化碳地质封存示范项目
Total Lacq	2006	4 500	枯竭气田	法国第一个进行CCS全套运作的项目
Milovan Urosevic	2010	2 000	衰竭气田	首次结合应用地震监测技术

注：数据来源：姜睿，2022.

3. 煤层封存

煤层封存是一种利用深层不可开采的煤层来封存二氧化碳的技术手段。用于CO_2封存的理想的煤层必须具有足够的渗透性并且被认为是不可开采的。在煤层中，注入的CO_2可以通过吸附（或黏附）到煤的表面而被化学捕获，同时产生CH_4。这一过程主要依赖于煤的孔隙结构和化学组成。CO_2分子通过物理吸附或化学反应结合在煤的表面，同时推动煤内储存的甲烷释放到气相中。这样不仅实现了CO_2的捕获，也有效利用了煤层中的天然气资源。

煤层封存的一大优势是较为方便，煤矿区附近的焦化厂和发电厂都会排放大量的二氧化碳，经过处理的气体可以被输送到已废弃的煤层中。煤层二氧化碳封存与石油天然气封存具有类似之处，两者都是在降低碳排放的前提下，实现对能源资源的有效利用。

目前，煤层封存二氧化碳以及二氧化碳增强煤层气回收（carbon dioxide-enhanced coalbed methane recovery，CO_2-ECBM）技术均尚未达到成熟阶段，对二氧化碳的封存状态特别是二氧化碳的捕获机制、初始地层压力与结构的控制因素尚不清楚。另外，二氧化碳的捕集、压缩、输送和注入成本较高，二氧化碳注入后的监控（防泄漏）、管理、风险评价和公众响应等问题还有待深入研究。再者，煤层储存二氧化碳还受到煤的渗透性和吸附能力的制约。煤是一种聚合体，像其他的物质一样，它的渗透性受和它接触的气体的影响。研究表明，当煤层注入二氧化碳后，煤就会膨胀，从而降低渗透性和注入率。并且，注入气体会导致它和煤本身反应并产生水，从而会导致岩石破碎，也会降低其渗透性。但是，二氧化碳对煤层来说，是一种可塑剂，在低温下可发生从玻璃态、易碎结构向有弹力、可塑结构转化，从而有利于二氧化碳的注入。总体来看，煤层储存受到经济、吸附特征、区域地质情况、环境可接受性等多方面的影响因素。

延伸阅读4-6 我国地壳岩石层结构

4. 玄武岩地层封存

玄武岩是一种由火山喷发出的岩浆在地表冷却后凝固而形成的岩石。注入的二氧化碳可以与玄武岩中的铁和钙反应，形成方解石或白云石等稳定碳酸盐矿物，将碳永久地锁定在固体矿物结构中，是二氧化碳封存系统的理想选择。经过对玄武岩资源的深入调研与评估，目前已经确定三种潜在的二氧化碳封存地点，它们分别是：洋底高原的玄武岩、洋中脊玄武岩以及大陆溢流型玄武岩。

洋底高原玄武岩构成了一个庞大的二氧化碳吸收系统。这一过程始于海底火山活动，当岩浆通过地壳裂缝涌出并在海水中冷却时，形成了新的洋壳。伴随岩浆活动而来的还有热液活动，这些活动因温度和压力的变化而发生，导致海水与岩浆之间产生复杂的化学反应，形成了高温高压下的热液系统。在这些热液系统中，含有丰富的矿物质和其他化学成分的液体通过裂缝上升，并与周围的海水及地壳物质混合，形成了热液喷口及其附近的矿床。这样的地质过程不仅促进了独特海洋生态系统的形成，也产生了宝贵的矿物资源。在这个过程中，洋壳玄武岩扮演了重要角色，特别是在岩浆脱气作用期间，大量的二氧化碳被岩石所吸收。

洋中脊玄武岩位于海底的构造板块边缘，由于海洋板块的不断扩展和洋中脊的地质活动，玄武岩富含反应活性较高的矿物。当液态二氧化碳被注入玄武岩层后，它会与玄武岩中的钙、镁等矿物发生化学反应，生成稳定的碳酸盐矿物。这些反应在相对高温高压的地质条件下会更快进行，特别是在洋中脊处，地下的地质活动为反应提供了理想的环境。这种方法利用了玄武岩的自然矿物反应特性，是一种潜在的长期有效的二氧化碳封存技术。洋中脊玄武岩碳封存具有封存效率高、长期稳定和储存空间巨大等优点。据调查，位于海平面上方洋中脊的冰岛，那里每 $10 \, m^3$ 年轻又新鲜的玄武岩可以天然地吸收超过 1 t 二氧化碳。据估计，全球洋中脊玄武岩具备的理论二氧化碳封存潜力在 10 万亿~25 万亿 t 之间，这一数量级远远超过了全球所有化石燃料燃烧所释放出的二氧化碳总量。

大陆溢流型玄武岩是由地质历史上大规模火山活动产生的熔岩流形成的，通常覆盖大面积的大陆区域，玄武岩中丰富的碱性金属氧化物与二氧化碳发生化学反应，生成碳酸盐矿物（如碳酸钙、碳酸镁等）。这种碳封存方式利用了大陆溢流型玄武岩的高反应性，能够通过矿物碳酸化固定大量的CO_2，达到长期碳封存的效果。大陆溢流型玄武岩广泛分布在全球多个地区，其特点是岩层厚度大、孔隙度高、能够容纳大量二氧化碳。其中美国与印度是最具代表性的两个大陆溢流型玄武岩区域，美国拥有东部边缘的Newark超群、中西部北部地区的Watchung玄武岩、中大西洋基性岩省（Central Atlantic Magmatic Province，CAMP）和哥伦比亚玄武岩群（Columbia River Basalt Group，CRBG）等四个区域。其中哥伦比亚玄武岩群中蕴藏着360亿~148亿t的地质储量。

5. 有机页岩封存

有机页岩地层普遍具有低孔隙度和低渗透率的特点。一些有机页岩具有与煤相似的性质，都通过吸附捕集二氧化碳（黏附到表面），随后反应释放甲烷。

（二）海洋封存

海洋封存技术是指在海水脱盐过程中，二氧化碳可以溶解于海水中，并与水中的碱性成分发生化学反应，生成碳酸或碳酸盐，从而促进矿物质的沉淀。二氧化碳海洋封存示意图如图4.24所示。这种过程能够将二氧化碳固化，有效地将其从大气中移除。因此，结合海水脱盐和二氧化碳封存固化技术，不仅可以优化能源使用、降低整个系统的能耗，还能够在解决水资源短缺问题的同时减少温室气体排放。

具体来说，当海水经过脱盐处理时，产生的淡水可用于饮用或其他用途，而浓缩后的海水则可以作为吸收二氧化碳的介质。通过这种方法，不仅提高了淡水资源的可用性，而且通过化学反应实现了二氧化碳的有效固定。

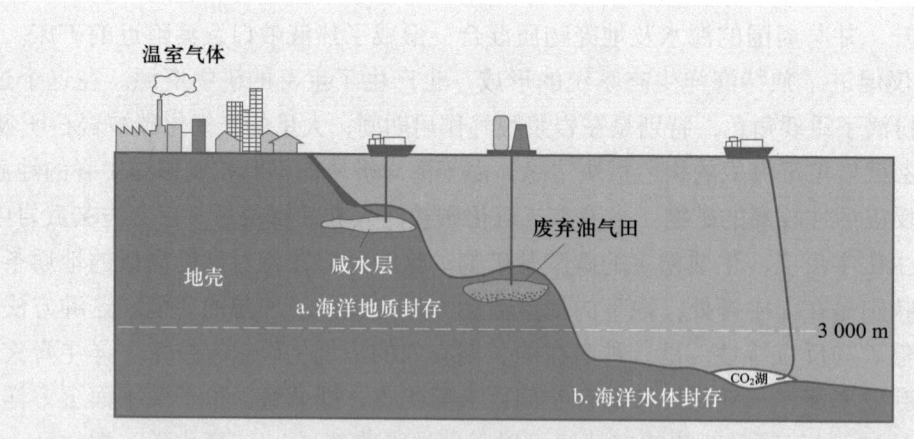

图4.24　二氧化碳海洋封存示意图

资料来源：米立军，2023

海洋蕴藏着大约40 000亿t碳，是大气圈储量的5倍，具有比大气圈高40倍的潜在固碳能力。由于海–气界面二氧化碳交换速率较慢，且局限于表/次表层海水，如何通过人为手段加速二氧化碳捕获和提高其二氧化碳吸附能力成为研究热点。海洋水体对二氧化碳的固定主要通过3个机理来实现。首先，海洋中的C以HCO_3^-为主，它与CO_2、H_2CO_3形成了一个巨大而稳定的缓冲系统。其次，随着水深的增加，二氧化碳的密度会相应增大，进而达到重力稳态，形成一个负浮力区域（negative buoyancy zone，NBZ）。再次，当海水深度较大，二氧化碳浓度较高时，笼状水分子可吸附二氧化碳生成$CO_2 \cdot 5.75H_2O$，形成"水合物区"。

海洋封存方法主要包括海洋水柱封存、海洋沉积物封存、二氧化碳置换天然气水合物封存和海洋增肥。

1. 海洋水柱封存

海洋水柱封存是将二氧化碳直接注入深海水柱中，由于水的密度和压力较高，二氧化碳会被溶解在水中，形成碳酸盐。该封存方式是一种将捕集的二氧化碳通过管线或船舶注入海水中，利用海洋中的化学和物理过程来溶解和吸收二氧化碳的技术。这种方法依赖于海洋中丰富的离子和分子环境，特别是碳酸氢根、碳酸根、碳酸以及处于溶解状态的二氧化碳。这些成分共同构成了一个相对稳定的缓冲体系，能够有效地吸收和储存二氧化碳（图4.25）。

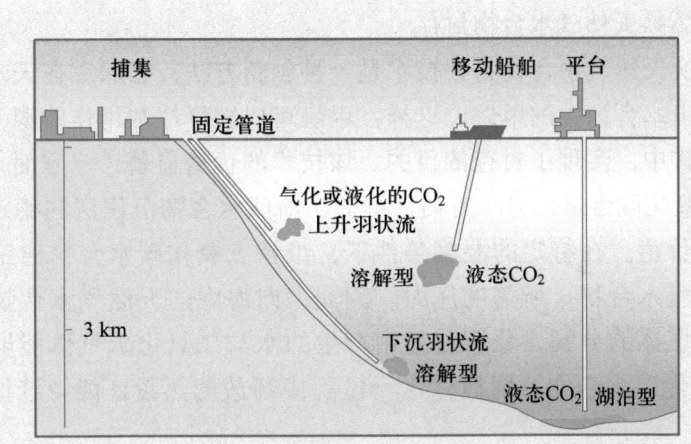

图4.25　二氧化碳水柱封存示意图
资料来源：孙玉景等，2018

2. 海洋沉积物封存

海洋沉积物封存技术涉及将二氧化碳注入海床下方深厚的沉积层之中。由于二氧化碳的密度大于过了沉积层中孔隙水的密度，它能够沉积在孔隙水之下，并在特定条件下形成一种晶状的水合物。这种水合物的形成会大幅度降低沉积物的孔隙率，甚至可能导致孔隙的堵塞，进而增强了二氧化碳的封隔效果，提升了封存效率。海洋沉积物的主要岩石类型是玄武岩，其中包含了砂岩和玄武质岩石，特别是高渗透性的砂岩，能够直接用于封存二氧化碳。海洋沉积物富含钙、镁、铁等元素，能与二氧化碳迅速发生反应，生成稳定的碳酸盐矿物（图4.26）。

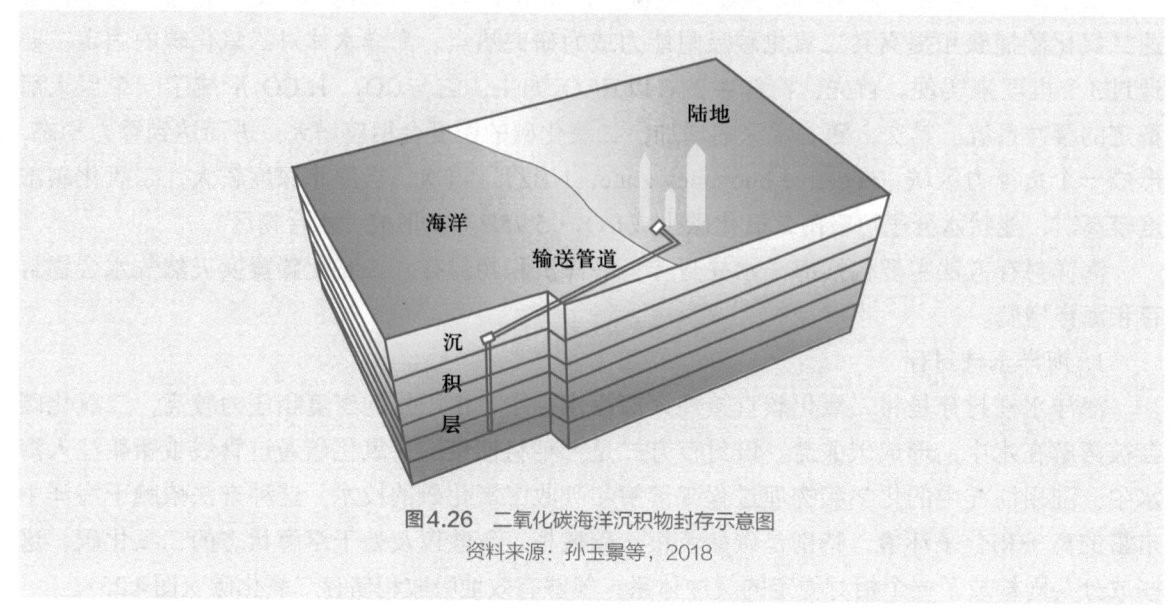

图4.26　二氧化碳海洋沉积物封存示意图

资料来源：孙玉景等，2018

3. 二氧化碳置换天然气水合物封存

二氧化碳置换天然气水合物封存技术是一种创新方法，它通过在天然气水合物中注入二氧化碳，来置换出水合物中的甲烷。这样，甲烷可以被释放并用作能源，而二氧化碳则被固定在水合物的结构中，实现了封存的目的。该技术的优势显著：一方面，通过置换甲烷，减少了大气中的二氧化碳含量；另一方面，维护了海底水合物沉积层的稳定性，既具有环保意义，又具备经济价值。在特定的温度条件下，维持二氧化碳水合物稳定所需的压力明显低于可燃冰（天然气水合物）所需的压力。因此，向海底的天然气水合物层注入二氧化碳气体，可以促进可燃冰的分解。分解过程中产生的水与二氧化碳气体能够进一步结合，生成更为稳定的二氧化碳水合物。同时，这一过程中释放的热量还能持续推动分解反应的进行（图4.27）。

4. 海洋增肥

海洋增肥策略旨在利用海洋生态系统实现碳封存的目标。其核心在于，通过人为地向海洋中添加必要的微量营养素（例如铁）和常量营养素（例如氮、磷），来强化浮游植物的光合作用过程。这些浮游植物在获得充足的营养补给后，会加速其生长和提高繁殖速率，进而通过海洋内部复杂的生物链，提升二氧化碳从无机形态向有机碳的转化效率。

海洋碳封存也受纬度和水温的影响。比如，在高纬度海域，二氧化碳在温度较低、浓度较高的水体中更易溶解。海水中普遍存在层结现象，且仅限于横向，如温跃层能够妨碍水体垂直的物质交换，因而将二氧化碳注入温跃层下是一个很好的途径。海洋环流会促进海洋中二氧化碳与海水的混合，加快二氧化碳浓度的下降，进而影响碳的捕集效率。大西洋表层与深层海水间的物质交换比太平洋要快得多，太平洋深层海水对二氧化碳的"碳固定"效应更强。另外，科里奥利效应和海底地形的变化也会对其流向产生影响。海洋封存技术目前主要存在封存成本高、存在泄漏风险、政策法规缺失以及公众认知度低这四方面问题。

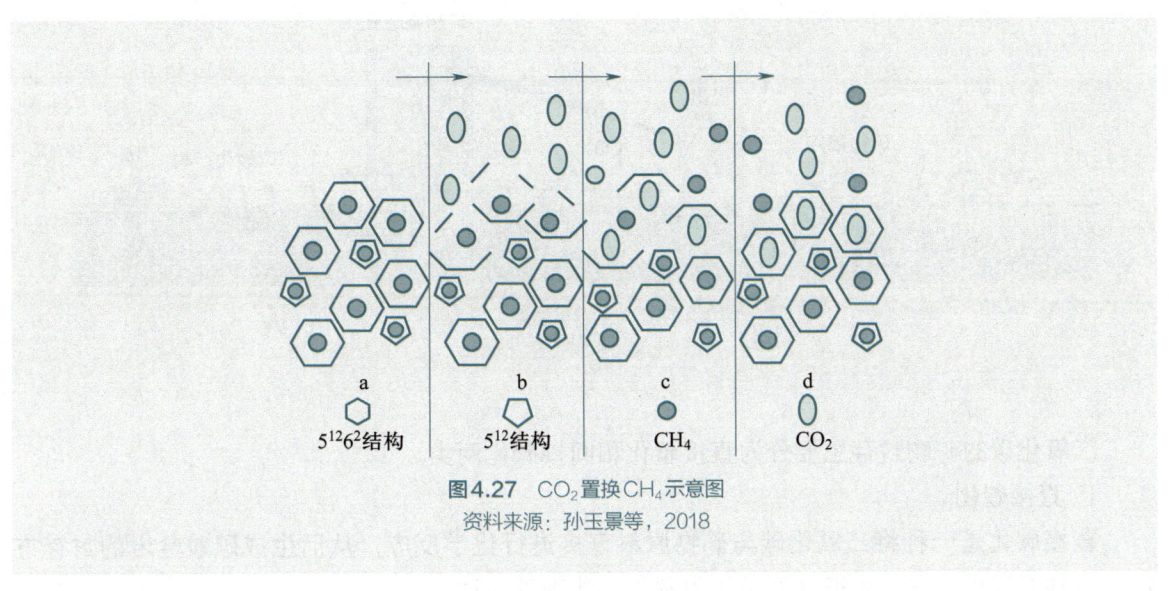

a
$5^{12}6^2$结构

b
5^{12}结构

c
CH_4

d
CO_2

图4.27 CO_2置换CH_4示意图
资料来源：孙玉景等，2018

（三）矿物封存

矿物封存作为一种有效的二氧化碳减排和储存技术，是通过模拟自然界中的矿化过程来实现的。这种技术，也被称为矿物碳酸化，其基本原理涉及含钙（或镁）硅酸盐矿物与二氧化碳之间的化学反应。矿物封存的主要机理如式（4-24）：

$$(Ca, Mg)_x Si_y O_{x+2y} + zH_2 + xCO_2 \longrightarrow x(Ca, Mg)CO_3 + ySiO_2 + zH_2O, \quad \Delta H<0 \qquad (4-24)$$

矿物碳化过程的核心原料涵盖了自然界中易于与碳反应的矿物质（自然可碳化物），以及工业生产中产生的碱性固体废弃物。其中，含钙镁的硅灰石、橄榄石、蛇纹石、滑石、玄武岩等都是自然可碳化的矿物。然而，自然可碳化矿物的利用过程中，包括开采、运输和活化等环节，都需要消耗大量的能量。同时，这些环节所涉及的处置费用也相对较高，超出了其他碳封存方法的成本。这在一定程度上限制了矿物封存技术的广泛应用。针对这一现状，国内外学者已开展了富含Ca、Mg的工业碱性固体废物对二氧化碳的封存研究。碱性固体废物具备高反应活性、低成本效益、易于回收以及可二次利用等优点，有望成为替代天然矿物进行二氧化碳封存的新选择。

与其他二氧化碳封存技术相比较，矿物封存技术具有如下优势：第一，矿物封存过程中生成了稳定的碳酸盐岩，对环境没有任何污染，对二氧化碳具有永久性的封存作用；第二，碱性硅酸盐资源丰富、易开发，可实现规模化利用；第三，该方法属于放热型，放热反应释放的热能可以用于驱动其他过程，例如在化工、冶金和能源生产中提高整体能源效率，因此有潜在的工业应用前景。

矿物封存的主要工艺路线如图4.28所示，包括采矿、运输、矿物反应等。

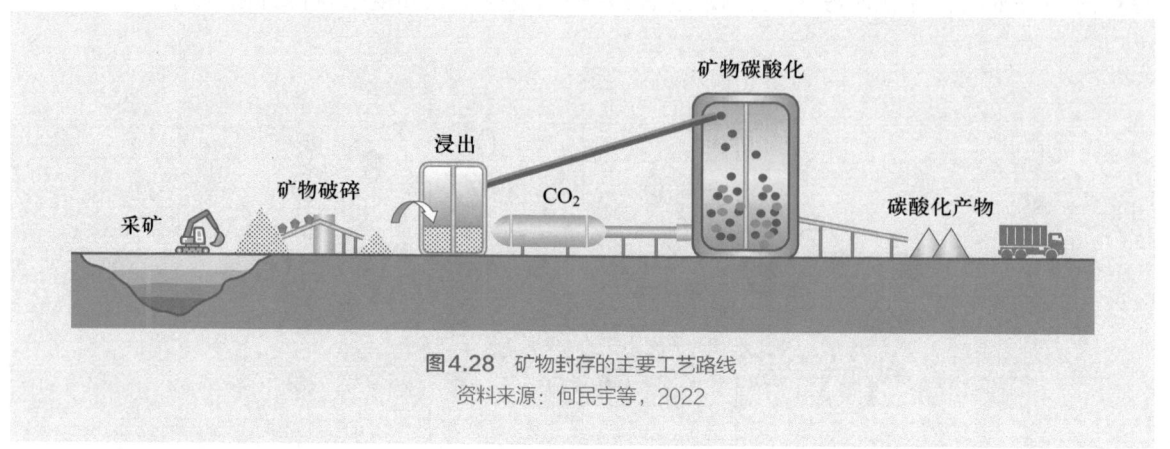

图4.28 矿物封存的主要工艺路线
资料来源：何民宇等，2022

二氧化碳的矿物封存主要分为直接碳化和间接碳化两类。

1. 直接碳化

直接碳化是一种将二氧化碳与矿物原料直接进行化学反应，从而生成碳酸盐岩的封存方法。这种方法可以进一步细分为干法固碳和湿法固碳两种。

在干法固碳中，二氧化碳与矿物原料直接进行气-固反应。此工艺显著的特点是其过程相对简单，且能耗较低，这一点被多次强调是因为它在能源效率上具有明显优势。通过干法固碳，可以有效地将二氧化碳固定在矿物结构中，形成稳定的碳酸盐，达到封存的目的。湿法固碳技术涉及将二氧化碳气体溶解于水中，转化为碳酸，随后利用此碳酸溶液促使矿物逐渐溶解，并最终促使碳酸盐以沉淀的形式析出。这一过程可划分为二氧化碳的溶出、钙镁离子溶出和生成碳酸盐岩三个阶段。这一反应比较复杂，而且还有很多因素影响着碳化反应，主要包括：对反应的压力、温度进行控制。通过提高压力，提高二氧化碳在水中的溶解能力，提高溶液中的氢气浓度，加快钙镁离子的溶出。在碳化工艺中，矿物表面往往会生成一层钝化的钝化层，因此，必须采用热激法、机械球磨等手段将其除去，同时可增大反应面积，从而加快反应速率。

2. 间接碳化

间接碳化是指以Mg^{2+}、Ca^{2+}为主要活性组分，经介质快速溶出并与二氧化碳共碳化的一种碳固定方法。按照溶出介质的不同，间接碳化的方法包括酸法碳化、熔融盐碳化、生物碳化和碱法碳化。

酸法碳化指的是一种过程，它通过使用酸性溶液来促进二氧化碳与矿物之间的化学反应，进而生成碳酸盐矿物。在此过程中，酸（如盐酸或硫酸）与含镁矿物（如蛇纹石）反应，释放出镁离子并与二氧化碳结合，形成稳定的碳酸镁。蛇纹石与酸的反应性较好，能够促进二氧化碳快速转化为矿物碳酸盐。某些弱酸还可作为一种较好的间接碳酸化介质。例如乙酸、甲酸等，都能从蛇纹石中浸出大量的Mg^{2+}（图4.29）。pH调整过程既能提高碳化效率，又能改善整体过程的经济效益。但是，酸法相对于其他方法来说，仍然存在成本较高的问题，影响其产业化进程。

熔融盐碳化是针对酸法碳化中盐酸浸出过程能耗大的问题，可以采用$MgCl_2 \cdot 3.5H_2O$作为熔融盐的间接碳化法。与盐酸作为介质的间接法相比，熔融盐碳化法虽然具有回收再利用、减少水分蒸发等优点，但也存在着难以解决的难题，如腐蚀性强、操作费用高等，难以实现工业化。

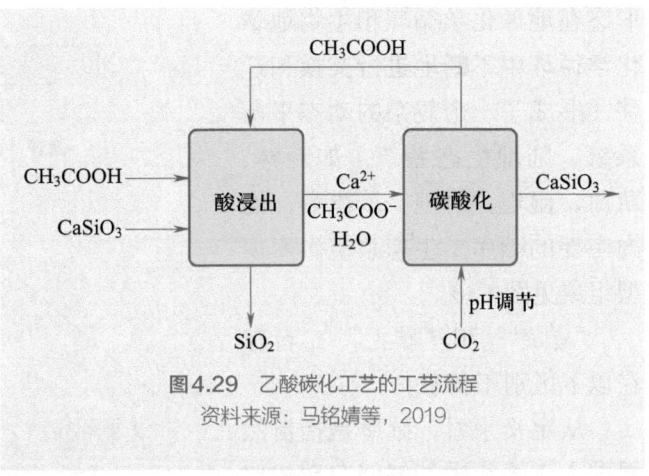

图4.29 乙酸碳化工艺的工艺流程
资料来源：马铭婧等，2019

生物碳化是一种利用自然界微生物在土壤中产生的有机酸和无机酸，来加速硅酸盐矿物碳化过程的技术。在人工干预下，这个过程可以得到加强，也就是生物碳化工艺。其基本原理是通过热解过程（在缺氧或低氧环境中加热有机物质，导致其分解，通常在300~700 ℃）将有机物质（如植物残余、农作物废弃物等）转化为生物碳、气体和液体产物（如一氧化碳、氢气、甲烷和生物油）。生物碳化工艺是一种新型的、低成本、绿色的固碳方法，能满足可持续发展的环保需求，在将来的二氧化碳地质封存中将会有更大的应用价值。

碱法碳化是采用氢氧化钠作为媒介的一种方法，利用硅酸盐矿物中的Ca^{2+}、Mg^{2+}进行二氧化碳固化，无须活化等预处理，可显著减少能源消耗。该工艺存在的问题是：反应温度高、耗时长、能量消耗大，以及原矿含硅量高、用量大等。

第五节
碳汇技术

一、生态系统碳库

碳库是指在自然或人造系统中存储碳的各种形式和地点。碳库可以是大气、生物体（如森林和海洋生物）、土壤、岩石（如油气田和矿物质）以及海洋。这些碳库中存储的碳以多样化的形态存在，涵盖了二氧化碳、甲烷等气体形态，有机物形态以及无机碳形态。这些碳形态在地球化学循环和生物地球化学循环中不断地进行交换和迁移，形成了一个复杂的动态平衡系统。陆地生态系统，如森林、草原、湿地、耕地、沙漠等，均为主要的碳库，生态系统碳库模型组成见图4.30。

"碳库"和"碳汇"二者存在以下区别和联系。

从定义来看，碳库是指自然界或人工系统中能够储存碳的储存库。碳库可以包括大气、陆地生态系统（如森林、土壤）、海洋以及沉积岩等。碳汇是指能够从大气中吸收二氧化碳并储存的过程、活动或机制，例如森林通过光合作用吸收二氧化碳，或海洋吸收和溶解二氧化碳。

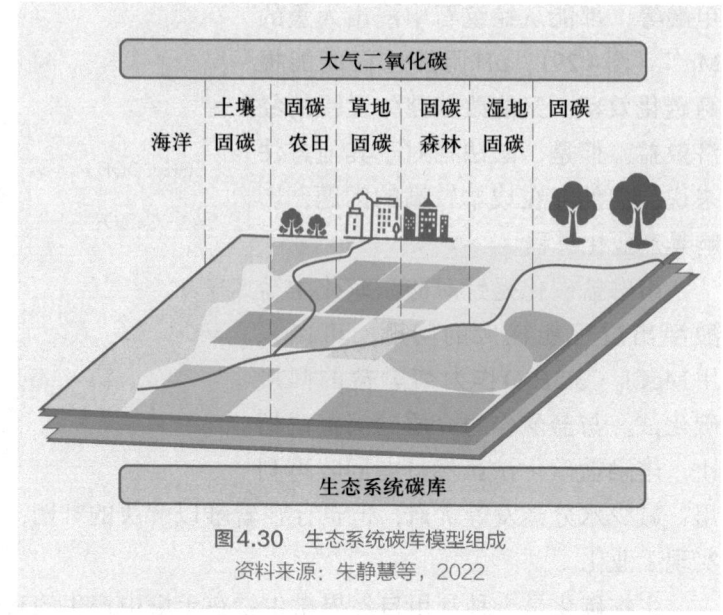

图4.30 生态系统碳库模型组成
资料来源：朱静慧等，2022

从功能角度来看，碳库是指能够储存碳的自然系统或人造结构，如森林、海洋、土壤以及大气等。这些碳库中的碳可以处于一种动态平衡状态，即它们既可以吸收碳（作为碳汇）也可以释放碳（作为碳源）。而碳汇特指那些能够主动吸收大气中二氧化碳并长期储存起来的过程或区域，无论是通过自然过程还是人为干预实现。碳汇的一个关键特性是其具备的吸收二氧化碳的能力超过了其释放的能力，这一特性有助于降低大气中的二氧化碳浓度水平。

从状态上看，一个特定的环境既可以是碳库也可以是碳汇，这取决于它当前是否主要表现为吸收还是释放碳的行为。例如，健康的森林通常是一个有效的碳汇，但当发生砍伐或者森林退化时，它可能转变为碳源。

总之，碳汇的功能依赖于碳库的存在及其特性。碳库构成了碳存储的基础框架，而碳汇则是实际执行碳吸收功能的关键部分。在全球碳循环的宏大图景中，这两者均扮演着举足轻重的角色，并且它们之间存在着紧密相联、相互依存的关系，共同维系着碳循环的平衡与稳定。通过保护现有的碳库并增强碳汇的作用，可以帮助缓解气候变化的影响。

生态系统碳库包括森林碳库、草地碳库、灌丛碳库、湿地碳库、农田碳库、海洋碳库。

（一）森林碳库

森林碳库是生态系统碳库的重要部分，也是重要的自然碳汇，具有巨大的潜力吸收和封存大气中的二氧化碳，从而减缓气候变化的过程。森林在全球碳循环中占据着举足轻重的地位，作为地球上最为庞大的陆地碳汇之一，它发挥着至关重要的作用。

我国是全球最大的森林碳库大国。我国森林植被总量为92亿t，加上过去40年在森林植被恢复和人工林培育方面的巨额投资，我国已超过30年成功实现森林总面积和蓄积量的"双增长"，现今森林总面积已达到2.2亿hm^2，蓄积量更是突破了175亿m^3。使我国森林资源增幅居全球第一。

2010—2016年，我国陆地生态系统平均每年吸收了大约11.1亿t的碳，这一吸收量相当于同时期人为活动所产生碳排放总量的45%。截至2018年，中国森林植被碳储量约为94.74亿t，森林土壤碳储量约为93.27亿t，总计约为188.01亿t。针叶林和阔叶林是森林植被碳储量的主要分布区域，分别占据了森林植被总碳储量的53.5%和40.5%。根据中国科学院研究数据，我国南亚热带雨林森林的碳储量可以达到197.19 tC/hm^2。

（二）草地碳库

草原是重要的有机碳库，全球范围内有308 Pg（1 Pg = 1×10^{15} g），其中约92%以土壤形式存在。中国草原拥有29.1 Pg碳储量，是继森林之后的全球第二大碳储量的碳库。草地碳库在全球碳汇中也扮演着重要的角色。这些生态系统广泛分布于地球各个地理区域，包括草原、牧场、草甸等，它们在全球碳汇中的作用具体表现在以下几个方面。

① 碳的吸收和固定：草地植物通过光合作用这一自然过程，能够大量地从大气中吸取二氧化碳，并将其转化为有机物；② 碳的储存：尽管草地植物的地上部分通常较小，但它们的地下根系极为发达，能在土壤中深层储存大量的有机碳；③ 土壤保护：草地的根系网络在维持土壤结构、防止水土流失方面发挥着重要作用；④ 生物多样性支持：草地生态系统也是众多动植物多样性的重要支撑；⑤ 气候调节：植被通过蒸腾作用释放水分，能够有效降低地表及周边空气的温度，同时增加空气湿度，从而对局部气候产生积极影响；⑥ 恢复力和适应性：草地生态系统通常对环境变化有很高的适应性和恢复力，即使在遭受干旱、火灾等自然灾害后，草地也能相对快速地恢复，重新建立其碳汇功能。

将草地生态系统的保护与恢复纳入全球碳管理框架及气候变化缓解策略之中，是至关重要的一环。通过管理措施，如适当的放牧管理和火管理（火烧草原或控火），可以最大化草地的碳汇潜力，同时保护其生物多样性和生态服务功能。

（三）灌丛碳库

灌丛是由灌木或矮树组成的密集植被区，尽管它们不像大型森林那样显著，但是灌丛碳库在全球碳汇中的作用也相当重要，它们在生态系统中具有以下几个关键功能：

① 碳吸收与储存：灌丛通过光合作用捕获大气中的二氧化碳，并将其转化成有机物储存在体内。这些有机物不仅积累在植物体内，还会通过落叶和根系分解过程进入土壤，成为土壤有机碳的重要组成部分；② 生态稳定与土壤保护：灌丛覆盖土地表面，有助于防止土壤侵蚀和水分流失，保持地表的碳储存，它们的根系固定土壤，减少风蚀和水蚀的影响，有助于维持地区的生态平衡；③ 生物多样性的支持：灌丛生态系统通常具有丰富的生物多样性，为许多昆虫、鸟类和小型哺乳动物提供栖息地、食物来源和避难所；④ 气候调节功能：灌丛通

过吸收二氧化碳和通过蒸散作用调节局部气候，增加空气湿度，降低地表温度，有助于形成更宜居的微气候环境；⑤ 恢复与适应性：灌丛常常是在扰动后（如火灾或人为活动）较快恢复的生态系统类型之一，它们的快速生长和适应性强的特性使它们能够在不利环境中存活和扩展，有助于快速恢复碳汇功能。

总之，灌丛在全球碳循环中起着关键作用，特别是在地区碳平衡、生物多样性保护和生态系统服务方面的贡献不容忽视。因此，将灌丛生态系统的保护与恢复作为应对全球气候变化的关键策略之一，具有极其重要的意义。

灌丛也是我国陆地生态系统的重要组成部分，其面积约为 0.7 亿 hm^2，占全国陆地面积的 7%。灌丛展现出极强的生态适应能力，广泛分布于中国的山地和干旱地带，构成了我国乃至全球范围内一道独特且引人注目的植被景观。在全球气候变化的背景下，我国灌丛生态系统的碳汇功能日益显著，其植被和土壤可以吸收和储存大气中的二氧化碳，并将其转化为有机碳。我国陆地生态系统碳储量增长的一个重要驱动力被认为是灌丛碳储量的增加。据估算，灌丛的碳汇能力大约相当于森林碳汇的 1/3。

通过分析灌丛在中国陆地自然生态系统中所占的面积比例，以及其总碳储量占中国自然生态系统总碳储量的比例，可以评估灌丛对中国陆地生态系统碳储量的具体贡献。我国各省（自治区）的灌丛碳储量如图 4.31 所示，从图中可以看出云南、内蒙古、贵州、四川等地灌丛的碳储量最高。灌丛的固碳速率及碳汇潜力的空间分布也遵循着类似的规律。

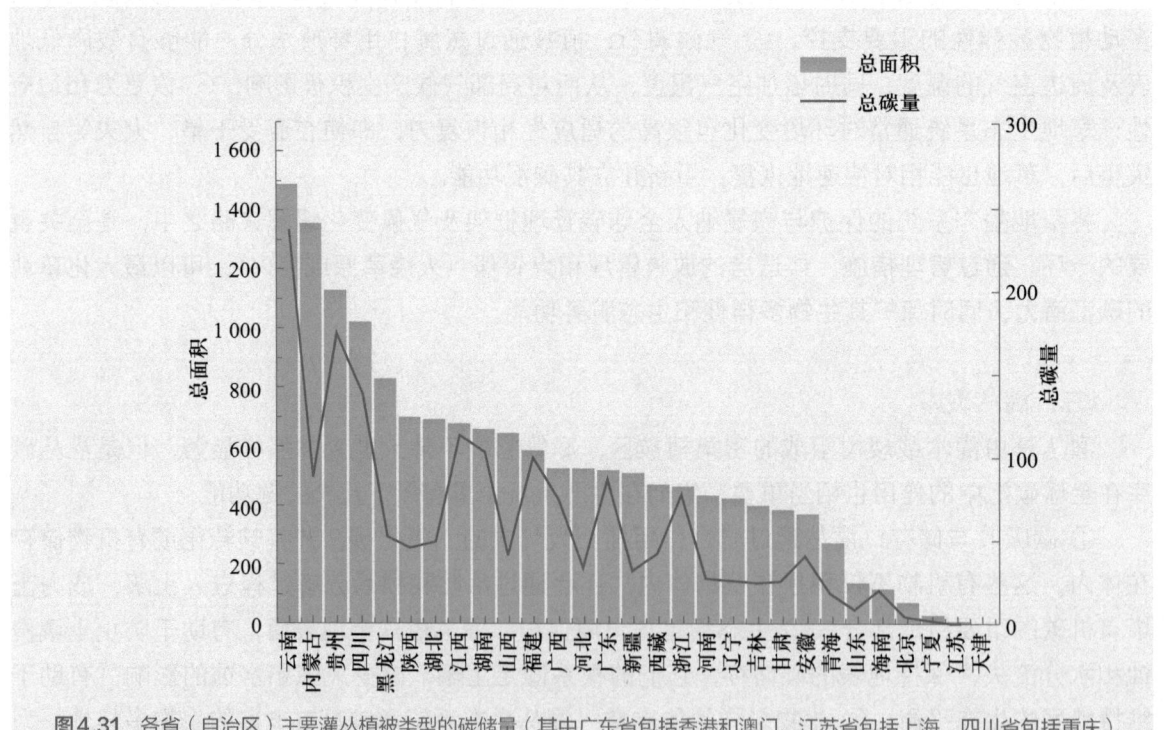

图4.31　各省（自治区）主要灌丛植被类型的碳储量（其中广东省包括香港和澳门、江苏省包括上海、四川省包括重庆）

资料来源：胡会峰等，2006

（四）湿地碳库

湿地作为世界上最大的碳库之一，其碳储量高达约770亿t，占据了陆地生态系统碳储总量的35%，这一数量甚至超过了农田、温带森林及热带雨林生态系统碳储量的总和，凸显了湿地在全球碳循环中所扮演的重要角色。

湿地包括多种类型，每种都有其特定的作用和重要性。

① 高效的碳储存：湿地是地球上最有效的碳汇之一，特别是泥炭湿地，通过厌氧（缺氧）条件减缓有机物的分解速率，允许植物残体和其他有机物质在土壤中积累，形成泥炭等高碳物质；② 碳的生物固定：湿地中的植物，包括芦苇、各种水生草本植物以及树木，能够利用光合作用这一自然过程，从大气中捕获二氧化碳，并将其转化为自身的生物质；③ 调节全球气候：湿地通过其广泛的水体和植被覆盖调节地表温度和局部气候；④ 保护土壤和水质：湿地的植被和土壤结构有助于防止土壤侵蚀，保持地面水质和水位；⑤ 生物多样性的热点：湿地生态系统支持着丰富的生物多样性，包括许多专门适应湿润环境的植物、鸟类、鱼类和昆虫。

延伸阅读4-7　我国湿地生态系统

根据单位面积的碳储量，一般而言，不同类型的湿地具有不同的碳存储潜力：沼泽湿地通常具有最高的碳储量，因为它们往往有深厚的有机土壤层，可以长期储存大量的碳；人工湿地虽然不是自然形成的，但通过合理的设计和管理，也可以成为有效的碳汇，并且能够处理污染物，提高水质；湖泊湿地和河流湿地虽然碳储量相对较低，但仍对局部碳循环有着重要影响，并提供了多种生态服务，如水源调节和生物栖息地。

沼泽湿地，作为拥有最高碳储量的湿地类型，涵盖了泥炭和苔藓泥炭沼泽、腐泥沼泽、内陆盐沼、沿海滩涂盐沼以及红树林沼泽等多种类型。这些不同类型的沼泽湿地在碳库构成及固碳速率上展现出显著的差异（表4.6）。其中，内陆盐沼湿地在年固定碳的贡献上占据领先地位，比例高达36.65%；紧随其后的是泥炭和苔藓泥炭沼泽；尽管红树林湿地也表现出较高的固碳潜力，但相较于其他湿地类型，其固碳效率却相对较低。

表4.6　沼泽湿地的固碳速率和固碳能力

沼泽湿地类型	面积/km²	固碳速率/（g C·m⁻²·a⁻¹）	固碳潜力/（Gg C·a⁻¹）
泥炭和苔藓泥炭沼泽	42 349	24.80	1 050.26
腐泥沼泽	24 977	32.48	811.25
内陆盐沼	22 369	67.11	1 501.12
沿海滩涂盐沼	1 717	235.62	404.56
红树林沼泽	2 561	444.27	1 137.78
总计	93 973		4 905.03

我国湖泊湿地可以划分为东部平原湖泊湿地、蒙新高原湖泊湿地、云贵高原湖泊湿地、青藏高原湖泊湿地、东北平原和山地湖泊湿地5大类，各个湖区的固碳能力见表4.7。

表4.7 我国湖泊湿地固碳速率和能力

湖泊湿地类型	面积/km²	固碳速率/（g C·m⁻²·a⁻¹）	固碳潜力/（Gg C·a⁻¹）
东部平原湖泊湿地	21 171.60	56.67	1 056.49
蒙新高原湖泊湿地	19 700.30	30.26	596.13
云贵高原湖泊湿地	1 199.40	20.08	24.08
青藏高原湖泊湿地	44 993.30	12.57	283.53
东北平原和山地湖泊湿地	3 955.30	4.49	21.64
总计	91 019.63		1 981.87

注：数据来源：段晓男等，2008.

（五）农田碳库

农田碳库在全球碳循环中占据了独特且举足轻重的地位，发挥着至关重要的作用。虽然农田经常遭受耕作和其他管理活动的影响，但它们仍然具有显著的碳吸收和储存能力。下面详细介绍农田在生态系统碳固定中的作用。

光合作用与碳固定：农田的主要作物（如谷物、蔬菜和水果等）通过光合作用吸收大气中的二氧化碳，并将其转化为有机物质；土壤碳储存：农田土壤是重要的碳库，通过作物残留物（如根系、秸秆等）的分解，土壤中的有机质含量增加，从而提高土壤的碳储存能力；管理措施的影响：农田的碳汇潜力受到农业管理措施的强烈影响，合理的作物轮作和多样化种植能提高土壤的碳固定能力，同时减少病虫害和提高土壤质量；农田水管理：通过灌溉和水分管理，农田可以更有效地利用水资源，促进植物生长，从而增加光合作用的效率和土壤碳的积累；农田生态边界：农田周边的生态边界，如树篱、草带和小林地，不仅有助于生物多样性的保护，也是重要的碳汇；生物多样性与生态服务：通过增加农田的生物多样性，可以提升生态系统的整体健康和碳汇功能。

因此，虽然农田受到人为管理的影响较大，但通过采取适当的农业实践和土地管理策略，农田可以成为有效的碳汇，对于降低大气中的二氧化碳浓度以及缓解气候变化发挥着积极作用。农田生态系统碳储量由作物和土壤两部分组成，对保障农业生产、调控大气二氧化碳浓度具有重要意义。农田作物碳储量是指农作物在生长、收割、收获等各个环节对大气碳的固持和释放。农田土壤碳储量的形成是由有机质、微生物活性及根系生长等因素综合决定的。这两个系统构成了一个与大气和社会经济系统相互耦合的系统。由于人为因素，如施肥、耕作和收割等，使得农田与其他系统之间的碳通量变化更为复杂。它们之间碳循环相关逻辑图如图4.32所示。

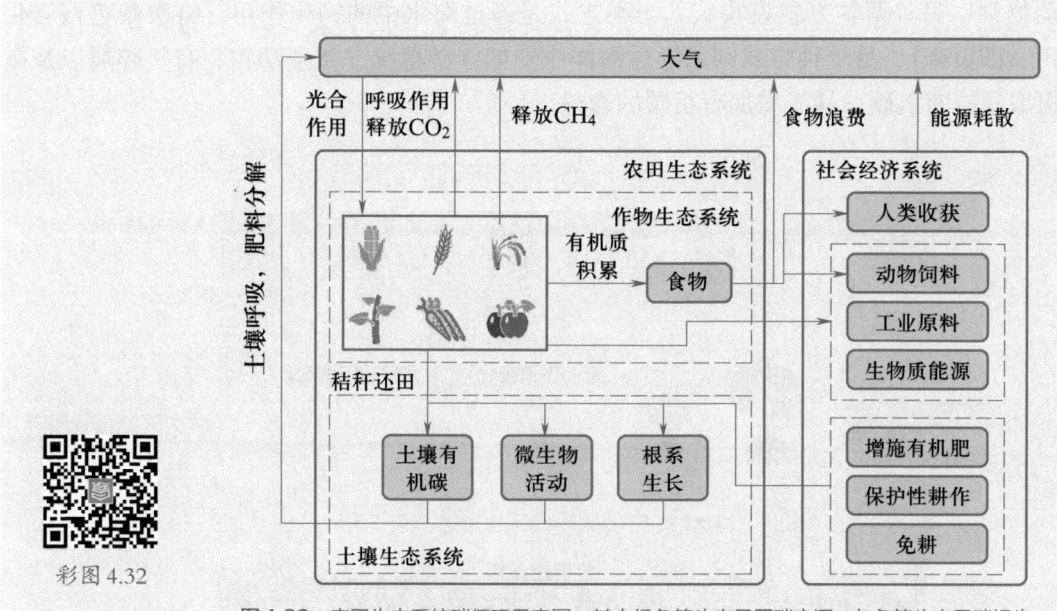

图4.32 农田生态系统碳循环示意图，其中绿色箭头表示固碳来源，灰色箭头表示碳损失，农田生态系统及子系统内绿色流入量和灰色流出量的差值为碳汇量

资料来源：赵明月等，2022

　　农田生态系统的固碳潜能深受人类活动模式、土壤特性以及自然条件的共同影响。我国学者的研究成果显示，我国农田土壤的碳储量一般在11.8~13.0 Pg C，其中，位于表层0~30 cm的土壤碳储量估算为5.0~7.5 Pg C。从不同区域看，我国东北和华东农田土壤有机碳储量最高，分别为1.4 Pg C和1.3 Pg C；而华南和华北最低，仅为东北和华东的1/4左右。从土壤类型看，水稻土和旱耕土分别占农田总碳储量的23%~30%和70%~77%。这表明旱耕土是我国农田土壤碳库的主体。

（六）海洋碳库

　　海洋覆盖了地球约71%的总面积，每年大约吸收人类活动所排放的二氧化碳总量的三分之一。因此，海洋被视为地球上规模最大的碳库，对于全球气候的调控以及碳循环的平衡起着决定性的作用。

　　海洋的碳循环见图4.33。就固碳贡献而言，海洋生物完成了全球约55%的生物固碳任务，而整个海洋碳汇的总量是陆地生态系统碳汇总量的20倍之多。

　　我国是一个海洋强国，大陆海岸线约18 000 km，岛屿海岸线约14 000 km，海洋生物资源丰富，水产养殖产业发达。滨海地区红树林、海草床、盐沼、浮游动植物是海洋碳汇的主体，占全球总碳库的50%以上。

　　红树林、盐沼等固碳能力已经在前文湿地碳库中介绍，除此之外，海洋碳库中的浮游动植物也是碳汇的主体。海洋浮游植物以光合作用为主，可将无机碳转换成可溶性和有机碳，而浮游动物则以另外两种方式吸收碳。一种方式是通过海水中的钙化作用，将碳酸氢根转化为碳酸钙（即贝壳）；另一种方式则是通过海洋生物如浮游植物、微型动物、有机碎屑以及微生物等摄取颗粒有机碳，从而增加有机碳的含量。

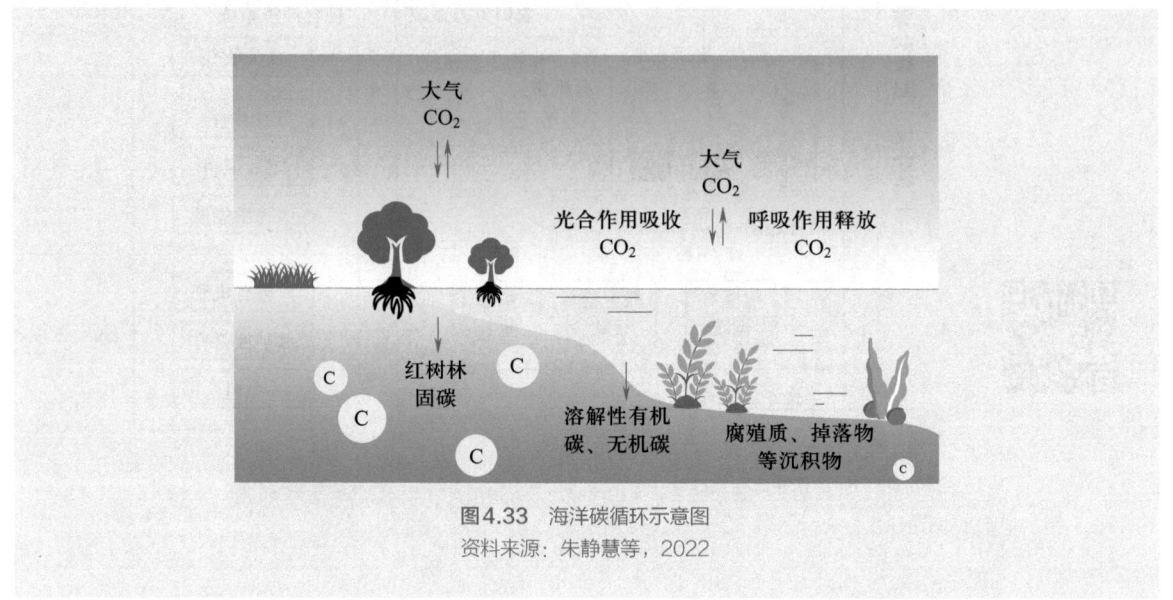

图4.33 海洋碳循环示意图
资料来源：朱静慧等，2022

二、生态系统碳汇

生态系统碳汇包括森林碳汇、土壤碳汇、湿地碳汇、海洋碳汇。

(一) 森林碳汇

森林碳汇是指森林利用光合作用机制，从大气中吸收二氧化碳并将其转化为有机碳，进而将这些有机碳储存在树木、枝叶、根系以及土壤中的过程。作为中国重要的碳汇资源，森林生态系统在吸收大气二氧化碳方面发挥着举足轻重的作用。以下是构成森林生态系统碳汇功能的主要方式：

光合作用：树木和其他植物通过光合作用吸收大气中的二氧化碳，将其转化为有机物质（如葡萄糖），并释放出氧气；生物质碳储存：森林植物通过生长积累大量的碳，这些碳储存在植物的各个部分，包括树干、枝叶和根系；土壤碳储存：植物的落叶、枯枝和根系残体分解后，形成土壤有机质，将碳固定在土壤中；死木和枯落物碳储存：森林中的死木（如倒下的树木和枯死的枝干）和枯落物（如落叶和枯草）在分解过程中固定碳；生物碳泵作用：森林生态系统中存在生物碳泵作用，即通过森林植物和微生物的相互作用，将碳从地表运输到土壤深层，并稳定在土壤中；碳分配与再分配：森林中的碳不仅储存在生物质和土壤中，还通过枯枝落叶的分解和再分配进入土壤和其他生态系统部分；灌溉与管理措施：通过科学管理，如森林保护、植树造林和森林恢复，增加森林覆盖面积和森林健康状况，增强森林碳汇能力。

这些碳汇方式共同作用，使得森林成为全球碳循环中不可或缺的重要组成部分。通过保护和科学管理森林，可以有效提高其碳汇功能，帮助应对气候变化。

值得关注的是，各种森林类型在碳汇能力上存在着差异。例如，热带雨林和湿地等类型的森林碳汇能力相对较高，因为这些地区的植被生长旺盛，光合作用强烈，能够快速吸收大气中的二氧化碳。并且，森林的年龄（林龄）也会影响其碳汇能力。年轻的森林因其快速的生长速率，展现出较高的二氧化碳吸收速率，从而具备更强的碳汇能力。例如，我国针叶林的林龄通常为20~100年，该生态系统的年均净生态系统碳汇强度为1.49 t C/(hm^2·a)，而落叶阔叶林的林龄通常为50~200年，该生态系统的年均净生态系统碳汇强度则为1.13 t C/(hm^2·a)，碳汇能力较弱。

中国的森林生态系统碳汇可分为三个时期，分别为1949年至20世纪70年代末80年代初、20世纪80年代初至90年代、90年代后期至今。三个阶段中，森林生态系统碳平衡表现出从源到汇的变化，且碳吸收强度不断提高的特点。在第一阶段，中国的森林生物量呈现出主要的碳来源，主要是砍伐。根据目前的资料估算，1949—1980年，中国森林总生物量减少了0.7 Pg，年均减少22 Tg C/a。第二阶段，中国的森林生态系统已从"源"向"汇"转化，评估平均碳汇强度达到68~79 Tg C/a。第三阶段，在林业重大项目的推进下，中国森林的固碳能力达到了109 Tg C/a，并且在1990—2000年和2000—2007年这两个时间点出现了明显的固碳效应。

目前森林碳汇市场的运行模式如图4.34所示。在上游，经营主体是政府及村集体。政府承包村集体土地（村集体的土地在村民手中，这样一来就需要村集体收取土地，再把土地承包给政府），然后政府直接开垦荒地（荒山造林等），植树造林开展碳汇林项目。在中游主要是政府、碳交易平台承担提供交易平台、测算碳汇林价值、信息披露、监管等职能；下游主要是自愿市场以及强制市场，由国内外碳汇收购方进行交易。

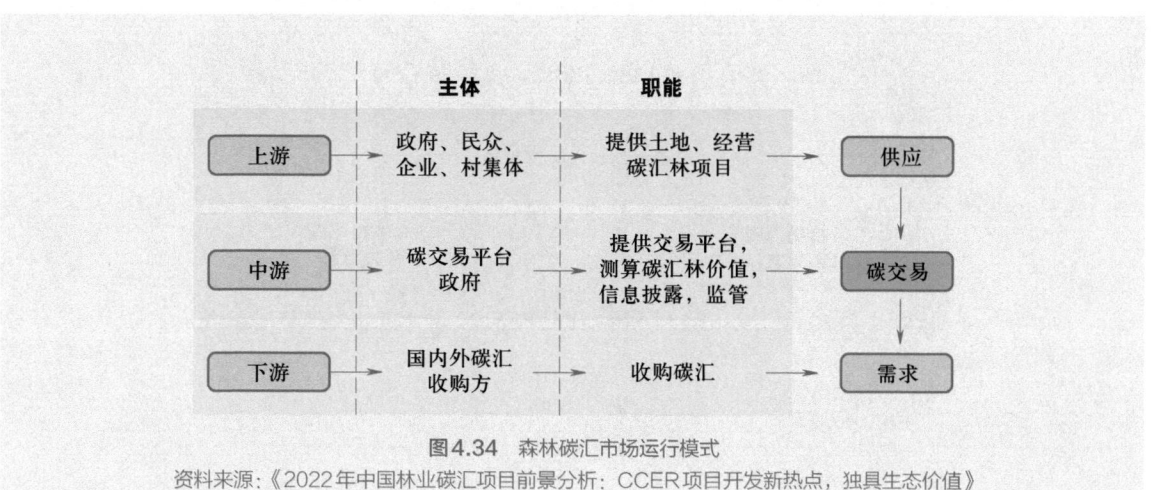

图4.34 森林碳汇市场运行模式

资料来源：《2022年中国林业碳汇项目前景分析：CCER项目开发新热点，独具生态价值》

（二）土壤碳汇

土壤碳汇是指土壤通过多种方式吸收以储存二氧化碳，从而帮助缓解气候变化。以下是土壤生态系统碳汇的主要方式及其作用机制：

有机质积累：土壤中的有机质主要包括植物残体、动物遗骸和微生物体。植物通过光合作用将大气中的二氧化碳转化为有机物质，这些有机物质最终进入土壤并被微生物分解和转化；土壤微生物活动：土壤中的微生物（如细菌、真菌）通过分解有机物，形成稳定的腐殖质，增加土壤有机碳含量，某些微生物（如固氮菌）通过生物固碳作用，将大气中的二氧化碳固定在土壤中；土壤结构与碳储存：土壤的物理结构（如团粒结构）有助于保护和稳定有机碳，土壤中的孔隙可以储存水分和气体，有利于植物根系生长和微生物活动，促进有机碳积累；根系碳输入：植物根系通过分泌根际碳化合物（如根液）直接向土壤输入碳，植物根系分泌的有机物质可供土壤微生物利用，增加土壤有机碳含量；土壤管理与农业实践：合理的土壤管理和农业实践，可以增强土壤的碳汇功能，减少土壤翻耕，保护土壤结构，减少碳释放，增加植物多样性，促进土壤健康和碳储存；土壤侵蚀防护：防止和减少土壤侵蚀，有助于保持土壤中的有机碳，通过植被覆盖保护土壤，减少水土流失。

通过这些方式，土壤生态系统可以有效地吸收和储存碳，减缓气候变化，并维持土壤健康和生态系统的稳定性。

在陆地生态系统碳循环方面，土壤微生物既能利用自身的分解过程将其释放到大气中，又能将外源碳转化为某种物质并贮存于土壤中。因此，土壤微生物是外源碳转化的重要途径。土壤微生物主导的碳循环如图4.35所示。

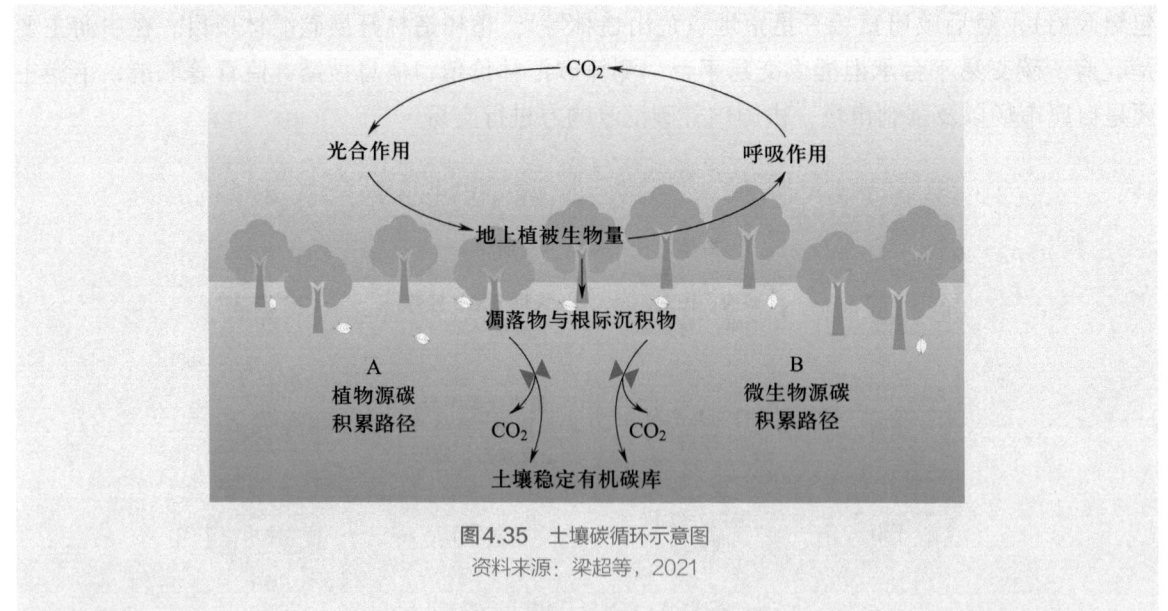

图4.35 土壤碳循环示意图

资料来源：梁超等，2021

微生物碳泵对土壤碳储存的影响受到两大核心因素的制约。一种是由微生物来源的碳源产生，另一种是由微生物来源的碳源转化。因此，土壤微生物的生物学特性及其固碳机制是决定微生物碳泵稳定性的关键因素。土壤微生物对环境变化具有高度的敏感性，任何外部干扰，如土壤的物理化学性质变化、气候变化以及土地利用和管理方式的调整，都可能通过改变土壤微生物的群落构成、酶的分泌模式以及碳源的生成方式等，对微生物碳泵的功能产生深远影响。

　　国内外学者对土壤固碳潜力进行了大量的研究，土地固碳市场仍缺乏，交易不活跃。现有的实证研究以四川省农田碳汇计算法为基础，测算出每吨CO_2的碳汇量为178~763元人民币。目前有学者将人均生产成本与农业收益相结合，认为只有在CO_2排放高于178元的情况下，农户才会选择秸秆还田，以提高其固碳能力。也有学者以四川省都江堰市为案例，对农田土壤固碳成本进行了测算，发现仅当每公顷土地投入274元时，农户的"碳源"种植模式才能真正向"碳汇"种植模式转换。现有研究采样条件单一，仅考虑土壤有机碳与农作物增产两种不同类型的利益，没有考虑土壤质量与肥力、水土流失、水足迹等多方面的协同效益。

（三）湿地碳汇

　　湿地碳汇是指湿地生态系统能够吸收并储存大气中的二氧化碳，进而减少温室气体排放量，为缓解气候变化做出贡献的一种自然过程。湿地因其丰富的植物群落和有机物质而成为重要的碳库。这些植物借助光合作用机制，能够将二氧化碳转化成有机碳，随后将这些有机碳储存于植物体内部或土壤中。作为全球碳循环的关键部分，湿地凭借其独特的地理和生态特性，在碳汇方面发挥着至关重要的作用。不同类型湿地在组成和功能上存在着显著的差异，因而其碳汇过程非常复杂。一个典型的湿地生态系统需包含底层土壤、水体介质，以及生活在这些介质中的有机体，同时，它还必须具备一条完整的生态链，这条链涵盖了从底层土壤至水体介质，再到介质内有机体的营养供给、结构构成、能量流动以及物质循环过程。湿地生态系统碳汇至少包括以下几个过程：

　　植物光合作用：湿地植被通过光合作用吸收大气中的二氧化碳，并将其转化为有机碳。有机物质沉淀：湿地环境中有机物质往往难以降解，而在湿地沉积物中积累。微生物分解：在湿地底部，湿地土壤中存在着丰富的微生物群落，这些微生物通过分解有机物质，将其转化为二氧化碳、甲烷等气体。甲烷排放：湿地生态系统中的某些部分，特别是沼泽地和湖泊，可能是甲烷的重要源。甲烷是一种强效的温室气体，在湿地生态系统中由于缺氧，微生物可以产生甲烷作为代谢产物。水体交换：湿地与周围水体之间存在水体交换，湿地水体中的有机碳可以通过水体的流动进入河流、湖泊和海洋等。

　　中国的湿地生态系统在减缓气候变化和保护生态环境方面展现出了显著的效益。湿地的碳汇功能不仅有助于降低碳排放成本，还能创造经济价值，并提供多种生态服务。中国已经建立了国家碳排放权交易体系，这一体系为企业提供了一个通过减少自身碳排放或参与碳汇项目来获取碳减排量并进行交易的平台。这种机制不仅促进了企业的绿色转型，还推动了湿地保护和恢复工作，进一步提升了湿地生态系统的碳汇能力。

（四）海洋碳汇

海洋碳汇指的是海洋捕集并储存空气中活性碳的过程。海洋在固碳方面扮演着核心角色，自18世纪以来，已吸收了大约41.3%源自化石燃料的碳，这相当于人类活动排放总量的27.9%。此外，全球生物碳（亦称绿色碳）占据了全球总碳捕获量的55%。因此，加强海洋碳汇的建设，深入挖掘海洋的负排放潜力，是实现碳中和目标的关键路径之一。作为地球上规模最大的碳汇之一，海洋生态系统通过多种机制吸收并储存二氧化碳，以下是海洋生态系统碳汇的主要方式及其运作机制的概述。

物理碳泵：海洋通过物理过程直接吸收大气中的二氧化碳，二氧化碳从大气中溶解到海水中，形成碳酸、碳酸氢盐和碳酸盐离子，这一过程受温度和压力的影响。生物碳泵：海洋生物通过生物过程固定和转移碳。浮游植物在表层海水中通过光合作用吸收二氧化碳，将其转化为有机碳，这些有机碳被海洋食物链中的其他生物利用。碳酸盐泵：海洋中的碳酸盐化学过程也对碳汇有重要贡献。海洋生物（如珊瑚、贝类、浮游动物）利用海水中的碳酸盐离子和钙离子形成碳酸钙壳体或骨骼。海洋溶解无机碳（DIC）循环：海水中的溶解无机碳（包括二氧化碳、碳酸氢盐和碳酸盐）在海洋碳循环中起重要作用，海水的碱度影响DIC的形态分布，较高的碱度有助于将更多的二氧化碳转化为碳酸氢盐和碳酸盐，减少海水中自由二氧化碳的浓度，从而增强海洋对大气二氧化碳的吸收能力。蓝碳生态系统：海草床、红树林和盐沼等沿海生态系统通过生物和物理过程固定和储存碳。海草通过光合作用固定大量二氧化碳，并在其根系和沉积物中储存有机碳。红树林通过其根系和沉积物固定和储存大量有机碳，这些碳可以长期埋藏在淤泥中。盐沼植物通过光合作用固定二氧化碳，并在沉积物中积累大量有机碳，形成稳定的碳库。

海洋碳汇可帮助缓解由人类活动引起的大气中二氧化碳浓度的增加。然而，海洋的碳吸收能力受到全球变暖和海洋酸化的威胁，这可能影响其未来的碳汇功能。因此，保护海洋环境和减少温室气体排放是确保海洋继续有效发挥其碳汇功能的关键。目前国内已开发及交易的海洋生态系统碳汇包括红树林碳汇、渔业碳汇（贝类、藻类碳汇等）。2023年2月底，全国首宗蓝碳拍卖交易落地，交易标的为藻类碳汇，助力国内蓝碳交易入市场化。除此之外，中国在一些地区推动了海洋蓝碳项目，包括海草床和红树林的保护与恢复，以及海洋保护区的建设。这些项目不仅有助于碳汇增长，还提升了海洋生态系统的健康。同时，这些项目为企业和单位提供了参与碳市场的机会。

中国的海洋碳汇经济市场正逐步发展，尽管已经取得了一定的进展，但仍面临一些关键挑战：

（1）数据和监测：海洋环境的动态性和广阔性需要建立高精度、实时性的监测系统以准确测量不同海洋生态系统的碳汇能力。

（2）碳汇定价：由于不同类型的海洋生态系统（如红树林、海草床、盐沼等）具有不同的碳汇潜力，目前还没有形成一套广泛认可的估算和定价方法。

（3）法律法规：需要制定相关法规来保护碳汇项目参与者的合法权益，并明确各方的责任与权利。

（4）市场发展：目前参与海洋碳汇项目的主体相对较少，市场规模较小，需要更多的企业和机构加入。

总之，虽然中国海洋碳汇经济市场面临诸多挑战，但随着政府的支持、技术的进步和市场的逐渐成熟，这些问题有望得到解决。未来，通过多方面的努力，中国的海洋碳汇经济市场将能够更好地发挥其在减缓气候变化和保护海洋生态环境方面的作用。

三、生态系统碳汇问题及原因分析

尽管生态系统的固态能力强大，发挥了重要的碳汇功能，但由于全球变暖导致温室气体浓度持续上升，以及工业化对环境污染的加剧，生态系统碳汇目前仍然不足以吸收或"中和"人为的碳排放。

以中国的湿地为例，6 000万hm^{2}的湿地正在呈现出数量不断减少，质量不断下降的态势，湿地资源面临着严峻的威胁。目前，我国湿地面临着以下几个主要问题：

污染日益严重，环境日益恶化：大量的建筑垃圾、工业废水、生活污水等污染物在长江沿岸大量排放，环境不断恶化；湿地面积萎缩及功能衰退：随着社会经济的发展，湿地逐渐被开发为耕地，围垦造田、码头建设等，导致湿地植被遭到破坏，生态功能下降，鱼类等水生生物失去了栖息和繁殖的地方，湿地本身的生态功能也随之衰退；生物多样性减少：由于不合理的开发，湿地面积不断缩小，其作用与效益不断降低，对湿地生物资源的过度捕捞、捕猎、砍伐和采挖，导致湿地生物多样性逐步消失，白鳍豚、中华鲟、白鲟、江豚等已经濒临灭绝，经济鱼类，如长江鲟鱼、鲫鱼、银鱼等，已濒临灭绝，由于对水鸟的过度捕杀和捡取鸟类的卵，水鸟种群数量也急剧减少，水鸟资源受到极大的危害。

其他生态系统也或多或少地面临同样的问题。人类的生产、生活等活动对我国生态系统碳汇造成了不小的影响。过度伐木以及非法砍伐等活动会减少森林的碳储存能力；过度放牧、土地利用变化以及不恰当的放牧管理可能导致草原碳储存量下降；化学农药的使用、过度施肥和耕地扩张也会影响到农田土壤的有机碳含量；经济驱动和发展压力可导致生态系统的过度开发，快速城市化和基础设施建设等活动则会导致森林、草地等生态系统的退化。

人类活动与自然变化影响了生态系统的固碳能力，但除此之外，生态系统碳汇工作仍存在监测能力弱、核算标准不健全、碳汇交易机制不完善等问题。

从管理层面来看，目前我国碳汇交易市场还存在着技术、程序、标准和公众的参与程度等方面的问题；碳排放交易存在着市场准入标准不够规范、产权制度不健全、融资渠道相对单一以及各主体之间的责任不清等问题。

从发展方向来看，当前，关于生态系统碳汇的大小、分布特征及驱动因子还不清楚，不同碳汇路径的估算结果也有很大差别。此外，陆地生态系统碳吸存稳定性差，现有模型尚不能精确诊断其对极端气候事件的响应，亟须建立基于人-自然耦合的生态过程模式。

第六节
案例分析

一、国内典型案例分析：15万t级煤电CCUS示范工程

1. 项目概述

自2016年起，国家能源集团以国能锦界电站为基础，联手国内多所高校、科研机构和设计单位，在"国能锦界电厂"启动了燃煤电力CCUS技术的研究与应用示范项目。该项目的主要目标是开发一系列创新技术、工艺和设备，包括新型复合胺吸收剂、增强型改性塑料填料、汽提式降膜再沸器以及高效的节能技术（如级间冷却、分流脱附和机械蒸汽再压缩MVR闪蒸）等。目前已建成世界上规模最大的15万t/a燃煤机组燃烧后二氧化碳捕集-驱油/封存技术设施，并成功完成了为期168 h的试运行。

该示范装置捕集锦界发电厂1号600 MW亚临界机组的湿法脱硫后烟气中的二氧化碳，设计处理烟气量为每小时10万m³（湿基，主要成分详情见表4.8），能够对浓度约11%的二氧化碳进行捕集、压缩、干燥、液化和储存等工艺，最终获得纯度大于99%（体积比，干燥后）的二氧化碳，装置的操作负荷范围在50%～110%。锦界电站处于"能源金三角"核心区域，周边的石油、天然气及化工产业对液态二氧化碳有着较高需求。CCUS示范装置每年捕集的15万t液态二氧化碳通过罐车运输，实现100%的消耗和资源化利用，大部分用于周边油田的驱油与封存；少一部分则用于化学用途，例如作为矿化养护固化后水泥的原料，或者供应给邻近的化工企业，转化成燃料或具有高附加值的化学品（如甲醇、丙二醇、碳酸二甲酯、小苏打、碳酸氢铵等）。

表4.8　15万t/a CCUS示范装置入口烟气组分（设计工况）

组分	体积分数/%	组分	体积分数/%
CO_2	11.1	SO_2质量浓度/（mg·m^{-3}）	<35
O_2	6.1	SO_2质量浓度/（mg·m^{-3}）	<10
N_2	70.7	HCl	0.000 1

组分	体积分数/%	组分	体积分数/%
HF	0.000 1	压力/kPa	-0.14
H₂O	12.1	温度/℃	40~50
NOₓ质量浓度/(mg·m⁻³)	<50		

注：数据来源：顾永正等，2023。

2. 工艺流程

图4.36所示为15万t/a的CCUS示范装置的工艺流程。在二氧化碳的开采、利用与封存、化工应用等环节中，通常以工业级液态二氧化碳为原料，这些环节中的关键技术和设备主要由石油、天然气及化工企业控制，这里不再赘述。为了满足CCUS下游用户对二氧化碳产品纯度和杂质含量等规格的要求，关键在于低能耗地从烟气中吸附并捕获低浓度的二氧化碳，同时保证捕获后二氧化碳的品质。由图4.36可知，15万t级别的CO_2吸收捕集示范装置可以划分为六个单元：洗涤、捕集、压缩、干燥、液化，以及储存与装车。

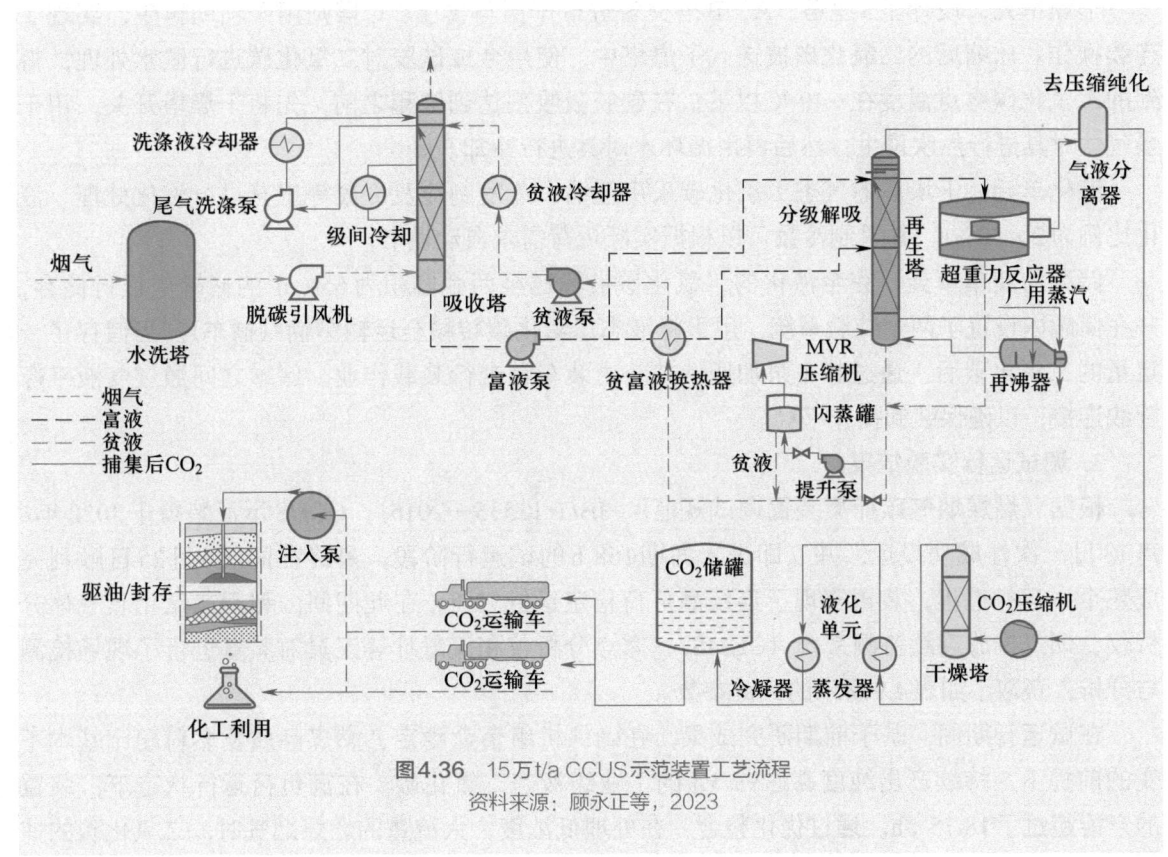

图4.36 15万t/a CCUS示范装置工艺流程
资料来源：顾永正等，2023

洗涤单元：从脱硫后排出的烟道中引出含有SO_2、SO_3、NO_x等强酸性物质的烟气，在水洗塔中进行清洗和净化处理，以降低这些物质对后续工艺及吸收剂的影响。洗涤用水源自电厂，并配备有pH调节系统，通过碱性溶液泵和pH控制器的联合使用来实现精确的pH调控。

捕集单元：捕集单元使用了一种创新的复合胺吸收剂。净化后的废气进入吸收塔，在此，复合胺吸收剂会吸附烟气中的二氧化碳。吸收过程采用了级间冷却技术，从吸收塔中部排出吸收液以增加吸收能力。富含二氧化碳的吸收液从吸收塔排出，通过富液泵增压后分成两路：一路进入回热塔加热，另一路由回热塔加热后继续处理。在重沸器中，通过加热使吸收液中的二氧化碳解吸出来；解吸后的吸收液从再生塔底部排出，经贫液泵增压，并通过MVR闪蒸技术处理贫液的显热，随后送入贫富液换热器。解吸后的二氧化碳与水蒸气一同从再生塔顶部排出，经过气液分离器后，获得纯度大于99.5%（干基）的二氧化碳气体，接着进入后续的压缩步骤。此外，项目还设计了一个与再生塔平行的超重力反应器，处理量约为总流量的10%，用于测试超重力条件下吸收剂再生技术的解吸性能。

压缩单元：从再生塔排出的低压CO_2气体首先进入两级螺杆压缩机增压，先在低压级压缩为0.8 MPa，并通过中间冷却器和气液分离器，随后进入高压级压缩机，最终出口的CO_2压力升至2.5 MPa，温度维持在40 ℃。

干燥单元：设计了3座塔，A、B塔交替进行干湿与再生，C塔则用于辅助再生，实现了连续操作。压缩后的二氧化碳被送入干燥塔中，使用合成硅胶对二氧化碳进行脱水处理，得到的二氧化碳露点温度在−40 ℃以下；在硅胶吸收剂达到饱和之前，先将干燥塔开关，用干燥气体对其进行热吹再生，然后再用循环水对其进行冷却。

液化单元：干燥后的气态二氧化碳采用压缩、蒸发制冷及冷凝等工艺进行液化处理（液化比例为2×50%），并且制冷量可以根据实际负荷需求自动调节。

储存与装车单元：完全液化的二氧化碳被输送至两个容积为650 m^3的储罐中进行储存，并在储罐内设置了两个装载系统，用于将液态二氧化碳转移至运输车辆（槽车）。当储存了一定量的二氧化碳后，通过装车泵加压，并经由装车臂进行装载作业。储罐之间通过气液平衡管线连接，以确保装卸操作平稳。

3. 调试运行实验结果

根据《燃煤烟气碳捕集装置调试规范》（JB/T 12535—2015），CCUS示范装置于2022年6月18日一次性成功投运，并立即进入为期168 h的试运行阶段，最终在同年6月25日顺利完成整个试运行过程，装置实现了连续满负荷稳定运行72 h。在此期间，利用二氧化碳气体分析仪、烟气排放连续监测系统（CEMS）、露点分析仪和流量计等工具对装置进行了现场检测与分析，获取了如表4.9所示的关键参数。

在试运行期间，基于前期研究成果，在确保机组负荷稳定、燃煤品质及燃料配比基本不变的前提下，持续产出纯度高达99.5%的工业级液态二氧化碳。在满负荷运行状态下，装置的产能超过了18.75 t/h。通过优化整合，在处理低浓度、大流量的燃煤烟气时，二氧化碳的捕集效率超过了90%，并且在二氧化碳再生过程中实现了能耗低于2.4 GJ/t（按CO_2计算）的重要突破（表4.9）。所生产的液态二氧化碳产品完全适用于石油开采及化工利用（消纳率可达100%），产品的质量、综合能耗、热控及电气保护、测量点与仪器配置等主要性能指标均满足设计要求。

表4.9 168 h试运期间主要技术指标

项目	数值
烟气处理量（额定）/（$m^3 \cdot h^{-1}$）	10 000
产品气$CO_2 \geq 99.5\%$（干基）/（$t \cdot h^{-1}$）	18.75
CO_2捕集率/%	>90
CO_2再生能耗（以CO_2计）/（$GJ \cdot t^{-1}$）	<2.4

注：数据来源：顾永正等，2023。

在168 h的试运行期间，示范装置使用了30%的复合胺吸收剂，在50%、75%和100%的不同负荷条件下进行了测试。在各种操作负荷下，维持了烟气流量的稳定性，使得烟气中的二氧化碳含量在11%～15%波动，吸收塔进出口的贫液与富液负荷变化范围为5 L/L复合胺溶液。

二氧化碳捕集速率是衡量吸收塔性能的关键指标。图4.37显示了实际运行中二氧化碳捕集效率及贫富液再循环速率随时间的变化情况，表明该示范装置具备出色的二氧化碳捕集能力，捕集率可达90%以上，吸收液循环量在265～450 m^3/h。当捕集负荷为50%时，贫液负荷保持在19.4 L/L复合胺溶液，贫液循环速率需控制在275 m^3/h，以确保超过90%的捕集率；随着捕集负荷的增加，富液循环速率也随之升高，75%负荷下为375 m^3/h，而在100%满负荷运行时进一步增至450 m^3/h。由此可以看出，贫液气相比例逐渐减少，这表明二氧化碳在吸收塔内的吸收过程主要受热力学条件影响，而吸收剂尚未达到饱和状态。

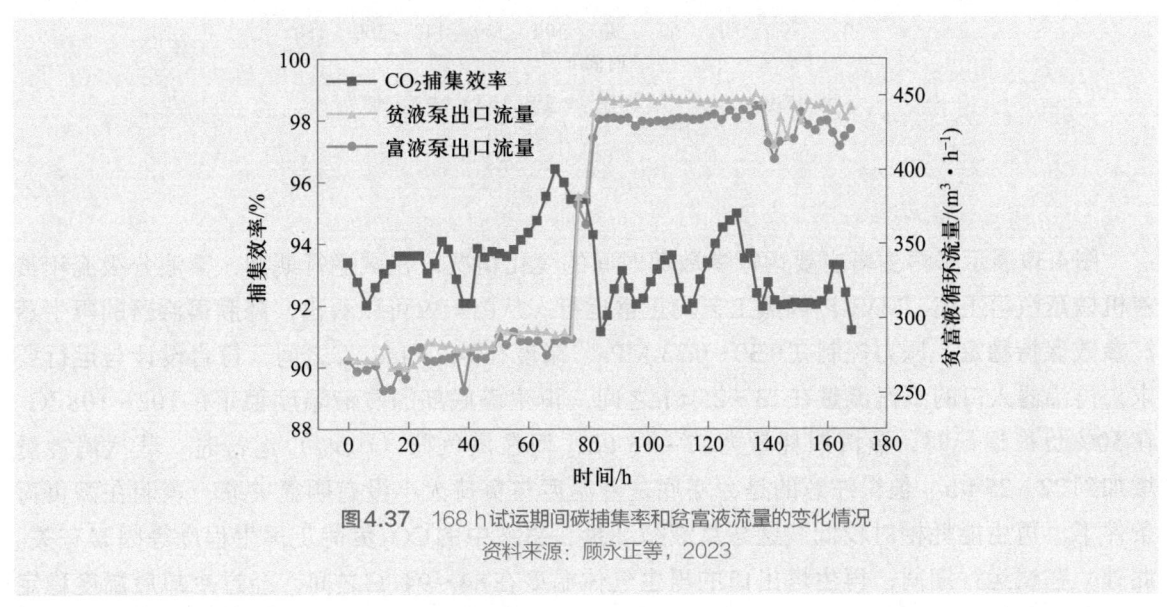

图4.37 168 h试运期间碳捕集率和贫富液流量的变化情况
资料来源：顾永正等，2023

此外，在满负荷（100%）运行情况下，贫液负荷约为22.2 L/L复合胺溶液，相较于50%负荷时仅增加了14.4%，这表明在满负荷运行时，不仅要考虑再生能耗，还要兼顾捕集效率，而非单纯追求更高的贫液解吸量。

复合胺吸收剂与CO_2的吸收反应是一个放热过程。为了解决吸收剂温度上升导致吸收能力下降的问题，该示范装置在吸收塔底部填料区采用了级间冷却技术，以缓解吸收剂升温带来的吸收容量降低。图4.38展示了试运行期间吸收塔级间冷却液流量和温度随时间的变化情况。从图中可以看到，在50%负荷条件下，级间冷却液流量维持在约195 m³/h，而在满负荷运行时，该流量增加到约300 m³/h，与进塔贫液流量的变化趋势密切相关。从图4.37还可以看出，试运行期间级间冷却温度在30~55 ℃之间变动，基本控制在40~50 ℃内，吸收塔底部溶液温度与之同步性较好（主要在45~55 ℃之间波动），这显示吸收塔中下部的气液反应温度得到了有效控制，有助于提高塔底富液中的CO_2负荷，从而减少再生过程中的能耗。

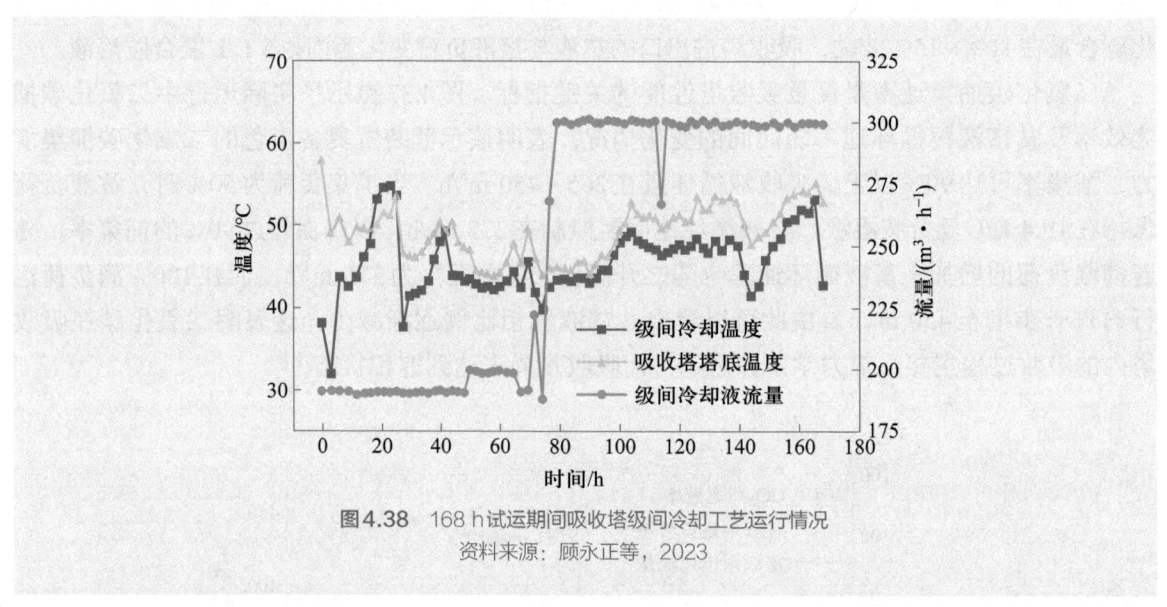

图4.38　168 h试运行期间吸收塔级间冷却工艺运行情况

资料来源：顾永正等，2023

图4.39展示了再生塔主要运行参数随时间的变化情况，在试运行期间，富液分级流和贫液机械蒸汽再压缩（MVR）闪蒸工艺均正常运行。从图4.39可以看出，降膜再沸器的再生蒸汽参数保持稳定，压力控制在0.30~0.33 MPa、温度在140~148 ℃之间，符合设计与运行要求；再沸器入口的蒸汽流量在13~25 t/h之间，再生塔底部的贫液温度稳定在102~108 ℃。在50%负荷运行时，蒸汽消耗量为13~15 t/h，而在满负荷（100%）运行时，蒸汽消耗量增加到22~25 t/h。值得注意的是，塔底贫液温度与负荷大小没有明显关联，表明在满负荷条件下，再生能耗相对较低，这与富液循环量、富液中的CO_2负荷及再生程度等因素有关。此外，在试运行期间，再生塔出口的再生气体温度在84~94 ℃之间，经过冷却后温度稳定

在设计值 40 ℃以下，CO_2 的体积分数高于 99.5%（干基），CO_2 产量超过 18.75 t/h。结合水蒸气和凝结水的比焓计算得出，再生能耗（以蒸汽热耗计）为 2.35～2.60 GJ/t（以 CO_2 计），相比于传统乙醇胺（MEA）的 4.0 GJ/t（以 CO_2 计）的再生能耗，降低了约 40%，效果明显。值得一提的是，新型节能工艺的性能分析及其运行优化将在未来的长时间试验评估中进一步探讨。

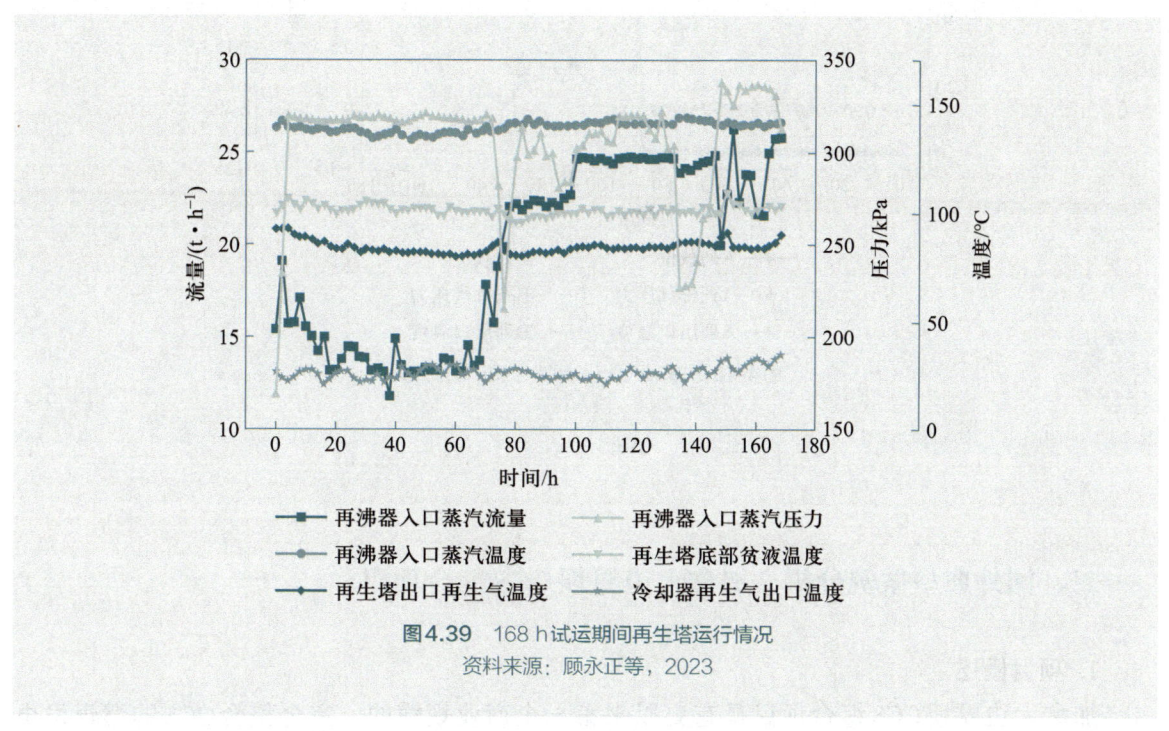

图 4.39　168 h 试运期间再生塔运行情况

资料来源：顾永正等，2023

在 168 h 的试运行期间，用于增压再生气体（CO_2 混合气体）的压缩单元运行较为平稳。在 50% 低负荷运行时，启用单台压缩机，而在高负荷条件下，则采用两台压缩机并联运行，入口压力约为 0.32 MPa，出口压力稳定在约 2.3 MPa；干燥单元同样保持稳定工作状态，干燥后的 CO_2 纯度超过 99.5%，最高可达 99.99%，干燥后的气体-水露点温度通常低于 -90 ℃，远优于设计值 -40 ℃，显示出卓越的干燥性能；液化单元的运行模式与压缩单元相似，在低负荷时运行单一通道，高负荷时则双通道并联运行，出口得到的液态 CO_2 产品温度控制在 -21～-16 ℃，压力约为 2.0 MPa，运行状态和产品参数均保持稳定（图 4.40）。液态 CO_2 产品的纯度、杂质含量等各项性能指标完全符合用于驱油、封存及化工应用等目的的要求。

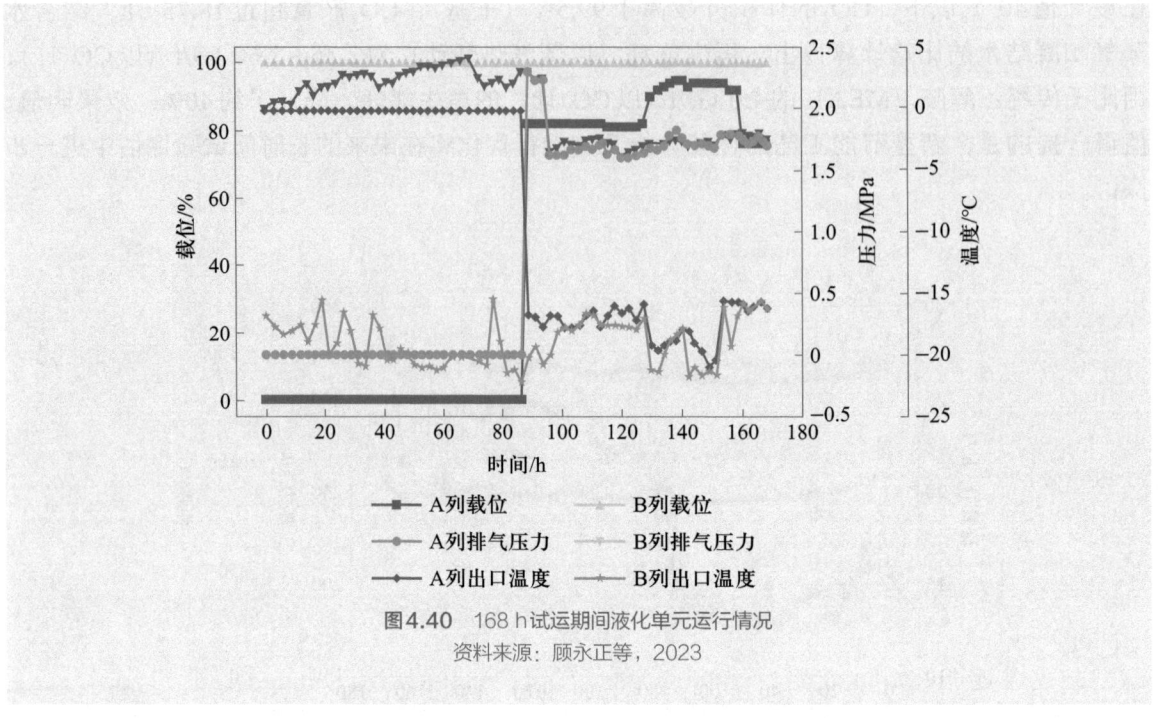

图4.40 168 h试运期间液化单元运行情况

资料来源：顾永正等，2023

二、国外典型案例分析：加拿大边界坝CCS综合项目

1. 项目概述

加拿大边界坝CCS综合项目是有史以来第一个商业规模的、完全整合CCS的燃煤发电厂。该项目涉及对150 MW褐煤燃烧机组进行改造，并配备了集成碳捕获系统。预计建成后，其综合碳捕集厂每年捕集超过100万t二氧化碳，捕集率达到90%，并可将工厂的寿命延长30年。2011年初，边界坝3号机组的设施建设获得批准。2011年5月开工建设，对约110 MW（净）发电机组的改造和碳捕集厂的初始投资约为15亿加元。2014年10月2日，发电站3号机组开始运行。

2. 工艺流程

该项目中一个完全集成的模型被用作CCS改造的基础：胺再生过程所需的蒸汽是从发电厂的蒸汽循环中提取的，而不是来自辅助蒸汽供应。该项目包括两个主要部分：① 动力装置的翻新；② 捕集设施的建设。翻新工作包括彻底更换寿命已满的汽轮机和发电机，以便为捕集设施提供足够的蒸汽提取，同时最大限度地提高发电厂的产量。捕集设施本身使用了Cansolv® 许可的二氧化硫（SO_2）和二氧化碳捕集技术。Cansolv® 为气体洗涤应用提供胺。从历史上看，Cansolv® 与硫洗涤系统合作，但随后开发了一系列适用于燃烧后二氧化碳捕获的溶剂–直流溶剂系列。二氧化硫的去除被纳入了捕集设施的设计中，SO_2的脱除采用了与CO_2

脱除反应相对应的再生胺溶剂技术。Cansolv®工艺如图4.41所示。

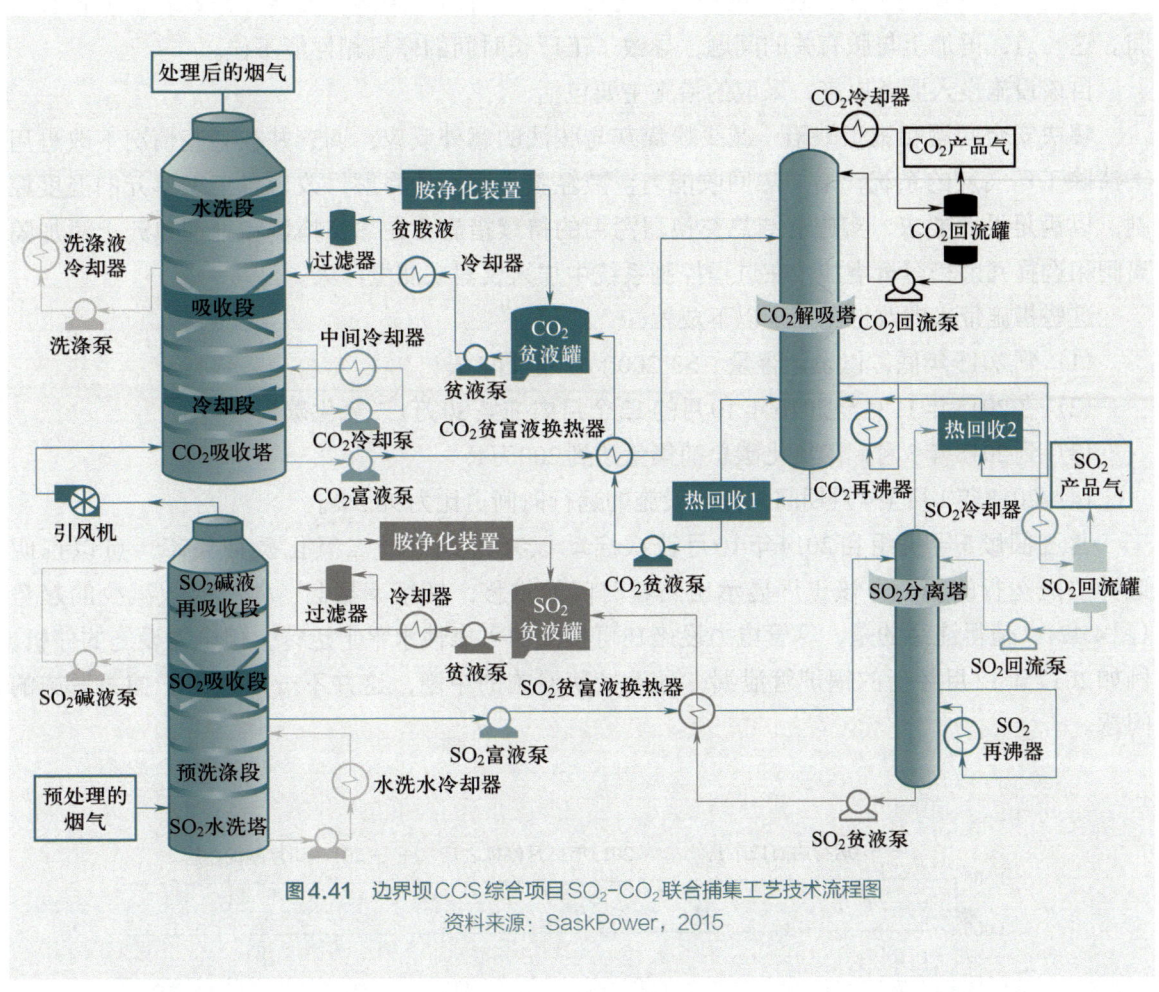

图 4.41 边界坝 CCS 综合项目 SO_2-CO_2 联合捕集工艺技术流程图
资料来源：SaskPower，2015

捕获的 CO_2 用于提高采收率，而捕获的 SO_2 旨在为硫酸厂提供原料。发电站 3 号机组捕获的 CO_2 在地质上储存在两个位置：Whitecap Resources（原属 Cenovus Energy）Weyburn 油田约 1.4 km 深的油藏中；以及 Aquistore 碳封存研究基地，注入 3.4 千米深的咸水层进行永久地质封存。后者的 CO_2 地质储存设施位于发电站 3 号机组附近。相关的"水库项目"是由美国石油公司发起的一个测量、监测和验证（MMV）研究项目。

3. 运行历史

随着碳捕获和储存技术扩展到其他行业，有必要识别、审查和消除降低捕获设施性能的过程瓶颈。因此，绩效评价变得越来越重要。边界坝的捕集设施自 2014 年以来一直在运行，近四年了。在此期间，该厂难以向其接收方提供合同规定的 CO_2。有大量的设计缺陷和施工质量问题需要管理。此外，捕集厂继续经历与胺吸收化学物质的重大问题，这是基本的过程。

这些问题过去和现在都是按照优先顺序解决的：① 安全性，② 可靠性，③ 效率和成本效益。随着SaskPower实施项目来纠正其意识到的问题，由于之前未被发现的问题的出现，需要采取进一步的纠正措施，这一过程变得更加复杂。有时，采购和安装专用设备需要很长时间。这一点，再加上与胺有关的问题，导致了工厂长时间的停机和性能不佳。

自该设施投入服务以来，采取的措施主要包括：

解决安全问题和施工缺陷；减少粉煤灰与胺法的意外反应；调查并在某些情况下改进用于清除工厂飞灰的系统；增加热回收能力；减轻胺类溶剂的降解；改善各工艺单元的温度控制，以满足设计要求；实施清洁热交换器污垢的持续措施；在热交换器和处理单元上添加隔离阀和选择冗余和容量增加；在过程控制系统中加入仪器来测量污染。

这些措施带来的改进见证了以下成就：

（1）到2015年底，以设计容量（>3 200 t/d）运行3天；

（2）在2015年11月至2016年10月的12个月内捕集80万t二氧化碳；

（3）到2018年3月，二氧化碳总捕集量达到200万t；

（4）2018年1月至4月期间，捕集设施的运行时间占比为98.3%。

通过回顾3号机组自2014年10月首次启动以来所经历的二氧化碳捕集率，可以证明这种改进运行的演变，该工厂显示出随着时间的推移，捕集率更高，停机次数减少的趋势（图4.42）。值得注意的是，尽管电力设施在可接受的可靠性水平上运行，但电力设施的停机，例如2017年12月经历的锅炉管泄漏，导致捕获设施的中断，这并不一定归因于捕集设施的问题。

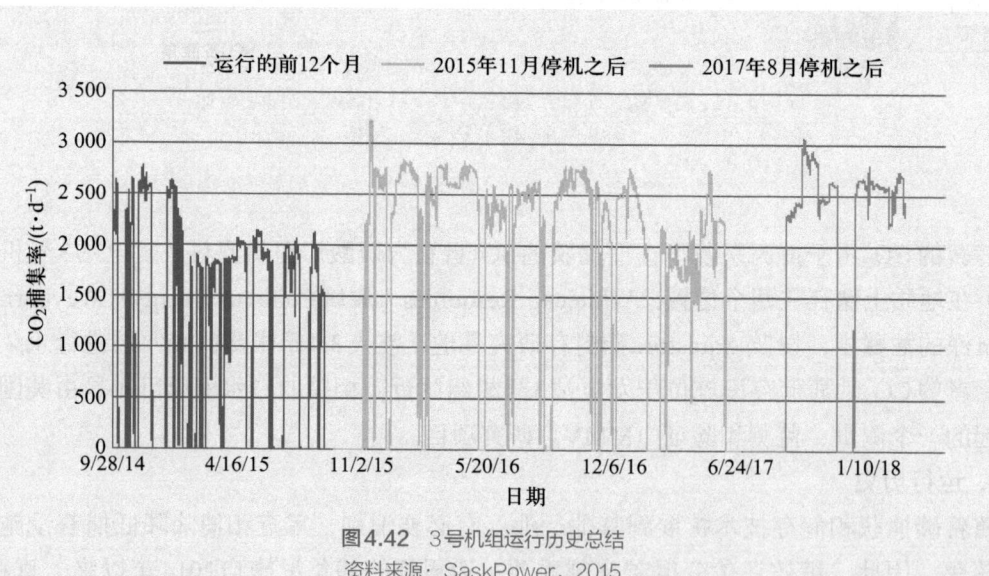

图4.42　3号机组运行历史总结

资料来源：SaskPower，2015

第七节
碳捕集、利用与封存和可持续发展

气候变化已成为全球面临的最严峻挑战之一。温室气体的排放，尤其是二氧化碳（CO_2）的排放，直接导致了地球温度的升高、极端天气的频发以及生态系统的破坏。为应对这一挑战，全球各国均提出了减排目标，其中，中国提出了"碳达峰"和"碳中和"目标，力求在2030年前实现碳排放峰值，力争在2060年前实现碳中和。在这一背景下，碳捕集、利用与封存（CCUS）技术被广泛视为实现碳减排的关键技术路径之一。然而，CCUS技术的潜力不仅体现在减缓气候变化上，它与可持续发展的深刻联系也逐渐成为关注的焦点。

一、CCUS技术的可持续发展内涵

可持续发展是指满足当前需求的同时，不危及未来世代满足其需求的能力。联合国在其《2030年可持续发展议程》中明确指出，减少温室气体排放是实现可持续发展的核心任务之一。而CCUS作为一种减排技术，通过捕集二氧化碳并将其转化为有用产品或长期封存，为全球减少碳排放、促进绿色低碳发展提供了新的可能。

（一）环境可持续性

碳排放是气候变化的主要驱动因素，而CCUS技术的核心功能是捕集并有效封存CO_2，防止其进入大气层。通过这一过程，CCUS不仅能够大幅度减少温室气体的浓度，有助于减缓全球气候变化，还可以通过封存二氧化碳的方式，确保这些气体不会对大气环境造成长期影响。与传统的能源结构相比，CCUS有助于减少对化石能源的依赖，支持向更加清洁、低碳的能源系统转型。

（二）经济可持续性

CCUS技术的广泛应用可能会带来显著的经济效益。一方面，通过捕集和利用二氧化碳，许多工业领域可以实现资源的循环利用。例如，CO_2可以用于生产合成燃料、化学品、建材（如碳酸盐水泥）等，这不仅减少了原材料的需求，也有助于工业减排。另一方面，随着CCUS技术的成熟和应用规模的扩大，相关产业链将会带动绿色就业和新兴产业的发展。尤其是碳交易市场的兴起，CCUS可以成为企业减排的有效手段，从而为企业创造新的经济增长点。

（三）社会可持续性

社会可持续性强调公平、健康和包容性。CCUS技术的推广不仅需要技术创新和经济支持，还需社会各界的广泛支持。为了确保CCUS技术对社会的积极影响，必须解决社会接受度、技术推广与普及、就业机会和地方经济发展等问题。例如，CCUS技术的实施可能会影响到某些传统能源行业的就业结构，因此政府和相关机构需通过政策引导、就业转型和技术培训等措施，帮助受影响群体实现可持续发展。

二、CCUS技术与可持续发展的关系

（一）促进全球碳排放减排目标的实现

根据《巴黎协定》，全球气温上升要控制在2 ℃以内，最好控制在1.5 ℃以内，而这需要全球范围内的温室气体排放达到净零。尽管可再生能源技术和能效提升将大大减轻碳排放压力，但仅依靠这些手段难以达到这一目标。CCUS技术作为一种"负排放"技术，可以在多个领域、多个行业实现大规模减排，尤其是在难以减排的工业过程（如钢铁、水泥和化肥生产等）中，CCUS可以发挥至关重要的作用。

（二）推动低碳技术的研发和应用

CCUS不仅是一项现有的技术，它还是一项推动低碳技术进步的重要引擎。通过不断的技术研发，CCUS技术的效率和经济性不断提高，从而使其在全球范围内的应用更加广泛。此外，CCUS技术的应用与其他低碳技术（如氢能、智能电网、储能技术等）相互融合，形成协同效应，共同促进低碳经济的发展。CCUS的应用将为相关技术的发展提供有力的支持，进一步促进可持续能源系统的构建。

（三）应对碳泄漏与环境风险

虽然CCUS技术的环境效益显著，但其实施过程中也存在潜在的碳泄漏风险。例如，在二氧化碳封存过程中，如果封存井发生泄漏或封存地层不稳定，CO_2可能会重新释放到大气中。因此，在推动CCUS技术的应用时，必须进行严格的风险评估和监测，确保封存过程的安全性和长期稳定性。同时，要加强政策和法律法规的制定，确保技术的安全性、环境友好性和社会可接受性。

（四）实现区域经济的绿色转型

CCUS技术的应用不仅可以实现碳减排，还能够促进区域经济的绿色转型。例如，煤炭资源丰富的地区可以通过发展CCUS产业链，推动地方经济向低碳和可持续方向转型。CCUS技术的发展不仅需要政府的政策支持，还需要地方政府根据区域特点，制定适合的绿色转型策略，从而实现产业升级和社会发展。通过CCUS技术的应用，传统的高碳产业和低碳产业可以实现有机融合，为区域经济的可持续发展奠定基础。

三、CCUS技术可持续发展的挑战与前景

尽管CCUS技术在促进可持续发展方面具有巨大的潜力，但其在技术成熟、成本降低、规模化应用等方面仍面临许多挑战。首先，CCUS技术的投资成本较高，尤其是二氧化碳的捕集和运输过程，需要大量的资金投入和基础设施建设。其次，现有的封存场所和技术能力尚未能满足大规模应用的需求，亟须进一步研发新的封存技术和优化封存过程。此外，政策的支持、国际合作以及碳市场的完善也是推动CCUS技术发展的关键因素。

然而，随着全球对气候变化关注度的提升，以及绿色低碳技术研发投入的增加，CCUS技术的前景十分广阔。各国政府和企业应携手合作，加强技术创新，推动碳捕集、利用与封存技术的广泛应用，助力全球实现碳中和目标，促进全球可持续发展。

碳捕集、利用与封存技术作为应对气候变化的重要工具，其与可持续发展的关系不可忽视。它不仅能有效减少温室气体排放，推动绿色低碳经济转型，还能促进社会公平与环境保护，推动区域经济的绿色转型。然而，要实现这一目标，我们还需要解决技术、经济、社会等方面的挑战。通过全球合作与持续创新，CCUS将在应对气候变化和推动可持续发展方面发挥越来越重要的作用。

思考题

1. 碳管理具体是对哪几类气体的管理？在我国碳管理主要指什么工作？

2. 碳管理的基本做法有哪两个方面？分别指什么？

3. 森林以及草地碳释放和碳固定各分为哪两部分？

4. 影响草地生态系统碳循环的人为因素有哪些？

5. 碳利用技术的概念是什么？

6. 捕集技术可以分为哪几类？

7. 液体吸收法碳捕集的基本原理是什么？如何选择化学吸收与物理吸收？

8. 简述CO_2相变吸收剂的工作原理及优势。

9. CO_2运输方法有哪些？优缺点分别是什么？

10. 简述膜分离的基本分离机理，初步比较有机膜和无机膜的优劣。

11. 思考如何提高固体吸附剂对CO_2的捕集量。

12. 比较三种CO_2运输技术的难点与优势。

13. 比较CO_2地质存储、海洋存储及矿物存储三种存储方式的优势及限制。

14. 简述什么是碳利用，如何进行碳利用。

15. 简述你所知道的二氧化碳利用方式。

16. 二氧化碳化学利用是借助各种技术手段，将二氧化碳作为原料生产化学产品，具有一定减排效果的技术。简述你所知道的可以利用二氧化碳生产出来的化工产品，并且尽可能写出生产该化工产品的化学方程式。

17. "富煤、贫油、少气"的能源资源特点决定了我国以煤炭为主的能源结构。在煤炭开采利用过程中会产生固体废弃物，这些固体废弃物被称为煤基固废，处置方式主要以填埋堆存为主，不仅占用土地，还会造成土壤污染。简述目前我国对于固体废弃物更科学的处理方法。

18. 超临界二氧化碳是一种良好的超临界萃取剂。简述超临界二氧化碳的形成机理，以及超临界二氧化碳的物理化学性质。

19. 干冰清洗也是固态二氧化碳应用方向之一，如清洗各式加热炉、压缩机、储罐、锅炉等容器上的表面污垢、积灰等。

请简述干冰清洗各类容器的原理。

20. 碳酸钠是一种重要的无机化工原料，用于平板玻璃、玻璃制品和陶瓷釉的生产以及生活洗涤、酸类中和以及食品加工等。请简述侯氏制碱法的方法步骤及其优缺点。

21. 什么是碳封存？为什么要进行碳封存？碳封存在目前的形势下有什么意义，对环境起到什么作用？

22. 海洋封存、地质封存和矿物封存作为三种主要的碳封存方式，它们分别是怎样实现碳封存的？它们的优缺点分别是什么（任选一种回答即可）？你认为最有发展前景的封存方式是哪一种？为什么？

23. 在不同的地质封存中，二氧化碳将会以什么样的方式被封存到地下？

24. 我国有哪些地方适用二氧化碳驱油？

25. 根据现存的矿物碳封存方式来看，预计哪种或哪几种碳封存方式发展前景较好？

26. 目前陆地上和海洋上都可以找到合适的储层，每种类型的地质构造都会带来不同的机遇和挑战，目前地质封存主要有哪几种储层？它们的优势分别是什么？

27. 什么是生态系统碳汇？简要解释其含义和作用。

28. 描述中国不同类型生态系统（如森林、湿地、农田等）的碳汇潜力，并讨论其主要影响因素。

29. 解释气候变化对中国生态系统碳汇的影响，并举例说明不同气候情景对生态系统碳汇的可能影响。

30. 分析保护和恢复生态系统对于增加中国碳汇储量的重要性，提供具体措施或案例以支持你的观点。

31. 讨论中国海洋碳汇市场的现状，包括政策支持、市场发展等，以及这种市场对于海洋保护和碳减排的潜在影响。

延伸阅读

材料

参考文献

［1］汪健生. 燃烧学［M］. 北京：北京理工大学出版社，
2017.

［2］戈钟庆，殷化龙. 低碳经济与河北转型研究［M］. 北
京：中国经济出版社，2013.

［3］张凯，陈掌星，兰海帆，等. 碳捕集、利用与封存技术
的现状及前景［J］. 特种油气藏，2023，30（2）：1-9.

［4］鲁博文，张立麒，徐勇庆，等. 碳捕集、利用与封存
（CCUS）技术助力碳中和实现［J］. 工业安全与环保，
2021，47：30-34.

［5］赵丽华，吴沿友，谢腾祥，等. 微藻无机碳利用在岩石
风化及碳循环过程中的作用［J］. 中国岩溶，2023，42
（1）：1-18.

［6］吴振涛，庞小兵，韩张亮，等. 二氧化碳捕集、利用与
储存技术进展及趋势［J］. 三峡生态环境监测，2022，7
（4）：12-22.

［7］吴宁. 碳封存技术应用环境风险的法律防范［D］. 宁
波：宁波大学，2014.

［8］孙丽丽，崔惠娟，葛全胜. "一带一路"沿线主要国家碳
捕集、利用和封存潜力与前景研究［J］. 气候变化研究
进展，2020，16（5）：609-616.

［9］张贤. 碳中和目标下中国碳捕集利用与封存技术应用前
景［J］. 可持续发展经济导刊，2020（12）：22-24.

［10］张九天，张璐. 面向碳中和目标的碳捕集、利用与封存

发展初步探讨 [J]. 热力发电, 2021, 50 (1): 1-6.

[11] 张杰, 郭伟, 张博, 等. 空气中直接捕集CO_2技术研究进展 [J]. 洁净煤技术, 2021, 27 (2): 57-68.

[12] 顾永正, 王天堃, 黄艳, 等. 燃煤电厂二氧化碳捕集利用与封存技术及工程应用 [J]. 洁净煤技术, 2023, 29 (4): 98-108.

[13] 宋阳, 何少林, 薛华, 等. 二氧化碳捕集、地质利用与封存项目环境管理研究 [J]. 中国环境管理, 2022, 14 (5): 28-36.

[14] 赵然磊, 马文涛, 徐晓, 等. 二氧化碳捕集化学吸收剂的研究进展 [J]. 精细化工, 2023, 40 (1): 1-9.

[15] 谭文泽, 宋琼芳, 陈学琴, 等. 二氧化碳固体吸附剂材料研究进展 [J]. 胶体与聚合物, 2020, 38 (2): 90-94.

[16] 杭咏平, 李金昊, 代钢, 等. 多孔固体吸附剂的CO_2吸附性能研究 [J]. 应用化工, 2020, 49 (11): 2877-2881.

[17] 杨敬国, 李敬, 崔娜, 等. CO_2气体分离膜研究进展 [J]. 煤炭与化工, 2019, 42 (11): 119-125.

[18] 顾清华, 李学现, 卢才武, 等. "双碳"背景下露天矿智能化建设新模式的技术路径 [J]. 金属矿山, 2023 (5): 1-13.

[19] 贾敏, 杨磊. 煤矸石煅烧活化提取氧化铝技术研究 [J]. 矿产综合利用, 2020 (2): 140-144.

[20] 李慧婉, 和东芹, 谢娟, 等. SnO_2-ZnO/煤矸石复合物光催化降解有机磷农药的性能研究 [J]. 矿产综合利用, 2020 (4): 185-190.

[21] 许海超, 龚硕锴. 二氧化碳利用技术现状及未来发展趋势 [J]. 广州化工, 2022, 50 (23): 38-40.

[22] 曹正磊. 二氧化碳混相驱油技术应用进展 [J]. 品牌研究, 2020 (36): 181.

[23] 曹绪龙, 吕广忠, 王杰, 等. 胜利油田CO_2驱油技术现状及下步研究方向 [J]. 油气藏评价与开发, 2020, 10 (3): 51-59.

[24] 李琦, 李彦尊, 许晓艺, 等. 海上CO_2地质封存监测现状及建议 [J]. 高校地质学报, 2023, 29 (1): 1-12.

[25] 姜睿. 二氧化碳封存技术在油气行业应用进展 [J]. 当

代石油石化, 2022, 30 (2): 34-38.

[26] 朱佩誉. CO_2在咸水层的地质封存及应用进展. 洁净煤技术, 2021, 27 (S2): 33-38.

[27] 王志玉, 蔡振兴, 王义贵. 寺河矿煤层瓦斯赋存规律与应用 [J]. 煤炭科学技术, 2012, 40 (1): 74-77.

[28] 李万伦, 陈晶, 贾凌霄, 等. 玄武岩CO_2地质封存研究进展. 地质评论, 2022, 68 (2): 648-657.

[29] 吕升浩. 地质CO_2封存技术发展现状与比较. 云南化工, 2022, 49 (2): 69-71.

[30] 马铭婧, 郗凤明, 凌江华, 等. 二氧化碳矿物封存技术研究进展 [J]. 生态学杂志, 2019, 38 (12): 3854-3863.

[31] 劳升进. 试析如何加强营林造林工作促进林业可持续发展 [J]. 农家科技 (上旬刊), 2019 (9): 138-139.

[32] 杨元合, 石岳, 孙文娟, 等. 中国及全球陆地生态系统碳源汇特征及其对碳中和的贡献 [J]. 中国科学: 生命科学, 2022, 52 (4): 534-574.

[33] Xie Z, Zhu J, Liu G, et al. Soil organic carbon stocks in China changed from the 1980s to 2000s [J]. Glob Change Biol, 2007, 13: 1989-2007.

[34] Qin Z, Huang Y, Zhuang Q. Soil organic carbon sequestration potential of cropland in China [J]. Glob Biogeochem Cycle, 2013, 27: 711-722.

[35] 朱静慧, 高佳, 余欣梅, 等. 碳中和背景下我国生态碳汇发展形势及建议. 内蒙古电力技术, 2022, 40 (6): 1-8.

[36] 刘珉, 胡鞍钢. 中国打造世界最大林业碳汇市场 (2020—2060年) [J]. 新疆师范大学学报 (哲学社会科学版), 2022, 43 (4): 89-103.

[37] 冯继广, 张秋芳, 袁霞, 等. 氮磷添加对土壤有机碳的影响: 进展与展望 [J]. 植物生态学报, 2022, 46 (8): 855-870.

[38] Liang C, Zhu X F. The Soil Microbial Carbon Pump is a new concept for terrestrial carbon sequestration [J]. Science China-Earth Sciences, 2021, 64: 545-558.

[39] 廖薇. 气候变化与农户农业生产行为演变——以四川省什邡市农户秸秆利用行为为例 [J]. 农业技术经济,

2010（4）：49-56.

[40] 刘奕，张建伦. 农业土壤碳汇视角下农户不同耕作行为选择的影响因素分析——基于四川省都江堰市的调查 [J]. 四川师范大学学报（社会科学版），2013，40（4）：58-63.

[41] 刘芳明，刘大海，郭贞利. 海洋碳汇经济价值核算研究 [J]. 海洋通报，2019，38（1）：8-13，19.

第五章

碳排放核算方法
与碳足迹评价

第一节
概述

推动"双碳"目标实现的关键在于碳管理，主要是因为碳管理能够帮助量化和核算碳排放，确保遵守相关法规，优化碳资产，提升市场竞争力。同时，碳管理有助于有效应对气候变化风险，推动经济结构向绿色低碳转型，加强国际合作，并促进可持续发展。此外，碳管理还涉及技术革新、产业结构调整、能源结构优化等多个方面，是实现"双碳"目标的关键工具。

而面向"双碳"目标，必须回答一些基础和关键的问题，如碳管理的核心意义及其深层含义是什么？在碳管理的推行过程中，政府、企业以及个体分别面临了哪些层面的挑战？为实现碳管理的既定目标或圆满完成碳管理的各项任务，我们应如何制定出一套既切实可行又成效显著的管理策略？对这些问题进行深入分析和研究，有助于真正了解碳管理目标，从而推动碳排放管理体系的构建。同时，如何公平、合理地对碳排放量或碳减排量进行核算或计量，也是稳步推进、达成碳中和目标的重要基础。

学习并掌握碳排放核算方法以及生命周期碳足迹评价方法对于理解、评估并减少人类活动对气候变化的影响至关重要，主要体现在如下方面：（1）可以量化分析碳排放相关的环境影响，能够更为准确地了解和评价人类活动对环境的具体影响，包括从生产、运输、使用到废弃处理的全生命周期环境影响强度；（2）助力制定减排策略，了解生命周期碳排放强度或碳足迹，可以帮助识别碳排放高的环节，为制定有效的减排策略提供科学依据，有助于实现"双碳"目标；（3）推动绿色低碳发展，低碳经济以低能耗、低排放、低污染为基础，而碳核算与碳足迹研究正是连接技术创新、制度创新、产业转型和新能源开发等关键要素的桥梁；（4）可以引导消费选择，通过计算和了解产品或服务的碳足迹，消费者可以做出更环保的消费选择，推动市场需求的绿色转型；（5）可以显著增强企业竞争力，随着全球对气候变化问题的关注增加，越来越多的国家和地区开始制定碳足迹相关的标准和政策，了解和学习生命周期碳足迹和核算方法有助于企业遵守国际标准和法规，提升在国际市场的竞争力；（6）促进可持续发展，生命周期碳足迹和核算方法的学习与应用不仅关注当前的环境影响，也是关注长期的可持续发展，具有一定的前瞻性，为未来的可持续发展奠定科学支撑和理论基础。

第二节
碳排放管理与标准体系

碳排放管理标准体系，是以实现温室气体的减排为目的，在国家绿色与低碳可持续发展的战略需求的基础上，研究制定一系列的政策与标准文件。这些政策法规与标准旨在严格控制温室气体排放的强度和水平，其在促进碳排放管理工作的标准化、确保碳减排目标的如期实现、落实相关的低碳发展政策、激励低碳经济和技术的创新，以及在积极应对气候贸易碳关税和国际气候政治中，都扮演着极其重要的角色。

一、碳排放管理目标

碳排放管理目标是为满足碳减排方针而设定，与改进碳排放管理绩效相关的、明确的预期结果或成效。碳排放管理目标应根据客观情况的变化，特别是生产计划或主要碳排放源变更时，适时调整管理目标。具体目标包括：

（1）碳减排目标。通过采取各种措施，减少温室气体的排放量，以降低对全球气候变化的影响。其可以通过提高能源效率、推广清洁能源、改善工业生产过程、促进可持续交通等方式实现。

（2）碳中和目标。实现碳中和意味着将自身的碳排放量降至最低，并通过吸收或抵消等手段抵消剩余的碳排放量。其可以通过增加碳汇（如森林、湿地等）来吸收二氧化碳，或者通过购买碳排放配额、参与碳交易市场等方式来抵消碳排放。

（3）碳管理体系建设。建立完善的碳管理体系，包括碳盘查、碳评估、碳管理计划制定和碳排放量报告等环节，以确保企业和组织能够全面、系统地管理和监测碳排放情况，并如期实现碳减排目标。

（4）国际合作与共识。加强国际合作，推动全球各国共同努力，制定和落实减排目标和政策，共同应对气候变化挑战。其包括参与国际气候变化谈判、加入国际减排协议、推动技术转让和资金支持等。

需要强调的是，碳排放管理的目标是一个长期的过程，需要全社会的共同努力和持续的行动。同时，碳排放管理的目标也需要与经济发展、社会公平和可持续发展等因素相协调，以实现经济、社会和环境的可持续发展。在制定碳排放目标时，碳排放责任主体应考虑：① 建立碳减排和碳资产管理（服务流程见图5.1）两类目标，具体包括碳排放量及碳排放强度的变化，以及碳排放权的交易与管理；② 自身的生产计划；③ 现有的减排机会，包括但不限于能源规划，如燃料替代、余热回收利用、分布式发电及可再生能源投资计划等，以及产品/服务的变更；④ 行业碳排放强度先进值；⑤ 其他应当考虑的因素，包括但不限于外部合规性要求及外部抵消机制等。

碳排放责任主体还需明确碳排放的主要影响因素，并据此制定详尽的碳减排管理实施计划，旨在有效支撑并推动碳排放管理目标的顺利实现。碳排放管理实施方案包括但不限于：① 主要措施和技术内容，以及预期的减排目标；② 责任部门及其职责；③ 需要的资源，包括人力、物力和财力等；④ 时间进度安排；⑤ 对结果进行验证的方法。

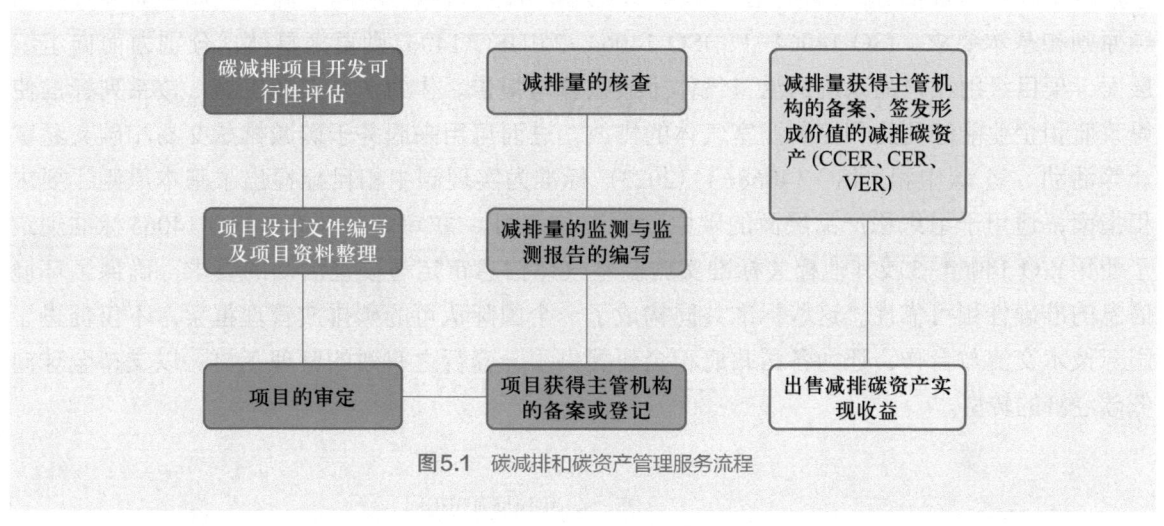

图5.1 碳减排和碳资产管理服务流程

延伸阅读5-1　面向交通领域的碳排放管理经验和启示

二、碳排放管理标准体系

碳排放管理的标准化工作作为政策落地实施和服务市场化机制的重要抓手，对实现碳中和目标具有重要支撑作用。完善的碳排放管理标准体系是绿色低碳转型升级的基础工具，是实现节能降碳目标的主要约束手段，是促进绿色低碳技术推广应用的有效途径，也是应对气候变化规则的重要组成部分。

（一）国际碳排放管理标准化进程

目前已有诸多国际组织和机构通过制定和实施一系列标准来量化、监测、报告和验证温室气体的排放和减排活动。其中，国际化标准组织（International Organization for Standardization, ISO）发挥着重要的作用，它们通过制定和发布国际标准，为全球碳排放管理提供了统一的技术规范和操作框架。除此之外，其他国际组织和机构在碳排放管理标准化方面也同样发挥着重要作用，包括政府间组织、行业协会、研究机构，以及非政府组织等。它们通过各自的专业领域和国际影响力，推动着碳排放管理标准化的进程。

（1）国际标准化组织。国际标准化组织环境管理技术委员会温室气体管理分技术委员会

（International Organization for Standardization/Technical Committee 207/Subcommittee 7，ISO/ TC 207/SC 7）的工作范围是制定与温室气体管理和气候变化相关的标准，旨在帮助组织和产品量化、监测、报告和验证温室气体的排放和减排活动，以支撑联合国可持续发展目标（sustainable development goals，SDGs），其制定的碳排放管理标准体系如图5.2所示。该体系包括以下关键组成部分。① 量化和报告：ISO 14064系列标准明确了温室气体核算与报告指导原则和基本要求。ISO 14064−1、ISO 14064−2和ISO 14067则更为具体，分别为面向组织层面、项目级别和产品系统的温室气体排放核算与报告。作为一个实用工具，该系列标准使得政府和企业能够测量和控制温室气体的排放，进而可用来服务于碳减排量交易和碳交易审计等活动。② 碳中和：ISO 14068−1（2023）标准为实现碳中和目标提出了基本原则、要求和指南，适用于组织和产品层面的碳中和报告与声明。③ 审定与核查：ISO 14065标准规定了使用ISO 14064−3或其他相关标准实施温室气体信息审定与核查活动的要求，确保了环境信息的准确性和可靠性。这些标准共同构成了一个国际认可的碳排放管理框架，不仅促进了国际技术交流与合作，还为各国政府和企业提供了一套行之有效的管理工具，以支持全球向低碳经济的转型。

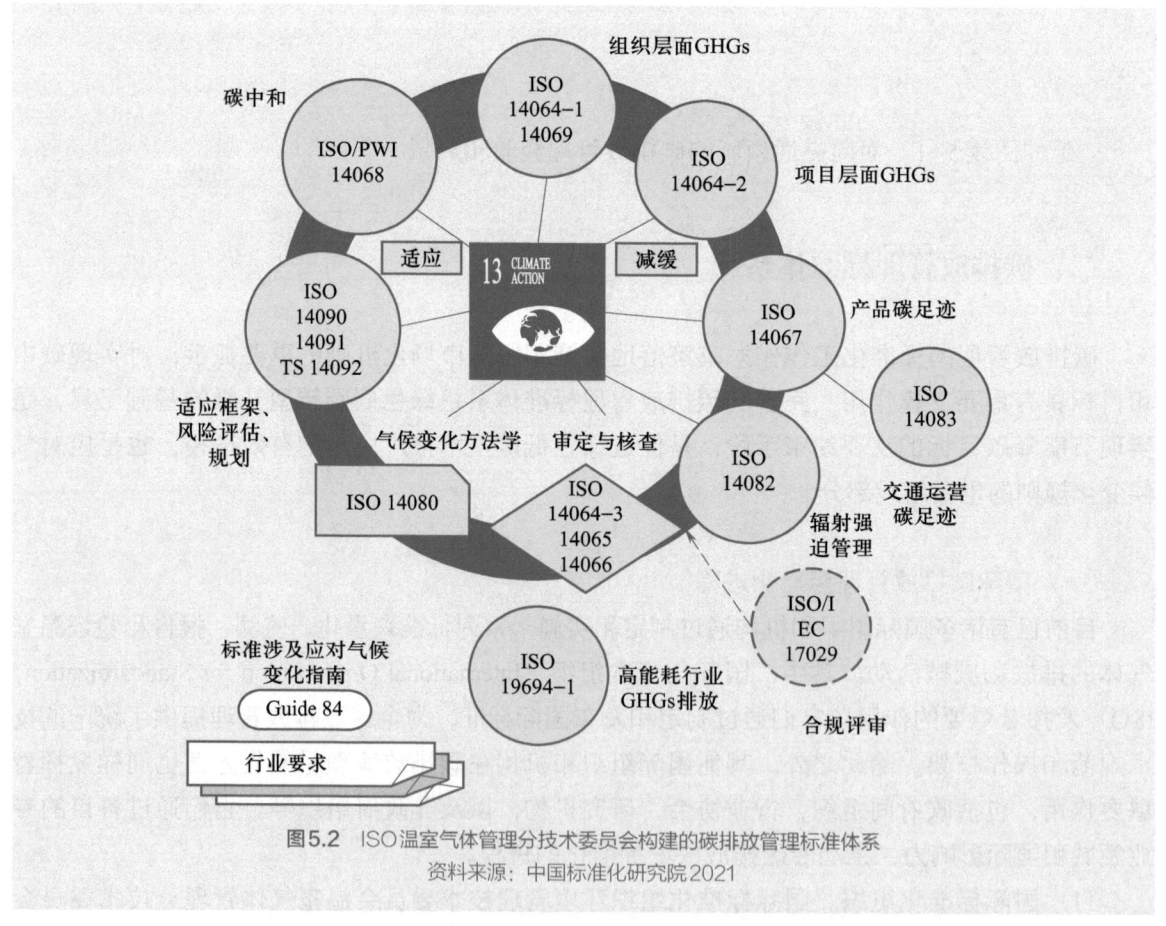

图5.2　ISO温室气体管理分技术委员会构建的碳排放管理标准体系

资料来源：中国标准化研究院2021

图5.3阐述了ISO系列标准之间的关联关系。其中ISO 14064系列标准是面向不同对象和尺度的温室气体核算和报告标准，如ISO 14064-1和ISO 14064-2分别为面向组织或企业和项目尺度的温室气体核算与报告指南；ISO 14064-3明确了温室气体报告声明的核查原则和要求；ISO 14065标准则规定了对温室气体的核查机构的要求，以确保温室气体核算方法的准确性和可靠性；ISO 14066标准是关于温室气体核查技术部门和人员的能力要求；ISO 14067标准提供了产品碳足迹量化的原则、要求和指南。上述标准之间层次分明，互相补充。

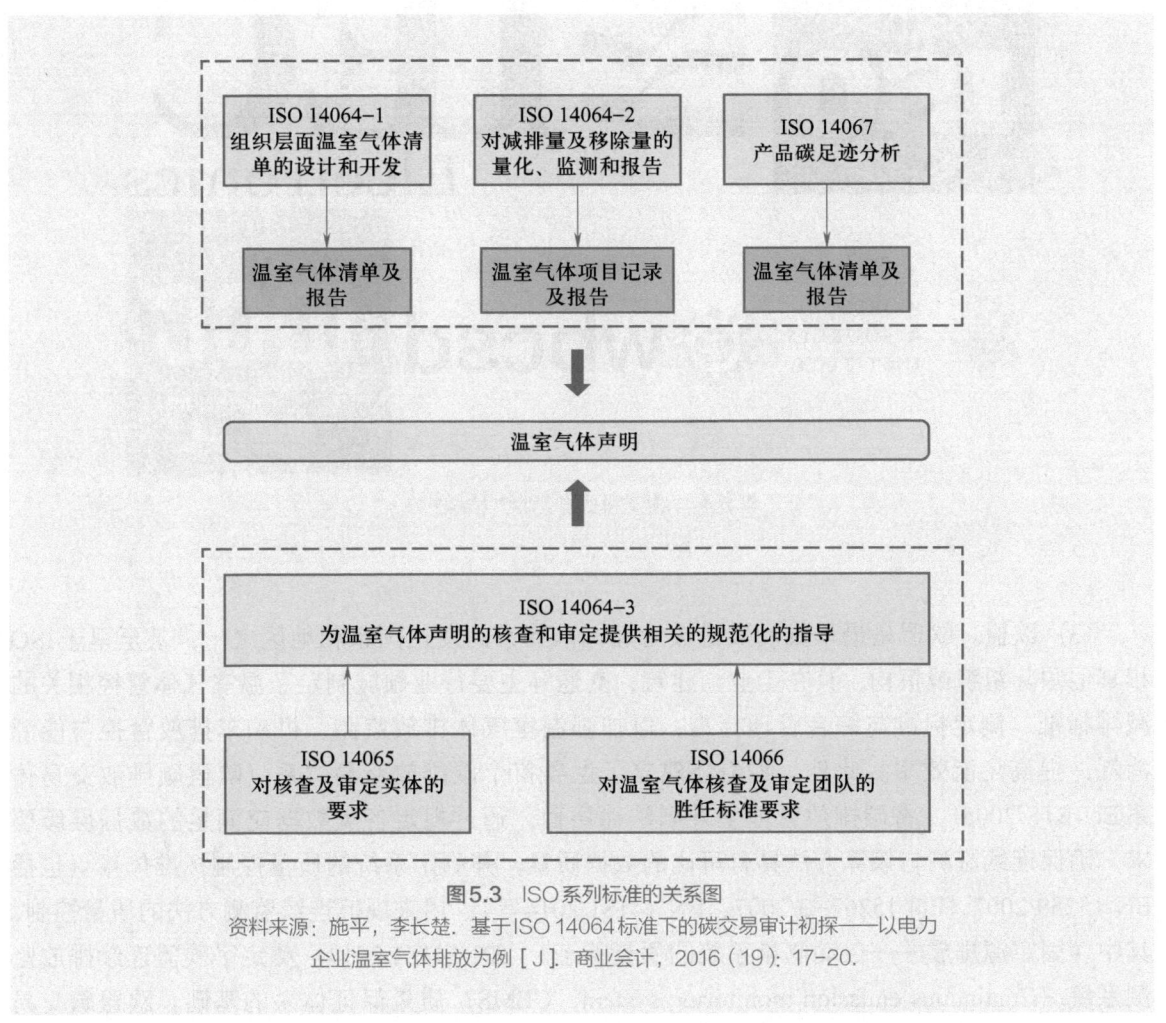

图5.3 ISO系列标准的关系图

资料来源：施平，李长楚. 基于ISO 14064标准下的碳交易审计初探——以电力企业温室气体排放为例 [J]. 商业会计，2016（19）：17-20.

（2）其他国际组织。政府间气候变化专门委员会（Intergovernmental Panel on Climate Change，IPCC）、国际电工委员会（International Electrotechnical Commission，IEC）、世界资源研究所（World Resources Institute，WRI）、世界可持续发展工商理事会（World Business Council For Sustainable Development，WBCSD）（见图5.4）等组织均开展碳排放管理标准体

系研究与制定工作，发布了一系列的温室气体排放与减排量化核算、评估报告等标准体系。其中，WRI与WBCSD汇聚全球范围产业界、政府部门以及环保组织共计170余个国际化机构的力量，联合制定了面向企业、项目、产品及供应链等4个不同尺度的温室气体排放核算与报告技术指南。其中，《温室气体核算体系：企业核算与报告标准》第一版于2001年9月发布。

图5.4 国际碳排放管理组织/机构图标

（3）欧盟。欧盟是最早推动碳排放管理标准体系的发达国家和地区之一，甚至早于ISO和其他国际组织或机构，其在工业、建筑、交通等主要行业领域制定了温室气体管控相关的减排标准、测定标准与综合管理标准，以加强温室气体排放监测、机动车排放管控与能源消耗，提高用能效率。此外，欧盟还建立了世界首个碳排放交易体系（欧盟碳排放交易体系EU ETS/2005），将碳排放管理上升到法律层面，通过规定各类数据应满足的数据层级要求，确保连续监测与核算方法具有可比的数据质量，并制定系统的质量控制标准体系（包括EN 15259/2007、EN 15267-3/2007、EN 14181/2014等），用来规范连续监测方法的质量控制，其中《固定源排放——自动测量系统的质量保证》（EN 14181/2014）奠定了欧盟连续排放监测系统（Continuous emission monitoring system，CEMS）质量保证体系的基础。欧盟碳交易市场监管体系见图5.5。详细内容见延伸阅读5-2。

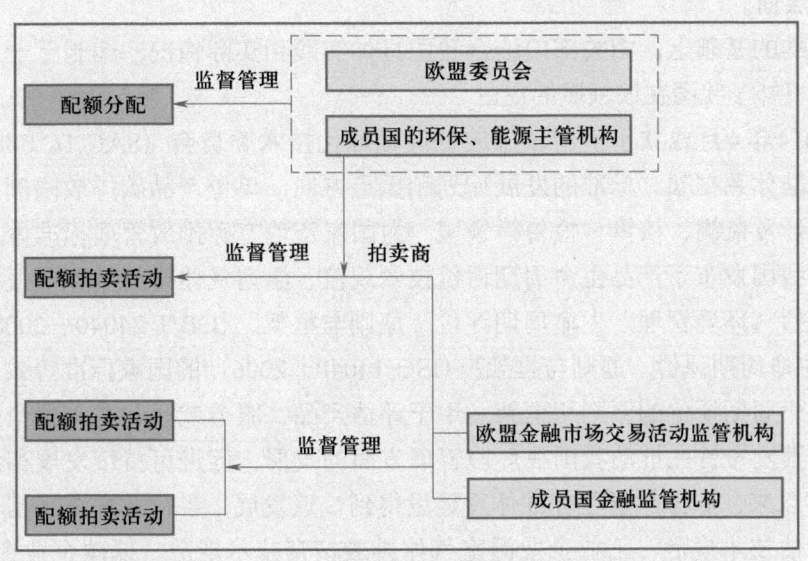

图5.5 欧盟碳交易市场监管体系
资料来源：欧盟碳排放权交易体系（EU ETS）研究报告

延伸阅读5-2　国际碳排放管理标准化进程

（二）我国的碳排放管理体系标准化进展

我国高度重视碳排放管理，为全面推进碳减排工作，国家政策文件中也制定了一系列政策措施，从不同角度多次阐明了碳排放管理标准对实现碳达峰、碳中和发展目标的重要性。国务院、生态环境部等部门发布的文件如《2030年前碳达峰行动方案》《加快构建碳排放双控制度体系工作方案》《国家环境保护标准"十三五"发展规划》《碳达峰碳中和标准体系建设指南》《关于加快建立统一规范的碳排放统计核算体系实施方案》《关于建立碳足迹管理体系的实施方案》等主要强调了环境标准在环保工作中的地位，工作重点为重点行业的排放管控、产品与技术的评价标准及碳排放核算、核查标准。

随着管理体系和标准化工作的持续推进，监管范围与监管力度也不断增大。特别是近年来，碳排放权交易成为国家应对气候变化的重要手段，移动源的管控与协同控制也被纳入统筹应对气候变化与生态环境保护工作，碳排放管理也从标准体系建设逐渐上升到法律法规制度建设层面。在中共中央、国务院、国家发改委政策方针的指引下，生态环境部对碳排放管理标准体系建设重点任务不断细化和明确，重点加强了对温室气体排放核算与报告、企业碳排放核查、企业单位产品碳排放限额等标准的研究制定工作。完善碳排放管理标准体系，为规范碳减排工作、指导碳排放权交易提供了科学依据，也为地方碳排放管理标准体系建设工作指明了方向。

（1）国家层面。

在国际标准的基础上，相关部门结合我国具体实践和实际情况，编制了一系列碳排放管理标准体系，填补了我国在该领域的空白。

我国于2014年4月成立了全国碳排放管理标准化技术委员会（SAC/TC 548），提出了温室气体管理标准体系框架、标准的发展计划和重点方向，单位产品碳排放限额，涉及碳排放管理术语、统计及监测、核算与报告等领域，为国家及地方碳排放管理标准体系建设提供指引。2015年，我国发布了产品生命周期评价技术规范、温室气体排放核算与报告相关的技术标准，其中包括《环境管理　生命周期评价　原则与框架》（GB/T 24040—2008），该标准是《环境管理　生命周期评价　原则与框架》（ISO 14040：2006）的国家标准等效采用版本。该标准规定了生命周期评价的原则和框架，用于评估产品、服务或活动在其整个生命周期内对环境的影响，其发布旨在推动我国在环境管理方面的发展，促进可持续发展和绿色经济的建设。自2017年以来，碳排放管理标准体系建设得到快速发展，各行业发布了基于项目的温室气体减排量评估技术规范、工业企业温室气体排放核查技术规范、低碳企业评价体系指南、绿色产品评价标准、能源审计技术导则、温室气体测定方法、设备节能监测方法等领域的标准。2024年9月发布并拟于10月正式实施的《温室气体产品碳足迹量化要求和指南》（GB/T 24067—2024），其主要参考了ISO 14067国际标准，明确了产品碳足迹的对象范围、基本原则和具体的量化方法等，是产品碳足迹（温室气体）核算方法重要基础。以上均为国家推荐性标准或行业标准，为碳减排工作提供指导，具体见图5.6。

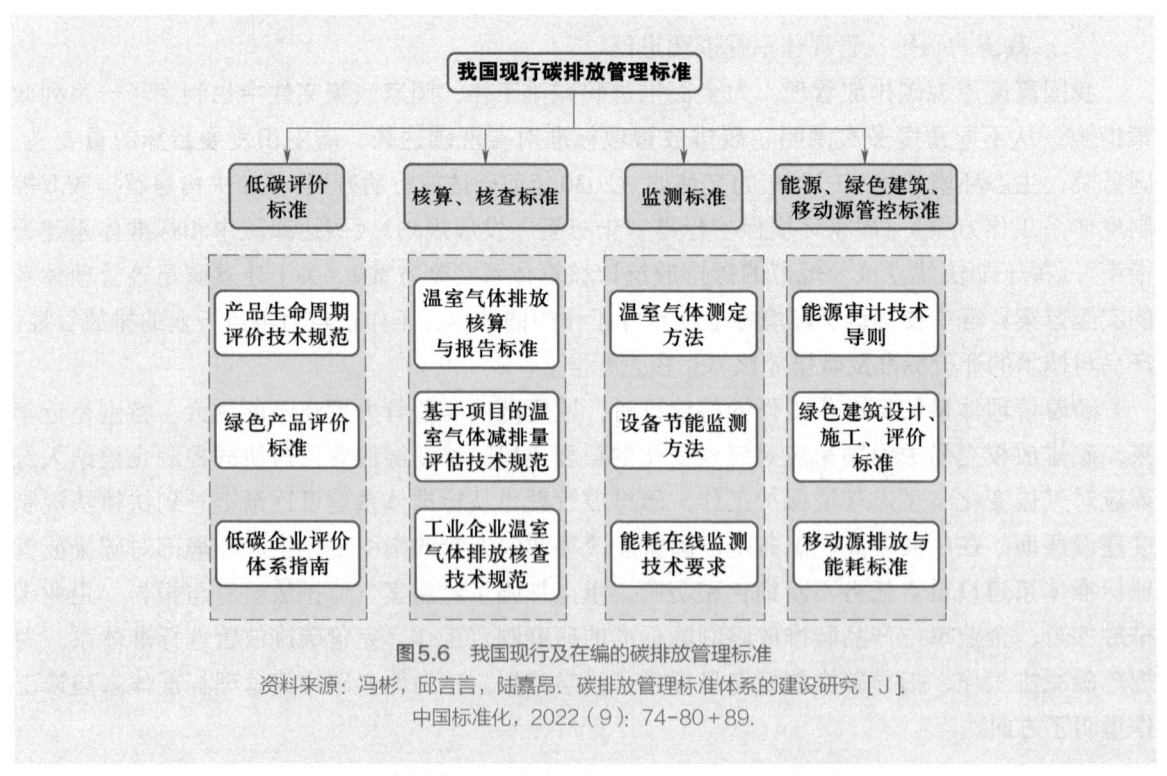

图5.6　我国现行及在编的碳排放管理标准

资料来源：冯彬，邱言言，陆嘉昂. 碳排放管理标准体系的建设研究［J］.
中国标准化，2022（9）：74-80＋89.

（2）行业层面。

近年来国家发改委相继发布了20多个重点行业企业的温室气体排放核算方法与报告指南，对不同行业的碳排放核算工作程序进行了全面且系统的梳理，详细明确了其适用范围、精确的核算边界，以及排放源和相关过程排放的具体核算要求。2021年生态环境部印发了《企业温室气体排放核算方法与报告指南 发电设施》和《企业温室气体排放报告核查指南（试行）》，对发电行业重点排放单位的核算和报告进行了统一规范。其中，2021年12月31日，我国第一个林业碳汇国家标准《林业碳汇项目审定和核证指南》（GB/T 41198—2021）发布和正式实施。

（3）地方层面。

北京市、上海市和广东省（深圳市）等省市均对碳达峰、碳中和目标做出积极响应，制定了重点行业碳排放核算、低碳产品评价、碳排放信息报告等标准。例如，北京发布了《低碳产品评价技术通则》（GB/T 33761—2017）、《农产品温室气体排放核算通则》（DB11/T 1616—2019）、《低碳企业评价技术导则》（DB11/T 1370—2016），对产品及企业碳排放进行统筹管控；同时，还发布了《企事业单位碳中和实施指南》（DB11/T 1861—2021）、《大型活动碳中和实施指南》（DB11/T 1862—2021）和《电子信息产品碳足迹核算指南》（DB11/T 1860—2021），支撑全市主要领域和行业部门的碳中和发展战略。上海市则发布了《工业气体碳排放指标》（DB31/T 1140—2019）、《燃煤发电企业碳排放指标》（DB31/T 1139—2019）。广东省则发布了《碳排放管理体系 要求及使用指南》（DB44/T 1944—2016）、《企业碳排放核查规范》（DB44/T 1945—2016）。此外，深圳市生态环境局结合市碳达峰碳中和工作实际，印发了《深圳市碳交易支持碳达峰碳中和实施方案》（深环〔2023〕256号），并要求持续完善碳交易相关管理制度，出台配套管理规则，在法治的轨道上推进深圳碳市场先行先试。目前深圳市正在试点开展产品碳足迹评价，加快建设产品碳排放数据库，率先在全国建立碳足迹标识认证体系。总体而言，地方碳排放管理标准体系的建设促进了管控目标的有效落实，有利于实现精细化管理、加快绿色低碳发展转型。

此外，部分行业协会、头部企业也开展了相关的标准化建设工作，相继发布了各行业或领域的碳排放管理团体标准。如中国技术经济学会发布了《光伏发电站建设碳中和通用规范》（T/CSTE 0063—2021）和《光伏发电站运营碳中和通用规范》（T/CSTE 0064—2021）两项团体标准，国网天津市电力公司宝坻供电分公司发布了《企业碳排放核查规范》（Q/120115GWTJ 002—2021），淮北矿业集团财务有限公司发布了《碳排放权贷款规范》（Q/T 340603 HKCW001—2021），汉口银行股份有限公司发布了《汉口银行碳排放权质押融资业务规范》（Q/HKB 001—2023）。

延伸阅读5-3　我国碳排放管理标准体系框架构建

三、碳排放管理标准体系重点任务和完善措施

（一）构建碳排放管理标准体系框架的重点任务

1. 加快制定和完善我国的碳排放监督标准

广泛采用碳排放的自动化监测与数据采集技术，并在主要重点排放企业中探索推行碳排放管理标准体系，包括建立数据自动监测与采集、统计与分析的管理标准，以确保碳排放量或减排量的准确计量和科学管理。

2. 加快完善现有排放统计分析、核算、报告体系

应加大行政监管力度，监督并激励重点企业主动积极开展碳排放的统计分析与报告核查工作，确保碳排放相关数据的准确性与可靠性，为推动碳排放权交易市场奠定基础。

3. 加快碳排放交易的标准化建设

对重点行业碳排放强度和水平进行深入剖析，建立行业排放基准，合理制定配额计划。

4. 加强碳排放规划和评价标准体系的建设

将碳排放核算与计量以及碳减排工作切实纳入城市规划、区域发展和产业布局，并制定相应的减排目标。同时，建立并持续优化评价方法和指标体系。

5. 制定碳减排技术标准和规范

加强碳减排技术的推广，加强对低碳产业和低碳技术的政策扶持，进而推动低碳技术和产业的增长。

6. 健全碳足迹标识制度，建立相应的规范体系

依据碳排放标准管理的要求，从不同维度和尺度推进各行业和产品的低碳化标准进程，加快推动绿色低碳产品的认证与标签制度。

（二）完善碳排放管理标准体系的措施

建立碳排放管理标准体系是一项复杂和系统的工作。在推动这一体系的建设过程中，需要根据我国国情出发，针对不同领域和行业的具体需求，分门别类、分阶段地构建，并有计划、分层次地出台碳排放管理措施并有效落实。其中，一些基本考虑因素包括：① 结合不同行业和部门的碳排放特征，针对性制定标准类型。例如，工业和能源生产是碳排放标准实施的关键领域，在制定这些领域的碳排放管理标准时，应整合碳交易和项目管理，实现综合管控。② 依据标准的实施目的，分类衔接国际标准。国际化的碳排放管理标准尽管提供了重要的借鉴，但鉴于我国的发展阶段和实际情况与国际环境存在差异，应结合我国的国情和实际利益，有选择地吸收和应用国际碳排放管理标准。③ 结合国家碳排放控制工作部署，各部门各行业应按照工作紧迫性开展标准研究、制定和修订工作，并能确保这些标准能够有效支持制度的执行。

第三节
碳排放的核算方法

碳排放核算或温室气体的核算是面向个人、活动、项目、企业、组织、省市、国家或其他相关主体，对其一定边界内的活动直接和间接产生的温室气体进行量化的过程，即根据监测计划，执行数据收集、统计、记录，以及碳排放相关参数的监测，并对所有排放数据进行计算和累加。碳排放（温室气体）的核算工作需要能够通过精确的数据统计与分析，明确不同部门和生产关键环节的碳排放量，识别出潜在的减排机会与潜力，进而制定切实有效的减排技术和措施，为碳排放权交易市场提供透明、可信的清单数据，并保障交易市场的公平性和有效性。总体而言，碳排放核算是碳中和目标如期实现的前提条件。

一、国家层面碳排放核算

针对国家层面的温室气体核算，从1995年到2019年，联合国政府间气候变化专门委员会（IPCC）陆续发布了《IPCC国家温室气体清单编制指南》并进行了修订补充工作，成为全球各国编制国家尺度温室气体清单的指导方法和规范。最新的国家温室气体清单指南是IPCC在全球科学家对2006年指南进行修订和完善后发布的。这些指南涵盖了人为碳排放的主要来源，并为了避免重复和遗漏计算，提供了解决跨部门交叉和重复的计算和报告方法。

（一）国家层面碳核算的基本背景及要求

自1997年《京都议定书》（见图5.7）通过以来，世界各国均开展了一系列的碳减排措施，以应对由工业化带来的气候变化。《京都议定书》的主要目标是通过减少温室气体排放来应对气候变化，并明确了发达国家的具体减排义务。根据《京都议定书》，发达国家需要在2008—2012年期间将自身温室气体排放量减少到1990年水平的特定目标。尽管《京都议定书》起到了一定的推动作用，但其减排目标范围有限，仅适用于发达国家，而不包括新兴经济体和发展中国家。此后，为了进一步推动全球减排行动，联合国于2015年通过了《巴黎协定》，旨在实现使全球变暖控制在2 ℃以内，甚至1.5 ℃的目标，但不同国家需要依托科学数据来明确减碳目标并度量减碳成效。

开展碳核算一般需要明确两个前提条件：确定造成温室效应的气体和确定工业活动主体。首先，明确温室效应的类别，主要包括CO_2、甲烷（CH_4）和氧化亚氮（N_2O）、全氟碳化物（PFCs）、氢氟碳化物（HFCs）及含氯氟烃（HCFCs）等六种主要温室气体。这些温室气体对地球的温度调节起重要作用，在碳核算中需要准确划定并度量其排放量。六种温室气体及来源见图5.8。在2012年《京都议定书》多哈修正案中，三氟化氮（NF_3）也被纳入了管控范围，因此共涉及七种温室气体。

于1997年12月,在日本京都由联合国气候变化框架公约参加国三次会议上制定。其目标是"将大气中的温室气体含量稳定在一个适当的水平,进而防止剧烈的气候改变对人类造成伤害"。

全称为《联合国气候变化框架公约的京都议定书》,是《联合国气候变化框架公约》的补充条款。

主要工业发达国家的温室气体排放量

《京都议定书》中规定:
- 从2008到2012年期间,要在1990年的基础上平均减少5.2%;
- 欧盟将6种温室气体的排放在1990年的基础上削减8%,美国削减7%,日本削减6%。

截至2004年:
- 在1990年的基础上平均减少了3.3%;
- 美国的排放量比1990年上升了15.8%,2001年,宣布退出《京都议定书》。

建立旨在减排温室气体的三个灵活合作机制

- 国际排放贸易机制;
- 联合履行机制;
- 清洁发展机制。

允许工业化国家的投资者从其在发展中国家实施的、并有利于发展中国家可持续发展的减排项目中获取"经证明的减少排放"(与中国有直接联系)

图5.7 《京都议定书》的内容提要

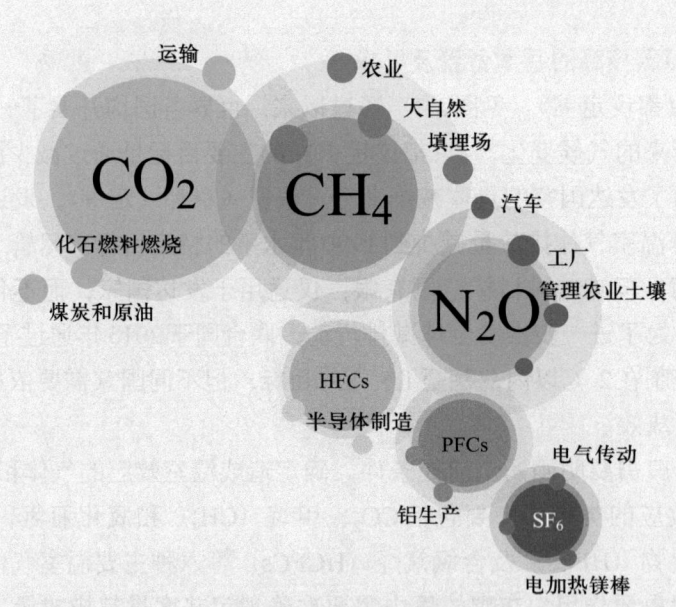

图5.8 温室气体及来源

图中每种温室气体的温室效应均换算为等同于CO_2全球增温潜势(Global warming potential,缩写为GWP

资料来源:参考巴黎协定、气候行动、联合国

其次，需要确定工业活动主体，即各个产业部门和行业。不同行业和企业在生产、运输、能源利用等方面存在不同的碳排放情况。因此，碳核算需要明确哪些行业和企业被纳入核算范围，并对其碳排放进行测量和计算。通过对这两个条件的明确，可以建立相应的碳核算框架和方法，对工业活动中的碳排放进行准确的核算和评估。从而为国家制定减排目标、制定政策和采取相应行动提供科学依据，推动可持续发展和应对气候变化的工作。

国家层面温室气体核算通常包含以下几个方面：

- 能源消耗：燃煤、石油、天然气等能源的使用情况，以及能源采购、生产和消费过程中的二氧化碳排放。

- 工业生产：工业部门生产活动所排放的二氧化碳，例如钢铁、化工、水泥、玻璃等行业。

- 交通运输：道路交通、航空、航海和铁路运输等各种交通方式所产生的二氧化碳排放。

- 建筑和建筑材料：建筑物能源使用以及建筑材料生产制造和运输过程中的二氧化碳排放，实际中建筑材料生产过程一般作为工业源。

- 农业和畜牧业：农作物种植、养殖业、农田灌溉和施肥等活动所排放的二氧化碳，以及瘤胃发酵过程中产生的甲烷气体。

- 森林和土地利用：森林砍伐和土地利用变化导致的碳排放和吸收，例如森林伐木和土地转为农田等。

- 废弃物管理：包括垃圾填埋和焚烧过程中产生的二氧化碳和甲烷排放。

（二）国家层面温室气体核算的主要方法

温室气体核算最主要的形式可划分为基于测量和基于计算的两种方式。进一步，从现有的温室气体排放量核算方法来看，主要可以概括为三种：排放因子法、质量平衡法、实测法。目前国家发改委公布的20多个行业温室气体排放核算指南采用的温室气体量化方法只包含排放因子法和质量平衡法，但2020年12月生态环境部发布的《全国碳排放权交易管理办法（试行）》中明确指出，重点排放单位应当优先开展化石燃料低位热值和含碳量的实测方法。这一要求的出台可提高碳排放清单数据的准确性和可信度，并为碳排放权交易等政策的实施提供更可靠的基础。实测方法可以直接测量或监测燃料燃烧、工业过程等活动产生的温室气体排放量，能够提供更直接、准确的数据。

上述各种计算方法简要介绍如下。

1. 排放因子法

排放因子法是适用范围最广、应用最为普遍的一种碳核算办法，见图5.9。根据IPCC提供的碳核算基本方程：

$$温室气体（GHG）排放 = 活动数据（AD） \times 排放因子（EF） \tag{5-1}$$

其中，活动数据（active directory，简称为AD）是导致温室气体排放的生产或消费活动的活动量，例如化石燃料的消耗量、净购入的电量等。与活动数据相对应的排放因子（emission factor，简称为 EF）则是系数，表征单位生产或消费活动所排放的温室气体，例如每单位化石燃料消耗所对应的二氧化碳排放量、购入的每千瓦时电量所对应的二氧化碳排放量等。这些系数可以来自各官方部门或权威机构提供的已知数据默认值，也可以基于代表性测量数据推算得出。

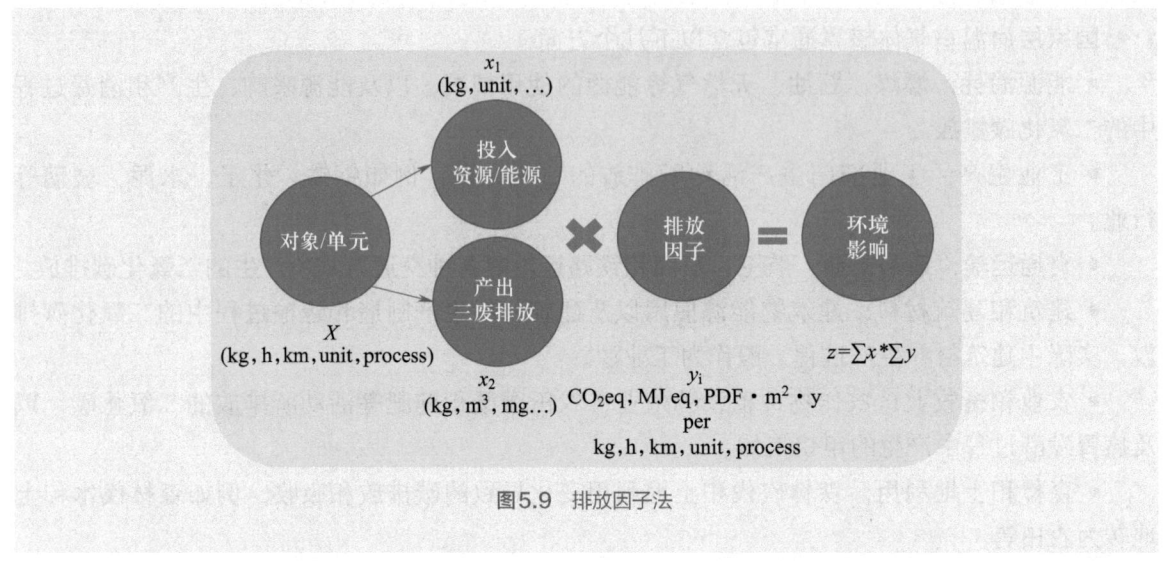

图5.9　排放因子法

排放因子是计算温室气体排放的两个主要因素之一。排放因子可分为自定义排放因子和默认排放因子，具体取决于用户是使用自己提供的数据还是工具提供的数据。自定义排放因子是用户根据当地实际情况计算的实测排放因子，而工具提供的默认排放因子包括区域排放因子（省级或跨省）、国家排放因子和IPCC排放因子。根据反映当地排放特点的准确程度，排放因子的优先顺序为实测排放因子、区域排放因子（省级或跨省）、国家排放因子和IPCC排放因子，详见图5.10。

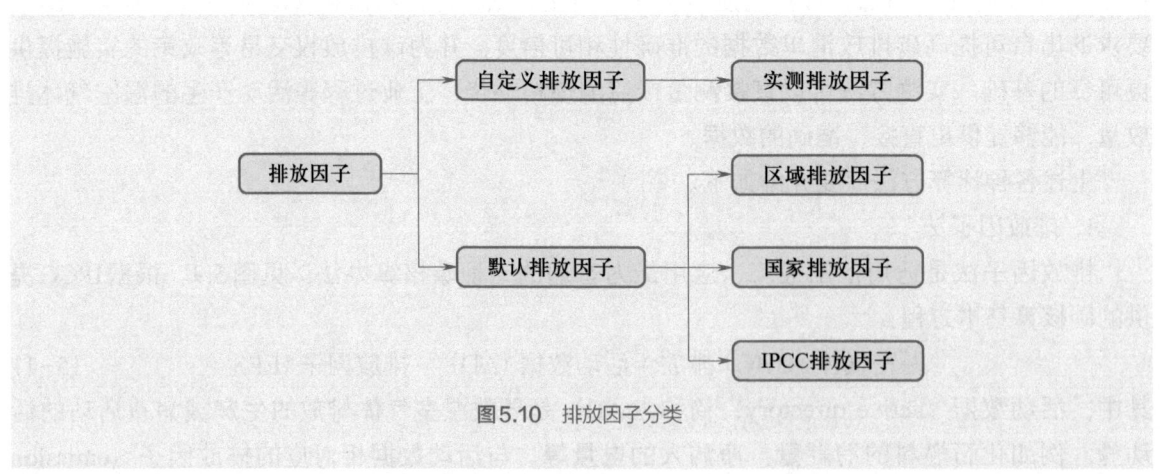

图5.10　排放因子分类

排放因子是一个数值，但可能由多个参数共同决定。确定不同排放因子需要的参数数量不尽相同：如煤的CO_2排放因子取决于煤的热值和氧化率；垃圾焚烧处理时CH_4的排放因子取决于不同垃圾类型的含碳量比例、矿物碳占碳总量的比例、垃圾焚烧的碳氧化率，以及碳转换成CO_2的转换系数（CO_2相对分子质量/C相对原子质量为44/12）。

排放因子法适用于较为宏观的核算层面，例如国家、省份、城市等，可对特定区域的整体情况进行宏观把控。然而，在实践中，地区能源品质的不同、机组燃烧效率的差异等因素会导致各类能源消费统计和碳排放因子的测算存在较大偏差，从而成为碳排放核算结果误差的主要来源。

2. 质量平衡法

可以根据每年用于国家生产生活的新化学物质和设备来计算为满足新设备能力或替换去除气体而消耗的新化学物质份额。对于二氧化碳而言，在碳质量平衡法下，可以通过以下公式得到二氧化碳排放量：

$$二氧化碳排放量 = (原料投入量 \times 原料含碳 - 产品产出量 \times 产品含碳量 -$$

$$废物输出量 \times 废物含碳量) \times \frac{44}{12} \tag{5-2}$$

其中，44/12是碳转换成CO_2的转换系数。

例题5-1：某工厂生产某种化学产品，生产过程中使用以下原料：原料A：投入量1 000 kg，含碳量30%（即300 kg碳）；原料B：投入量500 kg，含碳量20%（即100 kg碳）。假设该工厂的产品转化率为90%，且生产过程中无碳排放损失。计算该工厂在生产该化学产品过程中的碳排放总量。

解：计算总投入的碳量：

原料A的碳量：1 000 kg × 30% = 300 kg

原料B的碳量：500 kg × 20% = 100 kg

总碳量 = 300 kg + 100 kg = 400 kg

计算产品的总质量：

总投入量 = 原料A + 原料B = 1 000 kg + 500 kg = 1 500 kg

生产的产品质量 = 总投入量 × 转化率 = 1 500 kg × 90% = 1 350 kg

计算碳排放量：

根据质量平衡法，假设在转化过程中没有碳排放损失，所有的碳都转化为产品的一部分。所以，碳排放量 = 总碳量 - 产品中碳量

产品中碳量 = 总碳量（400 kg）× 转化率（90%）= 400 kg × 90% = 360 kg

最终计算碳排放量：

碳排放量 = 总碳量 - 产品中碳量 = 400 kg - 360 kg = 40 kg

针对生产过程采用平衡法来度量温室气体的排放量，可从理论上反映碳排放的实际水平。其可以甄别不同的工艺或单元及其排放强度和水平，以便采取更加具有针对性的减排技术手段或措施。在工业生产过程中可根据情况选择质量平衡法，如水泥生产中的碳酸盐分解、钢铁生产中的焦炭燃烧、氮肥生产中的氮氧化物排放等。

3. **实测法**

实测法基于排放源实地检测而计量得到相关碳排放量，主要包括两种实测方法，即现场测量和非现场测量。现场测量通常是在烟气排放连续监测系统（continuous emission monitoring system，CEMS）（见图5.11）中安装碳排放监测模块，通过连续监测浓度和流速直接测量排放量。非现场测量则是采集样品送到相关监测部门，利用专门的检测设备和技术进行定量分析。在采样和运输过程中，气体可能会因为发生物理化学反应（如吸附和转化）等因素导致测量结果出现偏差，精确度可能会低于现场测量。CEMS的安装和使用可以实现对废气排放的实时监测和数据收集，确保排放源的准确记录和报告，并有助于追踪和评估排放源的排放状况。这些数据对政府、利益相关者和企业的环境政策、监管措施以及碳减排计划都具有重要意义。

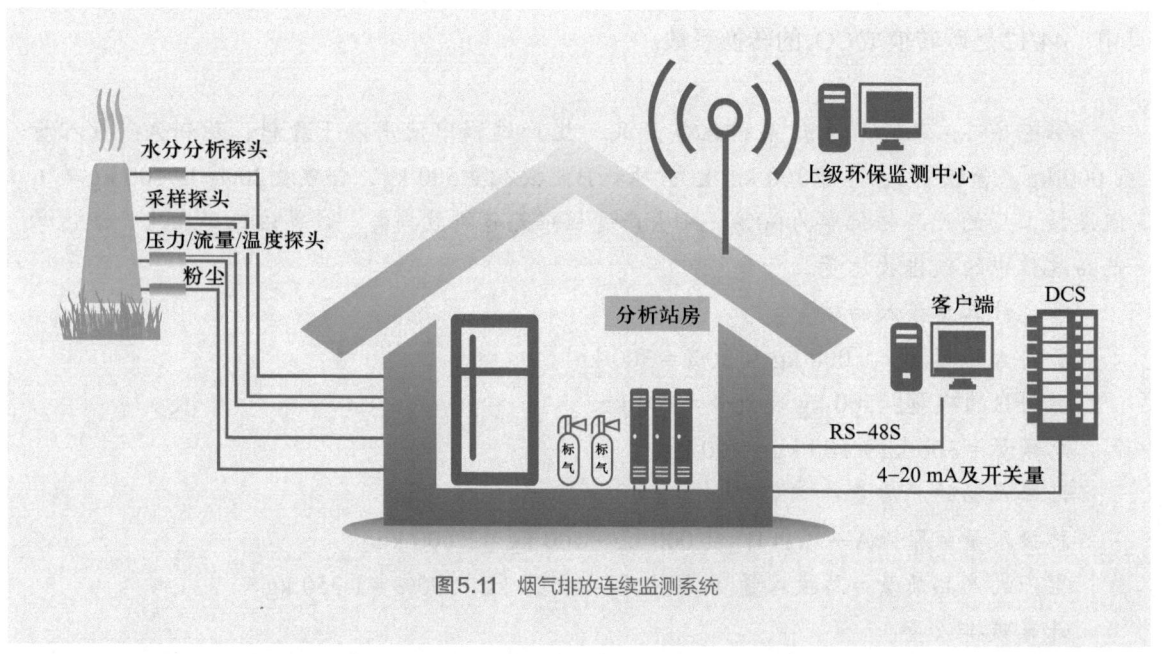

图5.11 烟气排放连续监测系统

（三）国家层面碳核算的标准体系

温室气体核算是实现碳达峰与碳中和所有工作的基础。碳排放的核算，需要实现碳排放数据标准的统一与碳排放数据质量的控制（见图5.12）。在数据得到保障的基础上，我国碳排放可实现与全球碳排放体系的统一，全国碳交易市场可顺利运行激发活力，此外，碳核算也可从源头对减排路径予以研究开发，对减排效果进行量化评估。碳核算的依据是《IPCC指南》，该指南可为世界各国提供清单编制的方法学依据。碳排放的可检测、可报告、可核查体系（MRV体系）为碳核算提供保障及形成准确可靠的碳排放数据。

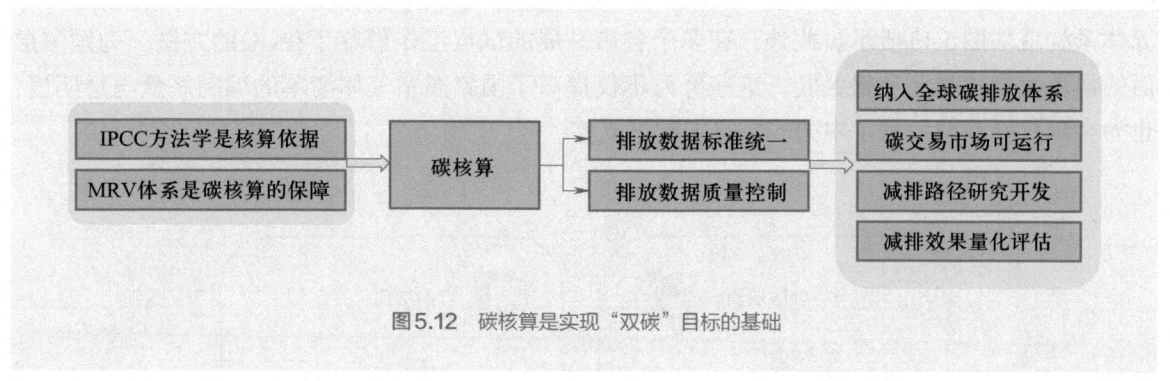

图5.12　碳核算是实现"双碳"目标的基础

1. IPCC方法学是碳核算的依据

IPCC方法学是各国编制温室气体排放清单的重要依据。世界气象组织（World Meteorological Organization，WMO）和联合国环境规划署（United Nations Environment Programme，UNEP）在1988年共同建立了联合国政府间气候变化专门委员会（IPCC）。IPCC的清单方法学指南已经成为各国编制国家温室气体排放清单的技术标准。各国通常会在遵循IPCC指南的基础上，根据自身的具体国情进行调整和优化。同时，IPCC指南本身也会随着时间的推移不断进行修改和补充，以适应全球气候变化应对的新需求和科学技术的发展。这使得各国在制定和完善碳排放清单时，既有全球统一的参考标准，又能根据本国实际情况进行适当的调整。

（1）欧盟

欧盟以联盟的形式提交温室气体排放清单。其中欧洲环境署（European Environment Agency，EEA）是欧盟的一个重要机构，在推动欧盟碳核算清单方面发挥了重要作用。EEA致力于收集、分析和传播与环境及气候相关的数据，以支持政策制定和实施。自成立以来，EEA积极参与温室气体排放清单的编制和监测工作，确保数据的准确性和一致性。

EEA与欧盟成员国密切合作，提供技术支持和指导，帮助各国制定和完善其碳排放清单。通过组织培训和研讨会，EEA提高各国在温室气体核算方法和工具使用方面的能力。此外，EEA还负责收集和整合各国提交的排放清单数据，定期发布有关欧盟及其成员国的温室气体排放情况的报告，向公众和决策者提供透明的信息。

（2）美国

1968年美国公共卫生局（United States Public Health Service，USPHS）发布了最早的《空气污染物排放系数汇编》（*Compilation of Air Pollutant Emission Factors*，AP–42），其中就包括了部分温室气体排放系数。在AP–42方法学的基础上，美国环保署结合IPCC方法学及其相关数据，公布多个改进的温室气体排放量核算的方法学版本。

（3）中国

我国在编制国家温室气体清单时主要依据《国家温室气体清单编制技术指南（2018年版）》（基于IPCC的技术报告和方法指南），清单报告的提交部门为生态环境部，温室气体核算体系构成如图5.13所示。此外，在多个省市开展的试点工作借鉴了IPCC的方法，为国家层面的清单编制提供了宝贵经验。这些努力不仅提高了国家温室气体清单的编制质量与透明度，也为全球气候治理贡献了中国的经验与数据支持。

图5.13　我国碳核算体系构成图

2. MRV 体系是碳核算的保障

（1）MRV：可监测、可报告和可核查是碳排放核算和交易的基石。MRV包括监测（monitoring）、报告（reporting）、核查（verfication）三个组成部分，是碳排放交易体系的核心和基石。MRV直接影响配额分配和平台交易，也是碳交易体系公信力的保证，有助于企业开展碳管理和碳减排工作。世界各国和各地区碳排放MRV体系的部门设置可能略有不同，但其体系设计框架均主要包括监测、报告、核查和质量保证与控制四部分。

（2）欧盟MRV：作为国际上早期和较为成熟的碳交易组织，欧盟MRV机制的建立是基于法律制度的。欧盟MRV体系的参与主体包括主管部门、设施运营方、核查机构和认证机构（图5.14）。

（3）美国MRV：美国MRV体系的建设也是以法律为基础，逐步完善的。2009年10月30日，美国环保署正式发布了《温室气体强制报告法规》，该法案明确了温室气体报告体系中的报告界限值、可覆盖的排放源、温室气体排放核算方法学以及报告的频率和核查方式等内容。美国的MRV体系主要涵盖了监测、核算与报告、核查、质量保证和质量控制等四个方面。

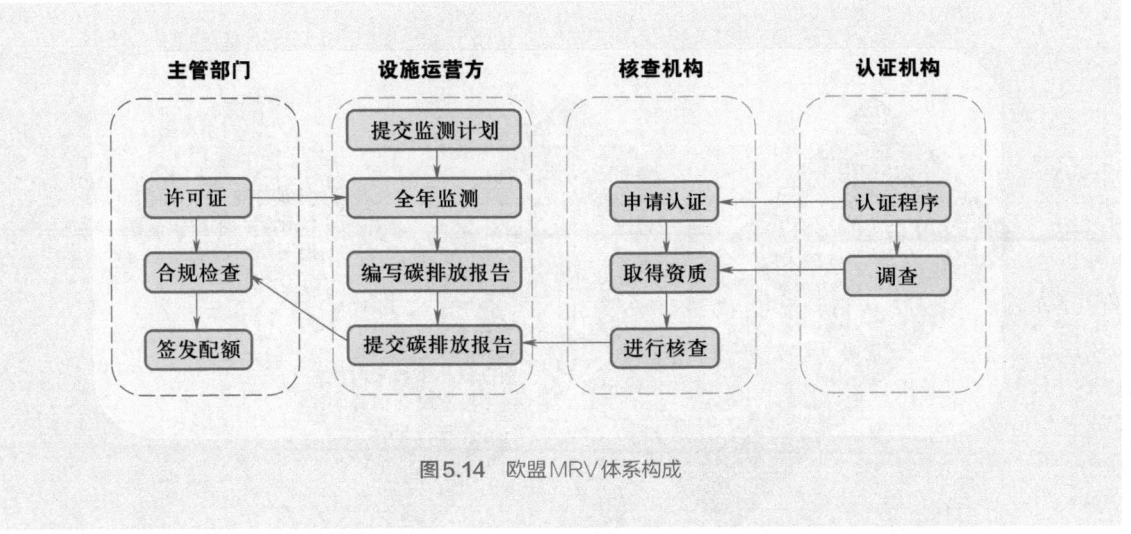

图5.14 欧盟MRV体系构成

（4）中国MRV：正处于起步阶段，但在碳交易试点地区的实施方面表现良好。2020年，《全国碳排放权交易管理办法（试行）》的颁布进一步规范了MRV。同年，生态环境部发布了《全国碳排放权交易管理办法（试行）》，要求重点排放单位按照生态环境部公布的相关技术规范要求编制温室气体排放监测计划，每年编制前一年的温室气体排放报告，并在每年3月31日前通过环境信息管理平台或其他规定的方式报送至所在地的省级生态环境主管部门。重点排放单位应对排放报告的真实性、完整性、准确性负责，并通过"双随机、一公开"的方式开展排放报告的核查工作。核查结果应通知重点排放单位，并作为其配额清缴的依据报送至生态环境部。省级生态环境主管部门可以通过政府购买服务的方式委托技术服务机构提供核查服务。对核查结果有异议的，可向省级生态环境主管部门提出申诉。2013年，地方性碳排放交易试点工作启动，北京、上海、广东、深圳、天津采取报告与核查双轨制，湖北与重庆采取单轨制。报告义务主体的范围与履行核查义务主体的范围一致时为单轨。

（四）国家公用设施排放源温室气体排放量计算

固定式标准及生物质/废弃物燃料燃烧

（1）固定式标准燃料

固定燃烧通常占能源部门温室气体排放的约70%。这些排放大约一半与能源工业中的发电厂和炼油厂燃烧相关。包含：二氧化碳（CO_2）、甲烷（CH_4）与氧化亚氮（N_2O）。

《IPCC指南》第一章能源部分提供了三种计算方法（方法1、方法2、方法3）来计算碳排放量，具体如下。

方法1以估算供给国家燃料的碳含量或不同来源类别主要燃烧活动的碳排放量为基础进行计算，被称为"自上而下"方法。这一方法可分为基准方法和区域方法，其计算步骤和公式可见于图5.15和图5.16。

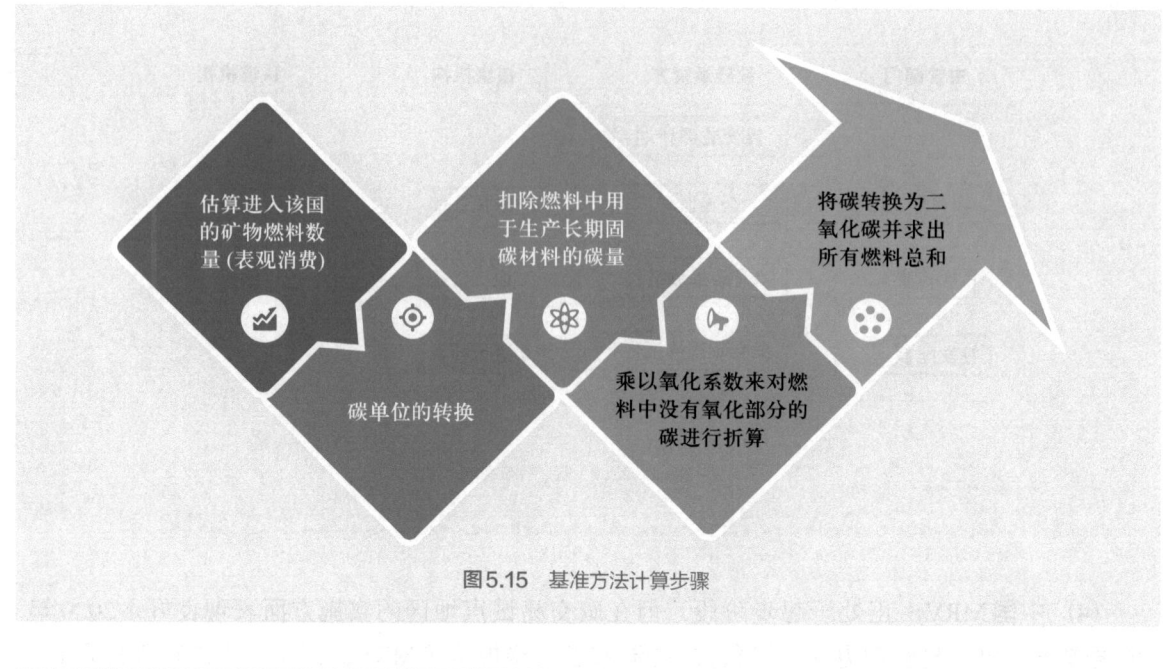

图5.15 基准方法计算步骤

图5.16 区域方法计算公式

方法2和方法3则是在方法1的基础上，更详细地考虑了技术因素，被称为"自下而上"方法。在这两种方法中，CO_2总量的计算不仅包括了所有燃料品种和所有部门，还考虑了燃烧技术，如静止燃烧源和移动燃烧源。虽然方法2和方法3在提供更为详细的排放量估算方面更为严格，但也需要更多的数据支持。相比之下，方法3比方法2更为详细，例如方法3可以采用直接测定排放量或使用特定工厂或机组的数据等。

通常情况下，固定源所产生的各类温室气体排放是通过将相应的排放因子乘以燃料的消耗量来计算的。在部门方法中，"燃料的消耗量"是通过能源用途的统计资料来估算的，以兆焦耳为单位进行计量。为了将燃料消耗数据的质量或容积单位转换为相应的能源含量，必须首先进行转换。所有下面描述的方法都以燃烧的燃料量作为活动数据。

① 应用方法1需要考虑：源类别中燃烧的燃料量数据以及缺省排放因子；使用式（5-3）进行计算：

$$排放_{GHG, HG} = 燃料消耗_{燃料} \times 排放因子_{GHG, HG} \tag{5-3}$$

式中：排放$_{GHG, HG}$——按燃料类型给出的温室气体排放（kg）；燃料消耗$_{燃料}$——燃烧的燃料量（TJ）；排放因子$_{GHG, HG}$——按燃料类型给出的GHG缺省排放因子（kg GHG/TJ），CO_2假设为1。

按来自源类别的气体计算总排放量，如式（5-4）计算的排放量是把所有燃料相加求和：

$$排放_{GHG} = \sum 燃料排放_{GHG, HG} \qquad (5-4)$$

② 应用方法2需要考虑：源类别中燃烧的燃料量数据、源类别的特定国家排放因子和各个气体燃料；在方法2下，式（5-4）中方法1缺省排放因子由特定国家排放因子替换。

③ 应用方法3需要考虑：使用的燃料类型、燃烧技术、运作条件、控制技术、维护的质量、用于燃烧燃料的设备年龄；方法3采用式（5-5）进行计算：

$$排放_{GHG, HG, 燃料, 技术} = 燃料消耗_{燃料, 技术} \times 排放因子_{GHG, HG, 燃料, 技术} \qquad (5-5)$$

式中：排放$_{GHG, HG, 燃料, 技术}$——按燃料类型和技术给出的温室气体排放（kgGHG）；燃料消耗$_{燃料, 技术}$——每种技术类型燃烧的燃料量（TJ）；排放因子$_{GHG, HG, 燃料, 技术}$——按燃料和技术类型给出的温室气体排放因子（$kgCO_2eq/TJ$）。

针对源类别的气体排放，可根据式（5-6）在源类别应用的所有技术结果中加总计算：

$$燃料消耗_{燃料, 技术} = 燃料消耗_{燃料} \times 渗透率_{技术} \qquad (5-6)$$

式中：渗透率$_{技术}$——给定技术占据的全部源类别的比例，该比例可以依据输出数据进行适当分配。

排放总量是简单的加和计算，具体见式（5-7）：

$$排放_{GHG, 燃料} = \sum_{技术} 燃料消耗_{燃料, 技术} \times 排放因子_{GHG, 燃料, 技术} \qquad (5-7)$$

（2）计算方法

目前大部分温室气体核算工作都采用排放因子法（见图5.17），固定式标准燃料方面碳核算的主要依据均采用排放因子法，基本原理为：温室气体排放量等于活动水平乘以排放因子。燃料燃烧活动水平数据量化造成国家温室气体排放的活动，例如锅炉燃烧消耗的煤的数量；排放系数是指每一单位活动水平（如一吨煤或一度电）所对应的温室气体排放量，例如"吨CO_2/吨原煤""吨CO_2/兆瓦时电力"。

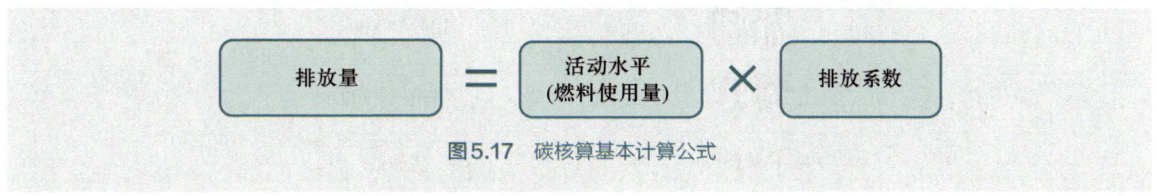

图5.17 碳核算基本计算公式

燃料使用的信息可取自或推算自下列来源：

● 燃料使用记录，此为最准确来源。

● 燃料采购记录，其中列出燃料采购以及直接量测数量（原物料）；对于采购的燃料使用量计算方法为

$$燃料 B = 燃料 P + (燃料 ST - 燃料 SE) \qquad (5-8)$$

式中：燃料 B——盘查期间燃料燃烧量；燃料 P——盘查期间燃料采购量；燃料 ST——盘查期间开始的原物料库存量；燃料 SE——盘查期间结束的原物料库存量。

- 财务报表中列出的燃料的消费金额，此来源会造成较高的不确定性。

① 排放系数选用

根据ISO 14064-1指南条文，排放系数的选取可以依照以下方法：

- 已知的经验证据；
- 相似或可比较的设施或制程种类的经验证据；
- 在已知的输入与负荷情况下，个别或相似设施的制造商输出规格；
- 特定于特殊技术、地区、区域、省或州的外部供需的排放系数；
- 特定于一个国家或国家区域的外部供需的排放系数；
- 国际间使用的外部供需的平均排放系数。

② 量化结果的汇总

根据ISO 14064-1指南5.1，组织应使用吨作为量测单位，并应将每种温室气体的量使用适切的全球暖化潜势（GWPs）转换成二氧化碳当量吨（CO_2eq）。一种排放物质的二氧化碳当量为这种物质的质量乘以其产生温室效应的指数，该种指数就被称作当量化因子，不同排放物质的二氧化碳当量化因子见图5.18。

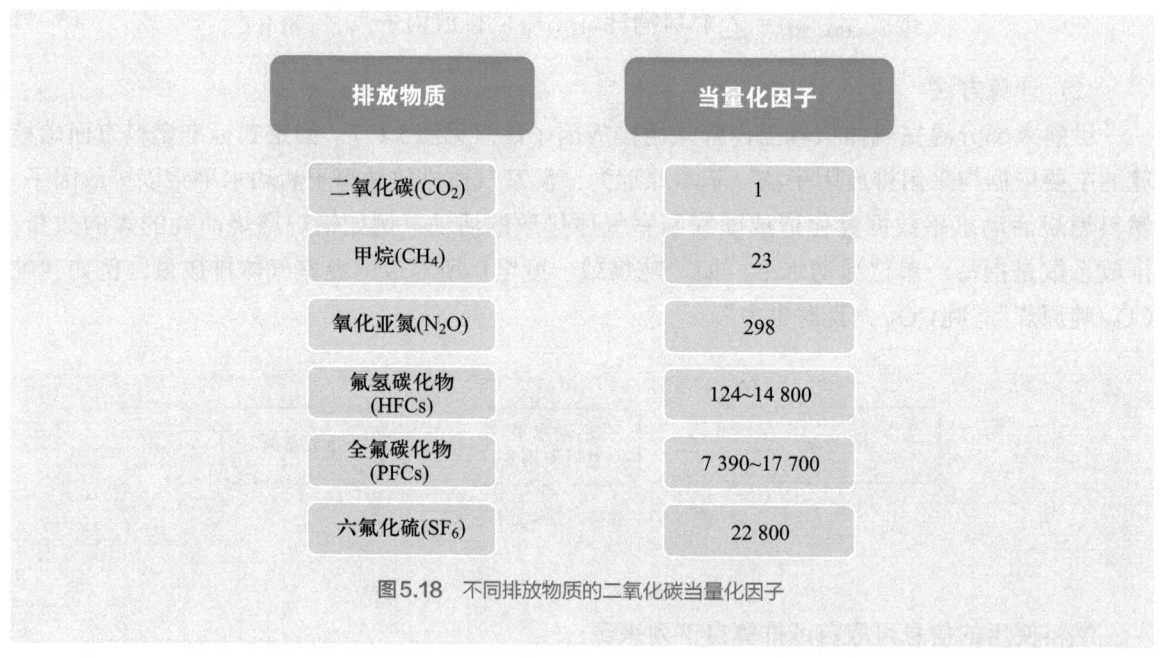

图5.18　不同排放物质的二氧化碳当量化因子

排放物质	当量化因子
二氧化碳(CO_2)	1
甲烷(CH_4)	23
氧化亚氮(N_2O)	298
氟氢碳化物（HFCs）	124~14 800
全氟碳化物（PFCs）	7 390~17 700
六氟化硫(SF_6)	22 800

③ 搜集排放系数

常见的固定式标准燃料的燃烧排放系数如表5.1所示。

表5.1 常见的固定式标准燃料的燃烧排放系数

排放源	CO_2排放系数		CH_4排放系数		N_2O排放系数	
	数值	单位	数值	单位	数值	单位
燃料煤	2.48	kg CO_2/kg	0.000 026 3	kg CH_4/kg	0.000 036 8	kg N_2O/kg
重油	2.95	kg CO_2/kg	0.000 115	kg CH_4/kg	0.000 022 9	kg N_2O/kg
液化石油气	1.73	kg CO_2/kg	0.000 027 5	kg CH_4/kg	0.000 002 75	kg N_2O/kg
柴油	2.70	kg CO_2/kg	0.000 182	kg CH_4/kg	0.000 219	kg N_2O/kg
汽油	2.24	kg CO_2/kg	0.000 646	kg CH_4/kg	0.000 019 4	kg N_2O/kg

注：液化石油气（LPG）1 kg = 1.818 L。

例题5-2：燃煤1 000 t，产生多少温室气体？

解：$CO_2 = 1\ 000\ t \times 2.48\ t\ CO_2/t = 2.480\ t$

$CH_4 = 1\ 000\ t \times 0.000\ 026\ 3\ t\ CH_4/t = 0.026\ 3\ t$

$N_2O = 1\ 000\ t \times 0.000\ 036\ 8\ t\ N_2O/t = 0.036\ 8\ t$

$GHG = 2\ 480 + 0.026\ 3 \times 23 + 0.036\ 8 \times 296 = 2.491.5\ t\ CO_2eq$

④ 计算方式选用

IPCC应用公式，非国内惯用单位，不宜直接使用：

活动数据（TJ）× 排放系数（kg/TJ）

IPCC提供燃料热值及排放系数数值，故转换为下式：

活动数据（Gg）× 燃料热值（TJ/Gg）× 排放系数（kg/TJ）

转换为国内适用公式：

- 国内惯用单位：吨（公斤）、立方米、度（kW·h）、卡（cal）；
- 燃料热值：自行检测、燃料供货商提供、公证行报告、能源局公告；
- 排放系数：主要仍引用IPCC25：

活动数据（单位）× 燃料热值（kcal/单位）× 排放系统（kg/kcal）

若具有自行研发的系数：

活动数据（单位）× 排放系统（kg/单位）

⑤ 燃料热值引用（IPCC，2006）

IPCC规范燃料热值需使用净发热量（net calorific value，NCV），亦称为低位发热量（lower heating value，LHV）；实验室内所检测出的燃料热值为毛发热量（gross calorific value，GCV），亦称为高位发热量（higher heating value，HHV）。高/低位发热量换算方式（IPCC，2006）：

$$NCV\ (MJ/kg) = GCV - 0.212H - 0.024\ 5M - 0.008Y \tag{5-9}$$

式中：H——氢含量（%）；M——水分含量（%）；Y——氧含量（%）。

此法少用，因少见燃料进行元素分析。

$$NCV = 比例值 \times GCV \tag{5-10}$$

式中：煤类（固态）及油类（液态）燃料比例值——95%；气态燃料比例值——90%。

⑥ 活动数据及燃料热值计量基准的一致性

若活动数据及燃料热值的含水分计量基准不一致，则需进行换算。一般工厂的活动数据皆为湿基，故建议将燃料热值换算为湿基以配合活动数据。油类及气态燃料含水率极低，可将其干/湿基数值视为一致，但仍宜附带佐证资料以供查证。

⑦ 排放系数的引用及计算

国内目前未见自行研发的排放系数，故大多仍引用IPCC公告的系数。表5.2为不同燃料的氧化率。

CO_2排放系数（吨/单位）

= 排放系数（t C/TJ）× 燃料热值（kcal/unit）× 4.186 8 J/cal × 碳氧化率 × 44/12

CH_4及N_2O排放系数（吨/单位）

= 排放系数（t/TJ）× 燃料热值（kcal/unit）× 4.186 8 J/cal

表5.2　不同燃料的氧化率

燃料	IPCC, 1996	IPCC, 2006
煤	0.98	1
油类	0.99	1
气态燃料	0.995	1

例题5-3：某工厂锅炉去年共投入1 000 t煤（湿基）。公证行报告显示煤的气干基高位热值为7 000 kcal/kg，总水分为15%，内含水分为5%。IPCC公告煤的碳排放系数为25.8 t C/TJ，试求其CO_2排放量。

解：表面水分 =（总水分 − 内含水分）/（100 − 内含水分）=（15−5）/（100−5）= 10.53%

热值$_{湿基高位}$ = 热值$_{气干基高位}$ ×（100 − 表面水分）/100 = 7 000 ×（100 − 10.53）/100 = 6 262.9 kcal/kg

热值$_{湿基低位}$ = 热值$_{湿基高位}$ × 比例值$_{煤}$ = 6 262.9 × 0.95 = 5 949.755 kcal/kg

排放系数 = 碳排放系数 × 燃料热值 × 碳氧化率 × 44/12 = 25.8 t C/TJ × 5 949.755 Mcal/t × 4.186 8 J/cal × 1 × 44/12 = 2.356 5 t/t

排放量 = 活动数据 × 排放系数 = 1 000 × 2.356 5 = 2.356.5 t CO_2eq

（3）移动源燃烧

移动源直接产生温室气体（如CO_2、CH_4和N_2O等）排放按主要运输活动进行估算，例如公路、非公路、空运、铁路和水运航行。

① 公路运输：在移动源分类中，公路运输涵盖了多种类型的车辆，包括轻型车辆，如汽车和轻型货车，以及重型车辆，如拖拉机、公共汽车和摩托车（包括电动车、脚踏车和三轮车）。这些车辆使用多种类型的气态和液态燃料。排放估算可以根据燃料燃烧（由销售燃料表示）或车辆行驶距离。

估算排放量有两个步骤，第一步［式（5-11）］是估算第i种车辆类型和第j种燃料品种的消费量。第二步是将燃料消费量乘以分燃料品种和车辆类型的适当的排放因子，以估算总的二氧化碳排放量［式（5-12）］。

$$燃料消费量_{ij} = n_{ij} \times k_{ij} \times e_{ij} \tag{5-11}$$

$$排放 = \sum_i \sum_j (排放因子_{ij} \times 燃料消费量_{ij}) \tag{5-12}$$

式中：i——车辆类型；j——燃料品种；n——车辆数量；k——每辆车年运行里程；e——单位运行里程消费的平均强度。

例题5-4：一辆货车每公里消耗柴油0.12 L。已知柴油的碳排放因子为2.68 kg CO_2/L。如果这辆货车在一年内行驶了50 000 km，请计算该货车一年内的碳排放总量。

解：确定每公里的柴油消耗量：每公里消耗柴油 = 0.12 L

计算一年内的总柴油消耗量：

年行驶公里数 = 50 000 km

年总柴油消耗量 = 每公里消耗柴油 × 年行驶公里数

年总柴油消耗量 = 0.12 L/km × 50 000 km = 6 000 L

计算碳排放总量：

碳排放因子 = 2.68 kg CO_2/L

年碳排放总量 = 年总柴油消耗量 × 碳排放因子

年碳排放总量 = 6 000 L × 2.68 kg CO_2/L = 16 080 kg CO_2

---

② 铁路运输：一般而言，铁路机车可分为三种类型：柴油、电力或蒸汽。柴油机车通常采用柴油发动机结合交流发电机或发电机来产生所需的电力，以供应其牵引力发动机。目前，蒸汽机车对温室气体排放的贡献相对较小。

与固定源燃烧碳核算一致，对于铁路的CO_2排放的核算目前是基于燃料的全部碳含量：

$$排放 = \sum_j (燃料_j \times EF_j) \tag{5-13}$$

式中：排放——排放量（kg）；燃料j——消耗的燃料类型j，以燃料销售表示（TJ）；EF_j——

燃料类型 j 的排放因子（kg/TJ）；j——燃料类型。

例题 5-5：一列货运列车每公里消耗电力 0.05 千瓦时（kW·h）。已知每千瓦时电力的碳排放因子为 0.4 kg CO_2。如果这列货运列车在一年内行驶了 200 000 km，请计算该列车一年内的碳排放总量。

解：确定每公里的电力消耗量：

每公里消耗电力 = 0.05 kW·h

计算一年内的总电力消耗量：

年行驶公里数 = 200 000 km

年总电力消耗量 = 每公里消耗电力 × 年行驶公里数

年总电力消耗量 = 0.05 kW·h/km × 200 000 km = 10 000 kW·h

计算碳排放总量：

碳排放因子 = 0.4 kg CO_2/kW·h

年碳排放总量 = 年总电力消耗量 × 碳排放因子

年碳排放总量 = 10 000 kW·h × 0.4 kg CO_2/kW·h = 4 000 kg CO_2

---

③ 水路运输：《IPCC 指南》提供的估算水上运输产生的二氧化碳排放量的方法，基于排放因子和燃料消耗活动水平数据，即使用特定燃料类型和模式考虑的燃料消耗数据和排放因子（例如海上运输的石油消耗）进行计算。

$$排放 = \sum (燃料消耗_{a,b} × 排放因子_{a,b}) \tag{5-14}$$

式中：a——燃料类型；b——水运类型。

对于军用船只的排放量估算，在《IPCC 指南》中并没有提供不同的计算方法，因此可以采用混合的方法来估算其排放量。然而，军事航海可能包括一些与民用船只不相同的特殊的操作、条件和技术特点（例如航空母舰有非常大的备用发电厂，而且是不一样的发动机类型）。因此清单机构应咨询军事专家来确定更为合适的排放因子。

④ 航空运输：民用航空的排放源类别包括所有民用商业飞机（无论是国内还是国际航班）产生的排放量。商用飞机涵盖了定期和包机的客运和货运，还包括飞机出租以及通用航空（例如农用飞机、私人喷气机或直升机），其计算方法可参考《IPCC 指南》，本节不作详细讨论。

例题 5-6：一架货运飞机每飞行公里消耗航空燃料 0.05 t。已知航空燃料的碳排放因子为 3.15 t CO_2/t。如果这架飞机在一年内飞行了 50 000 km，请计算该飞机一年内的碳排放总量。

解：确定每公里的燃料消耗量：

每公里消耗航空燃料 = 0.05 t

计算一年内的总燃料消耗量：

年飞行公里数 = 50 000 km

年总燃料消耗量 = 每公里消耗航空燃料 × 年飞行公里数

年总燃料消耗量 = 0.05 t/km × 50 000 km = 2 500 t

计算碳排放总量：

碳排放因子 = 3.15 t CO_2/t

年碳排放总量 = 年总燃料消耗量 × 碳排放因子

年碳排放总量 = 2 500 t × 3.15 t CO_2/t = 7 875 t CO_2

（五）工业过程碳核算

1. 方法选择

工业过程排放源类别主要包括：水泥生产，石灰生产，钢铁工业，己二酸和硝酸生产，铝的生产，镁的生产，电气设备及其他源的六氟化硫（SF_6）排放，半导体生产的全氟碳化物（PFC）、氢氟碳化物（HFCs）和 SF_6 排放，包括 7 个子源类别的臭氧消耗物质替代品（ODS 替代品）和 HCFC-22 生产的排放，所要用到的核算方法即前面章节中提到的三种方法（方法 1，方法 2，方法 3）。

以水泥生产工业过程、石灰生产工业过程为例，可采用综合决策树来确定碳核算方法，见图 5.19、图 5.20。

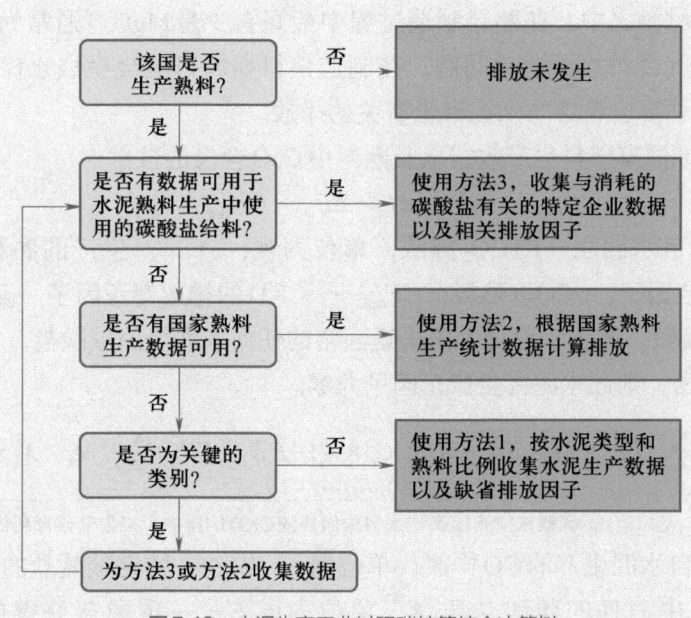

图 5.19　水泥生产工业过程碳核算综合决策树

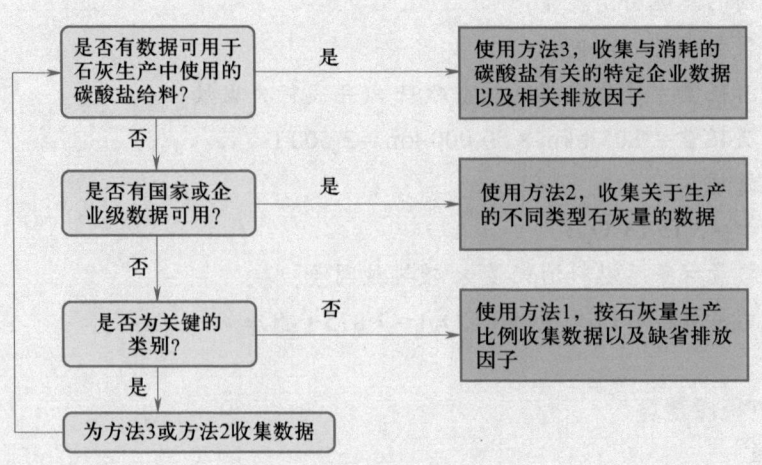

图5.20　石灰生产工业过程碳核算综合决策树

资料来源：《IPCC国家温室气体清单指南（1996年修订版）》

2. 计算公式

（1）水泥生产

在水泥生产熟料时，主要成分为碳酸钙（$CaCO_3$）和石灰（CaO），同时放出CO_2作为其副产品。然后CaO与原材料中的二氧化硅（SiO_2）、氧化铝（Al_2O_3）和氧化铁（Fe_2O_3）进行反应产生熟料。非$CaCO_3$的碳酸盐的原材料比例通常很小，其他碳酸盐主要以杂质的形式存在于初级石灰石原材料之中。在熟料制造过程中最好有少量MgO（通常为1%～2%）用作熔剂，但是如果超量就会对水泥造成问题。在制造熟料期间可能会生成水泥窑尘（cement flue dust，CKD），排放估算应考虑与水泥窑尘有关的排放。

使用综合工厂或国家熟料生产数据以及熟料中CaO含量的数据：

$$排放 = M_{cl} \times EF_{clc} \times CF_{ckd} \qquad (5-15)$$

式中：排放——来自水泥生产的CO_2排放，单位为吨；M_{cl}——生产的熟料质量，单位为t；EF_{clc}——熟料的排放因子，$t\ CO_2/t$熟料；CF_{ckd}——CKD的排放修正因子，无量纲。

方法3进行了调整，减去水泥窑尘内未返回窑的任何未煅烧的碳酸盐。如果水泥窑尘完全煅烧或全部返回炉密，则此水泥窑尘修正因子为零。

$$排放 = \sum_i \left(EF_i \times M_i \times F_i\right) - M_d \times C_d \times \left(1 - F_d\right) \times EF_d + \sum_k \left(M_k \times X_k \times EF_k\right) \qquad (5-16)$$

$\underbrace{\qquad\qquad}_{\text{碳酸盐中的排放}}$ $\underbrace{\qquad\qquad}_{\text{来自未煅烧的CKD的排放}}$ $\underbrace{\qquad\qquad}_{\text{来自非碳燃料的排放}}$

式中：排放——来自水泥生产的CO排放，单位为t；EF_i——特定碳酸盐的排放因子，$t\ CO_2/t$碳酸盐；M_i——炉中消耗的碳酸盐质量，单位为t；F_i——碳酸盐获得的部分煅烧比例；M_d——未回收到炉窑的水泥窑尘质量，单位为t；C_d——未回收到炉窑中水泥窑尘内原始碳酸盐的质量比例；F_d——未回收到炉窑中水泥窑尘获得的比例；EF_d——未回收到炉窑中水泥窑尘内未煅烧碳酸盐的排放因子，t CO_2/t 碳酸盐；M_k——有机或其他碳类非燃料原材料的质量，单位为t；X_k——特定非燃料原材料中总的有机物或其他碳的比例；EF_k——油原类非燃料原材料的排放因子，t CO_2/t 碳酸盐。

例题5-7：某水泥厂年生产水泥熟料50 000 t。生产水泥熟料的主要原材料是石灰石（$CaCO_3$），其分解反应为：$CaCO_3 \rightarrow CaO + CO_2$。已知每生产1 t水泥熟料需要消耗约1.5 t石灰石，并且每吨石灰石分解会释放出0.44 t二氧化碳。请计算该水泥厂年生产水泥熟料所产生的二氧化碳总排放量。

解：确定年生产熟料的数量：

年生产水泥熟料 = 50 000 t

计算年消耗的石灰石：

每吨水泥熟料需消耗的石灰石 = 1.5 t

年消耗石灰石 = 年生产水泥熟料 × 每吨水泥熟料需消耗的石灰石

年消耗石灰石 = 50 000 t × 1.5 t/t = 75 000 t

计算碳排放量：

每吨石灰石分解产生的二氧化碳 = 0.44 t

年产生的二氧化碳量 = 年消耗石灰石 × 每吨石灰石分解产生的二氧化碳量

年产生的二氧化碳量 = 75 000 t × 0.44 t/t = 33 000 t

（2）石灰生产

石灰生产的CO_2排放通过生石灰（CaO）生产时石灰石中碳酸钙（$CaCO_3$）的热分解、煅烧或者生产含镁生石灰（CaO·MgO）时白云石（$CaCO_3$·$MgCO_3$）的分解进行，石灰生产期间可能会生成石灰窑尘（lime kiln dusts，LKD），估算石灰生产排放量的优良做法是根据石灰产量确定全部的生石灰和含镁生石灰的产量，其准确性取决于获得完整的石灰产量统计和确定不同品种石灰产量的比例。

方法1　将缺省排放因子应用于国家级石灰生产数据，该方法不是优良做法。

方法2　需要从熟石灰生产的典型工厂中获取数据和信息。

$$排放 = \sum_i (EF_{石灰, i} \times M_{l, i} \times CF_{lkd, i} \times C_{h, i}) \tag{5-17}$$

式中：排放——来自石灰生产的CO_2排放，单位为t；$EF_{石灰, i}$——类型i的石灰排放因子，t CO_2/t石灰；$M_{l, i}$——类型i的石灰产量，单位为t；$CF_{lkd, i}$——类型i石灰的石灰窑尘修正因子，无量纲，此修正可按照与水泥窑尘类似的方式予以考虑；$C_{h, i}$——i类熟石灰的修正因子，无量纲；i——石灰类型。

方法3　需要收集生产石灰时消耗的碳酸盐类型、数量、所消耗碳酸盐的各个排放因子等，假定没有石灰窑尘回收到炉窑。

$$排放 = \sum_i (EF_i \times M_i \times F_i) - M_d \times C_d \times (1 - F_d) \times EF_d \qquad (5-18)$$

式中：排放——来自石灰生产的 CO_2 排放，单位为 t；EF_i——碳酸盐 i 的排放因子，t CO_2/t 碳酸盐；M_i——消耗的碳酸盐质量，单位为 t；F_i——碳酸盐 i 中获得的煅烧比例；M_d——石灰窑尘的质量，单位为 t；C_d——石灰窑尘中原始碳酸盐的质量比例，此因子可按与水泥窑尘类似的方式予以考虑；F_d——对于石灰窑尘达到的煅烧比例；EF_d——石灰窑尘中未烧碳酸盐的排放因子，t CO_2/t 碳酸盐。

例题5-8：某水泥厂年产石灰 10 000 t。石灰的生产过程主要通过将碳酸钙（$CaCO_3$）加热分解为石灰（CaO）和二氧化碳（CO_2）。已知每生产 1 t 石灰，需消耗约 1.78 t 碳酸钙（$CaCO_3$）。请计算该水泥厂年产石灰所产生的二氧化碳总排放量。

解：确定年产石灰的数量：

年产石灰 = 10 000 t

计算年消耗的碳酸钙：

每吨石灰需消耗的碳酸钙 = 1.78 t

年消耗碳酸钙 = 年产石灰 × 每吨石灰需消耗的碳酸钙

年消耗碳酸钙 = 10 000 t × 1.78 t/t = 17 800 t

计算碳排放量：

根据反应方程式，1 t 碳酸钙分解会产生 1 t 二氧化碳。

年产生的二氧化碳量 = 年消耗碳酸钙

年产生的二氧化碳量 = 17 800 t

二、省级碳排放核算

为了提高省级温室气体清单的编制能力，国家发改委气候司组织了多个单位的专家，借鉴了《IPCC指南》相关核算方法理论，基于国家温室气体清单的编制工作，制定了《省级温室气体清单编制指南》（简称《省级指南》）。在广东、湖北、天津等七个省市开展了试点编制工作。《省级指南》共分为七章，按照部门划分，包括能源活动、工业和生产过程、农业、土地利用变化和林业、废弃物处理。不同部门的清单编制指南分布在第一至第五章，提供了碳排放计量工作的指导。此外，还包括不确定性方法以及质量保证和控制的内容。

（一）《省级指南》编制流程

1. 确定清单边界及范围

清单边界按照行政管辖区进行界定，遵循行政区划为地理边界的"在地原则"。地理边界的确定既利于地方政府切实掌握辖区温室气体排放信息，有助于针对性地制定系统化减排措施，又有助于对控制温室气体排放目标的分解和考核（图5.21）。

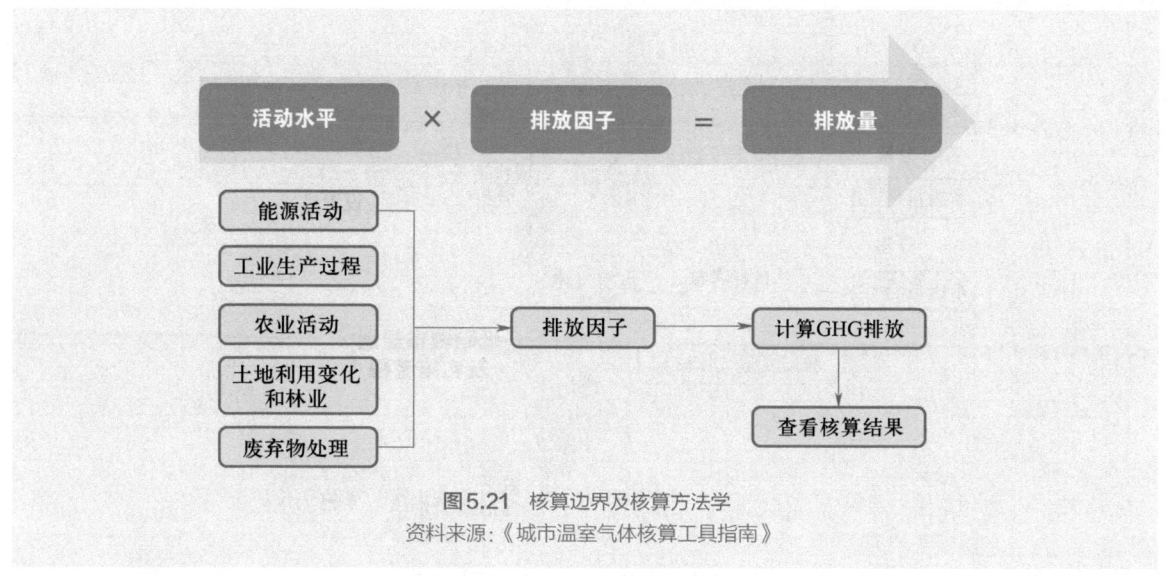

图5.21 核算边界及核算方法学
资料来源：《城市温室气体核算工具指南》

2. 确定温室气体种类

一般情况下，省级边界需要考虑七大类温室气体，但是并非所有排放类型都需要考虑所有的温室气体排放。

（二）《省级指南》适用对象

在进行区域温室气体清单编制时，《省级指南》相对于其他国际上的温室气体清单编制指南更为适用，主要是因为它充分考虑了地方经济、产业结构和能源使用的具体情况。首先，《省级指南》针对不同省份的实际特点，提供了更具针对性的核算方法和数据要求，能够有效反映区域内的温室气体排放特征。其次，地方政府和相关机构在实施和操作上更容易理解和应用该指南，因为它与地方的实际政策、法规和统计体系相结合，降低了执行的难度。最后，《省级指南》还鼓励地方之间的信息共享与经验交流，使各省在编制清单时能够借鉴优秀案例，提高整体核算的准确性和一致性。总之，《省级指南》的本地化特性和操作性，使其成为区域温室气体清单编制的更优选择。

三、城市层面碳排放核算

城市扮演着实现减少温室气体排放目标的重要角色。在中国，以城市为基础进行温室气体排放研究已成为焦点，城市级别的减排举措也是我国应对气候变化的主要策略之一。城市温室气体核算有助于了解城市总体排放量和趋势，确定主要排放来源，支持温室气体减排目标的制定与评估，以及城市的低碳规划和评估。此外，城市温室气体核算还有助于提升核算能力，推动建立和完善国家温室气体统计核算系统，并提供结果以进行国内外横向比较（图5.22）。

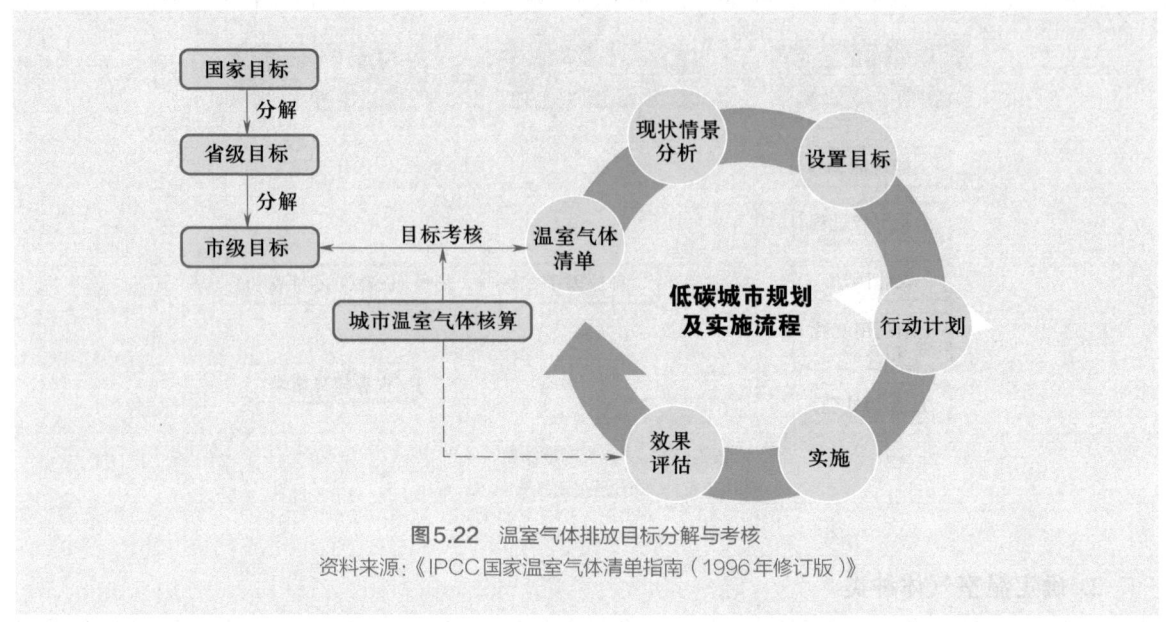

图5.22　温室气体排放目标分解与考核
资料来源：《IPCC国家温室气体清单指南（1996年修订版）》

　　城市层面的温室气体核算与国家或省级的基本相似，包括以下几个步骤：首先确定城市温室气体核算的范围，相对于国家层面，这一步骤更为复杂，需要明确地理边界、温室气体种类，并定义"直接排放"和"间接排放"；其次确定需要核算和报告的温室气体排放源，制定计算方法，并收集相关数据；最后进行温室气体排放的计算和报告。在温室气体种类、计算方法和报告编制方面与国家或省级层面保持一致。城市温室气体核算的"六步法"如图5.23所示。

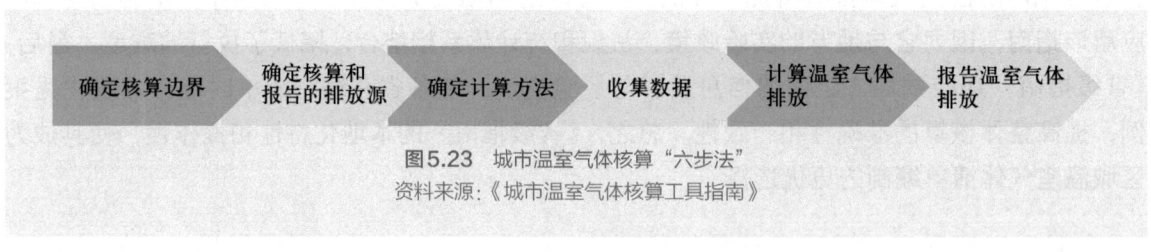

图5.23　城市温室气体核算"六步法"
资料来源：《城市温室气体核算工具指南》

（一）确定核算边界

　　城市温室气体核算的首要任务是确定地理边界，同时也涉及数据边界的确认。一般情况下，行政区划中的城市、大城市圈、建成区、园区和社区都可作为核算的地理边界（图5.24）。

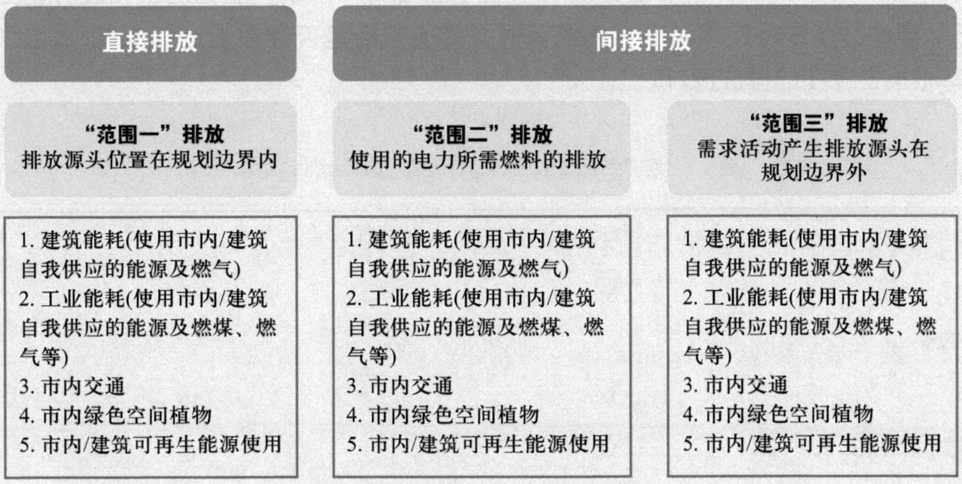

直接排放	间接排放	

"范围一"排放 排放源头位置在规划边界内	**"范围二"排放** 使用的电力所需燃料的排放	**"范围三"排放** 需求活动产生排放源头在规划边界外
1. 建筑能耗(使用市内/建筑自我供应的能源及燃气) 2. 工业能耗(使用市内/建筑自我供应的能源及燃煤、燃气等) 3. 市内交通 4. 市内绿色空间植物 5. 市内/建筑可再生能源使用	1. 建筑能耗(使用市内/建筑自我供应的能源及燃气) 2. 工业能耗(使用市内/建筑自我供应的能源及燃煤、燃气等) 3. 市内交通 4. 市内绿色空间植物 5. 市内/建筑可再生能源使用	1. 建筑能耗(使用市内/建筑自我供应的能源及燃气) 2. 工业能耗(使用市内/建筑自我供应的能源及燃煤、燃气等) 3. 市内交通 4. 市内绿色空间植物 5. 市内/建筑可再生能源使用

图5.24 城市碳排放核算的系统边界

城市层面直接排放的温室气体指的是在城市地理边界内发生的排放，而间接排放则主要是由城市地理边界内的相关活动引发，但实际上却在城市地理边界外发生的直接排放，例如与城市地理边界内的活动消耗的电力和热力相关温室气体排放。

为了更清晰地区分直接排放和间接排放，并避免重复计算，可以采用世界资源研究所（WRI）和世界可持续发展工商理事会（WBCSD）共同制定的《温室气体核算体系：企业核算和报告标准》（GHG protocol）中提出的"范围"相关的概念，其将温室气体的排放划分为三个不同的边界"范围"：

"范围一"是指发生在城市地理边界内的排放，即直接排放，例如生产过程中燃烧煤炭、城市供暖过程中燃烧天然气、城市交通造成的排放等。

"范围二"是指城市地理边界内的活动消耗的电力和热力相关的间接排放。一般情况下，城市生产的热力都用于本地使用，很少有调入或输出的情况，但也不排除个别城市向相邻城市短距离输入或输出热力的情况。

"范围三"排放指的是除了"范围二"排放之外的所有其他间接排放，包括上游"范围三"排放和下游"范围三"排放。前者包括原材料异地开采与生产加工、跨边界物流运输以及购买的产品和服务所产生的间接排放，后者包括跨边界物流运输、跨废弃物利用与处置和售出产品后续使用和废弃阶段所产生的间接排放等。

（二）确定核算和报告的碳排放源和碳汇

表5.3展示了不同排放源部门对应的温室气体排放种类和"范围"，包括计算能源活动、土地利用变化和林业以及废弃物处理产生的CO_2、CH_4和N_2O排放，计算农业活动产生的CH_4和N_2O排放，计算工业生产过程中产生CO_2、N_2O、HFCs、PFCs和SF_6排放。所有排放源部

门都涉及"范围一"排放，只有能源活动涉及"范围二"排放，能源活动和废弃物处理涉及"范围三"排放。在进行城市温室气体核算时，需要判断是否存在上述排放源/碳汇，并确定是否核算和报告存在的排放源/碳汇。

表5.3 温室气体排放源部门对应的气体种类和"范围"

温室气体种类	CO_2	CH_4	N_2O	HFCs	PFCs	SF_6	范围一	范围二	范围三
能源活动	√	√	√				√	√	√
工业生产过程	√		√	√	√	√	√		
农业活动		√	√				√		
土地利用变化和林业	√	√	√				√		
废弃物处理	√	√	√				√		√

数据来源：《IPCC国家温室气体清单指南（1996年修订版）》。

1. 判断排放源/碳汇是否存在

首先，工具用户可以通过表5.4中的问题来判断当地是否存在该类排放源/吸收汇。如果对任一问题答案为"是"，则表明当地有该排放源/碳汇。

表5.4 判断温室气体排放源/吸收汇是否存在

部门	判断排放源/吸收汇是否存在的问题
能源活动	城市地理边界内是否有化石燃料燃烧活动？ 城市地理边界内是否有生物质燃料燃烧活动？ 城市地理边界内是否有煤炭开采和矿石活动？ 城市地理边界内是否有石油、天然气的开采、加工、运输和消费活动？ 城市是否有存在电力、热力的调入或调出？ 是否有跨边界交通活动？
工业生产过程	城市地理边界内是否有水泥、石灰、钢铁、电石、己二酸、硝酸、一氯二氟甲烷、铝、镁、电力设备、半导体和氢氟烃的生产活动？
农业活动	城市地理边界内是否种植了水稻、小麦、玉米、高粱、谷子、其他谷类、大豆、其他豆类、油菜籽、花生、芝麻、籽棉、甜菜、甘蔗、麻类、薯类、蔬菜和烟叶？ 城市地理边界内是否有牛、羊、猪、家禽、马、驴/骡、骆驼的饲养？
土地利用变化和林业	城市地理边界内是否有乔木林、疏林、散生木、四旁树、竹林、经济林和灌木林？ 城市地理边界内是否存在林地转化为非林地的情况？
废弃物处理	城市边界内是否有垃圾填埋、垃圾焚烧、生活污水处理和工业废水处理？ 是否有城市边界外产生的垃圾、生活污水和工业废水在本地处理？ 是否将城市边界内产生的垃圾、生活污水和工业废水运输到城市地理边界外处理？

数据来源：《城市温室气体核算工具指南》。

2. 确定是否核算和报告排放源/碳汇

判断排放源/碳汇是否存在后，用户可以根据温室气体核算目的选择核算和报告需要。这一过程需要参考城市温室气体核算和报告原则中的相关性、完整性和可行性原则。其中，完整性原则要求尽量涵盖所有排放源；相关性和可行性原则允许一定灵活性，用户可以选择占排放比例较大、增长较快，或是用户希望重点了解的排放源/吸收汇进行核算和报告。根据《城市温室气体核算国际标准（测试版1.0）》，《指南》提供"初级核算"（BASIC）、"中级核算"（BASIC＋）、"高级核算"（EXPANDED）三种覆盖不同排放源的核算和报告规则：①"初级核算"：包括能源活动、工业生产过程和废弃物处理的"范围一"排放、所有"范围二"排放，以及废弃物处理的"范围三"排放（表5.5）。②"中级核算"：包括"初级核算"，农业活动、土地利用变化和林业的"范围一"排放，以及能源活动中交通的"范围三"排放（表5.6）。③"高级核算"：包括"中级核算"，以及所有其他间接排放（表5.7）。"其他间接排放"相关核算标准尚在开发中，故暂不提供针对此类排放的核算。

表5.5 "初级核算"覆盖的排放源

温室气体种类	范围一	范围二	范围三
能源活动	√	√	
工业生产过程	√		
农业活动			
土地利用变化和林业			
废弃物处理	√		√
其他间接排放			

表5.6 "中级核算"覆盖的排放源

温室气体种类	范围一	范围二	范围三
能源活动	√	√	√
工业生产过程	√		
农业活动	√		
土地利用变化和林业	√		
废弃物处理	√		√
其他间接排放			

表5.7 "高级核算"覆盖的排放源

温室气体种类	范围一	范围二	范围三
能源活动	√	√	√
工业生产过程	√		
农业活动	√		
土地利用变化和林业	√		
废弃物处理	√		√
其他间接排放			√

注: 表5.5、表5.6和表5.7数据源自《城市温室气体核算工具指南》。

(三) 基本计算方法与数据收集

温室气体核算可采用两种方法: 基于测量和基于计算。基于测量的方式涉及连续监测系统(CEMS)的安装,通过测量温室气体排放浓度或体积等数据进行计算。而基于计算的方法主要采用排放因子法,通过活动水平数据和相关参数计算排放量。虽然基于测量的方法较为准确,但工作量大、成本高,因此大部分温室气体核算工作都采用排放因子法。数据收集是城市温室气体核算的重要组成部分,主要分为活动水平数据和排放因子,具体内容可参照国家层面碳排放核算。

(四) 计算并报告温室气体排放

计算温室气体排放是指将所需的活动水平数据和排放因子参数代入公式,计算得到温室气体排放量结果。报告温室气体排放则是指以文字、图表等形式描述温室气体排放计算结果。要求报告的信息包括: ① 城市基本情况: 通常包括城市名、常住人口、城镇人口、农村人口、辖区面积、GDP、第一产业产值、第二产业产值和第三产业产值。② 编制年度: 温室气体排放数据发生的年度。③ 核算边界: 包括地理边界和温室气体种类,并对未包含在内的温室气体种类及原因进行说明。④ 核算"范围": 是否计算"范围一""范围二""范围三"排放,以及在各个"范围"中涵盖的排放源,并对未包含在内的排放源及原因进行说明。⑤ 排放计算结果: 通常以图表的形式进行报告。一般核算工具提供六种温室气体排放计算结果的报告模式: GPC报告模式、省级清单报告模式、重点领域排放(包括工业、建筑、交通和废弃物处理)、产业排放、排放强度和信息项。

四、行业/企业层面碳排放核算

(一) 行业/企业温室气体排放核算标准体系

在推进温室气体核算标准化的过程中,行业与企业层面始终是关注的关键对象。近年来,伴随全球应对气候变化行动的不断强化，标准化工作的战略意义愈加突出。为应对气候变化相关标准化需求的快速增长，国际标准化组织（ISO）于2013年专门设立了气候变化协调委员会，旨在统筹制定全球应对气候变化的标准化战略，并加强各技术委员会间的协同工作与信息共享。目前，ISO内部已有七个技术委员会专门从事气候变化相关标准的制定工作，详细情况见表5.8。这些委员会在不同技术领域的协同作用，极大促进了全球范围内气候变化应对标准的统一化与规范化。

表5.8　ISO中制定应对气候变化相关标准的标委会

编号	制定应对气候变化相关标准的标委会
TC207/SC7	环境管理技术委员会/温室气体管理分委会
TC17	钢技术委员会
TC59/SC17	房屋建筑技术委员会/建筑可持续性和结构工程分委会
TC130	印刷技术委员会
TC146/SC1	空气质量技术委员会/固定源排放分委会
TC265	CO_2捕集、运输与地质封存技术委员会
CCCC	气候变化协调委员会

早在2001年，WRI和WBCSD率先共同推出了《企业温室气体核算与报告标准》（简称《企业标准》），该标准为企业温室气体排放的核算和报告提供了较为明确的方法体系和指引。2006年，ISO发布了ISO 14064-1标准，规定了组织和企业在量化和报告温室气体核算的相关要求。此外，部分行业组织也相继制定了专门针对各行业的温室气体核算标准、方法或工具。

我国在温室气体核算标准的探索虽起步较晚，但发展迅速。最初阶段，我国主要关注对ISO相关标准的跟踪和本土化转化，并在钢铁、水泥等高排放行业中率先开展了核算方法的标准化探索工作。与此同时，国家发展改革委制定了工业企业的碳排放核算方法和报告指南，并在2013—2015年间陆续发布了覆盖24个高碳排放行业的温室气体核算方法与报告指南（详见表5.9）。这些政策和措施为我国各行业企业参与碳排放权交易、建立企业层面的温室气体核算标准体系，以及推进企业温室气体排放核算和报告制度的实施，提供了重要的参考依据和指导框架。

表5.9　我国出台的各行业/企业温室气体核算方法和报告指南

发布年份及批次	各行业企业温室气体核算方法和报告指南
2013年（第一批）	发电企业、电网企业、钢铁生产企业、化工生产企业、电解铝生产企业、镁冶炼企业、平板玻璃生产企业、水泥生产企业、陶瓷生产企业、民航企业
2014年（第二批）	石油和天然气生产企业、石油化工企业、独立焦化企业、煤炭生产企业

发布年份及批次	各行业企业温室气体核算方法和报告指南
2015年（第三批）	造纸和纸制品生产企业、其他有色金属冶炼和压延加工业企业、电子设备制造企业、机械设备制造企业、矿山企业、食品、烟草及酒、饮料和精制茶企业、公共建筑运营单位（企业）、陆上交通运输企业、氟化工企业、工业其他行业企业

自2011年启动碳交易试点工作以来，碳排放权交易试点省市相继出台了碳排放核算标准方法、报告指南和交易方法，构建了完善的碳交易市场。2017年发布了《全国碳排放权交易市场建设方案》，全国统一的碳排放权交易市场正式启动。在2018年机构改革之后，应对气候变化的职责部门为生态环境部，其于2021年发布了《企业温室气体排放报告核查指南（试行）》，该指南规定了核查的主要方法和流程，有效地避免了数据造假的风险。总体而言，我国已初步建立起面向重点排放企业监管体系。

尽管在企业碳核算领域已构建了相应的法规框架，但碳核算仍面临多重挑战，特别是数据收集的困难尤为显著。此外，企业在执行碳核算时，如何选择合适的计量方法和碳排放因子也是一个亟待解决的问题。展望未来，企业碳排放核算将持续演进，并在推动企业可持续发展和社会责任实践中发挥关键作用。

（二）企业层面碳排放核算方法基本原则

企业层面的温室气体（碳排放）核算是指对生产经营过程中的温室气体排放量化过程，一般采用GHG Protocol（简称GHGP），其也是由WRI和WBCSD共同开发，是目前国际上普遍采用的企业尺度温室气体核算工具。

1. 纳入碳排放核算的温室气体种类

总共涉及七种温室气体。

2. 设定组织边界

企业在编制报告时，面临两种温室气体排放量合并方法的选择：股权比例法与控制权法。企业应依据以下详述的股权比例法或控制权法，进行合并后的温室气体数据的核算与报告。

（1）股权比例法

在施行股权比例法的过程中，企业会以其持有的业务股权份额为基础，对温室气体排放量进行核算。此比例有效映射了公司的经济利益，即其在业务运营中所面临的风险和预期收益。一般而言，业务的经济风险与回报的配比与企业在运营中的权益比例相吻合，因此，股权比例往往与权益比例保持一致。然而，在特定情境下，若这两者出现差异，企业应首先关注业务中的经济实质联系，而非仅依据法律上的所有权形式，以确保股权比例能精准地体现其经济利益的比例。财务核算类别的具体界定请参考表5.10。

（2）控制权法

在运用控制权法时，公司仅将焦点放在那些其拥有实际控制权的业务上，核算这些业务产生的全部温室气体排放量，而对于那些仅拥有权益但未实现控制权的业务，其温室气体排放则不在核算之列。此处的"控制"概念具有双重维度，既涵盖财务层面的掌控，也包含运营层面的支配。当企业选择以控制权法为框架整合温室气体排放量时，需从运营控制和财务控制两个不同的维度中选择其一，以确保核算的精确性和连贯性。大多数情况下，判断业务是否受控并不显著受财务或运营控制权标准的影响，但石油和天然气行业则是一个特例。由于该行业的所有权与经营权结构较为复杂，选择何种控制权标准对编制公司温室气体排放清单具有显著影响。在决策过程中，公司应全面考量多个维度，更为合理和科学地选择控制权标准。

① 财务控制权。在温室气体核算的背景下，若某项业务活动因财务合并的需求而被视为集团公司或子公司的一部分，例如在财务报告中已被完全合并，则该公司在温室气体排放量的核算上便拥有对该业务的财务控制权。若采用财务控制权作为控制权确定的标准，对于共同享有财务控制权的合资企业，其温室气体排放量应当依据各自的股权比例进行核算。关于具体的财务核算类别定义，请参见表5.10。

② 运营控制权。如果一家公司或其子公司（财务核算类别的具体定义请参考表5.10）能够全面主导并执行某项业务的各项操作，那么它就被视为拥有该业务的运营控制权。在运用运营控制权法时，公司必须对其自身或其子公司拥有运营控制权的业务所产生的全部排放量进行核算。值得注意的是，拥有运营控制权并不意味着公司在所有决策中都拥有最终决策权，运营控制权的核心在于公司有权发起并执行运营政策。在某些情况下，一家公司可能对某项业务拥有共同的财务控制权，但并未掌握其运营控制权。在这些情境中，公司需要依据合同条款来判定合作方是否有权制定和执行该业务的运营政策，从而确定是否需要基于运营控制权来报告排放量。如果业务的执行方能够自主制定并执行自己的运营政策，那么那些共同享有财务控制权的合作方则无须根据运营控制权来报告其排放量。

为确保温室气体排放数据的合并结果具有一致性，整个组织在各个层级上都必须遵循相同的合并规则。此外，涉及国家所有权或公/私混合所有权的合营业务的温室气体排放核算同样应遵循本节所提出的原则和规则。

表5.10　财务核算类别

核算类别	财务核算定义	按照《企业标准》核算温室气体排放量	
		股权比例法	控制权法
集团公司/子公司	母公司能够直接对公司的财务与运营政策作出决定，并从其经营活动中获取经济利益。一般情况下，这一类型也包括母公司享有财务控制权的法人合资企业与非法人合资企业及合伙企业。集团公司/子公司实行完全合并，意味着将各子公司的收入、费用、资产与负债分别100%纳入母公司的损益账户和资产负债表。当母公司的权益不等于100%时，合并后的损益账户和资产负债表要扣除少数所有者的利润和净资产	股权比例的温室气体排放	100%的温室气体排放

核算类别	财务核算定义	按照《企业标准》核算温室气体排放量	
		股权比例法	控制权法
关联公司	母公司对公司的运营与财务政策有重大影响，但对公司没有财务控制权。通常情况下，这一类型也包括母公司有重大影响但没有财务控制权的法人合资企业、非法人合资企业及合伙企业。财务核算时采用股权比例法确认母公司持有的关联公司的利润和净资产份额	股权比例的温室气体排放	0%的温室气体排放
合作方享有共同财务控制权的非法人合资企业/合伙企业/业务	按比例对合资企业/合伙企业/业务进行合并，各合作方对合资企业的收入、支出、资产与负债享有相应比例的利益	股权比例的温室气体排放	股权比例的温室气体排放
固定资产投资	母公司既没有重大影响也没有财务控制权，这一类型也包括上述情况的法人合资企业、非法人合资企业和合伙企业。财务核算时对固定资产投资采用成本/分红法。这意味着只有收取的红利被认定为收入，投资作为成本处理	0%的温室气体排放	0%的温室气体排放
特许	特许机构是独立的法律实体。大多数情况下，特许经营的授权人对特许业务没有股权或控制权。因此，合并的温室气体排放数据不应当包括特许业务。但是，如果特许权授予人享有股权或运营/财务控制权，那么按照股权比例法或控制权法进行合并时适用同样的规则	股权比例的温室气体排放	100%的温室气体排放

注：以对英国、美国、荷兰和国际财务报告标准的比较为基础（KPMG，2000）。

3. 设定运营边界

在一家公司基于股权比例法或控制权法明确组织边界之后，确立运营边界成为下一个核心环节。如图5.25所示，该图详尽地揭示了公司组织边界与运营边界之间的紧密联系与相互影响。

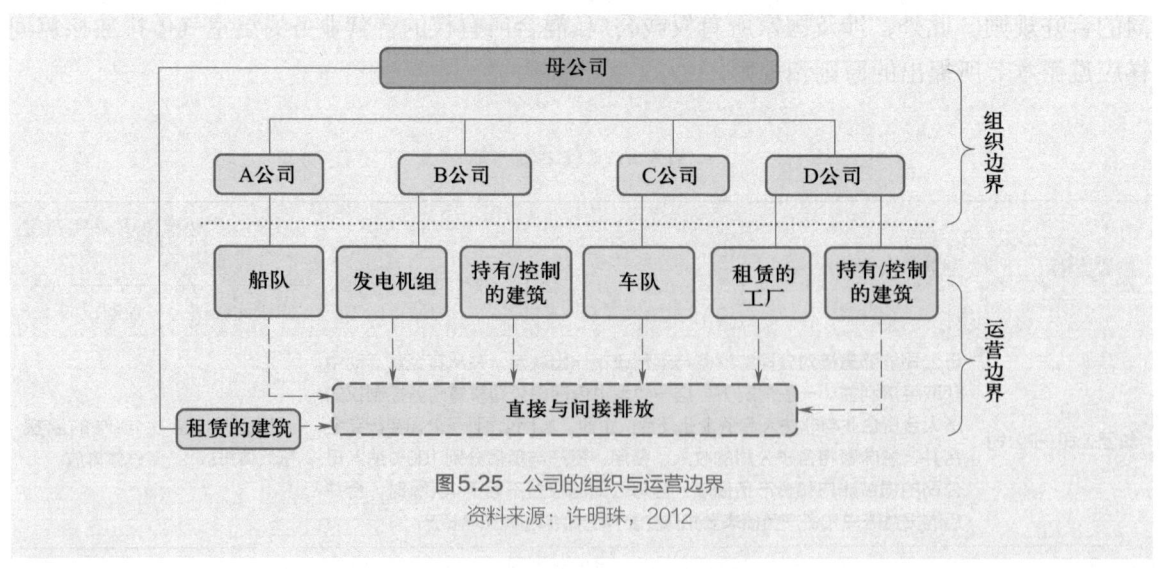

图5.25 公司的组织与运营边界

资料来源：许明珠，2012

针对多样化的排放源类型，温室气体核算与报告标准为企业进行温室气体核算设定了三个范围（范围一、范围二和范围三）。企业在进行核算与报告时，至少需分别核算并报告范围一和范围二的排放信息。

范围一：直接温室气体排放

与面向城市层面范围划分类似，企业范围一的排放主要源自其直接管理的排放源，如锅炉、窑炉和运输过程中燃料燃烧造成的直接排放，或者是化工生产造成的工艺排放。一般情况下，使用生物质燃料燃烧产生温室气体排放不属于范围一的范畴。此外，对于尚未纳入《京都议定书》的非二氧化碳温室气体，尽管不要求核算，但可以专门报告。

范围二：电力产生的间接温室气体排放

主要是指外购电力或热力所造成的间接温室气体排放。

范围三：其他间接温室气体排放

根据GHGP的指南要求，范围三为间接排放，属于非必要的核算内容，其主要为原材料（辅料）开采与生产加工、物流运输，以及企业产品后续销售、使用和废弃以及回收处置造成的间接排放。

4. 识别与计算温室气体排放量

企业在确定碳排放的清单边界后，一般可采取如图5.26所示的步骤计算温室气体排放量。

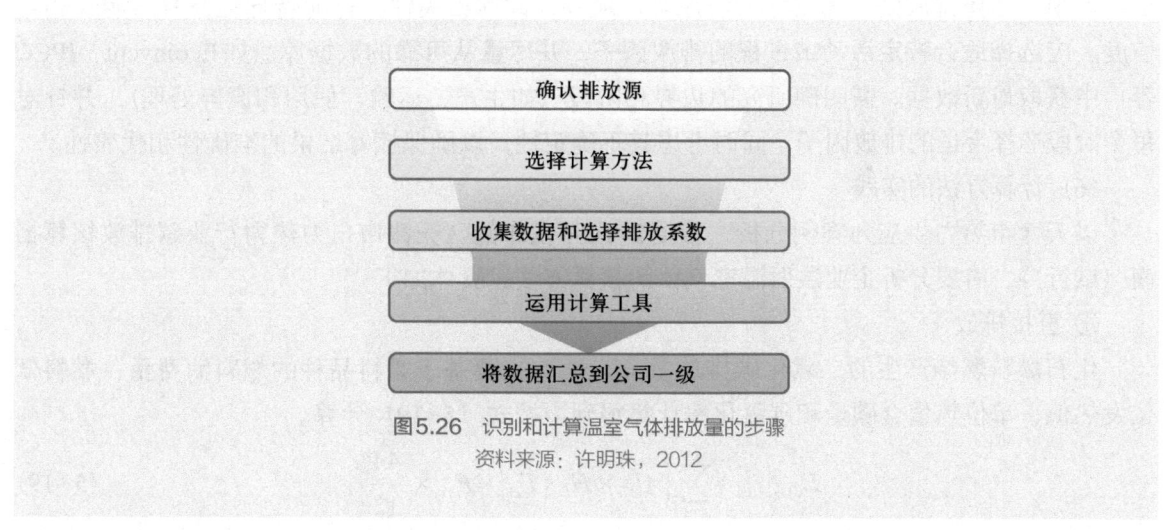

图5.26 识别和计算温室气体排放量的步骤
资料来源：许明珠，2012

（1）识别温室气体排放源

将总排放量细分为具体的类别有助于进行准确的排放核算，一般企业可以采用专门开发的计算方法或工具，准确计算各个部门和各类排放源的排放量。

如图5.26所示，在企业排放量核算的五个步骤中，首步工作是将企业边界内的温室气体排放源进行系统分类。通常，温室气体的排放可以归纳为以下几类：① 固定源的燃烧；

② 机动车企业内物流运输造成的移动源燃烧；③ 生产工艺过程的有组织排放；④ 无组织排放。

由于生产工艺过程、产品类别和服务系统的不同，各企业单位直接或间接造成的各种温室气体排放，可能源于不同的排放源，需要分类统计并进行加和计算。

（2）识别范围一的排放

针对范围一，企业首要任务是辨识造成直接排放的工艺过程、单元或设备，一般为石油化工、冶炼和能源相关行业或过程；此外还包括厂界内的物流运输（周转），制冷设备或系统等。

（3）识别范围二的排放

范围二的主要任务统计外购电力和热力造成的间接排放，几乎所有的生产型和非生产型单位都涉及，一般为非能源、化工和冶炼等行业的主要排放源。

（4）识别范围三的排放

范围三是选择性的，主要是针对企业生产上下游供应链（包括物流运输）过程中所产生的间接排放，一般为企业外包的业务。

（5）选择计算方法

《IPCC温室气体排放清单指南》是国家层面的温室气体清单编制的主要依据指南，其基本的原则和方法也可以供企业参考，包括前述章节提及的实测法、排放因子法以及质量平衡法。其中，选择排放因子需要综合考虑其地域性、时间相关性、行业特异性及其透明性和可信度。应选择适合特定活动或过程的排放因子，并尽量从可靠的数据库（如Ecoinvent、IPCC等）中获取最新数据。需明确研究的边界和阶段（如生产、运输、使用和废弃处理），并针对每个阶段选择合适的排放因子，同时考虑其不确定性，以确保核算结果的准确性和代表性。

（6）计算方法的实践

以天津市热力供应为案例分析，根据2014年发布的《天津市电力热力行业碳排放核算指南（试行）》，简要分析企业层面温室气体的核算方法，具体如下：

① 直接排放

化石燃料燃烧产生的二氧化碳排放量 $m_{CO_2, fos}$，主要基于燃料品种的燃料消费量、燃料低位发热值、单位热值含碳量和碳氧化率计算得到，按式（5-19）计算。

$$E_{CO_2, fos} = \sum_{i=1}^{n} \left(AD_i \times H_i \times F_{ch_i} \times F_{ox_i} \times \frac{44}{12} \right) \tag{5-19}$$

式中，$E_{CO_2, fos}$——化石燃料燃烧产生的 CO_2 排放量，t；i——燃料品种；AD_i——燃料 i 的消费量，t；H_i——燃料 i 的低位发热值，TJ/t；F_{ch_i}——燃料 i 的单位热值含碳量，tC/TJ；F_{ox_i}——燃料 i 的碳氧化率，%。

石灰石-石膏湿法脱硫过程产生的二氧化碳排放量 $E_{CO_2, ind}$ 的计算式为

$$E_{CO_2, ind} = AD_S \times S_{t, ar} \times \eta \times \frac{44}{32} \tag{5-20}$$

式中，$E_{CO_2, ind}$——统计期间烟气脱硫处理产生的CO_2量，t；AD_S——统计期间耗煤量，t；$S_{t, ar}$——统计期间使用的煤炭收到基全硫，收到基全硫是以刚收到状态的煤为基准测得的数值，%；η——石灰石-石膏湿法脱硫效率，%。

焚烧垃圾产生的二氧化碳排放量$E_{CO_2, gar}$的计算式为

$$E_{CO_2, gar} = AD \times CCW \times FCF \times F_{ox} \times \frac{44}{12} \tag{5-21}$$

式中，$E_{CO_2, gar}$——垃圾焚烧产生的CO_2排放量，t；AD——垃圾焚烧量，t；CCW——垃圾中碳含量比例，%；FCF——垃圾中矿物碳在碳总量中比例，%；F_{ox}——垃圾碳氧化率，%。

② 间接排放

外购电力二氧化碳排放按式（5-22）计算。

$$E_{CO_2, in} = AD_e \times EF_e \tag{5-22}$$

式中，$E_{CO_2, in}$——外购电力间接产生的CO_2排放量，t；AD_e——外购电量，10^4 kW·h；EF_e——外购电力的间接排放因子，t CO_2/（10^4 kW·h）。

5. 收集数据与选择排放因子

企业通常通过结合公开的排放因子和购买的商业数据库计算其温室气体的排放量。对于范围二排放的核算，以电力为例，主要基于耗电量和电费清单，结合地方或全国电网平均碳排放因子进行碳排放计算。范围三的温室气体排放核算工作，需要通过调研获取实际的投入产出和排放清单数据（即活动数据），再结合商业数据库或公开的因子数据集/库进行加权加和计算。

鉴于工业企业的特殊性和复杂性，它们在温室气体排放核算方面拥有更多元化的选择和方法学。为确保核算的精确度和有效性，工业企业应当从温室气体核算体系的官方渠道（如提供核算工具的平台）或所属行业的专业协会（如国际铝业协会、国际钢铁协会、美国石油学会等）寻求特定行业的指导标准和规范。

6. 采用计算工具

目前被广泛推荐使用的温室气体计算工具与指南（见表5.11），同样也是由WRI与WBCSD共同编制的，它主要提供了两大类计算工具：

（1）多行业核算工具：这些方法工具适用于所有行业的温室气体核算，包含了固定源和移动源，温室气体和非二氧化碳温室气体（如制冷设备和系统中的氢氟烃等）；同时，该方法还充分考虑了各种数据干扰因素，以便进行不确定性计算。

（2）特定工业工具：这些工具专门针对特定行业设计，如炼铝、钢铁、水泥、石油天然气、纸浆与造纸以及基于办公室工作的企业等，用于精确计算这些行业的温室气体排放量。

大部分企业在计算温室气体排放时，需要综合运用多种计算工具，以确保涵盖所有排放源。

表5.11　温室气体核算体系网站提供的温室气体计算工具概述

计算工具		主要特点
跨行业工具	固定燃烧	计算固定设备燃料燃烧直接与间接产生的二氧化碳排放量； 提供分配热电联产设施产生的温室气体排放量的两种选择； 提供默认的燃料排放因子及国家平均电力排放因子
	移动燃烧	计算移动设备中燃料燃烧直接与间接产生的二氧化碳排放量； 提供公路、航空、水路和铁路运输的计算方法与排放因子
	使用空调和冷藏设备排放的氢氟碳化物	计算生产、使用和处置商用冷藏与空调设备直接产生的氢氟碳化物的排放量； 提供三种途径计算排放量：销售额法、生命周期阶段法和排放因子法
	测量和估算温室气体排放的不确定性	介绍不确定性分析和定量的基本原理； 确定因计算温室气体排放量的随机误差导致的统计参数的不确定性； 自动累积基础温室气体排放清单数据的不确定性分析
特定行业工具	铝和其他有色金属	计算炼铝过程中直接产生的温室气体排放量（阳极氧化产生的二氧化碳，"阳极效应"；产生的全氟碳化物，以及有色金属生产冶炼过程中用作气罩的六氟化碳的排放量）
	钢铁	计算还原剂被氧化、生产钢材过程中熔剂的煅烧，以及脱除铁矿砂和废钢中的碳所产生的温室气体（二氧化碳）排放量
	硝酸	计算生产硝酸直接产生的温室气体（氧化亚氮）的排放量
	氨	计算生产氨直接产生的温室气体（二氧化碳）的排放量。这仅仅是为了脱除进料气流中的碳；燃烧排放量根据固定燃烧计算工具计算
	己二酸	计算生产己二酸直接产生的温室气体（氧化亚氮）排放量
	水泥	计算水泥生产中煅烧工艺直接产生的二氧化碳排放量（世界可持续发展工商理事会的工具还计算燃烧排放量）； 提供两种计算方法：水泥法和熟料法
	生产	计算生产石灰直接产生的温室气体排放量（煅烧工艺产生的二氧化碳）
	生产HCFC-22产生的HFC-23	计算生产HCFC-22直接产生的HFC-23排放量
	纸浆和造纸	计算生产纸浆和纸张直接产生的二氧化碳、甲烷和氧化亚氮排放量。包括计算固定设备中化石燃料、生物燃料和废旧产品燃烧直接和间接产生的二氧化碳排放量
	半导体晶片	计算生产半导体晶片产生的全氟碳化物排放量
	基于办公室工作的小型机构的指导	计算使用燃料直接产生的二氧化碳排放量，电力消耗间接产生的二氧化碳排放量，以及公务差旅和通勤等其他方式间接产生的二氧化碳排放量

7. 将温室气体排放数据汇总到企业一级

为了系统和全面编制企业温室气体排放报告，需要通过各种方式进行数据的采集和汇总整理：

（1）数据平台或数据库：各生产部门或单元通过企业内部网络或互联网直接向该平台输入数据。

（2）工作表模板：各生产部门或单元填写电子表单模板后，通过电子邮件发送至企业或部门，进行后续的数据处理。

（3）纸质报表：各生产部门或单元可通过传真发送纸质报告至企业或部门，再由相关人员手动输入到企业数据库中。然而，若未实施严格的核查机制来确保数据准确无误地转移，这种方法可能增加错误的风险。

企业应优先选择采纳统一化的报告模板来提交内部数据至企业级，此做法旨在确保从各个业务分支和设施中汇集的数据具备高度的可对比性，并同步确保遵循了企业内部的报告标准。统一的格式设置有助于大幅降低在数据处理过程中产生错误的概率。

汇总企业设施温室气体排放量的基本途径主要有以下两种（见图5.27）：① 集中法，即汇总各个工艺、单元、设施的活动因子数据，整合后进行碳排放的计算；② 分散法：如分工艺、分单元、分设施进行活动因子数据采集和碳排放的核算工作，并进行汇总。

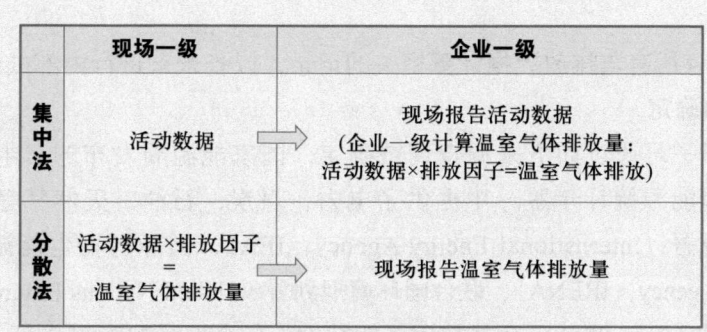

图5.27 汇总数据的方法
资料来源：许明珠，2012

这两种方法的本质区别在于温室气体排放量的计算场所——是选择设施现场还是企业中心层面（即在哪一级别应用活动数据与相应的排放因子相乘），以及企业各级需实施何种类型的数据质量控制流程。无论采用哪种方法，原始数据的收集工作通常由设施层面的人员承担。同时，无论哪种方法被选中，企业层面及其下属部门的人员都应负责识别并剔除那些被重复计算的排放量，这些排放量可能在某设施中被归为范围二或范围三排放，但已在企业的其他设施、业务部门或整个企业层面被纳入范围一排放。选择哪种收集方法应基于报告企业的特定需求和特性。为了提升准确性并降低报告负担，一些企业会灵活结合这两种方法。对于工艺排放复杂的设施，企业会在设施层面直接计算排放量；而对于排放源采用统一标准的设施，则仅需报告燃料消耗、电力使用和差旅活动数据，企业则通过内部数据库或报告工具来计算这些标准活动所产生的总温室气体排放量。这两种方法并非互斥，而应得出一致的结果。因此，为验证设施层面数据计算的一致性，企业可同时采用这两种方法并对比结果。

从设施一级向企业或部门办公室提交的某些需报告的信息类别，是集中法和分散法共同要求的，应由设施一级报告给企业。这些类别包括：对排放源的简要描述；排放清单中纳入或排除排放源的理由列表；与以往年份的比较信息；报告期间；任何数据的明显趋势；业务目标的进展情况；报告的活动数据/燃料消耗数据或排放数据的不确定性及其可能原因，以及改进数据的建议；描述影响报告数据的事件和变化（如并购、资产剥离、关闭、技术升级、报告边界或计算方法的变更等）。

按照集中法向企业一级报告活动数据/燃料消耗数据的设施，除了提交活动数据/燃料消耗数据和前述常见的报告数据类别外，还应包括：货物和旅客运输的活动数据（如以t·km为单位的货物运输）；工艺排放的活动数据（如以t为单位的化肥产量和填埋废弃物）；为得出活动数据/燃料消耗数据所做的计算记录；将燃料消耗和/或电力消耗转化为二氧化碳排放量所需的当地排放因子。而按照分散法计算排放量的设施，除了提交温室气体排放量活动水平/燃料使用数和前述常见的报告数据类别外，还应包括：温室气体计算方法的描述，以及相对于以往报告期间的方法变化；比率指标；计算方法特别是关于所用排放因子所引用数据的详细情况。

企业应妥善保存所有与排放数据计算相关的记录，以备未来进行内部或外部的核查。

8. 排放因子的确定

一般碳排放因子可通过如下来源查询或确定：国家能源局发布的《中国电力行业碳排放因子》和《中国能源统计年鉴》中提供了电力、煤炭、石油、天然气等能源的碳排放因子数据；国际能源署（International Energy Agency，IEA）、国际可再生能源署（International Renewable Energy Agency，IRENA）、联合国环境规划署（United Nations Environment Programm，UNEP）等机构也发布了一些关于碳排放因子的数据；各个地区的能源公司、研究机构也发布了相应的数据；免费专门的在线排放因子查询工具如carbonfootprint.com等，提供了世界多个国家和地区的碳排放因子查询工具；国际公认的商业软件和数据库，如Gabi和SimaPro（包含有清单数据）。

需要注意的是，不同的数据来源和方法可能存在差异，因此在使用碳排放因子时应尽可能选择可靠的数据来源并结合实际情况进行估算。

延伸阅读5-4　大型企业进行碳排放核算（碳足迹）的实践概述

五、生命周期碳排放评价方法

（一）生命周期评价方法的起源

在20世纪60年代末，全球进行了第一批资源环境概况分析（resource and environmental profile analysis，缩写为REPAs），它们是现代生命周期分析的先驱。其中可口可乐公司委托美国的一个研究团队（后来成为富兰克林联合公司）研究其产品的不同包装材料的资源和环境概况。70年代初的石油短缺使人们重视能源分析。到了80年代中期，多标准的系统性调查已经扩展到尿布、家电、汽车和住房等。人们用可互换的术语来描述这些研究，包括生态平衡、从摇篮到坟墓的分析和生命周期分析。90年代，生命周期评估这一术语由环境毒理学与化学学会（Society of Environmental Toxicology and Chemistry，SETAC）在美国佛蒙特州举办的一个研讨会上被提出并得到认可。

随后迅速发展，生命周期评估逐渐发展成为一套系统、综合的环境影响评估方法。SETAC开始开展生命周期评估的发展和扩展，并出版了各种"最佳实践"指南以及关于简化和方法的建议。此外，还将其应用于公共政策和特定领域，如建筑和施工，以及将生命周期评估应用于组织内更嵌入管理模式的研究。

（二）LCA的定义、标准和过程

生命周期评价（life cycle assessment，LCA）是一种用于评估产品（商品或服务）在其整个生命周期中对环境造成的直接和间接影响的工具。经过多年的发展，LCA已被广泛应用，成为国内外环境管理与绿色设计中（包括碳排放核算）的重要支撑工具。ISO、环境毒理学与化学学会（SETAC）和USEPA也在不断推动LCA方法的标准化，详见表5.12。

表5.12 ISO 14040系列标准

ISO 14040系列标准	内容
ISO 14040	原则与框架标准
ISO 10441	目的与范围确定以及清单分析标准
ISO 14042	生命周期影响评价标准
ISO 14043	生命周期解释标准
ISO 14044	要求与指南标准
ISO 14048	数据文件化格式标准

ISO 14040（1997）和GB/T 24040（1999，参考ISO）标准均对LCA进行了明确的定义，即系统评估全生命周期过程中的所有投入、产出（包括污染物的排放）可能对环境造成的综合影响，并通过归一化指标进行度量。LCA十分注重产品在原材料获取（开采）、生产加工、使用以及最终的废弃或回收利用和处置等各个生命周期阶段对自然资源、生态环境和人体健康造成的影响。图5.28描述了面向产品尺度的生命周期评价一般方法和流程，主要包括生产、运输、使用、维护、再利用、回收和最终处置等生命周期环节或阶段。

目前由ISO 14040和GB/T 24040所规定的LCA方法及实施步骤被广泛采用，具体如图5.29所示，主要包括：① 确定目的与范围（包括定义功能单位）；② 清单分析（进行数据的采集和评价模型构建）；③ 影响评价（明确影响评价指标，通过模型或软件计算综合环境影响）；④ 结果解释（分析和讨论评价结果，并对上述流程进行优化和改进）。

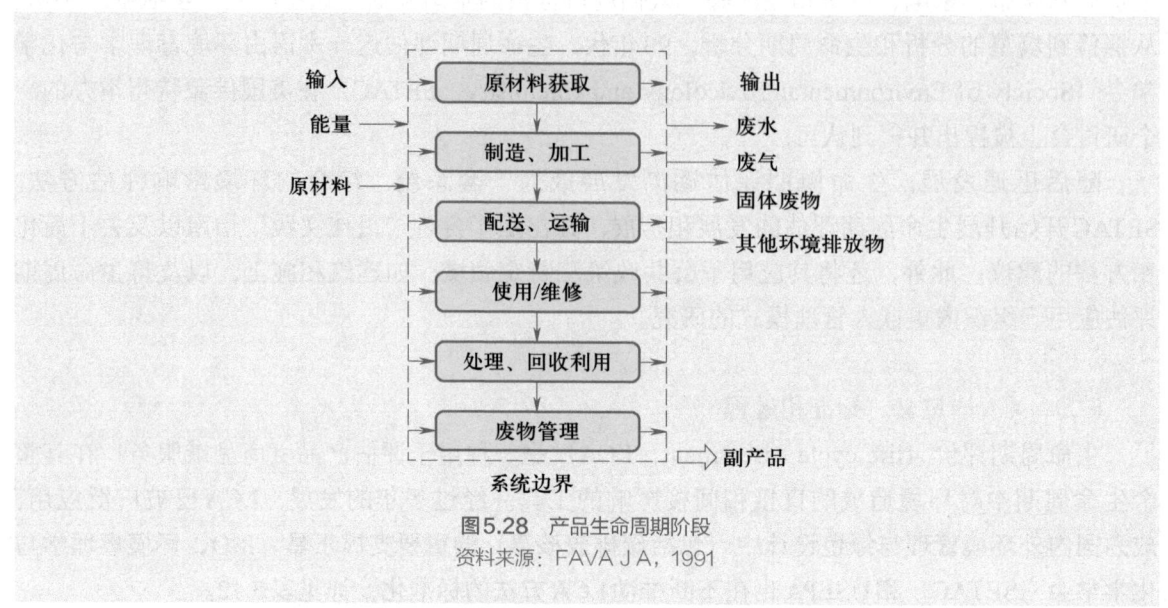

图5.28 产品生命周期阶段

资料来源：FAVA J A，1991

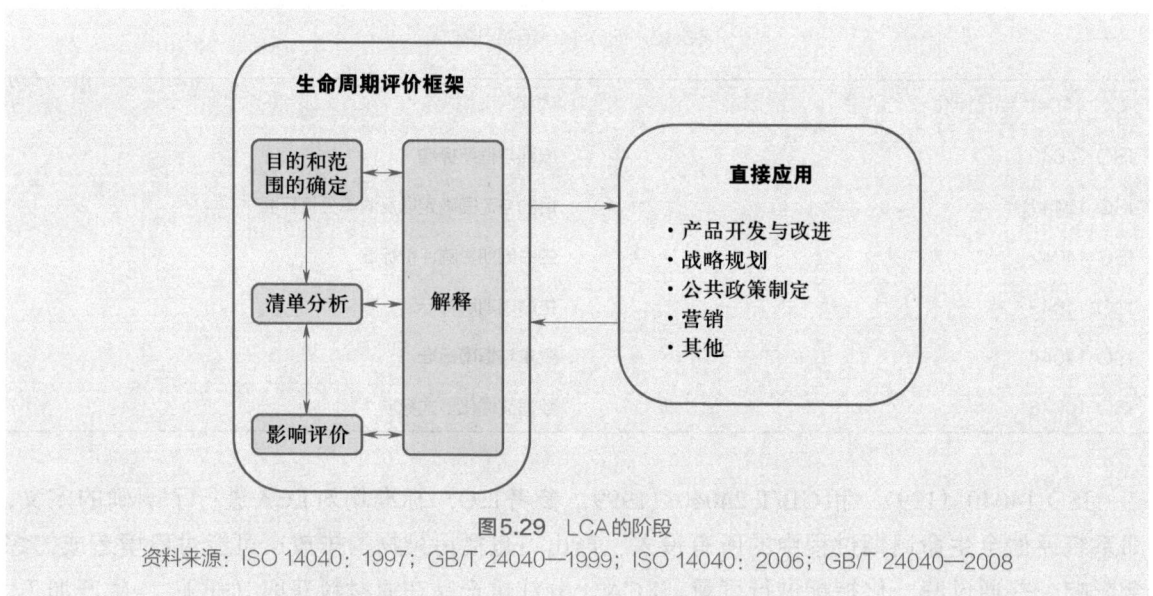

图5.29 LCA的阶段

资料来源：ISO 14040：1997；GB/T 24040—1999；ISO 14040：2006；GB/T 24040—2008

在确定LCA的目的与范围阶段，务必清晰阐述研究的目的及其应用领域，并确保研究范围足够广泛和深入，以匹配所设定的目标。

生命周期清单分析（life cycle inventory，简称LCI）阶段是为达成研究目标而进行的全面数据收集过程，其核心在于创建一份详尽的系统输入和输出数据清单。LCI作为LCA的关键组成部分，起着至关重要的作用。目前共有三种方法可以生成LCI：投入产出法、生产线直接能耗统计法（也称为累计法）以及综合法。这些方法各有侧重，可根据具体的研究需求来选择或组合使用，以确保数据的完整性和准确性。

生命周期影响评价（life cycle impact assessment，缩写为 LCIA）阶段是在 LCI 结果的基础上，评估系统对环境产生的影响的过程。LCIA 的第一步是分类（classification），即将系统的输入输出按其对环境的影响类别进行归类。接着是表征（characterization），通过对各类环境影响因子的量化描述，评估其对环境的具体影响。最后，根据这些影响的严重程度进行加权处理，赋予不同的权重，以全面评估整个系统的环境影响。这一过程为理解和量化环境影响的范围和深度提供了系统化的方法。

结果解释阶段是对 LCI 和 LCIA 的整合，针对 LCA 目的进行解释，并结合结果分析如何降低能耗和排放，减轻产品的环境影响，并提供相应的对策。

目前，生命周期评价的概念已经在各个层级广泛应用，包括国家、省市、城市、企业及产品的碳排放核算和碳足迹分析。比如，在企业碳核算中常用的 GHGP 方法便是其典型应用之一。然而，需要注意的是，当对比不同国家生产的同类物品时，生命周期评价的结果可能存在较大差异。这些差异可能由多种因素引起，例如，计算边界的划定方式存在差异、建材统计的精度不一致，以及碳排放因子类型和数量的不同，同时还可能受到碳排放来源的多样性和数据准确性不足等问题的影响。

（三）生命周期碳排放评价方法的运用实例：面向 2035 的节能与新能源汽车全生命周期碳排放预测评价

本小节将参照付佩等人发表的论文《面向 2035 的节能与新能源汽车全生命周期碳排放预测评价》来讨论生命周期碳排放的运用方法。

1. 评价对象

本案例将对以下五种汽车类型进行全生命周期碳排放评价：传统燃油汽车（internal combustion engine vehicles，缩写为 ICEV）、轻度混合动力汽车（mild hybrid electrical vehicles，缩写为 MHEV）、混合动力汽车 HEV（hybrid vehicle，缩写为 HEV）、纯电动汽车（battery electrical vehicles，缩写为 BEV）和燃料电池汽车（fuel cell vehicles，缩写为 FCV）进行全生命周期碳排放评价，典型车型的具体参数见表 5.13。

表5.13　典型车型的具体参数

参数	ICEV	MHEV	HEV	BEV	FCV
整备质量/kg	1 490	1 530	1 650	1 650	1 850
发动机排量/L	1.5	1.5	2.5	—a	—
动力蓄电池容量/（kW·h）	—	0.8	—	57	1.6
发动机功率/kW	115	115	131	—	—

参数	ICEV	MHEV	HEV	BEV	FCV
电动机功率/kW	—	11.5	88	100	113
百公里油耗/ [L · (100 km)$^{-1}$]	6.6	6.1	4.38	—	—
百公里电耗/ [kW · h · (100 km)$^{-1}$]	—	—	—	12. 3	—
百公里氢耗/ [kg · (100 km)$^{-1}$]	—	—	—	—	1. 1
电池类型	铅酸蓄电池	48 V蓄电池	镍氢蓄电池	磷酸铁锂电池	磷酸铁锂电池

注:"—"表示该车型不存在对应的参数。

2. 系统边界和功能单位

系统边界:整车的动力系统和其他部件的生产、整车装配、运行使用和报废回收四个阶段。系统边界如图5.30所示。

功能单位:假设不同动力汽车在中国道路行驶20万km,单位为g · km^{-1}(以CO_2eq 计)。

3. 清单分析

依据文献参考,构建了ICEV、MHEV、HEV、BEV和FCV的全生命周期碳排放评价模型。碳排放量的计算公式如下:

$$P_{LCA, CO_2} = P_{1, CO_2} + P_{2, CO_2} + P_{3, CO_2} + P_{4, CO_2} \qquad (5-23)$$

式中,P_{LCA, CO_2}——整车全生命周期碳排放量;P_{1, CO_2}——整车生产阶段碳排放量;P_{2, CO_2}——整车装配阶段碳排放量;P_{3, CO_2}——运行使用阶段碳排放量;P_{4, CO_2}——报废回收阶段碳排放量。

整车生产阶段碳排放为

$$P_{1, CO_2} = \sum_k \left[(m_{ij})_{k \times n} \times (p_{0ij})_{n \times 1} \right] + \sum_k \left[(e_{1ij})_{k \times r} \times (p_{1ij})_{r \times 1} \right] \qquad (5-24)$$

式中,m_{ij}——整车第i个部件所包含的第j种车用材料质量,kg;k——整车的部件数量;n——车用材料的种类数;p_{0ij}——生产单位质量第i种车用材料的碳排放当量,kg/kg;e_{1ij}——汽车第i个部件制造过程所需的第j种能源量,MJ;p_{1ij}——生产单位第i种能源所排放的第j种污染物排放量,kg/MJ;r——能源的种类数。

整车装配阶段碳排放为

$$P_{2, CO_2} = (e_{2j})_{1 \times r} \times (p_{1ij})_{r \times 1} \qquad (5-25)$$

式中,e_{2j}——汽车整车装配过程中所需要的第j种能源量(MJ)。

运行使用阶段碳排放:

ICEV、MHEV和HEV在运行使用阶段主要消耗为汽油,它们在运行使用阶段的碳排放为

$$P_{3, CO_2}^I = Q_1 \times s/100 \times (C_1 + C_2) \qquad (5-26)$$

式中,P_{3, CO_2}^I——主要消耗为汽油的汽车在运行使用阶段的碳排放量;Q_1——汽车的百公里燃

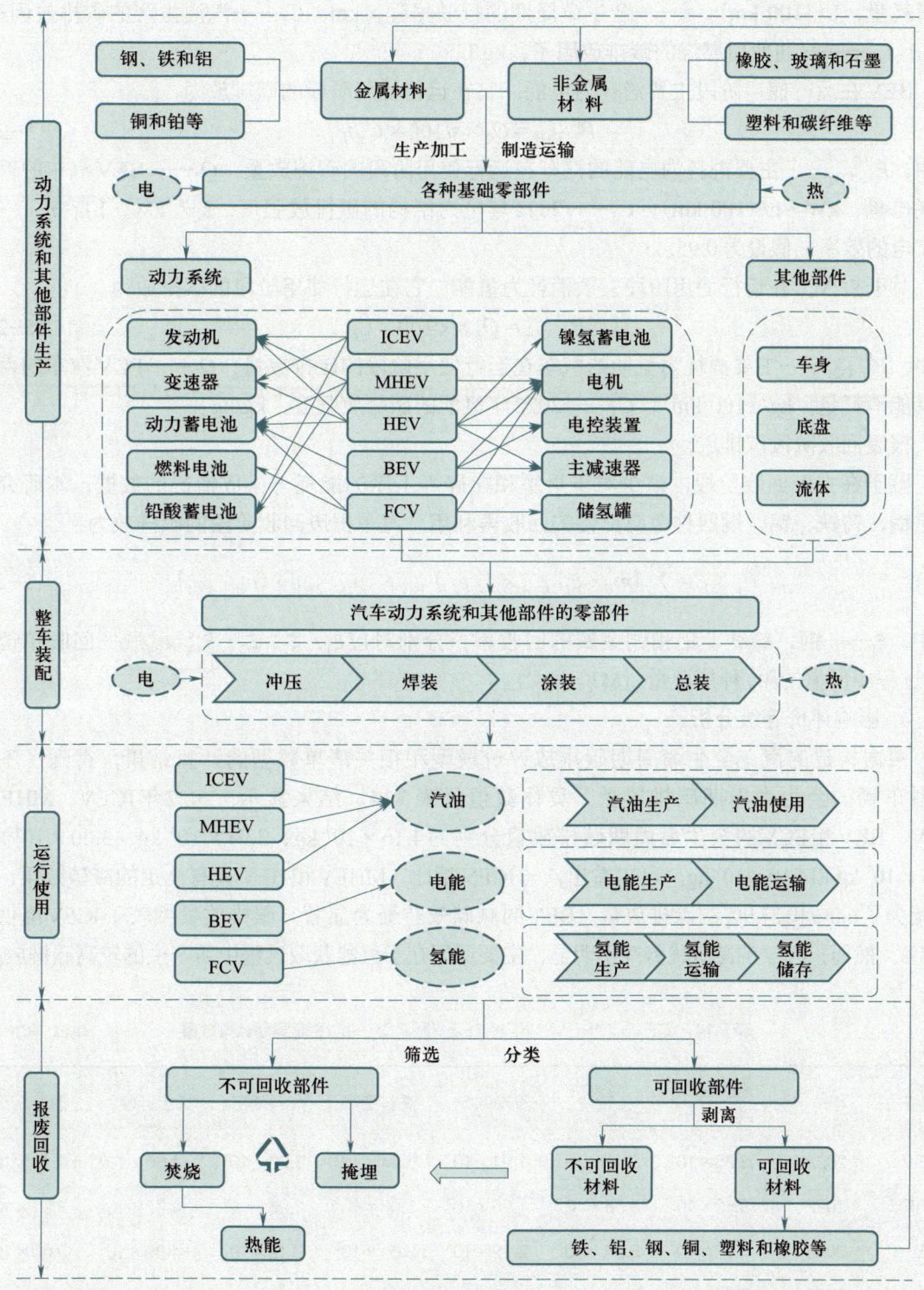

图 5.30　系统边界

资料来源：付佩等，2023

油消耗量，L/（100 km）；s——全生命周期的行驶里程，km；C_1——汽油生产的碳排放因子，kg/L；C_2——汽油使用燃烧的碳排放因子，kg/L。

BEV 在运行使用阶段主要消耗为电能，它在运行使用阶段的碳排放为

$$P_{3,\ CO_2}^{II} = Q_2 \times s/100 \times C_3/\eta \tag{5-27}$$

式中，$P_{3,\ CO_2}^{II}$——主要消耗为电能的汽车在运行使用阶段的碳排放量；Q_2——BEV 汽车的百公里耗电量，kW·h/（100 km）；C_3——2022 年电力结构的碳排放强度，kg/（kW·h）；η——汽车充电的效率，假设为 0.95。

对于 FCV，在运行使用阶段主要消耗为氢能，它在运行使用阶段的碳排放为

$$P_{3,\ CO_2}^{III} = Q_3 \times s/100 \times C_4 \tag{5-28}$$

式中，$P_{3,\ CO_2}^{III}$——主要消耗为氢能的汽车在运行使用阶段的碳排放量；Q_3——FCV 汽车的百公里氢能消耗量，kg/（100 km）；C_4——2022 年氢能的碳排放强度，kg/kg。

报废回收阶段碳排放：

鉴于在报废回收阶段，缺少对于拆解和粉碎等工序的能耗与排放情况的数据，本研究只考虑钢、铸铁、铝、铜四种金属部件的回收再利用。汽车报废回收阶段的碳排放为

$$P_{4,\ CO_2} = \sum_k (m_{ij} \cdot \xi_j)_{k \times 4} \times [(e_{3ij})_{4 \times r} \cdot (p_{1ij})_{r \times 1} - (p_{0ij})_{4 \times 1}] \tag{5-29}$$

式中，ξ_j——钢、铸铁、铝和铜金属的回收率，分别对应 ξ_1、ξ_2、ξ_3、ξ_4；e_{3ij}——回收单位金属 i 过程中所需的第 j 种能源量（MJ·kg^{-1}）。

4. 影响评价等级分析

根据构建的汽车全生命周期碳排放评价模型和相关清单数据的计算结果，得到了不同类型车辆的全生命周期碳排放量，具体数值见表5.14。结果显示，2022 年 ICEV、MHEV、HEV、BEV 和 FCV 的全生命周期碳排放量分别为 4.16×10^4 kg、3.91×10^4 kg、3.00×10^4 kg、2.27×10^4 kg 和 4.10×10^4 kg。可以看出，与 ICEV 相比，MHEV 和 HEV 具有一定的减碳效果，分别减少了 6.0% 和 27.9% 的碳排放量。BEV 的减碳效益最为显著，碳排放量相较于 ICEV 降低了 45.4%。然而，FCV 的减碳优势并不明显，主要原因在于氢能获取过程中所产生的较高碳排放。

表5.14　ICEV、MHEV、HEV、BEV 和 FCV 的全生命周期碳排放量　　　单位：kg

车型	年份	动力系统生产	其他部件生产	整车装配	燃料生产	燃料使用	报废回收	总计
ICEV	2022	3.25×10^3	3.61×10^3	1.91×10^3	5.44×10^3	3.20×10^4	-4.66×10^3	4.16×10^4
MHEV	2022	3.59×10^3	3.66×10^3	1.96×10^3	5.03×10^3	2.96×10^4	-4.77×10^3	3.91×10^4
HEV	2022	4.02×10^3	3.84×10^3	2.12×10^3	3.61×10^3	2.12×10^4	-4.85×10^3	3.00×10^4
BEV	2022	6.96×10^3	3.64×10^3	2.12×10^3	1.46×10^4	0.00	-4.70×10^3	2.27×10^4
FCV	2022	6.27×10^3	4.15×10^3	2.38×10^3	3.06×10^4	0.00	-2.44×10^3	4.09×10^4

随着汽车燃油效率的不断提升、车辆轻量化技术的持续发展、电力供应结构的逐步清洁化以及氢能获取过程的逐渐绿色化，预计在2025年、2030年和2035年，不同车型的全生命周期碳排放将呈现逐年下降的趋势。这一变化的详细预测数据可参见表5.15，具体参数说明了各阶段的碳排放减少情况。通过这些技术和能源结构的改进，车辆在全生命周期中的碳足迹将得到显著削减。

表5.15 ICEV、MHEV、HEV、BEV和FCV的全生命周期碳排放量　　　　　单位: kg

车型	年份	动力系统生产	其他部件生产	整车装配	燃料生产	燃料使用	报废回收	总计
ICEV	2025	2.87×10^3	3.18×10^3	1.58×10^3	5.11×10^3	3.01×10^4	-4.22×10^3	3.86×10^4
	2030	2.43×10^3	2.65×10^3	9.99×10^2	4.70×10^3	2.76×10^4	-3.92×10^3	3.45×10^4
	2035	2.21×10^3	2.40×10^3	8.71×10^2	4.37×10^3	2.57×10^4	-3.59×10^3	3.20×10^4
MHEV	2025	3.17×10^3	3.21×10^3	1.62×10^3	4.45×10^3	2.62×10^4	-4.32×10^3	3.43×10^4
	2030	2.68×10^3	2.69×10^3	1.03×10^3	4.04×10^3	2.38×10^4	-4.02×10^3	3.02×10^4
	2035	2.44×10^3	2.43×10^3	8.94×10^2	3.71×10^3	2.18×10^4	-3.69×10^3	2.76×10^4
HEV	2025	3.55×10^3	3.38×10^3	1.75×10^3	3.38×10^3	1.99×10^4	-4.41×10^3	2.75×10^4
	2030	3.02×10^3	2.82×10^3	1.11×10^3	2.97×10^3	1.75×10^4	-4.15×10^3	2.32×10^4
	2035	2.74×10^3	2.56×10^3	9.64×10^2	2.72×10^3	1.60×10^4	-3.81×10^3	2.12×10^4
BEV	2025	5.78×10^3	3.02×10^3	1.65×10^3	1.18×10^4	0.00	-4.05×10^3	1.82×10^4
	2030	4.68×10^3	2.44×10^3	1.01×10^3	7.07×10^3	0.00	-3.74×10^3	1.15×10^4
	2035	4.02×10^3	2.10×10^3	8.36×10^2	6.32×10^3	0.00	-3.25×10^3	1.00×10^4
FCV	2025	5.05×10^3	3.49×10^3	1.96×10^3	2.30×10^4	0.00	-2.04×10^3	3.15×10^4
	2030	3.62×10^3	3.08×10^3	1.73×10^3	1.62×10^4	0.00	-1.67×10^3	2.30×10^4
	2035	3.06×10^3	2.67×10^3	1.50×10^3	1.04×10^4	0.00	-1.44×10^3	1.62×10^4

图5.31展示了5款汽车在2022年、2025年、2030年和2035年各个时间节点的全生命周期碳排放量。通过分析可以看出，汽油的使用是ICEV、MHEV以及HEV全生命周期碳排放的主要来源。而对于BEV和FCV，其全生命周期碳排放的主要来源分别为电力生产和氢能生产。此外，BEV和FCV的动力系统生产阶段产生的碳排放要高于ICEV。不过，汽车的报废与回收过程对整体碳排放有积极的减排效果，有助于降低全生命周期的碳足迹。

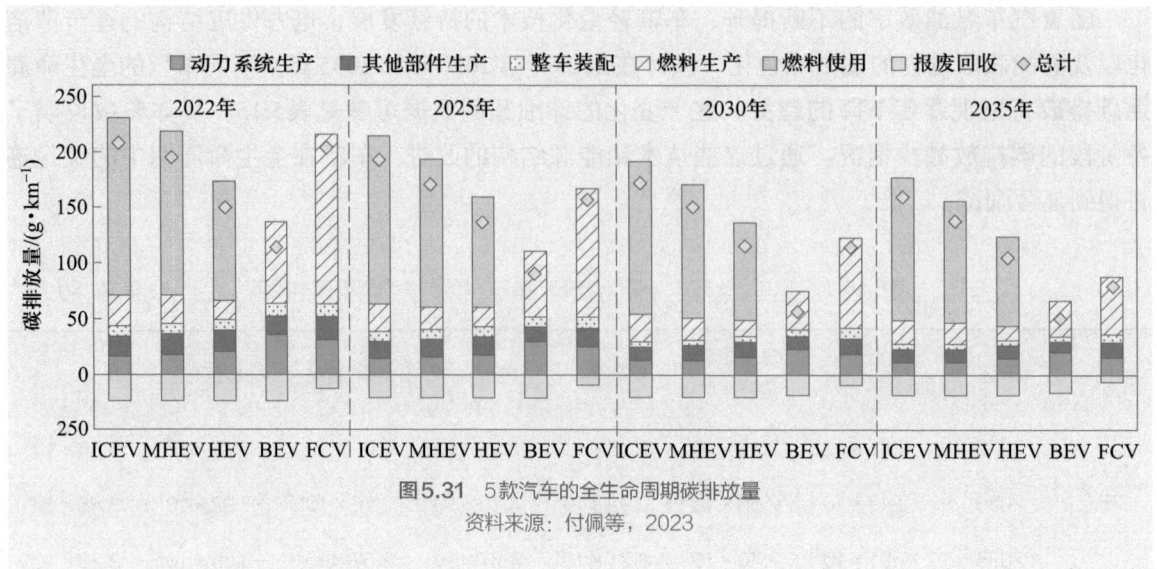

图5.31 5款汽车的全生命周期碳排放量

图5.31　5款汽车的全生命周期碳排放量
资料来源: 付佩等, 2023

5. 影响评价结果分析

根据上述分析, 基于生命周期评价的结果表明, 未来BEV和FCV在减碳方面将表现出显著优势。到2035年, BEV和FCV的碳排放相比ICEV分别减少了68.8%和49.4%, 这凸显了推广新能源车辆在减缓气候变化中的关键作用。这一趋势说明, 随着技术进步和清洁能源使用的增加, 新能源车将在未来的碳排放控制中发挥更加重要的作用, 对于全球气候目标的实现具有深远意义。

六、GHGP与LCA的对比

GHGP和LCA作为碳排放核算的重要工具, 各自具有不同的优劣势及适用领域。

GHGP的主要优点在于其标准化和广泛的接受度。作为一种得到全球广泛认可的碳排放核算方法, GHGP为企业提供了统一的框架, 使得不同组织之间的碳排放报告具备可比性和透明度。这种标准化方法尤其适用于企业层面的碳足迹核算和披露, 有助于提高企业间碳排放数据的公信力与一致性。然而, GHGP在实际应用中也面临一定的局限性。例如, 在数据收集和核算过程中, 其复杂度较高, 尤其对于规模较大的企业来说, 完整、准确地追踪和汇总多源碳排放数据可能是一项挑战。此外, GHGP更倾向于关注企业的直接排放 (范围一排放), 对间接排放 (范围二和范围三) 的覆盖较为有限, 导致其难以全面反映整个供应链或生命周期中的碳排放情况。

相比之下, LCA则提供了一种系统化的方法, 能够全面评估产品或服务在其整个生命周期内的碳排放, 包括从原材料开采、制造、使用到废弃处理的各个阶段。通过这种全生命周期的视角, LCA不仅能够识别出直接的碳排放源, 还可以揭示隐藏在供应链中的间接排放,从而为企业或决策者发现减排机会提供支持。然而，LCA在实施过程中也存在挑战，其主要难点在于数据的复杂性和广泛性。为了得到准确的结果，LCA需要详细、全面的数据，这往往涉及大量的时间、资源和跨部门协作。此外，由于产品和服务在设计、制造等方面存在差异，LCA的结果可能会受到输入数据质量和边界设定的影响，进而带来一定的不确定性。这使得LCA在不同情境下的适用性可能存在一定的局限性。

综上所述，GHGP与LCA各有其独特的优势和局限性。GHGP适用于需要简明、标准化报告的企业碳核算，而LCA则更适合用于产品、服务的全面碳足迹分析。对于企业而言，如何选择合适的碳核算工具，取决于其核算目标、可用资源以及对碳排放精度度的需求。合理结合两者的优势，或能为碳减排工作提供更加全面和深入的支持。

第四节
碳足迹评价流程和方法

碳足迹一般是面向产品或服务系统的碳排放核算。建立完善的碳足迹评估体系是我国有效应对复杂国际关系和日益激烈的国际低碳经济竞争、科学推动和引导绿色低碳转型发展、有序实现碳中和目标的必然选择。在碳足迹评估方法上，生命周期评估（LCA）技术已经相当成熟并被广泛应用。它在普遍适用性、系统化和定量化方面展现出了明显的优势，并且能够对产品系统在时间和空间维度上进行扩展分析，但在截断误差控制、数据质量保证和标准体系统一等方面还需进一步完善。

我国在推进碳达峰和碳中和的进程中，工业的绿色低碳转型和产品的绿色低碳消费扮演着关键角色。核算产品全生命周期的碳足迹对于引导工业生产和消费过程中的碳减排至关重要。工信部发布的《"十四五"工业绿色发展规划》（工信部规〔2021〕178号）已将碳足迹核算列为工业绿色发展的关键任务。此外，国家发改委、工信部等部门联合发布的《促进绿色消费实施方案》（发改就业〔2022〕107号）也强调了建立重点产品全生命周期碳足迹标准的必要性。迄今为止，我国在电力、钢铁、水泥、石油及化工等关键工业排放控制行业中，碳足迹评估技术的应用已取得了一定的进步。然而，其发展仍面临诸多挑战。未来，我们需要进一步探索如何将碳足迹评估技术与排放量核算、碳交易研究相结合，以及如何将产品碳足迹与产品碳标签、环境产品认证（EPD）机制相融合。通过这样的探索与实践，我们能够充分发挥碳足迹评估技术在推动有序降低碳排放、引导绿色低碳消费以及应对贸易壁垒等方面的积极作用。

一、碳足迹定义

(一) 碳足迹的基本概念

碳足迹这一概念最初源于生态足迹的理念。生态足迹定义为支撑特定人口所需的具备生物生产力的土地和海域面积，通常以全球公顷作为计量单位。基于此，碳足迹则是指为吸收由人类活动产生的全部二氧化碳排放而所需的土地面积。

随着时间的推移，碳足迹这一术语被越来越广泛地应用。然而，在研究报告中，使用全球公顷作为单位的情况相对较少，更常见的是采用二氧化碳排放当量（CO_2eq）作为衡量标准。此外，为了区分生态足迹，一些文献中采用了与碳足迹相似的术语，如隐含碳、碳含量、嵌入碳、碳流量、虚拟碳、温室气体足迹和气候足迹等。

学者和机构对碳足迹的理解在国际上并不统一，主要差异体现在几个关键点，如表5.16所示。首先，评估碳足迹的目标各异，可以是产品或各种活动，涵盖个人、团体、组织、企业、政府乃至国家等不同层面。其次，关于评估边界的确定，是否应包括从原料开采到运输的整个生命周期，各方意见不一。第三，在计算方法上，有的只关注二氧化碳排放，而有的则包括所有温室气体的二氧化碳当量。最后，对于计算范围，是否应包括直接排放和间接排放的总和，也存在争议。

表5.16 国内外相关文献报道的碳足迹概念

碳足迹定义	作者	时间	参考文献
人类经济活动中直接排放和间接排放CO_2的总量	Weidmann等	2007年	[66]
个人或活动所释放的碳质量	Hammond	2007年	[67]
产品或活动全生命周期过程中耗费的能量以及排放的温室气体总量，另外，作为生态足迹的一部分，碳足迹也可以用吸收温室气体的土地面积来表示	Browne等	2009年	[68]
活动（个人、组织、政府等为活动主体）或产品全生命周期过程中直接和间接排放CO_2的总量	Weidmann等	2010年	[69]
指温室气体排放量，用CO_2排放当量（CO_2eq）表示，特定范围内由个人、组织、过程、产品或事件排放到大气中的二氧化碳总量	Pandey等	2011年	[70]
国家的碳足迹是指国内活动（即消费和投资）所产生的二氧化碳排放流量	Aichele等	2012年	[71]
产品全生命周期（从原材料到最终产品）过程中全部温室气体排放量	Pandey等	2014年	[72]
产品全生命周期过程中CO_2和其他温室气体的CO_2当量总量，且应该用消纳这些CO_2所需的生态功能用地来表征碳足迹	高成康等	2015年	[73]
产品生产过程中产生的所有碳排放以及产品中潜在的温室气体	McAusland等	2015年	[74]
由两部分组成：直接温室气体排放和间接温室气体排放	Zhao等	2018年	[75]

碳足迹定义	作者	时间	参考文献
活动引起或产品全生命周期内直接和间接排放的温室气体总量，用CO_2排放当量表示，即CO_2eq	崔文超等	2020年	[76]
"碳足迹"指的是产品或活动（个人、团体、组织、公司、政府等活动主体）累计直接或间接产生的CO_2排放总量，当需要累计计算其他温室气体的时候，可称之为"气候足迹"	Qmoniyi等	2021年	[77]

准确和科学的碳足迹评估对于实现碳中和至关重要。为了使碳足迹成为推动低碳社会发展的有效工具，必须有清晰的评估方法和统一的概念定义。鉴于碳足迹在未来可能在碳边境税、碳抵消、低碳消费引导等方面发挥关键作用，并可能与货币交易直接相关，因此，建立一个科学、全面且得到国际认可的碳足迹概念显得极为重要。刘含笑等学者（2023）基于国内外研究成果和他们在重点工业行业的产品碳足迹评估经验，提出了一个建议性的工业产品碳足迹定义：它包括了产品从摇篮到坟墓的全生命周期内温室气体的总排放量；技术上，它详细计算了整个工艺流程中各环节的直接和间接碳排放，以实现全面和多角度的碳足迹评估。

（二）产品碳足迹

产品碳足迹（product carbon footprint，PCF）是指评估产品在其整个生命周期中产生的温室气体排放总量，这包括从原材料的开采、产品的制造（或服务的提供）、产品的分销、使用直至最终的处置或回收利用等各个阶段的温室气体排放累积。产品碳足迹的计算结果为产品生命周期各种温室气体排放量的加权之和，用二氧化碳当量（CO_2eq）表示，单位为$kgCO_2eq$或者gCO_2eq。

针对产品/活动碳足迹，也有一定的标准规范对碳足迹做出了定义，见表5.17。

表5.17 产品/活动碳足迹定义

标准	发行机构/指南	发行时间/类别
《PAS2050：2011产品与服务生命周期温室气体排放评价标准》	BSI	2011
《PAS2050：2011产品与服务生命周期温室气体排放评价标准》	WRI、WBCSD	2011
《ISO14067产品碳足迹量化与交流的要求与指导技术规范》	ISO	2013
《产品碳足迹核算通则》DB31/T1071—2017	上海市质量技术监督局	地标
《家用电器碳足迹评价导则》DB44/T1503—2014	广东省质量技术监督局	地标
《成都市会展活动碳足迹核算与碳中和实施指南》DB5101/T41—2018	成都市会展活动碳足迹核算与碳中和实施指南	地标
《电器电子产品碳足迹评价通则》T/DZJN001—2018	中国电子节能技术协会	团标
《产品碳足迹评价技术通则》T/GDES20001-2016	广东省节能减排标准化促进会	团标

二、碳足迹核算边界与范围

产品碳足迹包含产品或活动整个生命周期内直接及间接排放的温室气体量。碳足迹核算的第一步是确定核算或碳足迹清单的边界范围。在界定排放边界的过程中，首先需要识别与企业产品和业务活动直接相关的温室气体排放。这些排放源属于企业所有或由企业控制，因此被称为直接排放。除此之外，还需考虑间接排放，即那些不直接由企业产生，但与其运营活动有关联的排放。

根据《温室气体核算体系》（GHG Protocol），温室气体排放可分为三个范围，在前文中有详细说明。

图5.32说明了碳足迹计算中的三个层次。范围二和范围三都包括间接排放，但范围二是指在能源生产或能源购买、传输和分配过程中产生的排放，且最终用户使用排放不在范围二内。范围三往往涵盖所有在指定边界内的具体排放。因为范围三排放过于复杂，大多数碳足迹研究都局限于范围一与范围二，无法准确估计范围三的碳足迹。

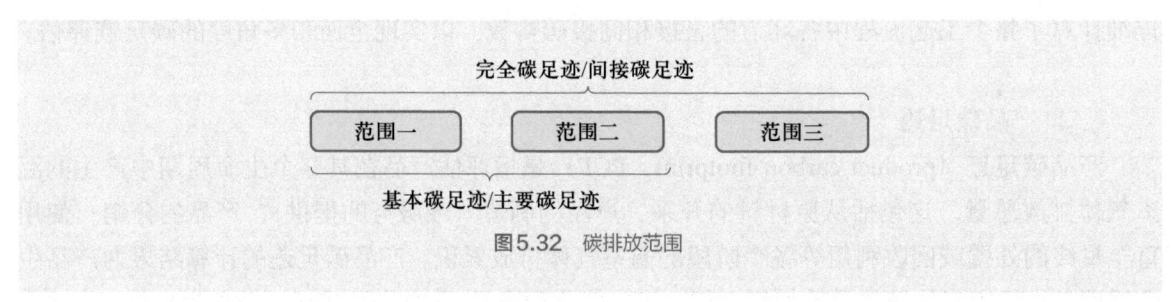

图5.32 碳排放范围

图5.33表示了企业温室气体排放与产品碳足迹之间的关系。如果一家制造公司生产A产品，则该公司需要报告范围一和范围二排放量，而范围三排放量则可以选择报告或不报告。计算产品A的碳足迹基本上扩展了排放范围，不仅包括制造公司现场的生产排放，还包括范围三的排放，包括上游（即材料采购、材料和产品的预加工、相关运输等）和下游（即分销、储存、零售商、用户、报废等）的排放。

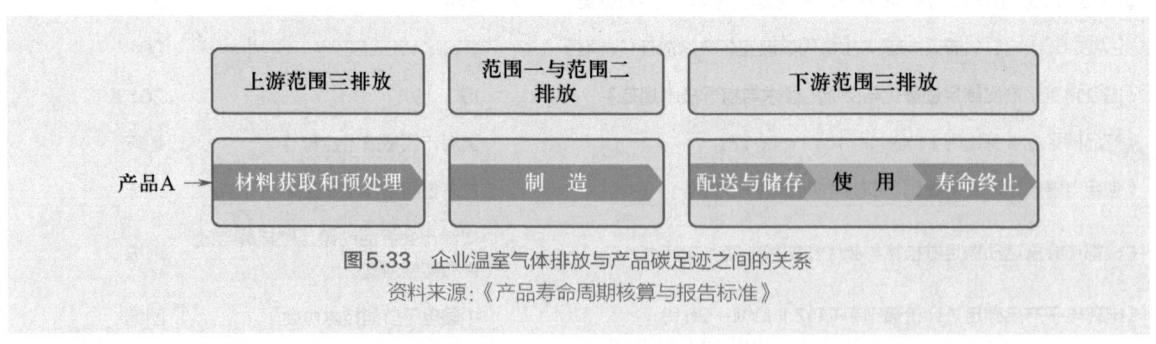

图5.33 企业温室气体排放与产品碳足迹之间的关系
资料来源:《产品寿命周期核算与报告标准》

产品的温室气体清单由服务、材料和能量流组成，它们构成产品、制造产品并使产品贯穿其生命周期。这些被定义为归因过程，包括所研究产品的组件和包装、制造产品的过程、用于提高其质量的材料（如化肥和润滑剂），以及用于移动、制造或储存产品的能源。清单的边界应包括所有归因过程。

产品的生命周期包含一系列阶段，这些阶段构成了企业组织流程、数据收集及清单结果生成的核心基础。如图5.34所示，通常而言，产品生命周期能够分为五个普遍适用的阶段，具体包括材料的获取和预加工、生产、分销和储存、使用、处理处置。所有阶段都应该有清晰的逻辑边界，并且在整个生命周期中连续且相互联系。

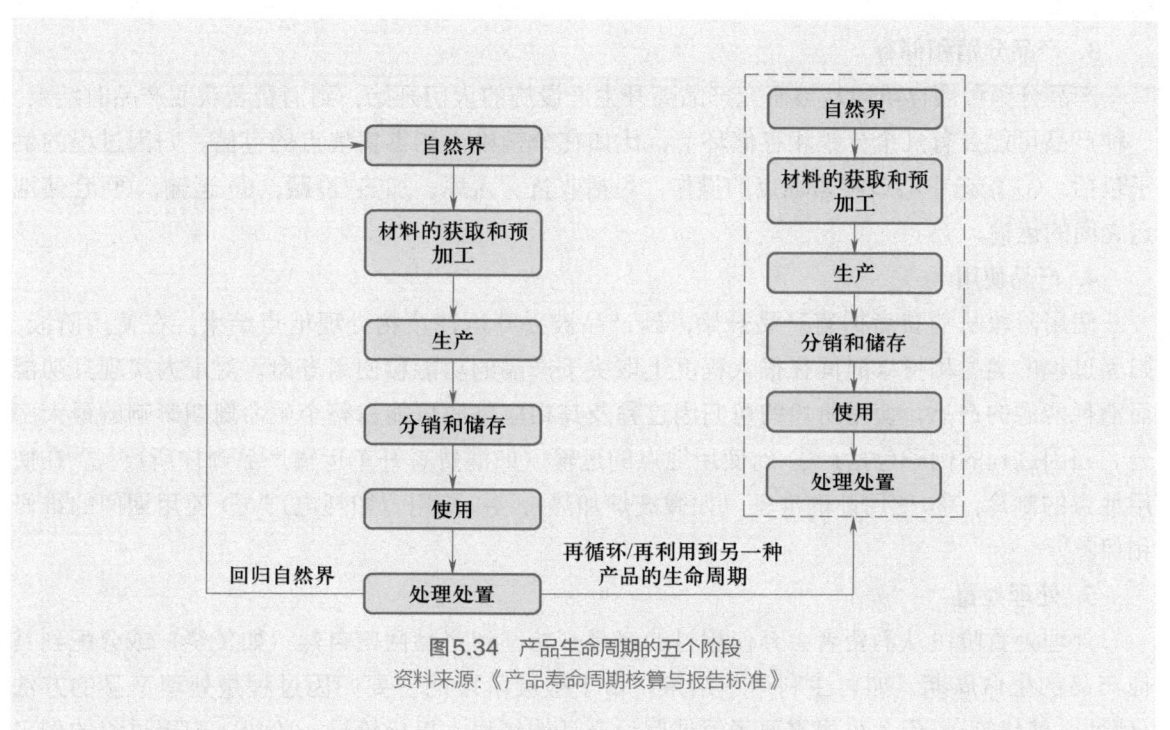

图5.34　产品生命周期的五个阶段
资料来源：《产品寿命周期核算与报告标准》

1. 材料的获取和预加工

该阶段自资源从自然中提取开始，到产品部件进入被研究产品的生产设施的大门时结束。在这一阶段可能发生的其他过程包括循环再生材料的获取，将材料加工成中间材料输入（预加工），以及将输入的材料运输到生产设施。运输也可能发生在阶段内的过程和设施之间，例如用卡车在煤炭开采设施内运输煤炭，或将石化产品从精炼厂运输到预处理设施。归因过程的例子包括：① 原料或化石燃料的开采和提取；② 生物原料的光合作用（例如，从大气中去除二氧化碳）；③ 树木或作物的种植和收获；④ 肥料的施用；⑤ 所研究产品的原料输入的预加工，例如，木材破碎、金属铸锭、煤炭清洗、循环再生材料的转化；⑥ 中间材料输入的预加工；⑦ 运输到生产设施以及在提取和预处理设施间的内部运输。

2. 生产

生产阶段从产品部件进入被研究产品的生产地点开始，到被研究成品离开生产大门结束。地点和大门是简化的比喻，因为一个产品在作为成品离开生产阶段之前，可能要经过许多过程和相应的中间设施。与副产品有关的过程或生产过程中产生的废物的处理也可能包括在这一阶段。归因过程的例子包括：① 物理或化学处理；② 制造；③ 半成品在制造过程中的运输；④ 材料组件的组装；⑤ 分销准备，例如包装等；⑥ 生产过程中产生的废物的处理。

3. 产品分销和储存

产品分销和储存阶段从被研究产品离开生产设施的大门开始，到消费者获取产品时结束。一种产品可能会有几个分销和存储环节，比如在分销中心和零售地点的存储。归因过程的例子包括：① 配送中心或零售地点的操作，包括收货、入库、加热/冷藏；② 运输；③ 仓储地点之间的运输。

4. 产品使用

使用阶段从消费者拥有产品开始，到产品被丢弃运往废物处理地点结束。在使用阶段，归因过程的类型和持续时间在很大程度上取决于产品的功能和使用寿命。对于为实现其功能而消耗能源的产品，使用阶段的可归因过程及其相应排放可能占整个生命周期影响的最大部分。归因过程的例子包括：① 到使用地点的运输（如消费者开车运输产品到住所）；② 在使用地点的制冷；③ 使用前的准备（如微波炉加热）；④ 使用（如耗电）；⑤ 使用期间的维修和保养。

5. 处理处置

处理处置阶段从消费者丢弃使用过的产品开始，到产品回归自然（如焚烧）或分配到其他产品的生命周期（如再生利用）结束。由于报废阶段的主要归因过程是处理产品的方法（填埋、焚烧等），因此公司需要了解或假设产品的结局，以描绘这一阶段。归因过程的例子包括：① 报废产品和包装的收集和运输；② 废物管理；③ 部件拆解；④ 粉碎和分类；⑤ 焚烧及底灰的分类拣选；⑥ 填埋和垃圾填埋场维护。

例1：风力涡轮机的温室气体清单边界

通用电气公司对其通用电气能源的2.5×1风力涡轮机编制了温室气体清单，分析单位定义为一台2.5×1风力涡轮机在20年使用寿命内向电网输送的电量。通用电气绘制了流程图（见图5.35），以反映生命周期内各种材料和活动的分类方式。

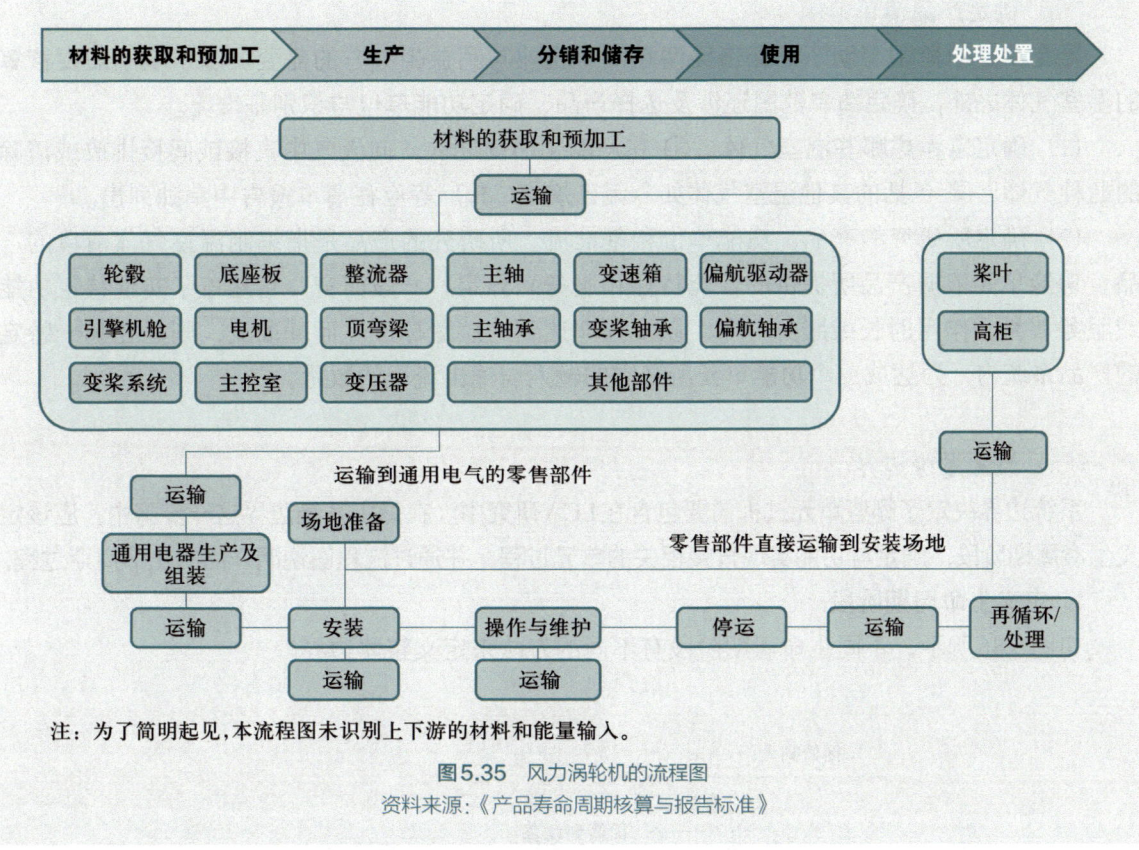

注：为了简明起见，本流程图未识别上下游的材料和能量输入。

图5.35 风力涡轮机的流程图
资料来源：《产品寿命周期核算与报告标准》

三、碳足迹评价主要流程和计算方法

碳足迹是衡量产品或服务系统产生的温室气体排放的一个参数以及碳足迹的边界范围。在本节中，将进一步讨论如何计算该参数，即如何编制温室气体清单。

产品碳足迹评价相关标准如表5.18所示。国际上广泛应用于产品的碳足迹核算的标准有PAS2050：2008、GHG Protocol（2011）和ISO 14067等。

表5.18 产品碳足迹评价相关标准

标准	标准名称	发布单位
PAS 2050：2008	产品与服务生命周期温室气体评估规范	英国标准协会
GHG Protocol（2011）	产品生命周期计算与报告	世界资源研究所与世界可持续发展工商理事会
ISO 14067（2012）	产品碳足迹	国际标准化组织

在有关产品的碳足迹评价中，一般采取生命周期评价法。具体而言，产品碳足迹（product carbon footprint，缩写为PCF）LCA方法的计算步骤如下：

（一）确定产品清单范围

界定清楚的范围有助于确保最终清单满足企业与利益相关方的需要。除了识别需要核算的温室气体之外，确定清单范围还涉及选择产品、确定功能单位与识别基准流。

（1）确定应考虑哪些温室气体。① 在产品生命周期内，向大气中直接或间接排放或清除的七种气体；② 包括的其他温室气体如六氟乙烷（C_2F_6）等应在清单报告中单独列出。

（2）确定所研究的产品、功能单位和基准流。所研究的产品是指编制温室气体清单的产品。功能单元依据产品所提供的性能特性和服务来界定。一般而言，它涵盖了实现特定功能或服务数量、作用时长或服务寿命，以及预期达到的质量标准。而基准流，则是在某一特定的产品系统内，为达成一个功能单元所必需的输入与输出流程的数量。

（二）设定系统边界

系统边界决定了哪些单元过程需要包含在LCA研究中。在设定系统边界这一步骤中，应该定义生命周期阶段，确定与功能实现直接相关的单元过程，并通过流程图说明产品的生命周期过程。

1. 定义生命周期阶段

如图5.36所示，不同生命周期阶段有不同的方法来定义整体边界。

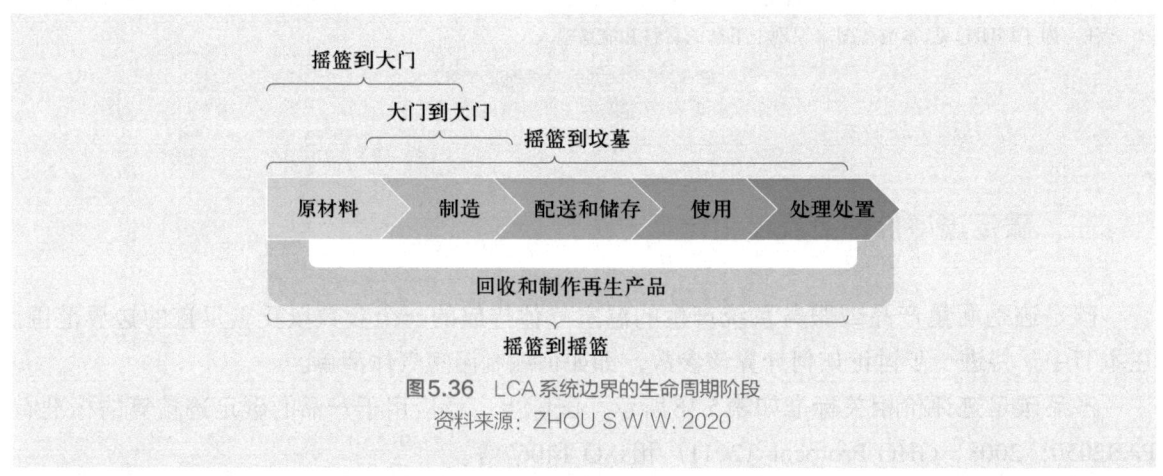

图5.36 LCA系统边界的生命周期阶段
资料来源：ZHOU S W W. 2020

（1）摇篮到坟墓。从原材料提取或生产（"摇篮"）到产品使用后的处置（"坟墓"）的完整生命周期。这是适用于商品的通常程序。

（2）摇篮到摇篮。一个从摇篮到坟墓评估的扩展范围，其中产品的寿命结束处理是一个回收过程。

（3）摇篮到大门。对从原材料提取或生产（摇篮）到工厂出厂的部分产品生命周期的评估。

（4）大门到大门。这是最简单的选择，只包括从原材料接收到生产结束或制造阶段的分析。

2. 确定与功能实现直接相关的单元过程

服务、材料和能量流组成了清单，这些流是产品生命周期的组成部分，包括生产、运输等阶段。单元过程被定义为与功能实现直接相关的组成要素。例如，所研究产品的组件和包装、生产产品的过程、用来提高产品质量的材料（例如，肥料和润滑剂）以及用于移动、生产或存储产品的能量。生命周期阶段相互关联，清晰地定义这些阶段对于组织各个过程、数据收集和清单结果具有重要意义。

如果以下各条均符合，则该单元过程可被排除在清单之外：① 由于原始或二手数据无法收集而出现数据缺口；② 外推数据和代表数据不能确定，进而无法填补数据缺口；③ 通过估计确定的数据不显著。

3. 绘制流程图

流程图说明了在其生命周期中使用的服务、材料和能源，其中包括：① 如上所述定义的生命周期阶段；② 每个阶段的单元过程；③ 每个单元过程所需的已识别的服务、材料和能量流；④ 其他。

产品生命周期的系统边界应不包含以下因素所导致的温室气体排放：① 在加工或预处理阶段所涉及的人力劳动投入（如水果与蔬菜通过手工采摘而非机械采摘）；② 消费者前往零售购买地点及返回的运输过程；③ 职员前往日常工作地点及其返程的运输活动；④ 为运输服务所使用的动物。

以2008年出版的PAS 2050指南为例，如图5.37所示，其范围是"从摇篮到坟墓"，以牛

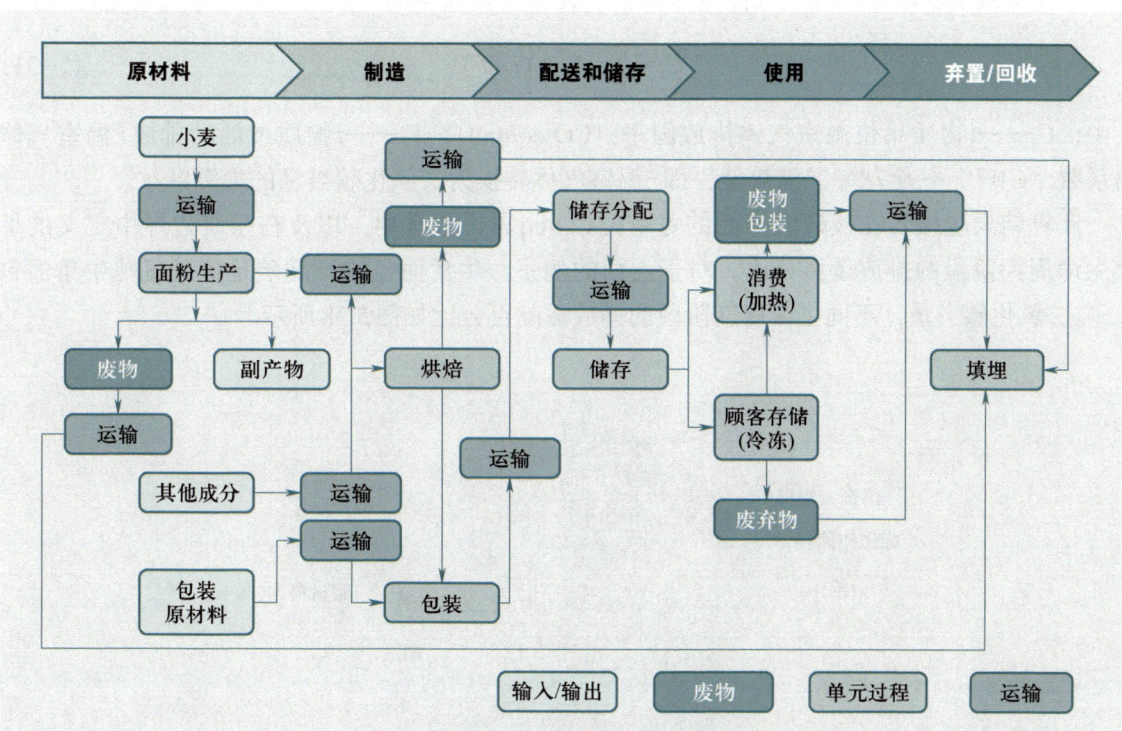

图5.37 牛角面包的流程图示例

在这个简化的例子中，假定小麦有可靠和有代表性的排放数据，因此不为小麦生产分解为其上游活动（如化肥生产、运输和使用；土地利用变化的影响）；同样，假定其他配料和包装也有可靠和有代表性的排放数据，尽管黄油对产品的总体碳足迹有重要影响，但为简便起见，在计算中未将其详细包括在内

资料来源：《PAS 2050：2008商品和服务在生命周期内的温室气体排放评价规范》

角面包为例，定义了五个生命周期阶段，即原材料、制造、分销/零售、消费者使用和处置（假设不包括回收）。

（三）数据收集

在开展产品碳足迹评价时，数据收集可能是最耗费资源的步骤，数据也会对碳足迹评价的整体质量产生重大影响。相关的数据收集记录应包括该产品系统边界内发生的所有温室气体排放和移除，即活动数据和排放因子。

（四）碳足迹计算

在评估碳足迹时，通常会将所有温室气体排放统一转换为二氧化碳当量（CO_2eq）来进行表示。碳足迹的基本计算公式为

$$E = \sum_{i=1} Q_i \times C_i \tag{5-30}$$

式中：E——产品碳足迹；Q_i——i物质或活动的数量或强度数据；C_i——i物质单位温室气体排放因子（CO_2eq/单位）。

若无法直接获取单位温室气体排放因子C_i无法直接获得时，则可利用以下公式进行计算：

$$C_i = \sum_{r=1} (F_r \times GWP) \tag{5-31}$$

式中：C_i——i物质单位温室气体排放因子（CO_2eq/unit）；F_r——i物质或活动排放r温室气体的系数；GWP——全球增温潜势值，即r温室气体转换为二氧化碳当量的换算系数。

计算结果应报告在被研究产品的每单位CO_2eq总排放量中，以及在系统边界中定义的每个生命周期阶段的排放量百分比。对于上面的例子，牛角面包的产品碳足迹是每吨牛角面包1.2吨二氧化碳当量，不同生命周期阶段的排放贡献百分比如图5.38所示。

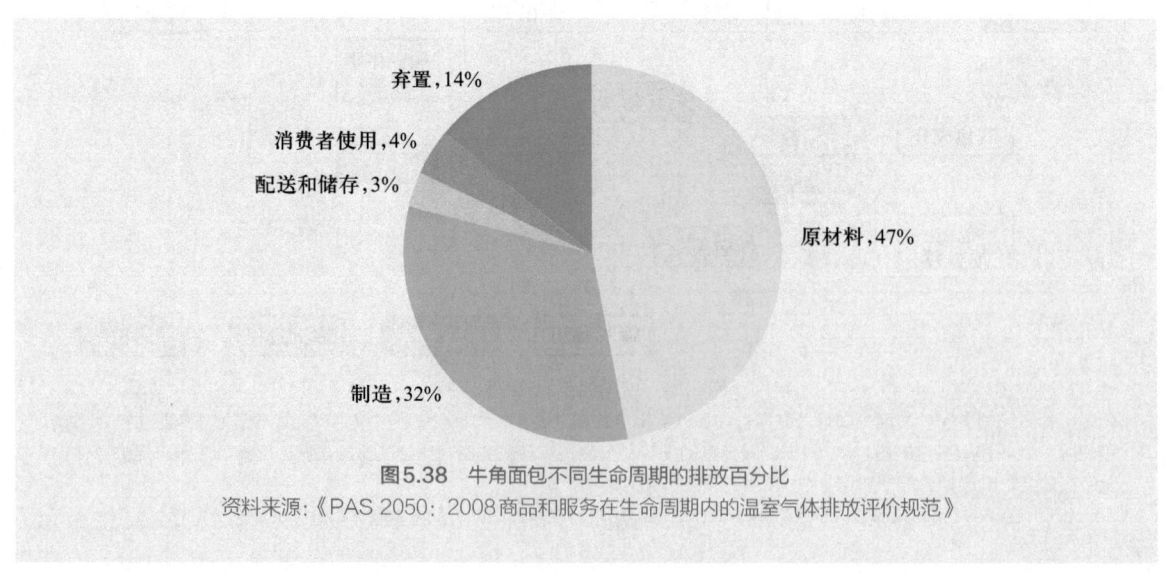

图5.38 牛角面包不同生命周期的排放百分比

资料来源：《PAS 2050：2008商品和服务在生命周期内的温室气体排放评价规范》

(五) 不确定性分析

不确定性分析是一种系统性的方法，旨在对产品生命周期清单中的不确定性因素进行量化或定性评估。不确定性对于准确解读清单结果具有关键性意义。识别并阐明不确定性的来源，可以帮助企业了解提高清单质量所需的步骤，增强清单结果的可信度。

图5.39说明了不确定性分析在碳足迹核算过程中的内容。应在整个清单过程中保留一份不确定性清单，以促进不确定性分析、保证和报告过程。

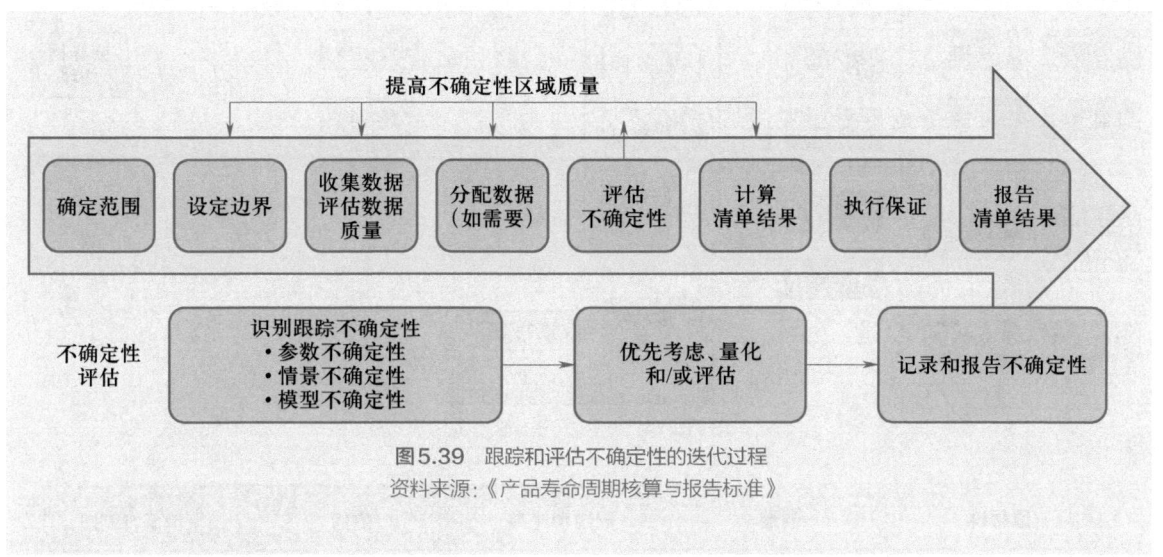

图5.39 跟踪和评估不确定性的迭代过程
资料来源：《产品寿命周期核算与报告标准》

例2：稻米的碳足迹评价

运用生命周期评估方法，对稻米从种植直至最终废弃的整个生命周期阶段内的碳排放量进行详细的计算和分析。

1. 系统边界及功能单位

研究以稻米生命周期评估框架为基础，对稻米生产过程的各个环节进行详细阐述，并明确研究的范围、设定功能单位和提出研究假设。以1 kg大米作为生命周期评估的功能单位，相应的流程图如图5.40所示。

稻米生命周期的评估工作涵盖了五个主要阶段：农业生产、加工处理、运输、消费使用及废弃处理。研究范围界定了从稻米原材料获取直至最终废弃的完整生命周期，具体系统边界框架详见图5.41。

2. 碳排放计算

在系统边界的设定中，考虑到消费者购买并使用1 kg稻米的情形，并排除了厨余垃圾的处理。在运输阶段，假定稻米自产地运往南京市场进行销售；而在消费阶段，预设为五人份的食用量。

碳排放的计算依据以下公式：

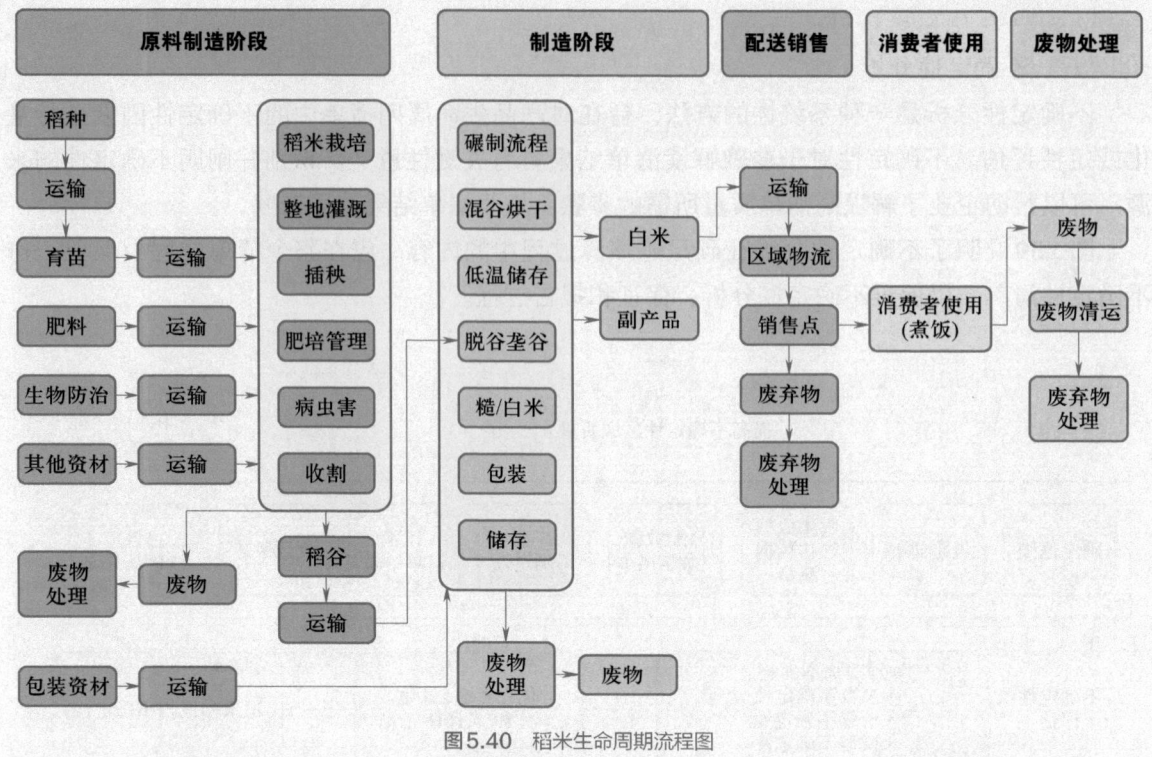

图5.40 稻米生命周期流程图
资料来源：马海波，朱强. 2023

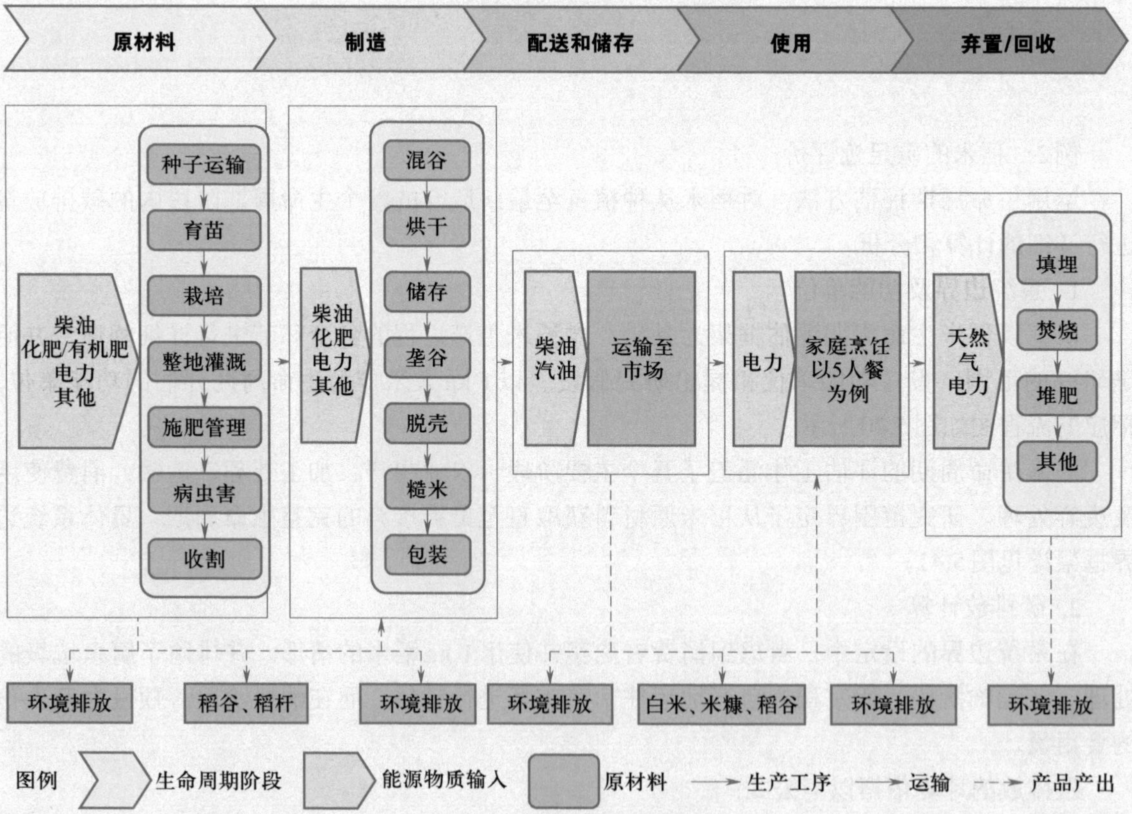

图5.41 稻米生命周期系统边界图
资料来源：马海波，朱强. 2023

$$CF = \sum_{i=1} Q_i \times EF_i \tag{5-32}$$

式中：CF——碳排放量；Q_i——i 物质或活动的数量或强度数据；EF_i——碳排放因子（CO_2eq/unit）。

以农业生产为例介绍计算过程。在稻米生产的农业阶段，碳排放主要源自农用物资的使用、水稻生长周期内的碳排放、土壤的破坏，以及畜禽消化系统和排泄物管理中所释放的 CH_4 和 N_2O 等温室气体。针对这一阶段的碳排放量，采用以下计算公式进行估算：

$$CF_{agricultural} = \sum_{i=1}^{4} CF_{agricultural \cdot n} \tag{5-33}$$

式中：$CF_{agricultural}$——农业生产阶段的碳排放量；$CF_{agricultural \cdot n}$——农用物资使用引发的碳排放、水稻生长过程中所释放的 CH_4、农作物种植导致的破坏土壤产生的 N_2O 排放以及畜禽养殖活动产生的碳排放等。

农业生产阶段的各项排放系数如表 5.19 所示。

表5.19　生产阶段碳排放系数

项目	碳排放系数	数据来源
种子（运输）	1.66 kgCO$_2$eq/（t·km）	SimaPro软件
插秧机（柴油）	3.15 kgCO$_2$eq/L	SimaPro软件
有机肥料（氮）	9.18 kgCO$_2$eq/kg	SimaPro软件
有机肥料（磷）	1.18 kgCO$_2$eq/kg	SimaPro软件
有机肥料（钾）	0.666 kgCO$_2$eq/kg	SimaPro软件
氮肥	1.53 kgCO$_2$eq/kg	CLCD0.7
磷肥	1.63 kgCO$_2$eq/kg	CLCD0.7
钾肥	0.65 kgCO$_2$eq/kg	CLCD0.7
除草剂	10.15 kgCO$_2$eq/kg	CLCD0.7
杀虫剂	16.61 kgCO$_2$eq/kg	CLCD0.7
杀菌剂	10.57 kgCO$_2$eq/kg	CLCD0.7
稻田甲烷	0.103 8 kgCO$_2$eq/m^2	SimaPro软件
稻田氧化亚氮	0.082 kgCO$_2$eq/m^2	SimaPro软件

3. 计算结果

依据生命周期评估方法，对 1 kg 普通稻米的整个生命周期进行了碳排放量的计算，这包括了生产、加工、运输、使用及废弃物处理等环节。经过综合分析，得出普通稻米在生命周期中的总碳排放量为 1.149 2 kgCO$_2$eq。其中各阶段碳排放结果比例如表 5.20 所示。

表5.20　国内普通稻米产品碳排放各阶段碳排放　　　　　　　　　单位: kgCO₂eq/kg

	碳排放	生产	加工	运输	使用	废弃
普通稻米	1.149 2	0.545 4	0.210 1	0.07	0.320 7	0.003
占比		47.46%	18.28%	6.10%	27.91%	0.26%

图5.42所示, 在普通稻米的生命周期中, 农业生产阶段的碳排放最高, 达到0.5454 kgCO₂eq, 其次是使用阶段, 排放量为0.3207 kgCO₂eq, 加工阶段排放量为0.2101 kgCO₂eq, 运输阶段排放量为0.07 kgCO₂eq, 而废弃阶段的碳排放最低, 仅为0.003 kgCO₂eq, 总排放量达到1.1492 kgCO₂eq。

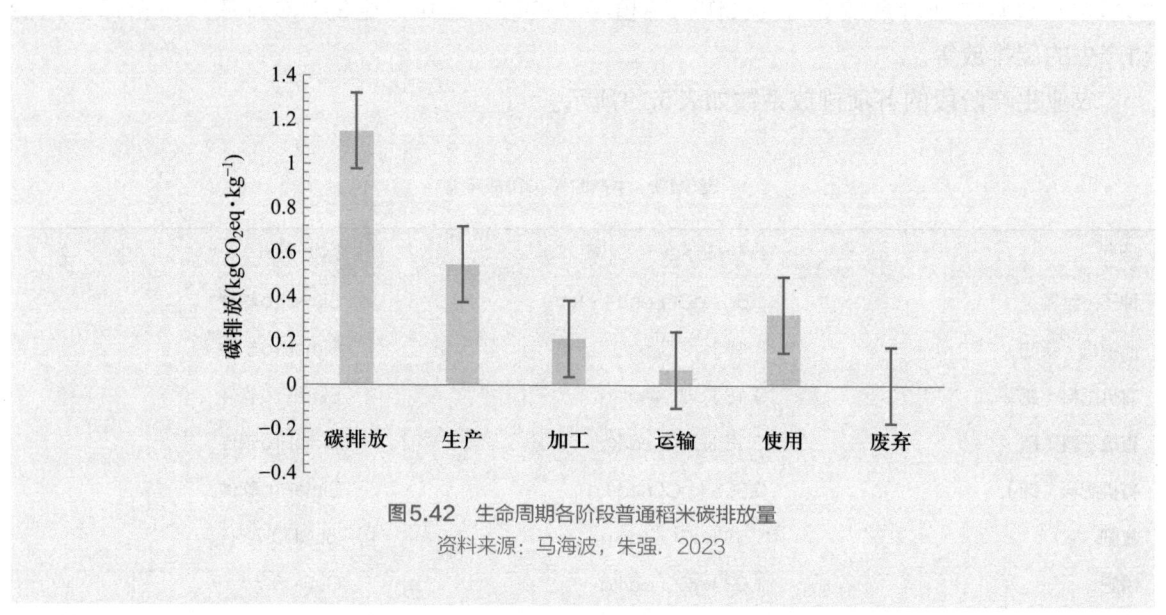

图5.42　生命周期各阶段普通稻米碳排放量

资料来源: 马海波, 朱强. 2023

稻米在其生命周期中的碳排放分布涵盖了生产、加工、运输、消费（使用）及废弃等多个阶段。如图5.43所示, 对于普通稻米而言, 生产阶段所产生的碳排放占比最高, 达到了47.46%; 紧随其后的是使用（消费）阶段, 其占比达到了27.91%; 加工阶段的碳排放占比为18.28%; 运输阶段的碳排放占比为6.10%; 而废弃阶段的碳排放占比最低, 仅为0.26%。

4. 结论与建议

基于LCA的碳足迹核算显示, 稻米生产阶段的碳排放主要源自甲烷与氧化亚氮的释放, 以及农业生产中柴油燃料的消耗和化肥的应用。加工环节中, 碳排放主要归因于碾米厂在低温储存过程中消耗的电能以及碾米作业所使用的煤油。在运输阶段, 碳排放则主要源于公路运输活动。在使用阶段, 碳排放主要产生于烹饪米饭时所使用的电力。在废弃阶段, 碳排放则主要来源于稻米包装材料的焚烧与填埋处理。

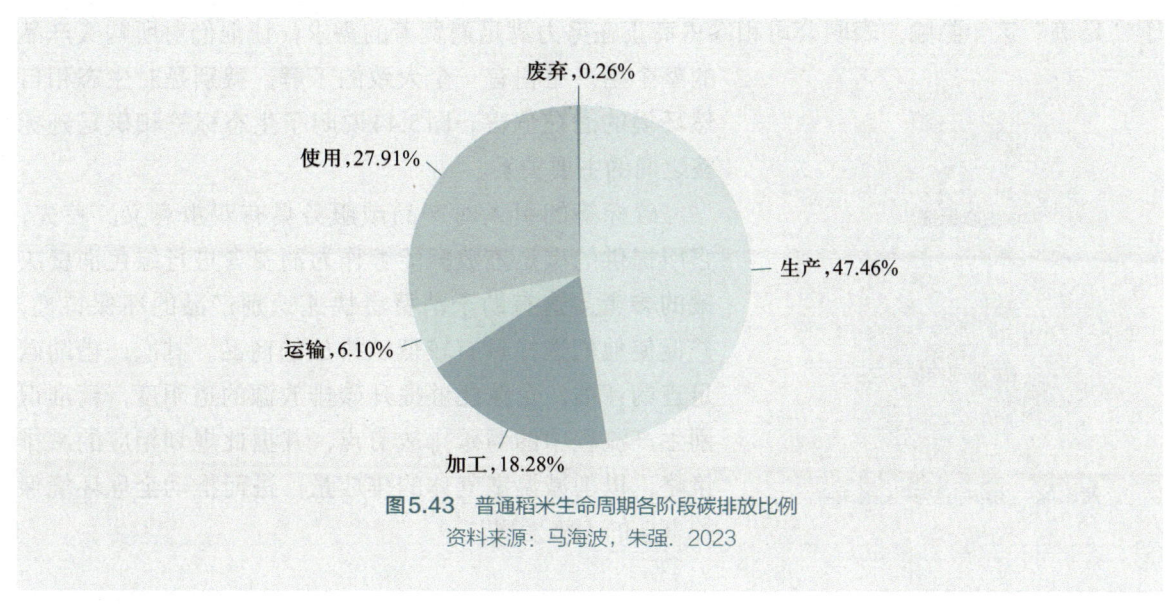

图5.43 普通稻米生命周期各阶段碳排放比例

资料来源：马海波，朱强. 2023

四、碳标签的标示方法与分类

碳标签是一种环保标识，它被附加于消费品的包装上，目的是为了向消费者展示该产品在其整个生命周期中，包括生产、加工、包装、储存、运输、销售、使用以及回收等各个阶段所产生的温室气体排放量，也就是所谓的碳足迹标签。这种标签旨在鼓励制造商生产低碳排放的产品，并引导消费者选择购买这些低碳产品，从而共同实现减少温室气体排放的目标。

（一）概述

碳标签这一理念可追溯至20世纪90年代关于"食物里程"的探讨。所谓"食物里程"，即指消费者所消费食品与其原产地之间的空间距离，这是衡量食品环境影响的一个维度。食物"里程"越长，意味着其运输过程越漫长。英国政府环境与农村事务部2005年发布的研究报告指出，自1978年至2002年间，利用货车运输食品的比例上升了23%，同时运输距离也扩展了50%。这一增长趋势被视为导致二氧化碳排放量增加的主要因素之一，即食物运输环节对全球变暖具有不可忽视的影响。基于此，碳标签的核心作用在于向消费者传达产品或服务对全球变暖的潜在影响信息，以作为其购买决策的参考。

当一项服务或产品的碳足迹计算结果被记录在标签上时，该标签就成了碳标签。由于大多数碳标签都包含碳足迹图像，因此碳标签通常被称为碳足迹标签。碳标签有多种形式，如碳减排标签、单一二氧化碳数值的碳标签、"红绿灯"碳标签等。碳减排标签还可以设计成一种信号，表明其性能优于以往的自我表现。

碳标签是环境标签的一个家族成员，具有许多共同特征。例如，生态标签和碳标签都源于"足迹"这一隐喻，表明公司和零售商正在努力满足消费者的需求，让他们对所购买产品的整个生产过程有一个大致的了解，特别是对生态和自然环境的潜在危害。图5.44说明了生态标签和碳足迹标签之间的主要关系。

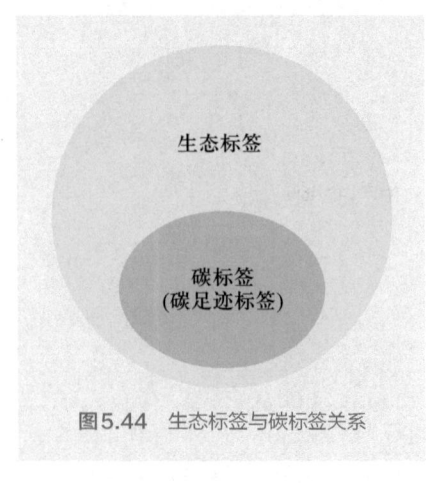

图5.44　生态标签与碳标签关系

碳标签的引入对产品或服务具有双重意义。首先，它所提供的碳足迹数据能够作为消费者进行绿色消费决策的参考，这有助于消费者快速识别产品的环保特性，并促使他们选择具有较低碳排放的商品。其次，借助碳足迹的评估，企业能够提升碳排放源的透明度，精准识别生产流程中的高碳排放节点，并据此规划相应的减排策略，以削减温室气体的排放量，进而推动全球环境保护事业的积极发展。

（二）碳标签的分类

对碳标签进行分类，不仅能够帮助消费者清晰地掌握产品的碳排放信息，还便于政府或第三方机构对其进行有效管理。可从碳标签的表现形式、对各参与方的约束效力及其本质属性三个维度进行分类探讨。

依据碳标签表现形式的不同，可分为碳标识、碳得分和碳等级三类。碳标识不直接给出具体的二氧化碳排放量数值，而是表明产品在其全生命周期内的排放量低于某一既定标准。碳得分则通过计算并公布产品全生命周期的碳足迹，便于消费者对比不同产品的排放量，从而引导消费者选择低碳产品。碳等级则是通过比较产品的排放量与行业内平均水平，确定其在行业内的等级划分。

从对各参与方的约束效力来看，碳标签可分为自愿型和强制型两类。当前，多数发达国家采用的是自愿型碳标签，如英国的碳减排标识、美国的气候友好标识及食品碳标签，以及加拿大的"Carbon Counted"标签等。

根据碳标签的本质属性，可划分为公共和私有两类。公共碳标签由政府主导管理，而私有碳标签则由私营企业运营，政府的参与度相对较低。目前，多数碳标签由政府机构推行，私有碳标签较为少见，仅在法国和美国存在，这反映出在多数情况下，政府的介入和引导很重要。

（三）部分国家的标签制度

自2007年以来，多国政府机构与行业组织着手实施并推广碳标签及其相关应用。作为全球首个推行产品碳标签体系的国家，英国在此领域率先行动。英国政府出资建立了碳信托机构，该机构在2006年便推出了旨在激励企业采纳的碳减排标签制度。与此同时，行业组织也在其成员企业中大力推广这一制度。2007年3月，英国率先在全球范围内尝试推行碳标签产品制度。紧随其后，日本积极推动，倡导企业自愿在产品包装上详尽展示其生命周期各阶段的碳排放信息。欧盟委员会则制定了新规定，旨在评估生物燃料的碳足迹。法国政府则侧重于推动零售商进行碳足迹核算，并颁布了促进可持续发展的相关法律法规。此外，韩国、泰国等国家也陆续推出了各自的碳标签实施计划。

碳标签计划为公司报告其产品碳足迹提供了平台，并与利益相关者分享信息，例如企业在减少气候变化影响方面所做的努力，并吸引利益相关者共同减少产品碳足迹。根据发布的信息，通常有两种产品碳标签方案：一种是产品碳足迹本身，另一种是产品的碳减排。表5.21总结了不同国家或地区的碳标签方案。

表5.21　不同国家或地区产品碳足迹标签方案

国家/地区	方案名称	年份	参考方法	实施机构
英国	减碳标签 （Carbon Reduction Label）	2006	PAS 2050	碳信托 （Carbon Trust）
加拿大	碳连接/碳计算™标准 （Carbon Connect/ CarbonCounted™ Standards）	2007	未指定的生命周期评估方法	碳计算组织 （Carbon Counted）
美国	无碳认证 （Certified Carbon Free）	2007	PAS 2050、 ISO 14044	碳基金组织 （Carbonfund）
美国	气候意识碳标签 （Climate Conscious Carbon Label）	2007	未指定的生命周期评估方法	气候保护协会 （The Climate Conservancy）
美国	试点加州碳标签 （Pilot Californian Carbon Label）	2009	未指定的生命周期评估方法	加利福尼亚州参议院2008年碳标签法 （California State Senate Carbon Labeling Act 2008）
瑞士	气候顶 （Climatop）	2008	温室气体协议、 ISO 14064	气候顶 （Climatop）
日本	产品碳足迹 （Carbon Footprint of Products）	2009	ISO 14040, 14044、ISO 14067	自2012年起担任经济产业部（METI）和日本工业环境管理协会（JEMAI）
韩国	碳足迹认证标签/低碳产品证书 （Carbon Footprint Certification Label/ Low Carbon Product Certificate）	2009	PAS 2050	韩国环境产业技术研究所 （The Korea Environmental Industry and Technology Institute）
泰国	泰国碳减排标签 （Thailand Carbon Reduction Label）	2009	PAS 2050	泰国温室气体管理组织 （Thailand Greenhouse Gas Management Organisation（KEITI））

国家/地区	方案名称	年份	参考方法	实施机构
中国台湾	台湾BSI产品碳足迹 （Taiwan BSI Product Carbon Footprint）	2010	PAS 2050	英国标准协会 （British Standards Institution（BSI））
中国大陆	碳足迹标签	2018	PAS 2050	市场监管总局等
澳大利亚	减碳标签（来自碳信托） （Carbon Reduction Label）	2010	PAS 2050	星球方舟 （Planet Ark）
法国	碳标签指数 （l'Indice Carbone Label）	2011	Methode BilanCarbone®	法国卡西诺 （Casino France）

1. 英国

英国是市场上实施碳足迹标签的先行者。英国非政府组织"碳信托"（Carbon Trust）于2006年推出了两种碳足迹标签，CO_2核算标签和减少CO_2标签。这两种标签都是碳标签，标签图案都是简单的黑白相间，由一个足迹形状和顶部的标语"与碳信托一起减排"或"与碳信托一起工作"组成。

2007年，英国最大的零售商"乐购"在部分产品上贴上了碳标签。到目前为止，乐购已为七大类500多种产品贴上了碳标签。目前已有20多家公司参与实施这些私人碳标签计划。

2022年，英国碳信托将其碳标签颜色改为绿色。2023年，碳信托发布了新的碳足迹标签，如图5.45所示，其中包含新的声明和附加信息，以确保清晰度和透明度。

碳标签所展示的数值需基于碳信托机构的碳足迹评估标准PAS 2050来计算产品的碳排放量，并将该数据明确标示在标签上。除了提供碳排放数据，碳标签还承担着指导消费者如何减少其使用过程中产生的碳足迹的责任。例如，洗衣液（或洗衣粉）的碳标签不仅会向消费者明示每次洗涤活动产生的碳足迹为850gCO₂eq，而且还会通过文字建议，如果消费者选择使用较低温度的水进行洗涤，将有助于减少其碳足迹。

图5.45 英国碳标签

2. 美国

目前，美国市场上主要有四种碳标签（图5.46）。其中三种于2007年推出，最新的一种于

2009年推出。

碳基金是美国当地的一家私营代理机构，于2007年推出了私营的"Carbon free"标签。这是一个没有具体温室气体排放数值的碳标签，只表明企业承诺产品的生产不会对全球气候变化造成损害。希望获得该标签的制造商应向第三方验证的碳补偿项目捐赠一笔资金，该标签如图5.46（a）所示，获准使用该标签的公司必须减少与特定产品相关的温室气体排放。与帮助消费者识别低碳产品相比，"Carbon free"更倾向于展示制造商对企业社会责任的贡献。该标签的目的是提供关于环境足迹的信息，帮助消费者选择环保产品。该标签在最初阶段面临着巨大的质疑和争论。

沃尔玛于2009年7月宣布了"可持续发展指数"计划，从能源与气候、自然资源、材料效率以及人与社区四个方面对产品的可持续发展进行评估。并与美国的非政府组织合作，为其产品贴上碳标签，并要求其供应链中的零售商获得认证，如图5.46（d）。

图5.46　美国碳标签
（a）"Carbon free"标签；（b）气候意识碳标签；
（c）Timberland绿色指数；（d）沃尔玛可持续性指数

3. 韩国

韩国的碳足迹标签是自愿参与的，主要分为两种类型：一种用于标识产品的碳排放量[见图5.47（a）]，另一种则专门用于突出节能且有助于减少碳排放的商品[见图5.47（b）]。在2008年12月，完成了对试行产品的碳足迹评估工作，紧接着，于2009年2月，正式面向公众推出了碳足迹标签。截至目前，该标签已扩展至大约145种不同的产品。

图5.47 韩国碳标签

（a）碳足迹认证（b）低碳产品认证

资料来源：韩国环境部

（四）中国碳标签制度现状及发展趋势

1. 大陆地区

我国大陆地区对碳标签的探索始于2008年，当时中国标准化研究院（CNIS）与英国标准协会（BSI）合作，将PAS 2050碳足迹评估方法引入国内，并在水泥和PVC制造业中进行了初步尝试。2009年6月，双方在北京共同举办了PAS 2050中文版发布会，旨在推进碳标签制度在国内的试点工作。同年10月，生态环境部宣布将着手实施产品碳足迹及碳标签计划，该计划采取自愿参与的方式。至2013年2月，国家发展和改革委员会与国家认证认可监督管理委员会联合发布了《低碳产品认证管理暂行办法》，为构建并优化碳标签制度奠定了坚实的基础。

2018年11月，电器电子行业被选定为碳标签认证试点的先行领域，同时发布了《电器电子产品碳足迹评价通则》与《LED道路照明产品碳标签》两项团体标准。次年8月，中国碳标签产业创新联盟成立，期间新增了4项团体标准，涵盖了电视机、微型计算机、手持移动通信设备及《碳标签标识》等范畴。2021年1月，正式发布了《电器电子产品碳标签自愿性评价实施规则》。近年来，包括电器电子、农业、纺织、石化等行业在内的多个行业已陆续开展产品碳足迹评估。自2020年首批碳标签授权评价机构成立以来，至今已有71家机构分六批次获得授权。展望未来，"碳标签"认证体系有望进一步扩大，计划在"十四五"规划期间完成10个行业、100类产品和服务的碳标签评价标准体系建设。此外，自2021年起，工业和信息化部、国家发展和改革委员会等部委多次重申碳足迹评估的重要性，并相继出台了《2030年前碳达峰行动方案》《"十四五"认证认可检验检测发展蓝图》等十五项相关政策。与此同时，各地区、各行业也在积极探索与国际接轨的碳足迹标识认证体系，旨在加速国内碳足迹认证体系的完善与应用推广。

碳标签作为评价产品和服务碳排放水平的重要工具，对促进可持续发展和减排行动具有重要意义。本章节介绍了碳标签的标示方法与分类，包括数字表示法、百分比表示法和等级表示法等。针对产品、服务、组织和行业等不同层面，碳标签的应用可使消费者做出可持续的选择，推动企业竞争和品牌形象的提升，并获得政策支持和监管。然而，碳标签在相关数据的可靠性和一致性、标准与认证体系的完善以及消费者认知度等方面面临挑战。通过建立碳标签预警机制、建立标准和认证体系，以及提高消费者认知度，可以推动碳标签的进一步发展和应用。

2. 台湾地区

2008年6月，我国台湾地区正式启动了碳足迹标签推广计划。其"行政院"下属的"永续发展委员会"审议通过了《永续能源政策纲领》，其中设定了"每人每日减少一公斤碳排放"的目标。紧接着，同年10月，"永续发展委员会"秘书处组织召开了台湾地区碳足迹标签推广研讨会。基于研讨会的成果，制定了《台湾碳足迹标识与碳标章建置规划》，详细规划了台湾地区碳足迹标签计划的实施阶段与步骤（详见表5.22）。

表5.22　台湾地区碳标签发展规划

阶段	目标	推动策略
第一阶段	确认产品碳足迹计算准则、方法，建立碳标签制度	设计统一格式的碳标签外观，建立碳标签申请/核发制度，奖励自愿性碳标签
第二阶段	普及产品碳标签，发展低碳产品标签（排放当量低于基准值以下）	设计及沟通准则与ISO 14067接轨，建置产品碳足迹数据库，发展低碳产品标签

LCD显示屏制造商、光盘生产商、茶饮供应商、夹心饼干及牛轧糖厂家等厂商，均参与了该碳标签政策。自2010年4月起，相关产品已开始正式采用碳足迹标签，目前该标签为自愿性标签。

台湾地区碳足迹标签（见图5.48）将绿色心形与绿叶元素巧妙融合，构成脚印图案，同时，在心形图案内嵌入了二氧化碳（CO_2）的化学符号，并标注了产品的具体碳足迹数值。该标签的整体设计寓意深刻，旨在传达以爱护自然之心参与减碳行动，关爱地球，并倡导实践绿色消费的理念。

图5.48　台湾地区碳足迹标签
资料来源：台湾环保署

第五节
生命周期碳排放核算与可持续性评价

在全球碳中和议程的推动下，各国对温室气体排放核算的准确性与减排行动和政策的系统性和科学性提出了更高要求。实施碳排放核算可持续评价，推动污染物和碳排放评价管理统筹融合，是促进应对气候变化与环境治理协同增效、促进经济社会发展全面绿色转型的重要途径，也是落实国家重大战略的关键环节。如何在承担全球大国责任的同时，确保国家经济的稳定发展？如何在保障能源安全的前提下，有效控制高污染、高耗能产业的碳排放？如何在改善环境质量的过程中，实现降碳目标？这些问题的解决，需要我们搭建起科学合理的碳排放可持续评价框架和模式。

一、可持续性评价方法

可持续发展强调在满足当代人需求的同时，不损害后代人满足其自身需求的能力，其核心是确保经济、环境和社会三大维度的协调发展。可持续性评价是一种系统化的评估方法，旨在通过一系列科学的指标、模型和工具，全面分析某一系统（如区域、企业、产品或项目）在资源利用、环境保护和社会公平等方面的表现，从而判断其是否符合可持续发展的原则。

常见的可持续性评价方法有三重底线理论（Triple Bottom Line，TBL）和ESG评级（Environmental，Social and Governance Ratings）。三重底线理论最早由英国学者约翰·埃尔金顿（John Elkington）提出，旨在衡量企业在经济、社会和环境三个方面的表现。实施三重底线理论的方法主要包括以下几个步骤：首先，确定评价的目标和范围，明确要评估的组织活动及其对各个维度的影响，收集与经济、社会和环境相关的数据，包括财务报表、员工满意度调查、能源消耗记录等。其次，根据收集的数据，制定一系列关键绩效指标（KPIs），以便量化各维度的影响，并对每个维度的表现进行评分或评级，同时分析各指标之间的相互关系。最后，根据评价结果，制定改进措施和战略，以优化组织的经济、社会和环境绩效，确保企业可持续发展。

ESG评级是由商业机构和非营利组织开发的一种评估工具，旨在衡量企业在环境、社会和治理方面的承诺、表现、商业模式和组织架构是否与可持续发展目标相一致（见图5.49）。ESG评级与三重底线理论有相似之处，但侧重点略有不同。三重底线则更注重企业内部的发展和管理，而ESG评级更侧重于第三方组织对企业的投资评估。ESG评级最初被投资公司用于筛选或评估其基金和投资组合中的企业，以识别那些在可持续发展方面表现优异的公司，从而降低投资风险并提升长期回报。如今，ESG评级的应用范围已逐步扩大，不仅成为投资者决策的重要依据，还被求职者、客户以及其他利益相关者用于评估潜在商业关系的可持续性。同时，参与评级的企业也能够通过ESG评估更清晰地了解自身的优势与不足，识别潜在风险与机遇，从而制定更有效的可持续发展战略，提升整体竞争力。

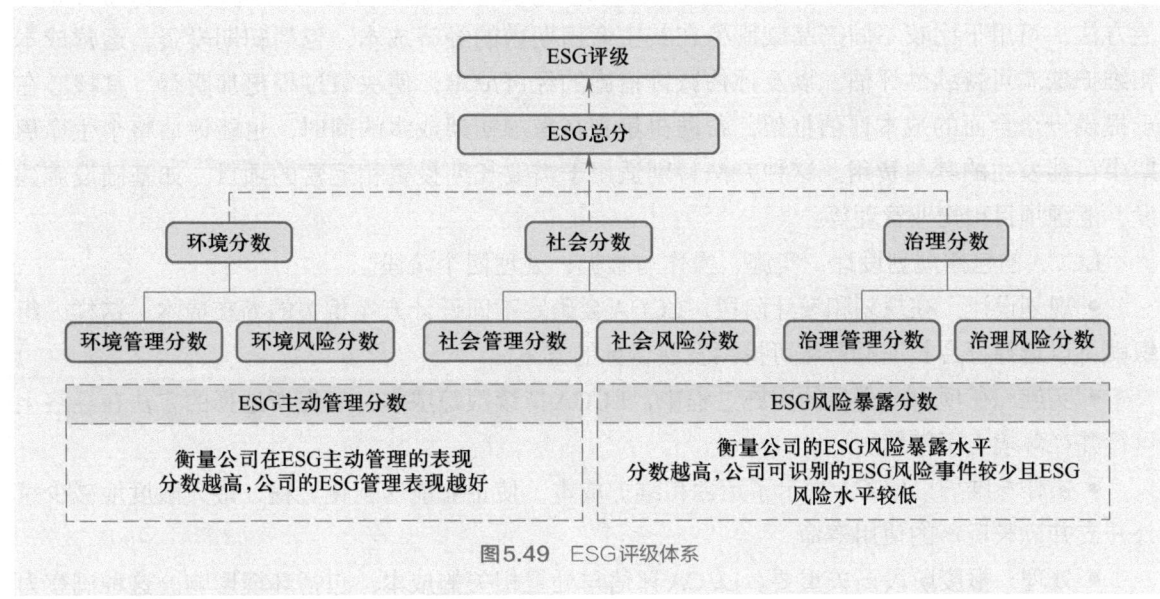

图5.49 ESG评级体系

ESG至今尚未有全球统一的定义和披露标准，各评级体系往往会基于全球报告倡议组织（GRI）、可持续发展会计准则委员会（SASB）等的ESG披露标准，根据MSCI或申万等行业分类选取不同的指标并构建方法论，形成评价体系。

二、碳约束下的可持续性评价方法与实例

碳约束下的可持续性评价方法是推动碳减排目标从理论探讨迈向实际操作的关键步骤。作为实现碳约束下可持续发展的核心任务，这类评价方法旨在根据碳约束条件下的可持续发展理论，采用科学严谨的方法和工具，来评估特定区域或项目在碳约束下的运行状况、减排成效、发展趋势及综合效益，从而为制定和实施碳减排策略提供坚实的决策支撑。碳约束下的可持续发展系统是一个融合了能源利用、产业结构、技术创新和环境保护等多个维度的复杂体系，展现出高度的内部关联性、对外界变化的响应性、系统的开放性以及追求代际公平的显著特征。鉴于碳约束下的可持续发展理论涵盖多角度的解读，相应的评价方法也自然而然地呈现出多元化的视角和各有侧重的评估重点。

（一）碳约束下的可持续性评价方法
1. 基于生命周期的评价方法
（1）生命周期评价方法提供了全面的环境影响视角，有助于识别关键的环境问题。其适用于评估产品、服务或技术的环境影响，包括碳排放、资源消耗和废物产生等。已在第三节

第五部分进行介绍，此处不再赘述。

（2）生命周期成本分析（Life Cycle Cost Analysis，LCCA）是一种评估项目总拥有成本的方法，可用于比较不同产品或服务在其生命周期内的经济成本，包括初期投资、运营成本和维护成本可持续性评估，以及评估减排措施的经济成本，使决策过程更加明智。其核心在于提供一个全面的成本评估框架，帮助决策者在考虑初期成本的同时，也能评估整个生命周期中可能发生的其他费用。这种方法特别适用于需要长期投资和运营的项目，如基础设施建设、能源项目和物业管理等。

LCCA的包括规划设计、实施、操作与维护、处理四个阶段。

● 规划设计：在规划和设计阶段，LCCA会确定不同设计方案相关的潜在成本。这样，组织就可以选择符合长期财务和可持续发展目标的方案。

● 实施：在项目或产品的实施过程中，LCCA持续跟踪成本，确保所选择的方法在经济上可行并在环境上可持续。

● 操作与维护：LCCA揭示了运营和维护成本，使企业能够优化流程、最大限度地减少意外开支并延长资产的使用寿命。

● 处理：报废阶段至关重要。LCCA评估与处置相关的成本，包括环境影响。这种洞察力有助于企业做出负责任的选择并为循环经济做出贡献。

2. 基于碳足迹的评价方法

（1）碳足迹核算可以量化特定活动或产品在其生命周期内直接或间接产生的温室气体排放量，适用于评估企业、产品、服务或活动的碳排放量，以及制定减排目标和计划，有助于制定针对性的减排措施。相关内容在第四节第三部分进行介绍，此处不再赘述。

（2）碳效率评价可评估产品或服务的碳排放与其功能或价值之间的比例关系。适用于用于比较不同产品或服务的碳效率，以及评估减排措施的效果，有助于识别高碳效率的产品或服务，以及潜在的减排机会。

3. 基于系统视角的评价方法

（1）多准则决策分析（Multi-Criteria Decision Analysis，MCDA）是一种帮助决策者在多个标准或目标之间权衡并做出选择的方法。这种方法特别适用于那些涉及多个目标、标准或属性的复杂决策情境，如城市规划、能源政策制定等。该方法提供了全面的评估视角，有助于平衡不同利益相关者的需求。

（2）系统动力学模型通过模拟系统内部各要素之间的相互作用和反馈机制，以评估系统的可持续性，适用于分析复杂系统的动态行为，如能源系统、经济系统等。其优势在于能够揭示系统内部的动态关系，有助于预测未来的发展趋势和制定策略。

4. 其他评价方法

（1）环境承载力评价可以评估特定区域内环境对污染物排放的容纳能力，适用于区域环境规划和管理，以及评估减排措施对区域环境的影响，有助于确保区域环境的可持续发展。

（2）情景分析法是假定某种现象或某种趋势将持续到未来的前提下，对预测对象可能出现的情况或引起的后果做出预测的方法，是一种直观的定性预测方法。通常用来对预测对象的未来发展作出种种设想或预计，具体步骤如下：

- 情景构建：构建不同的减排情景，分析不同情景下的经济、社会和环境影响。
- 情景评估：通过对比不同情景的评价结果，识别最优减排路径和政策措施。
- 政策建议：根据情景评估结果，提出具体的政策建议和行动方案。

（3）社会影响评价是评估项目或政策对社会的影响，包括就业、收入、文化、健康等方面，适用于评估大型基础设施项目、能源项目等对社会的影响，有助于确保项目或政策的社会可接受性和公平性。

以建筑行业为例，生命周期评价和碳足迹核算方法被广泛应用于绿色建筑设计与施工（见图5.50）。LCA系统评估建筑材料、施工、运营及拆除等全生命周期的碳排放与资源消耗，揭示关键排放源和高资源消耗环节，为优化设计和制定减排策略提供科学依据。同时，碳足迹核算量化减排措施的效果，为项目验收、碳标签认证及政策制定提供了数据支撑。这两种方法的结合，不仅推动绿色建筑在设计优化与资源高效利用方面的实践，还为建筑行业碳排放管理提供了系统化解决方案。未来，借助数字化工具（如BIM、IoT）和人工智能技术，可进一步提升动态监测和实时优化能力，助力行业实现低碳转型与可持续发展目标。

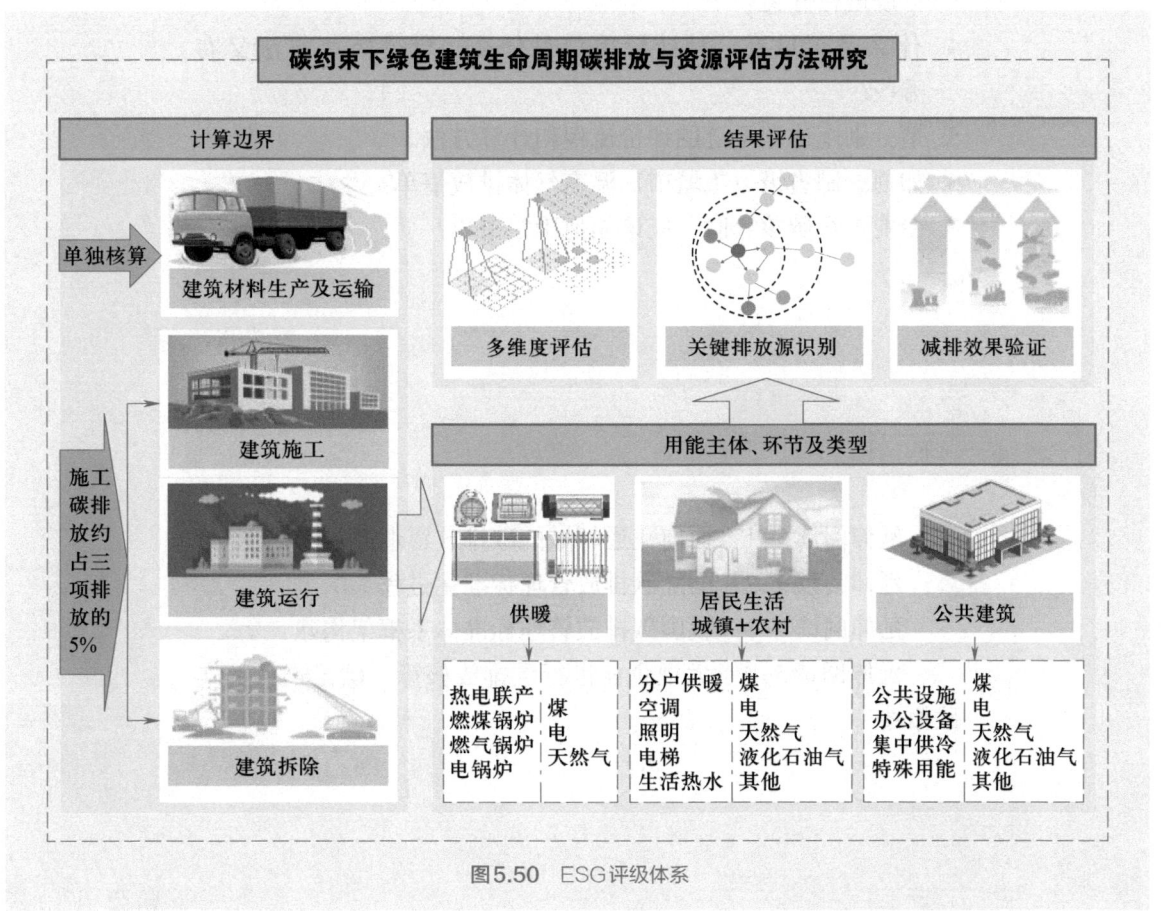

图5.50 ESG评级体系

思考题

1. 废弃物卷的对象范围在《1996年IPCC国家温室气体清单指南修订本》和《国家温室气体清单优良作法指南和不确定性管理》有所补充和优化，主要对象和范围的变化是哪些种类？

2. 为何要建立健全的碳排放管理标准体系？

3. A公司是一家拥有发电厂的独立发电企业。该发电厂每年发电100 mW时，排放20 t废气。B公司是一家电力贸易商，与A公司签订了一份供应合同，购买A公司所有的电力。公司B将购买的电力（100 mW·h）转售给公司C，一家拥有/控制输配电（T&D）系统的公用事业公司。C公司在其输配电系统中消耗5 mW·h的电力，并将剩余的95 mW·h出售给D公司。D公司是一个终端用户，在其自身运营中消耗购买电力（95 mW·h）。请对不同公司的电力相关活动的碳排放进行分类。

4. 什么是碳足迹，其计量单位是什么？具体核算方法又有哪些？

5. 请分别阐述碳足迹的评价流程和计算方法。

6. 如何编制省级（或城市）温室气体排放清单？

7. 企业进行碳核算时，应该如何确定边界？

延伸阅读

参考文献

[1] 杨雷，杨秀．碳排放管理标准体系的构建研究 [J]．气候变化研究进展，2018，14（3）：281−286.

[2] 施平，李长楚．基于ISO14064标准下的碳交易审计初探——以电力企业温室气体排放为例 [J]．商业会计，2016，（19）：17−20.

[3] 陈亮，林翎，鲍威，等．国内外碳排放管理标准化工作进展综述 [J]．中国能源，2014，36（1）：25−28.

[4] 冯彬，邱言言，陆嘉昂．碳排放管理标准体系的建设研究 [J]．中国标准化，2022（9）：74−80+89.

[5] 李鹏，吴文昊，郭伟．连续监测方法在全国碳市场应用的挑战与对策 [J]．环境经济研究，2021，6（1）：77−92.

[6] 嵇欣．国外碳排放交易体系的政策设计对我国的启示 [J]．上海经济研究，2014，（2）：92−101.

[7] 孙亮，林翎，李鹏程．"双碳"目标要求下的标准体系建设 [J]．中国能源，2022，44（5）：56−62+55.

[8] 林翎，郭慧婷，孙亮，等．我国应对气候变化标准化发展和政策建议 [J]．上海节能，2019，（2）：85−89.

[9] 何桂琴．碳排放管理标准体系的构建研究 [J]．皮革制作与环保科技，2023，4（4）：191−193.

[10] 冯彬，邱言言，陆嘉昂．碳排放管理标准体系的建设研究 [J]．中国标准化，2022（9）：74−80+9.

[11] 冯相昭，王忠武，夏卫国．国际碳排放标准于中国企业之启示 [J]．环境保护，2011，（19）：71−73.

[12] 舒印彪．提升碳排放国际标准化话语权 [J]．中国质量监管，2022（3）：10.

[13] 国内外碳排放标准组织及相关标准 [J]．信息技术与标准化，2010（11）：9−10.

[14] Vanhala L, Calliari E. Governing people on the move in a warming world: Framing climate change migration and the UNFCCC Task Force on Displacement [J]. Global Environmental Change, 2022, 76: 102578.

[15] Qi J J, Dauvergne P, Jeudy-Hugo S, et al. Reflections on

the first Global Stocktake of the Paris Agreement [J]. Earth System Governance, 2024, 21: 100212.

[16] Xepapadeas A. Uncertainty and climate change: The IPCC approach vs decision theory [J]. Journal of Behavioral and Experimental Economics, 2024, 109: 102188.

[17] Olczak M, Piebalgs A, Balcombe P. Methane regulation in the EU: Stakeholder perspectives on MRV and emissions reductions[J]. Environmental Science & amp; Policy, 2022, 137: 314−322.

[18] 陈健华, 孙亮, 陈亮, 等. 国内外企业温室气体排放核算标准的比较分析 [J]. 气候变化研究进展, 2016, 12 (6): 545−553.

[19] 世界可持续发展工商理事会. 温室气体核算体系: 企业核算与报告标准 [R]. 世界可持续发展工商理事会, 2012.

[20] 刘玟, 陈亮. 温室气体管理的标准化——国际最新动态及中国进展 [J]. 中国标准化, 2009 (10): 12−3＋6.

[21] 陈健华, 陈亮, 林翎, 等. 我国企业温室气体排放核算标准的需求分析与建议 [J]. 中国标准化, 2013 (6): 45−7＋61.

[22] 张志正, 可悦, 华云锋, 等. 碳交易背景下供热行业自愿减排机制的发展 [J]. 能源与节能, 2024 (1): 20−23.

[23] 卢露. 碳中和背景下完善我国碳排放核算体系的思考 [J]. 西南金融, 2021 (12): 15−27.

[24] 许明珠. 温室气体核算体系 [M]. 北京: 经济科学出版社, 2012.

[25] 郑娜, 张学秀, 王洪建, 等. 供热企业碳排放核算方法研究 [J]. 煤气与热力, 2023, 43 (7): 38−42.

[26] 王晓菲. 造纸工业碳排放统计核算方法及应用 [D]. 济南: 山东大学, 2013.

[27] Sean, Frost. Life Cycle Assessment-Principles, Practice and Prospects [M]. Impact Assessment & Project Appraisal, 2009.

[28] Horne R E. Life cycle assessment: origins, principles and context [M]. Life cycle assessment: principles, practice and prospects, 2009, 1.

[29] Allen D T, Consoli F J, Davis G A, et al. Public policy applications of life cycle assessment; proceedings of the Proceedings from the SETAC Workshop on Application of Life Cycle Assessment to Public Policy, 1997 [C].

[30] Hauschild M Z, De Haes H U, Finnveden G, et al. Life cycle impact assessment: striving towards best practice [C]. SETAC Press Proceedings.2002.

[31] Hunkeler D, Saur K, Stranddorf H, et al. Life cycle management [R]. SETAC, in review (to be published in 2003), 2003.

[32] Häkkinen T, Mäkelä K. Environmental adaption of concrete [M]. Environmental impact of concrete and asphalt pavements VTT, Tech Res Centre of Finland, Espoo, 1996.

[33] Jensen A A, Elkington J, Christiansen K, et al. Life cycle assessment (LCA)−a guide to approaches, experiences and information sources [R]. 1998.

[34] ISO. ISO 14044: 2006 Environmental management—Life cvcle assessment—Requirements and guidelines [S]. Geneva, Switzerland: International Organization for Standardization, 2006.

[35] ISO. Environmental Management—Life Cycle Assessment—Principle and Frame ISO 14040: 1997 [S]. Geneva, Switzerland: International Organization for Standardization, 1997.

[36] ISO. Environmental management—Life Cycle Assessment—Goal and scope definition and inventory analysis ISO 14041: 1998 [S]. Geneva, Switzerland: International Organization for Standardization, 1998.

[37] ISO. ISO 14042: 2000 Environmental management—Life cycle assessment—Life cycle impact assessment [S]. Geneva, Switzerland: International Organization for Standardization, 2000.

[38] ISO. ISO 14043: 2000 Environmental management—Life cycle assessment—Life cycle interpretation [S]. Geneva, Switzerland: International Organization for Standardization, 2000.

[39] ISO. ISO/TS 14048: 2002 Environmental management—Life cycle assessment—Data documentation format [S]. Geneva, Switzerland: International Organization for Standardization, 2002.

[40] 国家技术监督局. 环境管理 生命周期评价 原则与框架 GB/T 24040–1999 [S]. 北京: 中国标准出版社, 1999.

[41] 中华人民共和国国家质量监督检验检疫总局. 环境管理 生命周期评价 原则与框架 GB/T 24040–2008 [S]. 北京: 中国标准出版社, 2008.

[42] Whitaker M B. Life cycle assessment of transit systems in the U. S. and India: implications for a carbon–constrained future [J]. Life Cycle Costing, 2007, 74(3): 677–684.

[43] Fava J A A technical framework for life cycle assessment: workshop report; August 18–23, 1990 [C]. SETAC, 1991.

[44] ISO. Environmental management—Life cycle assessment—Principles and framework ISO 14040: 2006 [S]. Geneva, Switzerland: International Organization for Standardization, 2006.

[45] 燕艳. 浙江省建筑全生命周期能耗和CO_2排放评价研究 [D]. 杭州: 浙江大学, 2011.

[46] 陈华盾, 赵子豪, 刘红波, 等. 基于过程的建筑全生命周期碳排放核算问题及对策. 第二十二届全国现代结构工程学术研讨会, 中国江苏徐州, F, 2022 [C].

[47] 付佩, 兰利波, 陈颖, 等. 面向2035的节能与新能源汽车全生命周期碳排放预测评价 [J]. 环境科学, 2023, 44（04）: 2365–2374.

[48] 中国汽车工程学会. 节能与新能源汽车技术路线图2.0 [M]. 北京: 机械工业出版社, 2011.

[49] 陈轶嵩, 丁振森, 王文君, 等. 氢燃料电池汽车不同制氢方案的全生命周期评价及情景模拟研究 [J]. 中国公路学报, 2019, 32（5）: 172–180.

[50] 陈轶嵩. 汽车零部件全生命周期生态效益评价研究 [D]. 长沙: 湖南大学, 2014.

[51] 贺博文, 聂赛赛, 李仪琳, 等. 承德市PM2.5中多环芳烃的季节分布特征、来源解析及健康风险评价 [J]. 环

境科学, 2022, 43 (5): 2343-2354.

[52] 庹雄, 杨凌霄, 张婉, 等. 海-陆大气交汇作用下青岛冬季大气$PM_{2.5}$污染特征与来源解析 [J]. 环境科学, 2022, 43 (5): 2284-2293.

[53] 陈航, 王颖, 王澍. 铜山矿区周边农田土壤重金属来源解析及污染评价 [J]. 环境科学, 2022, 43 (5): 2719-2731.

[54] Chen Y, Hu X, Liu J. Life cycle assessment of fuel cell vehicles considering the detailed vehicle components: comparison and scenario analysis in China based on different hydrogen production schemes [J]. Energies, 2019, 12(15): 3031.

[55] 陈轶嵩, 丁振森, 刘佳慧, 等. 面向2020年的质子交换膜燃料电池汽车生命周期评价及预测 [J]. 中国机械工程, 2018, 29 (21): 2546-52 + 64.

[56] 中国电动汽车百人会. 中国氢能产业发展报告2020 [R]. 北京: 中国电动汽车百人会, 2020.

[57] Harper G, Sommerville R, Kendrick E, et al. Recycling lithium-ion batteries from electric vehicles [J]. Nature, 2019, 575(7781): 75-86.

[58] Fan E, Li L, Wang Z, et al. Sustainable recycling technology for Li-ion batteries and beyond: challenges and future prospects [J]. Chemical reviews, 2020, 120(14): 7020-7063.

[59] Tan J, Wang Q, Chen S, et al. Recycling-oriented cathode materials design for lithium-ion batteries: Elegant structures versus complicated compositions [J]. Energy Storage Materials, 2021, 41: 380-394.

[60] 陈轶嵩, 兰利波, 郝卓, 等. 氢燃料电池汽车动力系统生命周期评价及关键参数对比 [J]. 环境科学, 2022, 43 (08): 4402-4412.

[61] BURNHAM A, WANG M, WU Y. Development and applications of GREET 2.7——The Transportation Vehicle-CycleModel [R]. Argonne, IL(United States): Argonne National Lab. (ANL), 2006.

[62] Liu Y, Qiao J, Xu H, et al. Optimal vehicle size and driving

condition for extended-range electric vehicles in China: A life cycle perspective [J]. Plos one, 2020, 15(11): e0241967.

[63] 许海波. 增程式电动汽车全生命周期评价研究 [D]. 西安: 长安大学, 2021.

[64] 刘凯辉, 徐建全. 纯电动汽车驱动电机全生命周期评价 [J]. 环境科学学报, 2016, 36 (9): 3456-3463.

[65] Wang Q, Xue M, Lin B L, et al. Well-to-wheel analysis of energy consumption, greenhouse gas and air pollutants emissions of hydrogen fuel cell vehicle in China [J]. Journal of Cleaner Production, 2020, 275: 123061.

[66] Wiedmann T O, Minx J C. A definition of "carbon footprint" [C]. 2010.

[67] HAMMOND G. Time to give due weight to the 'carbon footprint' issue [J]. Nature, 2007, 445(7125): 256.

[68] Browne D, O'Regan B, Moles R. Use of carbon footprinting to explore alternative household waste policy scenarios in an Irish city-region [J]. Resources Conservation and Recycling, 2009, 54(2): 113-122.

[69] Wiedmann T, Barrett J. A Review of the Ecological Footprint Indicator—Perceptions and Methods [J]. Sustainability, 2010, 2(6): 1645-1693.

[70] Wiedmann T O, Minx J C. A Definition of 'Carbon Footprint' ISA UK Research Report 0701 [R]. 2008.

[71] Aichele R, Felbermayr G. Kyoto and the carbon footprint of nations [J]. Journal of Environmental Economics and Management, 2012, 63(3): 336-354.

[72] Pandey D, Agrawal M. Carbon Footprint Estimation in the Agriculture Sector [M]//MUTHU S S. Assessment of Carbon Footprint in Different Industrial Sectors, Volume 1. Singapore; Springer Singapore. 2014: 25-47.

[73] 高成康, 陈杉, 陈胜, 等. 中国典型钢铁联合企业的碳足迹分析 [J]. 钢铁, 2015, 50 (3): 1-8.

[74] Mcausland C, Najjar N. Carbon Footprint Taxes [J]. Environmental & Resource Economics, 2015, 61(1): 37-70.

[75] Zhao R, Xu Y, Wen X, et al. Carbon footprint assessment for

a local branded pure milk product: a lifecycle based approach [J]. Food Science and Technology, 2018, 38(1): 98−105.

[76] 崔文超，焦雯珺，闵庆文，等. 基于碳足迹的传统农业系统环境影响评价——以青田稻鱼共生系统为例 [J]. 生态学报，2020，40（13）：4362−4370.

[77] Durojaye O, Laseinde T, Oluwafemi I. A Descriptive Review of Carbon Footprint: proceedings of the 2nd International Conference on Human Systems Engineering and Design (IHSED)−Future Trends and Applications, Sep 16−18, 2019 [C]. Munich: Univ Bundeswehr Munchen, 2020.

[78] 刘含笑，吴黎明，林青阳，等. 碳足迹评估技术及其在重点工业行业的应用 [J]. 化工进展，2023，42（5）：2201−2218.

[79] 计军平，马晓明. 碳足迹的概念和核算方法研究进展 [J]. 生态经济，2011（4）：76−80.

[80] Pandey D, Agrawal M, Pandey J S. Carbon footprint: current methods of estimation [J]. Environ Monit Assess, 2011, 178 (1−4): 135−160.

[81] WBCSD/WRI. Product Life Cycle Accounting and Reporting Standard: [S]. 2011.

[82] Zhou S W W. Carbon Management for a Sustainable Environment [M]. Carbon Management for a Sustainable Environment, 2020.

[83] 马海波，朱强. 基于生命周期评价的我国稻米碳足迹核算 [J]. 干旱区资源与环境，2023，37（6）：11−19.

[84] 裘晓东. 碳标签及发展现状 [J]. 节能与环保，2011，（9）：54−58.

[85] Liu T, Wang Q, Su B. A review of carbon labeling: Standards, implementation, and impact [J]. Renewable & Sustainable Energy Reviews, 2016, 53: 68−79.

[86] Edenbrandt A K, Nordström J. The future of carbon labeling−Factors to consider [J]. Agricultural and Resource Economics Review, 2023, 52(1): 151−167.

[87] 陈泽勇. 碳标签在全球的发展 [J]. 信息技术与标准化，2010（11）：11−14.

[88] 邱峰. 碳标签制度的国际实践及其对我国探索的启示与借鉴 [J]. 西南金融, 2021 (12): 28-42.

[89] 高炜, 陈康, 王鸿, 等. 碳标签发展及其在石油化工产品的应用前景 [J]. 能源研究与管理, 2023, 15 (2): 66-72 + 8.

06

第六章
碳交易与碳普惠

第一节
概述

气候金融、碳市场和碳普惠是国际社会正在研究和讨论的三大气候经济议题。碳市场和碳普惠都是经济手段，气候金融是金融手段，这三者之间的关系是什么？怎样将三者融合起来？如何平衡三个议题的关系？气候金融是个舶来品，它包括碳市场，碳市场在西方发达国家已有多年运行经验，而我国的碳市场建设尚在起步阶段。碳普惠机制是推动公众端碳减排和形成绿色低碳生活方式的重要手段。因此，这三个议题都在我们的研究范围，但三者之间又存在着密切联系，因此我们也可以将这三者视为一个整体。

具体来说，气候金融、碳市场和碳普惠共同作用于减缓气候变化和推动可持续发展的目标。气候金融是为应对气候变化相关的活动提供资金的机制和流程，包括减排技术、可再生能源项目、节能改造等方面的投资。气候金融的资金来源可以是公共部门的投资、私人投资，以及通过各种金融工具如绿色债券和碳信用的形式。碳市场是通过设立碳排放配额和允许污染者在市场上买卖这些配额来控制总体碳排放量的一种市场机制。碳市场旨在通过市场化手段激励减排，使碳排放成本内化，推动企业和个人采用更清洁的技术和方法。碳普惠则是一个较新的概念，旨在确保碳市场的收益能够惠及更广泛的群体，特别是低收入和发展中地区的群众。碳普惠通过扩大参与机会、提高透明度和公平性，助力于实现社会公正和经济包容性。

这三者之间的关系体现在：① 气候金融为碳市场提供必要的资金支持，使得减排项目得以实施；② 碳市场的建立和有效运作是气候金融投资回报的重要来源之一；③ 碳普惠则确保碳市场和气候金融的利益能够公平分配，特别是对那些碳排放少但受气候变化影响大的贫困地区和人群（图6.1）。总的来说，这三者互相支持，共同推动全球向低碳经济的转型。

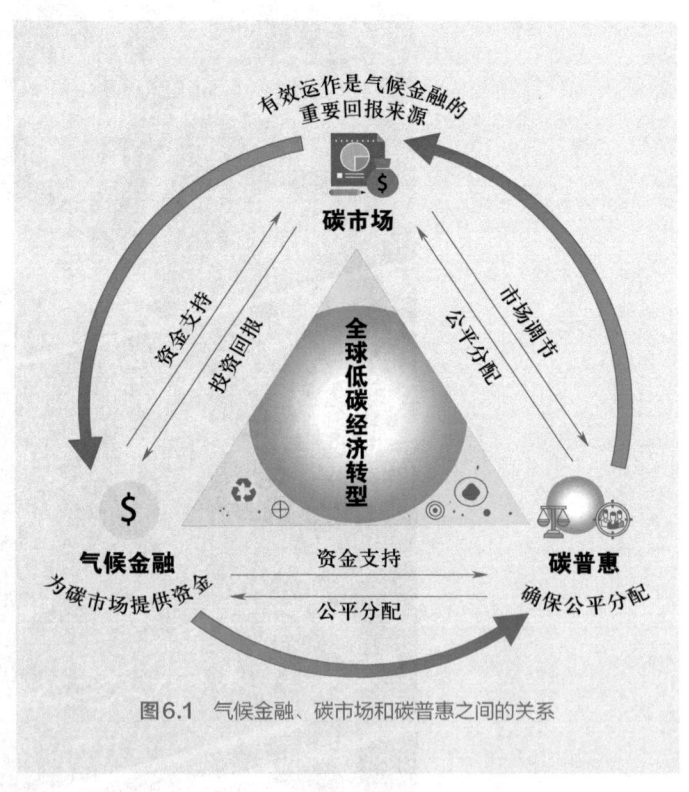

图6.1 气候金融、碳市场和碳普惠之间的关系

第二节
气候金融与碳金融

一、气候金融

(一) 气候金融的概念

根据联合国气候变化公约（UNFCC）的定义，气候金融（climate finance）是指在支持应对气候变化的减缓和适应行动的地方、国家或跨国融资（来自公共、私营和其他融资来源）。据《2023中国气候融资报告》统计，全球气候融资总额在2021和2022年达到了年均1.265万亿美元，较2019和2020年均额大幅增长94%，达到历史峰值（图6.2）。

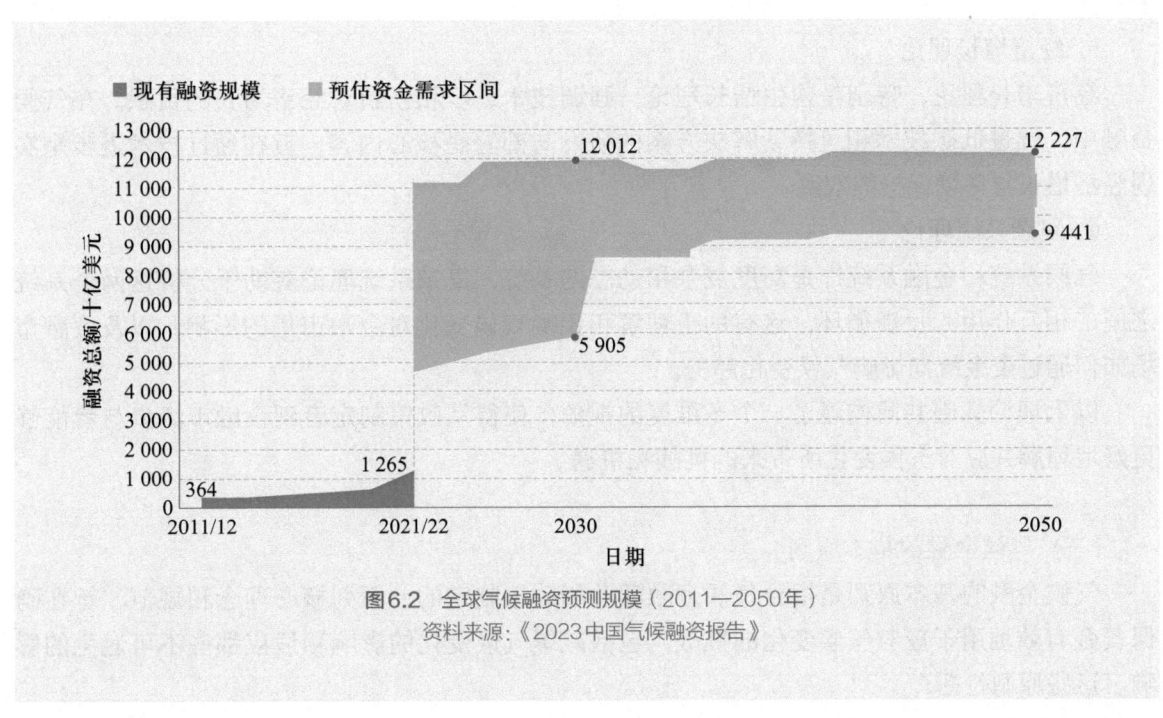

图6.2　全球气候融资预测规模（2011—2050年）
资料来源：《2023中国气候融资报告》

(二) 气候金融的理论基础

气候金融的理论基础涉及多个经济学、环境学和金融学的理论和模型，这些理论为理解和实施气候金融提供了框架和工具。以下是一些关键的理论基础：

1. 环境经济学

环境经济学提供了一个框架，用于评估环境变化对经济的影响，并探讨经济政策如何影响环境质量。它强调将外部成本（如污染成本）内部化，通过碳定价（如碳税和碳交易）等机制来纠正市场失灵。

2. 可持续发展理论

可持续发展理论强调在不损害后代的满足需求的前提下满足当代人的需求。在金融领域，这促使资本流向支持环境保护、社会责任和经济效益相结合的项目，例如可再生能源项目和清洁技术投资。

3. 现代投资理论

现代投资理论，特别是与风险管理相关的理论（如资本资产定价模型和期权定价理论），在气候金融中被用来评估和管理气候变化带来的风险，如通过绿色债券和气候衍生品来对冲风险。

4. 行为金融学

行为金融学揭示了投资者在面对气候变化信息时可能的非理性行为和偏见，如对立即收益的偏好超过长远利益。这有助于设计能够更有效促使投资者支持气候相关项目的政策和金融产品。

5. 经济增长理论

经济增长理论，特别是内生增长理论，强调技术进步和创新对经济增长的贡献。在气候金融中，促进低碳技术和可持续解决方案的研发与部署是核心内容，旨在通过技术进步来实现经济增长与环境保护的双赢。

6. 复杂系统理论

气候系统和金融系统都是高度复杂和动态的系统，复杂系统理论有助于分析这两个系统之间的相互作用和反馈循环，这有助于理解和预测气候变化对金融市场的影响，以及金融市场如何通过资金流向影响气候变化趋势。

以上理论基础共同构建了一个多维度的视角，使得从政策制定者到金融市场参与者能够更好地理解并应对气候变化所带来的挑战和机遇。

（三）气候金融的基本原则

气候金融的基本原则是指导气候金融活动和政策制定的一系列核心理念和规范，旨在确保资金有效地用于应对气候变化的挑战，包括减缓气候变化的影响和适应那些不可避免的影响。这些原则包括：

1. 坚持服务大局，服务经济社会发展

把服务应对气候变化融入经济社会发展规划和政策，促进节能降碳增效。鼓励金融机构优化资源配置，加大对绿色低碳产业和项目的支持力度，推动产业结构转型升级。

2. 坚持市场导向，充分发挥市场配置资源作用

建立健全绿色金融标准体系，充分发挥市场机制在绿色金融资源配置中的决定性作用，充分调动各类主体参与绿色金融的积极性。

3. 坚持创新引领，不断提升服务实体经济质效

围绕我国产业结构和能源结构调整，鼓励创新绿色金融产品和服务，促进经济结构转型

升级。

4. 坚持协同配合，形成促进绿色发展合力

加强国际合作，积极参与相关政策和标准制定，为构建人类命运共同体提供有力支撑。

5. 坚持依法依规，切实强化风险防控

确保所有气候金融活动都符合现行的法律法规，包括环保法律、金融监管规定等，并对气候变化相关的金融产品和服务进行全面的风险评估，包括环境风险、市场风险、技术风险等。

（四）气候金融的主要支持领域

中国气候金融主要支持领域包括：碳金融、绿色信贷（绿色贷款）、绿色债券、气候投融资、气候相关财务信息披露等。其中，绿色贷款和绿色债券是气候金融中主要的两大领域。与传统贷款和债券相比，由于气候相关风险的广泛性和复杂性，绿色贷款和绿色债券对环境影响评价标准的要求更为严格。例如，与一般贷款相比，贷款必须有明确的用途、期限、利率、资金成本和偿还计划等；而与一般债券相比，则需要披露更多关于发行人的信息。此外，气候金融还涉及更广泛的信息披露要求。例如，企业和相关机构必须定期向社会披露其碳排放量信息。随着气候变化问题的日益突出，相关信息披露将会越来越重要。

1. 碳金融

碳金融（carbon finance）旨在实现应对气候变化目标，促进经济可持续发展，解决传统经济模式带来的环境问题，进而推动全球绿色低碳转型。碳金融的基本功能是为绿色低碳产业提供资金支持，通过市场化手段实现温室气体减排，促进企业降低成本、提升竞争力。碳金融通过与碳市场结合，推动企业绿色发展，引导更多社会资金进入低碳产业。

2. 绿色信贷

绿色信贷（green credit）是指商业银行向符合条件的企业提供贷款的业务，为环境改善和应对气候变化提供资金支持。绿色信贷要求商业银行在发放贷款时，要充分考虑到经济发展和环境保护之间的平衡关系，要优先支持节能减排、环境保护以及清洁能源产业和项目。绿色信贷可以有效降低企业的融资成本，更好地控制企业的资金链风险，有效地提升企业在环境、社会和公司治理方面的管理水平。

3. 绿色债券

绿色债券（green bond），又称绿色金融债券，是指募集资金专门用于支持符合规定条件的环境保护、节能减排项目等经济活动的有价证券。绿色债券由国际证券交易所（上海证券交易所）和国际绿色债券指数编制机构（中债资信）共同编制。根据发行目的、资金用途不同，绿色债券可以分为三类：① 普通绿色债券，用于支持环境改善、应对气候变化的项目；② 补充绿色项目资本金，即由政府、企业、个人等筹资而形成的用于绿色项目的资本金；③ 补充资本公积，即由公司股本溢价或资本公积转化而成的资本。这三种类型的绿色债券在发行方式和募集资金使用方面有所不同。

4. 气候投融资

气候投融资（climate investment and finance）是指为支持应对气候变化的项目融资所形成的资金融通活动。气候投融资包括两个方面：一是支持应对气候变化的项目，二是支持低碳转型和适应气候变化的项目。2022年6月，中国人民银行等七部门联合印发了《关于构建绿色金融体系的指导意见》，明确提出"对属于环境保护部门公布的重点排污单位的上市公司，研究制定并严格执行对主要污染物达标排放情况、企业环保设施建设和运行情况以及重大环境事件的具体信息披露要求""在重点流域和大气污染防治重点领域，合理推进跨行政区域排污权交易，扩大排污权有偿使用和交易试点""各地区要从当地实际出发，以解决突出的生态环境问题为重点，积极探索和推动绿色金融发展"。这是我国首次将地方和重点领域明确为碳达峰碳中和目标实现路径。

5. 气候相关财务信息披露

2021年6月，气候相关财务信息披露工作组（TCFD）发布《气候相关财务信息披露工作建议》，建议企业在2021年底前对其运营和融资活动的碳排放、碳足迹进行核算，并将核算结果对外披露。中国的监管机构也在积极推动上市公司环境信息披露，要求企业按照一定的比例披露环境信息。

（五）气候金融的主要融资工具

融资工具是为促进气候目标实现而提供的金融工具，其核心特征是资金的来源具有特定的指向性，并能满足融资主体特定的资金需求。为促进气候目标实现，可将融资工具分为直接融资和间接融资两大类，前者主要包括发行绿色债券、绿色信贷、绿色保险等；后者主要包括碳金融、碳排放权交易、可再生能源配额交易等。

从我国气候金融发展现状来看，气候融资工具在我国的发展仍处于起步阶段，与欧美发达国家相比，我国气候金融市场规模相对较小，相关投资主体对于气候金融产品的认识尚不充分。此外，我国气候金融相关立法工作也相对滞后，相关制度缺失导致市场有效需求不足。因此，我国应加快完善气候金融相关立法工作，促进气候金融市场健康发展。

（六）气候金融的相关政策与实践

1. 国际上相关政策与实践

在国际上，主要发达国家和国际金融组织都已将气候变化纳入其战略框架，并制定了明确的行动方案。其中，美国、欧盟、日本和中国等都出台了较为完善的应对气候变化的政策措施；G20国家制定了落实《巴黎协定》的路线图，并将气候变化作为全球经济治理体系改革的重要议题；国际金融机构通过发布政策指引、强化数据披露等方式，引导金融资源向气候变化领域配置。

在国际上，许多国家已将气候变化作为应对气候变化、实现可持续发展的重要战略领域，并制定了相关政策措施。同时，许多国际金融机构积极开展与气候变化相关的风险评估、产品创新和能力建设工作，探索和实践气候金融支持体系。

2. 我国的相关政策与实践

我国气候金融发展起步较晚，但进展迅速。根据国际金融公司（IFC）的统计，截至2021年6月，全球已有40多家中央银行和金融机构启动了气候相关的融资，其中有一半是欧洲的中央银行和金融机构。中国人民银行也已经宣布在中国境内设立碳排放交易市场，并支持上海国际金融中心建设。

2021年7月，全国碳排放权交易市场正式开市，包括上海、广东、湖北三个试点地区和北京、天津、重庆三个地方的试点，并以发电行业为突破口，主要覆盖发电行业的二氧化碳排放量，到2021年6月底已经有近900家企业完成了配额的拍卖，累计成交量超过2.5亿t二氧化碳当量。截至2024年2月，全国碳排放权交易市场已经顺利完成了两个履约周期，第一个履约周期是2019—2020年，第二个履约周期是2021—2022年。全国碳排放权交易市场覆盖年二氧化碳排放量约51亿t，纳入重点排放单位2 257家，成为全球覆盖温室气体排放量最大的碳市场。

二、碳金融

（一）碳金融的概念

碳金融是以应对气候变化为目的，将碳排放权交易作为核心工具，利用金融市场引导资金流向节能减排技术改造的项目和企业，从而降低温室气体排放、促进能源效率提高的经济活动。其基本内容包括：碳金融是以减少温室气体排放为目的，以项目投融资为核心，以碳市场交易为手段，通过项目活动和企业交易行为来实现的一系列金融活动。

碳金融的定义分为狭义与广义：狭义上的碳金融是指与碳排放权交易相关的金融活动，包括碳排放权、碳金融衍生品交易以及碳资管业务；广义碳金融是指为支持环境改善、应对气候变化和资源节约高效利用的经济活动，即对环保、节能、清洁能源、绿色交通、绿色建筑等领域的项目投融资、项目运营、风险管理等所提供的金融服务，又叫绿色金融。本书所涉及的碳金融即狭义碳金融，绿色金融即广义碳金融。由此可见，碳金融是一种综合性的金融服务，涉及包括金融机构、碳排放权相关企业在内的多方参与者，主要包括碳排放权交易市场、碳金融中介机构、金融机构等。

（二）发展碳金融的目的

低碳经济的本质是低碳化，其核心在于开发利用可再生能源和可持续发展技术，实现能源结构的优化调整和发展模式的转变。作为应对气候变化和可持续发展战略的重要内容，低碳经济必然会给金融业带来巨大机遇，促进金融业转型升级，成为世界经济发展新的增长点。

一方面，金融机构通过低碳金融服务创新，能够获取超额利润；另一方面，低碳金融作为一种绿色金融产品，不仅可以降低银行等金融机构的经营风险和经营成本，还可以吸引更多社会资本参与其中，促进金融业健康发展。

在碳交易市场方面，绿色信贷、绿色债券、碳资产证券化等低碳金融产品将为商业银行拓展新的利润来源。对于商业银行而言，低碳经济是一个新的增长点和业务机会；对于政府而言，低碳经济是转变经济增长方式、发展绿色产业、实现可持续发展的重要途径。

（三）碳金融的主要支持领域

碳金融是气候金融的一个重要分支，其通过金融工具和机制来减少温室气体排放，并促进低碳经济的发展。碳金融的主要支持领域包括：

（1）碳市场：碳交易市场是指基于市场经济的一种政策调控手段，通过对温室气体排放实行总量控制，并以规定的价格将所获得的温室气体排放权出售给拥有这种权利的企业。企业可以通过交易排放权来获得经济利益，从而抑制碳排放量。我国主要通过行政手段进行碳交易试点。试点地区根据当地经济发展情况和企业减排能力制定了不同的碳排放总量控制目标。通过行政手段，将当地温室气体排放量控制在规定范围内，在一定程度上实现了对当地环境的保护。

为了加强对企业减排工作的激励作用，我国政府出台了一系列政策措施，支持试点地区发展碳交易市场。比如，财政部在2013年发布了《关于推进环境保护税征收管理改革有关问题的通知》，指出可以将碳交易纳入环境保护税征收范围。除此之外，在部分试点地区还出台了鼓励企业参与碳交易的措施。2022年12月31日，生态环境部组织编制并发布了《全国碳排放权交易市场第一个履约周期报告》。报告显示截至2021年12月31日，第一个履约周期共运行114个交易日，碳排放配额累计成交量1.79亿t，累计成交金额76.61亿元，成交均价42.85元/t，每日收盘价在40~60元/t之间波动，价格总体稳中有升（图6.3）。

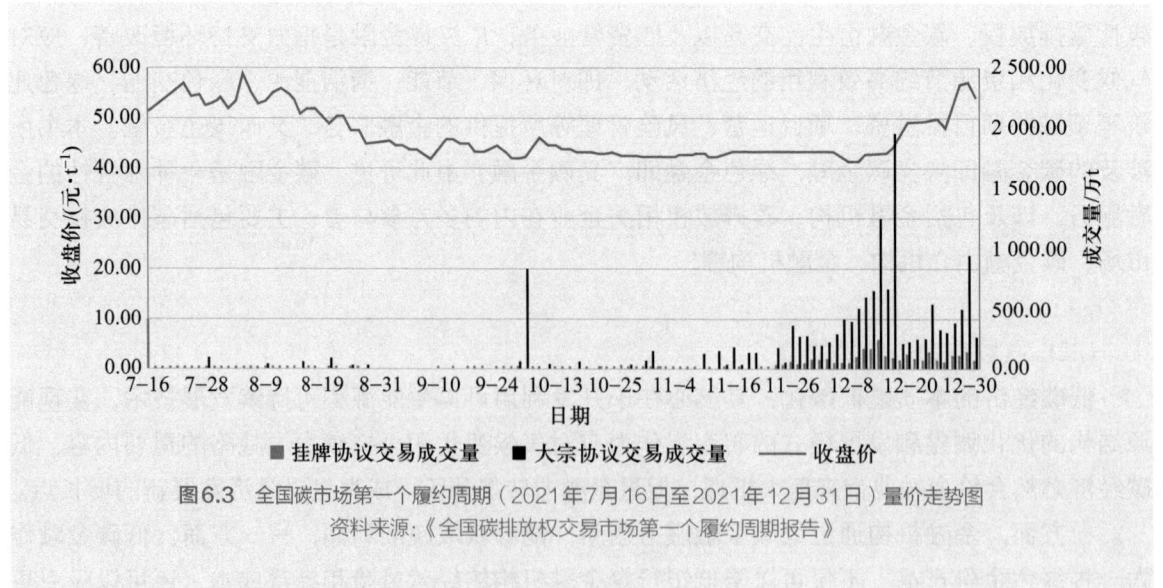

图6.3　全国碳市场第一个履约周期（2021年7月16日至2021年12月31日）量价走势图
资料来源：《全国碳排放权交易市场第一个履约周期报告》

（2）碳金融衍生产品：碳金融衍生产品主要包括三种类型：一是碳远期、碳期权等碳利率衍生产品，二是碳期货、碳掉期等碳外汇衍生产品，三是碳信托信托衍生品。其中，碳远期、碳期货等属于场外交易，主要应用于大型企业或金融机构进行套期保值和规避风险，而碳期权、碳掉期则属于场内交易，主要应用于大型企业或金融机构进行套期保值和规避风险。由于碳金融衍生产品的专业性较强，交易风险相对较高，因此相关业务的发展也受到了一定的限制。国内金融机构在开展碳金融衍生产品时主要采用场内交易的模式，即通过交易所或银行间市场进行交易。下一步，将有可能逐步推出场外交易、场内交易等模式。

（3）碳基金：国内的碳基金主要由政府主导成立。其中，国家碳排放权交易基金（以下简称"国家碳交易基金"）是我国最早成立的碳基金，于2012年8月经国务院批准设立，是目前唯一一个政府主导的全国性碳排放权交易基金。根据该基金的官方网站显示，截至2021年6月30日，国家碳交易基金的总资产规模已经达到了3 379.6亿元，其中已实现投资收益257.64亿元。2017年7月1日，由财政部和国家发改委联合发布的《关于政府支持的投资基金有关管理问题的通知》正式实施，该文件对国家碳交易基金的管理模式、投资范围等进行了明确规定，为国家碳交易基金的发展奠定了制度基础。

（4）碳资产支持证券：碳资产支持证券（carbon asset-backed securities，简称CABS）是指以碳排放配额等碳资产为基础资产，通过在资本市场上发行证券的方式来融资。由于碳资产支持证券的基础资产是碳排放配额，因此它也可以被称为碳配额证券或配额抵押证券。我国早在2013年就推出了第一支CABS。2015年1月，北京环境交易所推出了首单CABS——"中国核证自愿减排量（CCER）资产支持专项计划"。该产品在挂牌期间共发行了5期，总规模为25亿元。2016年9月，上海环境能源交易所也推出了首单CABS——"上海环交所碳排放权抵押贷款支持证券"。

（四）碳金融的发展现状

近年来，随着我国经济的快速发展，环境问题也日益凸显，对环境污染造成的危害和影响也日益加深。为了响应国家号召，我国在2014年出台了《全国碳排放权交易市场建设方案》（以下简称《方案》）。该方案提出，将在全国范围内开展碳排放权交易试点。同时，国家还在碳交易试点中引入了市场机制，推动企业通过市场化的方式来实现减排目标（图6.4）。但碳交易试点所采用的是配额现货交易模式，由于我国碳交易市场尚处于发展初期，相应的配套制度并不完善，因此很难实现与国际碳市场的有效对接。随着国际环境和国内政策的变化以及金融机构对减排市场需求的逐步增加，发展我国碳金融业务已是大势所趋。

（五）碳金融面临的挑战

我国碳金融衍生品市场发展较晚，相关法规和政策法规也不够完善。国内碳交易市场的交易标的都是基于欧盟碳排放交易体系，并且主要是以配额现货交易为主。但我国已推出的碳期货品种较少，碳期权、碳债券等其他类型的衍生品市场也处于起步阶段。

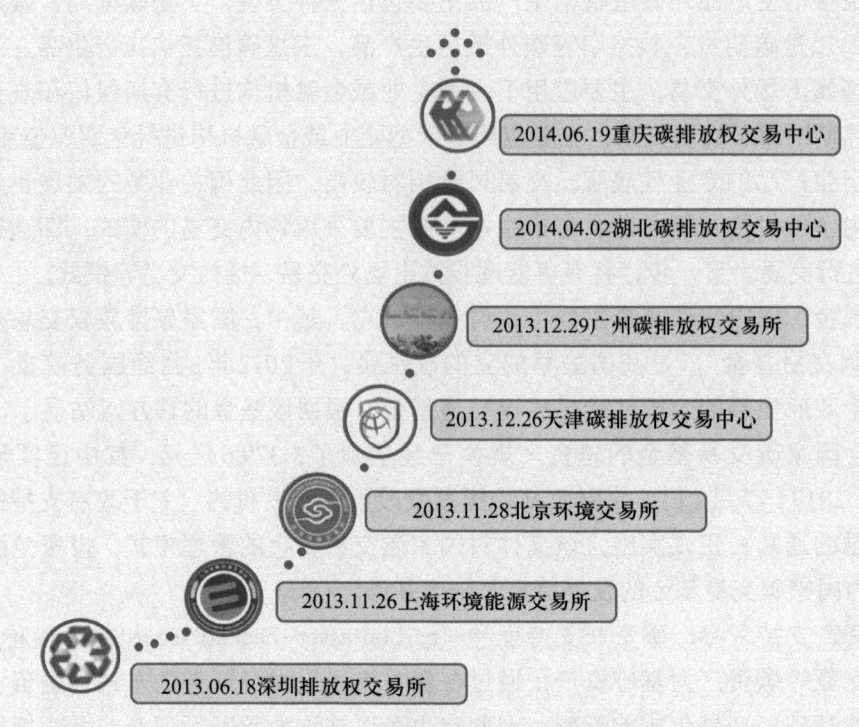

图6.4　全国七个碳排放交易试点启动交易时刻表

内部图中文字：

2014.06.19重庆碳排放权交易中心

2014.04.02湖北碳排放权交易中心

2013.12.29广州碳排放权交易所

2013.12.26天津碳排放权交易中心

2013.11.28北京环境交易所

2013.11.26上海环境能源交易所

2013.06.18深圳排放权交易所

此外，国内市场中的金融机构对碳金融产品的创新还有待进一步加强，没有形成一套完善的开发体系。我国碳金融产品仍然以传统信贷为主，很难实现与国际市场的有效对接。为了顺应低碳经济时代背景下，对碳金融衍生品需求不断增长，我国应加强对碳排放权及碳金融衍生品的研究，建立健全相关法律法规，加强对碳交易市场中金融机构和企业的监督管理，从而形成一个完整、稳定、有效的碳金融市场。同时应加大人才培养力度，培养专业人才，提高专业人员的工作能力，从而促进我国碳排放权及碳金融衍生品市场发展。

（六）碳金融的未来发展方向

2013年6月，中国政府承诺在2020年前实现二氧化碳的减排目标，而碳金融正是实现这一目标的重要手段。因此，未来我国碳金融的发展应从市场机制、立法、环境保护和监管四个方面着手，借鉴国外先进经验并结合我国实际情况，积极参与国际碳市场的交易活动，为实现我国减排目标贡献力量。

1. 完善碳交易市场

完善碳交易市场应从以下几方面着手：一是不断完善碳金融交易平台，积极发挥上海环境能源交易所和深圳联合产权交易所的作用，推动建立全国统一的碳交易市场。二是积极完善交易规则，推动我国碳金融产品和服务创新，建立和完善中国排放权市场交易体系，以适应全球气候变化的趋势。三是扩大碳交易的覆盖范围，逐步将碳排放权交易纳入政府管控范围，扩大排放企业的选择范围，通过增加控排企业的数量来提高碳配额分配的公平性。四是加快推动我国碳期货市场建设，提高对温室气体减排效果的评估能力，为市场参与者提供风险管理工具，降低交易风险。五是积极开展国际交流合作，提高我国参与国际碳金融市场的话语权。六是大力发展国内绿色信贷和绿色债券业务，推动金融机构为清洁发展机制项目（clean developmentme mechanism，简称CDM）提供融资服务，鼓励金融机构开发和创新针对CDM项目的产品和服务。

2. 完善碳排放权交易体系

2012年10月，中国政府批准了《京都议定书》，确定了第一个履约期为2012—2016年。中国作为《京都议定书》的签约国之一，有责任承担起该协议规定的减排义务，为实现《京都议定书》的减排目标做出贡献。在借鉴国外先进经验的基础上，我国还应结合自身实际情况，积极参与到国际碳市场交易中，大力推动我国碳金融体系的完善。在此过程中应明确政府与市场在碳排放权交易中的职能定位，通过政府发挥引导和协调作用，企业积极参与到碳排放权交易中来。政府应严格控制碳排放权交易过程中的投机行为和价格波动风险，逐步将市场机制引入到碳排放权交易中。

3. 建立和完善碳金融中介服务体系

首先，应鼓励各金融机构积极参与国际碳市场，充分利用外资金融机构的品牌优势和管理经验，同时应利用国内企业和国际资本两个市场，通过组建全国性的碳资产管理公司、碳交易公司或碳资产托管中心等方式，完善我国碳金融中介服务体系。其次，还应加大对碳金融中介机构的政策支持力度。如在税收方面，建议借鉴欧盟对金融机构的税收优惠政策，在一定时期内给予碳金融中介机构一定的税收优惠政策。在财政方面，可以借鉴德国设立"绿色基金"的做法，对从事碳交易业务的企业或个人给予一定的财政补贴。同时，借鉴英国设立"绿色基金"和美国设立"环境银行"的做法，争取借鉴国际金融组织和发达国家政府在扶持低碳经济发展方面的经验，建立我国自己的绿色基金。

4. 加强国际合作与交流

通过国际合作与交流，学习国外先进的经验，吸收其有益的成果，有利于我国在碳金融领域中把握先机。从全球碳市场发展来看，欧盟、美国等发达国家已经建立起较为完善的碳交易体系。随着全球气候变暖问题的日益严重，发达国家纷纷制定减排目标，碳金融市场将迎来更加广阔的发展空间。

我国应抓住机遇，加强国际合作与交流，借鉴国外先进经验，发挥后发优势，加快推进国内碳金融市场的发展。首先，应在国际层面上加强对碳金融领域的研究和合作。其次，积极参与国际碳金融市场交易活动并争取话语权。最后，加强国内碳金融市场建设和监管力度。在与发达国家的合作中提升自身能力，为我国在国际层面上发挥大国作用做出贡献。

5. 加强碳金融创新产品开发

碳金融产品的创新主要包括碳资产证券化和碳金融衍生产品的开发两个方面。在碳资产证券化方面，要加大对清洁发展机制项目的投资，提高CDM项目开发能力；鼓励商业银行加大对CDM项目的信贷支持力度；积极推进上市公司在CDM市场的股权融资和债权融资。在碳金融衍生产品开发方面，要不断提高银行的风险控制水平，促进其开展碳金融衍生产品业务，不断扩大碳金融衍生品市场。

一是要针对CDM项目风险大、收益低、流动性差的特点，开发出适合CDM项目参与方的相关保险产品；二是要不断创新和开发各种新型碳金融产品，如融资租赁、项目贷款、绿色债券等；三是要在现有碳金融业务基础上不断研发新产品，如：碳期货、碳掉期等。

6. 加强碳金融风险防控

碳金融业务的发展为我国企业提供了新的发展机遇，同时也带来了新的风险，因此，应建立完善的碳交易风险管理体系。首先，要加强对金融机构开展碳金融业务的监管和指导，对金融机构开展碳金融业务进行监管和指导；其次，建立碳交易风险评估机制，加强对交易过程中出现的风险进行评估、预警；再次，建立和完善环境信息披露制度，增强企业环境信息披露意识，提高企业参与碳市场的主动性；最后，加强对碳金融业务中可能存在的洗钱、逃税等违法行为进行监管和查处。总之，我国应根据自身国情及国际发展趋势来制定适合自己发展的战略和政策，建立健全完善的法律体系、监管体系、风险防范机制以及技术支持体系。

7. 健全法律法规

要进一步加快发展我国碳金融市场，必须加快完善相关的法律法规，为碳金融的发展提供强有力的法律支持。首先，要完善温室气体排放相关法律法规，为碳交易活动提供法律依据。通过制定有关排放标准、配额分配和监督管理等方面的法律法规，明确相关主体的权利与义务，提高碳交易活动的透明度和规范化程度。其次，要加快建立健全碳交易市场监督管理条例。对现有交易市场进行科学合理的规划和管理，严格监管碳交易市场的违规行为。最后，要根据国家相关法律法规制定相应的行业标准。在制定行业标准时要结合我国国情与国际标准进行比较分析，既要保证符合我国发展实际，又要保证标准的先进性、科学性与前瞻性。通过这些措施来推动碳金融市场更好地发展。

第三节
碳交易与碳税

在应对全球气候变化的多种策略中，碳定价（carbon pricing）机制扮演着至关重要的角色。从经济学的角度来看，碳定价的核心思想是将碳排放的外部成本即那些由公众承担的成本，如气候变化带来的损害，内部化至排放源头。通过对碳排放进行定价，这一机制有效地将应对气候变化的成本从公众转移到温室气体排放者，并为他们提供了一个选择：要么减少排放以避免高昂的成本，要么继续排放但需为其排放付出代价。这种市场信号不仅调节了温室气体的排放，也刺激了资金流向：从依赖高排放的化石燃料技术转变到投资更加清洁的能源技术。

碳排放权交易是碳定价机制的一种重要实施形式。它通过设定温室气体排放的上限，并在市场上对这些排放配额进行交易，实现了对碳排放的有效控制。这一制度提供了灵活的操作方式，使得市场参与者能根据自己的排放量进行配额的买卖。碳定价机制的另一种重要实施形式是碳税。它是对化石燃料在燃烧过程中产生的二氧化碳排放量征收的一种税费。根据燃料的碳含量和使用量，按照设定的税率计算税款。碳税适用于化石燃料生产商、进口商和大型工业排放源，要求他们为每吨二氧化碳排放支付一定金额的税费，以直接反映碳排放的经济成本。

碳排放权交易和碳税对于促进低碳转型、激发清洁技术的创新与投资具有重要意义。随着越来越多国家和地区采纳这些碳定价策略，这些工具正逐渐成为全球气候行动的重要组成部分，为实现《巴黎协定》目标注入了新的动力和机遇。

一、碳排放权

（一）定义与理论背景

碳排放权（或温室气体排放配额，GHG emission allowance）是一种由政府或监管机构颁发的权利，允许持有者在规定时间内排放一定量的温室气体。这种权利通常是以排放一定量（如 1 t）的二氧化碳当量（CO_2eq）为单位。二氧化碳当量是一个衡量单位，用于描述不同温室气体相对于同等量二氧化碳对全球气候变化的影响。碳排放权的核心目的是通过市场机制减少温室气体排放，以应对全球气候变化。在碳交易系统中，政府或国际机构设定总体温室气体排放上限，并将这一上限分配为一系列排放权，企业间可以自由交易这些排放权，这种机制鼓励企业采取措施减少排放，同时在经济发展和环境保护之间寻求平衡。

碳排放权的理论背景源于20世纪中期的重要经济学思想。1960年，科斯（Ronald H. Coase）在《论社会成本问题》中提出，通过确立产权并促进市场交易可以解决环境外部性问题。戴尔斯（J. H. Dales）于1969年在其著作《污染、财富和价格》中进一步发展了这一概念，提出通过市场机制交易排放权以有效控制污染。20世纪70年代初，蒙哥马利（Montgomery）的数理经济学分析证明了排放权交易的成本效率。此后，1990年，美国环保协会（EDF）推动《清洁空气法修正案》的通过，建立了"酸雨计划"，证明通过市场机制降低二氧化硫排放是可行的。

（二）碳排放权确定其全球影响

《京都议定书》（Kyoto Protocol）在全球气候变化应对中具有里程碑意义。它是第一个设

定具体温室气体减排目标的国际协议，为后续全球气候行动奠定了基础。该议定书于1997年
12月11日在《联合国气候变化框架公约》（简称《公约》）第三次缔约方会议上通过，并于
2005年2月16日生效。《京都议定书》的核心是为缔约国设定了具体的温室气体减排目标，并
引入了三个灵活市场履约机制：国际排放贸易、清洁发展机制和联合履约机制，旨在帮助各
缔约国实现这些目标。

  国际排放贸易（international emissions trading，简称IET）机制是《京都议定书》下的一
项关键机制。它允许《公约》附件一国家（经济合作发展组织中的所有发达国家和经济转型
国家）之间交易温室气体排放配额。如果某个国家的碳排放量低于其配额限制，它可以将多
余的配额卖给排放超出配额的国家。这种交易机制旨在通过市场方式提高减排的成本效率，
激励各国采取更经济有效的减排措施，同时促进全球减排总量的降低。IET机制的实施，有效
创建了以减排量为基础的新型商品市场，标志着碳排放权交易在全球范围内得到广泛的认可
和实施，为全球碳市场的建立和发展奠定了基础。

  延伸阅读6-1 《京都议定书》

  （三）总量控制与交易

  与"国际排放贸易"主要针对国家之间的排放权交易不同，"总量控制与交易"（或简称
为"限额与交易"，cap-and-trade）制度通常是指在单一国家或特定区域内实行的排放交易系
统。这个制度为建立和运作碳排放权交易市场提供了清晰的框架和规则。

  在"总量控制与交易"制度下，政府或监管机构会在一定管辖区域内，确定一定时限内
整体的排放上限，这是允许排放的总量。随后，政府会发行与这个总量相等的排放许可证
（或称为碳配额、排放权）。这些许可证可以在市场上自由买卖，形成了一个交易市场。企业
和其他排放者必须持有足够的排放许可证以覆盖其排放量。这些许可证的价格由市场供求关
系决定，形成了碳价格。

  因此，碳市场在"总量控制与交易"制度下运作，通过提供一个平台让企业和组织在满
足政府设定的排放上限的同时，可以灵活地选择最经济有效的减排方法。这种市场机制激励
企业通过技术创新和效率提升来减少碳排放，从而推动整体碳排放的减少。同时，它也为碳
排放的降低提供了经济激励，因为那些能够高效减排的企业可以通过出售多余的碳配额获得
收益；而那些排放量大的企业则需要购买额外的许可证以覆盖其排放，从而促使它们寻找减
排的方法。

  （四）排放配额分配

  在"总量控制与交易"系统中，排放配额（即碳排放权或排放许可证）的分配方法因国
家和地区的具体政策而异，主要有以下几种方式（表6.1）。

  免费分配：一些系统，如欧盟排放交易体系（EU ETS），初期采用免费分配的方法。这

种方法是基于企业历史排放数据或其他标准，免费向企业分配排放配额。免费分配有助于减轻企业的经济压力，尤其是对那些排放量大的企业，但可能不足以激励企业减少排放，因为它们没有为获得排放权支付成本。

拍卖：在拍卖制度中，政府通过拍卖的方式出售排放配额，企业需竞价购买。这种方式可以激励企业更积极地减少排放，因为它们需要为获得排放权支付费用。拍卖所得的收入可以被政府用于环保项目或其他社会福利项目。例如，欧盟的一部分排放配额就是通过拍卖获得的，这些收入主要流入国家预算，用于支持可再生能源、能效提升和低碳技术投资。

混合方式：结合免费分配和拍卖，部分排放配额免费分配，部分通过拍卖出售。例如，欧盟排放交易体系在其第四阶段（2021—2030 年）中，对某些部门逐渐淘汰免费分配，在其他部门保留。这种方法可以更好地平衡经济影响和环境效益，但实施起来更复杂。

不同国家和地区在选择排放配额分配方法时会考虑多种因素，包括经济发展水平、产业结构、环境目标以及市场的成熟度等。例如，欧盟通过其排放交易体系实行了较为复杂的分配机制，涵盖了多种工业部门和航空运输，而其他国家可能根据自身情况采取更简化或差异化的方法。

表6.1　不同的碳配额分配方式比较

分配方法	定义	种类	优点	缺点	案例
免费分配	政府根据企业的历史排放数据或其他标准免费向企业分配排放配额	● 祖父法（基于历史排放量） ● 基准法（基于历史产量的基准法、基于实际产量的基准法）	减轻企业经济压力，特别是对排放量大的企业；减少政策实施初期的市场震荡	可能不足以激励企业减少排放，因为它们没有为获得排放权支付成本	日本东京：100%免费分配
拍卖	政府通过拍卖的方式出售排放配额，企业需竞价购买	公开竞标、密封报价或电子拍卖等形式	通过市场机制确定配额价格，透明公平；政府收入可用于环保项目或其他公共用途	可能增加企业的成本，尤其是对于减排成本较高的企业	美国区域温室气体倡议（RGGI）：100%拍卖
混合方式	结合免费分配和拍卖，部分排放配额免费分配，部分通过拍卖出售	根据行业特性和政策目标，政府可以灵活设置免费和拍卖的比例	结合了免费分配和拍卖的优势，更好地平衡经济影响和环境效益	实施起来更复杂，需要精确的规划和管理	欧盟碳排放交易体系第四阶段：57%拍卖，43%免费分配

二、碳排放权交易市场

（一）碳排放权交易与碳市场

碳排放权交易是环境政策中的一种市场机制，旨在通过经济激励来减少温室气体排放，尤其是二氧化碳（CO_2）。核心理念是"总量控制与交易"。政府或国际组织设定一个温室气体排放的总量上限，并发放相应数量的排放许可证（另见"总量控制与交易"）。许可证代表排放一定量的温室气体的权利，可以在市场上自由交易。在碳排放权交易体系中，每个参与排放的企业或组织都被分配一定数量的排放权。如果企业排放低于其配额，可以将多余的排放权在市场上出售；如果排放超过配额，则需要在市场上购买额外的排放权（图6.5）。碳排放权交易鼓励企业通过各种方式减少排放，包括改进生产过程、采用更清洁的能源和技术、提高能效等。同时，企业的改进也有助于推动整个行业向更低碳的方向发展。然而，碳排放权交易系统也面临一些挑战，如排放权的初始分配问题、市场价格波动性、如何确保系统的公平性和透明性。

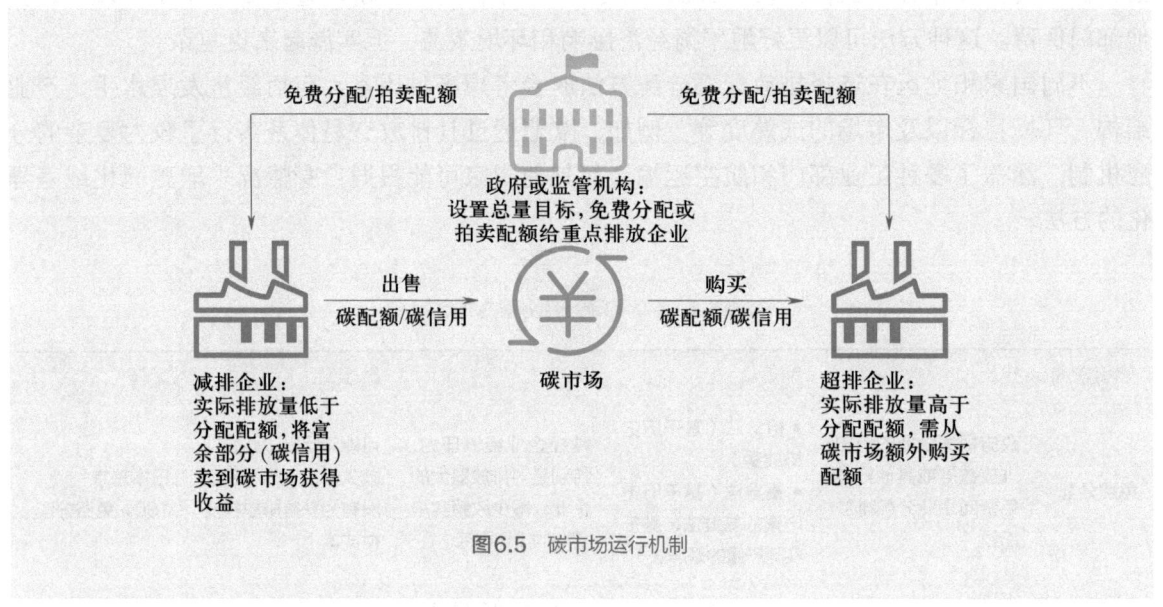

图6.5　碳市场运行机制

　　碳排放权交易市场（简称碳市场），建立于碳排放权交易机制之上，通常由国家、地区或国际强制性的碳减排制度所创建和监管。这类市场以法律和其他强制性措施限制企业的碳排放，因此又被称为强制碳市场或合规碳市场。在合规碳市场中，最著名的例子包括欧盟排放交易体系（EU ETS）和加利福尼亚州碳市场。在这些市场中，排放权的价格通常由市场供求决定，反映了减少排放的边际成本。合规市场的优点在于能够确保达到特定的排放减少目标，但也可能因为市场机制的不完善导致价格波动和市场不稳定。

（二）碳市场设计步骤

　　碳排放权交易市场的设计应遵循一定的步骤，根据国际碳行动伙伴组织编写的《碳排放权交易实践手册：设计与实施》（第二版），碳市场的设计可以分为十个步骤（图6.6）。这十个步骤总结了建立有效碳市场的关键流程和最佳实践，为我们提供了一个详细的框架，以便更好地理解和实施碳排放权交易机制。

图6.6 碳排放权交易市场设计的十个步骤
资料来源：《碳排放权交易实践手册：设计与实施》（第二版）

- 第一步：筹备工作。深入理解碳定价和排放交易体系（ETS）的基本概念及其运作方式，明确制定ETS的目标，并确定其在整体气候政策中的角色。同时，掌握ETS与其他政策的相互作用，选择合适的评估标准以审视ETS的设计方案。

- 第二步：利益相关方的参与与沟通。进行全面的利益相关方分析，理解不同群体的立场、利益和顾虑。实现部门间的有效协调，确保决策过程透明，以防止政策冲突。设计具体的利益相关方咨询策略，明确参与形式、时间表和目标。此外，制定能够引起当地共鸣并迅速吸引公众关注的宣传策略，同时识别并应对ETS实施中的能力建设需求。

- 第三步：确定覆盖范围。明确哪些行业和温室气体将被ETS覆盖，选择监管点，确定受管控实体及其准入门槛，以及确定报告义务点。

- 第四步：设定排放总量。确定排放总量的水平、类型和制定方法，建立可靠的数据基础，选择排放总量设定的时间范围，确保法律和行政管理的一致性，并通过长期排放总量的趋势和策略传递稳定的碳价信号。

- 第五步：分配排放配额。根据政策目标确定配额的分配方法，明确免费分配的适用情况和方法，处理新加入、停业和退出实体的配额问题，建立拍卖机制，逐渐提高拍卖在整体配额分配中的作用。

- 第六步：促进市场高效运行。掌握市场干预的基本原理及相关风险，制定配额的跨期存储和预借规则，制定市场参与规则，明确二级市场的作用，决定是否采用干预措施解决碳价异常波动的问题，选择合适的碳价或配额供应调整措施。

- 第七步：确保履约与监管。识别并管理受管控实体，确保排放报告的准确性，审批和管理核查人员，建立并维护ETS的注册登记系统，制定并执行惩罚措施，监督和管理配额交易市场。

- 第八步：考虑使用抵消机制。概述 ETS 中抵消机制可能发挥的作用，确定 ETS 允许使用的抵消类型，权衡建立本地减排机制与利用已存在的减排机制的成本，确定抵消的数量和质量限制。
- 第九步：考虑市场链接。识别潜在的链接伙伴，确定链接类型，评估链接带来的益处和风险，讨论关键设计要素的兼容性，制定链接的形式和管理方式。
- 第十步：实施、评估与改进。确定实施 ETS 的时机和流程，制定评审过程和范围，识别 ETS 设计可能需要调整的原因，评估 ETS 以支持进一步的完善。

延伸阅读 6-2　《碳排放权交易实践手册：设计与实施》（第二版）

（三）国际碳市场

在全球范围内，各国和地区为应对气候变化，减少温室气体排放，纷纷建立了碳排放权交易体系。这些系统，如欧盟的 EU ETS、韩国的 K-ETS 以及其他地区的碳市场，都采取了各自独特的方法来实现减排目标，反映了全球共同面对的环境挑战和应对气候变化的多样化策略。接下来，将简要探讨这些国际碳排放权交易体系的特点、运作机制。

欧盟排放交易体系（EU ETS）：是全球首个多国参与的碳排放交易体系，于 2005 年启动。欧盟排放交易体系的发展分为几个阶段：第一阶段（2005—2007 年）被视为"从实践中学习"的阶段，主要是为了获得运行经验，准备后续正式履行《京都议定书》的阶段；第二阶段（2008—2012 年）与《京都议定书》的第一个承诺期同步，更加正式地履行减排承诺；到了第三阶段（2013—2020 年），欧盟实现了 60% 以上的配额通过拍卖分配，且对不同行业采取了不同的配额分配策略，如电力和碳捕捉行业的配额全部通过拍卖形式分配，而工业和供热企业中存在严重碳泄漏风险的行业则可 100% 免费获得配额；现已进入第四阶段（2021—2030 年），欧盟设定了更严格的温室气体减排目标，增加了配额的年度减少比率，并引入了碳边界调整机制（CBAM）来应对碳泄漏，同时强化了市场稳定储备（MSR）以更有效地控制市场中的配额供应。在整个体系中，除了成员国的履约企业外，任何自然人和法人都可以购买和持有配额。交易的标的物包括了欧盟排放配额（EUA）、联合履约机制（JI）项目减排量（ERU）、清洁发展机制（CDM）项目核证减排量（CER）及相关期权期货等。

瑞士碳排放权交易市场（Swiss ETS）：是一个专注且相对小型的市场，主要涵盖了国内的高排放企业。这个市场允许瑞士内的企业买卖碳排放配额，以满足国家的温室气体减排目标。瑞士碳市场较为独特，因为它主要集中在少数排放量较大的工业企业。这个市场的设计旨在鼓励企业通过技术改进和效率提升减少碳排放。此外，瑞士与欧盟碳市场的链接，自2020 年 1 月生效，为瑞士企业提供了更广阔的交易平台，增加了交易机会和灵活性，这一跨境合作对于促进更广泛的市场参与和加强碳减排努力至关重要。欧盟和瑞士的合作模式允许两边市场的参与者使用对方的配额进行履约，但配额拍卖由各自独立进行。

韩国排放交易体系（K-ETS）：是东亚第一个全国性、强制性的排放交易体系，启动于2015年，旨在实现韩国到2050年的碳中和目标。该体系覆盖了韩国约74%的国家温室气体排放，涉及的行业包括电力、工业、建筑、废物、运输和国内航空等。特别之处在于，至少10%的排放配额必须通过拍卖。K-ETS为高排放强度、贸易强度的部门（EITE）提供基于生产成本和贸易强度基准的免费配额。自2021年起，国内金融中介机构和其他第三方也能参与交易。这个系统早期由强制性的目标管理系统（TMS）辅助，有助于收集验证的排放数据和"监测—报告—检查"（MRV）过程培训，并仍适用于不在K-ETS范围内的小型实体。

区域温室气体减排倡议（RGGI）：是美国首个强制性的市场化减排计划，于2009年启动。由多个州联合参与，旨在限制并减少电力行业的二氧化碳排放。该计划通过季度性拍卖的方式发放超过90%的排放配额，拍卖所得资金用于能源效率、清洁及可再生能源、温室气体减排和直接账单援助等项目。自实施以来，RGGI地区在经济增长的同时实现了显著的碳排放减少。

加州碳交易体系（California Cap-and-Trade Program）：2013年启动，是北美最大的区域性强制市场。它通过设置排放上限和允许企业间配额交易来控制和减少温室气体排放。其特色包括灵活的配额分配和价格管控机制，特别是对受贸易冲击的工业实施免费配额发放，以减轻企业的减排压力。此外，对配电企业进行免费配额发放，以抑制电价上涨。加州碳交易计划还包括拍卖最低价限制和政府配额预留策略，以维持市场稳定。这个系统为实现2045年的碳中和目标和减少化石燃料消耗提供了重要支持。

（四）中国碳市场

"全国碳排放权交易市场"对于中国来说是一项重大的制度创新，它运用市场机制来控制和减少温室气体排放，推进绿色低碳发展。这一市场的建立，不仅是中国实现碳达峰和碳中和目标的关键政策工具，也展示了中国在全球气候治理中的积极参与和领导作用。

全国碳市场的建设基于地方层面的试点项目。自2011年开始，北京、天津、上海、重庆、湖北、广东和深圳等地展开了碳排放权交易试点工作，这些试点累积了丰富的经验，并为全国市场的启动提供了宝贵的参考和基础。这些地方试点的成功，不仅帮助解决了技术和管理上的难题，也为全国碳市场的顺利运行打下了坚实的基础。

2021年7月16日，这一市场正式启动并上线交易，标志着中国碳排放权交易进入了一个新的阶段。在首日交易中，市场的活跃度和参与者的热情尤为显著，成交量和成交额均达到了显著的水平。此时，全国碳市场已经覆盖了发电行业的2 162家企业，涵盖的二氧化碳排放量高达约45亿t，使其成为全球最大的碳市场。这不仅体现了市场的潜力，也预示了其在全球气候治理中的重要作用。

发电行业是全国碳市场首批启动的行业。由于该行业的二氧化碳排放量较大，因此将其作为首批启动行业，可以充分发挥碳市场在控制温室气体排放方面的积极作用。全国碳市场的启动初期，纳入了2013年至2019年任一年排放达到2.6万t二氧化碳当量的2 000多家发电企业（含自备电厂）。对于2019年至2020年的配额，实行了全部免费分配，未来则计划按照稳步推进的原则，逐步纳入更多行业。

地方试点的成功经验为全国碳市场的启动提供了重要的支持。例如，北京在试点中纳入了多个行业和企业，并建立了较为完善的碳交易法规和市场规则。上海在开展碳交易试点工作期间，构建了一套制度明晰、监管有序的碳排放权交易管理体系。湖北则承担了全国碳排放注册登记系统的建设任务。

全国碳市场的建立，不仅体现了中国对于全球气候变化应对的决心，也为全球碳减排提供了重要的经验和范例。随着该市场的逐步成熟和扩大，预计将对全球碳排放的控制产生显著影响。

> 延伸阅读6-3　碳排放权交易管理暂行条例

（五）自愿碳市场

另外一种碳市场称为"自愿碳市场"（voluntary carbon market，简称VCM）。自愿碳市场是一种非强制性的碳交易平台，允许企业、政府机构和个人自愿购买碳信用以抵消自身的碳排放。这些碳信用通常来自各种减排项目，如森林保护、可再生能源和废物管理，每个信用代表一定量的温室气体减排或碳吸收。自愿市场运作机制涵盖了碳信用的生成、第三方验证认证、市场交易。它为非合规市场的参与者提供了灵活性，鼓励他们以市场驱动的方式参与气候行动。自愿市场不仅扩大了减排努力的范围，还支持了环保项目的资金流入和低碳技术的发展，同时提升了企业的环境责任感和公众对气候变化的认识。因此，自愿市场在全球碳减排和气候行动中扮演着重要角色，对于实现全球气候目标具有显著意义。

中国核证减排量（China certified emission reduction，简称CCER）计划，是中国自愿碳市场的核心交易单位和关键组成部分。它自2017年暂停新项目注册以来经历了7年的沉寂期，已经于2024年1月22日正式重启。CCER计划被视为中国国家排放交易体系的重要补充，致力于支持国家的碳中和目标。在国家排放交易体系中，排放者可以使用CCER计划下购买的碳信用来抵消一部分超出目标的排放。专家认为，CCER的重启对于激发气候减缓项目的投资具有重要意义，尤其是对小型可再生能源项目和森林保护项目将特别有益。然而，确保CCER信用质量和避免过量供应是实现其潜力的关键挑战。

> 延伸阅读6-4　中华人民共和国生态环境部《温室气体自愿减排交易管理办法（试行）》

> 延伸阅读6-5　国家市场监督管理总局《温室气体自愿减排项目审定与减排量核查实施规则》

三、"MRV 体系"与碳排放权交易

MRV 体系，即监测（monitoring）、报告（reporting）和核查（verification）体系，是碳市场中对碳排放进行量化和数据质量保证的过程。它在碳排放权交易中扮演着关键角色，主要包括以下几个方面：

- 监测：指企业采取技术和管理措施，测量、获取、分析、记录能源、物料等数据，以此作为准确计算碳排放的基础。
- 报告：企业需要将监测到的碳排放数据进行处理、整合、分析，然后按照统一格式向主管部门提交碳排放结果。
- 核查：由第三方独立机构进行，通过文件审核和现场走访等方式核实企业的碳排放信息报告，出具核查报告，以确保数据的真实性和可靠性。

MRV 体系在碳市场中的作用主要体现在以下几个方面：

碳排放交易的基础：在碳排放权交易系统中，企业或其他排放实体必须报告其碳排放量。这些报告需要通过第三方独立的核查机构进行审核，以确保数据的准确性和完整性。MRV 体系确保了排放数据的可靠性，这是碳交易的基础。只有确信报告的排放量是准确的，购买方才会愿意购买碳信用或配额。

促进市场信任和透明度：MRV 体系为碳市场提供了准确、可靠的数据基础，增加了市场参与者之间的信任。这对于确保碳市场的流动性和效率至关重要。没有有效的 MRV 体系作为保障，碳市场可能会因数据不准确或数据操纵而失去公信力。

支持合规和减排目标：在许多国家和地区，碳排放权交易系统是实现国家减排战略的关键组成部分。MRV 体系确保企业履约，遵守国家或地区规定的排放限额。企业若排放超过配额，必须购买额外碳信用进行补偿，从而促进采取有效减排措施。

支持市场和政策的有效运行：MRV 体系不仅支持碳排放权交易市场的有效运行，也为政策制定者提供了评估和改进气候政策的重要工具。准确的排放数据有助于政府和企业了解减排进展，并制定更有效的气候行动计划。

中国的 MRV 体系是国家在应对气候变化和推动低碳发展中的关键支撑工具，近些年的发展取得了一定进展，但也面临着一些挑战。在政策层面上，自 2015 年起，中国发布了《工业企业温室气体排放核算和报告通则》（GB/T 32150—2015）以及针对多个行业的相关指南和标准，旨在为企业提供碳排放计算的指导框架。这些标准和指南是中国 MRV 体系建设的重要组成部分，虽然它们在实际应用上还存在局限性并有待进一步更新，但标志着中国在构建统一的碳排放核算和报告体系方面迈出了重要步伐。在实践层面上，中国的 MRV 体系在数据管理和报告方面面临着挑战。由于缺乏完善的管理体系，一些企业在数据提供和管理上存在随意性，例如不同年份可能提供不同的数据源，导致数据一致性问题。同时，在碳核查方面，存在独立性和有效性的问题，如核查机构在缺乏企业排放报告的情况下，既编写又核查排放报告，这种"既当球员又当裁判"的做法影响了核查的客观性。目前，全国碳排放权交易市场

的建立和推广为中国的MRV体系带来新的发展机遇，可以进一步提高碳排放监管的效率和透明度。

四、碳税

国际上碳定价的另一种常见机制是碳税（carbon tax，简称CT）。碳税是一种环境税，旨在通过提高传统化石能源的使用成本来减少温室气体排放，促进企业通过新能源替代化石能源或提高能效等方式来减少碳税支出。碳税的征收既有助于环境改善，也能创造社会福利，比如通过降低其他税种税率或增加对居民和企业的转移支付。此外，碳税机制还弥补了碳市场在机制设计上的不足，例如，对所有纳税主体都产生减排推动效应，具有普遍性与公平性，且比碳交易成本低。

关于碳税的国际实践，根据世界银行的统计，截至2024年4月，全球已有75个实施或计划实施碳定价政策，其中包括39个碳税机制（超过碳排放权交易机制36个），这些机制覆盖了全球24%的温室气体排放量。例如，北欧国家挪威、瑞典、芬兰及丹麦从20世纪90年代开始就实施了全国性的碳税。目前，国际上碳税政策模式主要分为两种：单一碳税政策和复合碳税政策，后者在欧盟较为普遍。在已经开征碳税的国家中，碳税通常是环境保护和节能减排税收体系的一部分，而不是独立的税种。

碳税的纳税义务人主要分为三类：化石燃料供应端（如生产商、进口商、经销商），化石燃料消费端（如排放设施和家庭个人），以及同时对化石燃料的供应端和消费端征收。碳税的课税对象是生产经营活动和日常生活中排放的温室气体。计税依据包括化石燃料碳含量、折算碳排放、实际碳排放，以及其他更复杂的计算方法。不同国家和地区的碳税税率水平存在明显差异，从低于5美元/t碳到超过130美元/t碳不等。

表6.2是碳排放权交易机制（ETS）和碳税机制（CT）的对比，便于理解两者的差异。

表6.2 碳排放权交易机制和碳税机制比较分析

要素	碳排放权交易机制	碳税机制
定义	一种市场化方法，总排放量有上限，公司可买卖排放许可或配额	政府根据燃料的碳含量或产生的二氧化碳排放量征收的税
优点	• 市场驱动，允许灵活的减排策略 • 鼓励低碳技术创新 • 直接限制总温室气体排放	• 提高价格确定性，有助于长期规划 • 实施和管理相对简单 • 产生的政府收入可用于环保项目
缺点	• 实施和监测复杂 • 风险包括碳泄漏到无类似规制的地区 • 市场波动可能导致碳价不稳定	• 未设定具体排放上限 • 税率确定可能受政治影响 • 可能对低收入家庭产生倒退效应

要素	碳排放权交易机制	碳税机制
对企业的影响	为碳排放直接设定成本，激励减排或购买配额。可能影响国际竞争力	对每单位碳排放施加统一成本，鼓励企业减排或面临更高税单
环境效果	如果上限设定得当且得到执行，可能在实现目标减排方面更有效	效果取决于税率，只有在足够高的情况下才能激励减排
实施案例	欧盟排放交易系统（EU ETS），加利福尼亚州的限额与交易计划，中国的国家排放交易体系	瑞典、加拿大不列颠哥伦比亚省、芬兰、瑞士和爱尔兰等地的碳税
收入使用	通常用于环境项目，或用于抵消其他税种或返还给消费者	常投资于可再生能源项目、能源效率计划，或返还给纳税人
全球覆盖	主要由具备成熟环境规制的发达国家和地区采用	在发达和发展中国家都有实施，通常适用于需要更简单行政结构的地方
适应变化条件的能力	需要调整上限和交易规则以响应经济和环境变化	调整税率更灵活，以适应经济和环境变化
公众接受度	由于被认为复杂和间接，可能面临抵制	直接性质的税可能面临反对，但收入使用透明度可以提高接受度

延伸阅读6-6　世界银行《2024年碳定价的状态与趋势》

第四节
碳普惠

碳普惠是一种创新性的自愿减排机制，旨在鼓励小微企业、社区家庭和个人践行低碳生活方式。碳普惠巧妙利用"互联网＋大数据＋碳金融"，构建起一套"可记录、可衡量、有收益、被认同"的公民碳减排机制。通过数据采集，记录并量化公众日常生活中的低碳行为减碳量，并将减碳量按照一定比例换算成"碳币"发放到相应公众账户中，以获取商业激励、政策激励及交易激励，积极调动社会各方力量加入全民减排行动。

一、碳普惠的提出与发展

碳中和目标的实现需要全社会积极行动，各行各业正在持续投入资金进行电能替代、能效提升和低碳技术研发，产业链所有环节甚至是终端消费者都将承受低碳减排带来的"绿色成本"。从国家到大型企业纷纷制定了碳中和目标，并积极为实现承诺履行环境保护义务。在碳中和的大命题下，小微企业、社区和个人已然成为解决能源消耗和碳排放增长问题需要关注的重要领域。

碳普惠的提出与发展历程是一个多维度、跨领域的过程，涉及政策制定、实践探索、理论研究和技术应用等多个方面。碳普惠作为一种新型的减排机制，最初是作为对现有碳排放权交易制度的创新和拓展而提出的。随着"双碳"目标的提出，中国政府加大了对碳普惠机制的重视。习近平在气候雄心大会上宣布我国碳达峰和碳中和的目标，为碳普惠制度的发展提供了政策背景。广东省作为国内最早开始推行碳普惠的地区之一，其经验逐渐向其他地区推广。

为了更好地理解和推进碳普惠制度，学术界进行了深入的理论研究和框架设计。不仅分析了碳普惠的内涵和作用，还提出了政府主导、企业发力、金融机构助推、公众参与的碳普惠制度框架设计。目前学者针对碳普惠制度的研究大多集中于特定方法学、地方碳普惠实施可行性和实践模式分析等研究领域。与中国核证自愿减排量（CCER）相比，碳普惠的发展范围、管理水平和标准相对容易为公众所接受。

数字技术的发展也为碳普惠的实施提供了新的手段，通过建立数字化碳普惠机制，可以更有效地记录和激励个人和企业的低碳行为。

（一）前期探索

早在2006年，北京市就已经开始提倡绿色消费和节约能源的理念，通过发起"节能减排公民行动"等活动，引导消费者关注可持续能源消费。随后，北京市将绿色消费作为《绿色北京行动计划（2010—2012年）》的一部分，大力提倡绿色消费，并逐步加深对绿色消费内涵的理解和解决实践中的问题。

北京市"节能产品进超市"活动的发展历程是一个从启动、扩展到深化与创新的过程。北京市持续推广绿色消费理念，不仅促进了节能产品的销售和能源节约，也推动了消费者对绿色低碳生活方式的认知和实践。

北京市"节能产品进超市"活动的发展历程如下：

（1）启动阶段（2009年底至2010年）：自2009年底开始，受北京市发展改革委、财政局等部门委托，北京节能环保中心连续五年组织实施节能产品进超市活动。2010年12月，北京市发展改革委、北京市财政局继续推进节能超市试点工作，选择了北京苏宁电器有限公司安贞桥东店和紫竹桥店、北京市西单商场股份有限公司西单商场、北京王府井百货（集团）股份有限公司王府井百货大楼作为2010—2011年度的节能超市试点。

（2）扩展阶段（2010年至2014年）：到2014年底，节能超市已由最初的2家发展到20家，覆盖11个区县。节能超市销售十大类节电产品近14万台，销售额达到7亿元，所售节能产品年节约能源2万t标煤，相当于2.2万个家庭一年的节电量。

（3）深化与创新阶段（2015年至"十四五"规划期间）：在实现碳达峰之后（2014年），

北京市一直为实现碳中和而不断努力。随着国家碳中和目标的不断推进，碳普惠机制成为北京市探索消费端减碳的重要措施之一。在"十三五"期间，北京市便进行了碳普惠前期工作的探索，并计划在"十四五"时期向个人和家庭低碳生活送普惠，搭建碳普惠平台。

（二）首次提出

碳普惠机制在2015年由广东省提出，迈出了我国碳普惠制的第一步。2016年1月，广东省成为全国首个碳普惠试点地区。在《关于首批碳普惠制试点工作方案的批复》中选择广州、东莞、中山、惠州、韶关、河源作为首批试点，开展碳普惠试点工作。2017年4月，广东省发改委印发《关于碳普惠制核证减排量管理的暂行办法》，正式允许碳普惠核证减排量进入碳交易市场，明确省级碳普惠制核证减排量（以下简称"PHCER"）可作为广东碳排放权交易市场的有效补充机制，用于抵消纳入碳市场范围控排企业的实际碳排放。2017年6月，广州碳排放权交易所举行了广东省省级PHCER首次竞价活动。2018年8月，为了进一步深化碳普惠制试点工作的思路及完善碳普惠制核证减排量相应管理制度，广东省发展改革委暂停受理省级碳普惠核证减排量备案申请。2019年5月，广东省生态环境厅发布《关于恢复受理省级碳普惠核证减排量备案申请的通知》，恢复省级碳普惠核证项目申请。2022年4月，经过多年试点的经验积累，广东省生态环境厅印发《广东省碳普惠交易管理办法》，进一步规范了碳普惠的管理和交易，明确碳普惠的管理和交易，并指出要积极推广碳普惠经验，推动建立粤港澳大湾区碳普惠合作机制。

广东省碳普惠制度试点工作自2015年启动以来，通过实施方案的出台、多层次试点示范模式的建立、市场化生态产业扶贫新模式的探索以及碳交易试点机制的实践，积累了丰富的实践经验。

广东省碳普惠制度试点工作的历史发展和实践经验如下：

（1）试点工作启动与实施方案：广东省于2015年7月17日启动了碳普惠试点工作，成为全国首个促进小企业、家庭和个人碳减排的创新性碳普惠制度。广东省发改委出台《广东省碳普惠制试点工作实施方案》（简称《实施方案》），标志着广东省在碳普惠领域的正式探索和实践。

（2）多层次试点示范新模式：广东碳普惠发展中心暨碳普惠微信公众号平台于2016年正式投入内测试用，标志着广东省在碳普惠制度推广和实施方面迈出了重要一步。此外，广东省印发《广东省碳普惠制试点建设指南》（简称《指南》），基本建立起城市、乡村等多层次的碳普惠试点示范模式。《实施方案》和《指南》构建了广东省碳普惠制度的基本框架。

（3）市场化生态产业扶贫新模式：广东省利用碳普惠制度作为生态化扶贫新模式，通过建设光伏扶贫电站等方式，促进贫困户增收，同时发掘新的绿色经济增长点。

（4）碳交易试点机制：广东和深圳是中国第一批碳交易试点地区，具有全国碳交易机制试验田的属性。通过对粤深碳交易试点机制运行经验的分析，为全国碳市场建设提供了重要的借鉴意义。

（三）推广阶段

北京、上海、河南、河北、山东、安徽、浙江、深圳、江苏等地区已陆续展开碳普惠制度探索（表6.3）。

2017年3月15日，洛阳市和致荣农业开发有限公司联合河南碳汇实业有限公司将其所属2 000亩碳汇林2016年度产生的2 053 t碳汇，捐献给碳普惠（河南）运营中心，标志着全国首例碳普惠公益林业碳汇项目正式启动运行。

2019年2月发布的《粤港澳大湾区发展规划纲要》中，碳普惠被作为其中重要一环。报告指出要推广碳普惠制试点经验，推动粤港澳碳标签互认机制研究与应用示范。

2020年4月，北京绿色交易所联合上海环境源交易所、广州碳排放权交易中心、天津排放权交易所、湖北碳排放权交易中心等共同启动"碳普惠共同机制"，并发布《碳普惠共同机制宣言》。

2021年6月底，全国首个以数字人民币结算的碳普惠平台上线。青岛市作为全国低碳试点城市和数字人民币试点城市，"青碳行"APP作为全国首个以数字人民币结算的碳普惠平台，创新性地以市场化方式引导居民主动节能减排。

2021年7月10日，苏州市作为工业城市和国家低碳试点城市成为全国首个建立碳账本的城市，苏州高新区设立了绿普惠碳中和促进中心。中心计划公民的每次绿色行为，包括衣食住行等方面都被可记录、可累计成碳减排量，形成"碳账本"。分别从政府、企业、个人的角度累计减排量，便形成了苏州市政府碳账本、企业碳账本和个人碳账本。个人碳账本作为未来个人的绿色资产，可获得公益、政策等方面的激励，使公众自主形成绿色低碳的生活方式。"碳账本"的创立或将成为以后个人、公司贷款的重要参考。

2022年11月，全国首个市场化碳普惠交易体系在江苏省苏州工业园区启用，为园区内的中小微企业提供家门口的碳减排量认证和交易服务。需要看到，仍存在碳普惠标准不统一、市场分割、减排功能有限等问题，建议将建立碳普惠长效机制纳入国家顶层设计，鼓励地方碳普惠减排项目和公众减排场景标准统一和互认，最终形成一个与全国碳市场并行的高质量、多层次自愿减排交易市场体系。

表6.3　全国各地碳普惠相关政策文件

序号	政策文件名称	发布日期
1	广东省发展改革委关于印发《广东省碳普惠制试点工作实施方案》的通知	2015-07-17
2	广东省发展改革委关于首批碳普惠制试点工作方案的批复	2016-01-07
3	关于印发《广东省发展改革委关于碳普惠制核证减排量管理的暂行办法》的通知	2017-04-17
4	广州市发展改革委关于征求《广州市碳普惠制管理暂行办法》公众意见的公告	2018-01-15
5	关于印发《河北省碳普惠制试点工作实施方案》的通知	2018-09-25
6	关于公开征求《广东省碳普惠交易管理办法（征求意见稿）》意见的公告	2022-01-27

序号	政策文件名称	发布日期
7	广东省生态环境厅关于印发《广东省碳普惠交易管理办法》的通知（有效期至2027年5月6日）	2022-04-06
8	山东省生态环境厅关于面向社会征求《山东省碳普惠体系建设工作方案（征求意见稿）》修改意见的通知	2022-05-20
9	河源市 印发《河源市碳普惠制建设工作方案》	2023-04-28
10	关于公开征求《安徽省碳普惠体系建设工作方案（征求意见稿）》意见建议的函	2023-07-19
11	关于公开征求《抚州市碳普惠交易管理办法（草案）》意见的公告	2023-07-27
12	上海市生态环境局关于印发《上海市碳普惠管理办法（试行）》的通知	2023-09-25
13	抚州市碳普惠管理办法（试行）	2023-11-29

二、碳普惠的分类

根据项目主导方、参与主体方和激励模式等特点，将碳普惠机制分为三种类型，分别是政府主导政府主体单一碳普惠机制、企业主导企业主体单一碳普惠机制和政府主导企业主体多元碳普惠机制。

（一）政府主导政府主体单一碳普惠机制

由各地政府部门推动建立，以政府平台和少数企业合作用户减排场景和激励模式的碳普惠机制。优点是公益性强，公信力高，理论基础强。缺点是参与企业少，标准不完善，数字化程度低，公众感知度低，激励模式有限（依赖单一的碳市场或者个别合作企业）。

（二）企业主导企业主体单一碳普惠机制

指单一企业发起、以企业自身或合作企业的用户低碳行为作为减排场景和激励的碳普惠机制。优点是数字化程度高，公众参与度和感知度高。缺点是公益性低，企业为自身平台维护用户服务；只能记录企业自身平台用户的减排行为，无法实现数据打通；标准不健全，无法实现交易；激励模式有限（仅依靠企业自身补贴）。

（三）政府主导企业主体多元碳普惠机制

由各地政府部门推动建立，以政府平台和多元企业合作用户减排场景和激励机制的新型碳普惠机制。此种机制解决了以上两种碳普惠机制所面临的公益性不足、参与主体有限、减排标准不统一、减排数据不互通、用户的减排量分散在各平台上重复计算、激励模式单一、政府和企业各自推出碳账户没有实现链接形成合力等一些问题，具有显著优势和特点。但是需要更广泛地开展多元碳普惠机制的宣传，政府主导，企业主体，建设碳普惠基础设施，扩大碳普惠合作网络，运用数字化手段，广聚全社会力量，带动全民践行减排。

三、碳普惠方法学

碳普惠方法学是用于确定碳普惠基准线、额外性，计算减排量的方法指南。碳普惠方法学的编制需要充分体现生态公益价值，并鼓励开发适用于本地条件的方法学。碳普惠低碳行为减碳量的量化主要基于相关标准文件。

碳普惠对象包括绿色低碳出行的个人，节能减碳行为的小微企业、家庭或个人，购买节能低碳产品的消费者，践行绿色低碳行为的游客，参与绿色低碳和节能环保活动的小微企业、家庭或个人。

基本思路是：对选择步行、骑行、公交、地铁和网约拼车等低碳出行方式进行鼓励；对节约水电气和垃圾分类回收等行为进行激励；对购买采用节能低碳工艺技术制造并经过官方认证产品的行为进行激励；对购买电子门牌、乘坐低碳环保车（船）、低碳住宿等行为进行激励；对参与明显减碳效果或能够产生碳汇公益性活动的主题进行激励，如参与低碳宣传或植树造林等。

碳普惠方法学主要应用于出行、生活、消费、旅游和公益领域，并需要遵循相关原则。北京市发布《低碳出行碳减排方法学（试行版）》并开发出了一套绿色行为的减排量化算法，包含步行、骑行、机动车停驶、光盘行动、垃圾分类、ETC、公交出行7个场景。深圳市生态环境局发布《深圳市低碳公共出行碳普惠方法学（试行）》，核算公众采用低碳出行产生的二氧化碳减排量，由FiT腾讯区块链、腾讯云TcaplusDB的非关系型数据库（NoSQL）分布式数据库等技术提供底层技术支撑。深圳市生态环境局发布《深圳市居民低碳用电碳普惠方法学（试行）》，根据家庭用电量进行换算，得出居民家庭减排量等信息，并根据减排量给予个性化标志勋章、"绿色小区"荣誉称号、兑换公益权益等一系列奖励措施。

（一）理论基础

1. 环境行为理论

环境行为理论在碳普惠制中的应用主要体现在通过激励和引导公众、企业以及小微企业等微观主体采取低碳行为，从而促进碳减排和实现低碳转型。碳普惠制作为一种新型的减排机制，其核心在于通过量化个人或企业的低碳行为，并对其进行价值实现，以此鼓励更广泛的参与和行动。

环境行为理论强调了个体或群体在特定环境规制下对环境的态度、知识、感知风险以及价值观等因素如何影响其环境行为的选择。在碳普惠制中，环境行为理论的应用可以通过设计有效的激励体系，如奖励机制、碳积分制度等，来激发公众、企业和小微企业的低碳行为意愿和动力。例如，通过公众参与型环境规制，可以增强企业和社会公众的环保意识和责任感，进而促进其采取更多低碳行为。

环境行为理论还强调了社会规范和群体影响在形成和维持环境行为中的作用。碳普惠制可以通过建立一个正向反馈循环，鼓励更多人参与到低碳生活中来，形成良好的低碳行为示范效应，进一步推动社会整体向低碳方向发展。

此外，环境行为理论还关注环境规制对环境行为的影响。碳普惠制作为一种市场型和公众参与型的环境政策工具，其成功实施需要相应的法律、政策和技术支持。通过完善碳普惠制度的立法和实践，明确碳排放权及其载体的法律属性，细化政府的监管职权，可以有效地促进公众、企业和小微企业等微观主体的低碳行为。

环境行为理论在碳普惠制中的应用主要体现在通过激励和引导微观主体采取低碳行为，通过设计有效的激励体系、强化社会规范和群体影响以及完善相关法律政策和技术支持，共同促进碳减排和实现低碳转型。

2. 多元共治理论

多元共治理论是一种强调政府、企业、社会组织和公众等多方参与的治理模式，有助于整合各方资源和优势，提高碳减排的效率和效果。在碳普惠制中，多元共治理论的应用促进了不同主体之间的合作与协调，形成了一个涵盖政府、科研机构、市场和社会组织的协同治理体系。

一方面，多元共治理论的应用有助于优化碳减排资源的配置，并设计有效的激励机制。通过建立碳积分、碳交易等市场化手段，可以激励更多的个体和企业参与到碳减排中来。同时，通过量化个人或企业的碳减排贡献，并给予相应的奖励，可以有效激发社会各方面的积极性和创造性。在碳普惠制中，通过鼓励社会广泛参与，不仅可以增加碳减排的社会支持度，还可以提高公众对低碳生活方式的认识和接受度，从而形成全社会共同推进低碳发展的良好氛围。

另一方面，多元共治理论的应用促进了碳减排技术的创新和知识的共享。通过跨部门、跨领域的合作研究，可以加速低碳技术的研发和应用。同时，通过信息共享平台，可以实现科技数据和研究成果的快速传播和应用，进一步提高碳减排的效率和效果。

（二）框架设计

碳普惠制的实施方法主要包括以下几个方面：

（1）明确参与主体。包括政府、企业、金融机构和公众等多方参与。

（2）制定行为清单。明确哪些低碳行为可以获得碳积分或碳币。

（3）实现量化激励。通过建立"碳币"信用体系，将公众的低碳行为量化，并予以相应的物质或非物质奖励。

① 商业激励：碳普惠商业激励是指碳币可用于兑换企业所提供的折扣及增值服务，如餐饮、娱乐的优惠折扣，酒店的延迟退房，航空里程，超市赠品等，让公众通过日常消费中的优惠感受到低碳所带来的直接经济价值，增强公众践行低碳的自主性。

② 政策激励：推动节能降碳是政府的重要职责之一，所谓政策激励是指将碳普惠制与节能减排相关政策制度结合，充分利用市场化的补充激励作用，发挥政策的最大功效，激励公众积极降碳。

③ 交易激励：碳普惠交易激励是指将公众易精准计量的低碳行为所产生的减碳量进行核证并签发，签发的减碳量可用于抵消控排企业配额。

（4）完善交易机制。发展多层次碳交易市场，不断创新碳金融工具，以及保护用户数据隐私等。

（5）推广使用低碳产品、技术。普及低碳知识，推行低碳生活和低碳消费，从需求侧促进供给侧产品技术创新升级。

（三）公民绿色低碳行为减排量化

1. 公民绿色低碳行为减排量化原则

适用性。选择适应目标用户需求的温室气体排放源、数据和方法，能够对有关温室气体信息进行有意义的比较。

准确性。尽可能减少偏差和不确定性。

透明性。在满足国家政策、商业秘密要求的前提下，发布充分适用的信息，使目标用户能够做出合理的决策。

保守性。确保采用的假定、数据和评估方法学不高估温室气体减排量。

2. 公民绿色低碳行为减排量化评估范围

公民绿色低碳行为减排量化包括公民为达到衣、食、住、行、用、办公、数字金融等既定目标所实施的行为活动的减排量度量。

公民绿色低碳行为减排量化涉及的温室气体包括以下七种气体，分别为二氧化碳（CO_2）、甲烷（CH_4）、氧化亚氮（N_2O）、氢氟碳化物（HFCs）、全氟化碳（PFCs）、六氟化硫（SF_6）和三氟化氮（NF_3）。需根据实际情况确定温室气体种类。

3. 公民绿色低碳行为减排量化评估程序

主要包括：减排行为和排放源识别、基准线情景识别与减排行为边界、基准线情景与减排行为排放量计算、减排量化、减排量化结果与评估（图6.7）。

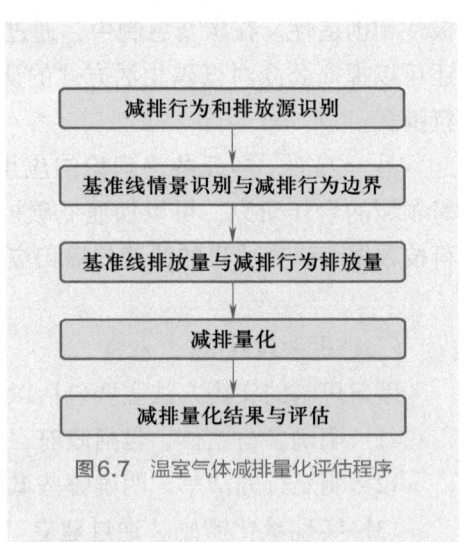

图6.7　温室气体减排量化评估程序

延伸阅读6-7　《公民绿色低碳行为温室气体减排量化导则》

四、碳普惠交易

碳普惠制的发展经历了从理论探索到实践应用的过程。最初，碳交易市场主要集中在生产领域，对于普通民众的低碳行为鲜有涉及。随后，广东省发改委实施了全国首个促进小微企业、家庭和个人碳减排的制度设计，标志着碳普惠制的正式推广。到2021年，我国成立了全国统一的碳交易市场，进一步推动了碳普惠制的发展。

碳普惠交易是一种新型的减排机制，旨在通过市场化手段鼓励和引导公众、企业参与低碳生活和消费，以实现温室气体减排目标。碳普惠制是对现有碳排放权交易制度的创新和拓展，聚焦于公众生活消费领域，旨在解决节能减碳行为长期存在的激励不足、效率不高等问题。它基于对居民自愿碳减排行为的记录，将个人减排贡献量化核算后进行价值实现，以鼓励个人减排行为。碳普惠制的核心理念是把碳交易的核心理念应用于民众的日常生活，遵循节能减排"人人有责、人人有利、人人有权"的原则，建立一套"碳币"信用体系，将公众的低碳行为以碳积分的形式量化并予以激励。

碳普惠核证减排量的交易方式主要包括挂牌点选、竞价交易和协议转让。

2017年，广东省允许碳普惠核证减排量（PHCER）可作为补充抵消机制进入广东省碳排放权交易市场。由广东省生态环境厅确定并公布当年度可用于抵消的碳普惠核证减排量范围、总量和抵消规则。

从成交数据来看，PHCER上线之后呈现量价齐升趋势。截至2021年6月30日，PHCER累计成交量为621.67万t。广东省2019履约年度成交量209.77万t，成交金额4 952万元，交易均价为23.61元/t，相较2017年均价13.04元/t上涨超81%。

从备案项目来看，项目类型以林业碳汇为主。根据广州碳排放权交易中心和广东省生态环境厅公告统计，截至2021年6月30日，广东省备案PHCER减排量达191.97万t，林业碳汇项目占比达92%。

第五节
案例分析

一、碳排放权交易中心

（一）机构简介
湖北碳排放权交易中心，由湖北省联合交易集团等多家单位共同出资成立，旨在响应气候变化挑战、发展低碳经济、推动产业升级和环保机制创新。中心的主要业务涵盖碳排放权交易、能效产品交易、新能源及节能减排服务、碳金融产品开发等，致力于建设标准化、公信力强的碳交易市场。公司成立的目的是有效控制碳排放、积累经验、建设完善机制，同时提供透明的交易价格、设计一流的交易市场和金融创新产品。它还致力于协助国家制定完善的碳排放政策和目标，帮助企业以最低成本实现最高能源效率，并为市场各方提供高质量的排放权交易信息、培训和相关服务。

（二）机构背景与历史沿革

在中国设立全国性碳排放权交易机构之前，上海环境能源交易所已承担起全国碳排放权交易系统的账户设立和运营维护等关键任务。至于碳排放权的注册和登记工作，则由湖北碳排放权交易中心有限公司负责。该中心建立并管理着全国碳排放权注册登记系统，涵盖确权登记、交易结算、分配履约等重要业务。值得注意的是，湖北碳排放权注册登记系统与上海碳排放权交易系统之间已实现了数据的相互联通。

（三）产品与服务

交易产品：中心提供HBEA和CCER现货、远期等交易产品，但数据显示CCER现货、远期交易量较低。主要交易品种包括：

- 湖北碳配额（HBEA）：省相关部门核定发放，用于控制企业一定时期内的二氧化碳排放量。
- 中国核证减排量（CCER）：国家自愿减排管理机构签发，可用于履约和市场交易。

金融产品：中心推出多款碳金融产品，包括碳基金、碳资产质押融资、碳债券、碳资产托管、碳金融结构性存款、碳排放配额回购等，以促进市场的活跃度和多样性。

培训服务：中心设立了全国碳交易能力建设培训中心，开发了多级别的课程体系，包括政策研究、配额分配、MRV体系、交易与履约、碳资产管理、碳金融与低碳融资等内容。尽管近年来未开展特定的取证培训项目，中心在培训服务方面的潜力依然值得关注。

（四）影响与展望

湖北碳排放权交易中心的建立和运营，不仅促进了区域内低碳经济的发展，还为全国碳排放权交易提供了宝贵的实践经验和技术支持。面对全球气候变化的挑战，中心的角色和影响力将持续扩大，为我国乃至全球的绿色转型与可持续发展做出更大贡献。

二、碳排放权交易所

（一）基本介绍

深圳排放权交易所（Shenzhen Emissions Exchange），作为中国在低碳发展和环境保护方面的重要举措，于2010年9月30日经深圳市人民政府批准成立。它是由深圳联合产权交易所主导发起的，专注于温室气体排放权、污染物排放权和减排量等环境权益的登记与交易。

（二）发展定位

深圳排放权交易所的目标是成为全国排放权益交易中心、低碳产业核心枢纽和低碳金融创新平台。其定位紧密围绕深圳市建设低碳试点城市和碳排放权交易试点城市的两项重要任务，致力于推动深圳市"有质量的稳定增长，可持续的全面发展"。

（三）核心业务内容

交易服务：

- 主要污染物排污权交易：深圳排放权交易所积极推进深圳主要污染物排污权交易试点工作。
- 碳排放权交易：包括总量控制下的碳排放权交易试点和自愿减排交易。

低碳金融创新：推出多项低碳金融创新服务，如合同能源管理基金、碳减排投资基金等。

低碳咨询综合服务：提供低碳能力建设和专业培训，及为企业量身定制的碳排放解决方案。

（四）会员体系

深圳排放权交易所设有一个会员体系，包括交易类和服务类会员：交易类会员，包括经纪会员、机构会员、自然人会员和公益会员，从事各类排放权产品交易和投资；服务类会员，为排放权交易市场提供专业服务，包括咨询、金融和技术服务。

（五）拓展业务

深圳排放权交易所的拓展业务包括：节能减排企业股权交易；节能减排技术和知识产权交易；排放权益的衍生金融产品及服务；以及提供节能减排企业的股改、托管、私募、辅导、成长与上市服务。这些业务可以提升碳市场的效率和活力，推动低碳技术的发展和应用，以及促进节能减排企业的成长和市场表现。

三、企业碳普惠项目

阿里巴巴集团的蚂蚁森林项目通过企业主导的方式，结合政府支持和社会参与，利用现代信息技术，成功构建了一个企业主导的碳普惠制度。不仅促进了低碳生活的普及，也为我国碳市场的建设和碳减排目标的实现提供了有力支持。

（1）项目启动与理念提出：蚂蚁森林是支付宝平台推出的一种个人碳账户，旨在通过用户的低碳行为积累碳积分，进而在线下种植真实树木，以此来实现碳减排，体现了阿里巴巴集团对于环保公益事业的重视和投入。

（2）政府支持与社会参与：蚂蚁森林项目得到了政府的支持，并且在社会各界产生了广泛的影响。研究表明，政府的支持对于建设蚂蚁森林项目、建设个人碳账户更为重要。同时，蚂蚁森林通过游戏化的创新策略，吸引了大量用户的参与，促进了低碳生活理念的传播。

（3）技术应用与碳交易机制建立：蚂蚁森林利用大数据、区块链等互联网技术，建立了全国统一的个人碳账户平台。通过技术手段，蚂蚁森林不仅能够量化用户的低碳行为，还能够将个人累计的碳减排量放到碳市场进行交易，实现了虚拟森林碳汇的实质化。

蚂蚁森林的成功实践为我国个人碳账户的建立和发展提供了参考依据。广东省最先进行了碳普惠制度试点工作，积累了丰富的实践经验，并已逐渐向各地推广。蚂蚁森林项目另辟蹊径，形成了一套企业主导的碳普惠制度，有助于居民和小微企业形成绿色低碳的生活观念和行为习惯。

第六节
金融交易与普惠行动助力可持续发展

一、金融策略在实现可持续发展中的作用

气候金融、碳金融与可持续发展之间关系紧密，三者相互作用、互为补充。气候金融提供资金支持，帮助应对气候变化并推动低碳转型；碳金融通过市场化的机制激励碳减排，推动绿色技术应用；可持续发展则为二者提供了长期的目标和框架，确保经济、社会和环境的协调发展。通过三者的紧密结合，能够有效应对气候变化挑战，推动全球经济向更加绿色、低碳的方向发展。

（一）气候金融与可持续发展

可持续发展强调经济、社会、环境的平衡与协调，当前的全球气候变化对可持续发展构成了严重威胁，影响全球生态系统、自然资源、社会稳定以及经济增长。因此，气候金融作为实现可持续发展的重要工具，通过资金支持绿色低碳项目，促进低碳技术的应用，推动各国经济发展和社会进步，同时减少温室气体排放、减少生态破坏。例如，联合国的可持续发展目标（Sustainable Development Goals，SDGs）与气候变化紧密相关，SDG 13专门关注"应对气候变化"。通过气候金融的支持，国家和地区能够实现绿色能源转型、可持续的农业和城市发展，从而确保经济发展的同时保护环境，促进社会的全面可持续性。

（二）碳金融与可持续发展

碳金融与可持续发展的关系在于它能够通过市场化手段推动全球减排目标的实现。具体来说，碳金融机制（如碳交易市场）为企业和国家提供了一种经济激励，促使它们转向低碳、绿色经济模式，减少温室气体排放，推动可持续的产业发展。通过碳金融的引导，企业可以获得资金支持绿色技术研发，推动清洁能源的普及应用，减少对环境的负面影响。例如，欧洲的碳排放交易系统和中国的全国碳市场就是典型的碳金融机制，它们通过设置碳排放配额，并允许企业之间进行交易，促进了各国和企业减少碳排放的积极性。这不仅有助于减缓气候变化，还推动了清洁技术和可再生能源的投资，从而促进了全球经济的绿色转型。

二、碳交易在可持续发展中的角色与影响

碳排放权交易不仅是一种市场化的环境政策工具，更是通过环境、经济和社会三个维度，促进了可持续发展的系统性进程。在环境维度，碳交易直接作用于温室气体减排，将碳排放权量化为可交易商品，为全球气候治理提供市场化解决方案。通过设定排放上限，碳交易创造了排放权的稀缺性，确保总排放量与全球气候目标（如1.5 ℃目标）一致，并通过逐步收紧排放配额，迫使企业采用高效且环保的生产方式，推动清洁能源和低碳技术的快速革新。在经济维度，碳交易优化了资源配置效率，提供了成本更低的减排路径。通过催生碳基金、绿色债券等金融工具，碳市场为清洁技术和绿色基础设施提供了充足的资金支持，加速经济结构的绿色化转型。在社会维度，碳交易促进了绿色就业的增长，特别是在低碳技术研发、能源转型和市场监管领域，创造了大量就业机会。同时，碳交易通过配额分配和收益再分配机制，支持适应气候变化的项目资金，减少气候变化对弱势群体的冲击，提升社会公平性。

碳交易还在技术创新和全球合作领域为可持续发展注入活力。其明确的经济激励机制推动企业投资于节能设备和低碳技术研发，加速行业整体的低碳化进程。在全球层面，碳交易成为连接发达国家与发展中国家的桥梁。通过跨国碳交易项目（如清洁发展机制），发达国家以较低成本实现减排目标，同时为发展中国家提供资金与技术支持，推动绿色转型。此外，碳交易的实施还带来了能源转型、资源利用效率提升和生态保护等协同效应，通过资金流向风能、太阳能等可再生能源领域，减少对化石燃料的依赖，并支持基于自然的解决方案，从而全面推动全球可持续发展目标的实现。

三、推动可持续发展的创新路径——碳普惠

碳普惠作为一种富有前瞻性和创新性的环境保护机制，与可持续发展的宏伟目标之间存在着极为紧密且深远的联系。碳普惠的核心宗旨在于巧妙地运用市场化运作的灵活手段，来激励并引导全社会各界共同努力，积极有效地降低碳排放量，从而稳步迈向绿色低碳的可持续发展道路。碳普惠强调人人参与、惠及全民，通过碳减排行为赋予公众碳资产价值，激发

公众参与碳减排的积极性。

提升公众环保意识。碳普惠促进公众在日常生活中践行低碳行为，提高环保意识，形成绿色生活方式。碳普惠机制通过一系列精心设计的政策措施和市场激励机制，使得个人、企业乃至整个社会的行为都能够与减少碳排放、保护环境的目标相契合。鼓励人们在日常生活中做出更加环保的选择，比如使用公共交通、减少一次性用品的使用、参与植树造林等，并通过积分、奖励等形式对参与者的行为进行正向反馈和激励。

推动绿色产业发展。碳普惠机制鼓励企业转型升级，发展低碳、环保产业，倡导并支持企业采用低碳技术和生产方式，推动产业升级和转型，以实现经济效益与环境保护的双赢。

创新社会治理模式。碳普惠将环境保护与经济发展相结合，推动政府、企业、公众共同参与碳减排，实现社会治理体系创新。碳普惠理念不仅体现了对环境保护的深刻认识和坚定承诺，更是推动经济社会全面绿色转型、实现可持续发展目标的重要途径和有力抓手。

碳普惠与可持续发展的核心理念不谋而合。可持续发展着重强调了我们在追求并满足当代人的各类需求之时，必须坚决避免对后代人满足其未来需求的能力造成任何形式的损害。碳普惠正是通过降低碳排放，保护生态环境。不仅关注当前的环境质量，更将目光投向遥远的未来，希望通过自身的努力，为子孙后代留下一个天蓝、地绿、水清的美好家园，让他们能够在更加宜居的环境中成长和发展，继续享受大自然赋予的恩赐与福祉。

碳普惠与可持续发展相辅相成，共同为实现我国绿色低碳转型、构建美丽中国贡献力量。在新时代背景下，充分发挥碳普惠的作用，推动可持续发展战略深入实施，有望为全球气候治理注入新的动力并提供更多的解决方案。

思考题

1. 气候金融和碳金融的概念是什么？二者有何区别与联系？
2. 碳金融的发展现状是怎样的？
3. 发展气候金融和碳金融的意义是什么？
4. 碳排放权交易市场的基本原理是什么？
5. 碳排放权交易市场如何影响企业的碳排放行为？
6. 碳排放权交易市场存在哪些主要问题和挑战？
7. 与碳税相比，碳排放权交易市场有哪些优势和劣势？

延伸阅读

延伸阅读6-1　《京都议定书》

延伸阅读6-2　《碳排放权交易实践手册：设计与实施》（第二版）

延伸阅读6-3　碳排放权交易管理暂行条例

延伸阅读6-4　中华人民共和国生态环境部《温室气体自愿减排交易管理办法（试行)》

延伸阅读6-5　国家市场监督管理总局《温室气体自愿减排项目审定与减排量核查实施规则》

延伸阅读6-6　世界银行《2024年碳定价的状态与趋势》

延伸阅读6-7　《公民绿色低碳行为温室气体减排量化导则》

参考文献

［1］Coase R H.The Problem of Social Cost [J/OL]. The Journal of Law and Economics, 1960, 3.

［2］Willis J, Dales J H.Pollution, Property, and Prices [J/OL].The University of Toronto Law Journal, 1969, 19(2).

［3］ UNFCCC. What is the Kyoto Protocol?[J]. United Nations Climate Change, 2019.

［4］ Schmalensee R L, Stavins R N. Learning from Thirty Years of Cap & Trade[J]. Resources, 2019.

［5］ ICAP. Emissions Trading in Practice: A Handbook on Design and Implementation [R/OL]//Emissions Trading in Practice, Second Edition. 2021.

［6］ 中大咨询研究院碳交易研究组. 碳交易研究专题（三）欧盟碳交易开展情况分析与经验启示 [EB/OL] //澎湃. 2021.

［7］ Edwardes-Evans H.欧盟排放交易体系改革，将2030年碳减排目标提高，较2005年碳排放水平少62% [EB/OL] // S&P Global. 2022.

［8］ Morales M.3 ways to restore confidence in carbon markets in 2024 [EB/OL]//GreenBiz. 2023.

［9］ Denig B, Furey A, Hardcastle D, et al. Voluntary Carbon Markets in 2023: A Bumpy Road Behind, Crossroads Ahead [EB/OL]//Bain & Company. 2023.

［10］刘航. 碳普惠制：理论分析、经验借鉴与框架设计 [J]. 中国特色社会主义研究，2018（5）：86-94＋112.

［11］彭军霞，聂兵. 碳普惠绿色通证生态模型研究 [J]. 环境科学与管理，2020，45（5）：20-24.

［12］潘晓滨，都博洋. 我国碳普惠制度立法及实践现状探究 [J]. 资源节约与环保，2021（4）：138-139.

［13］代丽梅，谭欣悦，汪晖，等. 林业碳普惠发展现状及建议 [J]. 四川林业科技，2022，43（2）：132-137.

［14］刘海燕，郑爽. 广东省碳普惠机制实施进展研究 [J]. 中国经贸导刊（理论版），2018（8）：23-25.

［15］卢乐书，姚昕言. 碳普惠制理论与制度框架研究 [J]. 金融监管研究，2022（9）：1-20.

［16］曾红鹰，陶岚，王菁菁. 建立数字化碳普惠机制，推动生活方式绿色革命 [J]. 环境经济，2021（18）：57-63.

［17］王继龙，亢远飞，陶岚. 碳普惠前期工作形态研究——以北京市节能产品进超市活动为例 [J]. 中华环境，2022（5）：48-50.

[18] 孟春阳，彭子强．碳普惠的法律表达 [J]．合作经济与科技，2023（23）：183-185.

[19] 代年龙．"双碳"背景下的碳普惠制建设研究 [J]．节能与环保，2023（10）：24-29.

[20] 王文杰，何杨华，郝皓．"双碳"背景下我国碳普惠发展历程与展望 [J]．市场周刊，2023，36（11）：23-26.

[21] 李逸驰．碳普惠标准化的数字实现路径研究 [J]．中国新通信，2023，25（23）：76-78＋18.

[22] 张全友．节能超市引领绿色消费 [J]．节能与环保，2015（4）：38.

[23] 岳红．"节能产品进超市"试点签约暨启动仪式 [J]．节能与环保，2010（12）：13.

[24] 蔡劲松．北京发起绿色消费 [N]．中国财经报，2006-03-15（001）.

[25] 王渊博．发展绿色消费的现状及对策——以北京市为例 [J]．技术经济与管理研究，2011（10）：101-104.

[26] 陈俊喜，曹玉芳，赵雷．"双碳"目标下广东碳普惠制创新市场化生态产业扶贫新模式 [J]．环境保护与循环经济，2022，42（6）：4-7.

[27] 王文军，骆跃军，谢鹏程，等．粤深碳交易试点机制剖析及对国家碳市场建设的启示 [J]．中国人口·资源与环境，2016，26（12）：55-62.

[28] 于忠龙．林业碳普惠制的运作实践与完善路径——以广东省韶关市为例 [J]．环境保护与循环经济，2019，39（11）：45-47.

[29] 侯青青，张修玉，庄长伟．广东碳普惠机制探析与展望 [J]．环境生态学，2023，5（2）：113-118.

[30] 叶蔚，欧阳健均，林家欣，等．广东省碳普惠制试点情况浅议 [J]．合作经济与科技，2023（13）：94-96.

[31] 韩鸿声．我国碳普惠制法律问题研究 [D]．沈阳：辽宁大学，2023.

[32] 张嘉戌，邓义祥，张承龙，等．基于环境行为理论的公众一次性塑料减量政策研究 [J]．环境工程技术学报，2021，11（5）：888-897.

[33] 聂兵，史丽颖，任捷，等．碳普惠制的创新及应用 [C] //

国际清洁能源论坛（澳门）．温室气体减排与碳市场发展报告（2016），2016：33.

[34] 邵桂兰，林燕．碳中和背景下环境规制、企业环境行为对碳排放影响实证研究 [J]．中国海洋大学学报（社会科学版），2022（2）：63-74.

[35] 朱艳丽，刘日宏．"双碳"目标下我国碳普惠制度的地区协调研究 [J]．西北大学学报（哲学社会科学版），2023，53（4）：60-72.

[36] 任晒．公众参与型碳交易的法理分析与制度探索——以广东碳普惠制为例 [J]．当代经济，2021（5）：67-71.

[37] 王涵，马军，陈民，等．减污降碳协同多元共治体系需求及构建探析 [J]．环境科学研究，2022，35（4）：936-944.

[38] 靳国良．碳交易机制的普惠制创新 [J]．全球化，2014，（11）：45-59+134.

[39] 康子冉，丁韦娜．中国碳交易市场发展的内在逻辑和路径选择 [J]．中国物价，2022（5）：98-101.

[40] 蓝虹，陈雅函．碳交易市场发展及其制度体系的构建 [J]．改革，2022（1）：57-67.

[41] 程国松．碳普惠制度管理系统构建与实施策略 [J]．资源节约与环保，2023（6）：121-124.

[42] 黄春燕，宋忠智，祝运海，等．蚂蚁森林：环保公益的互联网实践 [J]．清华管理评论，2020（Z1）：126-134.

[43] 吕靖烨，范欣雅．个人碳账户建设的三方演化博弈分析——以"蚂蚁森林"为例 [J]．技术与创新管理，2021，42（2）：198-204.

[44] 张萌．"互联网＋环保公益"助推低碳生活的创新模式研究——以支付宝蚂蚁森林为例 [J]．经济研究导刊，2021（13）：113-115.

[45] 吴嘉莹，毛庆庆，董炳灿．大数据时代下个人碳账户的可持续发展研究——以蚂蚁金服为例 [J]．时代金融，2019（14）：103-107+111.

[46] 彭晓霞．"虚拟"森林碳汇交易法律制度构建研究 [D]．杭州：浙江农林大学，2020.

[47] 曹云梦，江宏川，郑惠梓，等．"蚂蚁森林"建立机制分析与发展建议 [J]．管理观察，2019（23）：97-100.

第七章　全球气候变化
治理与行动

07

第一节
概述

    人类只有一个地球，而以全球变暖为主要特征的气候变化正对地球环境和人类生存发展产生巨大影响。冰川融化、海平面上升、极端天气增多，严重威胁着生态系统的稳定和生物多样性，更造成粮食短缺和饥荒、水资源的紧缺与不均衡分布、人类健康风险等问题。世界卫生组织（WHO）将气候变化列为当前全球人类健康的最大威胁，全球气候变化已成为21世纪人类可持续发展面临的重大挑战。面对这一全人类的共同挑战，国际社会普遍认识到，任何一国都无法置身事外，各国必须勇于担当，勠力同心，积极开展全球气候变化治理，携手应对气候变化，共谋人与自然和谐共生之道。

一、全球气候治理的基本历程

    全球气候治理是指包括各国政府、国际组织及企业等各种行为体的国际社会，通过协调与合作的方式多层面应对气候变化，最终使大气中温室气体的浓度稳定在一个可以保持生态系统安全的水平，从而减缓和消除气候变化对人类的威胁。

    人类社会关注气候变化问题和开展全球气候治理始于20世纪70年代。1972年6月，联合国在斯德哥尔摩举行首次人类环境会议，作为会议成果文件之一的《人类环境行动计划》在第70条建议中正式提出，"建议各国政府注意那些具有气候风险的活动"。1979年2月，第一次世界气候大会在瑞士日内瓦举行，大会宣言指出，粮食、水源、能源、住房和健康等各方面均与气候密切相关，人类必须了解气候，才能更好地利用气候资源和避免不利的影响。并指出，如果大气中CO_2含量保持当时的增长速率，那么到20世纪末气温上升将达到"可测量"的程度，到21世纪中叶将出现显著的增温现象。这是气候变化首次作为一个国际社会关注的问题提上议事日程。1987年，世界环境与发展委员会发布了一份重要报告《我们共同的未来》。该报告明确提出，气候变化是国际社会面临的重大挑战，呼吁国际社会采取共同的应对行动。1988年11月，世界气象组织和联合国环境规划署联合成立政府间气候变化专门委员会（IPCC），开展对气候变化的科学评估活动。1988年12月6日，第43届联合国大会根据马耳他的建议，通过"为人类当代和后代保护全球气候"的第43/53号决议，确立气候变化是人类共同关心的问题，决定在全球范围内对气候变化问题采取必要和及时的行动。1990年12月21日，第45届联合国大会通过了题为《为今世后代保护全球气候》的45/212号决议，决定设立一个单一的政府间谈判委员会（INC），制定一项有效的气候变化框架公约，由此正式拉开了全球气候治理的序幕。

    以1990年联合国框架下国际气候谈判进程启动为开始，30多年来，在国际社会的共同努力下，全球气候治理不断发展，先后达成了《联合国气候变化框架公约》《京都议定书》和

《巴黎协定》三大具有里程碑意义的重要法律文件，取得很多积极进展，已经成为人类发展的重要议题和凝聚国际合作的关键领域，被称为"全球治理的一面镜子"。

二、全球气候治理中的科学评估与政治谈判

全球气候治理是国际社会共同的责任，也是一项涉及科学与政治，极其复杂艰巨的挑战。全球气候治理首先是一个科学问题。人类活动对气候变化的影响如何，大气中CO_2浓度与地表温升的关系是怎样的？对这些问题的科学认识是有效解决气候问题的先决条件；而这些问题存在极大的复杂性和不确定性，形成科学共识以支撑制定完善的气候治理计划并非易事。同时，全球气候治理也是一个政治问题，涉及气候这一全球公共物品的分配与治理；如何规划界定气候治理体制，如何分配并执行各国权利义务，也是国际政治经济共同面对的问题。因此，在全球气候治理发展过程中，科学评估与政治谈判始终如影随形，不断交互联动，对推动全球气候治理具有重要意义。

基于气候变化科学问题的复杂性，对这一问题的认知已超过单个国家的能力，需要建立全面深入的科学评估国际合作机制才能实现，政府间气候变化专门委员会（IPCC）是这一机制的核心。IPCC于1988年由联合国环境规划署和世界气象组织联合成立，是国际上最权威的气候科学机构，已经有195个主权国家加入，通过全球科学家的努力合作，为国际社会提供气候变化科学、影响、适应和减缓层面的最新评估成果，探索以解决问题为导向的评估，通过科学研究寻找解决气候问题之道，推动各国经济社会向低碳发展转型。由于IPCC自身具备科学的专业性和政府间的中立性，使得其成为国际气候谈判和气候治理中最高科学性来源，历次评估报告都成为气候变化国际谈判的重要科学支撑，对谈判进程发挥着重要影响。2007年，IPCC与阿尔·戈尔（Al Gore）共同获得诺贝尔和平奖，也充分彰显了它在全球气候治理中的重要作用。

尽管气候变化本质上是一个基于客观事实的科学问题，但气候变化应对则需要一个个主权国家的具体行动，涉及各国社会经济发展和国家利益。国际气候进程中各方气候政策的动向以及他们之间的政治博弈，特别是欧盟、美国和中国作为三大政治力量，在共同愿景、减缓、适应、资金、技术、透明度和能力建设等一系列关键议题上的立场，始终是全球气候治理的重要内容。以《联合国气候变化框架公约》（UNFCCC）为基础确立的诸多国际制度，包括每年一度的缔约方大会，一直是国际社会加强气候行动政治共识，并把公约确立的原则和机制变成具体行动和实施规则的关键多边机制。

从1990年至今，政府间气候变化专门委员会（IPCC）先后发表了六次评估报告，每一次都对国际气候谈判产生了重大影响，不仅推动了国际气候治理的进程，其所形成的气候治理的规范力也能有效动员气候非政府组织和市民社会。与此同时，《联合国气候变化框架公约》缔约方大会（COP）也已举行29届，不仅通过国际谈判形成了不同历史时期的共同行动纲领，也对科学评估的报告内容和进程产生了影响。如绿色低碳技术的开发极大地降低了减排成本，

为国际气候谈判提供了直接的动力；而国际气候谈判的成功，将进一步促进全球绿色低碳技术的创新与发展。科学与政治的互动是理解全球气候治理的重要维度，也是推动全球气候治理的重要引擎。

三、全球气候治理与碳中和进程

碳中和概念最早出现于1990年代末，起初是指个人或组织通过购买碳汇、植树造林等方式，以实现个人和组织的"净零碳"排放；当前国际社会普遍关注的碳中和概念，其准确释义由《巴黎协定》第四条第一款中提出：为了实现长期气温目标，各缔约国应尽快达到全球温室气体排放峰值，并在科学和公平基础上加快减排行动，在21世纪下半叶实现温室气体源的人为排放与汇的清除之间的平衡。

碳中和目标与全球气候治理的温升控制目标密切相关。根据政府间气候变化专门委员会（IPCC）的科学评估，要实现2015年《巴黎协定》提出的长期气温目标："把全球平均气温升幅控制在工业化前水平以上低于2°C之内，并努力将气温升幅限制在工业化前水平以上1.5°C之内"，即2°C目标和1.5°C目标，全球应分别在2070年和2050年前达到CO_2中和，2100年和2060年前达到温室气体中和。碳中和概念较以往碳减排预算的概念，清晰简单、易于传播，各国只需要确定什么时间实现碳中和，更有利于各方自主明确责任，因此在巴黎协定签署后广泛得到了认可和响应。2020年，包括欧盟、美国、中国、日本在内的世界主要经济体相继宣布了碳中和目标，引发国际社会的广泛关注，掀起了一股全球性的碳中和浪潮。俄罗斯、印度、沙特等国也紧跟着提出了自己的碳中和目标，加入国际碳中和行列中来。

当前，世界上超过140个国家纷纷提出了不同程度的碳中和目标，同时，诸如"气候雄心""零碳竞赛"等国际组织，以及许多国际著名的公司都对此做出了积极的反应。但当前行动距全球目标所需仍有差距，不同原则下各国弥合差距所需要的努力存在显著差异。根据2023年9月联合国发布的"全球盘点综合报告"显示：尽管自2015年《巴黎协定》通过以来，全球减排取得了一些进展，但是全世界的减排量仍远远不足以将温升控制在安全水平；按照现在各国做出的减排承诺，到2100年，世界将比前工业化时代升温2.4～2.6℃。因此国际社会需要采取更有力的碳中和行动，才能有望实现控制目标。

全球碳中和将带来广泛而深刻的社会变革：一方面，碳中和可以推动绿色技术创新、创造就业机会、改善能源安全；另一方面，碳中和进程也会带来产业结构调整与转移、社会公平、国际治理博弈等挑战。抓住机遇，克服挑战，加速碳中和进展，对推动全球气候治理进程、实现公正转型至关重要。各国应加强区域和行业层面的碳中和目标出台，并推动资金和技术方面的国际合作，制定合理的减排策略与节奏，在发展、安全和环境三者之间保持动态平衡，以建设者的姿态深化国际合作，积极填补全球碳中和鸿沟。

四、全球气候治理中的中国贡献

在全球气候治理的进程中，中国始终以积极行动诠释大国担当，从早期的参与者逐步成长为重要引领者，为应对全球气候挑战注入强劲动力。

自1992年率先批准《联合国气候变化框架公约》起，中国便坚定支持"共同但有区别的责任"原则，为国际气候谈判奠定核心指导框架。1998年签署《京都议定书》，2009年哥本哈根会议前提出2020年碳排放强度下降目标，2015年促成《巴黎协定》达成，更在2020年宣布"双碳"目标——二氧化碳排放力争2030年前达峰、2060年前实现碳中和，为全球气候治理锚定新坐标。

作为最大的发展中国家，中国以务实举措落实承诺。在国内，将"双碳"目标纳入国家战略全局，构建"1+N"政策体系，建成全球覆盖排放量最大的碳市场，年均3%的能源消费增速支撑6%以上的经济增长，展现经济发展与减排协同的中国方案。能源转型领域，中国可再生能源装机规模和新能源汽车销量均居全球首位，同时向国际市场提供60%的风电设备和70%的光伏组件，推动全球清洁能源成本大幅下降。在国际合作中，中国大力推进气候南南合作，助力小岛屿国家、最不发达国家提升应对能力；积极搭建多边合作桥梁，化解南北分歧，推动国际社会形成"共商共建共享"的治理共识。生态治理上，中国近20年贡献全球1/4新增绿化面积，实现荒漠化和沙化土地"双减少"，森林资源"双增长"，并引领达成"昆明－蒙特利尔全球生物多样性框架"，为提升全球碳汇能力和生态韧性树立典范。

面向未来，中国持续完善国内减排体系，推进碳市场建设与技术创新，强化多边协调与公众参与，以"共同但有区别的责任"为基石，推动全球气候治理向公平合理、合作共赢的方向迈进。从政策创新到实践落地，从区域行动到全球协同，中国正以系统性方案和持续性努力，书写着全球气候治理的中国篇章，为守护地球家园贡献东方智慧。

第二节
全球气候变化公约

气候变化是一个毋庸置疑的事实，更是当今世界面临的一大挑战。面对挑战，国际社会逐步凝聚起应对气候危机的全球共识，并通过多边治理框架的构建，系统推进全球气候治理进程。经过多方数十年的努力，应对气候变化逐步形成了以三大国际公约为主体的治理体系（图7.1）：1992年《联合国气候变化框架公约》（以下简称《公约》）首次确立"共同但有区别的责任"原则，构建起全球气候治理的基本框架；1997年《京都议定书》创新性引入量化减排机制，推动发达国家承担强制性减排义务；2015年《巴黎协定》（以下简称《协定》）则通过"国家自主贡献"模式，确立将全球温升控制在2 ℃以内的长期目标，这标志着全球气候治理进入新阶段。

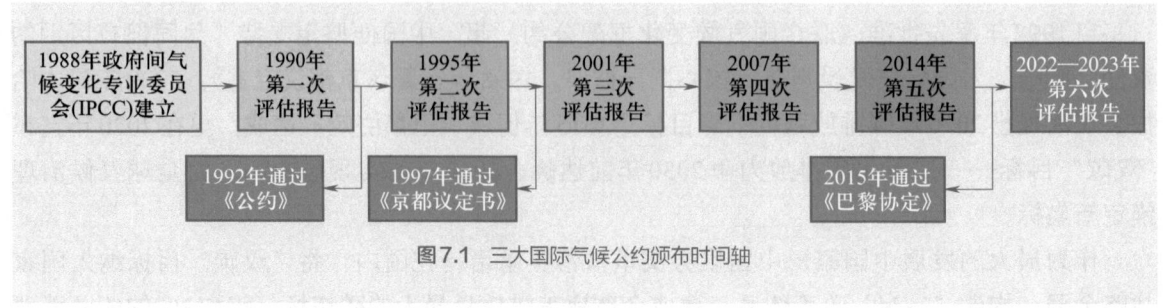

图7.1　三大国际气候公约颁布时间轴

一、《联合国气候变化框架公约》

《联合国气候变化框架公约》（United Nations Framework Convention on Climate Change，UNFCCC，简称《公约》）是国际气候机制的基石，是全球首个对CO_2等温室气体进行综合减排的国际条约。

（一）背景由来

1990年12月，联合国大会通过决议，成立政府间谈判委员会（The Intergovernmental Negotiating Committee，INC），正式启动《联合国气候变化框架公约》的谈判进程。经过15个月和五轮艰难的谈判，《公约》于1992年5月9日在联合国总部获得通过。1992年6月3日至14日，联合国环境与发展会议在里约热内卢召开，《联合国气候变化框架公约》在会议期间开放供签署，并于1994年3月21日生效。公约秘书处设在德国波恩，负责支持公约的实施。每年，加入《联合国气候变化框架公约》的国家都会举行缔约方大会，衡量进展情况，并就气候变化的多边应对措施进行谈判。截至2023年10月，该公约共有198个缔约方。

（二）治理目标

《联合国气候变化框架公约》第2条规定："本公约以及缔约方会议可能通过的任何法律文书的最终目标是：将大气温室气体的浓度稳定在防止气候系统受到危险的人为干扰的水平上。这一水平应当在足以使生态系统能够可持续进行的时间范围内实现"。

（三）基本原则

为实现上述目标，公约确立了五个基本原则，包括：① 共同但有区别的责任原则（"共区原则"），明确发达国家应承担率先减排和向发展中国家提供资金技术支持的义务；

而发展中国家不承担有法律约束力的限控义务，只承担提供温室气体源与汇的国家清单的义务。② 前瞻性原则，缔约方应采取必要举措，预测、预防和减少导致气候变化的要素。③ 各自能力原则，应充分考虑发展中国家的具体国情。④ 可持续发展原则，应重视各缔约方可持续发展的权利。⑤ 合作原则，应加强国与国之间的合作，应对气候变化的措施不能成为国际贸易的壁垒。

（四）减排责任划分

基于"共同但有区别的责任"原则和可持续发展原则，《公约》将所有缔约方分为两大类国家群组，即《公约》附件一国家（主要为发达国家）与非附件一国家，并在此基础上规定不同的责任和义务。发达国家被要求采取具体措施减少温室气体的排放，并向发展中国家提供技术和财政援助；而非附件一国家则在援助下自愿减排。

延伸阅读7-1　《公约》附件一国家与非附件一国家

（五）存在不足

《公约》作为全球气候治理的基石性文件，建立了气候治理国际合作的长效机制，但在具体落实上仍存在诸多问题，包括：什么是"危险的人为干扰水平"？《公约》只确定了一般温室气体排放的目标，未对缔约方设定具体的量化减排目标；仅要求附件一国家（发达国家）"率先采取减排行动"，但未规定时间表或惩罚措施；也未建立有效的履约审查机制，仅要求缔约方提交国家报告，但未明确核查标准。为了解决以上问题，各缔约方进行了艰难的谈判，并于1997年达成了《京都议定书》。

二、《京都议定书》及其修正案

《气候变化框架公约的京都议定书》（简称《京都议定书》）属《公约》的补充条款，是人类历史上第一个对温室气体排放实行强制性定量限制的国际协议。

（一）背景由来

《京都议定书》于1997年12月在日本京都制定，2005年2月16日正式生效，首期减排承诺期为2008—2012年。2012年卡塔尔多哈召开的《公约》第18次缔约方会议上通过修正案，启动2013—2020年第二轮承诺期，但迄今未达到生效条件。

（二）治理目标和基本原则

围绕"将大气中温室气体浓度稳定在防止气候系统受危险的人为干扰的水平"的治理目标，基于"共同但有区别的责任"原则，通过自上而下量化分配的法律约束性减排框架与灵活合作机制来体现和适用这些原则。

（三）减排责任分配

《京都议定书》首次为38个工业化国家和转型经济体（附件一国家）设定法律约束性减排目标，要求其在第一承诺期内，将二氧化碳等6种温室气体排放量在1990年基准上平均减少5.2%，不同发达国家的具体减排目标也不同；在第二承诺期内，要求参与国在1990年基准上平均减少18%。同时设计了国际排放交易、联合实施和清洁发展三个灵活的减排机制，促进减排成本分配和技术资金跨国流动。

（四）存在不足

尽管《京都议定书》取得了一些显著的成就，但伴随着新兴经济体的高速发展以及碳排放的快速增长，对缔约方的简单二分法和自上而下地分配减排指标的基本原则越来越表现出局限性，议定书的效力和覆盖范围受到了限制。包括减排目标的分配是否公平、发展中国家参与程度不够、部分主要排放国的退出或不参与等问题。同时《京都议定书》主要关注温室气体排放量的分配，而没有具体的长期气候目标。因此，国际社会需要一个更广泛的、更具包容性的协议，以确保所有国家都能参与到减排行动中来，而不仅仅局限于发达国家。

三、《巴黎协定》

《巴黎协定》是继1992年《联合国气候变化框架公约》、1997年《京都议定书》之后，人类历史上应对气候变化的第三个国际法律文本，形成了2020年后的全球气候治理格局。

（一）背景由来与重要性

2015年12月12日，第21届联合国气候变化大会（COP21）上196个缔约方全票共识通过《巴黎协定》。这一协定以法律形式确立全球温控目标，创建国家自主贡献新机制，开创性地鼓励所有国家，无论大小、贫富，均参与其中，共同应对气候变化挑战。它标志着国际气候治理从《京都议定书》的"强制分摊模式"转向基于平等参与的"自下而上机制"，赋予了各国根据自身国情设定并更新减排目标的灵活性，从而激发了全球范围内的广泛参与和更高水平的减排雄心。

（二）治理目标与长远意义

《巴黎协定》的核心治理目标是减缓全球气候变化的影响，并增强对气候变化后果的适应能力。为此，协定提出了温控"硬指标"，即将全球平均气温较工业化前水平的升高控制在2 ℃之内，并努力追求更为严格的1.5 ℃温控目标。这一目标的设定，不仅体现了国际社会对气候变化严峻性的深刻认识，更为全球减排行动提供了明确的方向和动力。同时，协定还提出了减排峰值与碳中和目标，旨在推动全球温室气体排放尽快达到峰值，并在21世纪下半叶实现人类活动导致的温室气体排放与自然吸收的平衡，这对于维护地球生态平衡和人类可持续发展具有深远意义。

> 延伸阅读7-2　2 ℃和1.5 ℃温控目标的由来

（三）基本原则与公平性

《巴黎协定》在继承《京都议定书》"共同但有差别"的责任原则基础上，进一步强调了公平和可持续发展原则。这意味着所有国家都有责任应对气候变化，但贡献应基于各自的经济发展水平、历史排放量和应对能力。发达国家被要求承担更多责任和义务，而发展中国家则在获得必要支持的情况下，逐步增加其行动力度。这一原则确保了气候行动的公平性和有效性，避免了将减排责任单方面强加给发展中国家，从而促进了全球范围内的广泛合作和共赢。

（四）治理模式与机制创新

《巴黎协定》的减排模式与以往的气候变化协议有着显著的不同，它引入了一种更为灵活和包容的方法，旨在确保所有国家都能参与全球减排行动中来。其治理模式与机制创新的主要特点有：

第一，"自下而上"自主贡献的治理模式，其强调国家自主贡献（NDCs），所有缔约方应编制、通报并保持其计划实现的下一次国家自主贡献，并采取国内减缓措施以实现这种贡献的目标。缔约方应核算其国家自主贡献中的人为排放量和清除量，并促进环境完整、透明、精确、完整、可比和一致性，同时避免双重核算。各国依据现实国情和实际能力，在共同承担国家自主贡献义务的前提下，有区别地贡献自己的力量，每个国家都需提交自己的减排计划，这是一份国家层面的计划，详细说明了该国计划如何减少温室气体排放，以及适应气候变化的措施，每五年更新一次。

第二，首创"全球盘点"（global stocktake）机制，《协定》强调国际合作的重要性，鼓励各国通过双边或多边合作来实现减排目标。《协定》设立了一个公共登记册，用于记录缔约方通报的国家自主贡献，2023年首次盘点显示实际减排量需提升3倍才能实现1.5 ℃目标。

第三，资金与技术支持，《协定》强调使资金流动符合温室气体低排放和气候适应型发展的路径。《协定》重申了发达国家向发展中国家提供资金援助的承诺，目标是到2020年每年动员1 000亿美元，用于支持发展中国家的减排和适应行动。此外，《协定》鼓励技术开发和转让，特别是向发展中国家提供技术支持，《协定》促进了国际间的技术转移和能力建设合作。

第四，适应与减缓气候变化，《协定》确立了关于提高适应能力、加强抗御力和减少对气候变化脆弱性的全球适应目标。缔约方应开展适应规划进程并采取各种行动，包括制订或加强相关的计划、政策，《协定》鼓励缔约方采取行动，包括通过基于成果的支付来执行和支持减缓气候变化的现有框架。

第五，其他重要条款：森林保护与可持续管理，缔约方应当采取行动酌情维护和加强《公约》所述的温室气体的汇和库，包括森林；损失与损害处理，缔约方认识到避免、尽量减轻和处理与气候变化（包括极端气候事件和缓发事件）不利影响相关的损失和损害的重要性，以及可持续发展对于减少损失和损害风险的作用。这些机制的创新为全球减排行动提供了有力保障和激励。

（五）影响与挑战

《巴黎协定》自达成以来，对全球气候治理产生了深远影响，其作用范围从环境领域延伸至经济、政治与社会层面。

（1）环境维度驱动经济转型：通过约束高碳产业发展与激励清洁技术应用，《协定》加速了全球低碳经济转型进程，具体表现为可再生能源投资规模较2015年增长280%、单位GDP能耗下降18%，以及绿色基础设施（如智能电网、碳捕集设施）覆盖率的显著提升。

（2）经济机制重构政治责任：构建"技术－资金"协同框架，《协定》要求发达国家履行历史排放责任，例如通过绿色气候基金（GCF）向发展中国家提供年均340亿美元支持，并建立技术执行委员会（TEC）推动光伏、风电等专利共享率提升至21%。这种经济资源的定向流动重塑了南北国家间的气候政治互信基础。

（3）社会动员形成治理合力：《协定》通过制度化设计激发企业、地方政府与公众参与，全球500强企业中有73%设定科学碳目标；超过10 000个城市加入"全球气候与能源市长联盟"，实施区域碳市场或能效标准；非政府组织推动的"气候诉讼"案件数量增长4倍，公民气候行动网络覆盖1.2亿人。

然而，《协定》实施仍面临多重挑战：全球温室气体排放总量尚未达峰、发达国家1 000亿美元/a气候资金承诺兑现率不足83%、各国自主贡献目标（NDCs）力度差异显著。当前，强化多边合作机制、弥合资金技术缺口、优化NDCs执行路径，仍是实现《协定》温控目标的关键着力点。

四、《公约》缔约方大会（COP）

《公约》缔约方大会（Conference of the Parties，COP）是公约成员国定期召开的会议，是执行《公约》的最高权威机构。COP会议通常每年举行一次，首次COP于1995年3月在德国柏林举行，以后COP的举办地点在五个联合国区域之间轮换，即非洲、亚洲、拉丁美洲和加勒比、中欧和东欧以及西欧和其他区域。会议的主要参与者包括公约的缔约方（通常是各国政府的代表团），以及观察员国家、国际组织、非政府组织和媒体。

缔约方大会的主要作用有：审议与评估，审议公约的执行情况，评估各国在减排、适应气候变化和资金、技术转让方面的进展；决策制定，就公约的实施策略和未来方向做出决策，包括制定新的指导方针、政策和行动计划；国际谈判，为各国提供一个平台，就气候变化的全球应对策略进行谈判，如《京都议定书》和《巴黎协定》就是在COP会议上达成的。资金和技术讨论，讨论和决定如何支持发展中国家在减缓和适应气候变化方面的资金和技术需求。促进国际合作，鼓励和促进国际间在气候变化领域的合作，包括信息交流、能力建设和知识共享；公民社会参与，提供机会让非政府组织、私营部门和社会团体参与气候变化的讨论和行动。

公约缔约方大会迄今已举行29届，对于全球气候变化政策的制定和实施发挥了至关重要的作用，也是国际社会共同应对气候变化挑战的象征。表7.1列出了历史上具有里程碑意义的COP大会。

表7.1　COP具有里程碑意义的往届会议

时间	内容
1995年	COP1，是联合国气候变化框架公约第一次缔约方大会，会议通过了《柏林授权书》等文件，COP1的召开成为COP2各方讨论的重要内容，并直接促成了COP3《京都议定书》的制定
1997年	COP3，会议通过了《京都议定书》，针对包括CO_2在内的六种温室气体，使温室气体控制或减排成为发达国家的法律义务
2007年	COP13，与会各国接受了巴厘路线图，建立了双轨谈判机制
2009年	COP15，哥本哈根大会没有达成有法律效力的协定（所达成的《哥本哈根协议》不具有法律效力），各方分歧较大，最终COP15遗憾落幕，但推动谈判向正确方向迈出了一步
2010年	COP16，各国达成了《坎昆协议》，首次在缔约方会议决定中明确写入了发达国家的历史责任，要求发达国家必须率先减排并进一步提高减排承诺
2011年	COP17，与与会各方商定，将《京都议定书》（2012年到期）延期5年有效，商定执行《京都议定书》的第二个承诺期，发起一项绿色环境基金，以及设立该基金的理事会。大会还决定设立一个被称为"德班平台"的关于加强德班行动纲领的特设工作组，以便到2015年能够制订一项法律文书，或者为《公约》各缔约方提供一项法律文书或取得的法律结果
2015年	COP21，近200个缔约方一致同意通过《巴黎协定》，协定为2020年后全球应对气候变化行动做出安排
2021年	COP26，来自197个国家和区域的缔约方代表签署了《格拉斯哥气候公约》，该公约是有史以来首次明确表述减少使用煤炭的计划，并承诺为发展中国家提供更多资金帮助它们适应气候变化。在COP26期间，中国和美国发表《中美关于在21世纪20年代强化气候行动的格拉斯哥联合宣言》
2023年	COP28，本次会议的目标是要把全球变暖限制在工业化之前的1.5℃以下，并为发展中国家提供更多的气候资金，以应对当前日益严重的气候危机

第三节
气候变化治理中的科学与政治

在气候变化治理中，科学与政治是紧密相联的，科学提供了理解问题的基础，而政治则是解决问题的手段。因此，在全球气候治理发展过程中，科学评估与政治谈判两者相互依存但又各自独立，科学评估提供对气候变化现象和影响的深刻理解，而政治谈判则将这些科学发现转化为实际的政策行动和国际协议，共同构成了全球气候变化应对框架的核心，对推动全球气候治理具有重要意义。

一、气候变化科学评估与政府间气候变化专门委员会（IPCC）

气候变化科学认知是指对地球气候系统变化的研究和理解，包括对气候变化的原因、机制、趋势以及对人类社会和自然环境的影响的深入了解，其有助于人类更好地预测未来的气候变化趋势，为应对气候变化提出有效的措施和政策建议。气候变化科学认知是一个极其复杂的问题，需要建立全面深入的科学评估国际合作机制才能实现。基于此，联合国环境规划署（UNEP）和世界气象组织（WMO）于1988年联合创立政府间气候变化专门委员会（Intergovernmental Panel on Climate Change，IPCC）。IPCC的核心职能是定期为各国政府提供气候变化的科学评估报告，内容涵盖气候系统变化的成因与趋势、社会经济影响与未来风险预测，以及减缓适应策略的可行性分析。作为联合国框架下最具权威的气候科学机构，IPCC向所有联合国及WMO成员国开放，截至2023年共有195个成员国政府参与其评估工作，通过多轮同行评审与政府磋商确保结论的客观性与政策相关性。

（一）IPCC组织机构

IPCC拥有较完善的组织结构，以确保其工作的高效、全面和国际代表性，包括IPCC全体会议、主席团、秘书处、工作组、专题组、技术支持单位、政府专家网络和观察员组织等（图7.2）。

IPCC全体会议：IPCC的最高决策机构，由所有成员政府的代表组成。负责选举IPCC主席团、审议和批准IPCC的工作计划、预算和评估报告的摘要（summary for policymakers）。

主席团：由IPCC主席、副主席和其他官员组成，负责指导IPCC的日常工作和战略方向。主席团成员由全体会议选举产生，任期通常为六年。

秘书处：设在位于瑞士日内瓦的世界气象组织（WMO）总部，负责规划、监督和管理所有IPCC的活动，包括行政和财务事务。

三个工作组：第一工作组（WG Ⅰ），评估气候变化的自然科学基础，包括观测、模型预测和归因研究。第二工作组（WG Ⅱ），评估气候变化对自然和社会系统的影响，以及适应气候变化的方案。第三工作组（WG Ⅲ），评估减缓气候变化的策略，包括技术、政策和经济分析。

专题组：国家温室气体清单专题组（TFI）：负责制定和更新国家温室气体排放和清除的计算和报告指南。

技术支持单位（TSUs）：每个工作组都有一个技术支持单位，负责协调工作组的活动、管理信息和文献、支持评估报告的编写过程。

政府和专家网络：IPCC的工作依赖于全球科学家和政府专家的广泛参与，他们作为作者、审稿人和政府代表参与到评估报告的编写和审查过程中。

观察员组织：非政府组织（NGOs）和政府间组织可以作为观察员参与IPCC的会议和活动，提供意见和反馈。

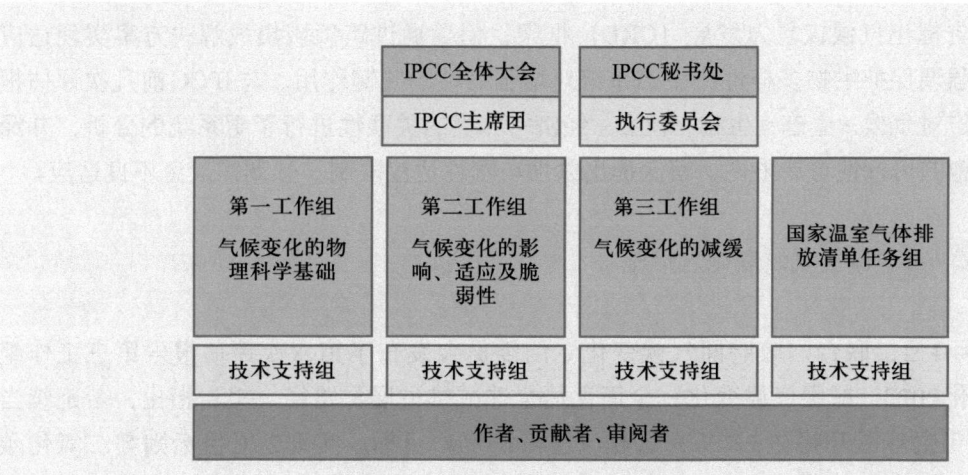

图7.2　IPCC组织架构

（二）IPCC评估报告主要内容与评估程序

IPCC的主要任务是发布评估报告，包括全面评估报告、特别报告和方法学指南等。

1. 全面评估报告

IPCC定期发布全面的评估报告，通常每5到7年一次。每个报告周期包括三个工作组的报告和一个综合报告。目前最新发布的是第六次评估报告（AR6）。这些报告综合了全球数千名科学家的研究成果，评估了气候变化的科学基础、其对自然和社会系统的影响、适应和减缓气候变化的选项。

延伸阅读7-3　全球气候危机

2021年8月9日，政府间气候变化专门委员会（IPCC）正式发布了第六次评估报告第一工作组报告《气候变化2021：自然科学基础》。这份报告强调，全球应对气候变化的迫切性，尤其是在 $1.5 \sim 2℃$ 的温度范围内，需要在今后数十年内大幅度减少温室气体，并在2050年左右实现 CO_2 净零排放。报告警示全球应迅速采取并强化行动来减缓和适应气候变化，也将助推气候多边进程聚焦 $1.5℃$ 温升控制目标并呼吁各国进一步提高减排力度。

延伸阅读7-4　气候变化2022：影响、适应和脆弱性

2022年2月28日，联合国政府间气候变化专门委员会发布了第六次评估报告第二工作组报告《气候变化2022：影响、适应和脆弱性》。报告指出，气候变化已对自然和人类系统造成广泛不利影响，包括生态系统退化、粮食与水安全风险加剧、健康威胁增加等。报告强调，若升温超过 $1.5℃$，将导致冰川退缩、珊瑚白化等不可逆后果，而将升温控制在 $1.5℃$ 内可显著降低风险。报告提出气候恢复力发展（CRD）框架，倡导通过跨领域集成解决方案实现适应与减缓协同，强调保护生物多样性和生态系统对增强韧性的关键作用。与IPCC前几次评估报告相比，该报告对气候–生态–生物–社会–经济–环境的关联性进行了更系统的分析，并深入评估适应措施的可行性与局限性，首次提出柔性与刚性适应限制，强调需避免不良适应。

延伸阅读7-5　减缓气候变化之措施

2022年4月4日，联合国政府间气候变化专门委员会发布了第六次评估报告第三工作组报告《气候变化2022：减缓气候变化》全面评估全球减排进展与路径。报告指出，若延续当前政策，2100年全球温升将达 $3.2℃$，远超《巴黎协定》目标。实现 $2℃$ 目标则需二氧化碳2025年前达峰，2030年减排25%。报告强调能源系统转型是核心，需技术、政策与规划协同；公平性与资金是关键挑战，需政策引导和国际合作；生活方式改变（如低碳饮食、减少消费）可贡献显著减排潜力，但需行为干预与社会观念转变。报告警告，若不立即行动， $1.5℃$ 目标将难以实现，需全经济部门深度减排与系统性变革。

延伸阅读7-6　气候变化综合分析

2023年3月，联合国政府间气候变化专门委员会发布第六次评估报告综合报告。《综合报告》进一步明确了人类活动导致全球升温持续加剧，识别出适应、减缓行动以及资金支持存在的不足与差距。一是评估了1970年以来的温升情况，着重聚焦近 $10 \sim 30$ 年的温升。《综合报告》指出，2011—2020年全球地表温度较1850—1900年升高了 $1.1℃$，2019年全球温室气体净排放量分别较2010年和1990年增长12%和54%。二是强调对低收入群体、弱势群体和部分生态系统的不利影响、风险和损失。三是对《联合国气候变化框架公约》及《巴黎协定》所规定的全球气候变化缓解取得的成果进行了评价，一方面肯定了各国减排行动以及在低碳

技术方面取得的成绩，另一方面也指出了各国自发减排目标与2 ℃、1.5 ℃温度控制目标、各国承诺与实施、减缓需求与资助之间的鸿沟，以及发达国家未能实现1 000亿美元的年度投资承诺。

2. 特别报告

除了全面评估报告，IPCC还发布特别报告，聚焦于特定主题，如全球升温1.5 ℃的影响、土地使用变化与气候变化、海洋和冰冻圈的现状和未来变化等。

3. 方法学指南

国家温室气体清单：IPCC制定了国家温室气体清单指南，帮助各国编制和报告温室气体排放量，这是《联合国气候变化框架公约》（UNFCCC）下的一项重要要求。

4. 评估报告编制程序

IPCC一贯秉持科学、公正、透明的工作原则开展评估报告编写。评估报告的编写基于严格的科学标准，依赖于已发表的科学研究成果；报告的编写团队由来自全球各地的科学家组成，他们被选为贡献作者、审查编辑和主要作者，负责撰写报告的章节，确保多样性和广泛的专业知识；编写力求客观公正，不偏向任何特定的政策立场或利益集团；工作过程公开透明，评估报告的草案对外部专家和政府开放评审。同时过程中强调政府参与，报告的摘要（summary for policymakers，SPM）必须逐行得到政府代表团的批准，确保报告的结论和建议得到国际共识。报告编制工作流程见图7.3。

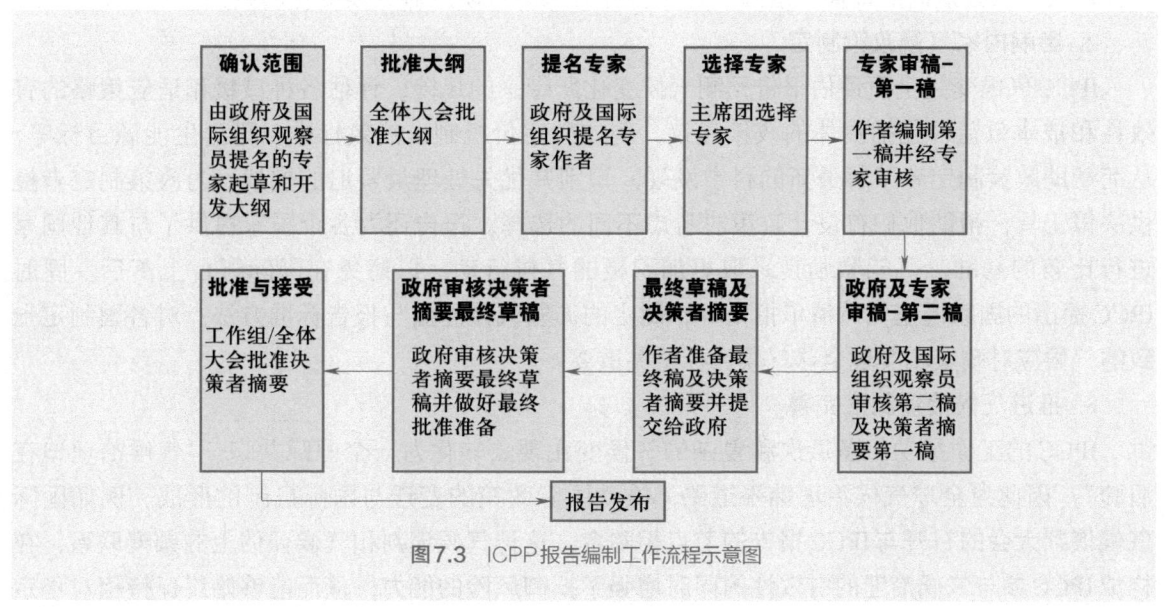

图7.3　ICPP报告编制工作流程示意图

（三）ICPP取得的成果和作用

自成立开始，IPCC作为气候治理领域认知共同体的典型代表，为该领域政策制定和标准设立奠定了坚实的科学基础。IPCC至今已经发布六次评估报告（图7.4），每一次的评估报告都对全球气候治理进程起到了巨大的推动作用，包括形成气候变化科学共识，影响国家气候政策制定以及推进气候治理制度的完善。

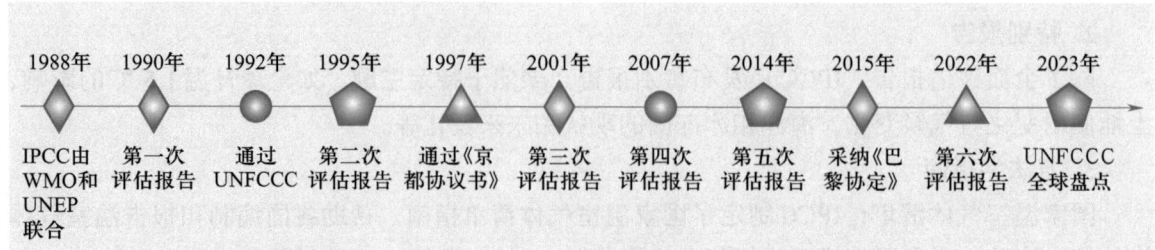

1988年　　1990年　　1992年　　1995年　　1997年　　2001年　　2007年　　2014年　　2015年　　2022年　　2023年

IPCC由　第一次　通过　第二次　通过《京　第三次　第四次　第五次　采纳《巴　第六次　UNFCCC
WMO和　评估报告　UNFCCC　评估报告　都协议书》评估报告　评估报告　评估报告　黎协定》　评估报告　全球盘点
UNEP
联合

图7.4 IPCC成立的历史进程示意图
资料来源: 陈其针, 2020

1. 形成气候变化科学共识

科学共识是推动气候治理和相关政策制定的关键要素，没有科学共识就没有政策影响力。IPCC定期发布全面评估报告，综合全球科学家们关于气候变化的最新研究成果，这些报告提供了关于气候变化的最全面、最权威的科学评估。IPCC评估报告通过专家评审、政府审议批准和公开发布等程序，不仅有助于确保评估的客观公正性，也有利于气候变化科学共识在学术界、政府和公众间的传播，增强了社会各界对采取行动应对气候变化的共识。

2. 影响国家气候政策制定

IPCC气候变化全面评估报告预测气候变化所带来的风险，评估各种减缓和适应策略的有效性和成本效益，包括具体的政策建议，例如碳定价机制、能效标准、可再生能源目标等，从而帮助政策制定者了解最新的科学发现，识别并优先处理最紧迫的挑战，为政策制定者提供决策工具，帮助他们在设计政策时考虑不同的选择。报告还为各个国家提供了与其他国家进行比较的基准，可能激励其采取更加积极的气候行动，以避免在国际舞台上落后。同时IPCC提出的国家温室气体清单指南等、制定的温室气体测量与报告标准方法，对各国制定一致的气候应对政策和实现全球气候目标至关重要。

3. 推进气候治理制度完善

IPCC的工作成功将多层次和复杂的气候变化现象转化为一个国际共识："气候治理迫在眉睫"，因此为全球气候治理铺平道路，推动国际政策的变迁与国际机制的形成。例如国际气候谈判大会的召开与IPCC报告的节点相吻合，这种气候谈判和气候评估上的频繁联系，在构成IPCC参与气候治理的有效性的同时增强了抵御风险的能力，从而能够始终保持相对稳定性。另一方面，每六年一次的评估报告为气候谈判提供了重要的依据，促使国际社会就气候治理问题达成共识。《联合国气候变化框架公约》《京都议定书》、"巴厘路线图"以及《巴黎协定》的陆续生效和实施即为IPCC影响国家气候政策制定的最好证明。

（四）中国在 IPCC 中发挥的作用

当前，IPCC 已经成为国际社会应对气候变化的重要科学平台。中国作为 IPCC 的倡议者、贡献者和实践者，参加了 IPCC 历次全会和主席团会议，阐述中国关于气候变化科学评估的基本立场，在重大问题上准确反映中国政府的建议；同时，积极推荐中国优秀科学家成为报告的主要作者和撰稿人参加历次评估报告的编写，并在报告中客观反映中国科学家的研究成果；通过向 IPCC 秘书处反馈中国专家和政府的评审意见，为科学、全面和客观评估气候变化作出重要贡献。

多年来，中国在 IPCC 工作中的影响力不断增加。中国科学家连续五次当选第一工作组联合主席，中国数百位科学家参加了 IPCC 评估报告、特别报告、方法学报告的编写和评审。中国对 IPCC 科学评估的积极参与和突出贡献，已成为中国深度参与全球气候治理、贡献中国智慧，着力推动构建人类命运共同体的一个良好范例。

二、气候变化问题中的政治博弈

气候变化是一个政治问题，因为它涉及国家间的合作和行动，需要制定和执行相关的政策和法规；气候变化也涉及资源的分配、经济发展、社会稳定等方面，需要政府和国际社会共同努力来应对和解决。因此，气候变化的应对需要政治决策和政策支持，是一个需要政治参与和管理的重大问题。

（一）各国在气候变化中的立场

自 20 世纪 90 年代以来，应对气候变化的"绿色外交"经历了曲折发展。从纽约到哥本哈根、从坎昆到巴黎，各方通过多边协商逐步构建了《公约》《京都议定书》《巴黎协定》等国际法律制度框架，推动全球气候治理从理念共识转向行动协同。然而由于国家发展阶段与减排责任的认知差异，全球气候治理始终交织着利益博弈与政治妥协，形成了三大核心协商阵营：欧盟主张强化自上而下的强制减排机制，要求发达国家承担历史责任并率先减排；伞形集团（美加澳日等），倾向自下而上的自主贡献模式，强调市场机制作用，常以发展中国家参与减排为履约前提，政策立场受国内政党轮替影响显著；发展中国家（G77+中国）坚持"共区原则"，要求发达国家兑现资金技术转移承诺，反对脱离发展权的绝对减排义务。

1. 欧盟

欧盟在全球气候治理中扮演着发起者、推动者和领导者等多重角色。欧洲科学家最早提出了很多气候变化领域的重要概念，使得欧共体及成员国掌握了话语权，并积极推动 IPCC 成立和《公约》谈判。欧盟承诺到 2030 年将温室气体排放量在 1990 年的基础上减少至少 55%，并在 2050 年前实现碳中和。欧盟通过其内部的碳交易体系（EU ETS）来管理工业排放，并推动能效标准和可再生能源目标。欧盟还致力于通过其外交政策和对外援助项目推广绿色技术，并支持全球南方国家的气候适应和减缓措施。2016 年以来，欧盟受困于内部社会经济等多重危机，在气候治理体系中的领导地位有所减弱，但仍是重要的推动力量。

2. 以美国为代表的伞形集团

伞形集团指除欧盟以外的其他发达国家，主要包括美国、加拿大、澳大利亚、日本、俄罗斯等。美国是这一伞形国家中的领头羊，它在全球气候谈判中扮演着举足轻重的角色。美国的国家减排政策与执政党的意识形态和政策重点有着紧密的联系。在奥巴马政府时期，美国积极参与全球气候行动，承诺到2020年将温室气体排放量在2005年的基础上减少17%；在2015年的巴黎气候大会上发挥了领导作用，签署了《巴黎协定》。特朗普政府则宣布退出《巴黎协定》，认为其对美国经济不利，尤其是在煤炭和其他化石燃料行业。拜登政府重新加入《巴黎协定》，并承诺到2030年将温室气体排放量在2005年的基础上减少50%～52%，并且设定了到2050年实现净零排放的目标。还提出了国内清洁能源计划和国际气候融资承诺。因此，在新的气候治理体系中，美国虽然对全球减排进度有着重要影响，但是由于气候政策不稳定，降低了国际社会对其的信任度和依赖度。

延伸阅读7-7　南北矛盾

---

3. 以中国为代表的发展中国家（G77＋中国）

中国作为世界上最大的温室气体排放国，其立场和行动对全球气候治理至关重要。中国政府承诺在2030年前达到碳排放峰值，并努力争取2060年前实现碳中和。中国积极推动国内的能源结构转型，大力发展风能、太阳能等可再生能源，同时控制煤炭消费的增长。中国在国际气候谈判中坚持"共同但有区别的责任"原则，强调发达国家应承担更多责任，并提供资金和技术援助给发展中国家。中国于2015年签署《中美元首气候变化联合声明》，正式宣布设立200亿元人民币的"南南合作"基金，用于支持其他发展中国家应对气候变化，显示出中国在应对全球气候变化问题上所采取的积极姿态。

（二）全球气候治理体系的新特征

1. 自下而上的治理新模式

《巴黎协定》正式确立了以自下而上的国家自主贡献机制为核心的全球应对气候变化制度的总体框架。每个国家根据自身国情提出减排目标，增强了灵活性和包容性，有利于调动参与主体最广泛的积极性，充分发挥自身优势。但同时，该模式也存在明显的弊端。首先，各国提交的减排量化目标文本存在显著差异，降低了目标间的可比性，间接加大了气候谈判的难度。其次，由于缺乏强制力约束，减排效果切实考验各方承诺的力度和可信度。研究表明，虽然《巴黎协定》的实施将有助于减少全球温室气体排放，但仍没有足够把握将温升控制在2 ℃以内。

2. 多边与多方合作

除了强调国家间的合作，同时也鼓励地方政府、企业、非政府组织和公民社会等非国家行为体的参与，形成了多层次、多领域的气候行动网络。2017年COP23大会期间，美国15个州的州长等政界代表都参与了民间代表团，强烈表达了在联邦政府缺席下各州的行动意愿；花旗银行、耐克等大型企业也派代表参与了此次会议，汇丰银行宣布启动1 000亿美元的全球绿色金融及投资计划。会场外，C40城市气候领导联盟达成"全球气候与能源市长盟约"，其中的25个重要城市的市长承诺，到2050年各自城市的碳排放量净值降到零，并在2020年前将各自气候变化的计划和行动立法；来自美国石油、煤炭开采区域的居民参加了示威游行活动，强烈要求美国联邦政府重返《巴黎协定》；美国地方政府及企业界积极推进的"美国的承诺"组织发布第一份报告，详细描述了美国各州、城市、企业在应对气候变化方面的努力与行动。

3. 多极化治理体系

全球气候治理领域内权力和影响力的分布不再是单一中心，而是由多个力量中心构成的多极化治理体系。新的气候治理体系允许不同的参与者根据各自的能力和条件采取适合自身的气候行动，促进了政策和实践的多样性与创新。欧盟、非盟和东盟等区域性集团在气候政策制定和实施中发挥着越来越重要的作用，但也弱化了全球领导力，使各种集团和联盟的利益诉求更加多元化，关系更加错综复杂。需要大国之间建立更加有效的协调和合作机制，同时加强南南合作和南北对话，促进多极力量的协调一致。

第四节
全球碳中和进程

一、碳中和与全球发展

《巴黎协定》明确提出全球平均气温较工业化前水平升幅控制在2 ℃以内、努力限制在1.5 ℃的长期目标。为实现这一目标，《协定》要求各国尽快实现全球温室气体排放达峰，并在21世纪下半叶实现人为排放与吸收的平衡（即碳中和）。其核心逻辑是通过国家自主贡献（NDCs）机制，推动各国分阶段提高减排力度。在这一制度框架指导下，全球各国积极响应，陆续提出并致力于实现碳中和（CO_2净零排放）、净零排放（所有温室气体中和）和气候中性（涵盖其他气候影响因素）等国家自主贡献贡献目标（图7.5和图7.6），共同推动全球气候治理进程。

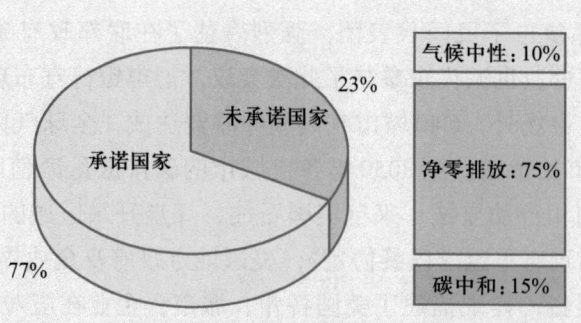

图7.5 全球碳中和承诺类型示意图

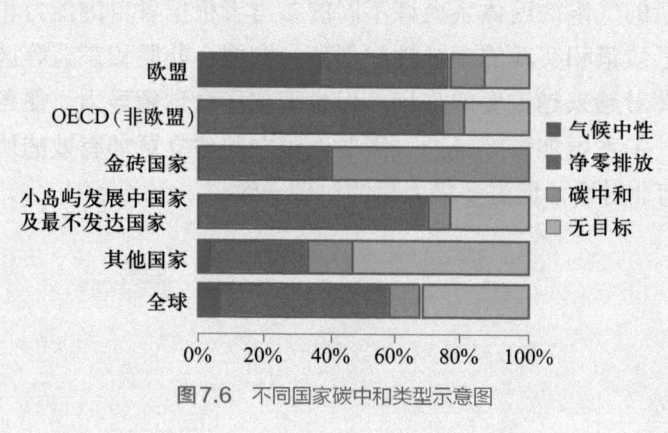

图7.6 不同国家碳中和类型示意图

（一）碳中和目标完成时间

截至2024年底，《巴黎协定》全球196个缔约方中已有151个提出碳中和目标，120个国家将其纳入法律政策。多数国家将碳中和时间设定在2050—2070年，与IPCC提出的1.5 ℃路径（2050年碳中和）和2 ℃路径（2070年碳中和）直接呼应（图7.7）。例如，欧盟立法2050年气候中性，中国承诺2060年碳中和，印度提出2070年实现碳中和等均体现对协定温控目标的响应。从碳中和目标类型来看，中国、印度等发展中国家多采用"碳中和"来进行目标表述，欧盟等国家以"气候中性"作为目标，而美国、日本、澳大利亚等大多数国家以"净零排放"为目标。从发展历程来看，发达国家如德国、英国、法国等，早在1990年便已成功达峰，为其后碳中和目标的实现预留了55至60年的时间窗口；美国、加拿大、澳大利亚等则在2000至2006年间达峰，其至碳中和目标的时间跨度为45至50年。而墨西哥、阿根廷、中国等多数发展中国家尚未跨越碳达峰的门槛，但设定了2050年或2060年的碳中和目标，与其2030年中期目标相比，仅预留了20至30年的时间来实现，展现出了相较于发达国家更为宏大的愿景与决心（和图7.8）。总的来说，各国仍需努力缩小温室气体的排放量或增强温室气体的消除能力，以达到《巴黎协定》的1.5 ℃目标。

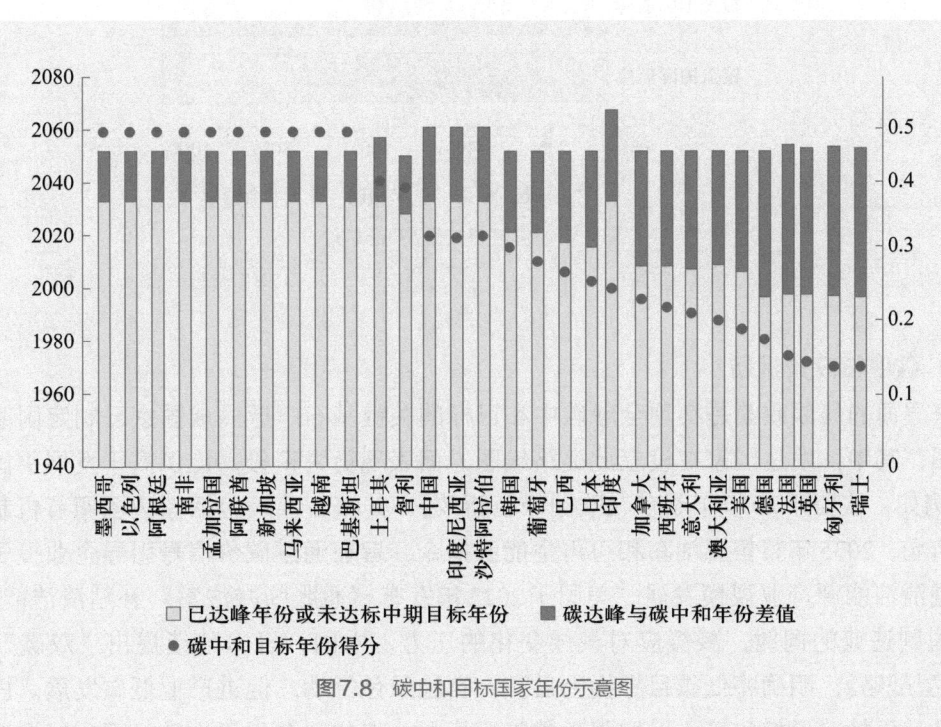

图7.7 碳中和目标年份示意图

图7.8 碳中和目标国家年份示意图

（二）碳中和覆盖范围

碳中和目标涵盖温室气体种类、行业领域、消费侧影响，以及领土内的排放总量四大关键维度。对于温室气体覆盖广度，全球各国不仅聚焦于二氧化碳（CO_2）的减排，还积极纳入了《京都议定书》及其《多哈修正案》中明确提到的甲烷、氧化亚氮等其他重要温室气体。对于覆盖行业领域，大多数国家在设定碳中和目标时仅承认并计算国内的直接排放，而对于国际航空与航运等跨境活动所产生的温室气体排放，仅有不到5%的国家（奥地利、冰岛、西班牙等）明确表示将其纳入考量范围（图7.9）。关于消费侧影响方面，当前以生产侧为基础的碳排放核算体系仍占据主导地位，这导致全球范围内仅有约6%的国家（如比利时、柬埔寨、塞内加尔等）在其碳中和目标中明确涵盖了消费侧排放的责任。在领土覆盖的层面，仅有29%的国家明确宣布其碳中和目标将覆盖其全部领土范围内的排放，而其他国家因地理、经济、政治等因素，未将海外领地、偏远岛屿和生态脆弱等地区纳入碳中和目标。可见，多国在碳中和承诺的具体范围和核算方式上存在一定局限性和不均衡性，可能削弱全球减排努力的全面性和有效性，因此需对其目标设定作出更广泛、更全面的调整与优化。

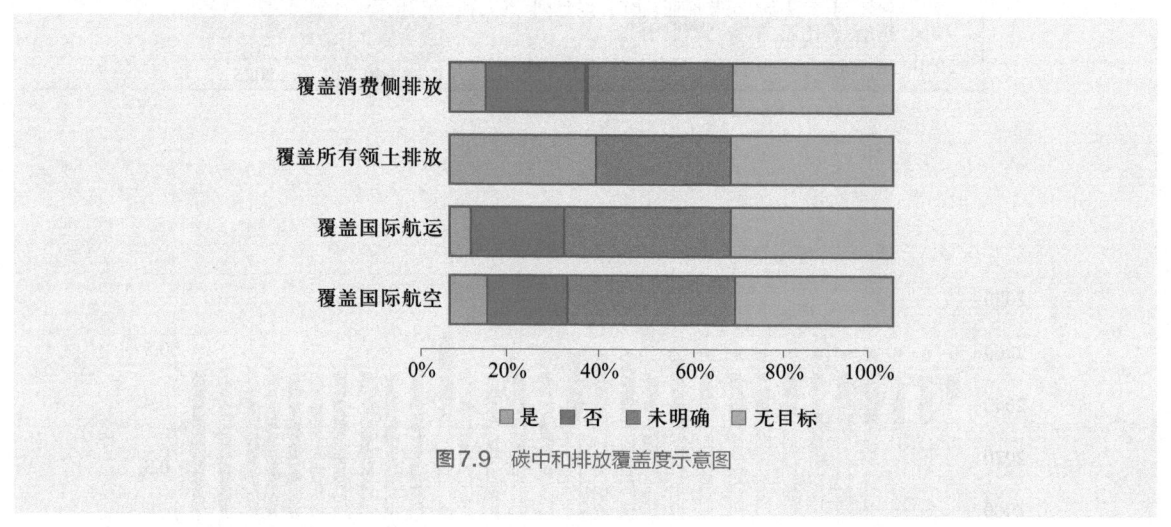

图7.9　碳中和排放覆盖度示意图

（三）碳中和政策进展

国家层面的气候政策是实现全球碳中和目标的关键基石。近六成国家已制定国家级碳中和路线图，其中，发达国家在设立此类路线图方面表现更为积极，比例高于发展中国家（图7.10）。例如，欧盟于2019年颁布《欧洲绿色新政》，其核心政策包括碳边境调节机制、修订欧盟碳市场、2035年禁售燃油车和可再生能源指令，旨在通过碳价信号引导企业投资低碳技术，促进清洁能源产业规模发展。美国于2022年发布《通胀削减法案》补贴清洁能源产业，重塑美国制造业的同时，减缓应对气候变化的压力。中国、日本陆续提出"双碳"目标和《绿色转型战略》，明确将低碳目标提上日程，实施绿色行动，促进产业低碳发展。巴西加强了对亚马孙雨林的保护政策，以增强森林碳汇能力；南非则在积极推动可再生能源项目的开发，减少对煤炭能源的依赖。碳减排政策是各国在21世纪竞争中抢占制高点的国家战略，其本质是一场涵盖技术、产业、金融、治理的全面革命。

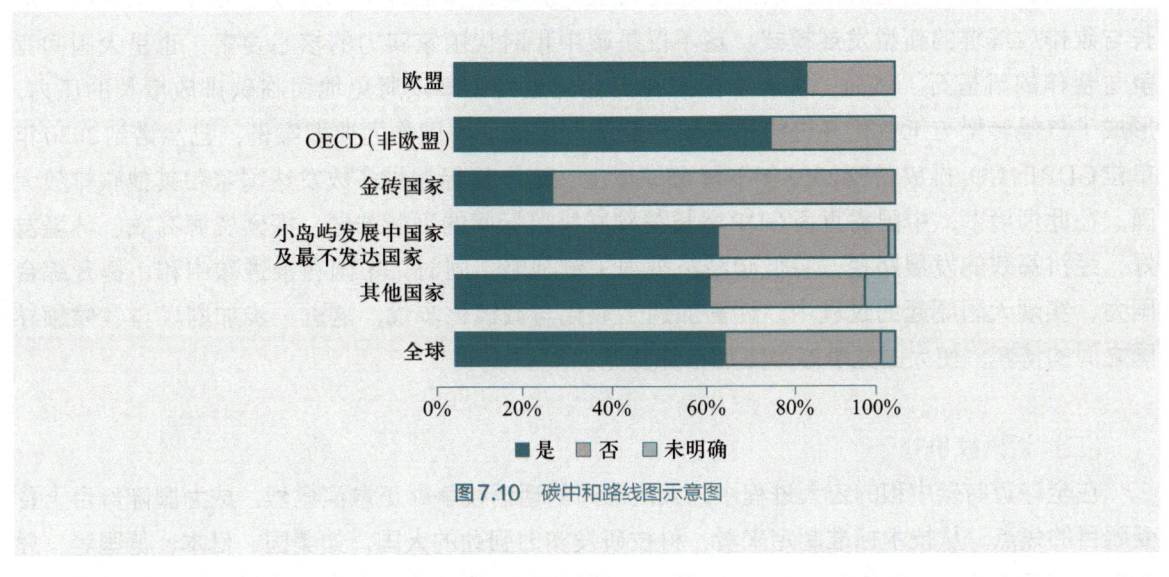

图7.10 碳中和路线图示意图

二、碳中和背景下的全球博弈

在碳中和目标的引领下，全球共同应对气候变化与推动可持续发展已成为联合国继反恐、反洗钱与反腐败后的第三大全球性共识。这一共识正深刻影响并主导着国际资本流动的新方向、大国间的竞争与合作规则，以及国际金融秩序的变革。碳中和的国际共识已深度融入国际政治关系之中，悄然推动着大国间竞争与合作格局的演变，形成了一种隐形的国际竞争与合作新态势。

（一）能源"脱碳化"转型

能源的"脱碳化"转型，即摒弃对煤炭、石油和天然气等化石燃料的依赖，转而采用风能、太阳能、水能、核能及生物能等低碳或无碳能源，是减缓气候变化、削减温室气体排放的关键举措。一方面，在大国竞争加剧的背景下，这一转型过程错综复杂，涉及能源安全、经济利益、地缘政治及技术竞赛等多重因素。在地缘政治历史上，多次出现因能源主要出口国的区域冲突导致化石能源供应危机，加速了碳中和议题在国际舞台上的多边博弈。另一方面，鉴于化石燃料的不可再生性，其枯竭风险促使各国尤其是资源匮乏国积极探索风电、光伏、氢能等清洁能源和新能源技术。因此，加速"脱碳化"进程不仅是对环境保护的响应，也成了对化石燃料依赖型国家的一种新型竞争策略。

延伸阅读7-8 碳中和发展—探索—推进期

（二）综合国力比拼

碳中和目标正引领气候变化背景下的政治经济秩序进入重塑阶段，迫使各国在碳排放限制下优化碳排放管理能力，力求人均GDP增长与人均碳排放量下降的双重目标，构建经济增长与碳排放解绑的新型发展模式。这不仅是碳中和时代国家实力的核心要素，也是大国间竞争与合作的新基石。然而，发展中国家在工业化进程中难以避免地面临碳排放增长的压力，形成了气候转型与工业化并进的"气候—经济"挑战。中国作为典型案例，已承诺到2030年单位GDP的CO_2排放量较2005年下降65%以上，这一目标超越多数发达国家和其他碳排放大国。在此情境下，中国需直面GDP增长与碳减排目标间的平衡难题，探索资源高效、环境友好、经济高效的发展路径，将低碳经济视为关键战略。同时，中国在推进碳中和、提升综合国力、实现大国崛起的过程中，还需加速工业化与城镇化步伐，这进一步加剧了与气候领导国之间的博弈，使大国竞争态势更加错综复杂。

（三）话语权争夺

在全球迈向碳中和的宏大进程中，大国之间的话语权争夺正愈演愈烈，成为国际舞台上备受瞩目的焦点。从技术标准制定来看，科技研发实力强劲的大国，如美国、日本、德国等，凭借自身在低碳技术、新能源开发、碳捕集与封存等前沿领域的众多先进成果，确立统一的技术衡量标准与应用规范。这既能巩固自身技术领先地位，获取大量专利授权等经济收益，又能凭借标准优势，在国际贸易中对其他国家的相关产品和技术进行评判，形成一种技术壁垒式的话语权优势。在碳交易市场规则方面，碳排放交易体系的设计权被大国激烈竞争，进而掌控全球碳交易的定价权、配额分配等核心规则，以此来调节国内产业的碳成本，增强在国际产业链中的竞争力。国际舆论场同样是大国争夺话语权的重要阵地。部分大国通过自身强大的媒体传播能力，塑造符合自身利益的碳中和叙事，将一些片面的、利己的观点包装成全球共识，来引导国际社会的认知和舆论走向。总之，碳中和背景下大国的话语权争夺，必将深刻影响全球碳中和的推进节奏，以及各国在未来低碳世界中的发展格局。

（四）经贸博弈

在国际经贸领域，围绕碳关税展开的各国博弈正成为全球贸易规则重塑的关键战场。欧盟实施碳边境调节机制（CBAM），对钢铁、铝、水泥等六大高碳行业全面征收，旨在拉平发展中国家制造业成本优势，倒逼产业低碳转型。美国宣布对电动汽车、锂电池等新能源产业商品加征高额关税，以缓冲本土企业成长周期。发展中国家在低碳技术、资金等方面相对薄弱，成为主要冲击对象，碳关税使其出口企业负担加重。而随着2030年前全球预计有50多个国家实施碳关税，绿色贸易壁垒正成为新常态，国际经贸格局正因此发生深刻变化。金砖国家等新兴经济体联合反对碳关税的歧视性，认为其违背"共同但有区别责任"原则。中国通过推动碳足迹互认谈判、完善国内碳市场等举措应对，同时加速新能源产业升级，以技术优势破局。未来，博弈将更聚焦于绿色技术标准、关键资源控制和国际规则重构，而多边合作与单边行动的冲突将持续塑造全球经贸格局。

延伸阅读7-9 什么是碳边境调节税?

第五节
中国应对气候变化的政策与行动

目前,应对气候变化已经成为人类发展面临的最大挑战,采取积极措施应对气候变化已成为全人类的共识。作为世界上碳排放量最大的国家,我国的碳排放量在全球碳排放总量中占比29%,而美国、印度、俄罗斯、日本、欧盟等主要经济体,合计占比34%,其他国家占比37%,形成了三分天下的格局。我国的碳减排对全球碳减排、碳中和有着直接而重大的影响。

党的二十大报告明确指出,中国要"成为全球生态文明建设的重要参与者、贡献者、引领者",并强调"积极参与应对气候变化全球治理,推动构建公平合理、合作共赢的全球环境治理体系"。中国将绿色发展理念深度融入经济社会各领域,以"双碳"目标为引领,统筹产业结构调整、能源转型与生态保护,推动形成绿色低碳的生产生活方式。本节从落实自主贡献目标,积极参与全球气候治理出发,介绍中国应对气候变化进展,分享中国应对气候变化实践和经验,彰显中国在应对气候变化行动中的大国担当。

延伸阅读7-10 中国参与国际气候治理30年回顾

一、中国应对气候变化新理念

中国把应对气候变化作为推进生态文明建设、实现高质量发展的重要抓手,基于中国实现可持续发展的内在要求和推动构建人类命运共同体的责任担当,形成应对气候变化新理念,以中国智慧为全球气候治理贡献力量。

(一)牢固树立共同体意识

坚持共建人类命运共同体。地球是人类赖以生存的唯一家园,在应对全球气候变化的问题上,人类休戚与共。国际社会应进一步加强团结,增进合作,为人类命运共同体而努力。

这既是世界上所有国家和地区的期望，也是中国对人类发展提出的一个新的选择。

坚持共建人与自然生命共同体。中华文化一直倡导"天人合一"和"道"的理念。然而，随着人类社会的发展，人类在创造了丰富的物质财富的同时，也带来了人与自然之间的深层冲突，中国站在对人类文明负责的高度，积极应对气候变化，构建人与自然生命共同体，推动形成人与自然和谐共生新格局。

（二）贯彻新发展理念

当今世界，各个国家的综合国力之争实质上是经济和科学技术的较量，其本质上是创新之争。从经济角度看，我们国家的经济发展已经步入了新常态，为此，必须以绿色科学技术为先导，发展绿色经济、循环经济、低碳经济，贯彻落实总书记"绿水青山就是金山银山"，贯彻创新发展思想，以创新促绿色发展。

（三）以人民为中心

中国应对气候变化的新理念将"以人民为中心"深度融入气候治理，形成三位一体的创新实践。生命至上：通过清洁取暖、高温防护指南、气候健康预警等民生工程，在减排中守护群众健康。发展协同：统筹"双碳"目标与民生改善，培育节能环保产业，推动新能源汽车创造500万就业，实现绿色转型与民生福祉双赢。代际公平：以国家公园体系、生态保护红线保障子孙权益，通过碳汇工程和碳捕集与封存技术（CCUS）研发构建跨代际生态韧性。中国以"环境权与发展权平衡""当代需求与代际责任统一"的制度设计，将气候治理转化为可操作的民生行动，印证了"人与自然和谐共生"的现代化本质，为全球气候治理贡献中国智慧。

（四）大力推进碳达峰碳中和

"2030年实现碳达峰，2060年实现碳中和"是中国深思熟虑做出的重大战略决策，是着力解决资源环境约束突出问题、实现中华民族永续发展的必然选择，是构建人类命运共同体的庄严承诺。中国将碳达峰、碳中和纳入经济社会发展全局，坚持系统观念，统筹发展和减排、整体和局部、短期和中长期的关系，以经济社会发展全面绿色转型为引领，以能源绿色低碳发展为关键，加快形成节约资源和保护环境的产业结构、生产方式、生活方式、空间格局，坚定不移走生态优先、绿色低碳的高质量发展道路。

（五）减污降碳协同增效

中国从战略规划、政策法规、制度体系、试点示范、国际合作等六个层面，提出了应对气候变化和生态环境的协调和强化措施。CO_2与传统污染物的排放具有同源性，主要来源于化石能源的燃烧与利用。对化石能源的使用与碳排放的控制，对于我国的经济结构、能源结构、交通运输结构、生产生活方式等方面都有着深刻的影响。中国牢牢抓住了污染防控与气候治理的全局观，着眼于结构调整和布局优化，通过政策协同和机制创新，推进减污降碳工作的协同工作，一体谋划，一体部署，一体推进，一体考核，实现环境效益、气候效益和经济效益的多赢，探索出一条符合国情的温室气体减排之路。

二、实施积极应对气候变化国家战略

中国是拥有14多亿人口的最大发展中国家，面临着发展经济、改善民生、污染治理、生态保护等一系列艰巨任务。尽管如此，为实现应对气候变化目标，中国迎难而上，积极制定和实施了一系列应对气候变化战略、法规、政策、标准与行动，推动中国应对气候变化实践不断取得新进步。

（一）中国落实国家自主贡献目标的新部署新举措

中国落实国家自主贡献目标的新部署新举措可概括为以下三个核心维度，体现系统性战略布局与务实行动的结合：

（1）目标体系迭代升级，强化减排路径科学性。中国在原有2030年碳达峰、2060年碳中和目标基础上，进一步细化阶段任务与行业指标。根据《中国落实国家自主贡献目标进展报告（2022）》，2023年非化石能源消费占比已提升至17.9%，并计划到2030年将单位GDP二氧化碳排放较2005年降低65%以上，非化石能源占比达25%，风电、光伏装机突破12亿kW。最新部署明确将研究制定2035年国家自主贡献目标，基于《中国本世纪中叶长期温室气体低排放发展战略》，统筹能源安全与低碳转型，推动煤炭消费"十四五"控增、"十五五"减量，同时加速核能、氢能等清洁技术布局。

（2）"1+N"政策体系深化，构建全领域行动框架。以《关于完整准确全面贯彻新发展理念做好碳达峰碳中和工作的意见》为统领，中国形成覆盖能源、工业、交通等十大重点领域的行动方案（图7.11）。

（3）国际责任与区域实践协同推进。中国强化全球气候治理参与，2023年宣布停止新建境外煤电项目，并通过"一带一路"绿色发展国际联盟向42国提供气候援助。国内实施差异化区域策略，建设62个国家级碳达峰试点城市，例如云南打造面向南亚东南亚的清洁能源枢纽，贵州融入陆海新通道的绿色物流网络。

这一系列举措印证了中国"双碳"目标的动态演进特征——从顶层设计到行业落地、从国内攻坚到国际协作的系统性治理逻辑，既体现了"全国一盘棋"的制度优势，也通过市场机制与科技赋能实现了环境效益与经济效益的平衡。

延伸阅读7-11 "1+N"政策体系

图7.11　重点行业碳达峰碳中和时间表和路线图

（二）坚定走绿色低碳发展道路

中国始终以一种负责的姿态积极地应对气候变化，把解决气候变化问题当作发展方式转型的重要契机，并根据中国的实际，积极探寻绿色、低碳的发展之路。走绿色低碳发展的道路。

大规模植树造林。通过大规模植树造林和草原恢复等措施增加碳汇。近年来，中国的森林覆盖率显著提升，从2000年的16.6%增加到2023年的23.4%。通过植树造林，不仅增加了碳汇，还改善了生态环境，增强了生态系统的韧性。不仅如此，还开展了一系列生态修复工程，改善生态环境，增加自然碳汇。例如，实施退耕还林还草工程，将不适合耕种的土地恢复为森林和草地；实施沙漠化治理工程，减少沙漠化土地面积；实施水土保持工程，减少水土流失，保护生态环境。

推动绿色、低碳工业的发展。构建和完善绿色低碳循环发展的经济系统，是推动我国经济社会发展整体绿色转型的根本出路。为了促进绿色发展和生活方式的转变，编制《国家战略性新兴产业发展规划》，突出绿色、低碳的技术创新与应用，指导绿色消费，推广绿色产品，建立高效节能、先进环保和资源循环利用的产业体系，促进新能源汽车、新能源和节能环保等行业迅速成长。电动汽车方面，中国已经成为全球最大的电动汽车市场和生产国，新能源汽车的产销量连续多年位居世界第一。储能技术方面，中国在电池技术、智能电网等领域也取得了显著进展。

能源结构的优化调整。持续推进节能减排，加速能源结构调整，建立清洁、低碳、安全、高效的新能源系统。中国支持碳捕捉与储存（CCS）、氢能等低碳技术的研究和应用，推动产业低碳化转型。例如，在碳捕捉与储存技术方面，中国开展了一系列试点项目，探索工业排放二氧化碳的捕捉和储存技术。在氢能方面，中国积极发展氢燃料电池技术，推动氢能在交通、工业等领域的应用。

公众参与和教育。中国通过多层次公众参与推动气候行动：在宣传教育层面，依托媒体传播、学校课程及社区活动普及气候变化知识，强化全民低碳意识；政府与社会各界协同推广绿色出行、垃圾分类等生活方式，将节能家电补贴等政策与公众日常减碳结合；企业通过清洁生产改造履行社会责任，如建立产品碳足迹追溯系统；环保组织则开展气候议题倡导，搭建公众参与平台，形成政府引导、市场驱动、社会协同的治理格局，构建全民参与的气候治理生态体系。

积极探讨新型的低碳发展道路。中国积极探索低碳发展道路，鼓励各地、行业和企业因地制宜探索低碳发展之路，在能源、工业、建筑、交通等领域开展有关绿色低碳的试验和示范，初步建立起全方位、多层次的低碳试点制度。中国已在10个省市和77个城市开展了低碳试点，从组织领导、政策支持、市场机制、统计评估、协同示范、合作交流等六个层面，对低碳发展的模式与机制进行研究。总体上，试点区域的碳排放强度降低速度高于全国平均水平，涌现出多个具有特色的低碳发展模式。

（三）增强适应气候变化能力

中国在增强适应气候变化能力的实践中，构建了从顶层设计到区域实践、从技术创新到全球协作的全方位治理体系。自2013年发布《应对气候变化国家战略》以来，中国逐步完善适应政策框架，2022年出台的《国家适应气候变化战略2035》标志着治理理念的全面升级。该战略以"主动适应、预防为主"为原则，将目标期延展至2035年，提出分阶段推进路径：2025年前重点构建"天空地一体化"气候监测网络，实现极端天气预警精度突破1 km网格；2035年前建成覆盖315万km^{2}的生态保护红线体系，通过海绵城市、气候韧性基建等工程使城市内涝防治标准提升至50年一遇。战略实施中，中国创新性建立17部门协同机制，整合生态环境部、住建部等跨领域资源，形成政策合力。

在区域层面，中国针对不同气候风险区实施差异化策略。沿海地区通过修复2.4万hm^{2}红树林、加高加固1 800 km海堤，将风暴潮防御标准从20年一遇提升至50年一遇；青藏高原建立水源涵养林工程，黄河流域推进"山水林田湖草沙"系统治理，累计减少水土流失面积3.92

万 km^2；39个气候适应型试点城市构建"递进式预警+闭环响应"模式，如北京延庆区依托70.8%的林草覆盖率形成"冬奥级"防灾体系。重点领域的技术突破则为系统适应提供支撑：农业领域推广127个耐旱作物品种，东北黑土地保护工程覆盖1.4亿亩农田，实现粮食产能提升15%；林业系统通过国家公园建设和科学造林，使森林蓄积量增至194亿 m^3；水利工程跨流域调配水资源，利用率提升至76%，万元GDP用水量较2015年下降28%；公共卫生系统构建"1262"气象灾害应急机制，高温健康防护指南覆盖2.5亿城市人口。

在国际合作维度，中国将气候适应经验转化为全球公共产品。通过主导制定《早期预警促进气候变化适应中国行动方案（2025—2027）》，承诺向发展中国家提供2 000人次技术培训，并依托"一带一路"绿色基建项目在巴基斯坦、所罗门群岛部署智能预警系统，使灾害伤亡率下降63%。与此同时，中国通过碳市场机制引导439亿元社会资本参与气候投融资，发射风云气象卫星构建全球观测网络，为气候治理提供数据支撑。这种从局部工程防御转向全域韧性构建的实践路径，既体现了科技创新与制度优势的深度融合，也为全球气候治理贡献了系统化解决方案。

三、共建公平合理、合作共赢的全球气候治理体系

（一）中国为全球气候治理注入强大动力

中国始终以全球视野和战略担当参与气候治理，通过多维度合作与技术创新推动国际气候行动。在双边合作层面，中国构建了覆盖发达国家与发展中国家的多层次合作网络。例如，"中国－英国－瑞士应对气候变化国际合作计划"（ACCC）开创了南北国家三方合作新模式，通过技术共享与资金支持，提升中国在气候科学、水资源管理及农业适应领域的核心能力。截至2023年，中国已与40余国签署气候合作协议，包括向非洲国家提供气象卫星数据支持、为东南亚国家搭建气候预警系统等。

中国在全球气候治理中的角色已从参与者向引领者跃升。2020年宣布"双碳"目标后，中国通过系统性政策布局加速低碳转型：截至2023年，可再生能源装机容量突破15亿kW（占全球总量40%），其中风电、光伏新增装机连续三年超1亿kW；特高压输电技术实现跨区域清洁能源调配，累计建成特高压线路38条，总里程超4.5万km，降低中东部地区碳排放强度18%。国际能源署研究显示，中国清洁能源投资占全球总量55%，其减排贡献可使全球温升幅度减少0.3 ℃。

（二）应对气候变化中国倡议

中国提出以"人类命运共同体"理念重塑气候治理规则，主张通过以下核心路径实现全球气候正义：

（1）以可持续发展破解气候困局：中国将应对气候变化深度融入国家发展议程，推动"双碳"目标与联合国2030可持续发展目标（SDGs）协同。例如，光伏扶贫工程惠及415万农村家

庭，既减少碳排放又消除能源贫困；通过"无废城市"试点推动循环经济，2023年大宗工业固体废物综合利用率达74%。

（2）以多边主义筑牢合作根基：中国坚定维护《巴黎协定》主渠道地位，主导成立"基础四国""立场相近发展中国家"等谈判集团，推动气候资金、技术转让等议题取得突破。在COP28上，中国联合77国集团要求发达国家兑现1000亿美元气候资金承诺，并促成损失与损害基金启动。

（3）以互利共赢创新合作范式：中国通过"一带一路"绿色基建项目实现气候技术普惠。例如，在巴基斯坦建设的卡洛特水电站（年减排350万t CO_2）、在埃塞俄比亚推广的智能微电网系统，均采用中国标准与技术。同时，中国承诺不再新建境外煤电项目，并通过南南合作援助基金向42国提供气象监测设备与低碳技术培训。

第六节
气候行动与可持续发展

一、巴黎协定与可持续发展议程

当前，可持续发展目标（SDGs）的落实与应对气候变化行动已成为联合国框架内的两大核心全球议题。自1987年"可持续发展"理念提出、1988年政府间气候变化专门委员会成立以来，两大议题虽有各自体系，发展相对独立（图7.12），但因理念上对环境与发展的共生，关系日益紧密。特别是2015年，《联合国气候变化框架公约》（UNFCCC）第21次缔约方大会（COP21）196个缔约方达成《巴黎协定》，为2020年后全球应对气候变化的行动作出统一安排，目标为将21世纪全球平均温升幅度控制在2℃以内，并为控制在1.5℃以内而努力；同年，联合国193个成员国在可持续发展峰会上通过了《2030年可持续发展议程》，围绕经济发展、社会进步和环境改善设定了17项可持续发展目标（SDGs），为全球各国在社会、经济、环境等多维度协调可持续发展提供了全面框架，并首次将涉及气候变化应对的目标13"采取紧急行动应对气候变化及其影响"纳入议程。这标志着全球环境治理领域最为重要的两个行动纲领在制度框架上走向协同。2019年开始，联合国经济社会理事会和UNFCCC秘书处以"气候与可持续发展目标协同"为题每年举办研讨会，强调解决《巴黎协定》和SDGs之间的权衡问题，并加强目标协同，形成联合国框架内的气候与可持续发展目标协同组织机制。

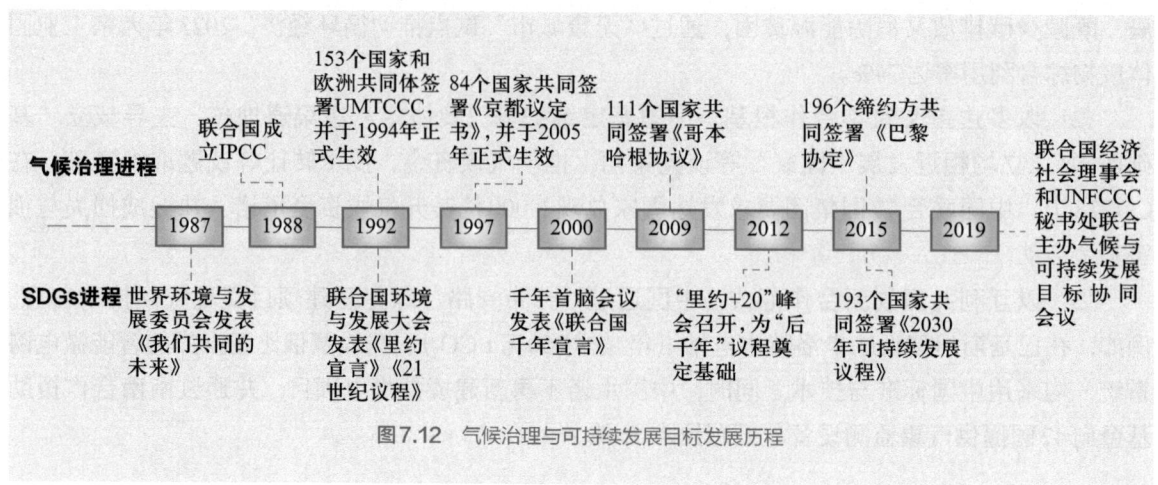

图7.12 气候治理与可持续发展目标发展历程

二、应对气候变化与可持续发展目标的协同融合

在应对气候变化与可持续发展目标行动过程中，人们越来越意识到需要就气候议程和发展议程共同采取行动。联合国秘书长古特雷斯就指出"气候行动是21世纪推动所有可持续发展目标的最大机遇。"并提醒大家，《2030年可持续发展议程》和《巴黎协定》具有内在联系，缺一不可。《自然》杂志最近的一篇社论指出："问题不在于缺乏清晰度……科学是明确的：没有气候行动就无法实现可持续发展，反之亦然。""世界需要的是能够建立可行的政治联盟的领导人，以推动真正可持续和更公平的发展"。

一方面，落实《巴黎协定》提出的温控目标是实现SDGs的重要内容，其中气候行动（SDG 13）与经济适用的清洁能源（SDG 7）两项目标成为连接两份文件的直接纽带。《巴黎协定》的有效推进有助于提升全球能效（SDG 7.3）、促进清洁能源开发和能源基础设施建设（SDG 7.a）、加强各国抵御和适应气候相关灾害的能力（SDG 13.1）和将应对气候变化的举措纳入国家政策、战略和规划（SDG 13.2）等目标的实施。此外，由于SDGs各目标之间相互依存、相互影响，气候行动也将对其他目标如优质教育（SDG 4）、清洁饮水和卫生设施（SDG 6）和消除贫穷（SDG 1）等产生间接影响，从而影响整个《SDGs议程》的实现进程。有学者通过对17项目标和169项指标的网络分析，指出将应对气候变化的举措纳入国家政策、战略和规划（SDG 13.2）是最为紧迫和关键的举措，对所有17项SDGs和超过65%的指标都将产生重要影响。可见，气候治理已成为实现SDGs的重要内容和核心目标。

另一方面，SDGs的良好实现反过来又将有力推动气候治理在全球、地区和国家等层面的落实。有研究表明，消除贫穷（SDG 1）、减少不平等（SDG 10）以及和平、正义与强大机构（SDG 16）将带动产业、创新和基础设施建设（SDG 9）以及可持续城市和社区建设（SDG 11），从而有效增强人类抵御灾害风险的能力。此外，不能将气候危机视为孤立的威胁，包含水下生物（SDG 14）和陆地生物（SDG15）的良好生态系统是减缓气候变化的必备条件。因此，实现SDGs与开展气候治理本质上是一致的，两者相辅相成、互为助益。

三、推动实现可持续发展与应对气候变化的协同治理

尽管气候和可持续发展在理念和多数目标上都具有协同性，但在实施两者深度融合时也面临很多挑战。一是个别治理目标冲突。近来有研究表明，SDG13在实现过程中可能会妨碍其他SDGs的实现，如影响体面工作和经济增长（SDG8），进而一定程度上抵消全球为减少不平等（SDG10）和消除贫穷（SDG1）所做的努力。在能源方面，目标"为所有人提供能源"与减少温室气体排放之间也存在着难以弥合的鸿沟。二是治理碎片化。次国家、国家和国际层面的制度结构和战略存在脱节，不同部门、地区之间在气候与可持续发展行动上缺乏协调与合作，导致政策执行效率低下，难以形成协同效应。三是公平与效率平衡。气候和可持续发展政策的实施可能会对不同社会群体产生不同影响，如能源价格上涨可能会增加低收入群体的生活成本，在推动协同治理过程中，需要解决好社会公平问题，确保政策的公正性和包容性。

针对上述挑战，各国积极作为，不断总结经验，持续完善协同治理机制，推动全球可持续发展进程。

（1）化解目标冲突。制定综合评估体系，在政策制定和项目规划阶段，全面分析对各个可持续发展目标的影响。例如，在能源项目规划时，不仅考虑碳排放减少，还预估对就业、经济增长的带动作用。以丹麦的能源转型为例，丹麦大力发展风电产业，在实现温室气体减排的同时，风电产业的发展带动了相关制造业、服务业的发展，创造了大量就业岗位，推动了经济增长。通过产业政策引导，扶持风电设备制造企业，培养专业技术人才，实现了能源转型与经济、就业目标的协同推进。

（2）整合治理体系。构建跨层级、跨部门的协同治理机制。在国家层面，成立专门的协调机构，统筹各部门在气候与可持续发展方面的工作。如中国成立的国家应对气候变化及节能减排工作领导小组，由国务院总理担任组长，各相关部委参与，有效协调了发改、能源、生态环境等部门在能源政策、碳排放管理、生态保护等方面的工作，促进政策协同。国际上，成立气候与可持续发展目标协同机构，推动协同治理信息共享和经验交流。

（3）平衡公平与效率。在政策制定中充分考虑弱势群体利益，通过补贴、税收优惠等方式进行调节。例如，德国在推动能源转型过程中，为缓解能源价格上涨对低收入家庭的影响，政府实施了能源补贴政策，对低收入家庭给予一定的电费补贴，保障其基本生活需求。同时，通过税收优惠鼓励企业采用节能技术，提高能源利用效率，降低能源成本，实现公平与效率的兼顾。

延伸阅读7-12　不同领域气候变化与可持续发展协同治理案例

第七节
应对气候变化与绿色低碳全民行动

一、应对气候变化中公众参与的重要性

气候变化是全球面临的主要环境问题之一，而公众在应对气候变化中扮演着至关重要的角色。中共中央于2020年4月发布《关于构建现代环境治理体系的指导意见》，强调新时期环境治理应从"政府单一主导"向"社会协商共治"转变，勾勒出"政府发挥主导作用、市场机制行之有效、社会公众归位发力"的多元共治基本格局。而较一般环境问题治理而言，气候变化治理涉及能源、交通、工业、农业、建筑等多个领域的全面转型，要求在能源结构调整、产业升级、生活方式改变等方面采取综合措施，是一个系统性工程，因此公众广泛参与的必要性和紧迫性更为凸显。

联合国政府间气候变化专门委员会（IPCC）发布的第六次评估报告的综合报告《气候变化2023》指出，需求侧的行为改变，包括公众采用低碳生活方式，全球可减少40%~70%的碳排放。联合国环境规划署（UNEP）指出：按照消费侧计算，全球约2/3的碳排放与家庭排放有关，欲达到碳中和，到2030年人均消费侧的碳排放需控制在2~2.5 t CO_2当量。国内有关数据也指出，我国30%的二氧化碳排放来源于居民生活。公众不仅仅是环境保护的受益者，同时也是环境治理的重要践行者和传播者。公众同样肩负着减少碳足迹的重要使命与责任，为推动社会公众参与气候变化治理，需持续提升公众环保意识。通过采纳环保产品、削减非必需消费、拥抱循环经济，以及积极参与闲置物品的再使用和回收等项目，能显著降低个人乃至整个社会的碳排放水平。推广绿色健康的生活方式，支持政府与企业所推行的碳减排政策与举措，亦是公众作为负责任的消费者所应践行的义务。

二、气候教育与传播提升公众应对气候变化意识

气候变化是全人类面临的共同挑战，只有当公众充分认识到气候变化的严重性和紧迫性，才能形成广泛的社会共识，从而推动政府、企业和个人采取更加积极的应对措施。信息传播有助于公众准确、及时的信息能够帮助公众了解气候变化的现状、趋势以及应对措施，激发公众的参与意识和行动。同时，信息传播也是政府、企业和公众之间沟通的重要桥梁，有助于形成共识，推动气候治理的进程。

应对气候变化是教育的重要使命。《加强碳达峰碳中和高等教育人才培养体系建设工作方案》和《绿色低碳发展国民教育体系建设实施方案》正式提出将绿色低碳生活理念和绿色发展规范在大中小学普及传播，进而培养应对气候高素质人才。教育能够增强公众对气候变化问题的认识和理解，了解气候变化的原因、影响以及应对策略；教育有助于塑造人们的价值

观和行为，培养人们的环保意识，采取行动来减少自己对环境的影响；此外，教育是推动科技创新和绿色发展的重要力量，培养出具备创新精神和绿色发展理念的科技人才，推动社会向更加绿色、低碳的方向发展。

目前，气候传播处于"传递气候信息"的层面，它依赖于全社会的广泛参与和共同努力。气候变化的相关信息主要通过政府公告、新闻报道、学术会议等渠道进行传播，难以覆盖到更广泛的公众群体，公众对气候变化问题的认知停留在表面层次。此外，在公众参与气候传播的过程中，会遇到来自不同公众与公众、与媒体、与科学家之间存在认知与解读上的差异与矛盾。因此，搭建信息平台消除认知分歧是必要的，扩展应对气候变化传播的渠道，以创新议题的方式呈现，如VR，短视频等。信息传播时往往采用单向传递的方式，缺乏与公众的互动和参与，不利于激发公民主动参与应对气候变化的积极性和创造性。因此，信息传播渠道需多元化、深化信息内容、增强互动性和参与性，进而有效地推动气候变化信息的传播和普及，提高公众对气候变化问题的认知和理解水平，促进应对气候变化的行动和效果的提升。

公众在气候传播中扮演着重要的角色：① 低碳倡导者，指致力于关注气候变化问题，并积极通过各类活动来推动社会应对气候变化的公众。② 应对气候变化故事分享者，指扮演着将气候风险信息和科学知识传递给受众的中介角色。③ 监督者，公众在气候应对与治理的过程中，作为气候传播的主体，承担着关键的舆论监督职责。④ 气候谈判助力者，指公众作为气候传播的主体，能够针对全球共同瞩目的气候变化议题发表见解，从而促进国际层面的气候谈判进程。⑤ 宣传者，指致力于宣传应对气候变化的科普工作人。公众参与应对气候变化的信息传播是构建可持续未来不可或缺的一环，共同为减缓气候变化影响、保护地球家园贡献力量。

延伸阅读7-13　新兴方式传播应对气候变化案例

三、推动公众积极参与应对气候变化行动

《中共中央、国务院关于全面准确落实新发展理念，推进碳达峰碳中和工作的指导意见》《2030年前碳达峰行动计划》《国家适应气候变化战略2035》《国家气候变化健康适应行动方案（2024—2030年）》、《绿色生活创建行动总体方案》《促进绿色消费实施方案》等政策，明确将促进绿色生活方式的形成列为关键任务，提升全社会的气候变化适应能力。而这些政策的执行需要公众的广泛参与，形成绿色低碳生活的生活方式，这不仅是实现政策目标的关键，也是增强政策可接受性和有效性的重要途径。

政策助力公众在日常生活中实现绿色低碳的生活生产方式，进而减少碳排放，促进资源的节约和环境的可持续发展。鼓励公众在日常生活中节能减排，如使用节能灯具、减少电器使用等。推广绿色低碳产品，如新能源汽车等，提高公众的绿色低碳消费水平。倡导步行、

骑行、公共交通等绿色出行方式。推广垃圾分类制度，提高资源回收利用率，鼓励公众参与废旧物品回收和再利用活动。积极参与植树造林活动，保护生态环境。各地政府和企业推出的碳普惠平台，通过数字化手段记录消费者的绿色行为，并转化为碳减排量，公民可以通过参与平台活动，如绿色出行、节能减排等，积累碳减排量，并兑换奖励或优惠。

作为公民，支持国家实施双碳政策、监督企业减污降碳、推动绿色转型，是每个人应尽的责任和义务。通过学习、了解双碳政策的相关知识和背景，认识到双碳政策对于国家可持续发展、应对气候变化的重要性，形成积极的支持和参与态度。优先选择购买绿色、环保认证的产品和服务，支持绿色产业的发展。及时了解企业的环保政策、减排目标和实际执行情况，关注企业公开的环境报告和监测数据，了解企业的排污情况和减排效果。在社交媒体上关注环保话题，了解最新的环保政策和行业动态。

此外，公众作为消费者，关注企业表现，做出绿色消费选择，推动企业绿色生产和采购。绿色消费推动了经济结构的优化升级，随着绿色产业的发展，相关的服务业和高科技产业得到了快速发展，符合绿色消费理念的产品的市场份额扩大，有助于企业扩大生产。为满足消费者对绿色产品的需求，企业不断投入研发，推出低碳、环保的产品，进一步激发了企业的技术创新。更重要的是，注重环保、积极推动绿色消费的企业往往能够获得更高的社会认可度和美誉度。

第八节
案例分析

一、国内典型案例

（一）青海省清洁能源基地建设：应对气候变化的创新实践

1. 规模化开发：打造千万千瓦级能源矩阵

青海省以海南州、海西州两大千万千瓦级可再生能源基地为核心，构建"水风光储"一体化系统。海南州基地通过"青豫直流"特高压工程，2022年实现800万kW外送能力，配套光伏1 000万kW、风电400万kW及光热100万kW，年外送清洁电力400亿kW时，减少中东部地区碳排放3 200万t。海西州则利用全国最优光照资源和荒漠土地，建成全球首个百万吨级氢基竖炉项目，并规划光热发电、抽水蓄能及核电项目，探索"绿电＋绿氢"工业脱碳路径。同时，黄河上游水电基地加速推进羊曲、玛尔挡等水电站建设，2025年水电装机将突破3 000万kW，形成"水光互补"调节能力。

2. 技术突破：构建全产业链创新生态

青海省通过"实证基地＋科研平台＋产业协同"模式突破技术瓶颈。海南州建成全球最大光伏户外实证基地，测试高海拔环境下光伏组件性能，推动单晶硅电池效率突破23.5%；海西州打造国家级光热测试中心，熔盐储热时长从6 h延长至12 h，光热发电成本下降至0.6元/(kW·h)。此外，青海新能源大数据中心接入全省90%以上清洁电站，实现风光功率预测精度超95%，并通过"虚拟电厂"聚合分布式资源参与电力市场，2023年调峰收益超2亿元。

3. 系统变革：从生产到消费的绿色转型

青海省以100%清洁能源使用为目标，构建"发－输－用"闭环体系。智能电网方面，建成"双环网＋特高压"骨干网架，海南－河南±800 kV直流工程年外送电量400亿kW·h，并规划第二回通道。消费端，西宁、格尔木等城市实现公交100%电动化，三江源地区推广电热炕、光伏供暖，减少散煤消耗50万t/a。工业领域，电解铝行业试点100%绿电生产，绿电铝碳足迹较传统工艺降低70%，产品溢价达8%～10%。

4. 挑战与启示

青海实践面临高原生态脆弱性约束、长时储能技术成本高、跨省消纳机制不完善等挑战。但其"多能互补＋产业协同＋政策创新"模式为全球高海拔地区提供参考：通过特高压外送将资源禀赋转化为经济优势，以实证基地降低新技术应用风险，依托绿电认证体系重塑产业竞争力。2023年青海清洁能源装机占比达91%，碳排放强度较2015年下降28%，证明规模化开发与生态保护可协同推进。

（二）工业脱碳：中国钢铁与水泥行业的技术革命与气候实践

1. 宝武氢冶金

在全球工业部门碳排放占比达37%的背景下，中国作为钢铁（占全球产量53%）和水泥（占全球产量55%）生产第一大国，其工业脱碳进程直接影响全球气候目标实现。宝武钢铁与海螺水泥的创新实践，展现了"技术创新＋循环经济"的双轨脱碳路径，为高排放行业转型提供范式。

2023年投产的湛江百万吨级氢冶金项目，标志着全球钢铁行业从"碳冶金"向"氢冶金"的历史性跨越。该项目通过三大创新突破传统工艺：绿氢规模化应用，配套200 MW光伏制氢系统，年供绿氢1.2万t，电解水制氢成本降至25元/kg，较煤制氢碳强度下降98%；工艺链再造，以氢基竖炉直接还原铁矿石（DRI），替代高炉焦炭还原工艺，每吨铁水减少二氧化碳排放1.6 t，单厂年减排达160万t；热能循环系统，利用余热发电满足厂区30%用电需求，配套CO_2捕集装置实现全流程减排率超65%。此技术使宝武湛江基地成为全球首个"零碳钢厂"试点，其生产的绿钢已获宝马、特斯拉等国际车企认证，溢价达15%～20%。

2. 海螺水泥碳捕集

安徽芜湖5万t/a碳捕集项目，破解了水泥窑尾气CO_2浓度低（约20%）、捕集能耗高的世界难题：氨法捕集技术升级：采用新型相变吸收剂，能耗从2.8 GJ/t CO_2降至2.1 GJ/t，捕集成本压缩至280元/t（2023年行业平均为400元/t），商业化应用突破：将95%纯度CO_2加工成食品级干冰，年产值超4 000万元，较封存模式经济性提升5倍；产业链协同，干冰供应冷链物流企业，替代氟利昂制冷剂，形成"减排－利用－再减排"闭环，全生命周期碳减排效益扩大40%。

宝武钢铁与海螺水泥的脱碳实践，揭示了工业绿色转型的复杂性与系统性。氢冶金和碳捕集技术虽展现巨大减排潜力，但仍面临多重现实挑战：氢冶金吨钢成本较传统工艺高出500元，其经济性高度依赖绿电价格下降与碳价机制完善，绿氢规模化供应受制于区域可再生能源装机容量。两项技术重塑了高碳行业的转型逻辑。宝武氢冶金验证了绿氢替代化石能源在重工业的可行性，推动中国将氢基冶金列入《钢铁行业碳达峰实施方案》，倒逼特高压输电、电解槽装备等配套产业升级。海螺碳捕集探索出"捕获－利用－增值"的循环模式，催生《水泥窑碳捕集技术规范》国家标准，为化工、电力等行业提供技术嫁接模板。两者通过"技术创新－标准制定－市场培育"的链式反应，证明传统产业无须被动等待颠覆性变革，而是可通过渐进式技术迭代与价值链重构，在10～15年内完成从"碳锁定"到"碳中和"的跨越。这种"内生突破＋外延协同"的路径，为全球重工业提供了兼顾减排刚性与经济弹性的转型范式，尤其对印度、东南亚等新兴工业体具有参考意义。

二、国外典型案例

（一）欧盟

欧盟碳中和进程以《欧洲绿色协议》和《欧洲气候法》为核心框架，通过立法将2050年碳中和目标法定化，并依托"Fit for 55"一揽子计划分阶段推进减排。能源转型是其核心抓手，2023年欧盟可再生能源发电占比达45%，电力碳排放强度降至258 g CO_2/（kW·h），同时能源消费总量与1990年持平但GDP增长1.7倍，体现了能效提升与结构优化的双重成效。工业领域通过碳交易体系（ETS）覆盖45%排放行业，碳价从2013年5欧元/t升至2023年80欧元/t，倒逼钢铁、水泥等高碳行业采用氢基直接还原技术及碳捕集封存（CCS），德国获50亿欧元资助推动工业电气化与氢能应用，计划三年内减排60%。交通领域因化石能源占比超90%成为短板，碳排放较1990年增长19.5%，欧盟通过2035年禁售燃油车、扩大充电基建及航运航空燃料转型加速脱碳。资金机制上，欧盟通过ETS拍卖收入、1.8万亿欧元"下一代欧盟"计划及专项基金支持转型，2023年ETS收入超400亿欧元反哺绿色技术研发。其经验显示，需平衡技术突破与社会公平，如设立"公平过渡基金"补偿依赖煤炭的中东欧国家，并构建跨部门协作框架并强化碳市场风险管理。

（二）加拿大

加拿大阿尔伯塔省Quest碳捕集与封存（CCS）项目是全球重工业脱碳的标杆案例，由壳牌加拿大公司主导，雪佛龙和马拉松石油公司参与，2015年投入运营。该项目每年从Scotford

炼油厂捕集约100万t二氧化碳，占该厂排放量的33%，通过65 km管道注入地下2 km深的玄武岩层永久封存，累计封存量已超900万t，相当于减少1 000多万辆汽车的年排放量。作为全球首个商业化油砂CCS项目，Quest采用了壳牌自主研发的CANSOLV化学吸收技术，捕集能耗低至2.3 GJ/t CO_2，捕集效率达90%，并建立社区顾问委员会进行长期环境监测，确保封存安全性。

　　该项目通过每年封存约100万t CO_2，累计减少碳排放超900万t，为高污染重工业脱碳提供了可行路径。其采用低能耗捕集技术（2.3 GJ/t CO_2）和社区共治模式，证明CCS在技术迭代与社会协作上的双重潜力。然而，实际捕集率因甲烷泄漏等因素受限，这启示需同步优化全流程减排技术并强化监测体系。该项目为全球重工业低碳转型提供了技术验证与政策－市场协同范本。

思考题

1. "共区原则"是一种重要的理念，它的出现意味着什么？
2. 《巴黎协定》与以往的气候公约有何不同之处？结合当今国际形势其目标能否实现？
3. 三大国际气候公约存在哪些"不同"与"相同"？
4. 怎样看待全球气候变化中科学与政治的关系？
5. 气候变化的科学认知的形成原因是什么？
6. IPCC 对全球气候治理有什么帮助？
7. 中国在全球气候变化治理中扮演什么角色？
8. 人类命运共同体是什么？中国在其中担任什么角色？
9. 中国应该如何运用现有的局势来提升国际威望？应通过何种路径改善气候变化带来的影响？
10. 在人类命运共同体的框架下，世界各国采取了各种各样的措施进行碳减排，通过查阅文献资料，分析中国为了实现"双碳"目标主要采取了哪些措施。
11. 煤炭、石油和天然气构成了主导能源的"三足鼎立"局面，而可再生能源的发展是中国在能源进化之旅中的一次伟大蜕变，具体说明如何更好发展可再生能源。
12. 在全球气候治理舞台上，中国逐渐由一个重要的参与者和贡献者蜕变为引领者，这一转变是一个富有故事性的过程，请具体谈谈这一过程。
13. 美国政府面对挑战主动"退群"，而中国积极应对挑战。中国实现"双碳"目标面临了怎样的挑战？

延伸阅读

参考文献

[1] 张海滨. 全球气候治理的历程与可持续发展的路径 [J].
当代世界, 2022 (6): 15-20.

[2] 郑石明, 何裕捷. 科学、政治与政策: 解释全球气候危
机治理的多重逻辑 [J]. 中国地质大学学报 (社会科学
版), 2022, 22 (3): 41-53.

[3] 高凛.《巴黎协定》框架下全球气候治理机制及前景展望
[J]. 国际商务研究, 2022, 43 (6): 54-62.

[4] 朱伯玉, 邢同卫, 李洋. 国外发展低碳经济的法律考察
[J]. 山东理工大学学报 (社会科学版), 2013, 29 (6):
30-35.

[5] 倪甜, 李亮. 碳排放权交易机制与WTO规则的冲突与协
调 [J]. 兰州财经大学学报, 2019, 35 (3): 117-124.

[6] 晏娇. 关于全球气候治理路径变化的研究 [D]. 长春:
吉林大学, 2020.

[7] 陈林, 万攀兵.《京都议定书》及其清洁发展机制的减排
效应——基于中国参与全球环境治理微观项目数据的分
析 [J]. 经济研究, 2019, 54 (3): 55-71.

[8] 王英平.《京都议定书》及后京都时代的国际气候制度
[D]. 青岛: 中国海洋大学, 2006.

[9] 黄惠康. 论气候变化全球治理的中国主张——纪念《联

合国气候变化框架公约》开放签署30周年 [J]．国际法学刊，2022（4）：1-33＋154.

[10] 许鑫．《巴黎协定》下全球气候治理机制研究 [D]．上海：华东政法大学，2018.

[11] 孙含悦．《巴黎协定》遵约机制的完善路径研究 [D]．北京：北京外国语大学，2023.

[12] 郑秋红．气候变化专门评估机构——IPCC发展历程 [J]．气象科技进展，2014，4（6）：81-83.

[13] 朱兴珊，沈学思．第27届联合国气候变化大会上损失和损害基金初见雏形全球低碳转型道阻且长 [J]．国际石油经济，2023，31（1）：17-19.

[14] 王学英．保护生物多样性共建美丽家园——再现《生物多样性公约》第十五次缔约方大会（COP15）第二阶段会议系列进程 [J]．环境与生活，2023（Z1）：18-29.

[15] 樊万选，王志博，郭仓，等．气候变化的科学认知与中国面对的挑战 [J]．林业经济，2017，39（6）：16-9＋31.

[16] Fischer H, Helen F, LVDBK, et al.When IPCC graphs can foster or bias understanding: evidence among decision-makers from governmental and non-governmental institutions [J]. Environmental Research Letters, 2020, 15 (11): 114041.

[17] Fu C.From climate to global change: Following the footprint of Prof.Duzheng YE's research [J]. Advances in Atmospheric Sciences, 2017, 34 (10): 1159-1168.

[18] 董亮．科学与政治之间：大规模政府间气候评估及其缺陷 [J]．中国人口·资源与环境，2018，28（7）：7-16.

[19] 樊星，秦圆圆，高翔．IPCC第六次评估报告第一工作组报告主要结论解读及建议 [J]．环境保护，2021，49（Z2）：44-48.

[20] 吴静，王诗琪，王铮．世界主要国家气候谈判立场演变历程及未来减排目标分析 [J]．气候变化研究进展，2016，12（3）：202-216.

[21] 赵斌．全球气候政治的现状与未来 [J]．人民论坛，2022（14）：14-19.

[22] 陈俊．平等主义视野中全球气候治理与人类命运共同体

建构 [J]．学海，2023（2）：207-216.

[23] 本刊讯．《中国应对气候变化的政策与行动》白皮书发布 [J]．电力与能源，2021，42（5）：607.

[24] 生态环境部．中国应对气候变化的政策与行动2023年度报告（摘编）[J]．环境保护，2023，51（21）：50-58.

[25] 张婕，周泽红．新发展阶段下习近平绿色发展理念的科学内涵与时代价值 [J]．湖北经济学院学报（人文社会科学版），2023，20（1）：20-23.

[26] 伏云辉．全球150余国提出碳中和目标 [J]．生态经济，2024，40（3）：1-4.

[27] 曾丽渲，邢鸿飞．"双碳"治理视角下碳捕集、利用与封存政策的中国样本审视 [J]．河海大学学报（哲学社会科学版），2024，26（2）：147-160.

[28] 佚名．随着未来世界的脱碳化，天然气将在能源系统中起主要作用 [J]．世界石油工业，2016，0（1）：79-80.

[29] 廖璐璐，李根生，宋先知，等．我国脱碳路径与油公司能源转型策略研究 [J]．石油钻探技术，2023，51（1）：115-122.

[30] 王海林，翁玉艳，潘勋章．碳中和背景下中美欧印2035年碳减排力度及经济代价探究 [J]．中国人口·资源与环境，2024，34（6）：1-8.

[31] 邹乐乐，王溥，孙翊．实现碳中和的市场机制与争取国际话语权重点方向 [J]．中国科学院院刊，2022，37（4）：469-478.

[32] 黄鑫．碳中和目标下中国—东盟绿色能源合作论 [J]．广西社会科学，2024（3）：52-60.

[33] 马和昀．《欧洲绿色协议》的源起、实施及评析 [D]．石家庄：河北师范大学，2023.

[34] 张朴．论绿色发展理念在新发展理念中的地位 [J]．现代商贸工业，2020，41（5）：14-15.

[35] 郑寰，吴奇．深刻理解以人民为中心的发展思想是新发展理念的核心要义 [J]．先锋，2022（8）：16-19.

[36] Tan Q Y, Liu F, Li J H. An Integrated Analysis on the Synergistic Reduction of Carbon and Pollution Emissions from China's Iron and Steel Industry [J]. Engineering, 2024,

40 (9): 111−121.

[37] Zhu T Y, Liu X L, Wang X D, et al. Technical Development and Prospect for Collaborative Reduction of Pollution and Carbon Emissions from Iron and Steel Industry in China [J]. Engineering, 2023, 31 (12): 37−49.

[38] Zhu H, Huang Y, Li S M, et al. Enhanced CO_2 adsorption of PEHA/sepiolite adsorbent by zirconium accelerator in post-combustion [J]. Separation and Purification Technology, 2023, 323.

[39] Zhu H, Li S M, Zhang J F, et, al. A highly effective and low-cost sepiolite-based solid amine adsorbent for CO_2 capture in post-combustion [J]. Separation and Purification Technology, 2023, 306.

[40] 方恺, 李程琳, 许安琪. 气候治理与可持续发展目标深度融合研究 [J]. 治理研究, 2021, 37 (3): 86−94.

[41] 董亮, 协同治理: 2030年可持续发展议程与应对气候变化的国际制度分析, 中国人口·资源与环境, 2020, 4: 16−25.

[42] Department of Economic and Social Affairs. Synergy Solutions for a World in Crisis: Tackling Climate and SDG Action Together [R]. 2023.

[43] The science is clear: sustainable development and climate action are inseparable [J]. Nature, 2023, 620 (7976): 921−922.

[44] 方恺, 朱思睿, 刘潇, 等. 面向可持续发展目标的中国城市气候治理绩效评估 [J]. 环境保护, 2023, 51 (23): 39−44.

[45] 岳小花, 公众参与绿色低碳发展探析, 环境保护, 2017 (20): 44−48.

[46] 郑保卫, 覃哲, 郑权. 气候传播中公众的角色定位与行动策略——基于中国 "绿色发展" 理念下的思考, 新闻与写作, 2021 (6): 45−51.

郑重声明

读者意见反馈

为收集对教材的意见建议，进一步完善教材编写并做好服务工作，读者可将对本教材的意见建议通过如下渠道反馈至我社。

咨询电话　400-810-0598

反馈邮箱　hepsci@pub.hep.cn

通信地址　北京市朝阳区惠新东街 4 号富盛大厦 1 座
　　　　　高等教育出版社理科事业部

邮政编码　100029

防伪查询说明

用户购书后刮开封底防伪涂层，使用手机微信等软件扫描二维码，会跳转至防伪查询网页，获得所购图书详细信息。

防伪客服电话　（010）58582300

数字课程账号使用说明

一、注册/登录

访问 https://abooks.hep.com.cn，点击"注册/登录"，在注册页面可以通过邮箱注册或者短信验证码两种方式进行注册。已注册的用户直接输入用户名加密码或者手机号加验证码的方式登录。

二、课程绑定

登录之后，点击页面右上角的个人头像展开子菜单，进入"个人中心"，点击"绑定防伪码"按钮，输入图书封底防伪码（20 位密码，刮开涂层可见），完成课程绑定。

三、访问课程

在"个人中心"→"我的图书"中选择本书，开始学习。